Niederlassungsfreundliche Sitzverlegung und Verschmelzung über die Grenze nach italienischem Recht

Studien zum Europäischen und Internationalen Wirtschaftsrecht

Studies in European and International Economic Law

Herausgegeben von/eds.
Peter Hay, Meinhard Hilf, Herbert Kronke, Wolfgang Oehler

Band/Volume 14

PETER LANG
Frankfurt am Main · Berlin · Bern · Bruxelles · New York · Oxford · Wien

Heike Bruhn

Niederlassungsfreundliche Sitzverlegung und Verschmelzung über die Grenze nach italienischem Recht

Eine rechtsvergleichende Untersuchung
unter Berücksichtigung
der europäischen Niederlassungsfreiheit

PETER LANG
Europäischer Verlag der Wissenschaften

Die Deutsche Bibliothek - CIP-Einheitsaufnahme

Bruhn, Heike:

Niederlassungsfreundliche Sitzverlegung und Verschmelzung über die Grenze nach italienischem Recht : eine rechtsvergleichende Untersuchung unter Berücksichtigung der europäischen Niederlassungsfreiheit / Heike Bruhn. - Frankfurt am Main ; Berlin ; Bern ; Bruxelles ; New York ; Oxford ; Wien : Lang, 2002
(Studien zum Europäischen und Internationalen Wirtschaftsrecht ; Bd. 14)
Zugl.: Bonn, Univ., Diss., 2001
ISBN 3-631-39858-1

D 5
ISSN 0941-3650
ISBN 3-631-39858-1

www.peterlang.de

Meinen Eltern
und meinen Brüdern

Vorwort

Die vorliegende Arbeit wurde Anfang des Jahres 2001 von der Rechts- und Staatswissenschaftlichen Fakultät der Rheinischen Friedrich-Wilhelms- Universität Bonn als Dissertation angenommen. Im Wettlauf gegen die Ereignisse nach der "Centros"-Entscheidung des EuGH konnten für die Drucklegung Rechtsprechung und Literatur bis Ende 2001 weitgehend berücksichtigt werden. Gleiches gilt für die jüngsten Änderungen im italienischen Recht. Nicht erst seit der Veröffentlichung des Vorentwurfes einer "Sitzverlegungsrichtlinie" durch die Europäische Kommission und seit der "Centros"-Entscheidung stellen sich vor allem die Fragen nach dem "Wie" einer grenzüberschreitenden Sitzverlegung oder Verschmelzung, doch tritt hierfür die Literatur erst in jüngerer Zeit ein. So liegt auch der Schwerpunkt der vorliegenden Arbeit in der Analyse des Sachrechts, die das internationale Gesellschaftsrecht als Ausgangspunkt, nicht als Antwort begreift.

Danken möchte ich an dieser Stelle sehr herzlich meinem verehrten Doktorvater Herrn Professor Dr. Dres h.c. Marcus Lutter, dem ich die Anregung zum Thema der vorliegenden Arbeit danke und der meine Arbeit durch vielfältigen Rat und Gespräche begleitet hat. Ein herzlicher Dank gilt auch Herrn Professor Dr. Dres h.c. Ulrich Huber für die rasche Erstellung des Zweitgutachtens und Professore Giovanni E. Colombo, der die umfangreichen Ausführungen zum italienischen Recht begutachtet hat. Besonders herzlich danken möchte ich Professore Giuseppe B. Portale, der mich während meines Forschungsaufenthaltes in Mailand mit Rat und in zahlreiche Gesprächen begleitet hat und dem ich bis zum heutigen Tage die Teilhabe an den Entwicklungen des italienischen Gesellschaftsrechts danke.

Danken möchte ich vor allem meinen Eltern, die mich nicht nur während meines Studiums und bei der Erstellung dieser Arbeit unterstützt haben, ebenso meinen Brüdern, die mir gleichfalls bei allen Fragen und Nöten zur Seite standen. Viele wertvolle Anregungen habe ich auch aus der Korrektur des Manuskript durch meinen Vater erhalten. Einen herzlichen Dank möchte ich den Familien Garioni Bormioli und Gönczy-Tosato aussprechen, die mich während meines Aufenthaltes in Italien wie selbstverständlich in ihre Familie aufgenommen haben. Und danken möchte ich nicht zuletzt meinen Freunden, Konrad von Buchwaldt, Anne Piltz, Henrik Lesaar, Dr. Andreas von Bonin und noch so vielen, die hier unerwähnt bleiben, für die Durchsicht der Arbeit, ihre kritischen Fragen und die bereichernden Diskussionen.

Dank schulde ich auch der Deutschen Forschungsgemeinschaft, die das Entstehen dieser Arbeit durch ein Promotionsstipendium im Rahmen des Graduiertenkollegs des Zentrums für Europäisches Wirtschaftsrecht der Universität Bonn gefördert hat, und den Herausgebern der Schriftenreihe zum Europäischen und Internationalen Wirtschaftsrecht für die Aufnahme meiner Arbeit in diese Reihe.

Des Dankes ist nie genügend gesagt. Es bleibt die Neugierde darauf, auf welche Weise die zukünftige Entwicklung des internationalen Gesellschaftsrechts die Fragen um die grenzüberschreitende Sitzverlegung und Verschmelzung beantworten wird.

Berlin, im April 2002

Inhaltsübersicht

Inhaltsverzeichnis

1. Teil: Die grenzüberschreitende Sitzverlegung

§ 1 Einführung in die Fragestellung

Noch immer wird im internationalen Gesellschaftsrecht kaum eine Frage vergleichbar kontrovers diskutiert wie die Folgen der Verlegung des Sitzes einer Gesellschaft in ein anderes Rechtsgebiet. Italien hat mit Art. 25 Abs. 3 des neuen IPRG von 1995 (l. 31 maggio 1995, n. 218) der Beantwortung dieser Frage eine klare Zielvorgabe gesetzt:

> "Die Verlegungen des (statutarischen) Sitzes in einen anderen Staat ... sind nur wirksam, wenn sie mit den Rechtsordnungen der beteiligten Staaten übereinstimmen"[1].

Von einer solchen Aussage ist man im deutschen Recht noch immer weit entfernt[2]. Doch auch die italienische Regelung ist zunächst nicht mehr als eine Zielvorgabe. Denn die gesellschaftsrechtlichen Probleme, die der Wechsel der anwendbaren Rechtsordnung sowohl im deutschen wie auch im italienischen Recht aufwirft, sind nicht allein dadurch zu lösen, daß man das Ziel vorgibt, die Sitzverlegung sei möglich. Ob und vor allem *wie* sie möglich ist, soll in dieser Arbeit aufgezeigt werden.

Die rechtlichen Probleme des Umzuges einer Gesellschaft in den Geltungsbereich einer anderen Rechtsordnung haben ihre Ursache darin, daß viele Rechtsordnungen an den Sitz einer Gesellschaft die Anwendung der eigenen Sachnormen knüpfen. Der bloße "Adressenwechsel" ist dann außerdem ein Wechsel des anwendbaren Gesellschaftsrechtes, der lex societatis, bzw. des Gesellschaftsstatuts[3]. Die Folgen können für eine Gesellschaft im wahrsten Sinne des Wortes "vernichtend" sein, weil ihre (rechtliche) Existenz von der Entscheidung einer Rechtsordnung abhängt, sie als Zuordnungssubjekt von

---

1 Art. 25 Abs. 3 IPRG lautet: "I trasferimenti della sede statutaria in altro Stato in altro Stato ... hanno efficacia soltanto se posti in essere conformemente alle leggi di detti Stati interessati".

2 Zusammenfassend zur Unzulässigkeit grenzüberschreitender Sitzverlegungen im deutschen Recht vgl. aus jüngerer Zeit *Hoffmann*, ZHR 2000, 43ff; Zweifel an der Europarechtskonformität der deutschen Rechtslage hat allerdings inzwischen auch die Rechtsprechung, vgl. BGH, 30.3.2000, ZIP 2000, 967 (Verwaltungssitzverlegung ins Inland); AG Heidelberg, 13.3.2000, ZIP 2000, 117 (Sitzverlegung ins Ausland). Siehe die ausführliche Darstellung unten S. 23ff (Zuzug) und S. 53ff (Wegzug).

3 Die Begriffe "lex societatis" und "Gesellschaftsstatut" (*statuto personale delle società*) werden gleichbedeutend verwendet (*Santa Maria*, Enc. Treccani, voce: Società, cap. VII, S. 2; *ders.*, Enc. di Diritto, voce: Società (dir.int), S. 884); in Italien wird allerdings teilweise dem Begriff "*nazionalità*" eine abweichende Bedeutung zugemessen (vgl. hierzu näher unten S. 117); im übrigen sind begriffliche Konfusionen in aller Regel unbeabsichtigt; eine Ausnahme bildet insoweit *Ballarino*, nach dessen Ansicht zwischen lex societatis und *statuto personale* unterschieden werden muß (vgl. hierzu unten S. 150).

Rechten und Pflichten anzuerkennen[4]. Sofern das anwendbare Recht wechselt, ist der Fortbestand der Fiktion "Gesellschaft" abhängig von der Fortgeltung dieser Entscheidung in der neuen Rechtsordnung. Diese muß entscheiden zwischen "Anerkennung des bereits Gegründeten" oder der "Neugründung". Wenn die neue Rechtsordnung den zugezogenen Personenzusammenschluß nicht als bestehend hinnimmt, d.h. anerkennt, "überlebt" die Gesellschaft den Wechsel des anwendbaren Rechtes jedenfalls nicht als dieselbe, die sie einst war. Ihr Untergang kann allerdings auch die Folge einer Entscheidung der Rechtsordnung sein, aus der sie wegzog, wenn diese nämlich den Wechsel des anwendbaren Gesellschaftsrechtes für nicht möglich hält und - unabhängig von der Entscheidung der Rechtsordnung, in die sich die Gesellschaft begeben will - die Gesellschaft als "untergegangen" ansieht.

Ob eine Sitzverlegung über die Grenze möglich ist, muß mit Rücksicht sowohl auf das Gesellschaftsrecht wie auch das Kollisionsrecht geprüft werden. Während das Gesellschaftsrecht (Sachrecht) die Frage nach der Existenz der Gesellschaft beantwortet, ist dem Kollisionsrecht zu entnehmen, welches Sachrecht über die Existenz der Gesellschaft befinden soll. Letztlich hängt es dabei von der Reaktion des *Gesellschafts*rechtes ab, ob die Gesellschaft einen vom Kollisionsrecht hervorgerufenen Statutenwechsel übersteht. Die Besonderheit des italienischen Rechtes, die hier vorwegnehmend nur angedeutet werden soll, wird sich darin zeigen, daß es dort - nach herrschender Ansicht - eine Norm des internationalen Privatrechtes gibt, die den Grundsatz der Existenz ausländischer Gesellschaften festlegt und diese vor gegenteiligen Ergebnissen des materiellen Gesellschaftsrechts schützt.

I. Europäische Versuche zur Verwirklichung der grenzüberschreitenden Sitzverlegung

Aufgrund der Schwierigkeiten im Zusammenspiel der nationalen Rechtsordnungen und der Unterschiede im Sach- und Kollisionsrecht der Mitgliedstaaten sieht der EG-Vertrag vor, daß die Frage der "Anerkennung von Gesellschaft aus anderen Mitgliedstaaten" und "die Beibehaltung der Rechtspersönlichkeit bei Verlegung des Sitzes von einem Staat in den anderen" in einem multilateralen Abkommen zwischen den Staaten geregelt werden sollen (Art. 293 (vormals Art. 220), 3. Spiegelstrich, EGV). Die Einigung der Mitgliedstaaten gestaltet sich bislang äußerst schwierig, weil einige Staaten mit der Einführung einer innereuropäischen Bewegungsfreiheit von Gesellschaft um die praktische Durchsetzung ihrer gesellschaftsrechtlichen Schutzinstrumente fürchten, so insbesondere Deutschland eine "Flucht" seiner Kapitalgesellschaften aus der Mitbestimmung[5], und außerdem die nationalen Finanzbehörden nur ungern auf den Zugriff auf im Gesellschaftsvermögen enthaltene stille

---

[4] So auch EuGH, Urteil v. 27.9.1988 (*Daily Mail*), Slg. 1988, I, 5483, 5505, 5511 (Begr.Nr. 19): "... Gesellschaften [sind] Einheiten, die aufgrund einer Rechtsordnung ... geschaffen werden. Ihre einzigen Existenzgrundlagen sind die verschiedenen nationalen Rechtsordnungen...".

[5] Vgl. hierzu *Heinze*, ZGR 1999, 54f.

Reserven verzichten[6]. Vor diesem Hintergrund waren bislang die Bemühungen um ein "Abkommen über die gegenseitige Anerkennung von Gesellschaften" nicht von Erfolg gekrönt, auch der fertig ausgearbeitete Entwurf von 1968[7] wurde nicht von allen Mitgliedstaaten unterzeichnet und trat deshalb nicht in Kraft.

Als wichtige Schritte im Zusammenhang mit der Realisierung der Sitzverlegung müssen aber vor allem die Richtlinien zur Vereinheitlichung des Rechtes der Kapitalgesellschaften in den Mitgliedstaaten hervorgehoben werden, etwa die Publizitätsrichtlinie (68/151/EWG[8]) oder die Kapitalrichtlinie (77/191/EWG[9]), da praktisch eine der wichtigsten Voraussetzungen für die Realisierung der Sitzverlegung die inhaltliche Übereinstimmung der rechtlichen Voraussetzungen für die Wirksamkeit der erforderlichen Beschlüsse und die Koordinierung der Publizitätsvorschriften ist[10]. Auch der EuGH hat in seiner einzigen zur grenzüberschreitenden Sitzverlegung ergangenen Entscheidung, der Entscheidung im Fall *Daily Mail*, die Verhinderung der Sitzverlegung nur "bei dem derzeitigen Stand des Gemeinschaftsrechts" akzeptiert[11].

Im April 1997 hat die Kommission einen Vorentwurf für eine 14. gesellschaftsrechtliche Richtlinie vorgelegt[12], der in Art. 3 die Verpflichtung für die Mitgliedstaaten enthält, alle erforderlichen Maßnahmen zu treffen, "damit der satzungsmäßige oder der tatsächliche Sitz einer Gesellschaft in einen anderen Mitgliedstaat verlegt werden kann", ohne daß die Sitzverlegung die Auflösung oder Neugründung der Gesellschaft zur Folge hätte. Der Entwurf geht dabei davon aus, daß mit der Verlegung des Satzungssitzes, genauer gesagt mit der Eintragung der Gesellschaft an ihrem neuen Satzungssitz, das anwendbare Gesellschaftsrecht wechselt. Weiterhin sieht der Entwurf die Einführung von wirksamen Schutzinstrumenten für Gläubiger und Minderheitsgesellschafter vor sowie weitreichende Veröffentlichungspflichten, etwa einen Sitzverlegungsplan. Die Kommission berührt allerdings nicht die steuerlichen Fragen im Zusammenhang mit dem "Abwandern" der Gegenstände des Gesellschaftsvermögens in eine andere Steuerrechtsordnung und ebensowenig die Problematik des Erhaltes der Mitbestimmungsregeln.

Bis zur Verabschiedung des Richtlinienvorentwurfes kann dem europäischen Recht eine verbindliche Aussage über die Behandlung der Sitzverlegung jedoch nicht entnommen werden. Teile der Literatur wollen hingegen den Artt. 43, 48

---

6 Vgl. hierzu die Rechtslage in Deutschland (S. 60) und in Italien (S. 234f).

7 Übereinkommen v. 29.2.1968. Vgl. hierzu *Lutter*, Europ.UnternehmensR, S. 43 und 695ff.

8 ABl.EG L 65 v. 14.3.1968, S. 8ff.

9 ABl.EG L 26 v. 31.1.1977, S. 1ff.

10 Vgl. hierzu die Bestandsaufnahme von *Lutter* (oben Fn. 7), S. 45ff, sowie von *Boucourechliev*, RIW 1999, 1-6, und jüngst von *Steding*, NZG 2000, 913.

11 EuGH, *Daily Mail* (oben Fn. 4), Slg. 1988, I, 5483, 5505 (Leitsatz Nr.1).

12 Der Entwurf ist mit Begründung veröffentlicht in: ZIP 1997, 1721, 1723; ZGR 1999, 157ff.

EGV (vormals Artt. 52, 58) zumindest die Verpflichtung der Mitgliedstaaten entnehmen, die grenzüberschreitende Sitzverlegung zu ermöglichen[13]. Zwar haben - nach richtiger, wenn auch sehr umstrittener Ansicht - Gesellschaften das Recht, nicht nur den Ort ihrer sekundären Niederlassungen, sondern auch ihren Hauptverwaltungssitz innerhalb der Gemeinschaft frei zu wählen[14]. Da aber damit noch keine Antwort auf die kollisions- und sachrechtlichen Probleme gegeben ist und der EG-Vertrag die Unterschiede "der Anknüpfung sowie der Möglichkeit und gegebenenfalls der Modalitäten einer Verlegung des satzungsmäßigen oder wahren Sitzes einer Gesellschaft eines Mitgliedstaates in einen anderen ... als Probleme [ansieht], die durch die Bestimmungen durch die Niederlassungsfreiheit nicht gelöst sind, sondern der Lösung durch gesetzgeberische Maßnahmen oder Übereinkommen bedürfen ..."[15], wird den Gesellschaften mit Artt. 43, 48 EGV nicht unmittelbar geholfen. Dies gilt weiterhin trotz der äußerst umstrittenen Entscheidung des EuGH im Fall *Centros*[16], die entgegen einer verbreiteten Ansicht die Frage der Anknüpfung der lex societatis nicht gelöst hat[17]. Allerdings, und insoweit enthält die *Centros*-Entscheidung dennoch eine wichtige und seit langem notwendige Klarstellung, können die Mitgliedstaaten die Errichtung der Hauptniederlassung einer gemeinschaftsangehörigen Gesellschaft in ihrem Territorium - trotz aller internationalprivatrechtlichen Neutralität der Niederlassungsfreiheit - nicht mehr völlig *verhindern*[18], sondern höchstens noch im Rahmen des Verhältnismäßigen behindern, eine Feststellung, mit der die in dieser Arbeit zu untersuchenden Fragen der Ermöglichung der Sitzverlegung aber erst beginnen.

II. Eingrenzung der Untersuchung: Der Begriff der grenzüberschreitenden Sitzverlegung

"Sitzverlegung über die Grenze" bezeichnet die Verlagerung des Sitzes einer Gesellschaft in das Territorium eines anderen Staates. Dieser Vorgang wird

---

13 Vgl. hierzu ausführlich unten S. 65f, sowie die Arbeiten von *Schniechels*, Reichweite der Niederlassungsfreiheit (1995); *Kruse*, Sitzverlegung von Kapitalgesellschaften innerhalb der EU (1997); *Rindisbacher*, Anerkennung gesellschaftsrechtlicher Gebilde im Internationalen Privatrecht (1995), S. 139ff; *Zimmer*, IntGesR, S. 197ff; *Behrens*, ZGR 1994, S. 1ff; *Knobbe-Keuk*, ZHR 154 (1990), 325ff; *Brödermann*, in: Brödermann/Iversen, S. 60ff.

14 Vgl. ausführlich unten S. 71f.

15 EuGH, *Daily Mail* (oben Fn. 4), Slg. 1988, I, 5483, 5505, 5512 (Begr.Nr. 23).

16 EuGH, Urteil v. 9.3.1999 (Rs. C-212/97 - Centros Ltd./ Erhvervs- og Selskabsstyrelen), Slg. 1999, I, 1459, 1484.

17 Eine ausführliche Begründung folgt auf S. 83f.

18 EuGH, *Centros* (oben Fn. 16), a.a.O., S. 1496 (Begr.Nr.38: "Jedoch kann die Bekämpfung von Betrügereien nicht rechtfertigen, die Eintragung einer Zweigniederlassung einer in einem anderen Mitgliedstaat niedergelassenen Gesellschaft zu verweigern", was, wie *Centros* zeigt, auch dann der Fall ist, wenn die Niederlassung tatsächlich die einzige Hauptniederlassung ist; vgl. hierzu im einzelnen S. 88f).

häufig gleichgesetzt mit "Umzug" der Gesellschaft ins Ausland. Umzug muß dabei jedoch nicht bedeuten, daß die Gesellschaft als Ganzes und mit all ihren aktiven Teilen verlegt wird; im Gegenteil ist es bei einer echten Verlegung der Gesellschaft praktisch der Regelfall, daß in dem Land, aus welchem die Gesellschaft fortzieht, Betriebsstätten oder Büros erhalten bleiben, die zum Beispiel als Zweigniederlassung fortgeführt werden[19]. Der Sitz der Gesellschaft kann auch dann verlegt werden, wenn sämtliche Produktionsstätten, Vertriebseinrichtungen etc. nicht mit der Verwaltung zusammen verlagert werden.

"Möglich" ist die Verlegung des Gesellschaftssitzes von einem Land in das andere nur dann, wenn die Gesellschaft, erstens, aus der Sicht des Wegzugsstaates nicht untergeht und, zweitens, sich aus der Sicht des Zuzugsstaates nicht neugründen muß[20]. Andernfalls sind die weggezogene und die ankommende Gesellschaft nicht identisch, weil spätestens mit der Eintragung im Zuzugsstaat ein neues Rechtssubjekt entsteht. Es bestünde keine Kontinuität der bestehenden zur weggezogenen Gesellschaft, so daß im Ergebnis zwar das (durch die Liquidation und Besteuerung geschmälerte) Gesellschaftsvermögen ins Ausland verlagert werden könnte, nicht aber die Gesellschaft[21].

1. Abgrenzung zu Formen der „Quasi-Sitzverlegung" über die Grenze

Es gibt Formen der Verlagerung von Gesellschaften oder Teilen von ihnen ins Ausland, die nicht die Verlegung *des Sitzes* zum Gegenstand haben.

Abzugrenzen ist die Sitzverlegung in erster Linie von der Errichtung einer Zweigniederlassung im Ausland; selbst wenn diese sich zu einer großen Vertretung entwickelt, ist der Sitz der Stammgesellschaft nicht betroffen. Entsprechend kann eine Gesellschaft, ohne ihre Verwaltungsorgane zu "bewegen", ihre Betriebsstätten, ihren Vertrieb, ihre Produktion etc. vollständig ins Ausland verlagern. Auch hiervon wird ihr Sitz nicht betroffen. Ebensowenig berühren die Gründung oder der Erwerb von Tochtergesellschaften im Ausland den Sitz der Muttergesellschaft, auch nicht wenn ganze Betriebsteile der Muttergesellschaft auf eine Gesellschaft im Ausland ausgegliedert werden[22]. Der schlichte Verkauf der Anteile der inländischen Gesellschaft bewirkt *per se*

---

19 Statt vieler: *Ubertazzi*, Banca e Borsa 1971, 384, 395.

20 Ganz herrschende Ansicht: OLG Frankfurt a.M., 3.6.1964, NJW 1964, 2355, 2356; *Annibale*, Riforma, S. 156; *Kaligin*, DB 1985, 1449, 1455; *Knobbe-Keuk* (oben Fn. 13), S. 345; *Kruse*, EWS 1998, 444, 445; *Santa Maria*, Le società nel dir. int. priv., S. 145; *ders.*, in: FS Broggini, S. 473, 478; *Zisowski*, Grenzüberschreitender Umzug von Kapitalgesellschaften, S. 4. Ebenso ist auch die "Allgemeine Begründung" der Kommission zum Vorentwurf für eine 14. Gesellschaftsrechtliche Richtlinie formuliert (ZIP 1997, 1721, 1722).

21 MünchKomm(2.A.)-*Ebenroth*, EGBGB, Nach Art. 10, Rn. 215; *Bechtel*, Umzug von Kapitalgesellschaften unter der Sitztheorie, S. 33; *Behrens*, RIW 1986, 590; *Großfeld/Jasper*, RabelsZ 53 (1989), 52.

22 Vgl. hierzu *Thiel*, GmbHR 1994, 283.

auch keine Verlegung des Verwaltungssitzes, allerdings kann in personalistischen Gesellschaften der Eigentumswechsel dazu führen, daß die Leitungsmacht zukünftig *de facto* vom Ausland ausgeübt wird[23].

Wichtiger ist jedoch die Abgrenzung von den Transaktionen, mit denen ein vergleichbares wirtschaftliches Ergebnis erzielt werden kann wie das der Sitzverlegung über die Grenze. Die Gesellschaft kann beispielsweise ihr *Vermögen* ins Ausland verlagern und auf diese Weise ein der Sitzverlegung ähnliches Ergebnis erzielen: So ist der Fall denkbar, daß sie ihr gesamtes Vermögen auf eine ausländische Gesellschaft - zum Beispiel ihre Muttergesellschaft - überträgt, ohne dafür eine nennenswerte Gegenleistung zu erhalten. Zurückbleiben könnte nach diesem Denkmodell eine vermögenslose Gesellschaft, die, sofern das auf sie anwendbare Recht eine § 141a FGG entsprechende Vorschrift kennt, von Amts wegen gelöscht würde. Bei einer solchen Verlagerung schauen im Ergebnis die Gläubiger und überstimmte Anteilsinhaber "in die Röhre", weil die übertragende Gesellschaft kein verteilungsfähiges Vermögen mehr hat. Mit Hilfe der Gründung einer Tochtergesellschaft im Ausland könnte man das wirtschaftliche Ergebnis einer Sitzverlegung auch über eine internationale *Fusion* herstellen, bei der die Muttergesellschaft ihr Vermögen auf eine ausländische Tochter verschmilzt, sofern man eine solche Fusion über die Grenze für zulässig hält[24]. Aus diesem Grunde wird die Fusion mit einer ausländischen Gesellschaft teilweise als Spezialfall der Sitzverlegung angesehen[25]. Die Gesellschafter der übertragenden Muttergesellschaft werden in der Folge der Fusion Gesellschafter der aufnehmenden ausländischen Gesellschaft.

Vor diesem Hintergrund kann man durchaus die Frage stellen, warum eine Gesellschaft den Weg der vom deutschen Recht so torpedierten Sitzverlegung über die Grenze bevorzugen sollte[26]. Die Vorteile einer echten Sitzverlegung über die Grenze sind in aller Regel im finanziellen und vor allem steuerlichen Aufwand zu suchen, den eine Gesellschaft bei den Ausweichmöglichkeiten zu tragen hätte: Die Übertragung von Vermögen ist ein Akt, der bei der "aufnehmenden" Gesellschaft als Zugewinn besteuert wird. Bei einer Sitzverlegung

---

23 So im Fall des BGH (oben Fn. 2), ZIP 2000, 967. Nach den Feststellungen der Vorinstanz (OLG Düsseldorf) waren sämtliche Anteile an der Klägerin, einer "Besloten Vennootschap" niederländischen Rechts, an zwei in Deutschland ansässige Erwerber verkauft worden, so daß seit diesem Zeitpunkt der tatsächliche Verwaltungssitz in Deutschland lag.

24 Vgl. hierzu ausführlich unten S. 258ff.

25 *Bessenich*, S. 13; *Kronke*, ZGR 1994, 26, 29; ablehnend MünchKomm(2.A.)-*Ebenroth*, Rn. 481 und Rn. 517. Es muß aber jedenfalls als ein absurdes Ergebnis angesehen werden, wenn man die Emigrationsfusion erlaubt, die Sitzverlegung jedoch aus Schutzerwägungen für z.B. die Mitbestimmung der Arbeitnehmer verhindert, denn auch im Fall der Verschmelzung ist die Geltung des MitBestG spätestens mit dem Erlöschen der übertragende Gesellschaft zu Ende.

26 Vgl. zu möglichen Gründen für eine Sitzverlegung statt anderer Formen der Vermögensverlagerung *Behrens* (oben Fn. 13), S. 1ff.; *Eyles*, Niederlassungsrecht, S. 303-310.

wird hingegen nichts "übertragen". Daher müssen insbesondere auch nicht die stillen Reserven aufgedeckt werden. Im Falle der (in Europa steuerneutralen[27]) Fusion muß der Aufwand für die Gründung oder den Erwerb der aufnehmenden Gesellschaft berücksichtigt werden.

2. Begriff der grenzüberschreitenden Sitzverlegung

Mit der Angabe über ihren "Sitz", wird eine Gesellschaft weder im deutschen noch im italienischen Recht eindeutig lokalisiert, woran auch die Diskussion um die Sitzverlegung bzw. den *trasferimento della sede all'estero* gelegentlich krankt[28]. Die *reale* und die *formelle* Seite einer Sitzverlegung müssen aber auch begrifflich unterschieden werden, weil das Kollisions- und das Sachrecht an beide Tatbestände unterschiedliche Rechtsfolgen knüpfen.

Die Verlegung des *Satzungs*sitzes erfolgt nach den hierfür maßgeblichen gesellschaftsrechtlichen Vorschriften über die Änderung der Satzung und die Vornahme der notwendigen Eintragungen in den Handelsregistern am alten und am neuen Sitz der Gesellschaft. Die Verlegung des *Verwaltungs*sitzes vollzieht sich hingegen als "Realakt": Die Verwaltungsorgane verlassen ihre Büros im Wegzugsstaat und beziehen die neuen Büros im Ausland. Diese Form der Sitzverlegung kann somit von einem tatsächlichen Tätigwerden der Geschäftsführer abhängen und muß nicht einmal mit Wissen und Willen der Gesellschafter erfolgen[29], oder sie ist schlicht die Folge einer Verlagerung der Geschäftstätigkeit auf einen ausländischen Markt, der die Direktion "hinterherzieht".

Die Verlegung des Satzungs- und des Verwaltungssitz müssen durchaus nicht in allen Rechtsordnungen gemeinsam vollzogen werden, auch wenn in der Regel der Umzug der Geschäftsleitung bzw. des Hauptsitzes der Gesellschaft von der formellen Änderung der Satzung und der entsprechenden Registereintragungen begleitet sein wird. Das liegt unter anderem daran, daß gemäß Art. 4 der Richtlinie 68/151/EWG (Publizitätsrichtlinie)[30] Kapitalgesellschaften in der schriftlichen Korrespondenz ihren (satzungsmäßigen) Sitz und den Ort des Registers, bei dem sie eingetragen sind (Art. 3 der Publizitätsrichtlinie), angeben müssen. Da das zuständige Register in den meisten Rechtsordnungen nach dem Ort des Satzungssitzes bestimmt wird, muß die umgezogene Gesellschaft also solange (zumindest auch) ihren alten Sitz als ihre offizielle Adresse angeben, bis auch ihr Satzungssitz verlegt ist.

---

27 Artt. 4-8 der Richtlinie 90/434/EWG (Fusionsbesteuerungsrichtlinie); in Italien: Art. 123 T.U.I.R. (Testo unico delle imposte sui redditi (D.P.R. 917/86)).

28 So auch die Kritik von *Großfeld* (in: Staudinger, IntGesR, Rn. 607), allerdings zieht auch er daraus nicht immer Konsequenzen, wie *Zisowski* ((Fn. 20), S. 17) bemerkt hat.

29 *Borges*, RIW 2000, 167, 172; *Meilicke*, RIW 1990, 449, 451; *Terlau*, Das IPR der GbR, S. 283, der allerdings zu Recht darauf hinweist, daß die Verlegung des Verwaltungssitzes in aller Regel gegen die intern festgelegten Befugnisse der Geschäftsführer verstoßen wird.

30 ABl. EG Nr. L 65 v. 14.3.1968, S. 8ff.

a. *Sede della società* - Begriffliches zur Diskussion in Italien

Der italienische Gesetzgeber gebraucht in der Regel den Begriff *sede sociale*[31] oder *sede della società*[32], wenn es um die förmliche Lokalisierung der Gesellschaft geht, zuweilen auch schlicht *sede*[33]. *Sede* ist nach der Grundsatznorm für juristische Personen, Art. 46 c.c., der Ort, der in der Satzung festgelegt ist oder der sich aus dem Register ergibt[34]. Zur Bezeichnung desselben wird häufig von *sede legale* oder *sede formale* gesprochen[35]. Ein wenig überraschend ist das Auftauchen des Begriffes *sede statutaria* (zum Beispiel in Art. 25 Abs.3 IPRG) neben den Begriffen *sede sociale* oder *sede legale*. Auch *sede statutaria* ist der in der Satzung bezeichneten Sitz, wobei inhaltliche Unterschiede nicht auszumachen sind[36]. Verschieden ist nur der Gebrauch: Während die Begriffe *sede legale* bzw. *sede della società* oder *sede sociale* in den Tatbeständen der gesellschaftsrechtlichen Normen auftauchen, sprechen das Kollisions- und Steuerrecht von *sede statutaria*[37].

---

31 Etwa in Artt. 2437, 2369; 2296; 2330 c.c.

32 Etwa in Artt. 2363 c.c., 2250 c.c., 2295, n.4, 2328 n.2, 2475 n.2 c.c.

33 Etwa in Art. 46 c.c.(vgl. auch unten Fn. 51). Der Sitz einer Gesellschaft wird als *sede principale* bezeichnet, meist jedoch im Zusammenhang mit *sede dell'impresa* (Sitz des Handelsunternehmens), z.B. in Art. 2197 c.c.; Art. 94 disp.att.; Art. 9 l.fallim. (R.D. 16 marzo 1942, n. 267). *Sede principale* bedeutet soviel wie Haupt- oder Stammsitz, auch Hauptniederlassung. Sofern im Zusammenhang mit Gesellschaften von *sede principale* gesprochen wird, wird damit meistens auf die Anwendung von Vorschriften des Handelsrechts verwiesen oder, im häufigeren Fall, von der *sede principale* eine *sede secondaria* (Zweigniederlassung) unterschieden; der Begriff ist im Zusammenhang mit der Verlegung *des Sitzes* ohne Bedeutung mit Ausnahme der Erwähnung in Art. 9 l.fallim. (R.D. 16 marzo 1942, n. 267) erlangt, wonach das Konkursverfahren in Italien auch dann eröffnet werden kann, wenn der "Stammsitz" im Ausland liegt, weswegen die Rechtsprechung Art. 9 l.fallim. (R.D. 16 marzo 1942, n. 267) auch auf ins Ausland ausgewanderte Gesellschaften anwendet (vgl. Corte di Cass., 11 novembre 1994, n. 9417, Riv.dir.int.priv.proc. 1994, 352; Trib. Torino, 16. Dezember 1991, Giust.civ. 1992, I, 811 (und Riv.dir.int.priv.proc. 1993, 102); Trib. Milano, 14 settembre 1978, Riv.dir.int.priv.proc. 1979, 125).

34 Streitig ist, ob die Angabe des Sitzes in der Satzung zu deren notwendigen Bestandteilen gehört, vgl. hierzu *Spatazza*, in: Giurisdizione sistematica, voce: Le s.p.a., I, S. 23; *Frè*, Commentario Art. 2328, S. 60. Ebenso streitig ist, ob die Satzung die Adresse der Gesellschaft genau bezeichnen muß, oder ob die Angabe der Kommune genügt, vgl. zu diesem Streit *Ianniello*, Le società 1996, 939, 940 (insb. Fn.2); *Panzironi*, N.Giur.civ.comm., 1997, 250, 262; die Rechtsprechung geht in der Mehrzahl der Fälle davon aus, daß aufgrund der Gleichsetzung von Sitz der natürlichen Person und der juristischen Person (Art. 46 Abs. 1 c.c.) die Adresse anzugeben ist.

35 Auch die Corte di Cassazione verwendet die Begriffe gleich, vgl. 25 marzo 1958, n. 995, Rep. Foro it. 1958, 2489, n. 143; vgl. auch *Ianniello* (oben Fn. 34), S. 940.

36 Ebenso: *Ordine dott. commercialisti*, Trasferimento, S. 11.

37 Vgl. etwa Art. 87 T.U.I.R. (*sede statutaria* zur Festlegung der *residenza fiscale*) und Art. 25 Abs. 3 IPRG (Verlegung der *sede statutaria* ins Ausland) im Gegensatz zu Artt. 2437, 2369 c.c. (Verlegung der *sede sociale* ins Ausland).

Der Ort, an dem sich die vertretungsberechtigten Geschäftsleitungsorgane einer Gesellschaft aufhalten, wird als *sede effettiva* oder *sede reale* bezeichnet[38]. An diesem Ort wird die wirtschaftliche Tätigkeit der Gesellschaft tatsächlich zentriert, weil die Gesellschaft nur mittels ihrer Organe in eine rechtliche Beziehung zu Dritten treten kann. Mit der Verwendung des Begriffes *sede effettiva* wird in der gesellschaftsrechtlichen Diskussion der tatsächliche von dem bloß in der Satzung behaupteten Sitz abgegrenzt, wenn beide nicht übereinstimmen. Daneben benutzt das italienische Recht die inhaltsgleiche[39] Bezeichnung *sede dell'amministrazione*. Der einzige Unterschied zwischen beiden Begriffen liegt wiederum in ihrer Verwendung durch den Gesetzgeber[40]: *Sede dell'amministrazione* wird im italienischen *Gesellschafts*recht gar nicht - sondern statt dessen der Begriff *sede effettiva* - gebraucht[41], dafür aber im *Kollisions*recht: Ausdrücklich auf die *sede dell'amministrazione* stellte Art. 2505 c.c. ab, heute tut dies Art. 25 Abs. 1 Satz 2 IPRG; die *sede dell'amministrazione* dient außerdem zur Bestimmung der *residenza fiscale* einer juristischen Person nach Art. 87 T.U.I.R. (D.P.R. 917/86).

b. Auseinanderfallen von *sede effettiva* und *sede legale*

"Wenn Realität und Satzung auseinandergehen, ist meist etwas faul", so wird in der deutschen Rechtswissenschaft vermutet[42]; und im Zuge der Einführung des §4a GmbHG hat sich die Diskussion darum verschärft, ob denn das deutsche materielle Gesellschaftsrecht das Auseinanderfallen von Verwaltungs- und Satzungssitz toleriert[43]. Ein dem § 4a GmbHG ähnliches Konzept scheint dem

---

38 Zur Definition des Begriffes *sede effettiva* vgl. Corte di Cass., 18 gennaio 1997, n. 497, Riv.not. 1997, 868; Corte di Cass., 4 ottobre 1988, n. 5359, Mass. Giust.civ. 1988, 1281; Corte die Cass., 16 giugno 1984, n. 3604, Giust.civ.Mass. 1984, 1210; App.Milano, 13 dicembre 1960, Foro pad. 1961, I, 885; ebenso: *Frè* (oben Fn. 34), S. 59; *Spatazza* (oben Fn. 34), S. 21. Teilweise wird auch der Versammlungsort der Gesellschafter in die Definition der *sede effettiva* einbezogen, obwohl das Gesetz in Art. 2363 c.c. hierfür die *sede della società* bestimmt (vgl. Corte die Cass., 16 giugno 1984, n. 3604, Giust.civ.Mass. 1984, 1210; App.Milano, 13 dicembre 1960, Foro pad. 1961, I, 885; ebenso: *Ianniello* (oben Fn. 34), S. 940 ("il luogo in cui hanno concreto svolgimento le attività amministrative e di direzione della società e si convocano le assemblee"); *Spatazza* (oben Fn. 34), S. 21).

39 Vgl. z.B. Trib. Torino, 3 maggio 1996, Le società 1996, 939; *Ianniello* (oben Fn. 34), S. 942.

40 Vgl. *Angelici* (Quaderni della Riv.trim.dir.proc.civ. 1996, 111, 128): *Sede dell'amministrazione* ist nur der im IPR gebrauchte Begriff für *sede effettiva.*

41 Die Rechtsprechung behauptet sogar, *sede dell'amministrazione* sei ein dem italienischen Recht fremder Begriff (Trib. Torino (oben Fn. 39), Le società 1996, 939).

42 *Kegel/Schurig*, IPR § 17 II 1 (S. 503).

43 Vgl. statt vieler *Lutter/Hommelhoff*, GmbHG, § 4a, Rn. 16, die eine Pflicht zur Satzungsänderung annehmen, sofern Verwaltungs- und Satzungssitz auseinanderfallen, und bei fortdauernder Inkongruenz das Auflösungsverfahren nach § 144a FGG für einschlägig halten. Der Gegenansicht sei seit der Gesetzesänderung im Zuge der

von der italienischen höchstrichterlichen Rechtsprechung entwickelten Begriff *sede sociale* zugrunde zu liegen: Als Sitz der Gesellschaft bezeichnet die *Corte di Cassazione* den in der Satzung angegebenen Ort, an dem sich dauerhaft die Verwaltungsorgane befinden[44]. Dennoch betrachtet das italienische Recht im Ergebnis durchaus nicht bloß denselben Ort aus unterschiedlichen Richtungen, so daß die *sede legale* nur die Angabe darüber wäre, wo sich die *sede effettiva* befindet[45]. Zwar gibt es Versuche, eine Übereinstimmung von Verwaltungs- und Satzungssitz zu fordern. Dem liegt die Vorstellung zugrunde, eine Gesellschaft könne immer nur an *einem* Ort lokalisiert werden, nämlich an dem sich ihre Organe befinden[46]. Dementsprechend hat auch die Rechtsprechung Ansätze unternommen, eine Übereinstimmung von *sede effettiva* und *sede legale* zu fordern, beispielsweise bei Gründung der Gesellschaft[47]. Ferner duldet sie keine Satzungsklauseln, in denen die Leitungsorgane ermächtigt werden, *sedi amministrativi* zu errichten[48].

Rechtstatsächlich ist das italienische Recht aber weit entfernt von einer sachrechtlichen Forderung nach Übereinstimmung von Verwaltungs- und Satzungssitz; vielmehr scheint gerade das Gegenteil der Fall zu sein: Die Gerichte akzeptieren in ständiger Rechtsprechung, daß sich "im Gegensatz zu dem in der Satzung angegeben und eingetragenen Sitz ein effektiver Sitz ... ergeben kann"[49]. Das Auseinanderfallen von Verwaltungs- und Satzungssitz wird in Italien ausschließlich als ein Problem des Schutzes des Rechtsverkehres

---

Handelsrechtsreform der Boden entzogen. Aus dem § 4a GmbHG entsprechenden § 5 Abs. 2 AktG hat allerdings ein Teil der Literatur den gegenteiligen Schluß gezogen (vgl. *Beitzke*, Gutachten, S. 94, 118f; *Kruse* (oben Fn. 13), S. 22). Vgl. hierzu auch unten S. 158.

44 Corte di Cass., 25 marzo 1958, n. 995, Rep. Foro it. 1958, 2489, n. 143; Corte di Cass., 22 gennaio 1957, n. 137, Mass.Giust.civ. 1958, 47. Ebenso aus der Literatur *Ianniello* (oben Fn. 34), S. 939; *Ordine dott. commercialisti* (oben Fn. 36), S. 11.

45 *Caruso*, Le società, S. 74, 75; *Rahm*, Das internationale Gesellschaftsrecht Italiens, S. 80; *Santa Maria*, Le società nel dir. int. priv., S. 101.

46 *Ferri*, Le società (1993), S. 263; *Rordorf*, in: Nuova rassegna di giurisprudenza (Art. 2328), S. 1368, 1369; *Caruso* (oben Fn. 45), S. 74. Die Vertreter dieser Ansicht berufen sich auch auf die Parallele zu Art. 43 c.c., wonach der Sitz (Wohnsitz oder Hauptaufenthaltsort) einer Person (der gem. Art. 46 c.c. der Sitz von Gesellschaften gleichsteht) der Ort ist, an dem sich ihre geschäftlichen Handlungen realisieren.

47 Corte d'App. Milano, 20 gennaio 1971, Riv.not. 1971, 310 (Angaben über den Verwaltungssitz fehlten); Trib. Roma, 4 luglio 1996, Riv.not. 1996, 664, 665 (die Satzung sah neben dem Satzungssitz einen hiervon verschiedenen effektiven Sitz der Gesellschaft vor).

48 Trib. Torino (oben Fn. 39), Le società 1996, 939 (zustimmend *Quatraro*, II, S. 249). Vgl. auch Trib. Torino, 10 agosto 1988, Giur.it. 1989, I, 2, 221, in welcher ebenfalls die Ermächtigung der Verwaltungsorgane zur Neubestimmung des Sitzes der Gesellschaft für nicht rechtmäßig gehalten wurde.

49 Corte di Cass. (oben Fn. 44), Rep. Foro it. 1958, 2489, n. 143; Corte di Cass. (oben Fn. 44), Mass.Giust.civ. 1958, 47; Corte d'App. Milano, 20 dicembre 1966, Monit.trib. 1967, 522; *Ianniello* (oben Fn. 34), S. 939; *Santa Maria* (oben Fn. 45), S. 142.

angesehen, weil für Gläubiger und andere Dritte die Gesellschaft auffindbar sein muß. Der Ort, an welchem eine Gesellschaft verklagt werden kann, an welchem eventuell Insolvenzantrag zu stellen ist und an welchen wirksam Zustellungen erfolgen können, muß für jeden, der mit der Gesellschaft in Kontakt tritt, erkennbar sein. Für diese Fälle gibt es Spezialregelungen, die ein Auffinden der Gesellschaft auch dann erlauben, wenn die Verwaltung sich tatsächlich *nicht* an dem öffentlich bekannt gemachten Sitz befindet. Eine größere Bedeutung hat stets die *sede effettiva*, weil die Gesellschaft nach der herrschenden Auffassung im italienischen Recht tatsächlich eine engere Funktion mit dem Ort aufweist, wo sie verwaltet wird[50]. Diesen Grundsatz legt Art. 46 Abs. 2 c.c. fest, wonach der Rechtsverkehr *auch* den effektiven Sitz einer Gesellschaft als den Sitz ansehen kann, wenn der im *atto costitutivo* angegebene oder aus dem Register ersichtliche Sitz nicht mit dem effektiven Sitz übereinstimmt[51]. Aus diesem Grunde sind nach ständiger Rechtsprechung Zustellungen an den Verwaltungssitz einer Gesellschaft gemäß Art. 145 c.p.c. wirksam[52]. Alle übrigen Fälle, in denen Dritte, insbesondere Gläubiger, in ihrem Vertrauen auf den Sitz der Hauptverwaltung geschützt werden müssen, fängt Art. 46 Abs. 2 c.c. auf. Der Vorrang des Verwaltungssitzes setzt sich bis zur Bestimmung der gerichtlichen Zuständigkeit fort, etwa des Gerichtsstandes[53], obwohl unbestritten die Zuständigkeit für Eintragungen im Handelsregister nach dem Ort des Satzungssitzes bestimmt wird[54]. Beispielsweise ist für die

---

[50] Corte di Cass. (oben Fn. 38), Riv.not.1997, 868, 869; Corte di Cass., 25 maggio 1982, n. 3175, Giust.civ. 1982, I, 2318; Corte di Cass., 25 gennaio 1943, n. 165, Mass. Foro it. 1943, 41; *Ferrara/Corsi*, S. 346; *Rordorf* (oben Fn. 46), Art. 2328, S. 1368, 1369.

[51] Art. 46 c.c. lautet: "Quando la legge fa dipendere determinati effetti dalla residenza o dal domicilio, per le persone giuridiche si ha riguardo al luogo in cui è stabilita la loro sede. Nei casi, in cui la sede stabilita ai sensi dell'Art. 16 o la sede risultante dal registro è diversa da quella effettiva, i terzi possono considerare come sede della persona giuridica anche quest'ultimo". In direkter Anwendung bezieht sich Art. 46 c.c. auf das Register der juristischen Personen gemäß Art. 33 c.c. i.V.m. Artt. 22ff disp.att. (Vereinsregister); obwohl Art. 46 c.c. den Regelungen des Vereinsrecht zugehört, ist er unbestritten auch auf juristische Personen des Gesellschaftsrechts anwendbar (vgl. nur Corte di Cass. (oben Fn. 38), Riv.not. 1997, 868, 869, und die Nachweise in der Anmerkung zu dieser Entscheidung S. 871f.).

[52] Corte di Cass. (oben Fn. 38), Riv.not. 1997, 868; Corte di Cass., 19 aprile 1995, n. 4399, Giust.civ.Mass. 1995, 862; Corte di Cass., 4 febbraio 1985, n. 736, Mass.Giust.civ. 1985, 268; Corte di Cass., 5 aprile 1985, n. 2341, Mass.Giust.civ. 1985, 735; Corte di Cass. 28 marzo 1983, n. 2187, Mass.Giust.civ. 1983, 768; Corte di Cass., 18 settembre 1974, n. 2465, Mass.Giust.civ. 1974, 1117; Trib. Milano, 9 novembre 1992, Giur.it. 1992, I, 2, 568.

[53] Vgl. statt vieler Trib. Ancona, 17 novembre 1993, Le società 1994, 938: Bei Verschiedenheit von Verwaltungs- und Satzungssitz gelten beide als "Sitz" mit der Folge, daß der Kläger zwischen beiden Gerichtsständen wählen kann.

[54] Dies wird als selbstverständliche Schlußfolgerung dem Gesetz (Artt. 2328, 2330 c.c.) entnommen und nur in Ausnahmefällen überhaupt erwähnt (vgl. z.B. Corte di Cass., 1 settembre 1999, n. 9210, Riv.not. 2000, 467, 469; Trib.Cassino, 28 giugno 1991,

Anordnung der Kontrolle der Verwaltung im Falle schwerwiegender Unregelmäßigkeiten (*grave irregolarità*) nach Art. 2409 c.c. das Gericht des effektiven Sitzes zuständig[55]. Auch das gemäß Art. 9 l.fallim. (R.D. 16 marzo 1942, n. 267) zuständige Insolvenzgericht wird nach ständiger Rechtsprechung durch den effektiven Sitz (*sede principale dell'impresa*) bestimmt, unabhängig von einer Verlegung des Satzungssitzes an einen anderen Ort[56] oder sogar ins Ausland[57]. Und auch für Klagen der Gesellschafter gegen ihre Gesellschaft soll nach Art. 23 c.p.c. das Gericht des effektiven Sitzes zuständig sein[58]. Der Satzungssitz wird damit im Ergebnis lediglich als förmliche, ebenfalls gültige Adresse angesehen.

Damit ist im italienischen Recht "durch nichts ausgeschlossen, daß der in der Satzung angegebene Sitz nicht mit dem effektiven Verwaltungssitz übereinstimmt"[59]. Für den Rechtsverkehr gelten beide als *Sitz*[60]. Dies gilt prinzipiell auch für das Auseinanderfallen von Verwaltungs- und Satzungssitz über die Grenze, so daß die Unterscheidung, die das IPR bereits seit langem zwischen Satzungs- und Verwaltungssitz trifft, nicht bloß theoretischer Natur ist. Die Probleme einer solchen Divergenz liegen auf der Hand, denn die anwendbare Rechtsordnung kann die eigenen Normen de facto, d.h. mittels der Kontrolle durch das Registergericht, nur dann auf die Gesellschaft anwenden,

---

Arch.civ. 1992, 574). Bei Gesellschaften mit Verwaltungssitz in Italien, aber Satzungssitz im Ausland hält eine Mindermeinung das Gericht des Verwaltungssitzes auch als Registergericht für zuständig (*Ballarino*, Trattato di diritto privato, vol.17, S. 71). Hierzu ausführlich unten S. 160.

55 Ständige Rechtsprechung, vgl. nur: Corte d'App.Torino, 27 luglio 1995, Giur.it. 1995, I, 2, 681; Corte d'App.Milano, 17 dicembre 1991, Giur.it. 1992, I, 2, 654; Corte d'App. Torino, 16 novembre 1988, Giur.it. 1989, I, 2, 193; Trib. Milano, 12 febbraio 1999, Le società 1999, 972; Trib. Milano, 6 luglio 1990, Le società 1990, 1395 (=Giur.it. 1991, I, 2, 4). Art. 2409 c.c. enthält selbst keine nähere Bestimmung über die Zuständigkeit, die Norm beschränkt sich darauf, von "dem Gericht" zu sprechen.

56 Corte di Cass., 21 maggio 1999, n. 4948, Le società 1999, 1061; Corte di Cass., 30 marzo 1993, n. 3815, Mass.Giust.civ. 1993, 578; Corte di Cass., 8 luglio 1986, n. 4455, Mass.Giust.civ. 1986, 1284; Corte di Cass., 19 marzo 1984, n. 1864, Mass.Giust.civ. 1984, 607; *M.Finocchiaro*, in: Nuova rassegna di giurisprudenza (Art. 46), S. 632; *Rordorf* (oben Fn. 46), Art. 2328, S. 1368. Zum Vorrang des effektiven Sitzes in Art. 9 l.fallim. (R.D. 16 marzo 1942, n. 267) vgl. schon oben Fn. 33.

57 Corte di Cass. (oben Fn. 33), Riv.dir.int.priv.proc. 1994, 352 (=Il Fallim. 1995, 806).

58 Corte di Cass., 21 ottobre 1987, n. 7753, Mass.Giust.civ. 1987, 2203.

59 *Spatazza* (oben Fn. 34), S. 23 (unter Bezug auf Corte di Cass., 18 aprile 1969, n. 1269, Mass.Giust.civ. 1969, 637); ebenso *Ballarino*, Trattato delle s.p.a., vol.9.1, S. 63; *ders.* (oben Fn. 54), S. 394; *ders.* La nazionalità delle società, S. 1573, Fn. 15; *Caruso* (oben Fn. 45), S. 74; *M.Finocchiaro* (oben Fn. 56), Art. 46, S. 629; *Santa Maria* (oben Fn. 45), S. 142.

60 Vgl. Corte di Cass., 21 luglio 1993, n. 8142, Mass.Giust.civ. 1993, 1208; Corte die Cass., 15 novembre 1960, n. 3059, Dir. fallim. 1961, II, 234; Corte di Cass., 25 gennaio 1943, n. 165, Mass. Foro it. 1943, 41; Trib. Roma, 28 gennaio 1970, Riv.not. 1970, 130; *Spatazza* (oben Fn. 34), S. 25; *M.Finocchiaro* (oben Fn. 56), Art. 46, S. 630.

wenn auch der Satzungssitz in ihrem Geltungsbereich liegt. So wird es beispielsweise im deutschen Recht für nicht zulässig gehalten, den Satzungssitz ins Ausland zu verlegen, weil eine deutsche Kapitalgesellschaft als Satzungssitz eine deutsche Gemeinde benennen muß[61]; im italienischen Recht sucht man eine so deutliche Aussage vergebens, obwohl sich zeigen wird, daß ein Auseinanderfallen von Satzungs- und Verwaltungssitz über die Grenze im Ergebnis auch nach italienischem Recht nicht möglich ist[62].

3. Subjekte der Sitzverlegung

Nur der problematische Fall der Sitzverlegung von Gesellschaften mit Rechtspersönlichkeit, von Kapitalgesellschaften, soll Gegenstand dieser Arbeit sein[63]. Die Sitzverlegung von Personengesellschaften hat zwar *kollisionsrechtlich* keine anderen Konsequenzen als die Sitzverlegung von Kapitalgesellschaften[64], jedoch sind die sachrechtlichen Konsequenzen weit weniger problematisch[65]. Vereinfacht beschrieben ist die für die Gesellschafter einer nicht eingetragenen Personengesellschaft schlimmste mögliche Reaktion des italienischen oder des deutschen Gesellschaftsrechtes auf die zugezogene Auslandsgesellschaft, daß die Gesellschaft nur faktisch besteht, weil der (nach ausländischem Recht geschlossene) Gesellschaftsvertrag nicht anerkannt wird, und daß sie damit den Haftungsvorschriften für die Grundform der Gesellschaft, der Gesellschaft bürgerlichen Recht bzw. der *società semplice*, unterliegen[66]. Dies sind aber im Vergleich zu Kapitalgesellschaftern ungleich mildere Folgen für die (Personen-)Gesellschafter, weil sie - mit Ausnahme der Kommanditisten (*soci accomandatori*) - ohnehin von ihrer persönlichen unbeschränkten Haftung nicht befreit sind[67]. Ferner wird durch den Statutenwechsel auch die Identität der Personengesellschaft in ihrer neuen Rechtsordnung grundsätzlich nicht

---

61 BGH, 19.2.1959, BGHZ 29, 320, 328; BGH, 21.11.1955, BGHZ 19, 102, 105; KölnerKomm-*Kraft*, AktG, § 5, Rn. 4; Scholz-*Emmerich*, GmbHG, § 3, Rn. 4; *Wiesner*, in: MünchHandb., Bd.4, § 8, Rn. 3; *Zimmer*, BB 2000, 1361. Ebenso für die GmbH: *Lutter/Hommelhoff*, GmbHG, § 4a, Rn. 5. Vgl. hierzu im einzelnen unten, S. 53f.

62 Vgl. hierzu unten S. 154ff (Zuzug) und S. 200ff (Wegzug).

63 Die grenzüberschreitende Sitzverlegung von Personengesellschaft ist erläutert in der Monographie "Il trasferimento della sede sociale all'estero e dall'estero" der *Commissione per rapporti internazionali* der *Ordine dei dottori commercialisti di Milano e Lodi* (S. 20) sowie für das deutsche Recht bei *Terlau*, Das IPR der GbR (1999), insb. S. 276ff.

64 Sowohl Art. 25 IPRG als auch die Vorgängernormen Artt. 2505, 2509 c.c. gelten für alle Gesellschaften.

65 So auch *Eidenmüller/Rehm*, ZGR 1997, 89, 90; *Terlau* (oben Fn. 63), S. 286.

66 Im italienischen Recht besteht eine (Personen-)Gesellschaft bis zu ihrer Eintragung in Italien als *società irregolare*, fehlt ein wirksamer Vertrag, wird sie als *società di fatto* angesehen; beides führt zu einer Haftung nach den Regeln über die *società semplice*, in der die Gesellschafter unbeschränkt persönlich, wenn auch nur sekundär haften (vgl. hierzu noch ausführlich unten, S. 183f. Zur vergleichbaren Rechtslage im deutschen Recht vgl. S. 41f.

67 So auch *Roth*, RabelsZ 55 (1991), 623, 649; *Terlau* (oben Fn. 63), S. 286.

angegriffen[68]. Beim Wegzug unter Auflösungszwang gilt, abgesehen von unterschiedlich strengen Liquidationsvorschriften, für die Personengesellschaften nichts anderes als für Kapitalgesellschaften[69]. Die Personengesellschaften werden daher in der folgenden Darstellung soweit vernachlässigt, als die Folgen der Sitzverlegung sie in gleicher Weise bzw. weniger hart treffen[70].

---

68 *Borges* (oben Fn. 29), S. 175.

69 So auch *Terlau* (oben Fn. 63), S. 278 (m.w.N.).

70 Wenn im folgenden von "Gesellschaft" gesprochen wird, so ist damit Kapitalgesellschaft gemeint, sofern nicht der Kontext auf Personengesellschaften Bezug nimmt.

§ 2 Die grenzüberschreitende Sitzverlegung von Gesellschaften nach der Auffassung im deutschen internationalen Gesellschaftsrecht

Im deutschen Recht steht die Kontroverse darüber, ob und wie eine grenzüberschreitende Sitzverlegung möglich ist oder sein könnte, auf dem Boden des ungeschriebenen Rechtes und bewegt sich zwischen Extremen: Während nach der (noch) herrschenden Ansicht in Rechtsprechung und Teilen der Literatur eine Gesellschaft sowohl infolge ihres Zuzuges aus dem Ausland als auch infolge ihres Wegzuges ins Ausland als nicht weiter existent behandelt wird[1], sieht eine im Vordringen begriffene, wenn nicht schon vorherrschende Ansicht in der Literatur die grenzüberschreitende Sitzverlegung bereits de lege lata als zulässig und ohne Abwicklung und Neugründung möglich an[2], wieder andere treten mit dem Ziel der Ermöglichung der Sitzverlegung für einen kollisionsrechtlichen Paradigmenwechsel in Richtung der angelsächsischen Gründungstheorie ein[3], was ihre Gegner als Verrat an den Errungenschaften des deutschen Gesellschaftsrechts im Bereich des Kapitalschutzes und der Mitbestimmung bekämpfen[4]. Dabei haben sich in der modernen Diskussion in der Literatur zwei wichtige Eckpfeiler für die Lösung des Problems durchgesetzt, nämlich daß, erstens, nicht das Kollisionsrecht bzw. der Statutenwechsel für die "Nichtanerkennung" einer Gesellschaft verantwortlich ist, sondern die Art und Weise der Anwendung des deutschen Gesellschaftsrechts[5], und, zweitens, daß eine Kapitalgesellschaft deutscher Rechtsform auch anders als durch Neugründung - nämlich durch Formwechsel - entstehen kann[6]. Der

---

1 Der Zuzug einer ausländischen Gesellschaft bewirkt, vereinfacht beschrieben, den Verlust ihrer Anerkennung als juristischer Person, da ihr die im deutschen Rechtskreis hierzu erforderliche Eintragung fehlt (vgl. hierzu die Darstellung S. 24ff). Der Wegzug wird sachrechtlich nicht für möglich erachtet mit der Folge, daß der Wegzugsbeschluß in einen Auflösungsbeschluß umgedeutet wird mit der sich hieran anschließenden Liquidation (vgl. hierzu S. 53f). Besonders drastisch hat *Knobbe-Keuk* (DB 1990, 2573) diese Rechtsfolge umschrieben: "Die Grenzen von Sitztheoriestaaten sind gefährlich. Ermordet werden nicht nur ausländische Gesellschaften, die in das Inland ziehen, sondern auch inländische Gesellschaften, die das Inland verlassen wollen".

2 *K.Schmidt*, ZGR 1999, 20, 27; vgl. hierzu die Darstellung unten S. 41ff. De lege ferenda (unter Zuhilfenahme der Vorschriften über die formwechselnde Umwandlung) auch *Behrens*, RabelsZ 52 (1988), 498; *ders.*, ZGR 1994, 1, 8ff; *Großfeld/Jasper*, RabelsZ 53 (1989), S. 52f.

3 Z.B. *Knobbe-Keuk*, ZHR 154 (1990), 325; siehe unten S. 38.

4 Statt vieler: MünchKomm-*Kindler*, IntGesR, Rn. 313; MünchKomm(2.A.)-*Ebenroth*, EGBGB, Nach Art. 10, Rn. 146f; Staudinger-*Großfeld*, IntGesR, Rn. 617ff.

5 Statt vieler: Hachenburg-*Behrens*, GmbHG, Einl., Rn. 167, 168; Rowedder-*Rittner*, GmbHG, Einl., Rn. 292; *Hoffmann*, NZG 1999, 1077, 1080; *ders.*, ZHR 2000, 43, 46; *Kindler*, NJW 1999, 1993, 1994; *Kruse*, EWS 1998, 444, 445; *Roth*, ZEuP 1994, 1, 20.

6 Vgl. statt vieler *Behrens*, EuZW 1998, Heft 12, Editorial. Das hatte noch das OLG Zweibrücken (27.6.1990, DB 1990, 1660) anders gesehen und eine identitäswahrende

Literatur ist es allerdings bislang nicht gelungen, die Rechtsprechung zu überzeugen, die es - zum fast einhelligen Bedauern in der Literatur[7] - vorgezogen hat, die Lösung der seit Jahrzehnten diskutierten Fragen in die Hände des EuGH zu legen[8].

I. Kollisionsrechtliche Grundlage der Sitzverlegung nach deutschem Recht

Im deutschen internationalen Gesellschaftsrecht gilt - ungeschrieben, aber gewohnheitsrechtlich verfestigt - die Sitztheorie[9]; die Regelung aller das Gesell-

---

Sitzverlegung einer dem deutschen Gesellschaftsrecht angepaßten Gesellschaft deswegen verneint; vgl. zu dieser Entscheidung unten S. 34.

7 *Altmeppen*, DStR 2000, 1061, 1063; *Borges*, RIW 2000, 167, 172; *Forsthoff*, DB 2000, 1109; *Görk*, MittBayNot 2000, 566, 568; *Jaeger*, NZG 2000, 918, 921f; *Roth*, ZIP 2000, 1597, 1599; *Zimmer*, BB 2000, 1361, 1363.

8 Vgl. Vorlagebeschluß des BGH vom 30.3.2000, ZIP 2000, 967 (Zuzug durch Verwaltungssitzverlegung ins Inland) und Vorlagebeschluß des AG Heidelberg vom 13.3.2000, ZIP 2000, 1617, 1618 (Wegzug durch Verwaltungs- und Satzungssitzverlegung ins Ausland). Mit einer Entscheidung des EuGH wird nicht vor August 2001 gerechnet. Die Verfahren vor dem EuGH haben die Aktenzeichen C-208/00 (BGH-Vorlage) und C-86/00 (AG Heidelberg).

9 Vgl. aus der Rechtsprechung: BGH (oben Fn. 8), ZIP 2000, 967; BGH 21.3.1986, BGHZ 97, 269, 271; BGH, 5.11.1980, BGHZ 78, 318, 334; BGH, 30.1.1970, BGHZ 53, 181, 183; BGH 7.10.1968, BGHZ 51, 27, 28; BGH, 11.7.1957, BGHZ 25, 134, 144; BFH, 13.11.1991, GmbHR 1992, 315, 316; BayObLG, 26.8.1998, RIW 1998, 966, 967; OLG Düsseldorf, 26.3.2001, ZIP 2001, 790; OLG Zweibrücken, 20.10.2000, ZIP 2000, 2172, 2173; OLG Brandenburg, 31.5.2000, NJW-RR 2001, 29, 30; KG, 11.2.1997, IPRax 1998, 360, 362; OLG Hamm, 30.4.1997, IPRax 1998, 363; OLG Hamm, 4.10.1996, IPRax 1998, 358; OLG Hamm, 18.8.1994, RIW 1995, 152, 153; BayObLG, 7.5.1992, GmbHR 1992, 529; OLG Oldenburg, 4.4.1989, RIW 1990, 1019; OLG Frankfurt a.M., 24.4.1990, NJW 1990, 2204, 2205; OLG Frankfurt a.M., 11.7.1985, IPRax 1986, 373, 374; OLG München, 6.5.1986, NJW 1986, 2197, 2198; BayObLG, 18.9.1986, BayObLGZ 1986, 61, 67; BayObLG, 18.7.1985, IPRax 1986, 161, 162; OLG Hamburg, 20.2.1986, NJW 1986, 2199; OLG Nürnberg, 7.6.1984, IPRax 1985, 342; OLG Frankfurt a.M., 3.6.1964, NJW 1964, 2355; LG Potsdam, 30.9.1999, ZIP 1999, 2021, 2022; LG München, 22.7.1999, ZIP 1999, 1680; LG Mainz, 7.10.1996, RPfleger 1997, 178; LG Marburg, 17.9.1992, RIW 1994, 63; LG Köln, 25.11.1985, GmbHR 1986, 314, 315.

Aus der Literatur vgl. statt vieler: MünchKomm-*Kindler*, IntGesR, Rn. 264; MünchKomm(2.A.)-*Ebenroth*, EGBGB, Nach Art. 10, Rn. 177ff; Staudinger-*Großfeld*, IntGesR, Rn. 604f; Soergel-*Lüderitz*, AGBGB, Anh. Art. 10, Rn. 8 (der nach einer Analyse der Rechtsprechung allerdings darauf verweist, daß die Rechtsprechung das Personalstatut der Rechtsform bzw. Firma unterstellt, sofern nicht Zweifel daran bestehen, daß der Geschäftssitz tatsächlich ein anderer ist); *Eyles*, Niederlassungsrecht, S. 99; *Großfeld/König*, RIW 1992, 433; *Kegel/Schurig*, IPR § 17 II 1, S. 504; *G.Roth*, ZIP 1999, 861; *Zisowski*, Grenzüberschreitender Umzug von Kapitalgesellschaften, S. 16f. Zusammenfassend (m.w.N.) *Zimmer*, ZHR 164 (2000), 23, 24f.

Lediglich das KG (13.6.1989, NJW 1989, 3100, 3101) deutete die Bereitschaft an, von der Sitztheorie im Hinblick auf die Regelung in dem nicht in Kraft gesetzten Abkommen über die gegenseitige Anerkennung von Gesellschaften vom 29.2.1968 abzurücken.

schaftsrecht betreffenden Fragen obliegt demnach dem Staat, in dessen Territorium sich der tatsächliche Verwaltungssitz einer Gesellschaft befindet[10]. Dies ist der Ort, von dem aus die lenkenden Entscheidungen für die Verwaltung der Angelegenheiten der Gesellschaft getroffen werden[11]; der in der Satzung angegebene "offizielle" Sitz spielt, kollisionsrechtlich betrachtet, keine Rolle. Auf diese Weise koppelt die Sitztheorie an die Wahl des wirtschaftlichen Tätigkeitsortes den Zwang zur Wahl einer von dem dort geltenden Gesellschaftsrecht zur Verfügung gestellten Gesellschaftsform. Eine sogenannte fehlerhafte Rechtswahl, bei der Gründungsstaat und Staat der Hauptverwaltung auseinanderfallen, hat nach der Sitztheorie zur Folge, daß die Gesellschaft nicht nach dem tatsächlich auf sie anwendbaren Gesellschaftsrecht gegründet ist, so daß es nicht zur Fiktion ihrer juristischen Existenz kommt.

1. Funktion der Sitztheorie als Kollisionsnorm

Die Sitztheorie ist nichts anderes als eine Kollisionsnorm i.S.d. Art. 3 Abs. 1 Satz 1 EGBGB. Als solche ist ihre einzige unmittelbare Folge, daß sie auf eine Gesellschaft eine bestimmte Rechtsordnung zur Anwendung bringt. Weitere Rechtsfolgen hat die Sitztheorie als solche nicht[12].

Zisowski ((Fn. 9), S. 18f) will außerdem dem Reichsgericht nachgewiesen haben, es habe nicht den Verwaltungs- sondern den Satzungssitz zugrunde gelegt. Dem kann jedoch nicht gefolgt werden, denn die als Beleg zitierten Urteile lassen seinen Rückschluß nicht zu: In RG, 19.6.1920, RGZ 99, 217, 218, wird lediglich eine Vermutungsregel angewandt (vgl. hierzu unten S. 18); im Fall RG, 3.6.1927, RGZ 117, 215, lagen sowohl der satzungsmäßige Sitz als auch der Sitz der Verwaltung in Wilmington, Delaware, wobei das RG die Anwendung des Rechtes des Staates Delaware ausdrücklich damit rechtfertigt, daß in Wilmington der Sitz der Verwaltung, in Luoisville hingegen nur ein Geschäftssitz liege (vgl. RG a.a.O., S. 217). Zweifelnd allerdings das OLG Frankfurt a.M. (23.6.1999, ZIP 1999, 1710, 1711), nach dessen Ansicht die Sitztheorie nicht in allen Fällen zu brauchbaren Ergebnissen führt (vgl. hierzu auch Fn. 18).

10 Vgl. statt vieler: MünchKomm(2.A.)-*Ebenroth*, EGBGB, Nach Art. 10, Rn. 177; *Ebenroth/Auer*, GmbHR 1994, 16, 17; *Höft*, Identitätswahrende Verwaltungssitzverlegung, S. 40f; *K.Schmidt* (oben Fn. 2), S. 23.

11 Vgl. BGH (oben Fn. 9), BGHZ 97, 269, 272; BayObLG (oben Fn. 9), IPRax 1986, 161, 162; Soergel-*Lüderitz*, EGBGB, Anh. Art.10, Rn. 15; MünchKomm-*Kindler*, IntGesR, Rn. 316; MünchKomm(2.A.)-*Ebenroth*, EGBGB, Nach Art. 10, Rn. 179f; *Borges* (oben Fn. 7), S. 170; ausführlich zuletzt *Zimmer*, in: FS Lutter, S. 231, 237. Über die Begriffsbestimmung besteht nur in äußersten Randbereichen Unsicherheit, vgl. hierzu *Kruse*, Sitzverlegung von Kapitalgesellschaften innerhalb der EU, S. 23-25. Zu problematischen Fällen der Sitzbestimmung, etwa bei Kleinstunternehmen oder in Abhängigkeit von der wirtschaftlichen Tätigkeit, vgl. OLG Frankfurt a.M. (oben Fn. 9), ZIP 1999, 1710, und hierzu *Borges* (oben Fn. 7), S. 170f, *Kindler*, EWiR 1999, 1081, 1982; *Luttermann*, ZEuP 2000, 907, 916f (insbesondere mit Hinweis auf die im Internet-Markt tätigen und deswegen nicht lokalisierbaren Gesellschaften).

12 *Altmeppen* (oben Fn. 7), S. 1062; *Behrens*, RIW 1986, 590; *ders.*, IPRax 1989, 354; *ders.*, ZGR 1994, 1, 24; *Bungert*, AG 1995, 489, 500; *Kindler* (oben Fn. 5), S. 1994; *Kruse*

Durch die Anknüpfung an den "tatsächlichen" Sitz der Gesellschaft ermöglicht es die Sitztheorie, dem Recht des Staates Anwendungsvorrang zu gewähren, dessen Rechtsverkehr am stärksten durch die Tätigkeit der Gesellschaft betroffen ist[13]. Durch diese Einschränkung der Rechtswahlfreiheit schützt sie vor der Implementierung von nach laxen Gesellschaftsrechten gegründeten Gesellschaften[14], indem sie die im Inland geltenden gesellschaftsrechtlichen Regeln mit den dort vorhandenen vergleichsweise strengen Schutzinstrumentarien für anwendbar erklärt[15]. Bezweckt wird damit der Schutz vor sogenannten pseudo-foreign-corporations oder "Briefkastengesellschaften", die nur zum Schein nach ausländischem Recht errichtet werden, ihre Geschäftstätigkeit aber ausschließlich im Inland ausüben[16]. Solange die nationalen Gesellschaftsrechte hinsichtlich ihrer Schutzmechanismen differieren, wird die Sitztheorie als Schutztheorie für unverzichtbar gehalten[17].

2. Exkurs: Regeln zur Beweisführung im Hinblick auf den Verwaltungssitz

Eine praktische Schwierigkeit bereitet die Anwendung der Sitztheorie dadurch, daß sich der Verwaltungssitz einer grenzüberschreitend tätigen Gesellschaft von

---

(oben Fn. 11), S. 37f; *Lutter*, ZGR 1992, 435, 448; *Müller*, ZIP 1997, 1049, 1050; *K.Schmidt* (oben Fn. 2), S. 23; *Roth* (oben Fn. 7), S. 1599.

13 KG (oben Fn. 9), IPRax 1998, 360, 362; BayObLG (oben Fn. 9), GmbHR 1992, 529, 530; MünchKomm-*Kindler*, IntGesR, Rn. 313; *Ebenroth/Bippus*, JZ 1988, 677; *Ebenroth/Auer*, JZ 1993, 374, 375; *Göttsche*, DStR 1999, 1403, 1404; *Höft* (oben Fn. 10), S. 41. Kritisch allerdings *Behrens* (RabelsZ 52 (1988), 498, 513) und *Schniechels* (Reichweite der Niederlassungsfreiheit, S. 182), die darauf hinweisen, angesichts der in modernen Märkten möglichen Formen von wirtschaftlicher Tätigkeit und ihrer Verwaltung sei nicht gewährleistet, daß der Sitz der Verwaltung in dem Staat liegen müsse, in welchem die Gesellschaft ihre Hauptgeschäftstätigkeit entfaltet.

14 Vgl. statt vieler: BFH (oben Fn. 9), GmbHR 1992, 315, 316; *Bechtel*, Umzug von Kapitalgesellschaften unter der Sitztheorie, S. 2; *Behrens* (oben Fn. 2), S. 512; *Geyrhalter*, EWS 1999, 201, 202; *G.Roth* (oben Fn. 9), S. 861; *K.Schmidt* (oben Fn. 2), S. 23.

15 BayObLG (oben Fn. 9), RIW 1998, 966, 967; KG (oben Fn. 9), IPRax 1998, 360, 362; BayObLG (oben Fn. 9), GmbHR 1992, 529, 530; OLG Hamburg (oben Fn. 9), NJW 1986, 2199; LG Marburg (oben Fn. 9), RIW 1994, 63, 64; LG Köln (oben Fn. 9), GmbHR 1986, 314. Ebenso: *Bechtel* (oben Fn. 14), S. 1; *Behrens* (oben Fn. 2), S. 512; *Kaligin*, DB 1985, 1449, 1450; *K.Schmidt* (oben Fn. 2), S. 23.

16 Vgl. z.B. OLG Hamburg (oben Fn. 9), NJW 1986, 2199; MünchKomm-*Kindler*, IntGesR, Rn. 269; *Bechtel* (oben Fn. 14), S. 1.

17 Statt vieler: *K.Schmidt* (oben Fn. 2), S. 23. Das *BayObLG* führt hierzu aus, "ein Staat, der in Sorge um seine eigenen Volkswirtschaft dem ineinandergreifen der Interessen von Gründern und Gründungsstatut mißtraut, wird grundsätzlich eine von Satzungssitz und Registerbelegenheit unabhängige Anknüpfung wählen und auf das Recht des Ortes abstellen, von dem aus die Gesellschaft tatsächlich gesteuert wird" ((Fn. 9), GmbHR 1992, 529, 530). Kritisch hierzu zum Beispiel *Behrens*, in: Die GmbH im IPR u. EuR, IPR Rn. 12 - 17.

Außenstehenden so gut wie gar nicht bestimmen läßt[18]. Die Verteilung der Beweislast ist daher von einiger Relevanz. In der Regel gelingt nur der Gegenbeweis, wo die Hauptverwaltung *nicht* ist. Die Rechtsprechung hat im Hinblick auf diese Schwierigkeiten sich selbst sowie klagenden und beklagten Parteien eines Rechtsstreits mit der Aufstellung von "Vermutungsregeln" und "allgemeinen Erfahrungssätzen" geholfen[19].

Prinzipiell trägt trotz der insoweit bestehenden Amtsermittlungspflicht jede Partei die Beibringungslast für die Tatsachen, aus denen sich das Vorliegen der Prozeßvoraussetzungen ergibt[20]. Schon das Reichsgericht ging allerdings davon aus, daß "im allgemeinen derjenige Ort als Sitz einer Vereinigung [gilt], der in der Satzung als Sitz bestimmt ist"[21]. Dieser Grundsatz ist inzwischen für den Zivilprozeß und das Grundbuchverfahren[22] als widerlegbare Vermutung anerkannt[23] und wird als anerkennungsfreundlich begrüßt[24]. Die Vermutungsregel gilt prinzipiell auch für das handelsregistergerichtliche Verfahren. Sie

---

18 Statt vieler: MünchKomm(2.A.)-*Ebenroth*, EGBGB, Nach Art. 10, Rn. 179; *Behrens* (oben Fn. 17), IPR Rn. 12. Als jüngstes Beispiel hierfür mag eine Entscheidung des OLG Frankfurt am Main dienen, in welcher das Gericht zu der Überzeugung gelangte, die Gesellschaft habe überhaupt keine Verwaltungssitz, weil die Geschäftsführer die Geschäfte der Gesellschaft "im wahrsten Sinne des Wortes 'fliegend' wahrgenommen" hätten (OLG Frankfurt a.M. (oben Fn. 9), ZIP 1999, 1710, 1711).

19 Kritisch zu dieser Praxis MünchKomm-*Kindler*, IntGesR, Rn. 328f.

20 Statt vieler: LG Potsdam (oben Fn. 9), ZIP 1999, 2021, 2022; MünchKomm-*Kindler*, IntGesR, Rn. 343; *Borges* (oben Fn. 7), S. 168; *Kindler* (oben Fn. 5), S. 1994; *ders.*, EWiR 1999, 1081, 1082.

21 RG (oben Fn. 9), RGZ 99, 217, 218.

22 OLG Hamm (oben Fn. 9), RIW 1995, 152, 153; das KG ((oben Fn. 9), IPRax 1998, 360, 362) weist darauf hin, daß im Grundbuchverfahren der Amtsermittlungsgrundsatz nicht herrsche.

23 OLG München (oben Fn. 9), NJW 1986, 2197, 2198; ihm folgend: KG (oben Fn. 9), IPRax 1998, 360, 362; OLG Jena, 17.12.1997, IPRax 1998, 364, 365; OLG Düsseldorf, 15.12.1994, ZIP 1995, 1009, 1011; OLG Oldenburg (oben Fn. 9), RIW 1990, 1019; LG Potsdam (oben Fn. 9), ZIP 1999, 2021, 2023. Zur Vermutungsregel siehe auch Soergel-*Lüderitz*, EGBGB, Anh. Art.10, Rn. 9 m.w.N. Fn. 37. Zustimmend: Vgl. *Ebenroth/Eyles*, DB 1988, Beil.2, S. 1, 6; MünchKomm(2.A.)-*Ebenroth*, EGBGB, Nach Art. 10, Rn. 186. Kritisch hingegen *Kösters* (NZG 1998, 241, 242) und *Kindler* (in: MünchKomm(3.A.), IntGesR, Rn. 343).

Hinsichtlich dieser Folgen der "Vermutung" für die Beweislastverteilung gehen die Vorstellungen der Gerichte auseinander: Während das OLG Hamm ((Fn. 9), RIW 1995, 152, 153) von der Existenz eines "allgemeinen Erfahrungssatzes" im Rahmen der freien Beweiswürdigung ausgeht, so daß (jedenfalls im Grundbuchverfahren) nur bei begründeten Zweifeln weitere Nachweise zu fordern seien, beschränkt sich das LG Köln ((Fn. 9), GmbHR 1986, 314, 315) auf die Feststellung, der beklagte Handelnde müsse der Behauptung, der Verwaltungssitz der von ihm vertretenen Gesellschaft liege im Inland, substantiiert entgegen treten.

24 So *Bungert* (DB 1995, 963, 964f) mit dem Hinweis, daß "Briefkastengesellschaften" in Deutschland ohnehin die Ausnahme seien; *ders.*, IPRax 1998, 341, 345.

verschafft der antragstellenden Gesellschaft allerdings nur eine scheinbar stabile Position: Aufgrund des Amtsermittlungsgrundsatzes gemäß § 12 FGG[25] und der besonderen Pflicht des Registergerichts aus §§ 126, 142 FGG, unrichtige Eintragungen zu vermeiden, geht die Rechtsprechung davon aus, das Gericht müsse jedem begründeten Zweifel nachgehen[26]. Im Ergebnis obliegt daher der Antragstellerin im Falle des § 13e Abs. 1 Satz 2 HGB (der ausländischen Gesellschaft) die volle Darlegungslast für ihre Rechtsfähigkeit[27].

Für den Zivilprozeß scheint es keine zuverlässige Praxis zu geben darüber, wie die Vermutung erschüttert oder widerlegt werden muß: Während die Rechtsprechung überwiegend davon ausgeht, daß derjenige, der sich auf das Abweichen der Tatsachen von der Vermutungsregel und damit auf die fehlende Rechtsfähigkeit beruft, hierfür die volle Beweislast trägt[28], sollen teilweise bereits durch Indizien begründete Zweifel an der Vermutung genügen, um die volle Beweislast für die Rechtsfähigkeit der antragstellenden Partei wieder aufleben zu lassen[29]. Die Rechtsprechung hat sich bislang allerdings nicht dazu verleiten lassen, grundsätzlich zu vermuten, daß Gesellschaften aus gesellschafts- oder steuerrechtlichen "Oasenländern" in der Regel pseudo-foreign-corporations seien[30].

---

25 KG (oben Fn. 9), IPRax 1998, 360, 361, 363; BayObLG (oben Fn. 9), IPRax 1986, 161, 165; *Kindler* (oben Fn. 5), S. 1994.

26 Vgl. KG a.a.O., S. 362. Als begründete Zweifel ließ das Gericht bereits sich aus der allgemeinen Lebens- und Geschäftserfahrung ergebende Umstände genügen, ferner die Runderlasse der Finanzminister der Länder zu "Oasenländern" (kritisch hierzu *Bungert*, DB 1995, 962, 965f; *ders.* IPRax 1998, 341, 342).

27 BayObLG (oben Fn. 9), IPRax 1986, 161, 163; ebenso: BayObLG (oben Fn. 9), RIW 1998, 966; zustimmend *Kindler* (oben Fn. 5), S. 1994. Ob diese Rechtslage angesichts der Entscheidung des EuGH im Fall "Centros Ltd." (Urteil v. 9.3.1999 - Rs. 212/97, Slg. 1999, I, 1459, 1484) aufrecht erhalten werden kann, erscheint wenig wahrscheinlich; vgl. hierzu auch MünchKomm-*Kindler*, IntGesR, Rn. 340, 341, und unten S. 107f.

28 BGH (oben Fn. 9), BGHZ 97, 269, 273; OLG München (oben Fn. 9), NJW 1986, 2197, 2198; LG Mainz (oben Fn. 9), RPfleger 1997, 178. Ähnlich OLG Oldenburg (oben Fn. 9), RIW 1990, 1019. Aus der Literatur: *Behrens* (oben Fn. 17), IPR Rn.10. Anders aber: LG Stuttgart, 31.7.1989, IPRax 1991, 118, 119: In diesem Fall war bewiesen, daß die "L.Management A.G." in Stuttgart Geschäftstätigkeit entfaltet hatte; das Gericht sah daher die Beklagte "A.G." als beweispflichtig an für das Vorliegen ihrer Hauptgeschäftstätigkeit am Ort ihres Satzungssitzes in London.

29 LG Potsdam (oben Fn. 9), ZIP 1999, 2021, 2023: "Die insoweit bestehende Vermutung ... wird entkräftet durch sich gleichzeitig aus Urkunden ergebende *Indizien* für eine faktische Unternehmenssteuerung der Klägerin von Deutschland aus" (Hervorh.v.Verf.).

30 OLG Hamm (oben Fn. 9), RIW 1995, 152, 154. Ansätze hierzu finden sich allerdings in den Urteilen des KG (oben Fn. 9), IPRax 1998, 360, 362; LG Essen, 10.3.1994, IPRax 1996, 120, 121.

II. Die Rechtsfolgen einer Sitzverlegung nach Deutschland (Zuzug)

Bei der Untersuchung der Folgen einer "grenzüberschreitenden Sitzverlegung" in den Geltungsbereich des deutschen Rechts muß danach unterschieden werden, ob nur der tatsächliche Sitz der Hauptverwaltung oder nur der förmliche satzungsmäßige Sitz oder beide gemeinsam verlegt werden[31]. Die Rechtsfolgen sind jeweils unterschiedlich, weil kollisionsrechtlich nur der Verwaltungssitz über die lex societatis entscheidet.

Die identitätswahrende Sitzverlegung in den Geltungsbereich des deutschen Rechts ist bekanntermaßen[32] nach Ansicht der deutschen Gerichte und der wohl noch herrschenden Literatur nicht möglich[33]. Dabei macht die Diskussion im deutschen Recht keinen Unterschied zwischen den Fällen eines echten Zuzuges, in dem die Verwaltung einer ausländischen Gesellschaft nach Jahren erfolgreicher Tätigkeit ihrem sich blühend entwickelnden Markt in Deutschland hinterherzieht, und der Errichtung einer pseudo-foreign-corporation im klassischen Sinne, die nur deshalb nach ausländischem Recht gegründet wurde, weil die deutschen Gründungsvorschriften den Gründern zu unbequem erschienen. Daß das italienische Recht eine grenzüberschreitende Sitzverlegung

---

31 Die verschiedenen Phänomene von "Sitz"-Verlegung werden in der Diskussion nicht immer sorgfältig voneinander getrennt (so auch die Kritik von Staudinger-*Großfeld*, IntGesR, Rn. 607). Das mag seinen Grund unter anderem darin haben, daß beides in der Rechtswirklichkeit der "echten" Verlegung einer ausländischen Gesellschaft nach Deutschland nicht so einfach voneinander zu trennen ist: Der Umzug der Geschäftsleitungsorgane ist bei einer echten Verlegung der Gesellschaft nichts anderes als die tatsächliche Durchführung des Beschlusses der Gesellschafter, den förmlichen Sitz der Gesellschaft nach Deutschland zu verlegen. Der Fall, daß die Verwaltungsorgane ohne Wissen der Gesellschafter in ein anderes Rechtsgebiet umziehen, erweist sich rechtstatsächlich meist als theoretisch; der von *Thömmes* (DB 1993, 1019, 1922) aufgestellten Behauptung, in 15 der bislang zur Sitztheorie entschiedenen 26 Fällen aus der Rechtsprechung habe eine "unbewußte Sitzverlegung" vorgelegen, wird hiermit entgegengetreten; tatsächlich lagen in den allermeisten Fällen nach der Überzeugung des jeweiligen Gerichts Briefkastengesellschaften vor, nämlich stets entweder Anstalten liechtensteinischen Rechts oder aber "Limiteds" mit satzungsgemäßem "Briefkasten" in Delaware, auf den Niederländischen Antillen oder in London (vgl. zu den entschiedenen Fällen auch S. 23)). Wenn aber ein Gesellschafterbeschluß über die Verlegung "des Sitzes" vorliegt, ist schwerlich vorstellbar, wie dieser Beschluß nur den "Sitz der Verwaltung" betreffen soll, einmal abgesehen von der Frage, ob es rechtlich überhaupt zulässig ist, daß die Gesellschafterversammlung einen von dem Satzungssitz verschiedenen Sitz der Verwaltung per Beschluß festlegen.

32 Vgl. z.B. die in den letzten Jahren erschienenen Dissertationen von *Schniechels*, Reichweite der Niederlassungsfreiheit (1995), *Kruse*, Sitzverlegung von Kapitalgesellschaften innerhalb der EG (1997), und *Bechtel*, Umzug von Kapitalgesellschaften unter der Sitztheorie (1999).

33 Vgl. z.B.: BGH (oben Fn. 9), BGHZ 97, 269, 272; OLG München (oben Fn. 9), NJW 1986, 2197, 2198; OLG Nürnberg (oben Fn. 9), IPRax 1985, 342; OLG Zweibrücken (oben Fn. 6), DB 1990, 1660; MünchKomm(2.A.)-*Ebenroth*, EGBGB, Nach Art. 10, Rn. 217; *Ebling*, BB 1970, 450, 452.

für zulässig hält, liegt nicht zuletzt an dem Umstand, daß Wissenschaft und Rechtsprechung einen wesentlichen Unterschied zwischen beiden Fallgestaltungen erblicken[34]. Die zaghaften Ansätze auch der deutschen Rechtsprechung, eine entsprechende Unterscheidung zu erwägen[35], haben sich allerdings nicht durchgesetzt[36]. Zwar ist zuzugeben, daß nach dem Schutzzweck der Sitztheorie der Rechtsverkehr vor einer aus Delaware zugezogenen Gesellschaft prinzipiell ebenso zu schützen ist wie vor einer Delaware-Gesellschaft, die niemals in Delaware eine Verwaltung hatte. Dennoch macht *Buyer*[37] zu Recht auf den nicht unbedeutenden Unterschied aufmerksam, daß eine "echte" pseudo-foreign-corporation zu dem Zeitpunkt, in welchem ihr die Anerkennung versagt wird - nämlich bereits bei ihrer Gründung - kein nennenswertes Vermögen hat, weil non-resident companies typischerweise in Rechtsordnungen errichtet werden, die für die Entstehung einer Kapitalgesellschaft keine Kapitalausstattung verlangen. Daher mehren sich in der neueren Literatur die Stimmen, die eine Differenzierung beider Fallgestaltungen fordern[38].

1. Kollisionsrechtliche Konsequenzen

Mit der Verlegung des Anknüpfungsmomentes "Verwaltungssitz" in den Geltungsbereich des deutschen Rechts ändert sich nach der Sitztheorie das auf die Gesellschaft anwendbare Recht (Statutenwechsel)[39]. Ein *renvoi*, der beim

---

[34] In Italien wird eine Gesellschaft "anerkannt", wenn sie nach ausländischem Recht wirksam errichtet worden ist. Voraussetzung dafür ist, daß im Gründungszeitpunkt das Recht, nach dem sie errichtet wurde, auch nach italienischem Kollisionsrecht anwendbar war. Diese Unterscheidung geht maßgeblich auf *Santa Maria* zurück (Le società nel dir. int. priv., S. 179ff., vgl. hierzu eingehend unten S. 153f).

[35] Vgl. z.B. OLG München (oben Fn. 9), NJW 1986, 2197, 2198: Das Gericht wirft die - im konkreten Fall bejahte - Frage auf, ob nach der Sitztheorie auch in den Fällen verfahren werden soll, in denen der Verwaltungssitz erst *nach* der Gründung in das Ausland verlegt worden ist, wo also keine Umgehungsabsicht vorlag. Ebenso *OLG Frankfurt a.M.* ((Fn. 9), NJW 1964, 2355), das danach unterscheiden will, ob die Gesellschaft nach deutschem Recht vormals wirksam existiert hat oder nicht, denn mit Verwaltungssitz im Inland *fort*bestehen könne nur eine Gesellschaft, deren Rechtsfähigkeit nicht bereits von vorneherein nach deutschem Recht zu beurteilen war (a.a.O., S. 2356). Für eine Differenzierung spricht sich auch *G.Roth* ((Fn. 9), S. 864), aus.

[36] Vgl. statt vieler: BGH (oben Fn. 9), BGHZ 97, 269, 271 (ausdrücklich gegen einen entsprechenden Standpunkt der Vorinstanz); *Ebke*, ZGR 1987, 245, 256; *Großfeld/König* (oben Fn. 9), S. 433.

[37] DB 1990, 1682.

[38] *Bechtel* (oben Fn. 14), S. 7f; *Thömmes* (oben Fn. 31), S. 1022. Ähnlich *K.Schmidt* (oben Fn. 2), S. 23f; nach seiner Ansicht ist die Nichtanerkennung nur eine "Sanktion, wenn das Gestaltungsziel bei der Sitzverlegung vernachlässigt oder verfehlt wird" (a.a.O., S. 26).

[39] Insoweit herrscht Einigkeit, vgl. statt vieler aus der Rechtsprechung BGH (oben Fn. 9), BGHZ 97, 269, 271; aus der Literatur: MünchKomm-*Kindler*, IntGesR, Rn. 389; MünchKomm(2.A.)-*Ebenroth*, EGBGB, Nach Art. 10, Rn. 217; Staudinger-*Großfeld*,

Wegzug eine Rolle spielt, ist im Fall der Verlegung des Verwaltungssitzes nach Deutschland nicht denkbar, so daß es in jedem Fall zu einem Statutenwechsel kommt. Die Verlegung des Satzungssitzes ist kollisionsrechtlich irrelevant[40], das deutsche Recht verweist nach Art. 4 EGBGB nach wie vor auf das Recht des Verwaltungssitzes[41].

2. Sachrechtliche Konsequenzen des Statutenwechsels: eine Bestandsaufnahme der Rechtsprechung

Die Frage, ob eine im Ausland gegründete Gesellschaft mit Verwaltungssitz in Deutschland rechtlich existiert, als was sie existiert und welche Rechtsfolgen sich hieraus ergeben, ist vor deutschen Gerichten bislang hauptsächlich aus folgenden Gründen zu klären gewesen: Zumeist ging es um die Inanspruchnahme des für eine ausländische Gesellschaft handelnden Geschäftsführers, der für im Namen der Gesellschaft begründete Verbindlichkeiten persönlich haften sollte[42]; lediglich in zwei Fällen wurde die Gesellschaft selbst in Anspruch genommen[43]. Zum anderen betrafen die Entscheidungen registerrechtliche Verfahren, meist die Eintragung von Zweigniederlassungen[44]. Nur in wenigen Fällen war dabei über die Eintragung einer echten Sitzverlegung zu entscheiden[45]. Schließlich - und vor allem in jüngster Zeit - spielte die Partei- und Rechtsfähigkeit einer ausländischen Gesellschaft eine Rolle bei Leistungsklagen[46], in einem Fall bei Beantragung der Eröffnung des

---

IntGesR, Rn. 600; *Behrens*, ZGR 1994, 1, 7; *Höft* (oben Fn. 10), S. 42; *Kegel/Schurig* (oben Fn. 9), S. 508.

40 MünchKomm-*Kindler*, IntGesR, Rn. 399; *Kruse* (oben Fn. 11), S. 47; *Zisowski* (oben Fn. 9), S. 16.

41 Ein Statutenwechsel kann sich in diesem Fall dann ergeben, wenn das deutsche Recht eine Rückverweisung des Verwaltungssitzstaates, dessen Rechtsordnung selbst der Gründungstheorie folgt, annimmt. Dieser Fall entspricht dann hinsichtlich seiner Rechtsfolgen dem des Wegzuges durch Verlegung des Verwaltungssitzes in einen Gründungstheoriestaat; vgl. hierzu unten S. 59f.

42 OLG Düsseldorf (oben Fn. 23), ZIP 1995, 1009; OLG Oldenburg (oben Fn. 9), RIW 1990, 1019; KG (oben Fn. 9), NJW 1989, 3100; OLG München (oben Fn. 9), NJW 1986, 2197; OLG Hamburg (oben Fn. 9), NJW 1986, 2199; OLG Frankfurt a.M. (oben Fn. 9), NJW 1964, 2355; LG Marburg (oben Fn. 9), RIW 1994, 63; LG Stuttgart (oben Fn. 28), IPRax 1991, 118, 119; LG Köln (oben Fn. 9), GmbHR 1986, 314.

43 Vgl. BGH (oben Fn. 9), BGHZ 97, 269; OLG Nürnberg (oben Fn. 9), IPRax 1985, 342.

44 BayObLG (oben Fn. 9), RIW 1998, 966; BayObLG (oben Fn. 9), BayObLG (oben Fn. 9), IPRax 1986, 161.

45 KG (oben Fn. 9), IPRax 1998, 360, 361 (Sitzverlegung von Hamburg nach Berlin, S. 363: "bestehende Zweifel, daß Alleingesellschafterin tatsächlich ihren effektiven Verwaltungssitz auf den Niederländischen Antillen hat"); OLG Zweibrücken (oben Fn. 6), DB 1990, 1660. Betroffen war jeweils die Verlegung zumindest auch des *Satzungssitzes*.

46 BGH (oben Fn. 8), ZIP 2000, 967; OLG Brandenburg (oben Fn. 9), NJW-RR 2001, 29; OLG Frankfurt a.M. (oben Fn. 9), ZIP 1999, 1710; OLG Jena (oben Fn. 23), IPRax 1998,

Insolvenzverfahrens durch eine ausländische Gläubigerin[47] sowie bei Grundbucheintragungen zugunsten einer Auslandsgesellschaft[48].

a. Verlust der Rechtsfähigkeit

Nach der im deutschen Recht vorherrschenden Ansicht hat der Statutenwechsel zur Folge, daß die zuziehende Gesellschaft nicht (mehr) als wirksam gegründet anerkannt wird[49]. Über diese Rechtsfolge besteht in großem Maße Einigkeit. Größte Uneinigkeit besteht hingegen darüber, wodurch sie ausgelöst wird.

In der Literatur wird oftmals die Ansicht zum Ausdruck gebracht, der Verlust der Rechtsfähigkeit sei eine "materiellrechtliche Folge der Sitztheorie", nämlich eine "Sanktion" der Sitztheorie, sofern der Verwaltungssitz und der Eintragungsort bzw. der Satzungssitz nicht im Geltungsbereich derselben Rechtsordnung lägen[50]. Eine solche Aussage enthält die Sitztheorie jedoch

---

364; OLG Hamm (oben Fn. 9), IPRax 1998, 358; OLG München (oben Fn. 9), NJW 1986, 2197; OLG Nürnberg (oben Fn. 9), IPRax 1985, 342; LG Mainz (oben Fn. 9), RPfleger 1997, 178; LG Potsdam (oben Fn. 9), ZIP 1999, 2021; LG München (oben Fn. 9), ZIP 1999, 1680. Diese Frage wird seit dem Urteil des EuGH in Sachen *Centros* (hierzu ausführlich S. 76ff) verstärkt auch in Österreich diskutiert, vgl. ÖstOGH, Beschluß vom 15.7.1999, EuZW 2000, 156 (siehe hierzu auch unten Fn. 88) und Landesgericht Salzburg, Beschluß vom 27.11.2000, ZIP 2001, 460.

47 OLG Zweibrücken (oben Fn. 9), ZIP 2000, 2172. Vgl. hierzu Paulus, EWiR 2001, 233, 234.

48 BGH (oben Fn. 9), BGHZ 97, 269; BGH (oben Fn. 9), BGHZ 53, 181; OLG Hamm (oben Fn. 9), RIW 1995, 152.

49 Vgl. zu "echten" Zuzugsfällen: BGH (oben Fn. 8), ZIP 2000, 967; BGH (oben Fn. 9), BGHZ 97, 269, 271; BGH (oben Fn. 9), BGHZ 25, 134, 144; OLG Zweibrücken (oben Fn. 6), DB 1990, 1660. In anderen Fällen ebenso auch die übrige Rechtsprechung: OLG Brandenburg (oben Fn. 9), NJW-RR 2001, 29; BayObLG (oben Fn. 9), RIW 1998, 966, 967; OLG Jena (oben Fn. 23), IPRax 1998, 364, 365; OLG Düsseldorf (oben Fn. 23), ZIP 1995, 1009, 1011; OLG Oldenburg (oben Fn. 9), RIW 1990, 1019, 1020; KG (oben Fn. 9), NJW 1989, 3100, 3101; OLG Hamburg (oben Fn. 9), NJW 1986, 2199; BayObLG (oben Fn. 9), IPRax 1986, 161, 162f; OLG Nürnberg (oben Fn. 9), IPRax 1985, 342; OLG Frankfurt a.M. (oben Fn. 9), NJW 1964, 2355; LG Potsdam (oben Fn. 9), ZIP 1999, 2021; LG Mainz (oben Fn. 9), RPfleger 1997, 178; LG Marburg (oben Fn. 9), RIW 1994, 63, 64; LG Stuttgart (oben Fn. 28), IPRax 1991, 118, 119; LG Hamburg, 31.5.1990, RIW 1990, 1020, 1021; LG Köln (oben Fn. 9), GmbHR 1986, 314, 315. Aus der Literatur: MünchKomm(2.A.)-*Ebenroth*, EGBGB, Nach Art. 10, Rn. 217; MünchKomm-*Kindler*, IntGesR, Rn. 346; Scholz-*Westermann*, GmbHG, Einl., Rn. 127; *Bechtel* (oben Fn. 14), S. 14, Fn. 4); *Behrens* (oben Fn. 17), IPR Rn. 11; *Luchsinger*, Niederlassungsfreiheit der Kapitalgesellschaften, S. 29; *Kruse* (oben Fn. 11), S. 37; *Schniechels* (oben Fn. 13) S. 150; *Terlau*, Das IPR der GbR, S. 277.

50 MünchKomm(2.A.)-*Ebenroth*, EGBGB, Nach Art. 10, Rn. 217; Soergel-*Lüderitz*, EGBGB, Anh. Art.10, Rn. 8; Staudinger-*Großfeld*, IntGesR, Rn. 641f; *Bechtel* (oben Fn. 14), S. 14, m.w.N. Fn. 4; *Behrens*, RIW 1986, 590, 591; *ders.* (oben Fn. 13), S. 516; *ders.* in Hachenburg, GmbHG, Einl., Rn. 168; *Ebke* (oben Fn. 36), S. 253; *Kruse* (oben Fn. 11), S. 156; *S.Schmidt*, DWiR 1992, 448, 449 (die Sanktion besteht nach ihrer

nicht[51]. Die These, die Sitztheorie treffe eine Aussage über die Rechtsfähigkeit von Gesellschaften[52], beruht auf der Einbeziehung der sachrechtlichen Folgen eines Statutenwechsels in die Kollisionsnorm[53]. Für die "Anerkennung" ausländischer Gesellschaften spielt lediglich der Umstand eine Rolle, daß die Sitztheorie nach der im deutschen Recht herrschenden Einheitstheorie *alle* gesellschaftsrechtlichen Fragen einheitlich anknüpft[54], was dazu führt, daß die Frage nach der Rechtsfähigkeit einer ausländischen Gesellschaft ebenso wie alle übrigen gesellschaftsrechtlichen Fragen nach dem mit Hilfe der Sitztheorie gefundenen Gesellschaftsstatut beantwortet wird (automatische Anerkennung)[55]. Der Verlust der Rechtsfähigkeit ist daher eine rein sachrechtliche Konsequenz, an der die Sitztheorie nur insoweit mitwirkt, als sie das deutsche Sachrecht für anwendbar erklärt[56].

Aus sachrechtlicher Sicht betrachtet stellt sich die Situation einer ausländischen Gesellschaft mit Verwaltungssitz in Deutschland wie folgt dar: Die deutschen Gerichte sehen sich einem (nach ausländischem Gesellschaftsrecht organisierten) gesellschaftsrechtlichen Gebilde gegenüber, auf das nach der Sitztheorie deutsches Gesellschaftsrecht anzuwenden ist und das behauptet, eine juristische Person mit auf das Gesellschaftsvermögen beschränkter Haftung zu sein. Da man jedoch in keinem deutschen Handelsregister eine dies bestätigende Eintragung findet, ist die Behauptung der ausländischen Gesellschaft nicht

---

Ansicht in der Auflösung der Gesellschaft); *Zimmer*, IntGesR, S. 198; *ders.*, in: FS Lutter, S. 231, 233, 234 (allerdings hält er diese Sanktion nur in den Mißbrauchsfällen für angemessen für eine in Umgehungsabsicht gegründeten Briefkastengesellschaft - wie die Centros Ltd.); *Zisowski* (oben Fn. 9), S. 14. Ähnlich *Steiger*, RIW 1999, 169 (Verbot).

51 *Behrens* (Fn. 39) S. 24; *ders.* RIW 1986, 590; *K.Schmidt* (oben Fn. 2), S. 23.

52 Vgl. statt vieler *Bogler*, DB 1991, 848.

53 Vgl. zu den unmittelbaren Folgen der Sitztheorie bereits S. 17 und 22.

54 Vgl. statt vieler *Behrens* (oben Fn. 17), IPR Rn. 24ff; *ders.* in: Hachenburg, GmbHG, Einl., Rn. 129ff.

55 MünchKomm-*Kindler*, IntGesR, Rn. 228f; *Drobnig*, in: v.Bar, Gemeinschaftsrecht und IPR, S. 185, 189f; *Höft* (oben Fn. 10), S. 34; *Knobbe-Keuk* (oben Fn. 3), S. 327; *Sack*, JuS 1990, 352, 353. Zum Vergleich: In Italien wurde erst mit der Reform des Internationalen Privatrechts 1995 (legge n.218/1995) eine allseitige Kollisionsnorm eingeführt. Bis dahin regelte die Frage der "Anerkennung" ausländischer Gesellschaften in Italien Art. 16 disp.prel. (vgl. hierzu ausführlich unten S. 114f und S. 151f).

56 Vgl. statt vieler: *Behrens*, RIW 1986, 590, 592; *ders.*, ZGR 1994, 1, 8; *Jaeger* (oben Fn. 7), S. 919f; *Kindler* (oben Fn. 5), S. 1994; *Kruse*, EWS 1998, 444, 445. Ebenso Scholz-*Westermann*, GmbHG, Einl., Rn. 127. *Werner* (NZG 1999, 387) hat diesen Effekt plastisch als "rechtspersönlichkeitsvernichtende Nebenwirkung der Sitztheorie" bezeichnet. Anders freilich immernoch der BGH (Vorlagebeschluß vom 30.3.2000, ZIP 2000, 967): "Die Anknüpfung an den tatsächlichen Verwaltungssitz führt dazu, daß eine im Ausland wirksam gegründete, in der Bundesrepublik Deutschland zunächst als rechtsfähig anerkannte Gesellschaft ihre Rechtspersönlichkeit verliert, wenn sie ihren ständigen Verwaltungssitz in der Bundesrepublik nimmt".

richtig: Eine juristische Person ist sie jedenfalls nach deutschem Recht nicht[57]. Sie ist mit anderen Worten als juristische Person nicht wirksam gegründet[58] und damit nicht rechtsfähig[59], weil sie den Anforderungen des GmbHG bzw. AktG nicht genügt[60]. Für diese Rechtsfolge ist vollkommen irrelevant, ob die Gesellschaft eine deutsche Rechtsform annehmen *will* oder nicht[61]. Das deutsche Recht "ignoriert" die vormals anerkannte Rechtsfähigkeit, denn die Entscheidung des ausländischen Rechts, die Gesellschaft als rechtsfähig anzuerkennen, ist nach dem Statutenwechsel nicht mehr maßgeblich[62].

---

57 MünchKomm-*Kindler*, IntGesR, Rn. 346; Hachenburg-*Behrens*, GmbHG, Einl., Rn. 168; *ders.*, RIW 1986, 590, 591; *ders.*, IPRax 1989, 354, 355; *Kruse* (oben Fn. 11), S. 37; *Luchsinger* (oben Fn. 49), S. 29; *Schniechels* (oben Fn. 13), S. 150.

58 Vgl. statt vieler: *Großfeld/König* (oben Fn. 9), S. 433. Nach Ansicht von *Schniechels* ((Fn. 13) S. 150) ist dies die Rechtsfolge daraus, daß die Gesellschaft nach wie vor eine ausländische Rechtsform besitzt und damit gegen den Typenzwang des deutschen Gesellschaftsrechts verstößt. Vgl. auch MünchKomm(2.A.)-*Ebenroth*, EGBGB, Nach Art. 10, Rn. 210: Eine Gesellschaft mit inländischem Verwaltungssitz kann nicht nach ausländischem Recht gegründet sein.

59 BGH (oben Fn. 8), ZIP 2000, 967; BGH (oben Fn. 9), BGHZ 97, 269, 271f.; BayObLG (oben Fn. 9), RIW 1998, 966, 967; OLG Brandenburg (oben Fn. 9), NJW-RR 2001, 29, 30; OLG Jena (oben Fn. 23), IPRax 1998, 364, 365; OLG Düsseldorf (oben Fn. 23), ZIP 1995, 1009, 1011; OLG Zweibrücken (oben Fn. 6), DB 1990, 1660; OLG Oldenburg (oben Fn. 9), RIW 1990, 1019, 1020; KG (oben Fn. 9), NJW 1989, 3100, 3101; OLG Hamburg (oben Fn. 9), NJW 1986, 2199; BayObLG (oben Fn. 9), IPRax 1986, 161, 162f; OLG Nürnberg (oben Fn. 9), IPRax 1985, 342; OLG Frankfurt a.M. (oben Fn. 9), NJW 1964, 2355; LG Potsdam (oben Fn. 9), ZIP 1999, 2021; LG Mainz (oben Fn. 9), RPfleger 1997, 178; LG Marburg (oben Fn. 9), RIW 1994, 63, 64; LG Stuttgart (oben Fn. 28), IPRax 1991, 118, 119; LG Hamburg (oben Fn. 49), RIW 1990, 1020, 1021; LG Köln (oben Fn. 9), GmbHR 1986, 314, 315.

60 So ausdrücklich: LG Stuttgart (oben Fn. 28), IPRax 1991, 118, 119; OLG Frankfurt a.M. (oben Fn. 9), NJW 1964, 2355, 2356. Deutlich auch: BFH (oben Fn. 9), GmbHR 1992, 315, 316 ("Verlegt eine ausländische Kapitalgesellschaft ihren Sitz in die Bundesrepublik, so ist sie nach der Sitztheorie nur dann eine fortbestehende Kapitalgesellschaft, wenn sie sich unter Beachtung der hiesigen Gründungsvorschriften in das zuständige Handelsregister eintragen läßt"; vgl. hierzu auch *Höft* (oben Fn. 10), S. 42). In seinem Vorlagebeschluß vom 30.3.2000 (S. 6 des Beschlußtextes) geht auch der BGH davon aus, daß eine Gesellschaft, um am Rechtsverkehr teilnehmen zu können, sich in einer Weise neu gründen müsse, die zur Rechtsfähigkeit nach deutschem Recht führt.

61 Vgl. den Fall des OLG Zweibrücken (oben Fn. 6), DB 1990, 1660. Schwache Zweifel lassen sich jedoch dem Vorlagebeschluß des BGH vom 30.3.2000, Az.: VII ZR 370/98 (S. 6 des Beschlußtextes) entnehmen: Es sei "ungeklärt", ob auf eine Neugründung verzichtet werden könne und eine Umwandlung entsprechend den Vorschriften der §§ 362-393 AktG in Betracht komme (dabei bezieht sich der BGH auf die Vorschriften über den Formwechsel, die seit 1994 im UmwG geregelt sind). Die Frage hat der BGH im konkreten Fall jedoch offenlassen können, weil die niederländische B.V. keine dahingehenden Anstrengungen unternommen hatte.

62 *Behrens* (Fn. 39) S. 8.

Die Rechtsprechung formuliert dieses Ergebnis folgendermaßen: Die im Ausland erworbene - in den Worten des Reichsgerichts "verliehene"[63] - Rechtsfähigkeit könne nicht beliebig in eine andere Rechtsordnung "hinübergetragen" werden[64]. Mit dem durch die Verlegung des Verwaltungssitzes provozierten Wechsel des anwendbaren Gesellschaftsrechts löse sich die Gesellschaft aus dem Rechtskreis, von dem sie ihre Rechtsfähigkeit ableitet[65]. Es könne einer juristischen Person "nicht freigestellt sein, durch bloße Verlegung ihres Sitzes die ihr von dem einen Staate und für dessen Gebiet erteilte Rechtsfähigkeit beliebig in einen anderen Staat hinüberzutragen[66]".

b. Behelfslösungen der Rechtsprechung

Die Rechtsprechung hat jedoch "Auffangregeln" entwickelt, mit denen sie den Gläubigern der ausländischen Gesellschaft über die fehlende Rechtsfähigkeit der Gesellschaft hinweghilft[67].

---

63 RG, 5.6.1882, RGZ 7, 68, 69.

64 RG, 22.1.1916, RGZ 88, 53, 55; BGH (oben Fn. 9), BGHZ 25, 134, 144; BGH (oben Fn. 9), BGHZ 53, 181; BGH (oben Fn. 9), BGHZ 97, 269, 271f; zuletzt: OLG Jena (oben Fn. 23), IPRax 1998, 364, 365. Ebenso der BGH in seinem Vorlagebeschluß vom 30.3.2000 (S. 6 des Beschlußtextes): Die einmal erworbene Rechtsfähigkeit setze sich nicht ohne weiteres in Deutschland fort; vielmehr komme es darauf an, ob sie "auch nach deutschem Recht rechtsfähig" sei.

65 RG (oben Fn. 64), RGZ 88, 53, 55; BGH (oben Fn. 9), BGHZ 97, 269, 271. Ebenso: *Ebenroth/Auer*, DNotZ 1993, 191, 195; *dies.*, GmbHR 1994, 16, 17. Das Ergebnis der Versagung der Anerkennung rechtfertigt *Großfeld* (in: Staudinger, IntGesR, Rn. 617) damit, daß "die juristische Person Schöpfung eines bestimmten positiven Rechts [sei]. Durch den Wegzug löst sich die Gesellschaft von ihrer Grundlage, gelangt in ein anderes kulturelles und politisches Umfeld, welches bei der Gründung nicht mitbedacht war".

66 BGH (oben Fn. 9), BGHZ 25 134, 144; ebenso: RG (oben Fn. 64), RGZ 88, 53, 54. Der vom Reichsgericht entschiedene Fall weist allerdings insoweit eine Besonderheit auf, als es um eine bergrechtliche Gewerkschaft ging, der gemäß § 107ff des Gothaischen Berggesetzes kraft staatlicher Genehmigung die Rechtsfähigkeit "verliehen" wurde. Aus der Entscheidung des RG wird ferner nicht deutlich, ob die Gewerkschaft ihren Verwaltungs- oder Satzungssitz verlegt hatte; das Gericht spricht lediglich von "Sitz".

67 Vgl. beispielsweise die Fälle, in denen sich die beklagte Gesellschaft auf ihre fehlende Prozeßfähigkeit berief (BGH (oben Fn. 9), BGHZ 97, 269; OLG München (oben Fn. 9), NJW 1986, 2197; LG Köln (oben Fn. 9), GmbHR 1986, 314), was *Ebenroth* (in: MünchKomm(2.A.), EGBGB, Nach Art. 10, Rn. 186) ihr bereits als rechtsmißbräuchliche Einwendung (venire contra factum proprium) verbieten will.

aa. Die passive Prozeßfähigkeit der pseudo-foreign-corporation

In ständiger Rechtsprechung wird zumindest die passive Prozeß- und Parteifähigkeit einer im übrigen nicht rechtsfähigen pseudo-foreign-corporation unterstellt, wofür die Rechtsprechung überwiegend § 50 Abs. 2 ZPO analog heranzieht[68]; die Analogie wird damit gerechtfertigt, daß die ausländische Gesellschaft als rechtsfähig im Rechtsverkehr aufgetreten sei[69]. In ihrer Eigenschaft als Beklagte soll die ausländische Gesellschaft auch Widerklage erheben können[70]. Trotz der sich mehrenden Hinweise in der neueren Literatur, bei der ausländischen Gesellschaft handele es sich zumindest um eine Personenhandelsgesellschaft mit der Folge der Anwendung des § 124 HGB, sofern sie ein Handelsgewerbe betreibt[71], hat die Rechtsprechung auf diese Norm noch nicht zurückgegriffen[72].

bb. Die Haftung der im Namen der pseudo-foreign-corporation Handelnden

Darüber hinaus können die Gläubiger der meist vermögenslosen pseudo-foreign-corporation - neben der Gesellschaft[73] - auch diejenigen, die im Namen der ausländischen Gesellschaft gehandelt haben, für deren Verbindlichkeiten in Anspruch nehmen. Die Begründung dieser Haftung ist nicht eindeutig geklärt: In den meisten Fällen wandte die Rechtsprechung § 11 Abs. 2 GmbHG und/oder § 41 Abs. 1 S.2 AktG analog an[74]. Vereinzelt wurde die entsprechende

---

68 BGH (oben Fn. 9), BGHZ 97, 269, 270; OLG Nürnberg (oben Fn. 9), IPRax 1985, 342; *Beitzke*, Gutachten, S. 94, 98; *Zimmer*, IntGesR, S. 302. Zustimmend: *Kruse* (oben Fn. 11), S. 44; *Rehbinder*, IPRax 1985, 324. Nach der neueren Lehre, die in der zugezogenen Gesellschaft eine oHG sieht, müßte sich die (aktive und passive) Parteifähigkeit bereits aus § 124 Abs. 1 HGB ergeben, vgl. hierzu unten S. 42f

69 BGH (oben Fn. 9), BGHZ 97, 269, 270 (Auftreten als Inhaberin eines Grundstücks); OLG Nürnberg (oben Fn. 9), IPRax 1985, 342 (Auftreten als ausländische juristische Person).

70 *Knobbe-Keuk* (oben Fn. 3), S. 337; *Rehbinder* (oben Fn. 68), S. 324.

71 MünchKomm-*Kindler*, IntGesR, Rn. 349; Soergel-*Lüderitz*, EGBGB, Anh. Art.10, Rn. 43 und 51; Lutter-*Lutter*, UmwG, Einl., Rn. 33; *Bechtel* (oben Fn. 14), S. 39 und S. 108; *Bogler* (oben Fn. 52), S. 850; *Haas*, DB 1997, 1501; *Kindler* (oben Fn. 5), S. 1994; *Kösters* (oben Fn. 23), S. 245; *Meilicke*, GmbHR 1998, 1053; *Müller* (oben Fn. 12), S. 1051; *K.Schmidt* (oben Fn. 2), S. 24; *Rehbinder* (oben Fn. 68), S. 324; *Wessel/Ziegenhain*, GmbHR 1988, 423, 427; *Zimmer* (oben Fn. 68), S. 300.

72 Zuletzt BGH (oben Fn. 8), ZIP 2000, 967. Kritisch zu dem Vorlagebeschluß deswegen unter anderem *Behrens* (IPRax 2000, 384, 388) und *Forsthoff* ((Fn. 7) S. 1109) mit dem Hinweis, der BGH gehe von einem nicht zutreffenden Sachverhalt aus.

73 Darauf weist auch *Kruse* ((Fn. 11) S. 44) hin.

74 OLG Düsseldorf (oben Fn. 23), ZIP 1995, 1009, 1011; OLG Oldenburg (oben Fn. 9), RIW 1990, 1019; KG (oben Fn. 9), NJW 1989, 3100, 3101; OLG Hamburg (oben Fn. 9), NJW 1986, 2199; LG Marburg (oben Fn. 9), RIW 1994, 63; LG Hamburg (oben Fn. 49), RIW 1990, 1020, 1021; LG Köln (oben Fn. 9), GmbHR 1986, 314, 315. Aus der Literatur

Anwendung von § 54 Satz 2 BGB vorgeschlagen[75]. Das *LG Stuttgart* begründete hingegen die persönliche Haftung des für die "L.Management A.G." Handelnden mit der entsprechenden Anwendung des § 179 BGB[76]. Gänzlich ohne Festlegung auf eine Anspruchsgrundlage postulierten das *OLG München*[77] und das OLG *Frankfurt a.M.*[78] die Haftung der Geschäftsführer. Einigkeit besteht mittlerweile allerdings dahingehend, daß es sich bei der Handelndenhaftung nicht um einen Fall der "Durchgriffshaftung" handelt[79], da es bei einer pseudo-foreign-corporation keine Haftungsbeschränkung gebe[80] und außerdem wie bei § 11 Abs. 2 GmbHG keine Rolle spiele, ob der Haftende Gesellschafter sei[81].

Für die analoge Anwendung der §§ 11 Abs. 2 GmbHG, 41 Abs. 1 Satz 2 AktG wird vorgebracht, ebenso wie im rechtsgeschäftlichen Verkehr mit einer zwar gegründeten, aber nicht eingetragenen und daher nicht als Rechtssubjekt entstandenen Vorkapitalgesellschaft müßten die Gläubiger als Ausgleich für das Fehlen der Registerpublizität auf diejenigen zurückgreifen können, mit denen sie in unmittelbarem geschäftlichen Kontakt standen[82]. Insbesondere bedürften sie eines Ausgleiches dafür, daß ihnen mangels Einblickes in die Verhältnisse der Gesellschaft die Verfolgung ihrer Rechte im Vergleich zu eingetragenen

---

vgl. statt vieler: MünchKomm(2.A.)-*Ebenroth*, EGBGB, Nach Art. 10, Rn. 195; *Fischer*, IPRax 1991, 100, 102; *Kruse* (oben Fn. 11), S. 43.

75 Soergel-*Lüderitz*, EGBGB, Anh. Art.10, Rn. 8; *Fischer* (oben Fn. 74), S. 100.

76 LG Stuttgart (oben Fn. 28), IPRax 1991, 118, 119. Der Fall des LG Suttgart wies jedoch insofern eine Besonderheit auf, als der Beklagte unter der Firma einer "A.G." mit Sitz in Stuttgart aufgetreten war, nicht unter einer ausländischen Firma, so daß sich den Gläubigern die Eigenschaft einer Auslandsgesellschaft nicht erschließen mußte, sondern der Eindruck erweckt wurdem es sei eine deutsche AG gegründet und eingetragen worden, die es aber in Wahrheit nicht gab (vgl. zu diesem Fall auch unten, Fn. 170). Die Entscheidung hält *Fischer* ((Fn. 74), S. 103) nicht für überzeugend mit der Begründung, die Rechtsfolgen des § 179 BGB, insbesondere die Absätze 2 und 3 paßten nicht. Ablehnend auch MünchKomm-*Kindler*, IntGesR, Rn. 357.

77 OLG München (oben Fn. 9), NJW 1986, 2197, 2198.

78 OLG Framkfurt a.M. (oben Fn. 9), NJW 1964, 2355, 2356. Das OLG Frankfurt führt dabei die Haftung darauf zurück, daß der Handelnde als Einzelkaufmann haftete, weil die von ihm vertretene Gesellschaft nicht als selbständiges Rechtssubjekt existierte.

79 So aber z.B. OLG Düsseldorf (oben Fn. 23), ZIP 1995, 1009, 1011; KG (oben Fn. 9), NJW 1989, 3100, 3101; *Bechtel* (oben Fn. 14), S. 38; *v.Falkenhausen*, RIW 1987, 818; *Zimmer* (oben Fn. 68), S. 320.

80 Vgl *Kruse* (oben Fn. 11), S. 40, 41; *K.Schmidt* (oben Fn. 2), S. 25.

81 Die Haftung der Handelnden wird gelegentlich nicht deutlich von der Haftung der Gesellschafter unterschieden; vgl. z.B. *Fischer* (oben Fn. 74), S. 101.

82 LG Köln (oben Fn. 9), GmbHR 1986, 314, 315. Ebenso: OLG Oldenburg (oben Fn. 9), RIW 1990, 1019, 1020; KG (oben Fn. 9), NJW 1989, 3100, 3101; LG Marburg (oben Fn. 9), RIW 1994, 63, 64. Vgl. auch MünchKomm-*Kindler*, IntGesR, Rn. 356, und *Kruse* (oben Fn. 11), S. 43 (jeweils m.w.N.).

Gesellschaften erschwert sei[83]. Im übrigen weist die Rechtsprechung darauf hin, eine "Ltd." gliche hinsichtlich ihrer Organisationsstruktur einer GmbH[84]. Der durch den Rückgriff auf das Privatvermögen der Handelnden bewirkte Gläubigerschutz entspricht außerdem dem Grundsatz, daß die Haftung nur unter der Voraussetzung auf das Gesellschaftsvermögen beschränkt sein darf, daß die Verhältnisse der Gesellschaft kraft Eintragung offenliegen und die Gerichte bei der Eintragung das Vorhandensein des erforderlichen Mindestkapitals überprüft haben[85].

In der Diskussion um die Haftung der Handelnden darf jedoch nicht übersehen werden, daß die Gläubiger in aller Regel wissen, daß sie mit einer ausländischen Gesellschaft einen Vertrag geschlossen haben[86]; handelte der Geschäftsführer im Namen einer "Inc.", wissen sie auch um die Beschränkung der Haftung und können zumindest auch damit rechnen, daß sie tatsächlich mit nur geringem Stammkapital ausgestattet sein wird[87]. Auf diese "Warnung" will die Sitztheorie den Schutz der Gläubiger jedoch nicht beschränken. Vielmehr sollen sie so gestellt werden, wie sie stünden, wäre die Gesellschaft nach dem anwendbaren Recht gegründet worden[88]. Damit macht es die Handelndenhaftung denjenigen, die eine pseudo-foreign-corporation für ihre Geschäfte gebrauchen, unmöglich, von der Umgehung des inländischen Gründungsrechts zu profitieren. Zu Recht wird daher die entsprechende Anwendung der §§ 11 Abs. 2 GmbHG/41 Abs. 1 Satz 2 AktG als wichtiges Druckmittel zur Vermeidung von pseudo-foreign-corporations angesehen[89].

---

83 *Fischer* (oben Fn. 74), S. 102.

84 BayObLG (oben Fn. 9), BayObLGZ 1986, 351, 355 (mit umfangreichen Nachweisen); LG Marburg (oben Fn. 9), RIW 1994, 63, 64; LG Köln (oben Fn. 9), GmbHR 1986, 314, 315. Ähnlich auch LG Hamburg (oben Fn. 49), RIW 1990, 1020, 1021.

85 Vgl. hierzu auch *Fischer* (oben Fn. 74), S. 101. Die Rechtslage in Italien ist im Hinblick auf den Gläubigerschutz durch Kapitalschutzvorschriften im Ergebnis vergleichbar (vgl. hierzu ausführlich unten S. 164f).

86 Anders aber z.B. im Fall der "Luxor Management A.G.", LG Stuttgart (oben Fn. 28), IPRax 1991, 118, 119 (vgl. hierzu Fn. 76 und unten Fn. 170).

87 EuGH, *Centros* (oben Fn. 27), Slg. 1999, I, 1459, 1484, 1495 (Begr.Nr.36). Ebenso: Soergel-*Lüderitz*, EGBGB, Anh. Art.10, Rn. 8; *Zimmer* (oben Fn. 68), S. 309/ 311. Ähnlich auch *Bechtel* (oben Fn. 14), S. 136 (die Organe der Gesellschaft begründen nicht den Schein einer unbeschränkten Haftung der Gesellschafter).

88 *Zimmer* (oben Fn. 68), S. 312.

89 OLG München (oben Fn. 9), NJW 1986, 2197, 2198; LG Stuttgart (oben Fn. 28), IPRax 1991, 118, 119; LG Köln (oben Fn. 9), GmbHR 1986, 314; *Fischer* (oben Fn. 74), S. 102; *Kruse* (oben Fn. 11), S. 42 (Nachw. Fn. 62 u. 63); *Zimmer* (oben Fn. 68), S. 296, Fn. 158.

Als Druckmittel zur *Anpassung* der ausländischen Gesellschaft an deutsches Gesellschaftsrecht ist die Handelndenhaftung allerdings nicht unbedingt geeignet, denn es trifft die Falschen: Die Anpassung können nur die Gesellschafter vornehmen, nicht aber die Geschäftsführer.

cc. Die Haltung der Rechtsprechung zur Haftung der *Gesellschafter*

Bei aller Kritik an der Spruchpraxis der deutschen Gerichte darf man jedoch nicht vernachlässigen, daß die persönliche Haftung des oder der Beklagten in keinem der entschiedenen Fälle auf die Eigenschaft als *Gesellschafter* der ausländischen Gesellschaft gestützt wurde[90]. Lediglich das KG[91] hat die Frage angedeutet, ob ein *Gesellschafter* haften solle, rekurriert in seiner Entscheidung allerdings ausschließlich auf § 11 Abs. 2 GmbHG. Es gibt trotz der langen Tradition der These vom Verlust der Rechtsfähigkeit zuziehender Gesellschaften keinen entschiedenen Fall, in dem ein Gläubiger auf die Idee gekommen wäre, einen Gesellschafter aufgrund seiner persönlicher Haftung als Schuldner in Anspruch zu nehmen, solange er nicht als Geschäftsführer der Gesellschaft aufgetreten war[92]. Ein Grund dafür mag ein rein Tatsächlicher sein: Die Rechtsprechung hat in den Fällen, in denen es um die persönliche Inanspruchnahme des hinter der ausländischen Gesellschaft Stehenden ging, stets mit Gesellschaften zu tun gehabt, die zur Umgehung des deutschen Gründungsrechts im Ausland errichtet worden waren[93]. Solche pseudo-foreign-corporations sind tatsächlich oftmals eingliedrige Gesellschaften, die für die Zecke eines alleinigen Gesellschafters errichtet werden, der sich selbst zum

---

90 Davon gehen aber aus: *Behrens* (oben Fn. 2), S. 516; *ders.* (oben Fn. 17), IPR Rn. 15; *Bechtel* (oben Fn. 14), S. 38f; wohl auch *Zimmer*, in: FS Lutter, S. 231, 233. Siehe auch *v.Falkenhausen* (RIW 1987, 818), nach dessen Ansicht die Rechtsprechung die Gesellschafter im Wege eines Haftungsdurchgriffs außerhalb der etablierten Durchgriffstatbestände in Anspruch genommen habe.

91 KG (oben Fn. 9), NJW 1989, 3100, 3101.

92 In den Umgehungsfällen für die analoge Anwendung von § 11 Abs. 2 GmbHG: OLG Düsseldorf (oben Fn. 23), ZIP 1995, 1009, 1011; OLG Oldenburg (oben Fn. 9), RIW 1990, 1019; KG (oben Fn. 9), NJW 1989, 3100, 3101; OLG Hamburg (oben Fn. 9), NJW 1986, 2199; LG Marburg (oben Fn. 9), RIW 1994, 63; LG Hamburg (oben Fn. 49), RIW 1990, 1020, 1021; LG Köln (oben Fn. 9), GmbHR 1986, 314, 315. Ausnahme: LG Stuttgart (oben Fn. 28), IPRax 1991, 118 (Haftung nach § 179 BGB analog wegen Handelnds im Namen einer in Wahrheit als Gesellschaft britischen Rechts existierenden "A.G."). Nach einer Sitzverlegung: OLG München (oben Fn. 9), NJW 1986, 2197 (Haftung des "Handelnden"); OLG Frankfurt (oben Fn. 9), NJW 1964, 2355 (Haftung als "Organ" einer nichtrechtsfähigen Gesellschaft).

93 OLG Düsseldorf (oben Fn. 23), ZIP 1995, 1009 ("rechtsmißbräuchliche Umgehungsgründung"); OLG Oldenburg (oben Fn. 9), RIW 1990, 1019, 1020 ("non-resident Ltd."); KG (oben Fn. 9), NJW 1989, 3100, 3101 ("wirtschaftliche Tätigkeit ausschließlich in Deutschland"); OLG Hamburg (oben Fn. 9), NJW 1986, 2199 ("englische Briefkastenfirma"); LG Mainz (oben Fn. 9), RPfleger 1997, 178 ("Briefkastenfirma" in Panama); LG Marburg (oben Fn. 9), RIW 1994, 63, 64 ("non-resident Ltd; zur Umgehung des GmbHG gegründet"); LG Hamburg (oben Fn. 49), RIW 1990, 1020 ("englische Scheinfirma"). Lediglich nahe lag die Annahme einer Umgehung in Fall LG Köln (oben Fn. 9), GmbHR 1986, 314. Im Fall des LG Stuttgart ((Fn. 28), IPRax 1991, 118) war der im Namen der Gesellschaft aufgetretene Beklagte bereits hinter Gittern.

Geschäftsführer bestellt und dann nach § 11 Abs. 2 GmbHG haften muß. Ging es hingegen um Fälle einer Sitzverlegung, so war stets die Gesellschaft selbst in Anspruch genommen worden, ohne daß die Rechtsprechung dies mangels Existenz der Gesellschaft für nicht durchschlagend hielt[94]. Die Sorge eines Teils der Literatur, die Rechtsprechung würde die *Gesellschafter* ausländischer Kapitalgesellschaften, also theoretisch auch Aktionäre mit einer Minderheitsbeteiligung, persönlich und unbeschränkt für die Verbindlichkeiten ihrer Gesellschaft haften lassen[95], kann sich jedenfalls (noch) nicht auf eine entsprechende Entscheidung stützen.

c. "Fortsetzung" der Gesellschaft durch Neugründung

In Deutschland entspricht es einer verbreiteten Ansicht, die Sitztheorie verlange, eine Gesellschaft neu zu gründen, wenn ihr Verwaltungssitz vom Ausland nach Deutschland verlegt wird; andernfalls werde sie aufgelöst[96]. Zum Teil wird dies als Folge des Statutenwechsels angesehen[97]. Tatsächlich aber handelt es sich um Konsequenzen ausschließlich auf sachrechtlicher Ebene, wie die moderne Literatur herausgearbeitet hat[98] - allerdings auch nur um "vermeintliche Folgen" des Sachrechts[99], wie noch zu zeigen sein wird[100].

Die Rechtsprechung[101] und die (wohl inzwischen nicht mehr herrschende) Lehre[102] führen das Erfordernis der Neugründung darauf zurück, daß die zuge-

---

94 Vgl. die Fälle BGH (oben Fn. 9), BGHZ 97, 269; OLG Nürnberg (oben Fn. 9), IPRax 1985, 342.

95 Statt vieler: *Fischer* (oben Fn. 74), S. 101. Nach Ansicht von *Haas* ((Fn. 71), S. 1506) soll dies allerdings allein dadurch zu erklären sein, daß die Rechtsprechung für die Anwendung der Haftungsdurchgriffsvorschriften die Existenz einer (Personen-)Gesellschaft hätte annehmen müssen.

96 So (nahezu wörtlich) *Großfeld/Jasper*, RabelsZ 53 (1989), S. 52.

97 MünchKomm(2.A.)-*Ebenroth*, EGBGB, Nach Art. 10, Rn. 217.

98 *Behrens*, RIW 1986, 590; *Bungert* (oben Fn. 12), S. 500; *Kruse* (oben Fn. 11), S. 37f; *K.Schmidt* (oben Fn. 2), S. 22.

99 *K.Schmidt* (oben Fn. 2), S. 22.

100 Vgl. hierzu ausführlich unten, S. 42f und S. 49f, hinsichtlich der "Umwandlung qua Rechtsformzwanges", mit der die neuere Literatur nachweist, daß statt eines gesellschaftsrechtlichen Nichts zumindest einer Personengesellschaft existierte.

101 BGH (oben Fn. 9), BGHZ 97, 269, 272; BGH (oben Fn. 9), BGHZ 25, 134, 144; BFH (oben Fn. 9), GmbHR 1992, 315, 316; OLG Jena (oben Fn. 23), IPRax 1998, 364; OLG Zweibrücken (oben Fn. 6), DB 1990, 1660; OLG Hamburg (oben Fn. 9), NJW 1986, 2199; OLG Nürnberg (oben Fn. 9), IPRax 1985, 342; OLG Frankfurt a.M. (oben Fn. 9), NJW 1964, 2355; LG Marburg (oben Fn. 9), RIW 1994, 63, 64. Zweifelnd allerdings OLG München (oben Fn. 9), NJW 1986, 2197, 2198 (vgl. zu dieser Entscheidung Fn. 110).

102 MünchKomm(2.A.)-*Ebenroth*, EGBGB, Nach Art. 10, Rn. 217 m.w.N; *Ebenroth/Eyles* I, DB 1989, 363, 365; *dies.*, DB 1988, Beil.2, S. 1, 7; *Kösters* (oben Fn. 23), S. 243; *Rehbinder* (oben Fn. 68), S. 324; *Schümann*, EuZW 1994, 269, 270. Ähnlich *Kaligin* (oben Fn. 15), S. 1455 (nach dessen Ansicht der Neugründungszwang die konsequente

zogene Gesellschaft ihre Rechtsfähigkeit "verloren hat". Ihre Rechtsfähigkeit könne nur dann fortbestehen, wenn sie "diejenigen Bedingungen erfüllt, von denen das Recht des neuen Sitzes die Rechtsfähigkeit abhängig macht"[103]. Da dem deutschen Gesellschaftsrecht das Entstehen einer rechtsfähigen Gesellschaft nur im Wege der (Neu-)Gründung einer Kapitalgesellschaft bekannt sei, so wird gefolgert, müsse die Gesellschaft sich neu gründen[104]. Die Literatur rechtfertigt den Neugründungszwang damit, daß eine bloße Anpassung der Gesellschaft an eine deutsche Kapitalgesellschaft nicht dem erforderlichen Schutz des Vertrauens genüge, den Anteilseigner, Arbeitnehmer und Gläubiger auf den Fortbestand der Gesellschaft unter dem "Statut ihres jeweiligen Verwaltungssitzes" setzten[105]. Ferner habe es "keinen Sinn ..., für die Eintragung einer Gesellschaft zu fordern, daß sie ihren Sitz im Inland hat, wenn tags darauf erlaubt sein soll, den Sitz ins Ausland zu verlegen"[106]. Eine Anpassung der Gesellschaft sei außerdem in vielen Fällen aufgrund wesentlicher Strukturunterschiede nicht befriedigend möglich[107], schließlich sei der Zwang zur Anpassung nur Theorie, weil der Registerrichter nicht als "Ermittlungsbehörde" tätig werden und alle pseudo-foreign-corporations aufspüren könnte; schließlich sei auch die Rechtslage in der Zwischenzeit zwischen Zuzug und Anpassung unklar[108]. Daß durch den Untergang der Gesellschaft zum Teil Ergebnisse erzielt werden, die den Interessen derjenigen, die durch die Sitztheorie geschützt werden sollen, beispielsweise der Gläubiger, zuwiderlaufen, stimme zwar bedenklich, sei aber "als Preis" hinzunehmen[109].

Der Rechtsprechung ist hingegen in einigen Entscheidungen, die "echte" Sitzverlegungen betrafen, ein gewisses Unbehagen über den Neugründungszwang anzumerken. So führt beispielsweise das *OLG München* aus, pseudo-foreign-corporations könnten sich "etwa" durch Neugründung einer deutschen Gesellschaftsrechtsform "anpassen"[110]. Der *BFH*[111] ist der Ansicht, eine auslän-

---

Fortführung der Ansicht sei, die bei Wegzug Auflösung annimmt); trotz Zustimmung zur formwechselnden Umwandlung auch: Staudinger-*Großfeld*, IntGesR, Rn. 642; *Großfeld/König* (oben Fn. 9), S. 433f.

[103] OLG Frankfurt a.M. (oben Fn. 9), NJW 1964, 2355. Ebenso: BFH (oben Fn. 9), GmbHR 1992, 315, 316: "Verlegt eine ausländische Kapitalgesellschaft ihren Verwaltungssitz in die Bundesrepublik, so ist sie nach der Sitztheorie nur dann eine fortbestehende Kapitalgesellschaft, wenn sie sich unter Beachtung der hiesigen Gründungsvorschriften in das zuständige Handelsregister eintragen läßt".

[104] BGH (oben Fn. 8), ZIP 2000, 967, 968; OLG Zweibrücken (oben Fn. 6), DB 1990, 1660.

[105] MünchKomm(2.A.)-*Ebenroth*, EGBGB, Nach Art. 10, Rn. 219.

[106] *Ebenroth*, a.a.O.

[107] MünchKomm(2.A.)-*Ebenroth*, EGBGB, Nach Art. 10, Rn. 218; ähnlich Staudinger-*Großfeld*, IntGesR, Rn. 644; *Großfeld/Jasper* (oben Fn. 96), S. 54, 55. Dagegen: *Behrens* (oben Fn. 98), S. 593.

[108] MünchKomm(2.A.)-*Ebenroth*, EGBGB, Nach Art. 10, Rn. 218.

[109] *Ebenroth/Wilken*, I, JZ 1991, 1014, 1019.

[110] OLG München (oben Fn. 9), NJW 1986, 2197, 2198. Das Gericht führt wörtlich aus: "Vor allem ist insbesondere der Druck zur Anpassung an das Recht des Zuzugsstaates,

dische Kapitalgesellschaft mit Verwaltungssitz im Inland könne in Deutschland dann als Kapitalgesellschaft "fortbestehen", wenn sie sich unter Beachtung der hiesigen Gründungsvorschriften in das zuständige Handelsregister eintragen lasse. Auch das *OLG Frankfurt a.M.*[112] vertritt - nach einer ausführlichen Differenzierung zwischen Umgehung und Zuzug[113] - die Ansicht, eine zuziehenden Gesellschaft müsse "nicht notwendigerweise aufgelöst und liquidiert" werden, sondern es käme darauf an, "ob sie einer Gesellschaftsform entspricht, die nach deutschem Recht zulässig ist"[114]. Schließlich hat auch der BGH in seinem Ersuchen um Vorabentscheidung durch den EuGH mit Beschluß vom 30.3.2000 zumindest in Erwägung gezogen, daß auf eine Neugründung im Hinblick auf die Möglichkeit einer formwechselnden Umwandlung verzichtet werden könne[115].

d. Keine unterschiedliche Betrachtung bei gleichzeitiger Verlegung des Satzungssitzes und Anpassung der Satzung

Die (noch) herrschende Meinung zwingt eine zuziehende Gesellschaft allerdings - entgegen der soeben wiedergegebenen Ansicht des *OLG Frankfurt* - auch dann zur Neugründung, wenn die Gesellschaft ihre Struktur, ihr Kapital, ihren Satzungssitz, kurz: alles, bereits an deutsches Recht angepaßt hat und mit Ausnahme der Eintragung sich "inhaltlich" nicht von einer deutschen Kapitalgesellschaft unterscheidet[116]. So entschieden hat das *OLG Zweibrücken*[117] und hat mit dieser Entscheidung nicht nur Kritiker gefunden[118]. Zur Begründung verweist das OLG lediglich darauf, "im Falle der Sitzverlegung [sei] eine Beibehaltung der im Ausland erworbenen Rechtsfähigkeit nicht möglich". Das genau, so kritisiert zu Recht *Behrens*[119], war aber die Frage, die es zu begründen galt. Das *OLG Zweibrücken* stellt sich auf den Standpunkt, das Entstehen einer deutschen Aktiengesellschaft als Rechtssubjekt sei im

---

wie etwa zur Neugründung, insbesondere für die Gläubiger im allgemeinen kein Nachteil".

111 BFH (oben Fn. 9), GmbHR 1992, 315, 316.

112 OLG Framkfurt a.M. (oben Fn. 9), NJW 1964, 2355, 2356.

113 Vgl. hierzu bereits oben S. 21.

114 OLG Frankfurt, a.a.O., S. 2356. Das OLG verneinte im konkreten Fall den Fortbestand der zugezogenen Gesellschaft, weil es sich um eine Anstalt liechtensteinischen Rechts handelte und das OLG - im Jahre 1964 - diesen Typ einer juristischen Person unter Hinweis auf die eingliedrige Struktur der Anstalt für "schlechthin unzulässig" hielt.

115 BGH (oben Fn. 8), ZIP 2000, 967, 968.

116 OLG Zweibrücken (oben Fn. 6), DB 1990, 1660; MünchKomm(2.A.)-*Ebenroth*, EGBGB, Nach Art. 10, Rn. 217f; *Ebenroth/Auer*, GmbHR 1994, 16, 19.

117 OLG Zweibrücken (oben Fn. 6), DB 1990, 1660.

118 Zustimmend z.B. MünchKomm(2.A.)-*Ebenroth*, EGBGB, Nach Art. 10, Rn. 219; Scholz-*Westermann*, GmbHG, Einl., Rn. 127; *Ebenroth/Auer*, RIW 1992, Beil.1, S. 1, 7; *Kösters* (oben Fn. 23), S. 243.

119 EuZW 1991, 97.

deutschen Recht abschließend geregelt, nämlich im AktG, wonach "grundsätzlich" nur eine Neugründung in Betracht komme. Aus der Entscheidung wird deutlich, daß das OLG geradezu nach einer Norm sucht, die es ihm erlaubt, die Eintragung einer nicht neu gegründeten, sondern aus einer luxemburgischen S.A. umgestalteten Aktiengesellschaft zu verfügen; eine solche explizite Norm gibt es jedoch nicht. Davon ausgehend macht sich das Gericht Gedanken über die Möglichkeit, im Wege "schöpferischer Rechtsfindung" bestehende Gesetzeslücken unter Fortführung der gesetzesimmanenten Wertvorstellungen zu schließen. Hierzu hielt sich das Gericht jedoch nicht für berechtigt, da es an einer planwidrigen Lücke im deutschen Recht fehle, weil der Gesetzgeber mit der Verabschiedung des Zustimmungsgesetzes zum Europäischen Übereinkommen über die gegenseitige Anerkennung von Gesellschaften und juristischen Personen (vom 29.2.1968) den Sachverhalt zu regeln beabsichtigt habe[120]. Inzwischen dürfte der Weg einer schöpferischen Rechtsfortbildung durch die Gerichte auch wegen § 1 Abs.2 UmwG versperrt sein, mit dem der Gesetzgeber gerade keine Lücke hat offenlassen wollen[121], so daß ausländischen Gesellschaften der Zuzug nach Deutschland verwehrt bleibt.

e. Isolierte Verlegung des Satzungssitzes

Neben dem Zuzug durch Verlegung des Verwaltungssitzes wird vereinzelt die Verlegung nur des Satzungssitzes nach Deutschland diskutiert; die Rechtsprechung hat sich mit diesem Phänomen bislang noch nicht auseinandergesetzt, denn in allen Fällen, in denen "der Sitz" einer Gesellschaft ins Inland verlegt werden sollte, wurde stets zumindest auch der Verwaltungssitz verlegt.

Die Verlegung allein des Satzungssitzes läßt das Gesellschaftsstatut unberührt[122]. Die Eintragung eines in Deutschland liegenden Satzungssitzes einer ausländischen Gesellschaft, besser gesagt einer ausländischem Recht unterstehenden Gesellschaft, ist jedoch nach allgemeiner Ansicht aus Gründen des Sachrechts unzulässig[123], weil durch den Eintragungsort die Rechtsform der Gesellschaft bestimmt wird und diese mit dem anwendbaren Recht in Einklang stehen muß. Daher kann etwa eine Gesellschaft deutscher Rechtsform nur mit Satzungssitz im Inland entstehen[124].

f. Steuerrechtliche Überlegungen

Auch die steuerlichen Folgen eines Zuzuges sind nicht endgültig geklärt. Ein Teil der Literatur geht davon aus, der Zuzug löse die Liquidationsbesteuerung nach § 12 Abs. 2 KStG aus, weil die Gesellschaft infolge des Zuzugs aufgelöst

---

120 OLG Zweibrücken (oben Fn. 6), S. 1661.

121 Vgl. hierzu auch unten S. 44.

122 Vgl. oben Fn. 40.

123 KölnerKomm-*Kraft*, § 5 AktG, Rn. 3; *Ebenroth/Auer*, RIW 1991, Beil.1, S. 1, 8; *Knobbe-Keuk* (oben Fn. 3), S. 351; *Kruse* (oben Fn. 11), S. 47, 48.

124 Vgl. KölnerKomm-*Kraft*, § 5 AktG, Rn.4; *Kruse* (oben Fn. 11), S. 48.

würde und damit auch die inländischen Betriebsstätten liquidiert würden[125], während nach anderer Ansicht die im Ausland gegründete Gesellschaft mit Geschäftsleitung im Inland, sofern ihre rechtliche Struktur und ihre wirtschaftliche Position der einer deutschen Kapitalgesellschaft entspricht, gemäß § 1 KStG als unbeschränkt steuerpflichtig angesehen wird[126]. Dieser Ansicht folgt auch der BFH; in seinem Urteil zur liechtensteinischen Aktiengesellschaft[127], das insoweit eine lange währende Unsicherheit beendete[128], stellte er klar, daß er hinsichtlich der Frage der Rechtsfähigkeit ausländischer Gesellschaften mit Geschäftssitz im Inland der Sitztheorie folgt, so daß ausländische Kapitalgesellschaften als nichtrechtsfähige Vereine anzusehen und als solche gemäß § 1 Abs. 1 Nr.5 KStG unbeschränkt körperschaftsteuerpflichtig seien. Dies hat weitere Konsequenzen für die Anwendbarkeit einzelner Tatbestände des KStG, beispielsweise § 8b KStG, die für Gesellschaften i.S.d. § 1 Abs. 1 Nr.5 KStG nicht gelten[129].

3. Zusammenfassende Würdigung der Rechtsprechung

Die Verhinderung der Sitzverlegung ins Inland wird sowohl in rechtlicher als auch in wirtschaftlicher Hinsicht zunehmend als unbefriedigend angesehen[130]; vor allem wird eingewandt, es sei nicht einzusehen, was das deutsche Recht gegen eine Gesellschaft haben könnte, die sich *in toto* dem deutschen Gesellschaftsrecht anpassen will oder bereits angepaßt hat, und aus welchem Grund dem rein formellen Aspekt der Registereintragung eine solche Bedeutung für das Schicksal der Gesellschaft zukommen könne[131]. Die Verhinderung des Zuzuges wird im Hinblick auf den Schutzzweck der Sitztheorie als kontraproduktiv angesehen, denn sie ignoriert das Interesse des zu schützenden Rechtsverkehrs, insbesondere der Gläubiger und der Kapitaleigner,

---

125 *Bechtel* (oben Fn. 14), S. 47; *Zisowski* (oben Fn. 9), S. 62. Dies soll jedoch nur unter der Voraussetzung gelten, daß die zuziehende Gesellschaft bereits eine Betriebsstätte in Deutschland hatte. Kritisch hierzu *Thömmes* (oben Fn. 31), S. 1022, der die Zwangsliquidation der zuziehenden Gesellschaft aus der Sicht des deutschen Fiskus als vollkommen unsinnig bezeichnet.

126 *Tipke/Lang*, § 11, Rn. 16. Dieses Ergebnis ist kritisiert worden im Hinblick darauf, daß § 1 Abs. 1 KStG die Körperschaftssteuersubjekte abschließend aufzählt und ausschließlich deutsche Rechtsformen juristischer Personen erfaßt werden sollten (*Thömmes* (oben Fn. 31), S. 1022). Eine neuere ausführliche Auseinandersetzung mit den Fragen in diesem Zusammenhang findet sich bei *Schmidt/Sedemund*, DStR 1999, 2957, 2058f.

127 BFH (oben Fn. 9), GmbHR 1992, 315, 316.

128 Vgl. die Darstellung bei *Fock*, RIW 2000, 42, 46f.

129 Vgl. hierzu *Fock* (oben Fn. 128), S. 48, und unten S. 101.

130 Vgl. statt vieler *Bungert*, ZVglRWiss 93 (1994), 117, 169; *Neye*, ZIP 1997, 1697, 1698; *K.Schmidt* (oben Fn. 2), S. 20ff.

131 *Bechtel*, IPRax 1998, 348, 349; *Bungert* (oben Fn. 130), S. 169.

am Fortbestand der umziehenden Gesellschaft[132]. Nicht zuletzt wegen der fehlenden Eignung für den beabsichtigten Schutz wird die deutsche Rechtslage insoweit vor dem EuGH keinen Bestand haben[133]. Auch die Rechtsprechung scheint inzwischen von Zweifeln an der Europaverträglichkeit der deutschen Rechtspraxis ergriffen. Diesen Verdacht schürt bereits seit langem das Bemühen der Gerichte, in ihren Entscheidungen die fehlende tragfähige Begründung für die Nichtanerkennung durch eine Anhäufung von Rechtsprechungs- und Literaturnachweisen zu ersetzen. Von dem Unbehagen des *OLG Frankfurt a.M.* und des *OLG München* war bereits die Rede[134]. Wie weit die Zweifel der Rechtsprechung inzwischen tatsächlich gehen, belegt zuletzt eindrücklich die Formulierung der Fragen, die der BGH dem EuGH zur Vorabentscheidung vorgelegt hat[135]. In seinem Vorabentscheidungsersuchen setzt sich der BGH allerdings nicht etwa mit den *sach*rechtlichen Konsequenzen eines Statutenwechsels auseinander[136]. Stattdessen stellt er insgesamt die Berechtigung einer Rechtsordnung in Frage, sich (mit der Sitztheorie) für die Anwendung des eigenen Sachrechts auf eine europäische Gesellschaft zu entscheiden[137].

4. Ansätze im deutschen Recht zur Ermöglichung der identitätswahrenden Sitzverlegung

Es gibt in der moderneren Literatur eine Reihe von Vorschlägen, die grenzüberschreitende identitätswahrende Sitzverlegung im deutschen Recht zu ermöglichen, die im folgenden kurz vorgestellt werden sollen. Die vertretenen Ansichten gehen dabei von zwei grundsätzlich verschiedenen Ansätzen aus: Während ein Teil der Literatur, der sich durch die "Centros"-Entscheidung bestärkt sieht, nach kollisionsrechtlichen Lösungswegen und Alternativen sucht, bemüht sich eine jüngere Ansicht um die sachrechtliche Lösung der Schwierigkeiten einer Sitzverlegung über die Grenze, um den als berechtigt angesehenen Schutzinteressen mit Hilfe der Sitztheorie Rechnung zu tragen.

---

132 *Bechtel* (oben Fn. 14), S. 7; *Fischer* (oben Fn. 74), S. 104; *Schniechels* (oben Fn. 13), S. 182. Zum Schutz des Vertrauens des Rechtverkehrs in die Rechtsfähigkeit vgl. den rechtsvergleichenden Überblick bei *Zimmer* (oben Fn. 68), S. 241ff.

133 Vgl. hierzu ausführlich unten S. 107.

134 Vgl. oben S. 33.

135 BGH (oben Fn. 8), ZIP 2000, 967.

136 Aus diesem Grund wird die Entscheidung des BGH in der Literatur überwiegend als "rechtsirrig" kritisiert, vgl. z.B. *Roth*, ZIP 2000, 1597, 1599 ("Sie [die Vorlage] beruht auf einer zumindest unvollständigen, meines Erachtens fehlerhaften Analyse des deutschen Gesellschaftsrecht"). Ähnlich *Altmeppen* (oben Fn. 7), S. 1063; *Borges* (oben Fn. 7), S. 172; *Forsthoff* (oben Fn. 7) S. 1109; *Görk*, MittBayNot 2000, 566, 568; *Jaeger* (oben Fn. 7), S. 921f; *Zimmer* (oben Fn. 7), S. 1363. Nach der überwiegende Auffassung dieser Autoren bestand nach deutschem Gesellschaftsrecht eine oHG, die zwar als Partei des Prozesses unrichtig bezeichnet worden sei, die aber dennoch gemäß § 124 HGB als parteifähig anzusehen war.

137 Kritisch daher z.B. *Jaeger* (oben Fn. 7), S. 922 (unter Hnweis auf das Subsidiaritätsprinzip).

a. Alternative Anknüpfungsvorschläge

Ein Großteil der Literatur gibt der Sitztheorie die "Schuld" an der Unmöglichkeit einer identitätswahrenden Sitzverlegung. Ihr wird insbesondere vorgeworfen, sie schieße mit der Zuzugsblockade weit über ihr Ziel hinaus, indem sie eine intakte Gesellschaft zerstöre[138]. Dies zeigt sich nach Ansicht der Literatur insbesondere in den Fällen einer "zufälligen" Sitzverlegung, in denen der Umzug der Gesellschaft nicht auf einer Initiative der Gesellschafter beruht, sondern auf der schlichten Verlegung der Büroräume durch die Geschäftsführer[139], oder, wie in dem der Vorlagefrage des BGH zugrundeliegenden Sachverhaltes[140], durch einen schlichten Anteilsverkauf hervorgerufen wird.

aa. Das Plädoyer für die Gründungstheorie

Beispielsweise *Knobbe-Keuk* tritt vor diesem Hintergrund vehement für eine Abkehr von der Sitztheorie zugunsten der Gründungstheorie ein[141]. Die "mobilitätsfeindliche" Sitztheorie werde der Niederlassungsfreiheit nach Artt. 43, 48 (vormals Artt. 52, 58) EGV nicht gerecht, denn diese fordere innerhalb der Europäischen Gemeinschaft die freie Beweglichkeit gerade auch der Hauptverwaltung[142]. Die "reine" Gründungstheorie begegnet jedoch dem Einwand, daß sie Briefkastengesellschaften aus Oasenländern nicht verhindern kann und damit Gründern erlaubt, unter dem Deckmantel einer ausländischen juristischen Person mit dem Vorteil des Ausschlusses der persönlichen Haftung eine wirtschaftliche Tätigkeit zu entfalten, ohne der Gesellschaft nennenswertes Kapital zur Verfügung gestellt zu haben[143]. Für den Schutz des Rechtsverkehrs vor Briefkastengesellschaften besteht ein nicht geringes praktisches Bedürfnis,

---

[138] Statt vieler *Bechtel* (oben Fn. 14), S. 7.

[139] *Thömmes* (oben Fn. 31), S. 1022; zustimmend *Bechtel* (oben Fn. 14), S. 7, 8. Wie leicht sich solche unmerklichen Sitzverlegung ereignen können, hat sich in jüngster Zeit anhand einiger Entscheidungen gezeigt: Im Fall des OLG Jena (Fn. 23), IPRax 1998, 364) konnten die Verwirrungen darüber nicht geklärt werden, ob überhaupt der Verwaltungssitz verlegt worden war. Die klagende ausländische Kapitalgesellschaft hatte sich dahingehend eingelassen, selbst wenn sie ihren Verwaltungssitz nach Luxemburg verlegt haben sollte, habe sie ihn zwischenzeitlich jedenfalls wieder nach Panama "zurückverlegt".

[140] BGH (oben Fn. 8), ZIP 2000, 967.

[141] *Knobbe-Keuk* (oben Fn. 3), S. 325f.

[142] *Knobbe-Keuk* (oben Fn. 3), S. 329f; *dies.*, DB 1990, 2573, 2578. Ebenso: *Behrens* (Fn. 39) S. 22; *ders.* (oben Fn. 17), IPR Rn. 22; *ders.*, in: Hachenburg, GmbHG, Einl., Rn. 127; *Eppler*, DB 1991, 1949, 1951; *Kronke*, ZGR 1994, 26, 30. Mit Einschränkungen ebenso: *Bechtel* (oben Fn. 14), S. 5; *Schniechels* (oben Fn. 13), S. 198. Außerdem: *Meilicke*, RIW 1990, 449, 452 (der die Sitztheorie als Verstoß gegen die EMRK stempelt, vgl. *ders.*, RIW 1992, 578, 579; dagegen statt vieler: AG Heidelberg (oben Fn. 8), ZIP 2000, 1617; *Großfeld*, AG 1996, 302, 306: "Juristische Personen sind halt trotz aller Wortkünste keine Menschen").

[143] MünchKomm(2.A.)-*Ebenroth*, EGBGB, Nach Art. 10, Rn. 146f; MünchKomm-*Kindler*, IntGesR, Rn. 269-275; *Borges* (oben Fn. 7), S. 176; *Sandrock*, RabelsZ 42 (1978), 227, 256.

denn wie die Analyse der Rechtsprechung[144] und die Entscheidung des EuGH im Fall *Centros*[145] zeigen, sind pseudo-foreign-corporations kein so seltenes Phänomen, wie beispielsweise *Bungert*[146] behauptet. Auch die Befürworter der Gründungstheorie wollen daher Einschränkungen zulassen, beispielsweise ein Umgehungsverbot als Teil des ordre public anerkennen[147], die zwingenden Schutznormen des Sitzrechts dennoch anwenden oder Sonderanknüpfungen zulassen[148], oder - wie in den USA vorherrschend - die Gründungstheorie nur mit der Einschränkung des *genuine-link* anwenden, der eine tatsächliche Verbindung zum Ort des Satzungssitzes erfordert[149].

In diesem Zusammenhang ist auch die "Kombinationslehre" von *Zimmer*[150] zu erwähnen[151]. Nach dieser Lehre, die er selbst als "Kombination von Sitz- und Gründungstheorie" bezeichnet, soll die Beibehaltung einer ausländischen Rechtsform trotz Verwaltungssitz im Inland erst dann unzulässig werden, wenn die Gesellschaft keine "substantiellen Auslandsbeziehungen" mehr hat. Daher kann nur dann auf das Gründungsrecht zurückgegriffen werden, wenn die Gesellschaft reale Beziehungen zum Gründungsstaat unterhält[152], etwa in Form einer Niederlassung[153]. Seiner Ansicht nach ist die "Kombinationslehre" das Ergebnis der Anwendung der gemeinhin im IPR geltenden Einschränkung der Rechtswahlfreiheit durch die Pflicht zur Beachtung des zwingenden Rechts gemäß Art. 27 Abs. 3 EGBGB[154]; es sei nicht einzusehen, warum die Gründungstheorie als "Theorie der Privatautonomie"[155] nicht in dieselben Schranken

---

144 Vgl. Fn. 93.

145 Vgl. hierzu unten S. 76.

146 DB 1995, 963, 964f.

147 Vgl. *Koppensteiner*, Int.Unternehmen, S. 132. Ähnlich zum Vorbehalt des Rechtsmißbrauchs im Zusammenhang mit der Gründungstheorie: *Beitzke* (oben Fn. 68), S. 112f. Vgl. auch die Besprechung von EuGH, *Centros* (oben Fn. 27), Slg. 1999, I, 1484, unten S. 76f.

148 Z.B. *Behrens* (oben Fn. 17), IPR Rn. 22; *ders.*, in: Hachenburg, GmbHG, Einl., Rn. 127.

149 OLG Düsseldorf (oben Fn. 23), ZIP 1995, 1009f; MünchKomm(2.A.)-*Ebenroth*, EGBGB, Nach Art. 10, Rn. 146; *Bungert*, WM 1995, 2125, 2128f; *Ebenroth/Kemner/Willburger*, ZIP 1995, 972, 973; *Ebenroth/Einsele*, ZVglRWiss 87 (1988), 217, 223f; *Höft* (oben Fn. 10), S. 52f. Vgl. für die Rechtslage im schweizer Recht, die vor der Neuregelung einen vergleichbaren fraus-legis-Vorbehalt enthielt, *Vischer*, in: IntGesR, S. 29, 32.

150 *Zimmer* (oben Fn. 68), S. 225, 226.

151 Zusammenfassend zu der hieran geäußerten Kritik vgl. MünchKomm-*Kindler*, IntGesR, Rn. 307f.

152 *Zimmer* (oben Fn. 68), S. 239.

153 *Zimmer* (oben Fn. 68), S. 230.

154 *Zimmer* (oben Fn. 68), S. 221f. Auf denselben Gedanken greift auch das OLG Düsseldorf (oben Fn. 23), ZIP 1995, 1009, 1012, zurück.

155 *Zimmer* (oben Fn. 68), S. 222.

gewiesen werden sollte[156]. Im Ergebnis entspricht seine Theorie dem, was *Ebenroth* als den rechtstatsächlichen Inhalt der Gründungstheorie in der Anwendung durch die Gerichte herausgearbeitet hat, nämlich dem Vorbehalt eines *genuine-link*[157].

bb. Vorschläge zur "Kombination" von Sitz- und Gründungstheorie

In der Diskussion sind schon früher andere Formen der "Kombination" von Sitz- und Gründungstheorie vorgeschlagen worden, die dem Bedürfnis gerecht zu werden bemüht sind, daß das am tatsächlichen Aufenthaltsort geltende Recht den Schutz des dortigen Rechtsverkehrs am besten gewährleisten kann. Hierzu zählen die von *Sandrock*[158] entwickelte sogenannte Überlagerungstheorie sowie die sogenannte Differenzierungslehre von *Grasmann*[159]. Beide Theorien legen als Prinzip der Anknüpfung die Gründungstheorie zugrunde und räumen dem am Ort des Verwaltungssitzes geltenden Recht den Anwendungsvorrang ein, wenn dies zum Schutze des Rechtsverkehrs geboten ist. Dies führt vor allem zu einer unterschiedlichen Anknüpfung des Innen- und Außenverhältnisses der Gesellschaft[160].

Die Schwäche beider Theorien besteht in der diffizilen Einzelfallentscheidung über die Anwendbarkeit der materiellen Normen und in der damit einhergehenden Rechtsunsicherheit[161]. Auch wird der unterschiedlichen Anknüpfung von Innen- und Außenverhältnis vorgehalten, sie führe zu einem "Normenmix", der nicht hinnehmbar sei, weil jedes Gesellschaftsrecht ein interdependentes Ganzes mit einem logischen inneren und einheitlichen Funktionszusammenhang sei, aus dem man Einzelaspekte herausrisse[162]. Der pauschale Einwand des

---

[156] *Zimmer* (oben Fn. 68), S. 223. Er schlägt dementsprechend auch für die Gründungstheorie eine Schrankenbestimmung nach Art. 27 Abs. 3 EGBGB vor mit der Folge, daß (nur) die "zwingenden Bestimmungen" des Staates der lex fori anwendbar sein sollen.

[157] Vgl. *Ebenroth/Kemner/Willburger* (oben Fn. 149), S. 973: "Hat eine Gesellschaft auch nur die geringste wirtschaftliche oder gesellschaftliche Aktivität in ihrem Gründungsstaat, so ist der genuine-link zwingend zu bejahen". Zur Gründungstheorie in Großbritannien vgl. MünchKomm(2.A.)-*Ebenroth*, EGBGB, Nach Art. 10, Rn. 146, der darauf hinweist, das in der Praxis die britischen Gerichte das durch öffentlich-rechtliche Eingriffsbefugnisse geprägte Gesellschaftsrecht stets anwendeten, wenn eine Gesellschaft eine hinreichende Verbindung zu Großbritannien habe. Ferner stellt sich seiner Ansicht nach das Problem des Wegzuges im Hinblick auf das "angenehme" britische Gesellschaftsrecht und wegen der "Insellage" in psychologischer Hinsicht praktisch nicht.

[158] *Sandrock*, RIW 1989, 505, 512f; *ders.* (oben Fn. 143), S. 246f; *Sandrock/Austmann*, RIW 1989, 249, 252f.

[159] System des internationalen Gesellschaftsrechts (1970).

[160] MünchKomm(2.A.)-*Ebenroth*, EGBGB, Nach Art. 10, Rn. 169f; *Bungert* (oben Fn. 12), S. 491.

[161] Vgl. statt vieler: MünchKomm-*Kindler*, IntGesR, Rn. 294f., 298f.

[162] MünchKomm(2.A.)-*Ebenroth*, EGBGB, Nach Art. 10, Rn. 171.

"Etikettenschwindels"[163] überzeugt hingegen kaum, denn es geht ja gerade um eine Kombination der Vorteile der Sitz- und der Gründungstheorie.

b. Sachrechtliche Lösungsvorschläge für die Identitätswahrung

Nach einer im Vordringen begriffenen Ansicht ist jedoch die Abkehr von der Sitztheorie gar nicht erforderlich, um eine identitätswahrende Sitzverlegung zu ermöglichen. Voraussetzung dafür allerdings ist, daß man die Sitztheorie als das beläßt, was sie ist, nämlich als reine Kollisionsregel[164]. Denn mit der Feststellung des Statutenwechsels ist über die materiellrechtlichen Wirkungen der Sitzverlegung noch nichts gesagt[165]. Daraus hat als erster *Behrens*[166] die Schlußfolgerung gezogen, daß die identitätswahrende Sitzverlegung kein kollisionsrechtliches, sondern ein sachrechtliches Problem ist. Damit die zuziehende Gesellschaft auch im deutschen Recht als "rechtsfähig" anzusehen ist, müsse sich der Zuzugsstaat nach dem Statutenwechsel darauf beschränken zu überprüfen, ob die Gesellschaft die zwingenden Vorschriften des Gesellschaftsrechts einhält. Die daraufhin erfolgende Eintragung unterscheide sich nach Anpassung ihrer Satzung an deutsches Recht von der Eintragung einer neu gegründeten Gesellschaft allein durch den Eintragungszusatz der Sitzverlegung[167].

aa. Rechtsformzwang und Formwechsel nach der geltenden Rechtslage

Die in der modernen Literatur überwiegende Ansicht kommt bei der Anwendung des deutschen Gesellschaftsrechts zu dem Ergebnis, es könne jedenfalls nicht von der "Nichtexistenz der Gesellschaft" gesprochen werden[168]. Zwar sei die Gesellschaft keine selbständig rechtsfähige juristische Person[169], daraus könne und dürfe man aber nicht schließen, daß im Inland ein "rechtliches nullum" existiere[170]. Ausgangspunkt dieser Überlegungen ist, daß die Eintra-

[163] *Eyles* (oben Fn. 9), S. 370.

[164] Vgl. hierzu schon oben S. 17f.

[165] *Behrens*, IPRax 1989, 354.

[166] *Behrens* (oben Fn. 98), S. 590.

[167] *Thömmes* (oben Fn. 31), S. 1023.

[168] Vgl. statt vieler MünchKomm-*Kindler*, IntGesR, Rn. 346f; MünchKomm(2.A.)-*Ebenroth*, EGBGB, Nach Art. 10, Rn. 194 ("Einen rechtsfreien Raum gibt es nicht"); *Kindler* (oben Fn. 5), S. 1994; *Kruse* (oben Fn. 11), S. 43.

[169] Wie auch die Rechtsprechung feststellt, vgl. OLG Düsseldorf (oben Fn. 23), ZIP 1995, 1009, 1011; LG Marburg (oben Fn. 9), RIW 1994, 63, 64; LG Köln (oben Fn. 9), GmbHR 1986, 314, 315; *Großfeld/König* (oben Fn. 9), S. 433.

[170] So aber *Knobbe-Keuk* (oben Fn. 3), S. 335. Ebenso: Lutter-*Lutter*, UmwG, § 1, Rn. 7; *Buyer*, DB 1990, 1682; *Fischer* (oben Fn. 74), S. 102; *Schniechels* (oben Fn. 13), S. 150; *Wessel/Ziegenhain* (oben Fn. 71), S. 425. In diesem Zusammenhang taucht oftmals der Begriff "Nichtigkeit" auf, allerdings nicht im Sinne des § 277 AktG, sondern, wie aus dem jeweiligen Kontext ersichtlich, als so gedachtes Synonym für "Nichtexistenz", vgl.

gung als Kapitalgesellschaft in einem deutschen Handelsregister nicht Bedingung ist für die *Wirksamkeit ihrer Gründung*[171], sondern lediglich für das Entstehen der juristischen Person. Jede andere Konsequenz der Anwendung des Gesellschaftsrechts beruht, so *K.Schmidt*[172], auf einem "exzessiven Verständnis der Nichtanerkennung".

(1) Der "Rechtsformzwang"

Die Erkenntnis, daß das gesellschaftsrechtliche Etwas, das sich nach der Verlegung des Verwaltungssitzes in Deutschland befindet, sich nicht so "einfach in Luft aufgelöst" haben kann[173], hat die Lehre bewogen, diesen "corpus societatis"[174] genauer zu untersuchen und "auszuprobieren", was dabei herauskommt, wenn man auf das Vorhandene so, wie die Sitztheorie gebietet, das deutsche Gesellschaftsrecht anwendet. Die Einordnung in den numerus clausus der Gesellschaftsformen erfolgt dabei allein aufgrund der objektiv gegebenen Verhältnisse[175], der Wille der Gesellschafter soll hingegen unbeachtlich sein[176].

Die überwiegende Zahl der Autoren gelangt auf diesem Wege zu dem Ergebnis, es handele sich bei der ankommenden Gesellschaft um eine oHG, sofern sie ein

---

z.B. OLG München (oben Fn. 9), NJW 1986, 2197, 2198; MünchKomm(2.A.)-*Ebenroth*, EGBGB, Nach Art. 10, Rn. 191, 192; *Eyles* (oben Fn. 9), z.B. S. 361.

Das als Beleg oft zitierte Urteil des LG Stuttgart ((Fn. 28), IPRax 1991, 118) gibt insofern nichts für die hier zu untersuchende Frage her, als es für die Haftung des Beklagten nur darauf ankam, daß die Gesellschaft entgegen dem Auftreten des Beklagten nicht als "A.G." existierte. Die Besonderheit des vom LG Stuttgart entschiedenen Falles bestand darin, daß der Beklagte den Eindruck erweckt hatte, es existierte eine deutsche AG, da er unter der Firma einer "A.G." aufgetreten war und im Briefkopf an oberster Stelle eine AG mit Sitz in Stuttgart und erst nachrangig eine Londoner Adresse genannt war; an den Büroräumen in Stuttgart war außerdem ein Schild angebracht mit der Bezeichnung "L.Management A.G.". Aus den Gesamtumständen folgerte das LG Stuttgart, daß der Kläger von der Existenz einer deutschen Gesellschaft, nicht einer ausländischen ausgegangen war. Allerdings geht das LG auch unter dem Gesichtspunkt der mangelnden Rechtsfähigkeit der L.Management A.G. als pseudo-foreign-corporation von einer Haftung des Beklagten als vollmachtlosem Vertreter aus.

171 Vgl. *Behrens* (oben Fn. 98), S. 594, unter Bezugnahme auf die Vorkapitalgesellschaft; *ders.* EuZW 1991, 97.

172 *K.Schmidt* (oben Fn. 2), S. 25f.

173 Lutter-*Lutter*, UmwG, Einl., Rn. 32; *Kruse* (oben Fn. 11), S. 42, 43.

174 *Bechtel* (oben Fn. 14), S. 28.

175 *Müller* (oben Fn. 12), S. 1051. Es geht insbesondere nicht um eine "Umwandlung" der ausländischen Kapitalgesellschaft nach UmwG; mißverständlich insoweit *Meilicke* (oben Fn. 71), S. 1053.

176 BGH, 29.11.1956, BGHZ 20, 240, 245; MünchKomm(2.A.)-*Ebenroth*, EGBGB, Nach Art. 10, Rn. 194; *Bechtel* (oben Fn. 14), S. 29; *Haas* (oben Fn. 71), S. 1506; *Kruse* (oben Fn. 11), S. 40.

kaufmännisches Handelsgewerbe nach § 1 Abs. 2 HGB betreibt[177], andernfalls um eine GbR[178], wobei letzteres seit der Reform des HGB kaum mehr praktisch werden dürfte[179]. Schwierigkeiten ergeben sich bei zugezogenen Ein-Mann-Gesellschaften, die überwiegend als Einzelkaufmann behandelt werden[180]. Eine Einordnung zuziehender Gesellschaften mit der Rechtsform einer ausländischen Kapitalgesellschaft dürfte regelmäßig daran scheitern, daß die zuziehende Gesellschaft nicht die für eine deutsche Kapitalgesellschaft typischen Charakteristika aufweist wie beispielsweise den Antrag auf Eintragung in ein deutsches Handelsregister[181]. Andere wollen nach der jeweiligen Struktur des zugezogenen Gebildes differenzieren, so daß bei körperschaftlicher Struktur ein nichtrechtsfähiger Verein, bei personalistischer Struktur eine Personengesellschaft vorliege[182]. Dem wird entgegengehalten, nach der Rechtsprechung des BGH sei

---

177 MünchKomm-*Kindler*, IntGesR, Rn. 349; Soergel-*Lüderitz*, EGBGB, Anh. Art.10, Rn. 43 und 51; Lutter-*Lutter*, UmwG, Einl., Rn. 33; *Altmeppen* (oben Fn. 7), S. 1063; *Behrens* (oben Fn. 17), IPR Rn. 11; *ders.*, IPRax 2000, 384, 388; *Bogler* (oben Fn. 52), S. 850; *Borges* (oben Fn. 7), S. 172; *Eidenmüller/Rehm*, ZGR 1997, 89, 91; *Forsthoff* (oben Fn. 7), S. 1109; *Görk* (oben Fn. 136), S. 568; *Kindler* (oben Fn. 5), S. 1994; *Kösters* (oben Fn. 23), S. 245; *Meilicke* (oben Fn. 71), S. 1053; *Müller* (oben Fn. 12), S. 1051; *Roth*, RabelsZ 55 (1991), 623, 649; *ders.* (oben Fn. 7), S. 1599; *K.Schmidt* (oben Fn. 2), S. 24; *Sonnenberger/Großerichter*, RIW 1999, 721, 726; *Wessel/Ziegenhain* (oben Fn. 71), S. 427; *Zimmer*, ZHR 164 (2000), 23, 25; *ders.*, in: FS Lutter, S. 231, 235. Ebenso *Bechtel* (oben Fn. 14), S. 39 u. 108, und *Rehbinder* (oben Fn. 68), S. 324 (nach deren Ansicht jedoch beim Zuzug einer Kapitalgesellschaft regelmäßig eine KG anzuerkennen sein soll). Ansätze hierzu finden sich auch bei LG Essen (oben Fn. 30), IPRax 1996, 120, 121, das allerdings ohne weitere Begründung davon ausgeht, es fände sich "kein Anhalt dafür, daß die Klägerin als "normale" oHG deutschen Rechts qualifiziert" sei.

178 Soergel-*Lüderitz*, EGBGB, Anh. Art.10, Rn. 8; Lutter-*Lutter*, UmwG, Einl., Rn. 33; *Haas* (oben Fn. 71), S. 1501; *Kösters* (oben Fn. 23), S. 245; *Kruse* (oben Fn. 11), S. 40; *Müller* (oben Fn. 12), S. 1051; *Rehbinder* (oben Fn. 68), S. 324; *K.Schmidt* (oben Fn. 2), S. 24; *Zimmer* (oben Fn. 68), S. 300.

179 In der Regel wird man davon ausgehen müssen, daß eine Gesellschaft, die einen Verwaltungssitz hat, ein Unternehmen einer solchen Größe betreibt, daß es nach Art und Umfang die Einrichtung eines kaufmännischen Gewerbebetriebes erforderlich macht (§ 1 Abs. 2 HGB n.F.).

180 OLG Frankfurt a.M. (oben Fn. 9), NJW 1964, 2355, 2356; MünchKomm(2.A.)-*Ebenroth*, EGBGB, Nach Art. 10, Rn. 195; *Müller* (oben Fn. 12), S. 1051; *K.Schmidt* (oben Fn. 2), S. 24; *Zimmer* (oben Fn. 68), S. 304, 305 (m.w.N. Fn. 212).

181 Vgl. statt vieler: *Eidenmüller/Rehm* (oben Fn. 177), S. 91.

182 BFH (oben Fn. 9), GmbHR 1992, 315, 316; Soergel-*Lüderitz*, EGBGB, Anh. Art.10, Rn. 8; *Fischer* (oben Fn. 74), S. 101; *Höft* (oben Fn. 10), S. 45; *Kruse* (oben Fn. 11), S. 39. Ebenso MünchKomm(2.A.)-*Ebenroth*, EGBGB, Nach Art. 10, Rn. 194 (mit der Einschränkung jedoch, daß die Regeln über die Personengesellschaften dann keine Anwendung finden sollen, wenn es sich um einen echten Umgehungsfall handelt oder aber unüberbrückbare Strukturunterschiede der Gesellschaften bestehen; in diesem Fällen

jedes von einer Personenmehrheit betriebene wirtschaftliche Unternehmen unabhängig von einer etwaigen körperschaftlichen Struktur eine oHG[183]; die Anerkennung eines nichtrechtsfähigen Vereins käme nur dann in Betracht, wenn die zuziehende Körperschaft kein kaufmännisches Unternehmen betriebe[184]. Grundsätzlich gegen die Möglichkeit der Anerkennung eines nichtrechtsfähigen Vereins argumentiert *Müller*[185], die Abgrenzung nach typisierten Kriterien sei nicht möglich, weil es auch Publikumspersonengesellschaften gebe.

Mangels Anerkennung der im Ausland entstandenen Rechtspersönlichkeit können die Gesellschafter nicht von einer Haftungsbeschränkung profitieren[186]. Mit der Einordnung der zugezogenen Gesellschaft als oHG geht insbesondere die für die Anteilseigner der (vormals) ausländischen Kapitalgesellschaft katastrophale Folge der Anwendbarkeit des § 128 HGB einher, so daß sie persönlich und unbeschränkt für die Verbindlichkeiten der Gesellschaft haften[187]. Allerdings können die Gesellschafter das Haftungsrisiko minimieren durch entsprechende Koordinierung von Satzungsänderungen zur Anpassung an eine deutsche Kapitalgesellschaft und deren Eintragung im zuständigen Handelsregister[188].

(2) Die Umwandlungsfähigkeit der zugezogenen Gesellschaft (§ 1 Abs. 1 UmwG)

Mit dem sachrechtlichen Ergebnis der Anerkennung einer oHG hat sich die These von der Neugründung erledigt, soweit die Gesellschaft nicht vom Wegzugsstaat als aufgelöst betrachtet wird[189]; möglich ist lediglich die Annahme eines "Umgründungs"- bzw. Anpassungszwanges. Die neuere Lehre geht noch weiter: Sie vertritt die These, daß die zugezogene oHG gemäß § 191 Abs. 1 Nr.1 i.V.m. Abs. 2 Nr.3 UmwG in eine Kapitalgesellschaft deutscher

---

soll die Gesellschaft "nichtig" sein), und MünchKomm-*Kindler*, IntGesR, Rn. 350 (unter Differenzierung nach dem Verbandszweck).

183 Soergel-*Lüderitz*, EGBGB, Anh.Art. 10, Rn. 8; *Kruse* (oben Fn. 11), S. 40.

184 *Bechtel* (oben Fn. 14), S. 30, 31; *Müller* (oben Fn. 12), S. 1051 (mit der Begründung, die §§ 20ff BGB seien auf Idealverein zugeschnitten).

185 *Müller* (oben Fn. 12), S. 1051. Ähnlich *Bechtel* (oben Fn. 14), S. 31.

186 *K.Schmidt* (oben Fn. 2), S. 24.

187 Vgl. statt vieler: MünchKomm(2.A.)-*Ebenroth*, EGBGB, Nach Art. 10, Rn. 194; *Kösters* (oben Fn. 23), S. 246; *Müller* (oben Fn. 12), S. 1052. Davon ausgenommen sollen nach einer Ansicht allerdings die Kleinanleger sein (*Fischer* (oben Fn. 74), S. 101). Vgl. jedoch oben S. 36, insb. Fn. 92, wo aufgezeigt wurde, daß die Rechtsprechung bislang lediglich die Handelnheftung angeandt hat, nicht hingegen die persönliche Haftung der Gesellschafter.

188 *Bechtel* (oben Fn. 14), S. 37; vgl. auch ausführlich die Darstellung im vergleichbaren italienischen Recht, unten S. 194f.

189 *K.Schmidt* (oben Fn. 2), S. 27f. Ebenso: *Bechtel* (oben Fn. 14), S. 32; *Kreuzer*, EuZW 1994, 73.

Rechtsform umgewandelt werden könne[190]. Demzufolge wäre eine identitätswahrende Sitzverlegung bereits nach geltendem Recht möglich[191].

Voraussetzung dafür ist allerdings, daß die umzuwandelnde oHG gemäß § 1 Abs. 1 UmwG "Rechtsträger mit Sitz im Inland" ist. Da die Gesellschaft noch keinen Satzungssitz in Deutschland hat - denn den kann sie erst nach ihrer Eintragung als umgewandelte Gesellschaft haben[192] -, müßte es für die Anwendbarkeit des UmwG gemäß § 1 Abs. 1 UmwG ausreichen, daß die Gesellschaft einen *Verwaltungs*sitz im Inland hat; für diese These hat sich eine beachtliche Anzahl von Stimmen in der Literatur ausgesprochen[193]. Dagegen wird eingewandt, § 1 Abs. 1 UmwG sei keine Kollisionsnorm[194]; würde § 1 Abs. 1 UmwG auf den Verwaltungssitz abstellen, enthielte er die obsolete Wiederholung der Sitztheorie, denn das UmwG ist als Teil der lex societatis ohnehin nur aufgrund der Sitztheorie anwendbar. Gegen die Anwendung des UmwG auf Rechtsträger mit "nur" Verwaltungssitz im Inland spricht außerdem, daß nach dem ausdrücklichen Willen des Gesetzgebers das UmwG nicht auf die grenzüberschreitende Sitzverlegung angewandt werden solle[195]; würde jedoch § 1 Abs. 1 UmwG einen Verwaltungssitz im Inland genügen lassen, hätte der Gesetzgeber diesen Fall unbemerkt und ungewollt geregelt. Schließlich spricht gegen die Bezugnahme auf den Verwaltungssitz in § 1 Abs. 1 UmwG, daß die Umwandlungsvorschriften überhaupt nur greifen *können*, wenn der *Satzungs*sitz im Inland liegt, denn die Umwandlungstatbestände werden erst wirksam, wenn die Umwandlung im Handelsregister eingetragen worden ist. Ohne Satzungssitz im Inland ist die formwechselnde Umwandlung daher sachrechtlich gar nicht durchführbar[196].

Anders ist die Rechtslage nur dann zu beurteilen, wenn die zugezogene Gesellschaft sich bereits im Ausland einer deutschen Gesellschaftsrechtsform

---

190 *Bechtel* (oben Fn. 14), S. 105f ; *K.Schmidt* (oben Fn. 2), S. 27.

191 *K.Schmidt* (oben Fn. 2), S. 27.

192 Vgl. oben zur Unzulässigkeit der Eintragung einer Gesellschaft ausländischer Rechtsform mit Satzungssitz im Inland, S.35.

193 *Dehmer*, UmwG/UmwStG, § 1 Rn. 5; *Widmann/Mayer*, § 1 UmwG, Rn. 29.2; *Bechtel* (oben Fn. 14), S. 108; *Großfeld* (oben Fn. 142), S. 303; wohl ebenso *Meilicke* (oben Fn. 71), S. 1053 (aus seinen Ausführungen wird jedenfalls deutlich, daß er den Verwaltungssitz im Inland für die Umwandlungsfähigkeit genügen lassen will). Unklar *Sagasser/Bula*, Einl. B, Rn. 28 (§ 1 Abs. 1 UmwG erfaßt jedenfalls den Satzungssitz, fraglich ob "auch" der Verwaltungssitz).

194 Lutter-*Lutter*, UmwG, § 1, Rn. 7; Guotier/Knopf/Tulloch -*Bermel*, § 1 UmwG, Rn. 6; *Bungert* (oben Fn. 12), S. 502; *Kronke* (oben Fn. 142) S. 35; *Schaumburg*, I, GmbHR 1996, 501, 502, Fn. 1; *ders.*, IntStR, Rn. 17.53.

195 Reg.Begr. in: BT-DrS 12/6600, S. 71, 80; vgl. auch Lutter-*Lutter*, UmwG, § 1, Rn. 5f; *Bechtel* (oben Fn. 14), S. 106f; *Kruse* (oben Fn. 11), S. 137f.

196 Ähnlich Lutter-*Lutter*, UmwG, Einl., Rn. 32: § 198 Abs. 2 UmwG hilft der ausländischen und als oHG anerkannten Gesellschaft nicht weiter, denn spätestens für die Durchführung der Umwandlung braucht sie - als neuer Rechtsträger - einen Satzungssitz im Inland. Anders *Bechtel* (oben Fn. 14), S. 105f, 108.

angepaßt und im Zuge dessen auch bereits die Verlegung ihres *Satzungs*sitzes beschlossen hat. Dann ist sie zwar noch nicht mit Satzungssitz in Deutschland eingetragen, die Sitzverlegung ist mit anderen Worten auch noch nicht wirksam (§ 181 Abs. 3 AktG), in diesem Fall kann man aber die Anwendung des § 198 Abs. 2 Satz 1 und 2 UmwG erwägen, da die Gesellschaft in dem Zeitpunkt, in welchem über die Anwendbarkeit des UmwG zu entscheiden ist, aufgrund der erfolgten Satzungsänderungen bereits als Rechtsträger mit Sitz im Inland angesehen werden könnte.

(3) Weitere Schwierigkeiten

Solange die Gesellschaft ihren Satzungssitz noch im Ausland hat, stellt sich die Frage, ob die ausländische Kapitalgesellschaft in Deutschland als oHG *neu* entstanden ist oder ob sie tatsächlich die kontinuierliche Fortsetzung der aus deutscher Sicht nicht mehr anerkannten, aber dennoch im Ausland eingetragenen ausländischen Kapitalgesellschaft ist. *Bechtel*[197] führt hierzu aus, "nach der Sitzverlegung[198] [sei] nicht mehr die ausländische Gesellschaftshülle Trägerin des Gesellschaftsvermögens, sondern die ...Gesellschaft, die eine volle Rechtsträgerin ist. ...Der Verband erhält eine neue juristische Rechtspersönlichkeit". Die offenen Fragen in diesem Zusammenhang, etwa die Frage, ob das Grundbuch (in welchem bislang die Gesellschaft mit ihrer ausländischen Rechtsform eingetragen ist) nur berichtigt, oder ob der Grundbesitz an die automatisch umgewandelte Gesellschaft aufgelassen werden muß[199], unterstreichen die Notwendigkeit, die grenzüberschreitende Sitzverlegung im Einverständnis mit den jeweiligen "Wegzugsstaaten" zu einer einheitlichen Regelung zu bringen[200]. Aus diesem Grund gebietet die italienische Regelung, daß die Sitzverlegung mit den Rechtsordnungen *aller* beteiligten Staaten in Einklang gebracht werden muß[201]; anders läßt sich wohl kaum vermeiden, daß die Gesellschaft wenigstens zwischenzeitlich Gefahr läuft, ein rechtliches "Doppelleben" zu führen[202].

bb. Vorgesellschaftsmodell

Viele Befürworter hat auch das sogenannte "Vorgesellschaftsmodell" gefunden[203], das bemüht ist, die aus der Anwendung des Personengesellschaftsrechts nachteiligen Folgen für die Gesellschafter zu vermeiden. Nach diesem Vorschlag sollen auf die zugezogene Gesellschaft die Regeln über die

---

197 S. 128.

198 Gemeint ist der Verwaltungssitz.

199 *Meilicke* (oben Fn. 71), S. 1054.

200 Vgl. zum Entwurf für eine 14. Gesellschaftsrechtliche Richtlinie unten S. 243f.

201 Vgl. den Wortlaut des Art. 25 Abs. 3 IPRG: "I trasferimenti della sede statutaria ... hanno efficaccia soltanto se posti in essere conformemente alle leggi di detti Stati interessati".

202 Ebenso *Meilicke* (oben Fn. 71), S. 1054f.

203 *Bechtel* (oben Fn. 14), S. 109ff; *Beitzke* (oben Fn. 68), S. 116; *Fischer* (oben Fn. 74), S. 101; *K.Schmidt* (oben Fn. 2), S. 28.

Vorkapitalgesellschaft angewendet werden, weil sie als (ausländische) Kapitalgesellschaft gegründet worden ist, deswegen eine bereits festgestellte und, zumindest bei Herkunft aus einem Mitgliedstaat der Europäischen Union, auch notariell beurkundete Satzung hat[204]. Aufgrund der im Kapitalgesellschaftsrecht der Mitgliedstaaten vorangetriebenen Harmonisierung ist es nicht einmal unwahrscheinlich, daß die nach ausländischem Recht errichtete Gesellschaft prinzipiell den Voraussetzungen für eine in Deutschland errichtete GmbH oder AG entspricht. Zu ihrer "Vollendung" als deutsche Kapitalgesellschaft fehlt ihr nur noch die Eintragung[205]. In diesem Fall, so wird gefordert, solle sie ebenso wie eine deutsche Kapitalgesellschaft behandelt werden, der das Merkmal der Eintragung fehlt[206].

Gegen das Vorgesellschaftsmodell wird vor allem eingewandt, der ausländischen Gesellschaft fehle der für die Vorkapitalgesellschaft wesentliche Übergangscharakter, weil die Gesellschafter die Eintragung im deutschen Handelsregister nicht anstrebten[207]. Dieser berechtigte Einwand greift allerdings nicht, wenn zusammen mit dem Verwaltungssitz auch der Satzungssitz nach Deutschland verlegt werden soll wie im Fall des *OLG Zweibrücken*[208], denn in diesem Fall ist die Gesellschaft entsprechend einer deutschen Rechtsform umgewandelt und beantragt ihre Eintragung an ihrem neuen Satzungssitz. Diese Fälle vermag das Vorgesellschaftsmodell zumindest für die Übergangszeit bis zur Eintragung befriedigend zu lösen, zumal beispielsweise durch die Anwendung der Grundsätze über die Differenzhaftung auch die erforderliche Kapitalausstattung bei der Eintragung sichergestellt werden könnte[209]. Sofern hingegen nur der Verwaltungssitz verlegt wird und eine Eintragung der Gesellschaft als deutsche Kapitalgesellschaft nicht angestrebt wird, bleibt es bei dem soeben gefundenen Ergebnis, weil die Auffangregelungen über die "fehler-

204 Vgl. *Bechtel* (oben Fn. 14), S. 112. Die Fragen in diesem Zusammenhang stellen sich im italienischen Recht in gleicher Weise und werden dort ausführlich erörtert (vgl. unten S. 158f und 176f).

205 *K.Schmidt* (oben Fn. 2), S. 28 ("Die ausländische Gesellschaft "unterstellt sich durch Änderung ihrer Satzung, die auch die Sitzverlegung legitimiert, den Normativbestimmungen einer inländischen Kapitalgesellschaft ... und kann als solche eingetragen werden"). Ebenso *Thömmes* (oben Fn. 31), S. 1023.

206 *Bechtel* (oben Fn. 14), S. 123.

207 *Eidenmüller/Rehm* (oben Fn. 177), S. 91; *Fischer* (oben Fn. 74), S. 101; *Kösters* (oben Fn. 23), S. 245; *Kruse* (oben Fn. 11), S. 39; *Müller* (oben Fn. 12), S. 1050. Ebenso der BGH (oben Fn. 8), ZIP 2000, 967. Differenzierend *Bechtel* ((Fn. 14), S. 127), der zumindest die "zufälligen", d.h. unbewußten Sitzverlegungen herausnehmen will. *Großfeld* (in: Staudinger, IntGesR, Rn. 645) hält schließlich im Vergleich zur formwechselnden Umwandlung und im Hinblick auf die wenig zuverlässige Rechtsprechung das Haftungsrisiko für zu groß.

208 OLG Zweibrücken (oben Fn. 6), DB 1990, 1660 (vgl. oben S. 34).

209 Vgl. hierzu *K.Schmidt* (oben Fn. 2), S. 28.

hafte" Vorgesellschaft zur Einordnung der Gesellschaft als oHG oder GbR führen[210].

cc. Grenzüberschreitender Formwechsel (*Behrens*)

Maßgeblich auf *Behrens*[211] geht der Vorschlag zurück, eine ausländische Kapitalgesellschaft könne durch Formwechsel in eine inländische umgewandelt werden. *Behrens* geht dabei von der Prämisse aus, daß aufgrund des Statutenwechsels eine Anpassung der Gesellschaft an das deutsche Gesellschaftsrecht "in jeder Hinsicht" erforderlich sei[212]. Diese Anpassung erfolge durch entsprechende Änderungen der Satzung der ausländischen Gesellschaft, die er insgesamt mit der formwechselnden Umwandlung vergleicht, nach der eine bereits wirksam gegründete Gesellschaft "ein neues rechtliches Kleid" erhält[213]. Als Satzungsänderungen sollen die Anpassungen erst in dem Zeitpunkt wirksam werden, in dem sie im deutschen Handelsregister eingetragen werden[214]; dies könnten die Gesellschafter "ohne weiteres" durch eine aufschiebende Bedingung erreichen[215]. *Behrens* weist ferner darauf hin, daß die Anpassung an das deutsche Recht es erforderlich macht, auch den Satzungssitz ins Inland zu verlegen und zwar im gleichen Zeitpunkt wie den Verwaltungssitz[216].

Gegen diesen Vorschlag werden jedoch nicht unberechtigte Bedenken vorgebracht: Zum einen begrenzt § 1 Abs. 1 UmwG den Anwendungsbereich der Vorschriften auch des Formwechsels auf "Rechtsträger mit Sitz im Inland"; damit hat man ausdrücklich die grenzüberschreitende Sitzverlegung anderen Regelungen überlassen wollen[217]. Jedenfalls solange die Gesellschaft noch Satzungs- und Verwaltungssitz im Ausland hat, können die Vorschriften des

---

210 *Bechtel* (oben Fn. 14), S. 122 (unter Berufung auf BGH (oben Fn. 176), BGHZ 20, 240); *Rehbinder* (oben Fn. 68), S. 324 (nach dessen Ansicht eine Ltd. allerdings regelmäßig wie eine KG zu behandeln sei); vgl. zum Rechtsformzwang bereits soeben S. 42.

211 *Behrens* (oben Fn. 98), S. 593; zustimmend: Staudinger-*Großfeld*, IntGesR, Rn. 643f; *ders.*, IStR 1993, 236, 239; *Großfeld/Jasper* (oben Fn. 96), S. 59f (die dies als eine "zulässige" Einschränkung der Sitztheorie ansehen, vgl. a.a.O., S. 52); *Großfeld/König*, IPRax 1991, 380; *dies.* (oben Fn. 9), S. 433; *Kronke* (oben Fn. 142) S. 30f; *Roth*, ZEuP 1994, 1, 21; *K.Schmidt* (oben Fn. 2), S. 29; *Wessel/Ziegenhain* (oben Fn. 71), S. 427. Für eine analoge Anwendung der Umwandlungsvorschriften auch *Borges* (oben Fn. 7), S. 174.

212 *Behrens* (oben Fn. 98), S. 592. Ähnlich bereits *Beitzke*, ZHR 127 (1965), 1, 43. Von dem Erfordernis, die Satzung der ausländischen Gesellschaft nach dem Zuzug vollständig an deutsches Recht anzupassen, geht auch die Rechtsprechung aus, vgl. OLG München (oben Fn. 9), NJW 1986, 2197, 2198.

213 *Behrens* (Fn. 39) S. 10; *ders.* (oben Fn. 98), S. 593.

214 Auf die Fragen im Zusammenhang mit der Wirksamkeit der Sitzverlegung und Umwandlung wird ausführlich bei der Darstellung des italienischen Rechts zurückzukommen sein, vgl. S. 191f und S. 227f.

215 *Behrens* (oben Fn. 98), S. 593; *ders.* (Fn. 39) S. 8.

216 *Behrens* (Fn. 39) S. 8, 9.

217 Vgl. hierzu bereits oben S. 44f und insbesondere die Nachweise Fn. 194.

UmwG nicht angewendet werden. Auch wird von anderer Seite darauf hingewiesen, die Umwandlungsvorschriften seien aufgrund ihres Ausnahmecharakters nicht entsprechend anwendbar[218]. Der zweite Einwand betrifft den Vorschlag, die Wirksamkeit von satzungsändernden Beschlüssen abweichend von den gesellschaftsrechtlichen Vorschriften mit einer aufschie-benden Bedingung zu suspendieren, obwohl sich dies durch überlegte Koordi-nierung der Eintragungsanträge praktisch vermeiden läßt[219], so daß im Ergebnis, wie von *Behrens*[220] vorgeschlagen, der Zuzug erst mit der Eintragung "wirksam" wird. Schließlich muß auch die Schwierigkeit berücksichtigt werden, die sich ergeben, wenn das ausländische Recht die Gesellschaft nicht aus seinem Anwendungbereich entläßt[221].

5. Stellungnahme: Rechtsträgerkontinuität nach geltendem Gesellschaftsrecht

Für eine zukünftig zu erwartende Regelung der grenzüberschreitenden Sitzverlegung[222] ist zunächst zu klären, welche Bereiche einer Regelung überhaupt bedürfen.

Die Rechtsprechung hat in den bislang zum Zuzug ergangenen Entscheidungen beständig wiederholt, die Gesellschaft sei "nicht rechtsfähig"[223] oder habe nicht die "Fähigkeit zu rechtsgeschäftlichem Handeln"[224], *weil sie die Vorschriften der GmbHG bzw. des AktG*, die das Entstehen der juristischen Person regeln, *nicht erfüllte* und deswegen "nicht wirksam gegründet"[225] oder, anders ausgedrückt, "nicht wirksam entstanden"[226] sei. Aus den Entscheidungen tritt eine Grundannahme deutlich hervor: "Rechtsfähig" ist nur eine juristische Person bzw. eine Rechtspersönlichkeit. Das ist insofern nicht verwunderlich, als Streitgegenstand in den allermeisten der entschiedenen Fälle die Haftungsbeschränkung auf das Gesellschaftsvermögen war, für die eine

---

218 *Ebenroth/Eyles*, DB 1988, Beil.2, S. 1, 9; *Schön*, ZHR 160 (1996), 221, 246.

219 Vgl. hierzu die ausführliche Darstellung der sachrechtlichen Lösung des italienischen Rechts, unten S. 196 (für den Zuzug) und S. 231 (für den Wegzug).

220 *Behrens* (oben Fn. 98), S. 593.

221 *Höft* (oben Fn. 10), S. 44 (für das Beispiel der Sitzverlegung einer US-amerikanischen corporation).

222 Vgl. nur die Bemühungen um die 14. Gesellschaftsrechtliche Richtlinie (der Entwurf ist mit Begründung veröffentlicht in: ZIP 1997, 1721, 1723; ZGR 1999, 157ff).

223 BGH (oben Fn. 8), ZIP 2000, 967; BayObLG (oben Fn. 9), RIW 1998, 966, 967; OLG Oldenburg (oben Fn. 9), RIW 1990, 1019, 1020; KG (oben Fn. 9), NJW 1989, 3100, 3191; OLG Nürnberg (oben Fn. 9), IPRax 1985, 342; LG Mainz (oben Fn. 9), RPfleger 1997, 178; LG Stuttgart (oben Fn. 28), IPRax 1991, 118, 119; LG Hamburg (oben Fn. 49), RIW 1990, 1020, 1021.

224 BGH (oben Fn. 9), BGHZ 97, 269, 272.

225 OLG Düsseldorf (oben Fn. 23), ZIP 1995, 1009, 1011; LG Stuttgart (oben Fn. 28), IPRax 1991, 118, 119.

226 LG Köln (oben Fn. 9), GmbHR 1986, 314, 315.

Verselbständigung des Vermögensträgers als juristische Person Voraussetzung ist[227].

Hiervon zu trennen ist aber die Frage der *Rechtsträger*kontinuität nach einem Statutenwechsel. Zu prüfen ist daher, ob diese wirklich nur dann gewährleistet ist, wenn, wie das Reichsgericht ausführt, die Gesellschaft ihre Ausland erworbene Rechtsfähigkeit in eine andere Rechtsordnung hinübertragen kann, um ihre "Rechtssubjektivität" beizubehalten[228].

Erste Voraussetzung für die Rechtsträgerkontinuität ist, daß die Anwendung des deutschen Gesellschaftsrechts und die damit verbundene "Nichtanerkennung" einer als juristischen Person verselbständigten Kapitalgesellschaft nicht dazu führen, daß *gar keine* Gesellschaft übrig bleibt. Diese Voraussetzung ist bereits nach geltendem Recht erfüllt, da, wie gezeigt, der ankommende "corpus societatis" unter die gesellschaftsrechtlichen Vorschriften subsumiert und "nur" als (Personen- oder Vorkapital-)Gesellschaft anerkannt werden kann und muß[229].

Weitere Voraussetzung der Identitätswahrung ist, daß die ausländische Gesellschaft im Inland als "Rechtsträger" ankommt, der Zuordnungssubjekt von Rechten und Pflichten ist und dem es nicht schadet, daß er für eine Zwischenzeit nicht als juristische Person rechtlich verselbständigt ist[230].

Nach der neueren Lehre von der Einordnung des ankommenden gesellschaftsrechtlichen Gebildes als oHG[231] ist auch diese Voraussetzung erfüllt, da die oHG im Hinblick auf § 124 Abs. 1 HGB als teilrechtsfähig anerkannt wird; seit der Änderung der Rechtsprechung des BGH zur aktiven Parteifähigkeit der GbR wird auch eine nicht kaufmännisch tätige ausländische Gesellschaft zukünftig als Trägerin von Rechten und Pflichten angesehen werden können[232]. Für die Kontinuität der Gesellschaft ist demnach *nicht* erforderlich, daß beständig eine *juristische Person* bzw. eine Gesellschaft mit eigener Rechts*persönlichkeit* bestehen bleibt, sondern es genügt, daß das Gesellschaftsvermögen stets ein und demselben Rechtsträger zugeordnet wird.

---

227 OLG Düsseldorf (oben Fn. 23), ZIP 1995, 1009; OLG Oldenburg (oben Fn. 9), RIW 1990, 1019, 1020; KG (oben Fn. 9), NJW 1989, 3100, 3101; OLG Hamburg (oben Fn. 9), NJW 1986, 2199; LG Mainz (oben Fn. 9), RPfleger 1997, 178; LG Marburg (oben Fn. 9), RIW 1994, 63, 64; LG Hamburg (oben Fn. 49), RIW 1990, 1020; LG Köln (oben Fn. 9), GmbHR 1986, 314.

228 RG (oben Fn. 63), RGZ 7, 68, 71 (das RG spricht in diesem Zusammenhang von "Rechtspersönlichkeit"). Ebenso: RG (oben Fn. 64), RGZ 88, 53, 54; BGH (oben Fn. 9), BGHZ 25, 134, 144. Aus der Literatur: Staudinger-*Großfeld*, IntGesR, Rn. 634. Vgl. auch oben Fn. 64.

229 Vgl. hierzu ausführlich oben S. 41ff.

230 *Bechtel* (oben Fn. 14), S. 36; *K.Schmidt* (oben Fn. 2), S. 23.

231 Vgl. die Nachweise Fn. 177 - 182.

232 BGH, Urteil vom 29.1.2001, Az.: II ZR 331/00 (S. 5ff des Urteilstextes, insb. S. 7).

Ein wichtiger Schritt zur Lösung des Problem liegt m.E. im Verständnis des Begriffes "Rechtssubjekt" bzw. Rechtsträger, genauer gesagt in der Festlegung darauf, welches gesellschaftsrechtliche Minimum vorliegen muß, damit die Voraussetzung dafür vorliegen, diesem eigene Rechte und Pflichten, insbesondere das Vermögen zuordnen zu können. Der Kern der These des Reichsgerichts, daß nur eine juristische Person ein rechtsfähiges "Rechtssubjekt" ist[233], wird in der Rechtswissenschaft mit Recht verworfen. Auch die Gesamthandsgemeinschaften GbR, oHG, KG und neuerdings die PartnerschaftsG werden überwiegend als (teil-)rechtsfähig angesehen[234].

Auch der Gesetzgeber hat in verschiedenen Fällen die Gesamthandsgemeinschaften zu "Rechtsträgern" erklärt: An erster Stelle sind hier § 124 HGB und § 7 Abs. 2 PartGG zu nennen. Nach § 1 Abs. 1 i.V.m. § 191 Abs. 1 und Abs. 2 UmwG sind ferner Personenhandelsgesellschaften und Gesellschaften bürgerlichen Rechts umwandlungsfähige Rechtsträger. Und gemäß § 11 Abs. 2 Nr.1 InsO kann über das "Vermögen einer Gesellschaft ohne Rechtspersönlichkeit (... GbR)" das Insolvenzverfahren eröffnet werden. Damit muß zumindest die Frage, ob eine Gesellschaft, die nicht juristische Person ist, Zuordnungssubjekt von (eigenen) Rechten und Pflichten ist, als im positiven Sinne beantwortet angesehen werden. Wenn die Rechtsprechung daher seit jeher ausführt, eine ausländische Gesellschaft sei "nicht rechtsfähig", so ist das nur insofern aufrecht zu erhalten, als sie nicht *voll*rechtsfähig ist und keine eigene Rechtspersönlichkeit hat[235].

Die zu überprüfende These des Reichsgerichts ist demzufolge auf der Basis der Erkenntnisse der modernen Lehre über die Teilrechtsfähigkeit von Personengesellschaften wie folgt umzuformulieren: Eine ausländische Kapitalgesellschaft mit eigener Rechtspersönlichkeit kann die im Ausland erworbene Eigenschaft als juristische Person nicht in einen ausländischen Rechtskreis hinübertragen, ohne daß sie die dortigen Eintragungsvorschriften erfüllt[236]. Der

---

233 Von der Identität der Begriffe "Rechtsfähigkeit" und "Innehaben von Rechtspersönlichkeit" bzw. der Eigenschaft als juristischer Person gehen aus: Soergel-*Lüderitz*, EGBGB, Anh. Art.10, Rn. 17; *Luchsinger* (oben Fn. 49), S. 30. Anders (zur Teilrechtsfähigkeit) MünchKomm-*Ulmer*, Vor § 705, Rn. 8ff; *K.Schmidt*, GesR, § 8, S. 193ff.

234 MünchKomm-*Ulmer*, Vor § 705, Rn. 8f und § 705 Rn. 131ff; *Bechtel* (oben Fn. 14), S. 32; *K.Schmidt* (oben Fn. 233), S. 206.

235 So z.B. *Behrens* (oben Fn. 98), S. 591; *Buyer*, DB 1990, 1682, 1683; *K.Schmidt* (oben Fn. 2), S. 24f.

236 Diese Aussage bezieht sich auf das herkömmliche Verständnis von juristischer Person als Rechtspersönlichkeit, der die Rechte und Pflichten der Gesellschaft ausschließlich zugeordnet werden, nicht auf die Definition, die *K.Schmidt* in der Neuauflage seines Lehrbuches Gesellschaftsrecht ((Fn. 233), S. 213ff) vorschlägt und nach der auch Gesamthandsgemeinschaften in ihrer Eigenschaft als Zuordnungssubjekt von Rechten und Pflichten als "juristische Personen" anzusehen sind.

Fortbestand der im Ausland erworbenen Rechtspersönlichkeit ist jedoch bereits nach geltendem Recht möglich[237].

6. Eckpunkte für die Durchführung einer grenzüberschreitende Sitzverlegung unter Wahrung des Schutzzweckes der Sitztheorie

Aufgrund der vollständigen Anwendung des deutschen Gesellschaftsrechts kann es gegen eine identitätswahrende Sitzverlegung keine stichhaltigen Argumente wegen einer angeblichen Gefährdung des Schutzzweckes der Sitztheorie geben[238]. Denn die Sitztheorie schützt lediglich in abstrakter Weise dadurch, daß sie den konkreten Schutzbestimmungen des Gesellschaftsrechts zur Anwendung verhilft. Da im Ergebnis von der Gesellschaft die vollständige Erfüllung sämtlicher gesellschaftsrechtlicher Normen verlangt wird, dürfte der Zuzugsstaat "nichts gegen die Verlegung des Sitzes in seinen Geltungsbereich haben"[239].

Das eigentliche Problem der Durchführung einer identitätswahrenden Sitzverlegung besteht in Wahrheit auch gar nicht in Schutzüberlegungen, Sanktionen der Sitztheorie oder ähnlichem, sondern in der Unflexibilität der sachrechtlichen Vorschriften in ihrer Anwendung auf ausländische Rechtsträger. Diese Unflexibilität, die ihren gesetzlichen Niederschlag in § 1 Abs. 2 UmwG gefunden hat, ist ausschließlich ein Hindernis und in keiner Weise von Vorteil für die zu schützenden Interessen, nicht zuletzt deshalb weil sie die Suche nach Umgehungskonstruktionen fördert, in der sich der Rechtsverkehr praktisch mit einem geringeren Schutz begnügen muß[240].

Die Schwierigkeiten der Anwendung inländischer Sachnormen auf ausländische Gesellschaften sind jedoch überwindbar, wie die Untersuchung des in den entscheidenden Punkten dem deutschen Recht ähnlichen italienischen Rechtes zeigen wird. Die dort praktizierte "unkomplizierte" Handhabung der gesellschaftsrechtlichen Vorschriften, mit der man den Zuzug von Gesellschaften ermöglichen will, macht es unter anderem möglich, einen "Schwebezustand"[241] zwischen Zuzug und Eintragung zu vermeiden. Zur Veranschaulichung der Durchführung einer grenzüberschreitenden Sitzver-

---

[237] Im Ergebnis ebenso: *Bechtel* (oben Fn. 14), S. 36; *Behrens* (oben Fn. 98), S. 592; *Beitzke* (oben Fn. 212) S. 43f; *Kruse* (oben Fn. 11), S. 40f; *K.Schmidt* (oben Fn. 2), S. 27; *Thömmes* (oben Fn. 31), S. 1023. Zustimmend: Staudinger- *Großfeld*, IntGesR, Rn. 644.

[238] So auch *Großfeld/Jasper* (oben Fn. 96), S. 57; *Großfeld/König* (oben Fn. 9), S. 437; *Luchsinger* (oben Fn. 49), S. 32.

[239] Lutter-*Lutter*, UmwG, § 1, Rn. 10; *Schümann* (oben Fn. 102), S. 270.

[240] Als Beispiel sei hier auf die Verschmelzung von Dailmer Benz und Crysler verwiesen, die ebenfalls "am UmwG vorbei" durchgeführt wurde, unter anderem mit der Folge, daß die Gesellschafter von Dailmer Benz die Möglichkeit der Einleitung eines Spruchstellenverfahrens zur Überprüfung des Umtauschverhältnisses verloren.

[241] So *Behrens* (oben Fn. 98), S. 593.

legung unter Wahrung des Schutzzweckes wird daher auf die Darstellung des italienischen Rechts im zweiten Teil dieser Arbeit verwiesen[242].

III. Die Sitzverlegung ins Ausland (Wegzug)

Die im deutschen Recht herrschende Meinung versperrt nicht nur ausländischen Gesellschaften den Zutritt in den Geltungsbereich des deutschen Recht, sondern sie läßt auch inländische Gesellschaften nicht aus dessen Geltungsbereich hinaus. Mit der Verlegung ihres Sitzes ins Ausland begeht eine deutsche Gesellschaft nach der bislang herrschenden Ansicht in Rechtsprechung und Literatur unvermeidlicherweise "Suizid"[243]. Diese Rechtsfolge wird damit begründet, daß der Beschluß, den Sitz ins Ausland zu verlegen, unabhängig von einer entgegenstehenden Intention der Gesellschafter als Auflösungsbeschluß umgedeutet wird, an den sich nach zwingendem Gesellschaftsrecht die Liquidation anschließt. Die Begründung dafür, warum ein Sitzverlegungsbeschluß als Auflösungsbeschluß interpretiert wird, hängt wegen der unterschiedlichen kollisions- und sachrechtlichen Folgen auch beim Wegzug jeweils davon ab, ob der Verwaltungssitz oder der Satzungssitz oder beides ins Ausland verlegt werden sollen.

1. Isolierte Verlegung des Satzungssitzes

Die Verlegung nur des Satzungssitzes berührt das kollisionsrechtliche Ergebnis der Anwendbarkeit des deutschen Rechts nicht, da die Sitztheorie an den tatsächlichen Aufenthaltsort der Verwaltung anknüpft[244]. Das Resultat wäre eine dem deutschem Gesellschaftsrecht unterliegende Gesellschaft ohne Satzungssitz im Geltungsbereich des deutschen Rechts. Dieses Ergebnis wird aus Gründen des materiellen Gesellschaftsrechts und unabhängig von der Sitztheorie nicht für möglich gehalten[245]. Eine deutsche Gesellschaft müsse gleich einem "Wesenserfordernis"[246] einen Satzungssitz in Deutschland haben[247]. Mangels Zuständigkeit eines deutschen Registergerichts sei die

---

242 Siehe ausführlich S. 158ff.

243 *Kronke* (oben Fn. 142) S. 31. In den Worten von *Knobbe-Keuk* (DB 1990, 2573, und (oben Fn. 3) S. 356) handelt es sich jedoch weniger um Selbstmord als vielmehr um die "Ermordung" der Gesellschaft, die im Heimatstaat eingesperrt wird, wobei für den Ausbruch die Todesstrafe verhängt wird.

244 Staudinger-*Großfeld*, IntGesR, Rn. 650 und Rn. 652; Soergel-*Lüderitz*, EGBGB, Anh. Art.10, Rn. 48; MünchKomm-*Kindler*, IntGesR, Rn. 399; *Ebenroth/Auer*, JZ 1993, 374, 375; *Kruse* (oben Fn. 11), S. 46; *Zisowski* (oben Fn. 9), S. 15.

245 Soergel-*Lüderitz*, EGBGB, Anh. Art.10, Rn. 48; Staudinger-*Großfeld*, IntGesR, Rn. 243; *Hoffmann*, ZHR 2000, 43, 46; *Schniechels* (oben Fn. 13), S. 152.

246 *Ebenroth/Auer*, GmbHR 1994, 16, 18.

247 BGH, 19.2.1959, BGHZ 29, 320, 328; BGH, 21.11.1955, BGHZ 19, 102, 105; KölnerKomm-*Kraft*, AktG, § 5, Rn. 4; Scholz-*Emmerich*, GmbHG, § 3, Rn. 4; Staudinger-*Großfeld*, IntGesR, Rn. 652; *Wiesner*, in: MünchHandb., Bd.4, § 8, Rn. 3;

Durchsetzung des deutschen Rechts nach der Verlegung nicht mehr möglich. Mit der Verlegung dieses Sitzes ins Ausland gehe daher unweigerlich die Aufgabe der deutschen Rechtsform und damit die Aufgabe der Rechtspersönlichkeit einher[248]. Ein entsprechender Gesellschafterbeschluß sei daher nichtig[249]. Nach anderer Ansicht muß die Gesellschaft aufgelöst werden[250].

2. Verlegung von Verwaltungs- und Satzungssitz in das Ausland

Anders stellt sich die Sachlage dar, wenn gemeinsam mit dem Satzungssitz auch der Verwaltungssitz verlegt werden soll. Sobald der Sitz der Verwaltung nicht mehr in Deutschland liegt, wechselt das Gesellschaftsstatut, sofern nicht das ausländische IPR auf deutsches Recht zurückverweist[251]. Werden Verwaltungs- und Satzungssitz gemeinsam verlegt, kann auch ein *renvoi* gemäß Art. 4 EGBGB die Anwendung des deutschen Rechts nicht mehr gewährleisten, weil die Gesellschaft mangels Satzungssitz nicht mehr als in Deutschland gegründet angesehen wird[252].

In diesem Fall kann die eben für die Verlegung nur des Satzungssitzes gefundene Begründung nicht zur Rechtfertigung der Umdeutung als Auflösungsbeschluß dienen, denn es findet ein Statutenwechsel statt, so daß die Gesellschaft keine "deutsche Gesellschaft" bleibt. Das *Reichsgericht* hat die Folgen des Wegzuges folgendermaßen begründet: Sofern sich im Zuge einer Sitzverlegung über die Grenze das anwendbare Recht ändert, gebe die Aktiengesellschaft ihre vom deutschen Recht anerkannte Rechtspersönlichkeit auf, denn die Anerkennung der Rechtspersönlichkeit erfolge nur aufgrund der im öffentlichen Interesse festgelegten Einschränkungen, so daß die Rechtsperson auch nur solange anerkannt werde, wie die Aktiengesellschaft "vermöge ihres Sitzes im Inlande jenen Vorschriften unterworfen ist und bleibt". Die eigenständige Rechtspersönlichkeit werde ihr mithin nur "für die Dauer ihrer Eigenschaft als inländische Gesellschaft zugestanden" und bei einem Verlust dieser Eigenschaft wieder "abgesprochen"[253]. Da die Gesellschaft ihre Eigen-

---

Knobbe-Keuk (oben Fn. 3), S. 352; *Zisowski* (oben Fn. 9), S. 15. Andeutungsweise auch Soergel-*Lüderitz*, EGBGB, Anh. Art.10, Rn. 48; *Kruse* (oben Fn. 11), S. 46.

248 Statt vieler *Kruse* (oben Fn. 11), S. 47.

249 MünchKomm-*Kindler*, IntGesR, Rn. 399, unter Berufung auf eine analoge Anwendung des § 241 Nr.3 AktG.

250 *Hoffmann* (oben Fn. 245), S. 46. Zur Unterstützung dieser Ansicht ließe sich auch § 144a FGG fruchtbar machen, da eine AG ohne Angabe eines wirksamen Satzungssitzes von Amts wegen zu löschen ist (Scholz-*Emmerich*, GmbHG, § 3, Rn. 9; *Borges* (oben Fn. 7), S. 169).

251 MünchKomm(2.A.)-*Ebenroth*, EGBGB, Nach Art. 10, Rn. 222; *Ebenroth/Auer*, JZ 1993, 374, 375; *Kruse* (oben Fn. 11), S. 49.

252 *Kruse* (oben Fn. 11), S. 49. Anders *Hoffmann* (oben Fn. 245), S. 46f.

253 RG (oben Fn. 63), RGZ 7, 68, 69. Die "Verleihung der Rechtsfähigkeit" stellt sich dabei dem RG als "Staatshoheitsakt" dar (vgl. RG (oben Fn. 64), RGZ 88, 53, 55). Im Ergebnis zustimmend: *Ebenroth/Auer* (oben Fn. 65), S. 195; *dies.* GmbHR 1994, 16, 17 ("Mit einer

schaft als inländische Aktiengesellschaft verlöre und demzufolge auch ihre Eigenschaft als rechtlich selbständiger Vermögensträger, habe der Sitzverlegungsbeschluß dieselben Wirkungen wie der einer Auflösung der Gesellschaft[254].

Aufgrund dieser Entscheidung hat sich die herrschende Meinung gebildet, daß sich "auch ein auf die Verlegung ihres Sitzes in das Ausland gerichteter Hauptversammlungsbeschluß mit Notwendigkeit zugleich als auf Auflösung der Aktiengesellschaft gerichtet" darstelle; der Sitzverlegungsbeschluß wird entsprechend als Auflösungsbeschluß interpretiert[255]. Teile der Literatur begründen diese Umdeutung damit, daß das, was die Gesellschafter wollten, nämlich die bisherige Rechtsform gegen eine ausländische zu tauschen, nur durch Auflösung und Neugründung möglich sei[256]. Die Auflösung der fortzugswilligen Gesellschaft wird außerdem zum effektiven Schutz des Vertrauens der (Minderheits-)Gesellschafter und Gläubiger in die Beibehaltung des deutschen Gesellschaftsrechtes für erforderlich gehalten[257].

Die neuere Rechtsprechung macht sich hingegen nicht einmal mehr die Mühe, die Umdeutung des Beschlusses zu begründen: Das *BayObLG*[258] beispielsweise beschränkte sich darauf festzustellen, daß aufgrund des mit der Verlegung des Verwaltungssitz verbundenen Statutenwechsels die Auflösung der Gesellschaft bei der Zustimmung zum Verlegungsbeschluß in Kauf genommen werde, da "der Beschluß, den Verwaltungssitz zu verlegen, ... nach überwiegender Auffassung die Auflösung der Gesellschaft zur Folge" habe. Im übrigen müsse dies, so das Gericht, nicht weiter ausgeführt werden[259]. Unter Verweis auf diese

---

Veränderung des Gesellschaftsstatuts ... löst sich eine Gesellschaft aus dem Rechtskreis, von dem sie ihre Rechtsfähigkeit ableitet").

254 RG (oben Fn. 63), RGZ 7, 68, 70. In dem entschiedenen Fall hatte der Kläger, ein überstimmter Minderheitsaktionär, beantragt festzustellen, daß die Rümänische Eisenbahn-Aktiengesellschaft nicht berechtigt sei, ihren Sitz von Berlin nach Bukarest zu verlegen, was mit einer Mehrheit von mehr als 99% beschlossen worden war. Das RG hielt die vorherige Liquidation des Gesellschaftsvermögens für erforderlich.

255 RG (oben Fn. 64), RGZ 88, 53; BayObLG (oben Fn. 9), GmbHR 1992, 529, 530; OLG Hamm, 1.2.2001, ZIP 2001, 791, 792; OLG Hamm (oben Fn. 9), ZIP 1997, 1696, 1697. Ebenso (wenn auch im Hinblick auf Artt. 43, 48 EGV zweifelnd) AG Heidelberg (oben Fn. 8), ZIP 2000, 1617, 1618. In der Literatur zustimmend: Staudinger-*Großfeld*, IntGesR, Rn. 634; *Ebenroth/Auer* (oben Fn. 65), S. 192.

256 *Brodmann*, Aktienrecht, § 292 HGB, Anm. 6 d, S. 484; Staudinger-*Großfeld*, IntGesR, Rn. 632.

257 MünchKomm(2.A.)-*Ebenroth*, EGBGB, Nach Art. 10, Rn.220 u. 177. Dagegen: *Knobbe-Keuk* (oben Fn. 3), S. 353, mit dem Hinweis, eine Liquidation der Gesellschaft sei für alle Beteiligten, einschließlich der Arbeitnehmer, die denkbar schlechteste Lösung. Ihr zustimmend z.B.: *Wessel/Ziegenhain* (oben Fn. 71), S. 426.

258 BayObLG (oben Fn. 9), GmbHR 1992, 529.

259 BayObLG, a.a.O. S. 530.

Entscheidung hat das *OLG Hamm*[260] im Jahre 1997 entschieden, die Auflösung sei "das Ergebnis der in der Rechtsprechung einheitlichen, in der Literatur überwiegend vertretenen Sitztheorie ... Nach deutschem Recht führt ... der Wechsel des Gesellschaftsstatuts zwingend zur Auflösung und Abwicklung der Gesellschaft". An dieser Rechtsprechung hat das *OLG Hamm* auch nach dem "Centros"-Urteil des EuGH[261] und trotz der Vorlage dieser Rechtsfrage durch das *AG Heidelberg*[262] festgehalten[263]. In einer weiteren jüngst zur Sitzverlegung ins Ausland ergangenen Entscheidung hat auch das *OLG Düsseldorf* die Ansicht vertreten, eine Sitzverlegung ins Ausland sei "nur in Form der Auflösung und Neuerrichtung bzw. Neugründung im Ausland möglich"[264].

Mit diesen "Argumenten" gibt sich die neuere herrschende Lehre indes nicht mehr zufrieden und wirft der Rechtsprechung vor, die Entscheidungen ließen "jede Auseinandersetzung mit dem konkreten zur Entscheidung stehenden Sachverhalt vermissen"[265]. Ansatzpunkt für die Auseinandersetzung mit den Folgen des Statutenwechsels ist nach der neueren Lehre, daß man die "juristische Person" und ihre Rechtspersönlichkeit nicht mehr als einen "Verleihungsakt der staatshoheitlichen Gewalt" ansieht[266], sondern als rechtliche Fiktion aufgrund der entsprechenden Eintragung im Handelsregister; daher ist die neuere Lehre auch nicht mehr mit der These zu überzeugen, die Verleihung der Rechtsfähigkeit sei in zeitlicher Hinsicht auf die Geltung der Ursprungsrechtsordnung begrenzt.

Schließlich wird auch zunehmend darauf hingewiesen, daß den betroffenen Interessen auch anders als durch Verhinderung der Sitzverlegung Rechnung getragen werden kann, beispielsweise durch das Erfordernis von Einstimmigkeit bei der Beschlußfassung über die Sitzverlegung und die Leistung von Sicher-

---

260 OLG Hamm (oben Fn. 9), IPRax 1998, 363 (= ZIP 1997, 1696). Anzumerken ist, daß im konkreten Fall die Eintragung der Sitzverlegung in Luxemburg bereits erfolgt war (ebenso in dem jetzt dem EuGH vorgelegten Fall des AG Heidelberg (oben Fn. 8), ZIP 2000, 1617).

261 Siehe hierzu ausführlich unten S. 76f.

262 Der Vorlagebeschluß ist veröffentlicht in ZIP 2000, 1617, 1619.

263 OLG Hamm (oben Fn. 255), ZIP 2001, 791, 792.

264 OLG Düsseldorf (oben Fn. 9), ZIP 2001, 790, 791.

265 *Lutter/Hommelhoff*, GmbHG, § 4a, Rn. 13; *Behrens*, EuZW 1992, 550; *Knobbe-Keuk* (oben Fn. 3), S. 353; *Thömmes* (oben Fn. 31), S. 1023. Anderer Ansicht sind *Ebenroth/Auer* (oben Fn. 65), S. 191, nach deren Ansicht die Entscheidung "sorgfältig begründet" ist. Gegen die Ansicht der Rechtsprechung argumentiert *Emde* (BB 2001, 901, 903) , die Sitzverlegung sei nach keiner Bestimmung des deutschen Rechts verboten und deswegen nach Art. 2 Abs.1 GG erlaubt.

266 Etwas anderes mag nach wie vor gelten für den Wirtschaftlichen Verein gemäß § 22 BGB und die Stiftung nach § 80 BGB. Im übrigen "erlangen" die juristischen Personen jedoch ihre Rechtspersönlichkeit mit ihrer Eintragung (vgl. § 21 BGB) oder "entstehen als solche" erst mit ihrer Eintragung (§ 41 Abs. 1 Satz 1 AktG; § 11 Abs. 1 GmbHG; § 13 GenG).

heiten an Gläubiger[267]. Die Gerichte haben sich von dieser Kritik bislang jedoch nicht überzeugen lassen[268].

3. Verlegung nur des Verwaltungssitzes ins Ausland

Schließlich werden auch die Folgen einer isolierten Verlegung des Verwaltungssitzes ins Ausland unter Beibehaltung des Satzungssitzes im Inland diskutiert, obwohl die Gerichte bislang keinen Fall entschieden haben, in welchem die Verlegung nur des Verwaltungssitzes ins Ausland beschlossen worden wäre[269].

a. Statutenwechsel bei der Verlegung des Verwaltungssitzes

Kollisionsrechtlich betrachtet bewirkt die Verlegung des Sitzes der Hauptverwaltung ins Ausland einen Statutenwechsel[270]. Dies gilt jedenfalls dann, wenn der Sitz in einen Staat verlegt werden soll, der ebenfalls der Sitztheorie folgt und auf die zuziehende Gesellschaft sein Gesellschaftsrecht anwenden wird.

Nach der herrschenden Ansicht führt wegen des Statutenwechsels auch die Verlegung nur des Verwaltungssitzes zwingend zur Auflösung der Gesellschaft[271]. Zur Begründung zieht man auch hier die Ausführungen des Reichs-

---

267 *Lutter/Hommelhoff*, GmbHG, § 4a, Rn. 13; *Behrens* (oben Fn. 17), IPR Rn. 65; *Beitzke* (oben Fn. 212) S. 41f.

268 Siehe zuletzt OLG Düsseldorf (oben Fn. 9), ZIP 2001, 790); OLG Hamm (oben Fn. 255), ZIP 2001, 791, 792. Das AG Heidelberg ((Fn. 8), ZIP 2000, 1617) hat, anstatt von der nicht tragfähigen sachrechtlichen Begründung des Auflösungszwanges abzurücken, dem EuGH die Frage vorgelegt, ob die Artt. 43, 48 EGV gebieten, die Verlegung des Gesellschaftssitzes ins Ausland zu ermöglichen.

269 *Knobbe-Keuk* (oben Fn. 3), S. 352. Sie weist nach, daß die stets herangezogenen einschlägigen Urteile des RG ((Fn. 63) RGZ 7, 68, und (oben Fn. 64) RGZ 88, 53) jeweils Beschlüsse über die zumindest gleichzeitige Verlegung auch des Satzungssitzes betrafen. Gleiches gilt für die Entscheidungen des BayObLG ((Fn. 9), GmbHR 1992, 529) und des OLG Hamm ((Fn. 9), IPRax 1998, 363); die Gerichte stellten jeweils klar, daß sowohl der Verwaltungs- als auch der Satzungssitz verlegt werden sollten. Anders *Großfeld* (in: Staudinger, IntGesR, Rn. 608), der zwar einleitend feststellt, die Diskussion kranke an einer fehlenden Präzision und Differenzierung danach, ob der Verwaltungssitz gemeinsam mit dem Satzungssitz oder isoliert ins Ausland verlegt wird. Allerdings unterlaufen diese Ungenauigkeiten auch ihm (wie auch *Zisowski* ((Fn. 9), S. 17) bemerkt). *Großfeld* (a.a.O.) zitiert die Entscheidung des BayObLG ((Fn. 9) GmbHR 1992, 529) und des OLG Hamm ((Fn. 9) ZIP 1997, 1696 = GmbHR 1997, 848 = IPRax 1998, 363) als Beleg für die isolierte Verlegung des Verwaltungssitzes.

270 Vgl. statt vieler (jeweils mit umfangreichen weiteren Nachweisen): MünchKomm(2.A.)-*Ebenroth*, EGBGB, Nach Art. 10, Rn. 220; Staudinger-*Großfeld*, IntGesR, Rn. 610.

271 MünchKomm(2.A.)-*Ebenroth*, EGBGB, Nach Art. 10, Rn. 220; MünchKomm-*Kindler*, IntGesR, Rn. 390; Staudinger-*Großfeld*, IntGesR, Rn. 610f; *Ebenroth/Eyles* DB 1988, Beil.2, S. 1, 7; *Kösters* (oben Fn. 23), S. 243; *Kruse* (oben Fn. 11), S. 34 und S. 156.

gerichts heran, die Gesellschaft verliere mit dem Wechsel des anwendbaren Rechts ihre Rechtspersönlichkeit, weil dieser einer Art innere Begrenzung auf die Anwendbarkeit des deutschen Rechts eigen sei. In sachrechtlicher Hinsicht wird die Notwendigkeit der Auflösung mit dem Verlust der (Weiter-)Wirkung der konstitutiven Eintragung begründet[272].

Zu bedenken ist jedoch, daß die Auflösung der Gesellschaft im Falle der Verlegung des bloßen Verwaltungssitzes nicht, wie meist unterstellt[273], durch Umdeutung eines entsprechenden *Gesellschafter*beschlusses erfolgen kann; denn diesen muß es im Fall der isolierten Verlegung des Verwaltungssitzes gar nicht geben: Die Verlegung des Verwaltungssitzes erfolgt durch die Geschäftsführer und kann ohne Wissen und Willen der Gesellschafter vollzogen werden[274]. Sofern die Gesellschafter über die Verlegung "des Sitzes" beschließen, handelt es sich regelmäßig nicht lediglich um den Verwaltungs-, sondern zumindest auch um den Satzungssitz; andernfalls müßte man den Gesellschaftern erlauben, einen vom Satzungssitz verschiedenen Sitz festzulegen[275]. Zuständiges - wenn auch intern nicht autorisiertes - Organ, über eine isolierte Verlegung des Hauptverwaltungssitzes zu beschließen, sind daher die Verwaltungsorgane selbst, wenn sie auch einen solchen Beschluß in aller Regel nicht ohne Wissen der Gesellschafter fassen werden. Ihren Beschluß wird man aber nicht ohne erhebliche Begründungsnot in einen Beschluß zur Auflösung der Gesellschaft umdeuten können[276]. Eine Begründung, wie und durch welchen gesellschaftsrechtlichen Mechanismus die Gesellschaft aufgelöst wird, bleibt die herrschende Meinung daher im Ergebnis schuldig, wenn sie sich auf die Erklärung beschränkt, der Beschluß des zuständigen Organs über die

---

Dagegen Soergel-*Lüderitz*, EGBGB, Anh. Art.10, Rn. 48, mit dem Hinweis, diese kleinliche Handhabung der Sitztheorie trüge lediglich internationalen Spott ein.

272 MünchKomm(2.A.)-*Ebenroth*, EGBGB, Nach Art. 10, Rn. 225; vgl. auch *Kruse* (oben Fn. 11), S. 33. Ähnlich *Borges* ((Fn. 7), S. 169), der mit dem Argument, eine in Deutschland gegründete Gesellschaft müsse einen inländischen *Verwaltungs*sitz haben, davon ausgeht, daß eine Gesellschaft mit ausländischem Verwaltungssitz gemäß § 144a FGG von Amts wegen zu löschen sei bzw. bei ihrer Gründung nicht eingetragen werden dürfte.

273 Beispielsweise MünchKomm-*Kindler*, IntGesR, Rn. 397 (m.w.N); *Kruse* (oben Fn. 11), S. 33f. Zur Umdeutung des entsprechenden Gesellschafterbeschlusses in Fällen der Verlegung von Verwaltungs- und Satzungssitz vgl.: BGH (oben Fn. 9), BGHZ 25, 134, 144; BayObLG (oben Fn. 9), GmbHR 1992, 529, 530; OLG Hamm (oben Fn. 9), ZIP 1997, 1696, 1697.

274 *Kronke* (oben Fn. 142) S. 9; *Meilicke*, RIW 1990, 449, 451. Vgl. bereits oben S. 7.

275 Vgl. hierzu ausführlich unten im Kapitel über den Wegzug im italienischen Recht, S. 197ff.

276 Davon geht scheinbar *Bechtel* ((Fn. 14), S. 8) aus, der den Fall schildert, die Geschäftsführer eine GmbH verlegten gegen den Willen der Gesellschafter den effektiven Verwaltungssitz ins Ausland, was den Geschäftsführern nach seiner Ansicht eine "ganz unerwartete Machtfülle" verschafft.

Verlegung des Verwaltungssitzes werde in einen Auflösungsbeschluß umgedeutet[277].

b. Rückverweisung auf deutsches Gesellschaftsrecht, Art. 4 EGBGB

Auf der Basis der Argumentation der herrschenden Meinung, Grund für die Auflösung sei der Wechsel des anwendbaren Gesellschaftsrechts[278], soll nach einer Ansicht die Gesellschaft nicht aufgelöst werden, wenn das Recht des Zuzugsstaates der Gründungstheorie folgt und, weil der Satzungssitz im Inland verbleibt, auf deutsches Gesellschaftsrecht zurückverweist[279]. In diesem Fall sei, soweit das deutsche Recht gemäß Art. 4 EGBGB die Rückverweisung annehme, die Verlegung des Verwaltungssitzes ins Ausland für die Anwendbarkeit des deutschen Rechts "unschädlich", so daß keine kollisionsrechtliche Veranlassung bestehe, die Gesellschaft aufzulösen[280].

Die Gegenansicht hält am Auflösungszwang auch dann fest, wenn das Gesellschaftsstatut aufgrund eines *renvoi* nicht wechselt[281]. Begründet wird dies damit, die Gesellschaft begebe sich in ein anderes "kulturelles Klima" und in ein anderes soziales Umfeld, das bei der Gründung nicht mitbedacht worden sei und in dem niemand damit rechnen können, welchen Einflüssen die Gesellschaft ausgesetzt sein könnte und ob die Rückverweisung in das deutsche Recht von Bestand sei. Die Gesellschaft sei aber als das, was sie sei, "Kristallisationspunkt und Vertrauensgrundlage ... für die nahe und weite Öffentlichkeit"[282]. Die besseren Argumente streiten für die Ansicht, im Falle eines *renvoi* sei die Verlegung des Verwaltungssitzes möglich. Denn ohne den Wechsel des anwendbaren Rechts fehlt es an dem ins Felde geführten Grund für die Auflösung. Eine Auflösung allein aus dem Grunde der Besorgnis über eine eventuelle zukünftige abweichende Entscheidung des Zuzugsstaates hinsicht-

---

277 So Staudinger-*Großfeld*, IntGesR, Rn. 630; *Bechtel* (oben Fn. 14), S. 52 und 142; *Kösters* (oben Fn. 23), S. 243; *Kruse* (oben Fn. 11), S. 36.

278 Vgl. insbesondere die Entscheidungsgründen des RG (oben Fn. 63), RGZ 7, 68, 69; BayObLG (oben Fn. 9), GmbHR 1992, 529, 530; OLG Hamm (oben Fn. 9), ZIP 1997, 1696, 1697. Ebenso aus der Literatur statt vieler: MünchKomm(2.A.)-*Ebenroth*, EGBGB, Nach Art. 10, Rn. 220.

279 MünchKomm(2.A.)-*Ebenroth*, EGBGB, Nach Art. 10, Rn. 221f.; MünchKomm-*Kindler*, IntGesR, Rn. 391; *Bechtel* (oben Fn. 14), S. 52; *Ebenroth/Auer*, GmbHR 1994, 16, 18; *Ebenroth/Eyles* I, DB 1989, 363, 368; *Kruse* (oben Fn. 11), S. 36; *Wessel/Ziegenhain* (oben Fn. 71), S. 426. Auch die neuere Rechtsprechung scheint dieser Ansicht nahe zu stehen; das *OLG Hamm* beispielsweise erwähnte ausdrücklich, daß keine Rückverweisung durch das luxemburgische Recht erfolge ((Fn. 9) ZIP 1997, 1696, 1697).

280 MünchKomm(2.A.)-*Ebenroth*, EGBGB, Nach Art. 10, Rn. 221f.; MünchKomm-*Kindler*, IntGesR, Rn. 394; Scholz-*Westermann*, GmbHG, Einl., Rn. 126; *Kösters* (oben Fn. 23), S. 243; *Kronke* (oben Fn. 142) S. 31; *Kruse* (oben Fn. 11), S. 36; *Wessel/Ziegenhain* (oben Fn. 71), S. 425f.

281 Staudinger-*Großfeld*, IntGesR, Rn. 610f, insb. 617.

282 Staudinger-*Großfeld*, IntGesR, Rn. 618.

lich der Rückverweisung ist zu unkonkret, um die "Vernichtung" der wohlerworbenen Rechte der Gesellschafter rechtfertigen zu können.

4. Steuerrechtliche Hinderungsgründe

Ein weiteres Wegzugshindernis beinhaltet § 12 KStG. Mit § 12 KStG wird durch Verweis auf § 11 KStG der letzte Zugriff des Fiskus auf die stillen Reserven gesichert, wenn eine unbeschränkt steuerpflichtige Körperschaft, nämlich gemäß § 1 Abs. 1 KStG eine solche mit "Geschäftsleitung oder Sitz im Inland", durch Verlegung ihrer Geschäftsleitung oder ihres Sitzes aus der unbeschränkten Steuerpflicht ausscheidet[283]. Für die soeben unterschiedenen drei Fälle des Wegzuges ergeben sich demnach folgende Konsequenzen:

Die Verlegung nur des Satzungssitzes ins Ausland, bei welchem die Gesellschaft ihre Geschäftsleitung im Inland behält, löst nicht die Schlußbesteuerung nach § 11 aus, da die Gesellschaft im Inland unbeschränkt körperschaftsteuerpflichtig bleibt[284]. Da dieser Fall jedoch, wie gezeigt[285], ohnehin gesellschaftsrechtlich nicht möglich ist, kann er für die weiteren Überlegungen außer Betracht bleiben.

Entsprechendes gilt für den Fall der isolierten Verlegung nur des Verwaltungssitzes unter Beibehaltung des Satzungssitzes im Inland; auch dies bewirkt nach geltendem Steuerrecht grundsätzlich keinen Verlust der unbeschränkten Steuerpflicht[286], wobei jedoch möglicherweise bestehende Doppelbesteuerungsabkommen, die eine Anknüpfung an den Sitz der Geschäftsleitung vorschreiben, zu einem anderen Ergebnis führen können, so daß dann die Voraussetzungen des § 12 Abs. 1 KStG vorliegen[287].

Zur Schlußbesteuerung nach § 11 KStG - "Fluchtsteuer", wie *Lutter*[288] sie genannt hat - führt jedenfalls die Verlegung sowohl des Verwaltungs- wie auch des Satzungssitzes ins Ausland (§ 12 Abs. 1 Satz 1 KStG)[289]. Für diesen Fall hat *Knobbe-Keuk*[290] vorgeschlagen, § 12 Abs. 1 Satz 1 KStG einschränkend

---

283 *Eyles* (oben Fn. 9), S. 336f; *Schümann* (oben Fn. 102), S. 270.

284 *Schaumburg*, II (oben Fn. 194), S. 592.

285 Siehe oben S. 53f.

286 MünchKomm(2.A.)-*Ebenroth*, EGBGB, Nach Art. 10, Rn. 227.

287 Vgl. *Knobbe-Keuk*, Bilanz- und Unternehmenssteuerrecht, S. 938; *Thömmes* (oben Fn. 31), S. 1021f. Zustimmend: *Bechtel* (oben Fn. 14), S. 55. *Schaumburg* ((Fn. 194), S. 591) weist allerdings zu Recht darauf hin, daß nach bisher h.M. die Sitzverlegung ins Ausland ohnehin zur Auflösung der Gesellschaft und damit zur Schlußbesteuerung ihres Vermögens führt.

288 ZGR 1994, 87, 91.

289 *Knobbe-Keuk* (oben Fn. 287), S. 938; *Schmidt/Sedemund*, DStR 1999, 2057; *Thömmes* (oben Fn. 31), S. 1022. Nach anderer Ansicht ist auch dieser Fall wegen der gesellschaftsrechtlich erforderlichen Auflösung und Liquidation der Gesellschaft unter § 11 KStG zu subsumieren (*Schaumburg*, II (oben Fn. 194), S. 591).

290 Bilanz- und Unternehmenssteuerrecht (9.A), S. 938, 939; *dies.*, StuW 1990, 372, 378.

auszulegen, so daß die Norm sich nicht auf Vermögensgüter bezieht, die innerhalb einer Betriebsstätte im Inland verbleiben, denn zum einen hätte der Fiskus hierauf nach wie vor Zugriff, zum anderen sei der Fall durch § 12 Abs. 2 KStG geregelt, sofern die Betriebsstätte ins Ausland verlagert würde.

In eine ähnliche Richtung geht der Vorschlag von *Thömmes*[291], die in der Fusionsbesteuerungsrichtlinie zugrunde gelegten Regelungen entsprechend heranzuziehen, wonach die fortdauernde steuerliche Verhaftung der Vermögensgüter, die innerhalb eines Betriebsteils in Deutschland verbleiben, zum Ausbleiben der Schlußbesteuerung führt.

Italien hat sich für mit der "Manovra Dini" für eine ähnliche Regelung entschieden, auf die im zweiten Teil der Arbeit ausführlich zurückzukommen sein wird.

5. Stellungnahme

Neben der Kritik an der herrschenden Meinung, sie setze sich mit der Umdeutung des Verlegungsbeschlusses auf gröbste Weise über die Privatautonomie der Gesellschafter hinweg, die eine Auflösung weder gewollt noch zur Eintragung angemeldet hätten[292], stützt sich der Haupteinwand gegen die Liquidation der Gesellschaft infolge des Statutenwechsels auf den Schutz der Interessen, denen mit der Sitztheorie vermeintlich gedient sein soll.

Knobbe-Keuk[293] hat zu Recht darauf aufmerksam gemacht, daß die zu schützenden Interessengruppen in aller Regel kein Interesse an der Zerschlagung der Gesellschaft haben werden, sondern im Gegenteil nur die Erhaltung der Gesellschaft ihren Interessen gerecht wird: Die Arbeitnehmer wollen ihre Arbeitgeberin behalten, die Minderheits- und Anlegergesellschafter ihre Anteilsscheine, die Gläubiger ihre Schuldnerin und den Zugriff auf das Gesellschaftsvermögen. Das letzte verbleibende Problem, die Mitbestimmung, hat der Gesetzgeber in Voraussicht der grenzüberschreitenden Fusionsrichtlinie mit dem Mitbestimmungs-Beibehaltungsgesetz (MitbestBeiG) vom 23. August 1994 zu lösen begonnen[294].

Die meisten der zu schützenden Interessen werden praktisch ohnehin von der Sitzverlegung ins Ausland in weit geringerem Maße betroffen, als dies erscheint. Weder die Verträge der Gläubiger noch die der Arbeitnehmer werden durch den Statutenwechsel als solchen berührt, denn ihr Verhältnis zu der wegziehenden Gesellschaft wird vor allem durch die lex contractus, nicht durch die lex societatis bestimmt; für das Arbeitsrecht gelten ohnehin bei einer

---

291 DB 1993, 1021. Zustimmend auch *Bechtel*, IPRax 1998, 348, 349.

292 Vgl. statt vieler: *Kögel*, GmbHR 1998, 1108, 1113.

293 *Knobbe-Keuk* (oben Fn. 3), S. 337 und 353. Ebenso *Bungert*, ZVglRWiss 93 (1994), 117, 169; *Fischer* (oben Fn. 74), S. 104; *Haas* (oben Fn. 71), S. 1507; *G.Roth*, GesRZ 1995, 1, 8.

294 *Bungert* (oben Fn. 12), S. 501, 502. Vgl. hierzu auch unten S. 249f.

verbleibenden inländischen Betriebsstätte eine Reihe von Sondervorschriften. Die verbleibenden Probleme, wie etwa der Erhalt des inländischen Gerichtsstand für "einfache" Gläubiger (die Arbeitnehmer sind auch hier privilegiert), sind durch einfache Vereinbarung lösbar.

Daß und wie die betroffen Interessen trotz einer Sitzverlegung ins Ausland geschützt werden können, zeigt das italienische Recht. Dort gibt es beispielsweise für Minderheitsgesellschafter, denen eine neue Rechtsform ihrer Gesellschaft oder auch nur der Satzungssitz im Ausland nicht behagt, gemäß Art. 2437 c.c. ein Austrittsrecht, das im zweiten Teil der Arbeit ausführlich behandelt wird.

Wie man den Schutz der Gläubiger sicherstellen kann, macht der Vorschlag der Verschmelzungsrichtlinie ebenso deutlich wie der Vorschlag für eine 14. Gesellschaftsrechtliche Richtlinie über die Sitzverlegung, die beispielsweise von der Möglichkeit Gebrauch machen, die wegzugswillige Gesellschaft zur Leistung von Sicherheiten zu verpflichten[295].

Die einzelnen in diesem Zusammenhang auftauchenden Fragen werden mit der Darstellung des - abgesehen von der unternehmerischen Mitbestimmung - nicht abweichenden italienischen Rechts im zweiten Teil dieser Arbeit beantwortet[296].

IV. Zusammenfassung

Weder die Sperre gegen den Zuzug ausländischer Gesellschaften nach Deutschland noch die Verhinderung des Wegzuges inländischer Gesellschaften ins Ausland, mit denen die Rechtsprechung grenzüberschreitenden Sitzverlegungstatbeständen begegnet, vermögen im Ergebnis zu überzeugen.

Die sachrechtlichen Erwägungen, aus denen die Rechtsprechung die rechtsfähige Existenz einer ausländischen Gesellschaft im Inland negiert und den Wegzug einer inländischen Gesellschaft durch Liquidation blockiert, hat die moderne Literatur mit überzeugenden Argumenten weitestgehend widerlegt und nachgewiesen, daß nach der Sitztheorie die Vorschriften des nationalen Gesellschafts- und Umwandlungsrecht auch auf ausländische oder auswandernde Gesellschaften angewendet werden können.

---

295 Vgl. zur Gläubigersicherung entsprechend der Sitzverlegungsrichtlinie unten S. 243f. Nicht zuzustimmen ist allerdings *Bungert* (ZVglRWiss 93 (1994), 117, 175), der die Gesellschaftsgläubiger durch die Möglichkeit des dinglichen Arrestes nach §§ 916 ff ZPO für ausreichend geschützt hält (dagegen auch Scholz-*Westermann*, GmbHG, Einl., Rn. 130).

296 Vgl. unten S. 231f.

Es gibt jedoch darüber hinaus auch keine rechtspolitisch tragfähigen Begründungen für die Spruchpraxis der deutschen Gerichte, denn den zu schützenden Interessen kann mit dem Erhalt einer Gesellschaft mindestens ebenso gut, wenn nicht besser, gedient werden.

Ein anschauliches Beispiel dafür wird das italienische Recht geben. Zuvor wird jedoch im folgenden Kapitel dargelegt werden, daß die deutsche Rechtspraxis angesichts der Vorgaben der Niederlassungsfreiheit für Gesellschaften nach Artt. 43, 48 EGV auch vor dem Europäischen Gerichtshof in seiner demnächst zu erwartenden Entscheidung zur Europarechtsverträglichkeit der deutschen Rechtslage keinen Bestand wird haben können.

§ 3 Grenzüberschreitende Sitzverlegung und die Niederlassungsfreiheit des EG-Vertrages

Die Verhinderung der identitätswahrenden Sitzverlegung ins europäische Ausland und aus dem europäischen Ausland nach Deutschland begegnet gemeinschaftsrechtlichen Bedenken, weil sie die in Art. 43, 48 EGV vorgesehene freie Niederlassung von Gesellschaften unmöglich macht. Die Erkenntnis, daß die Entscheidungspraxis der deutschen Gerichte nicht mehr aufrecht zu erhalten sein wird, ist inzwischen im Schrifttum zur grenzüberschreitenden Sitzverlegung herrschend[1].

Diese pauschale Aussage bedarf jedoch einiger Präzisierung, die im folgenden Kapitel vorgenommen werden soll. Dabei wird sich zeigen, daß nicht die Sitztheorie als solche, d.h. als Kollisionsnorm, gegen die Niederlassungsfreiheit verstößt, denn weder schützen die Artt. 43, 48 EGV die Freiheit der Rechtswahl[2] noch enthalten sie selbst eine kollisionsrechtliche Vorgabe[3]. Die mit der Entscheidung des EuGH im Fall *Daily Mail*[4] herausgestellte kollisionsrechtliche Neutralität der Niederlassungsfreiheit hat ihre Geltung auch durch die *Centros*-Entscheidung[5] nicht eingebüßt. Allerdings hat der EuGH klargestellt, daß er zukünftig die Verhinderung der Niederlassung einer europäischen Gesellschaft nicht mehr hinnehmen wird. Dabei macht er keinen Unterschied danach, ob es sich um eine primäre oder eine sekundäre Niederlassung handelt[6].

Um der Beurteilung der deutschen Rechtslage gerecht zu werden, ist es erforderlich, die einzelnen, üblicherweise unter dem Schlagwort der "Europarechtswidrigkeit *der Sitztheorie*" diskutierten[7] Konsequenzen in kollisionsrechtliche und sachrechtliche Gesichtspunkte zu unterscheiden. Wie die vorstehende Darstellung der deutschen Rechtslage gezeigt hat, werden die Konsequenzen

---

1 So das Ergebnis sämtlicher in den vergangenen Jahren zu diesem Thema erschienenen Dissertationen: *Schniechels*, Reichweite der Niederlassungsfreiheit (1995), S. 179ff; *Brödermann/Iversen*, Europäisches Gemeinschaftsrecht und internationales Privatrecht (1992/93 bzw. 1993/94); *Kruse*, Sitzverlegung von Kapitalgesellschaften innerhalb der EG (1997), insb. S. 53ff; *Bechtel*, Umzug von Kapitalgesellschaften unter der Sitztheorie (1998); *Nachbaur*, Niederlassungsfreiheit: Geltungsbereich und Reichweite des Art. 52 EGV im Binnenmarkt (1999).

2 Vgl. hierzu unten S. 80ff.

3 Vgl. hierzu unten S. 95f.

4 EuGH, Urteil v. 27.9.1988 (Rs. 81/97: The Queen ./. H.M. Treasury and Commissioners of Inland Revenue, ex parte Daily Mail and General Trust PLC - *Daily Mail*), Slg. 1988, I, 5483, 5505. Vgl. hierzu unten S. 72 und S. 83.

5 EuGH, Urteil vom 9.3.1999 (Rs. C-212/97 - Centros Ltd. ./. Erhvervs-og Selskabsstyrelsen - *Centros*), Slg. 1999, I, 1459, 1484.

6 Siehe hierzu ausführlich S. 92f.

7 Vgl. z.B. *Behrens*, in: Die GmbH im IPR u. EuR, IPR Rn.17; *ders.*, in: Hachenburg, GmbHG, Einl., Rn. 122.

der Nichtanerkennung einer Gesellschaft mit Verwaltungssitz im Inland nicht unmittelbar durch die Sitztheorie hervorgerufen. Die Rechtsprechung zieht ihre Rückschlüsse, daß eine im Ausland errichtete Kapitalgesellschaft mit Verwaltungssitz im Inland weder aktiv partei- und prozeßfähig ist, noch nach § 13e HGB eine Zweigniederlassung errichten oder im Inland Grundeigentum erwerben kann und daß ihre Geschäftsführer in entsprechender Anwendung der Vorschriften über die Handelndenhaftung in der Vorkapitalgesellschaft persönlich haften müssen[8], nicht aus der Sitztheorie, sondern aus der Anwendung der Vorschriften des Gesellschaftsrechts.

In einem ersten Schritt sind in dem folgenden Kapitel die gemeinschaftsrechtlichen Vorgaben für die Ausübung des Rechtes zur freien Niederlassung darzustellen. Dabei wird vor allem die Frage eine Rolle spielen, ob und in welchem Maße die Niederlassungsfreiheit Auswirkungen auf die Zulässigkeit der Anwendung inländischen Gesellschaftsrechts hat. Und schließlich wird das gefundene Ergebnis, erstens, den einzelnen von der Rechtsprechung angesichts ausländischer Gesellschaften de lege lata ergriffenen Maßnahmen und, zweitens, dem von der Literatur de lege ferenda vorgeschlagenen Anpassungszwang gegenübergestellt werden.

I. Inhalt der Niederlassungsfreiheit

Beschränkungen der Freiheit gemeinschaftsangehöriger Personen, innerhalb des Binnenmarktes Niederlassungen zu errichten, sind nach Art. 43 EGV verboten. Diese Freiheit haben nicht nur natürliche Personen, sondern nach Art. 48 EGV auch die "nach den Rechtsvorschriften eines Mitgliedstaates gegründeten Gesellschaften, die ihren satzungsmäßigen Sitz, ihre Hauptverwaltung oder ihre Hauptniederlassung innerhalb der Gemeinschaft haben"; demzufolge können sich auch Gesellschaften unmittelbar auf ihre Niederlassungsfreiheit nach Art. 43 EGV berufen[9]. Dabei dient das Merkmal der Gründung nach dem Recht eines Mitgliedstaates zur Herstellung der juristischen Verbindung der Gesellschaft zur *Gemeinschaft*, während mit den weiteren in Art. 48 EGV aufgeführten Merkmalen die Angehörigkeit der Gesellschaft zur Rechtsordnung

---

8 Vgl. hierzu unten S. 100ff.

9 Zur unmittelbaren Wirkung der Artt. 43, 48 EGV für Gesellschaften: EuGH, *Centros* (oben Fn. 5), Slg. 1999, I, 1459, 1484, 1491 (Begr. Nr. 20); EuGH, *Daily Mail* (oben Fn. 4), Slg. 1988, I, 5483, 5505, 5510 (Begr.Nr.15). Ebenso: MünchKomm(2.A.)-*Ebenroth*, EGBGB, Nach Art. 10, Rn. 203; *Behrens*, RabelsZ 52 (1988), 498, 505; *ders.*, IPRax 1999, 323, 324; *Groß*, EuZW 1994, 395, 397; *Klinke*, ZGR 1993, 1, 5; *Knobbe-Keuk*, DB 1990, 2573; *Schniechels* (oben Fn. 1), S. 168; *Schümann*, EuZW 1994, 269, 272; *Timme/Hülk*, JuS 1999, 1055, 1056; *Zimmer*, IntGesR, S. 207. Einschränkend allerdings *Roth* (in: Dauses, Handbuch des EG-Wirtschaftsrechts, Bd.I, E.I, Rn. 38; *ders.*, ZGR 2000, 311, 324) unter Hinweis auf die *Daily Mail*-Entscheidung des EuGH, wonach sich Gesellschaften de lege lata unmittelbar nur auf die *sekundäre* Niederlassungsfreiheit berufen könnten (vgl. hierzu näher Fn. 40). Ebenso *Steindorff*, JZ 1999, 1140, 1141.

eines konkreten *Mitgliedstaats* bestimmt wird[10]. Nach seiner Stellung und Funktion ist Art. 48 EGV dabei zunächst lediglich eine "Anwendungsnorm", die den persönlichen Anwendungsbereich der in Art. 43 EGV spezifizierten Niederlassungsfreiheit festlegt[11], sein darüber hinausgehender Gehalt im Hinblick auf das internationale Gesellschaftsrecht ist umstritten[12].

1. Artt. 43, 48 EGV als Diskriminierungsverbot sowie als allgemeines Behinderungs- oder Beschränkungsverbot

Die Niederlassungsfreiheit war zunächst lediglich als Inländerbehandlungsgebot und allgemeines Diskriminierungsverbot gewährleistet[13]. Der EuGH ist inzwischen in seiner Rechtsprechung zu den Grundfreiheiten darüber hinausgegangen und gelangt zu allgemeinen Beschränkungsverboten[14]; im Schrifttum wird daher seit langem auch die Niederlassungsfreiheit von Gesellschaften als Beschränkungsverbot anerkannt[15]. Dafür wird unter anderem

---

10 *Roth*, in: Dauses, Handbuch des EG-Wirtschaftsrechts, Bd.I, E.I, Rn. 59; *ders.*, RabelsZ 55 (1991), 623, 631. Ebenso: *Lange*, DNotZ 1999, 599, 604f.

11 *Drobnig*, in: v.Bar, Gemeinschaftsrecht und IPR, S. 185, 192; *Roth*, ZGR 2000, 311, 323; *ders.*, RabelsZ 55 (1991), 623, 631.

12 Vgl. hierzu ausführlich unten S. 95f.

13 V.d.Groeben/Thiesing/Ehlermann - *Troberg*, EWGV Art. 52, Rn. 36; *Behrens* (oben Fn. 9), S. 509; *Bechtel* (oben Fn. 1), S. 61f; *Ebenroth/Wilken*, I, JZ 1991, 1014, 1019; *Ebenroth/Eyles* II, DB 1989, 413; *Ebke*, ZGR 1987, 245, 253; *Everling*, in: FS v.d.Groeben, S. 111, 113f; *Groß* (oben Fn. 9), S. 397; *Roth*, in: Dauses, Handbuch des EG-Wirtschaftsrechts, Bd.I, E.I, Rn. 61; *Sack*, JuS 1990, 352, 354 (m.w.N. Fn. 20-22); *Schön*, EWS 2000, 281, 284.

14 Vgl. zur Entwicklung der Rechtsprechung ausführlich *Habersack*, IntGesR, § 3, Rn. 25ff; *Kruse* (oben Fn. 1), S. 87-106; *Lutter*, ZGR 2000, 1, 14; *Nachbaur* (oben Fn. 1), S. 143ff; *Roth*, RabelsZ 55 (1991), 623, 646f; *ders.*, GS Knobbe-Keuk, S. 729, 737; *Schniechels* (oben Fn. 1), S. 169ff.

15 MünchKomm-*Kindler*, IntGesR, Rn. 371 (unter Hinweis auf die Entscheidung des EuGH, Urteil v. 15.5.1997 (Rs. C.250/95 - Futura), Slg. 1997, I, 2471, 2492); *Behrens*, IPRax 1989, 354, 356; *ders.*, RabelsZ 52 (1988), 498, 512; *Brödermann*, in: Brödermann/Iversen, S. 154; *Habersack* (oben Fn. 14), Rn. 25ff; *Hoffmann*, ZHR 164 (2000), S. 43f; *Knobbe-Keuk*, ZHR 154 (1990), 325, 353; *dies.* (oben Fn. 9), S. 2576; *Lange* (oben Fn. 10), S. 603f; *Roth*, RabelsZ 55 (1991), 623, S. 646f; *ders.*, GS Knobbe-Keuk, S. 729, 737; *Sandrock*, BB 1999, 1337; *Schön*, ZHR 160 (1996), 221, 247; *ders.*, EWS 2000, 281, 284f; *Schümann* (oben Fn. 9), S. 272; *Sonnenberger/Großerichter*, RIW 1999, 721, 723; *Timme/Hülk* (oben Fn. 9), S. 1056; *Zimmer*, ZHR 164 (2000), 23, 37. Differenzierend *Roth* ((Fn. 13), E.I, Rn. 69-71; zustimmend *Bechtel* (oben Fn. 1), S. 80): Artt. 43, 48 EGV enthalten hinsichtlich der Zuzugs- und Wegzugsschranken ein Beschränkungsverbot und hinsichtlich der Freiheit zur Aufnahme und Ausübung von wirtschaftlicher Betätigung ein Diskriminierungsverbot. Zweifelnd *Ebenroth/Eyles* II, DB 1989, 413, aufgrund der Befürchtung, die Niederlassungsfreiheit könnte auf diese Weise zu einer in ihren Auswirkungen nicht mehr abschätzbaren Billigkeitsklauseln verkommen (vgl. hierzu auch *Behrens* (oben Fn. 9), S. 510; *Sack* (oben Fn. 13), S. 355).

geltend gemacht, daß andernfalls Wegzugsbeschränkungen wie im Fall *Daily Mail*[16], die inländische und ausländische Gesellschaften gleichermaßen treffen, nicht in den Anwendungsbereich der Artt. 43, 48 EGV fielen[17]. In der *Centros*-Entscheidung hat der EuGH den Schritt zur Anerkennung der Niederlassungsfreiheit von Gesellschaften als Beschränkungsverbot ausdrücklich vollzogen[18].

2. Schutzbereich der Niederlassungsfreiheit

Art. 43 EGV gewährleistet für Angehörige eines Mitgliedstaates der Europäischen Union die Freiheit zu einer dauerhaft etablierten wirtschaftlichen Betätigung im Hoheitsgebiet eines anderen Mitgliedstaates[19]; als Niederlassung bezeichnet der EuGH dabei eine feste Einrichtung, von der aus *tatsächlich* eine wirtschaftliche Tätigkeit ausgeübt wird[20]. Art. 43 EGV sichert damit vor allem die Freiheit des realen Marktzuganges[21].

Je nach Ausgestaltung der Niederlassung unterscheidet die Lehre zwischen primärer und sekundärer Niederlassungsfreiheit, wobei diese Abgrenzung für Gesellschaften durch die Entscheidung des EuGH in Sachen *Centros* erheblich an Konturen eingebüßt hat[22]. Als sekundäre Niederlassungsfreiheit bezeichnet man das in Art. 43 Abs. 1 Satz 2 EGV erwähnte Recht zur Errichtung von Zweigniederlassungen, Agenturen oder Filialen sowie zur Gründung von Tochtergesellschaften. Insoweit ist die Niederlassungsfreiheit für Gesellschaften wie für natürliche Personen internationalprivatrechtlich unproblematisch und durch die nationalen wie gemeinschaftsrechtlichen Vorschriften über Zweigniederlassungen und Gesellschaftsgründungen geregelt[23].

Das Recht zur "freien Niederlassung" umfaßt außerdem die Freiheit zur "Aufnahme und Ausübung selbständiger Erwerbstätigkeit" sowie zur

---

Für eine ausführliche Darstellung der Diskussion um die Niederlassungsfreiheit als Beschränkungsverbot sei hier verwiesen auf die umfangreichen Darstellungen bei *Schniechels* (oben Fn. 1), insb. S. 179ff, sowie bei *Kruse* (oben Fn. 1), S. 100ff, 106ff, und *Nachbaur* (oben Fn. 1), S. 158ff.

16 EuGH, *Daily Mail* (oben Fn. 4), Slg. 1988, I, 5483, 5505; vgl. hierzu ausführlich S. 68.

17 *Roth* (oben Fn. 13), E.I, Rn. 69; *Sonnenberger/Großerichter* (oben Fn. 15), S. 723; *Timme/Hülk* (oben Fn. 9), S. 1056.

18 EuGH, *Centros* (oben Fn. 5), Slg. 1999, I, 1484, 1495 (Begr.Nr.34).

19 MünchKomm-*Sonnenberger*, Einl.IPR, Rn. 149; *Eyles*, Niederlassungsrecht, S. 98; *Kieninger*, ZGR 1999, 724, 730; *Kruse* (oben Fn. 1), S. 65; *dies.*, EWS 1998, 444, 445; *Roth* (oben Fn. 13), E.I, Rn. 35; *Schön* (oben Fn. 13), S. 283; *Zimmer* (oben Fn. 15), S. 40.

20 EuGH, Urteil v. 25.7.1991 (Rs. C-221/89 - Factortame II), Slg. 1991, I, 3905, 3956, 3965 (Begr.Nr.20) (Hervorh.v.Verf.).

21 *Roth*, GS Knobbe-Keuk, S. 729, 737.

22 Vgl. ausführlich unten S. 91f.

23 Darauf weist auch der EuGH im Fall *Centros* hin ((Fn. 5), Slg. 1999, I, 1459, 1484, 1495 (Begr.Nr. 36)).

"Gründung und Leitung von Unternehmen, insbesondere von Gesellschaften" (primäre Niederlassungsfreiheit[24]). Hierdurch garantiert Art. 43 EGV das Recht jedes Angehörigen eines Mitgliedstaates, seinen geschäftlichen Schwerpunkt (Hauptniederlassung) innerhalb der Gemeinschaft frei zu wählen[25], ihn insbesondere in einem anderen Mitgliedstaat aufzunehmen oder ihn dorthin zu verlagern[26], gleichgültig welche Faktoren für die Standortwahl ausschlaggebend sind[27]. Kennzeichnend für die primäre Niederlassungsfreiheit ist dabei, daß im Herkunftsstaat keine oder nur eine abhängige Niederlassung verbleibt[28].

a. Primäre Niederlassungsfreiheit als Freiheit zur Verlegung der tatsächlichen Hauptniederlassung

Die primäre Niederlassungsfreiheit nach Art. 43 EGV ist auf natürliche Personen zugeschnitten und nach Art. 48 EGV *auch* auf Gesellschaften übertragen. Für natürliche Personen beinhaltet die freie Wahl der Hauptniederlassung in erster Linie eine "Umzugsfreiheit": Da natürliche Personen nur *einen* Aufenthaltsort haben, nämlich den Ort ihres (Haupt)Sitzes, müssen sie bei einer Neubestimmung dieses Hauptsitzes ihren ursprünglichen Sitz notwendigerweise aufgeben[29]. Geben sie den ursprünglichen Sitz nicht auf, ist der neu gewählte wirtschaftliche Standort stets eine *Zweit*niederlassung. Die Gewährleistung der Sitzverlegungsfreiheit natürlicher Personen ist vergleichsweise unproblematisch, weil ihr Umzug keine tatsächlichen oder rechtlichen Schwierigkeiten aufwirft, insbesondere keinerlei Auswirkungen auf ihre Staatszugehörigkeit hat[30].

Anders ist die Situation für *Gesellschaften*, weil der geschäftliche Schwerpunkt der Gesellschaft an deren Hauptniederlassung in aller Regel identisch ist mit ihrem Hauptverwaltungssitz, der in gut der Hälfte der Mitgliedstaaten

---

24 V.d.Groeben/Thiesing/Ehlermann - *Troberg*, EWGV Art. 52, Rn. 14; *Behrens* (oben Fn. 9), S. 499; *Werlauff*, ZIP 1999, 867, 868. Vgl. zur Unterscheidung von primärer und sekundärer Niederlassungsfreiheit im Rahmen der Artt. 43, 48 EuGH, Urteil v. 28.1.1986 (Rs. 270/83 - Kommission ./. Frankreich), Slg. 1986, I, 273, 285.

25 *Everling*, FS v.d.Groeben, S. 111, 113; *Roth* (oben Fn. 21), S. 737; *Kruse* (oben Fn. 1), S. 68.

26 V.d.Groeben/Thiesing/Ehlermann - *Troberg*, EWGV Art. 52, Rn. 12; *Kruse* (oben Fn. 1), S. 58 und 66; *Roth*, ZGR 2000, 311, 314 (oben Fn. 18); *Werlauff* (oben Fn. 24), S. 868.

27 *Kieninger* (oben Fn. 19), S. 730, 731.

28 V.d.Groeben/Thiesing/Ehlermann - *Troberg*, EWGV Art. 52, Rn. 14.

29 V.d.Groeben/Thiesing/Ehlermann - *Troberg*, EWGV Art. 52, Rn. 14; *Habersack* (oben Fn. 14), Rn. 12; *Kieninger* (oben Fn. 19), S. 733; *Koppensteiner*, in: FS Lutter, S. 141, 145; *Werlauff* (oben Fn. 24), S. 868.

30 Vgl. statt vieler: MünchKomm-*Sonnenberger*, Einl.IPR, Rn. 149; *Eyles* (oben Fn. 19), S. 98; *Görk*, GmbHR 1999, 793, 796; *Kieninger* (oben Fn. 19), S. 730; *Roth* (oben Fn. 13), E.I, Rn. 35; *Sonnenberger/Großerichter* (oben Fn. 15), S. 728.

Anknüpfungsmerkmal der lex societatis ist[31]. Die gemeinschaftsrechtliche Gewährleistung der freien Wahl der Hauptniederlassung steht dadurch in Konflikt mit dem internationalen Gesellschaftsrecht der Mitgliedstaaten. Die umzugswilligen Gesellschaften sind jedoch auf eine Lösung dieses Konfliktes angewiesen: Da sie keine natürliche Existenz haben, sondern die Anerkennung ihrer juristischen Existenz auf einer Fiktion der anwendbaren Rechtsordnung beruht, haben sie, um es in den Worten des EuGH auszudrücken, "jenseits der jeweiligen nationalen Rechtsordnung, die ihre Gründung und Existenz regelt, ... keine Realität"[32]. Eine "Neuwahl" des Standortes der Hauptniederlassung in einem Mitgliedstaat, der daran die Anwendung seines Gesellschaftsrechts knüpft, birgt für die Gesellschaft das Risiko, daß die Rechtsordnung der neuen Hauptniederlassung die Fiktion des Gründungs- und Herkunftstaates nicht übernimmt.

Es ist daher seit langem umstritten, ob die primäre Niederlassungsfreiheit von Gesellschaften überhaupt durch Artt. 43, 48 EGV gewährleistet wird. Der EuGH hat bislang erst drei Entscheidungen gefällt, in denen es um die Errichtung der *Haupt*niederlassung einer Gesellschaft außerhalb ihres Gründungsstaates ging[33]; allerdings ist nur bezüglich einer, der *Daily Mail*-Entscheidung, unstreitig, daß ein Fall der *primären* Niederlassungsfreiheit vorlag. Die übrigen Fälle hat der EuGH ausschließlich unter Rückgriff auf die *sekundäre* Niederlassungsfreiheit entschieden[34]. Keine der drei Entscheidungen hat jedenfalls bislang im Streit um die primäre Niederlassungsfreiheit von Gesellschaften für Klarheit sorgen können.

aa. Begriffliche Eingrenzung der primären Niederlassungsfreiheit von Gesellschaften

Die primäre Niederlassungsfreiheit als Freiheit des Marktzutritts durch tatsächliche Standortveränderung umfaßt begrifflich sowohl die Zuzugs- als auch die Wegzugsfreiheit, da beide miteinander verknüpft sind[35]. Von "Umzug"

---

31 Neben Deutschland folgen der Sitztheorie: Luxemburg, Belgien, Frankreich, Spanien, Portugal (siehe die Nachweise bei *Behrens*, in: Die GmbH im IPR u. EuR, 2.Aufl. (1997); Staudinger-*Großfeld*, IntGesR, Rn. 153ff; MünchKomm-*Kindler*, IntGesR, Rn. 381ff). Mit Einschränkungen folgt der Sitztheorie auch Italien (vgl. ausführlich unten S. 123f). In Österreich ist zwar die Sitztheorie festgeschrieben (§ 10 Österreichisches IPRG), allerdings will der ÖstOGH sie nicht mehr anwenden (vgl. näher unten Fn. 88).

32 EuGH, *Daily Mail* (oben Fn. 4), Slg. 1988, I, 5483, 5505, 5511 (Begr.Nr.19).

33 Urteil v. 10.7.1986 - Rs. 79/85 (*Segers*), Slg. 1986, 2375; *Daily Mail* (oben Fn. 4), a.a.O.; *Centros* (oben Fn. 5), a..a.O. Zwei weitere Fälle liegen ihm zur Entscheidung vor: BGH, 30.3.2000, ZIP 2000, 967 (Verwaltungssitzverlegung ins Inland) und AG Heidelberg, 13.3.2000, ZIP 2000, 1617 (Verwaltungs- und Satzungssitzverlegung nach Spanien).

34 Vgl. hierzu ausführlich unten S. 91.

35 So auch der EuGH im Fall *Daily Mail* (oben Fn. 4), Slg, 1988, I, 5483, 5055, 5510 (Begr.Nr. 16): "... würden sich die durch Artt. 52 ff. EGV garantierten Rechte als inhaltsleer erweisen, wenn der Heimatstaat Unternehmen, die sich in einem anderen

kann dabei nur dann gesprochen werden, wenn die Gesellschaft an ihrem neuen Aufenthaltsort als dasselbe Rechtssubjekt anerkannt wird[36]. Der Umzug einer Gesellschaft kann durch Verlegung des Hauptverwaltungssitzes oder des Satzungssitzes oder beider gemeinsam erfolgen; im Zusammenhang mit der primären Niederlassungsfreiheit geht es jedoch nur um die Verlegung des Hauptverwaltungssitzes, verstanden als Zentrum der tatsächlichen wirtschaftlichen Aktivität einer Gesellschaft[37], weil der Satzungssitz als bloß formelle Angabe über einen möglicherweise nur fiktiven und allein rechtlich relevanten "Aufenthalts"-Ort für die Gewährleistung der wirtschaftlichen Betätigungsfreiheit ohne Bedeutung ist[38]. Nicht um die primäre Niederlassungsfreiheit *von Gesellschaften* geht es außerdem in Fallkonstellationen wie in *Centros*, in denen Satzungs- und Hauptverwaltungssitz bereits bei Gründung der fraglichen Gesellschaft in verschiedenen Mitgliedstaaten liegen; betroffen ist hier allein die Freiheit der Gesellschafts*gründer* nach Art. 43 Abs. 2 EGV zur "Gründung und Leitung von Unternehmen, insbesondere von Gesellschaften", denn die Gesellschaft ist zum Zeitpunkt der Standortwahl noch gar nicht gegründet, kann folglich auch nicht über die Lokalisierung ihres Verwaltungsschwerpunktes entscheiden[39].

Mitgliedstaat niederlassen wollen, den Wegzug verbieten könnte". Ebenso: *Bechtel* (oben Fn. 1), S. 59; *Lange* (oben Fn. 10), S. 601; *Sandrock* (oben Fn. 15), S. 1337.

36 *Knobbe-Keuk* (oben Fn. 9), S. 2479; *dies.* ZHR 154 (1990), 325, 345; *Schniechels* (oben Fn. 1), S. 42 und 155. Ebenso *Kruse* ((Fn. 1) S. 68) mit dem zutreffenden Hinweis, andernfalls handelte es sich tatbestandlich um die Gründung einer (Tochter-)Gesellschaft im Ausland unter Auflösung der inländischen Gesellschaft und damit um die Ausübung der sekundären Niederlassungsfreiheit.

37 *Beitzke* (oben Fn. 212) S. 2; *Bechtel* (oben Fn. 1), S. 83; *Drobnig* (oben Fn. 11), S. 185, 188; *Habersack* (oben Fn. 14), Rn. 10; *Kieninger* (oben Fn. 19), S. 728; *Kruse* (oben Fn. 1), S. 66, 67; *Schniechels* (oben Fn. 1), S. 41 u. 155.

38 Staudinger-*Großfeld*, IntGesR, Rn. 680; *Kieninger* (oben Fn. 19), S. 731; *Behrens*, EuZW 1992, 448, 550. A.A. *Drobnig* (oben Fn. 11), S. 185, 198, 199. Differenzierend *Kruse* (oben Fn. 1), S. 67, mit dem Hinweis, die Verlegung des Satzungssitzes falle dann in den Anwendungsbereich der Artt. 43, 48 EGV, wenn im Zuzugsstaat bereits eine Betriebsstätte liege.

39 Ebenso: *Eyles* (oben Fn. 19), S. 99, 100; *Grothe*, Die ausländische Kapitalgesellschaft und Co., S. 145; *Habersack* (oben Fn. 14), Rn. 12; *Kieninger* (oben Fn. 19), S. 731; *Kruse* (oben Fn. 1), S. 66; *Zimmer* (oben Fn. 15), S. 40. Diese Differenzierung ist freilich schwer durchzuhalten, wie aus den Ausführungen des Generalanwaltes im Fall *Centros*, *La Pergola*, deutlich wird: "Tale libertà comprende.., per quel chi interessa, il *diritto di costituire società* in conformità della legislazione di uno Stato membro per operare in quello stesso Stato ovvero, ad egual titolo, in qualsiasi altro Stato membro. Altrimenti detto: *la società di nuova costituzione* ha il diritto di *stabilirsi* - in via principale ed, eventualmente, anche secondario - dovunque essa preferisca nell'ambito comunitario" (Nr. 20 der Schlußanträge) (Hervorh.v.Verf.). In den folgenden Ausführungen von *La Pergola* bezieht er sich allerdings ausschließlich auf die Niederlassungsfreiheit der Gründer, der Eheleute Bryde. Vgl. hierzu näher im Zusammenhang mit der Frage, ob mit der Niederlassungsfreiheit eine Rechtswahlfreiheit der Gründer gewährleistet werden soll, unten S. 80f.

bb. Gewährleistung der Sitzverlegungsfreiheit nach der *Daily Mail*-Entscheidung des EuGH

Stellt man im Rahmen der Niederlassungsfreiheit von Gesellschaften mit natürlichen Personen nach Art. 48 EGV gleich, so dürfte es an der Gewährleistung der Ein- und Auswanderungsfreiheit von Gesellschaften innerhalb der Gemeinschaft im Grunde keinen Zweifel geben. Die inzwischen wohl überwiegende Ansicht in der Literatur fordert daher, auch die Verlegung der Hauptverwaltung von Gesellschaften in den Schutzbereich der Niederlassungsfreiheit einzubeziehen[40].

Ob dies jedoch dem geltenden Gemeinschaftsrecht entspricht, ist infolge des *Daily Mail*-Urteils des EuGH vom 27.9.1988[41] fraglich. Nach dieser Entscheidung verleihen die Artt. 43, 48 EGV "beim derzeitigen Stand des Gemeinschaftsrechts einer Gesellschaft, die nach dem Recht eines Mitgliedstaates gegründet ist und in diesem ihren satzungsmäßigen Sitz hat, nicht das Recht ..., den Sitz ihrer Geschäftsleitung in einen anderen Mitgliedstaat zu verlegen"[42]. Sachlich ging es in *Daily Mail* um die Gemeinschaftsrechtsverträglichkeit einer steuerrechtlichen Wegzugssperre, der Verweigerung der nach britischem Recht erforderlichen Genehmigung der Finanzbehörden, den Geschäftsleitungssitz und damit die Steuerresidenz ins Ausland zu verlegen[43]. Den Rückschluß, daß die Sitzverlegung der *Daily Mail and General Trust plc.* von Großbritannien in die Niederlande nicht durch Artt. 43, 48 EGV geschützt werde, zog der EuGH ausschließlich aus Erwägungen, die das internationale Gesellschaftsrecht der Mitgliedstaaten betrafen, obwohl der

---

[40] *Lutter/Hommelhoff*, GmbHG, § 4a, Rn. 13, 14; *Behrens*, RIW 1986, 590; *ders.*, ZGR 1994, 5, 20; *Drobnig* (oben Fn. 11), S. 185, 198; *Eyles* (oben Fn. 19), S. 98, 99; *Großfeld/Jasper*, RabelsZ 53 (1989), 52, 55; *Großfeld/König*, RIW 1992, 433, 436; *Lutter*, ZGR 1994, 87, 91; *ders.* (oben Fn. 14), S. 13; *Kieninger* (oben Fn. 19), S. 730; *Knobbe-Keuk*, ZHR 154 (1990), 325, 345; *Kruse* (oben Fn. 1), S. 68; *dies.*, EWS 1998, 444, 445f; *Schniechels* (oben Fn. 1), S. 155ff; *Schön* (oben Fn. 15), S. 245; *Zimmer* (oben Fn. 15), S. 38f. Ebenso *Bechtel* (oben Fn. 1), S. 59f und S. 89-92 (mit dem unterstützenden Hinweis darauf, daß in den Fällen der Verlegung des Sitzes der Verwaltung stets auch die Niederlassungfreiheit der Geschäftsführer und Gesellschafter tangiert sei). Differenzierend *Roth* ((Fn. 26), S. 325; *ders.* (oben Fn. 13), E.I, Rn. 38 und 92), nach dessen Ansicht die primäre Niederlassungsfreiheit von Gesellschaften zwar vom sachlichen Anwendungsbereich der Artt. 43, 48 EGV erfaßt wird, allerdings wegen der *Daily Mail*-Entscheidung derzeit nicht unmittelbar anwendbar sein soll (wohl ebenso: Lutter-*Lutter*, UmwG, § 1, Rn. 9 (oben Fn. 32); *Steindorff* (oben Fn. 9), S. 1141. Vgl. schon oben Fn. 9). Anderer Ansicht ist allerdings *Ebke* (RabelsZ 62 (1998), 195, 210; *ders.* JZ 1999, 1140, 1141). *Ebke* stellt die Gewährleistung der primären Niederlassungsfreiheit unter die Bedingung der vollständigen Harmonisierung der Gesellschaftsrechtsordnungen der Mitgliedstaaten.

[41] EuGH, *Daily Mail* (oben Fn. 4), Slg. 1988, I, 5483, 5505.

[42] EuGH, a.a.O. (Leitsatz 1 u. Begr.Nr.25).

[43] Daraus schließt das AG Heidelberg (oben Fn. 33), ZIP 2000, 1617, 1618), der EuGH habe in *Daily Mail* gar nicht über die identitätswahrende Sitzverlegung entschieden.

vorgelegte Fall in keiner Weise kollisionsrechtlich problematisch war, da Wegzugs- wie Zuzugsstaat der Gründungstheorie folgten und von der Sitzverlegung nur der tatsächliche Verwaltungssitz betroffen sein sollte. Dennoch hat der EuGH die Haltung der britischen Finanzbehörden im Ergebnis nicht aus steuerrechtlichen Erwägungen hingenommen, sondern allein im Hinblick auf die kollisionsrechtliche Problematik der Verwaltungssitzverlegung. Der EG-Vertrag trage den erheblichen Unterschieden in den Rechtsordnungen der Mitgliedstaaten betreffend die Frage, ob eine Gesellschaft das Merkmal ihrer Verknüpfung mit einer nationalen Rechtsordnung nachträglich ändern könne[44], dadurch Rechnung, daß zum einen die kollisionsrechtlichen Anknüpfungsmerkmale Satzungs- und Verwaltungssitz bzw. Hauptniederlassung in Art. 48 EGV "gleich geachtet" würden. Deshalb sei die Regelung der Beibehaltung der Rechtspersönlichkeit bei der grenzüberschreitenden Sitzverlegung einem Abkommen nach Art. 293 EGV vorbehalten[45]. Diese Fragen würden folglich nicht durch die Niederlassungsfreiheit gelöst[46]. Das Ergebnis seiner Prüfung formuliert der EuGH wie folgt: Artt. 43, 48 EGV gewähren Gesellschaften kein Recht, den Sitz ihrer Geschäftsleitung unter Bewahrung ihrer Eigenschaft als Gesellschaft des Mitgliedstaates ihrer Gründung in einen anderen Mitgliedstaat zu verlegen[47].

cc. Das Verhältnis von Niederlassungsfreiheit und Kollisionsrecht und die Bedeutung des Statutenwechsels für die primäre Niederlassungsfreiheit

Aus dieser Entscheidung haben ein Großteil der Literatur und die Rechtsprechung in Deutschland geschlossen, daß Gesellschaften de lege lata nicht in den Genuß der primären Niederlassungsfreiheit kämen[48], und verneinen insoweit bereits die Eröffnung des Schutzbereichs der Artt. 43, 48 EGV[49]. Diese Ansicht konzentriert sich vornehmlich auf die Interpretation des Leitsatzes der *Daily Mail*-Entscheidung. Sie vernachlässigt dabei, daß der EuGH bei der Formulierung seiner Antwort auf die ihm vorgelegte Frage ein entscheidendes

---

44 EuGH, *Daily Mail* (oben Fn. 4), Slg. 1988, I, 5483, 5505, 5511 (Begr.Nr.20).

45 EuGH, *Daily Mail* a.a.O., S. 5512 (Begr.Nr.21).

46 EuGH, *Daily Mail* a.a.O., S. 5512 (Begr.Nr.23).

47 EuGH, *Daily Mail* a.a.O., S. 5512 (Begr.Nr.24).

48 BayObLG, 26.8.1998, RIW 1998, 966, 967; BayObLG, 7.5.1992, GmbHR 1992, 529, 531; OLG Zweibrücken, 27.6.1990, DB 1990, 1660; *Brödermann* (oben Fn. 15), S. 149 u. 159; *Ebke*, RabelsZ 62 (1998), 195, 208; *Habersack* (oben Fn. 14), Rn. 12; *Klinke* (oben Fn. 9), S. 7; *Kruse* (oben Fn. 1), S. 72; *Steindorff* (oben Fn. 9), S. 1141. In jüngster Zeit wird von einigen Autoren die Fortgeltung der Aussagen der *Daily Mail*-Entscheidung im Hinblick auf das *Centros*-Urteil bestritten (z.B. *Meilicke*, DB 1999, 627. Ebenso AG Heidelberg ((Fn. 33), ZIP 2000, 1617), das seine Zweifel zum Anlaß nahm, dem EuGH die Frage vorzulegen, ob die Artt. 43, 48 EGV das Recht zur Sitzverlegung gewährleisten). Andere sind der Ansicht, die Entscheidungen hätten miteinander lediglich gemein, daß sie beide beim EuGH unter dem Aspekt der Niederlassungsfreiheit vorgelegt wurden (*Flessner*, ZEuP 2000, 1, 2). Vgl. hierzu ausführlich unten S. 76f.

49 Statt vieler *Kruse* (oben Fn. 1), S. 72.

Detail seiner Auslegung weggelassen hat. Genau dieses Detail entpuppt sich im Zusammenhang mit den Erwägungen des EuGH zur Neutralität der Niederlassungsfreiheit im Verhältnis zur Anknüpfung der lex societatis als das entscheidende Detail: Im Gegensatz zu dem Eindruck, den man beim Lesen des oben zitierten Leitsatzes[50] erhält, hat der EuGH nur solche Sitzverlegungsfälle aus dem Schutzbereich der Artt. 43, 48 EGV herausgenommen, bei denen das Gesellschaftsstatut *nicht wechselt*; er präzisiert dies in dem ebenfalls bereits zitierten Erwägungsgrund Nr. 24: Artt. 43, 48 EGV verliehen den nationalen Gesellschaften gerade wegen der Unterschiede bei der Anknüpfung des Gesellschaftsstatuts nicht das Recht, ihre Geschäftsleitung in einen anderen Mitgliedstaat zu verlegen *und gleichzeitig ihren Status als Gesellschaft des Mitgliedstaats, nach dessen Vorschriften sie errichtet wurde, beizubehalten*[51]. Nach richtiger Ansicht hat der EuGH damit lediglich die *statuserhaltende* grenzüberschreitende Sitzverlegung aus dem Schutzbereich der Niederlassungsfreiheit herausgenommen, nicht die identitätswahrende Sitzverlegung generell[52]. Diese Differenzierung ist die konsequente Fortführung der vom EuGH unterstrichenen Neutralität der Niederlassungsfreiheit gegenüber dem IPR unter Berücksichtigung des Sinnes und Zweckes der Gewährleistung der freien Wahl des wirtschaftlichen Standortes.

Der EuGH hat in *Daily Mail* vor allem ein Präjudiz über das internationale Gesellschaftsrecht vermeiden wollen[53]. Das internationale Gesellschaftsrecht wird jedoch durch die Verpflichtung zur Gewährleistung der identitätswahrenden Sitzverlegung überhaupt nur insoweit tangiert, als es um den Ausschluß eines Statutenwechsels geht. Nur insoweit bestand vor dem Hintergrund der Überlegungen des EuGH überhaupt eine Notwendigkeit, der Gewährleistung der identitätswahrenden Sitzverlegung nicht durch eine entsprechende Interpretation der Artt. 43, 48 EGV vorzugreifen. Im Ergebnis hat er in *Daily Mail* vor lauter Rücksicht auf die Unterschiede im Gesellschaftskollisionsrecht der Mitgliedstaaten nicht nur eine Frage beantwortet, die ihm gar nicht gestellt worden war[54], sondern er ist in dem Bemühen, die IPR-

---

50 Siehe Fn. 42.

51 EuGH, *Daily Mail* (oben Fn. 4), Slg. 1988, I, 5483, 5505, 5512 (Begr.Nr.24) (Hervorh.v.Verf.).

52 MünchKomm-*Sonnenberger*, Einl.IPR, Rn. 150; *Bechtel* (oben Fn. 1), S. 86f.; *Roth*, ZEuP 1994, 1, 19; *ders.*, RabelsZ 55 (1991), 623, 650; *ders.* (oben Fn. 26), S. 321 und 325. Wenig hilfreich ist in diesem Zusammenhang allerdings der Hinweis auf Art. 43, Abs. 2 EGV, der die "Gründung und Leitung von Unternehmen, insbesondere von Gesellschaften" ausdrücklich nur "nach den Bestimmungen des Aufnahmestaates" gewährleistet (darauf berufen sich zur Unterstützung des obigen Ergebnisses z.B. *Bechtel* (oben Fn. 1), S. 83f; *Behrens* (oben Fn. 9), S. 509; *Ebenroth/Auer*, DNotZ 1993, 191, 196).

53 *Bungert*, DB 1999, 1841, 1842; *Kruse* (oben Fn. 1), S. 204; *Roth* (oben Fn. 26), S. 322; *Schniechels* (oben Fn. 1), S. 166.

54 Aus diesem Grunde äußerst kritisch: *Knobbe-Keuk* (oben Fn. 40), S. 333; *Roth*, RabelsZ 55 (1991), 623, 647.

Neutralität der Artt. 43, 48 EGV zu unterstreichen, sogar so weit gegangen, die in der Fallkonstellation von *Daily Mail* völlig unproblematischen Erwägungen des internationalen Gesellschaftsrecht der Mitgliedstaaten zum Anlaß zu nehmen, die Verhinderung der Verwaltungssitzverlegung zu tolerieren[55].

Für das Erreichen der Ziele der Grundfreiheiten, insbesondere der Gewährleistung der Niederlassungsfreiheit, spielt es allerdings im Ergebnis auch keine Rolle, welchem Gesellschaftsrecht die sich niederlassende Gesellschaft untersteht; insofern ist es nur konsequent, wenn der EuGH die Wahrung des Gründungsstatuts bei der Sitzverlegung weder voraussetzen noch anordnen will und damit die Neutralität der Niederlassungsfreiheit gegenüber dem Kollisionsrecht unterstreicht[56]. Die Niederlassungsfreiheit soll den Angehörigen der Mitgliedstaaten wirtschaftliche Betätigungsfreiheit durch Errichtung ihrer Hauptniederlassung garantieren; hierdurch wird die Freiheit des Marktzugangs in Form der Warenverkehrsfreiheit durch die Freiheit des "physischen Zutritts" des wirtschaftlich Tätigen in Form der faktischen Standortwahl ergänzt[57].

Der EG-Vertrag will dadurch verhindern, daß den Gesellschaften die Teilnahme an anderen Märkten faktisch dadurch erschwert werden könnte, daß sie auf dem Markt in anderen Mitgliedstaaten nicht real präsent sein können. Dafür kommt es jedoch nicht darauf an, ob das anwendbare Gesellschaftsrecht wechselt, denn dies führt lediglich dazu, daß die Gesellschaft sich nicht in derselben Rechtsform, sondern nur *anders* niederlassen kann, als sie beabsichtigte. Daß die Gesellschaft einem Statutenwechsel unterworfen wird oder nicht, ist für die Verwirklichung der Niederlassungsfreiheit solange akzeptabel, wie die Niederlassung der Gesellschaft nicht verhindert wird, denn für die Freiheit der wirtschaftlichen Betätigung spielt die Rechtsform der Gesellschaft keine Rolle[58]; die später zu beantwortende Frage, ob mit dem Statutenwechsel eine unverhältnismäßige Beschränkung der Niederlassungsfreiheit verbunden ist, ist keine Frage der Eröffnung des Schutzbereichs, sondern eine Frage der Rechtfertigung von Beschränkungen[59].

---

[55] Vgl. *Drobnig* ((Fn. 11), S. 204), der in dieser Hinsicht bedauert, daß sich der EuGH seiner Meinung nach unnötigerweise auf das "glatte Eis des Internationalen Gesellschaftsrechts vorgewagt" habe. Ebenso *Fock*, RIW 2000, 42, 49; *Görk* (oben Fn. 30), S. 795.

[56] Vgl. EuGH, *Daily Mail* (oben Fn. 4), Slg. 1988, I, 5483, 5505, 6612 (Begr.Nr.24), zitiert oben Fn. 47 und 51.

[57] EuGH, *Factortame II* (oben Fn. 20), Slg. 1991, I, 3905, 3956, 3965 (Begr.Nr.20); vgl. hierzu *Klinke* (oben Fn. 9), S. 16f. Ebenso: MünchKomm-*Sonnenberger*, Einl.IPR, Rn. 149; *Habersack* (oben Fn. 14), Rn. 28; *Kieninger* (oben Fn. 19), S. 731; *Lackhoff*, (1.A.) S. 67; *Roth* (oben Fn. 21), S. 737; *Schön* (oben Fn. 13), S. 283; *Zimmer* (oben Fn. 15), S. 40.

[58] Ebenso: MünchKomm-*Sonnenberger*, Einl.IPR, Rn. 149; *Steindorff* (oben Fn. 9), S. 1143; *Zimmer* (oben Fn. 15), S. 40.

[59] Vgl. hierzu ausführlich unten S. 102f.

b. Zusammenfassung

Auch unter Zugrundelegung der Aussagen des EuGH in der *Daily Mail*-Entscheidung umfaßt der Schutzbereich der primären Niederlassungsfreiheit das Recht einer Gesellschaft, den Sitz ihrer Hauptverwaltung in einen anderen Mitgliedstaat zu verlegen, ohne dabei als Rechtssubjekt unterzugehen[60]. Gesellschaften dürfen dabei allerdings lediglich erwarten, "genauso gut oder schlecht behandelt zu werden wie inländische Gesellschaften", was auch die Unterwerfung unter das inländische Gesellschaftsrecht nach sich ziehen kann, denn die Niederlassungsfreiheit umfaßt jedenfalls bislang nicht das Recht einer Gesellschaft, sich *unter Wahrung ihres ausländischen Gesellschaftsstatuts* und mit ausländischer Rechtsform mit ihrer Hauptniederlassung in einem anderen Mitgliedstaat niederzulassen[61].

Mit der Einbeziehung der identitätswahrenden Sitzverlegung in den Schutzbereich der primären Niederlassungsfreiheit ist allerdings nicht das von einigen Mitgliedstaaten befürchtete Ende der Sitztheorie eingeläutet. Diese Furcht basiert auf der Annahme, daß die Sitztheorie bzw. der durch sie bewirkte Statutenwechsel der Grund dafür seien, daß eine identitätswahrende Sitzverlegung nicht möglich sein soll[62]. Die neuere Lehre im deutschen Recht zeigt jedoch - ebenso wie das später darzustellende Beispiel des italienischen Rechtes - auf, daß diese Grundannahme so nicht richtig ist[63]: Der Statutenwechsel als solcher steht dem Fortbestand der zuziehenden Gesellschaft nicht im Wege, sondern unterwirft sie lediglich einem Anpassungs- bzw. Umwandlungszwang. Die Nichtanerkennung, die einer ausländischen Gesellschaft in

---

60 Ebenso: *Bechtel* (oben Fn. 1), S. 83; *Behrens*, RIW 1986, 590; *ders.*, ZGR 1994, 5, 20; *Drobnig* (oben Fn. 11), S. 185, 198; *Eyles* (oben Fn. 19), S. 98, 99; *Großfeld/Jasper* (oben Fn. 40), S. 55; *Großfeld/König* (oben Fn. 40), S. 436; *Kieninger* (oben Fn. 19), S. 730; *Knobbe-Keuk* (oben Fn. 40), S. 345; *Kruse* (oben Fn. 1), S. 68; *dies.*, EWS 1998, 444, 445f; *Lutter/Hommelhoff*, GmbHG, § 4a, Rn. 13, 14; *Lutter*, ZGR 1994, 87, 91; *ders.* (oben Fn. 14), S. 13; *Schniechels* (oben Fn. 1), S. 155ff; *Schön* (oben Fn. 15), S. 245; *Zimmer* (oben Fn. 15), S. 38f.

61 MünchKomm(2.A.)-*Ebenroth*, EGBGB, Nach Art. 10, Rn. 202; MünchKomm-*Sonnenberger*, Einl.IPR, Rn. 149; *Bechtel* (oben Fn. 1), S. 83; *Roth* (oben Fn. 54), S. 648f. Anderer Ansicht sind diejenigen, die entgegen *Daily Mail* den Schutzbereich der Niederlassungsfreiheit auch auf die Freiheit vor einem Statutenwechsel ausdehnen wollen (dafür: *Behrens* (oben Fn. 7), IPR Rn. 17 und 64; *ders.*, RabelsZ 52 (1988), 498, 520f; *Drobnig* (oben Fn. 11), S. 198; *Knobbe-Keuk* (oben Fn. 40), S. 342; *Kruse* (oben Fn. 1), S. 68; *Lutter* (oben Fn. 14), S. 13). Dieser Ansicht ist jedoch nicht beizutreten, da, wie noch zu zeigen sein wird (siehe S. 83), auch nach der *Centros*-Entscheidung die Ausführungen des EuGH in *Daily Mail* weiterhin Gültigkeit haben, so daß Artt. 43, 48 EGV keine kollisionsrechtliche Vorgabe enthalten.

62 Davon geht vor allem die noch herrschende Rechtsprechung im deutschen Recht aus, vgl. oben S. 23f. Ebenso aus der Literatur: Scholz-*Westermann*, GmbHG, Einl., Rn. 125; *Freitag*, EuZW 1999, 267, 269; *Knobbe-Keuk* (oben Fn. 40), S. 329f; *Werlauff* (oben Fn. 24), S. 874. Teilweise ebenso *Behrens*, IPRax 1999, 323, 325f.

63 Zum deutschen Recht vgl. oben S. 41ff; zum italienischen Recht siehe unten S. 142ff.

Deutschland droht, ist keine unmittelbare, sondern eine dogmatisch zweifelhafte sachrechtliche Folge des Statutenwechsels, und außerdem eine Spezialität des deutschen Rechts[64]. Akzeptiert man hingegen den Fortbestand der Gesellschaft trotz des Statutenwechsels, so wird mit der Möglichkeit der Mitgliedstaaten, auf eine zuziehende Gesellschaft das eigene Gesellschaftsrecht anzuwenden, deren Schutzbedürfnis Genüge getan. Über den Anwendungsanspruch der Sitztheorie hinaus ist kein Interesse daran ersichtlich, den Umzug einer Gesellschaft zu verhindern, was insbesondere dann deutlich wird, wenn der Aufnahmestaat vom Zuzug einer Gesellschaft wirtschaftlich profitiert.

3. Fortgeltung dieser Grundsätze nach der *Centros*-Entscheidung

Durch die Entscheidung des EuGH in Sachen *Centros*[65] ist erneut die Berechtigung der Mitgliedstaaten fraglich geworden, ihr Gesellschaftsrecht auf eine im europäischen Ausland errichtete Gesellschaft anzuwenden, wenn diese ihren Hauptverwaltungssitz in einem anderen als ihrem Gründungsstaat wählt. Mit *Centros*, so ein Teil der Interpreten dieses Urteils[66], habe der EuGH die umfassende Rechtswahlfreiheit der Gründer anerkannt und dadurch den Wettbewerb der Rechtsordnungen eröffnet, den zu verhindern die Sitztheorie bestimmt ist.

a. Die Entscheidung des EuGH

Nach dem Urteil des EuGH in Sachen *Centros* können die Mitgliedstaaten einer nach dem Gemeinschaftsrecht existierenden Gesellschaft nicht mehr die Errichtung ihrer Niederlassung mit der Begründung verweigern, durch die Gründung der Gesellschaft nach einer laxeren europäischen Rechtsordnung zum alleinigen Zwecke der Errichtung einer Niederlassung in ihrem Territorium würden nationale Gründungsvorschriften umgangen. Damit erkennt der EuGH europäischen pseudo-foreign-corporations, deren Anerkennung innerhalb der Gemeinschaft seit langem umstritten ist, das Recht der freien Niederlassung zu.

Tatsächlich lag der Entscheidung eine echte Briefkastengesellschaft zugrunde, die in ihrem Gründungsstaat Großbritannien keinerlei Geschäftstätigkeit entfalten, sondern ausschließlich über ihre zu errichtende Zweigniederlassung in Dänemark tätig sein sollte. Unstreitig war, daß die Eheleute Bryde die

---

64 Andere europäische Sitztheoriestaaten, beispielsweise Italien und Luxemburg, lassen die Gesellschaft auch bei einem Statutenwechsel fortbestehen.

65 EuGH, *Centros* (oben Fn. 5), Slg. 1999, I, 1484 = NJW 1999, 2027 (m.Bespr. *Kindler*, NJW 1999, 1993) = EuZW 1999, 216 (m.Bespr. *Freitag*, EuZW 1999, 267) = RIW 1999, 447 (m.Bespr. *Cascante*, RIW 1999, 450) = AG 1999, 226 = NZG 1999, 298 (m.Bspr. *Leible*, NZG 1999, 300) = DB 1999, 625 (m.Bespr. *Meilicke*, DB 1999, 627) = JZ 1999, 669 (m.Bespr. *Ebke*, JZ 1999, 656) = ZIP 1999, 438 (m.Bespr. *Werlauff*, ZIP 1999, 867 und *G.Roth*. ZIP 1999, 861) = EWiR 1999, 259 (m.Bespr. *Neye*) = BB 1999, 809 (m.Bespr. *Sedemund/Hausmann*, BB 1999, 810) = DNotZ 1999, 593 (m.Bespr. *Lange*, DNotZ 1999, 599) = IPRax 1999, 364 (m.Bespr. *Behrens*, IPRax 1999, 323).

66 Z.B. *Kieninger* (oben Fn. 19), S. 731ff. Wohl ebenso *Cascante*, RIW 1999, 450, 451; *Höfling*, DB 1999, 1206. Zu dieser Frage ausführlich unten S. 80f.

Gesellschaft nur deshalb nach britischem Recht errichtet hatten, um der Centros Ltd. kein Kapital zuführen zu müssen. Die dänische Zentralverwaltung verweigerte die Eintragung der angemeldeten Zweigniederlassung mit der Begründung, sie diene lediglich der Umgehung des dänischen Gründungsrechts. Daher sei die Berufung auf § 117 des dänischen GmbHG ebenso wie die Berufung auf Artt. 43, 48 EGV rechtsmißbräuchlich und unzulässig.

Der EuGH hielt Artt. 43, 48 EGV hingegen für anwendbar[67]: Die Centros Ltd. war "nach dem Recht eines Mitgliedstaates gegründet" und hatte dort ihren satzungsmäßigen Sitz. Damit erfüllte sie die Voraussetzungen des Art. 48 EGV und hatte gemäß Art. 43 EGV das Recht, in einem anderen Mitgliedstaat eine Zweigniederlassung zu errichten[68]. Die gewählte rechtliche Konstruktion war somit problemlos unter Artt. 43, 48 EGV zu subsumieren. Daraus folgerte der EuGH, es könne "*für sich allein keine mißbräuchliche Ausnutzung* des Niederlassungsrechts darstellen, wenn ein Staatsangehöriger eines Mitgliedstaats, der eine Gesellschaft gründen möchte, diese in dem Mitgliedstaat errichtet, dessen gesellschaftsrechtliche Vorschriften ihm die größte Freiheit lassen, und in einem anderen Mitgliedstaat Zweigniederlassungen gründet"[69], auch dann nicht, wenn die Gesellschaft nur außerhalb ihres Gründungsstaates über die Zweigniederlassung tätig werden sollte[70].

Da die Voraussetzungen der Artt. 43, 48 EGV vorlagen, stellte die Verweigerung der Eintragung der Niederlassung in Dänemark eine Beschränkung der Niederlassungsfreiheit dar. Der EuGH prüft weiter, ob diese Beschränkung durch zwingende Gründe des Allgemeininteresses gerechtfertigt war[71]. Denn, so betont er bereits im Leitsatz, es sei den Mitgliedstaaten nicht verwehrt, geeignete Maßnahmen "sowohl ... gegenüber der Gesellschaft selbst als auch gegenüber ihren Gesellschaftern" zu treffen, um "Betrügereien zu verhindern oder zu verfolgen"[72]. Die Nichteintragung der Zweigniederlassung sei jedoch für den bezweckten Gläubigerschutz *nicht geeignet*, denn zum einen hielt der

---

67 Zur Unzulässigkeit der mißbräuchlichen Berufung auf Gemeinschaftsrecht zitiert der EuGH äußerst umfangreich seine eigenen Rechtsprechung, vgl. EuGH, *Centros* (oben Fn. 5), Slg. 1999, I, 1484, 1492 (Begr.Nr.24).

68 EuGH, *Centros* (oben Fn. 5), Slg. 1999, I, 1484, 1490 (Begr.Nr.17); ebenso bereits EuGH, *Segers* (oben Fn. 33), Slg. 1986, 2375, 2388 (Begr.Nr.16).

69 EuGH, *Centros* (oben Fn. 5), Slg. 1999, I, 1484, 1493 (Begr.Nr.27) (Hervorh.v.Verf.). Ebenso entschied der EuGH im Fall *Segers* ((Fn. 33) Slg. 1986, 2375, 2388 (Nr.16)): Sind die Voraussetzungen des Art. 48 EGV (Gründung nach dem Recht eines Mitgliedstaates und Satzungssitz innerhalb der Gemeinschaft) erfüllt, so ist der Umstand, daß die Gesellschaft ihre Tätigkeit ausschließlich durch eine Agentur, Zweigniederlassung oder Tochtergesellschaft in einem anderen Mitgliedstaat ausübt, ohne Bedeutung (hierzu *Behrens* (oben Fn. 9), S. 499).

70 EuGH, *Centros* (oben Fn. 5), Slg. 1999, I, 1484, 1493 (Begr.Nr.29). Der EuGH selbst verweist auf die Entscheidung *Segers* (oben Fn. 33), Slg. 1986, 2375, 2388 (Begr.Nr.16).

71 EuGH, a.a.O. (Begr.Nr.32).

72 EuGH, a.a.O. (Begr.Nr.38).

EuGH die dänische Regelung für inkonsequent[73], zum anderen sah er ebenso effektive, aber weniger beschränkende Maßnahmen zum Schutz vor Umgehung als die Verweigerung der Eintragung[74] (die nach dänischem Recht Voraussetzung für eine zulässige wirtschaftliche Betätigung ausländischer Gesellschaften ist[75]).

b. Keine Abkehr von der Sitztheorie

Der EuGH hat den ihm vorgelegten Fall nicht nach der Sitztheorie - und nicht einmal mit Rücksicht auf sie - gelöst; sie spielte schlicht überhaupt keine Rolle[76], denn sowohl Gründungs- wie Niederlassungsstaat folgten der Gründungstheorie[77]. Tatsächlich hat der EuGH den kollisionsrechtlichen Fragen des Falles keinerlei Beachtung geschenkt, sondern ihn rein gemeinschaftsrechtlich gelöst[78]. Er hat sich auch nicht mit der Problematik der Anerkennung der Centros Ltd. aufgehalten, weil die dänische Zentralverwaltung keinen Zweifel daran hatte, daß die Centros Ltd. als wirksam gegründete Gesellschaft britischen Rechts in Dänemark anerkannt wurde[79].

---

73 Der EuGH weist darauf hin, daß die Centros Ltd. trotz ebensolchen Fehlens ihres Stammkapitals eingetragen worden wäre, hätte sie in Großbritannien Geschäftstätigkeit entfaltet. Eine weitere Inkonsequenz erblickt der Generalanwalt darin, daß die Centros Ltd. in Dänemark ohne Schwierigkeiten eine Tochtergesellschaft dänischer Rechtsform hätte errichten können, so daß die dänische Regelung auch die Auswahl zwischen den Organisationsformen für die Ausübung der sekundären Niederlassungsfreiheit beschränkt (Schlußanträge v. 16.7.1998 (*Centros*), Slg. 1999, I, 1459, 1461, 1473 (Nr.16)).

74 EuGH, a.a.O. Begr.Nr.38 a.E.

75 *Carsten*, in: Die GmbH im IPR u. EuR, DK, Rn. 54; *Lange* (oben Fn. 10), S. 599; *Leible*, NZG 1999, 300, 301.

76 Vgl. statt vieler: *Bungert* (oben Fn. 53), S. 1842; *Ebke*, JZ 1999, 656, 658; *Görk* (oben Fn. 30), S. 796; *Hoor*, NZG 1999, 984, 985; *Kindler*, NJW 1999, 1993, 1994f; *Sandrock* (oben Fn. 15), S. 1340.

77 Das übersehen leider ÖstOGH, Beschluß vom 15.7.1999, EuZW 2000, 156; *Meilicke* (oben Fn. 48), S. 625f; *Sedemund/Hausmann*, BB 1999, 810. Zur Geltung der Gründungstheorie in Dänemark siehe: *Carsten*, in: Die GmbH im IPR u. EuR, Rn. DK 49f; *Everling*, in: FS Lutter, S. 31, 43; *Hammen*, WM 1999, 2487, 2491; *Kieninger* (oben Fn. 19), S. 725; *dies.*, NZG 2000, 39, 40 ("eingeschränkte Gründungstheorie"); *Thorn*, ZIP 2001, 102, 103 (m.w.N. Fn. 14); *Werlauff* (oben Fn. 24), S. 869; *Zimmer*, in: FS Lutter, S. 231, 239. Zur Rechtslage in Großbritannien, vgl. MünchKomm(2.A.)-*Ebenroth*, EGBGB, Nach Art. 10, Rn. 146; Staudinger-*Großfeld*, IntGesR, Rn. 156 m.w.N.

78 *Hoor* (oben Fn. 76), S. 985; *Roth* (oben Fn. 26), S. 317f. Vgl. auch *Luttermann* (EWS 2000, 375, 376, und ZEuP 2000, 907, 914f), der der *Centros*-Entscheidung einen bilanz- und kapitalmarktrechtlichen Schwerpunkt entnimmt; nach seiner Interpretation der *Centros*-Entscheidung soll der gesellschaftsrechtliche Schutzstandard innerhalb der Europäischen Gemeinschaften nicht länger durch nationale Vorschriften, sondern vielmehr allein durch (primäres und sekundäres) Gemeinschaftsrecht bestimmt werden.

79 Anders *Behrens* (oben Fn. 62), S. 325, sowie die in Fn. 77 genannten.

Dennoch wird die *Centros*-Entscheidung von vielen dahingehend gedeutet, die Sitztheorie sei innerhalb der Gemeinschaft künftig nicht mehr aufrecht zu erhalten[80], was von einigen gefeiert[81], von anderen bedauert wird[82]. Zunehmend wird auch die Gegenansicht vertreten, das *Centros*-Urteil habe für die Fortgeltung der Sitztheorie keine Konsequenzen[83]. Zwischen den beiden Extremen bewegt sich die Ansicht, daß die Sitztheorie zwar nicht "gekippt" sei[84], aber im Hinblick auf die vom EuGH nunmehr rigoros durchgesetzte Niederlassungsfreiheit erheblicher Modifizierungen bedürfe, um einer zukünftigen Überprüfung durch den EuGH Stand zu halten[85]. Weitestgehend Einigkeit scheint jedenfalls über das Ergebnis zu bestehen, daß die Sitztheorie nicht mehr dazu führen dürfte, daß Gesellschaften aus anderen Mitgliedstaaten innerhalb der Gemeinschaft nicht mehr anerkannt werden[86].

Auch der Rechtsprechung der Mitgliedstaaten in Reaktion auf die "Centros"-Entscheidung läßt sich bislang kein einheitliches Bild entnehmen: Während die deutschen Gerichte zunächst nach wie vor die Sitztheorie angewandt haben[87],

---

80 *Behrens* (oben Fn. 62), S. 326 ("verdrängt durch Art. 48 EGV"); *Freitag* (oben Fn. 62), S. 269; *Geyrhalter*, EWS 1999, 201, 203; *Höfling*, DB 1999, 1206, 1208; *Kieninger* (oben Fn. 19), S. 746; *Juncker*, EWS 1999, Heft 6, Editorial; *Lutter* (oben Fn. 14), S. 13, 14; *Meilicke* (oben Fn. 48), S. 627; *Neye*, EWiR 1999, 259; *Risse*, MDR 1999, 752; *G.Roth*, ZIP 1999, 861, 867; *Sandrock* (oben Fn. 15), S. 1341f; *Schmidt/Sedemund*, DStR 1999, 2057, 2961; *Sedemund/Hausmann* (oben Fn. 77), S. 810; *Sörgel*, DB 1999, 2236; *Werlauff* (oben Fn. 24), S. 874.

81 Z.B. *Meilicke* (oben Fn. 48), S. 627.

82 Z.B. *Geyrhalter* (oben Fn. 80), S. 202.

83 *Ebke* (oben Fn. 76), S. 660; *Görk* (oben Fn. 30), S. 796 und 797; *Hoffmann* (oben Fn. 15), S. 49; *Kindler* (oben Fn. 76), S. 1996; *Lange* (oben Fn. 10), S. 607; *Roth* (oben Fn. 26), S. 313 und 330f; *Sonnenberger/Großerichter* (oben Fn. 15), S. 722 und 729; *Timme/Hülk* (oben Fn. 9), S. 1058.

84 So aber *Meilicke* (oben Fn. 48), S. 627. Einschränkend ebenso *Göttsche*, DStR 1999, 1403, 1406 (der die Sitztheorie für Fälle des *Zuzuges* für unanwendbar hält).

85 *Bungert* (oben Fn. 53), S. 1842; *Borges*, RIW 2000, 167, 178; *Hoor* (oben Fn. 76), S. 985; *G.Roth* (oben Fn. 80), S. 862; *Timme/Hülk* (oben Fn. 9), S. 1056; *Zimmer* (oben Fn. 15), S. 32.

86 *Behrens* (oben Fn. 62), S. 324f; *Borges* (oben Fn. 85), S. 176; *Bungert* (oben Fn. 53), S. 1843; *Fock* (oben Fn. 55), S. 52; *Hoor* (oben Fn. 76), S. 986; *Leible* (oben Fn. 75), S. 301; *G.Roth* (oben Fn. 80), S. 863; ferner die Vertreter der Ansicht, der EuGH habe die Sitztheorie gekippt (vgl. die weiteren Nachweise Fn. 77 und 80).

87 Nach Veröffentlichung der *Centros*-Entscheidung sind folgende Urteile ergangen: LG München, 22.7.1999, ZIP 1999, 1680; LG Potsdam, 30.9.1999, ZIP 1999, 2021. Die Entscheidung des OLG Frankfurt a.M. (23.6.1999, ZIP 1999, 1710) kann, entgegen anderslautender Behauptung (vgl. z.B. *Borges* (oben Fn. 85), S. 167), nicht als Beleg dafür zitiert werden, daß die deutschen Gerichte die Sitztheorie verworfen hätten, denn das Gericht stellt nur fest, daß es auf die Gründungstheorie zurückgreifen muß, wenn die Sitztheorie mangels Lokalisierbarkeit eines Verwaltungssitzes nicht funktioniert. Das Gericht hat sich aufrichtig bemüht, die Sitztheorie anzuwenden.

ist der Österreichische Oberste Gerichtshof ausdrücklich entgegen § 10 des österreichischen IPRG von ihr abgerückt[88]. Die allgemein herrschende Verunsicherung über die Fortgeltung der Sitztheorie[89] hat der BGH zum Anlaß genommen, dem EuGH seine ständige Rechtsprechung zur Überprüfung vorzulegen und unter anderem zu fragen, ob es mit der Niederlassungsfreiheit unvereinbar sei, "wenn die Rechtsfähigkeit und die Parteifähigkeit einer Gesellschaft, die nach dem Recht eines Mitgliedstaates wirksam gegründet worden ist, *nach dem Recht des Staates beurteilt* werden, in den die Gesellschaft ihren tatsächlichen *Verwaltungssitz* verlegt hat"[90].

aa. Niederlassungsfreiheit als Rechtswahlfreiheit

Die Fortgeltung der Sitztheorie könnte zunächst dadurch angegriffen sein, daß es der EuGH akzeptiert, "wenn ein Staatsangehöriger eines Mitgliedstaats, der eine Gesellschaft gründen möchte, diese in dem Mitgliedstaat errichtet, dessen gesellschaftsrechtliche Vorschriften ihm die größte Freiheit lassen"[91]. Weitaus deutlicher formuliert der Generalanwalt *La Pergola* in seinen Schlußanträgen, "solange eine Harmonisierung fehlt, muß letztlich der Wettbewerb zwischen den normativen Systemen ... ungehindert zum Zuge kommen, selbst im Recht der Handelsgesellschaften"[92]. Hieraus folgert ein Teil der Literatur, die Niederlassungsfreiheit gewährleiste über die Freiheit der rein tatsächlichen Standortwahl hinaus die Freiheit der "*rechtlichen* Niederlassung" und somit eine vollständige Rechtswahlfreiheit innerhalb der Gemeinschaft[93]. Dieser

---

88 ÖstOGH (oben Fn. 77), EuZW 2000, 156. Der Gerichtshof ging allerdings davon aus, Dänemark folge der Sitztheorie. Vgl. zu den Entscheidungen auch die Anmerkung von *Mäsch*, JZ 2000, 201, und *Bachner*, GesRZ 1999, 252.

89 Vgl. z.B. *Cascante* (oben Fn. 66), S. 451 ("Insgesamt dürfte die *Centros*-Entscheidung eine interessante Entwicklung in den EU-Mitgliedstaaten auslösen"); *Leible* (oben Fn. 75), S. 302 ("Es bleibt spannend"); *G.Roth* (oben Fn. 80), S. 862 ("Es bleibt immerhin möglich, daß der EuGH mit der *Centros*-Entscheidung an der Sitztheorie ein Exempel statuiert hat"); *Roth*, ZGR 2000, 311, 313 ("so grundlegende Probleme ..., daß das schon heute aus der *Centros*-Entscheidung gefolgerte Ergebnis ("Garaus") keineswegs mit Sicherheit prognostiziert werden kann"); *Sonnenberger/Großerichter* (oben Fn. 15), S. 732 ("Die Entwicklung der Rechtsprechung des EuGH ist jedoch nicht absehbar").

90 BGH (oben Fn. 33), ZIP 2000, 967 (Hervorh.v.Verf.).

91 EuGH, *Centros* (oben Fn. 5), Slg. 1999, I, 1484, 1493 (Begr.Nr.27) (Hervorh.v.Verf.). Ebenso entschied der EuGH im Fall *Segers* ((Fn. 33) Slg. 1986, 2375, 2388 (Nr.16)): Sind die Voraussetzungen des Art. 48 EGV (Gründung nach dem Recht eines Mitgliedstaates und Satzungssitz innerhalb der Gemeinschaft) erfüllt, so ist der Umstand, daß die Gesellschaft ihre Tätigkeit ausschließlich durch eine Agentur, Zweigniederlassung oder Tochtergesellschaft in einem anderen Mitgliedstaat ausübt, ohne Bedeutung (hierzu *Behrens* (oben Fn. 9), S. 499).

92 Schlußanträge v. 16.7.1998 (*Centros*), Slg. 1999, I, 1459, 1461, 1479 (Nr.20).

93 *Kieninger* (oben Fn. 19), S. 731f. Ebenso: *Bachner* (oben Fn. 88), S. 252, und wohl auch *Steindorff* (oben Fn. 9), S. 1142. In eine ähnliche Richtung auch *Zimmer* (oben Fn. 77) S. 241. Bereits vor Erlaß der *Centros*-Entscheidung für die Einbeziehung der

Ansicht zufolge verstößt die Sitztheorie gegen die Niederlassungsfreiheit, weil sie die Rechtswahlfreiheit nicht nur eingeschränkt, sondern im Dienste des Schutzes des Anwendungsanspruches der am stärksten betroffenen Rechtsordnung vollständig ausschließt.

Eine genauere Analyse der Entscheidung zeigt jedoch, daß es dem EuGH nicht um den Schutz oder auch nur die Anerkennung einer allgemeinen Rechtswahlfreiheit ging. Der EuGH hat ausdrücklich nur entschieden, daß die freie Wahl des Gründungsrechtes zur Ausnutzung der rechtlichen Vorteile keine *mißbräuchliche Ausnutzung des Niederlassungsrechts* darstellt[94]. Er hat diese Erwägungen allein zur Beantwortung der Frage angestellt, ob wegen der Motive der Gründer, das laxeste Recht für ihre Zwecke auszunutzen, die Berufung auf die Niederlassungsfreiheit mißbräuchlich und deshalb unzulässig sei[95]. Das hat er unzweideutig verneint und ist darin dem Generalanwalt gefolgt, der ausführte, "Motive, Berechnungen und individuelle Interessen ... sind nicht zu berücksichtigen, solange das Recht im Einklang mit dem Vertrag ausgeübt wird"[96]. Erst wenn die Ausnutzung der Freiheiten dem Ziel der Gemeinschaftsvorschriften zuwiderläuft, wird die Berufung auf Gemeinschaftsrecht mißbräuchlich[97]. Allerdings: Was "für sich nicht mißbräuchlich ist", ist deswegen noch lange nicht positiv durch das geltend gemachte Recht geschützt und gewährleistet; geschützt und gewährleistet ist lediglich das Recht, eine Gesellschaft nach dem Recht eines Mitgliedstaates zu errichten und in anderen Mitgliedstaaten Zweigniederlassungen zu errichten[98]. Aus der Verneinung des Rechtsmißbrauchs allein läßt sich demnach nicht der Schutz der Rechtswahlfreiheit nach Artt. 43, 48 EGV herleiten[99].

bb. Die Bedeutung der *Rechtswahl*freiheit für die *Niederlassungs*freiheit

Die Einbeziehung der Rechtswahlfreiheit in den Schutzbereich der Freiheit der wirtschaftlichen Standortwahl würde überdies einen Systembruch bewirken, der weder durch den Sinn und Zweck der Niederlassungsfreiheit gerechtfertigt wäre, noch der Haltung des EuGH zur Neutralität der Artt. 43, 48 EGV

Rechtswahlfreiheit in den Schutzbereich der Artt. 43, 48 EGV: *Drobnig* (oben Fn. 11), S. 185, 199 (Statutenwechsel ohne Sitzverlegung).

94 EuGH, *Centros* (oben Fn. 5), Slg. 1999, I, 1459, 1484, 1493 (Begr.Nr. 27): "Damit kann es für sich alleine keine mißbräuchliche Ausnutzung des Niederlassungsrechts darstellen, wenn ein Staatsangehöriger eines Mitgliedstaats, der eine Gesellschaft gründen möchte, diese in dem Mitgliedstaat errichtet, dessen gesellschaftsrechtlichen Vorschriften ihm die größte Freiheit lassen, und in einem anderen Mitgliedstaat Zweigniederlassungen gründet."

95 EuGH, *Centros* (oben Fn. 5), Slg. 1999, I, 1484, 1492 (Begr.Nr.24); drei Viertel dieser Randnummer bestehen aus Zitaten, die die Unzulässigkeit der mißbräuchlichen oder betrügerischen Berufung auf Gemeinschaftsrecht belegen.

96 Schlußanträge v. 16.7.1998 (*Centros*), Slg. 1999, I, 1459, 1461, 1477 (Nr.20).

97 *Leible* (oben Fn. 75), S. 300.

98 EuGH, *Centros* (oben Fn. 5), Slg. 1999, I, 1459, 1484, 1493 (Begr.Nr.27).

99 Im Ergebnis ebenso z.B.: *Kindler* (oben Fn. 76), S. 2000; *Roth* (oben Fn. 26), S. 318f.

gegenüber dem Internationalen Privatrecht entspräche[100]. Die Stimmen in der Literatur, die von einem solchen Systembruch ausgehen und behaupten, der EuGH sei von seiner als *Daily Mail*-Rechtsprechung bekannt gewordenen Zurückhaltung gegenüber dem internationalen Gesellschaftsrecht abgerückt[101], unterstellen dem EuGH, daß er sich die Beantwortung einer Frage "anmaßt"[102], die nach seinen eigenen Ausführungen "nicht durch die Niederlassungsfreiheit gelöst" wird, sondern einem Abkommen nach Art. 293 EGV vorbehalten ist[103].

Betrachtet man den Sinn und Zweck der Niederlassungsfreiheit, so hat die Freiheit der Rechtswahl ebensowenig mit der Verwirklichung der Niederlassungsfreiheit zu tun wie die Freiheit vor einem Statutenwechsel bei Verlegung des Verwaltungssitzes. Das Niederlassungsrecht soll Gemeinschaftsangehörigen das Recht zur Marktteilnahme und der wirtschaftlichen Betätigung sichern[104]. "Es geht ... um den Schutz der *Gelegenheit* einer wirtschaftlichen Initiative"[105] durch Sicherung der Möglichkeit von "*realen* grenzüberschreitenden Bewegungen"[106]. Die Artt. 43, 48 EGV eröffnen damit einen "ökonomischen Standortwettbewerb" innerhalb des Binnenmarktes, keinen Wettbewerb der *Rechtsordnungen*[107]. Für die Gewährleistung dieses ökonomischen Standort-wettbewerbs ist jedoch ausschließlich die Freiheit des Marktzutritts von Bedeutung, die Wahl der Rechtsform hat mit der wirtschaftlichen Betätigungsfreiheit nichts zu tun[108].

---

100 Vgl. schon oben (S. 71ff) zu der Frage, ob der EuGH die Beibehaltung des Gründungsstatuts bei der Verlegung des Hauptverwaltungssitzes als durch die primäre Niederlassungsfreiheit geschützt sieht.

101 So z.B. *Behrens* (oben Fn. 62), S. 326; *Freitag* (oben Fn. 62), S. 268; *Hoor* (oben Fn. 76), S. 985; *Meilicke* (oben Fn. 48), S. 627; *Neye* (oben Fn. 80), S. 260; *Risse* (oben Fn. 80), S. 753; *G.Roth* (oben Fn. 80), S. 862; *Sandrock* (oben Fn. 15), S. 1340. Vgl. hierzu im Anschluß S.83f.

102 So vor allem *Kindler* (oben Fn. 76), S. 1998: "Wer 'Centros' ...als Einbruch in das innerstaatliche IPR der Sitztheorie-Staaten wertet, unterstellt dem EuGH eine verdeckte Ausweitung des EG-Vertrages im Wege der Auslegung - eine im Hinblick auf das Maastricht-Urteil der BVerfG weitreichende Feststellung".

103 EuGH, *Daily Mail* (oben Fn. 4), Slg. 1988, I, 5483, 5505, 5512 (Begr.Nr.21 und 23).

104 EuGH, *Factortame II* (oben Fn. 20), Slg. 1991, I, 3905, 3956, 3965 (Begr.Nr.20). Ebenso: MünchKomm-*Sonnenberger*, Einl.IPR, Rn. 149; *Eyles* (oben Fn. 19), S. 98; *Kieninger* (oben Fn. 19), S. 730; *Kindler* (oben Fn. 76), S. 2000; *Kruse* (oben Fn. 1), S. 65; *dies.*, EWS 1998, 444, 445; *Roth* (oben Fn. 21), S. 737; *ders.* (oben Fn. 13), E.I, Rn. 35; *Zimmer* (oben Fn. 15), S. 40.

105 Schlußanträge v. 16.7.1998 (*Centros*), Slg. 1999, I, 1459, 1461, 1477 (Nr.20).

106 *Steindorff* (oben Fn. 9), S. 1143 (Hervorh.v.Verf.).

107 *Risse*, GmbHR 1993, R 17; *Kindler* (oben Fn. 76), S. 2000; *Steindorff* (oben Fn. 9), S. 1143.

108 MünchKomm-*Sonnenberger*, Einl.IPR, Rn. 149; *Zimmer* (oben Fn. 15), S. 40. Ähnlich auch *Behrens*, IPRax 2000, 384, 389.

cc. Kollisionsrechtliche Neutralität der Niederlassungsfreiheit: Fortgeltung von *Daily Mail*

Dieses Verständnis der Niederlassungsfreiheit hat der EuGH auch seiner Rechtsprechung zum Verhältnis von Niederlassungsfreiheit und Gesellschaftskollisionsrecht zugrundegelegt: In *Daily Mail*[109] hat der EuGH den Artt. 43, 48 EGV jeden kollisionsrechtlichen Regelungsgehalt abgesprochen und das Gesellschaftskollisionsrecht zur "gemeinschaftsrechtsfreien Zone erklärt"[110]. Der EuGH geht in ständiger und auch in *Centros* wiederholter Rechtsprechung davon aus, daß sowohl der Satzungssitz als auch der Hauptverwaltungssitz dazu dienen, die Zugehörigkeit einer Gesellschaft zur *Rechtsordnung eines Mitgliedstaates* zu bestimmen[111]. Er achtet dabei den Hauptverwaltungssitz als kollisionsrechtliches Anknüpfungskriterium mit den Merkmalen des Satzungssitzes vollkommen gleich, weil der EG-Vertrag "den Unterschieden im Kollisionsrecht der Mitgliedstaaten Rechnung trägt"[112]. Das Problem der Anknüpfung der lex societatis wird durch die Niederlassungsfreiheit nicht, auch nicht mittelbar, gelöst[113]; vielmehr verhält sich der EG-Vertrag zum Gesellschaftskollisionsrecht schlicht "neutral"[114].

Die Fortgeltung dieser *Daily Mail*-Rechtsprechung wird allerdings nach dem Urteil im Fall *Centros* bezweifelt. Denn statt, wie noch in *Daily Mail*, Rücksicht zu nehmen auf die Unterschiede in den Kollisionsrechten der Mitgliedstaaten und darauf, daß "keine der nach Maßgabe von Art. 44 Abs. 3 lit.g EGV beschlossenen Richtlinien zur Vereinheitlichung des Gesellschaftsrechts sich mit den hier relevanten Unterschieden der nationalen Gesellschaftsrechts-

---

109 EuGH, *Daily Mail* (oben Fn. 4), Slg. 1988, I, 5483, 5505, 5512.

110 Der Ausdruck stammt von *Kieninger* ((Fn. 19), S. 725), die allerdings davon ausgeht, diese Aussage gelte nicht mehr.

111 EuGH, *Centros* (oben Fn. 5), Slg. 1999, I, 1484, 1491 (Begr.Nr.20 mit den weiteren Nachweisen aus der Rechtsprechung dort) (Hervorh.v.Verf.). Ebenso bereits: EuGH, *Segers* (oben Fn. 33), Slg. 1986, 2375, 2387 (Nr. 13); EuGH, *Daily Mail* (oben Fn. 4), Slg. 1988, I, 5483, 5505, 5512 (Begr.Nr.21). Anders allerdings die Interpretation von *Behrens* ((Fn. 62), S. 326), der davon ausgeht, die alternativen Merkmale des Art. 48 EGV dienten lediglich der Differenzierung der Staatszugehörigkeit im Rahmen der Inländerbehandlung. Allerdings räumt er ein, daß der EuGH in der *Daily Mail*-Entscheidung die Kriterien wohl noch als kollisionsrechtliche Anknüpfungskriterien angesehen hat, ohne aber weiter zu begründen, warum sich mit *Centros* ein Sinneswandel des EuGH vollzogen habe (a.a.O., S. 326).

112 So ausdrücklich der EuGH, *Centros* (oben Fn. 5), Slg. 1999, I, 1484, 5512 (Begr.Nr.21).

113 MünchKomm-*Sonnenberger*, Einl.IPR, Rn. 150; *Bungert* (oben Fn. 53), S. 1842; *Flessner* (oben Fn. 48), S. 4; *Kindler* (oben Fn. 76), S. 1997; *Roth* (oben Fn. 26), S. 323 und 329f; *ders.* (oben Fn. 13), E.I, Rn. 91; *ders.*, RabelsZ 55 (1991), 623, 631; *Santa Maria*, Dir.comm.com., S. 85, 86; *Schniechels* (oben Fn. 1), S. 175; *Schön* (oben Fn. 15), S. 245; *Sonnenberger/Großerichter* (oben Fn. 15), S. 722 und 729.

114 *Bungert* (oben Fn. 53), S. 1842; *Ebke* (oben Fn. 48), S. 209; *Görk* (oben Fn. 30), S. 797; *Roth* (oben Fn. 26), S. 323.

systeme befaßt"[115], setzt sich der EuGH darüber in *Centros* mit dem schlichten, zum Teil als sarkastisch empfundenen[116] Hinweis hinweg, es bleibe dem Rat jederzeit überlassen, die Harmonisierung nach Art. 44 Abs. 2 lit.g EGV zu vervollständigen[117]. Dem entnehmen große Teile der Literatur, der EuGH habe seine *Daily Mail*-Entscheidung mit *Centros* implizit verworfen[118], jedenfalls markiere *Centros* eine Wende der Rechtsprechung[119]. Diese Schlußfolgerung muß allerdings sorgfältig überprüft werden. Denn der EuGH ist gerade nicht, wie er dies sonst zu tun pflegt[120], ausdrücklich von seiner bisherigen Rechtsprechung abgewichen. Daher hat man es mit der Auslegung des *Schweigens* des EuGH zu tun: Nur das, was der EuGH *nicht* gesagt hat, ist das Problematische an der *Centros*-Entscheidung, denn das, was er gesagt hat, ist aus dem Urteil im Fall *Segers* bereits bekannt[121].

Das Schweigen des EuGH muß aus der Sicht von Sitztheoriestaaten verwundern: Der EuGH fällt eine Entscheidung über einen der umstrittensten Sachverhalte des internationalen Gesellschaftsrechts, der Anerkennung von Briefkastengesellschaften, ohne ein einziges Wort zu diesem Konflikt zu verlieren. Dabei hatten sich die Interpreten des EuGH seit *Daily Mail* daran gewöhnt, daß der EuGH die Konflikte zwischen Gründungs- und Sitztheoriestaaten zumindest in obiter dicta zur Kenntnis nahm. Obwohl der Sachverhalt von *Daily Mail* weitaus weniger Anlaß dazu gegeben hatte, der Frage nachzugehen, ob inländisches Gesellschaftsrecht auf eine ausländische Gesellschaft mit Verwaltungssitz im Inland angewandt werden kann, als nun

---

115 EuGH, *Daily Mail* (oben Fn. 4), Slg. 1988, I, 5483, 5505, 5512 (Begr.Nr.21 und 22). Relevant waren im Fall *Centros* die Vorschriften über das Mindestkapital der GmbH.

116 *Kindler* (oben Fn. 76), S. 1996.

117 EuGH, *Centros* (oben Fn. 5), Slg. 1999, I, 1484, 1493 (Begr.Nr.28).

118 *Koppensteiner*, in: FS Lutter, S. 141, 142. *Kieninger* ((Fn. 19), S. 738) begründet dies damit, daß *Centros* nicht, wie der EuGH behauptet, ein Urteil zur sekundären Niederlassungsfreiheit sei, sondern zur primären Niederlassungsfreiheit, weil es in *Centros* um die Errichtung der tatsächlichen *Haupt*niederlassung ging. Die primäre Niederlassungsfreiheit von Gesellschaften sei aber nach *Daily Mail* nicht gewährleistet (dagegen bereits oben S. 72f); die beiden Urteile stünden in Widerspruch, weil *Centros* nunmehr die primäre Niederlassungsfreiheit auch für Gesellschaften umfassend gewährleiste. Zu ihrer (hier so nicht geteilten) Auffassung, *Centros* sei eine Entscheidung zur primären Niederlassungsfreiheit siehe ausführlich unten unten S. 91f.

119 So z.B. *Behrens* (oben Fn. 62), S. 326; *Freitag* (oben Fn. 62), S. 268; *Hoor* (oben Fn. 76), S. 985; *Meilicke* (oben Fn. 48), S. 627; *Neye* (oben Fn. 80), S. 260; *Risse* (oben Fn. 80), S. 753; *G.Roth* (oben Fn. 80), S. 862; *Sandrock* (oben Fn. 15), S. 1340.

120 *Roth* (oben Fn. 26), S. 312; *Zimmer* (oben Fn. 15), S. 31. Ebenso *Kindler* (oben Fn. 76), S. 1998 (im Fall *Centros* wäre dies seiner Ansicht nach wegen des Eingriffs in nationale Regelungskompetenzen bereits nach dem Subsidiaritätsprotokoll zum Vertrag von Amsterdam erforderlich gewesen).

121 EuGH, *Segers* (oben Fn. 33), Slg. 1986, 2375. Ebenso *Roth* (oben Fn. 26), S. 313ff (mit ausführlicher Gegenüberstellung der beiden Entscheidungen); *Steindorff* (oben Fn. 9), S. 1140; *Zimmer* (oben Fn. 15), S. 39.

der Sachverhalt von *Centros*[122], hat der EuGH seinerzeit sein Urteil *allein* aus Rücksicht auf die Konflikte im internationalen Gesellschaftsrecht gefällt[123]. Mit der *Centros*-Entscheidung gibt er hingegen der Frage der Anerkennung von pseudo-foreign-corporations eine Richtung vor, ohne die Kontroverse zwischen Sitz- und Gründungstheorie auch nur zu erwähnen. Das Urteil liest sich, als habe der Sachverhalt mit dieser Streitfrage nicht das Geringste zu tun und als habe der Gerichtshof übersehen, daß seine Entscheidung in der Lage ist, einige seit der *Daily Mail*-Entscheidung als gesichert angesehene Erkenntnisse in ihr Gegenteil zu verkehren und Jahrzehnte währende Bemühungen um ein Abkommen über die gegenseitige Anerkennung obsolet zu machen. Der EuGH erwähnt in *Centros* weder die Begriffe Sitz- und Gründungstheorie noch sein Urteil im Fall *Daily Mail*[124]. Die Wissenschaft ist sich dennoch einig, daß der EuGH sich der Relevanz seiner Entscheidung für diese brisante Problematik bewußt gewesen ist[125].

Zunächst ist klarzustellen, daß der EuGH im Fall *Centros* keine durch die Vorlagefrage begründete Veranlassung hatte, das Gesellschaftskollisionsrecht zu behandeln. Was er demnach in *Centros* unterlassen hat, ist ein obiter dictum, das die gar nicht gestellte Frage beantworten würde, wie zu entscheiden gewesen wäre, hätte sich der Fall in einem Sitztheoriestaat abgespielt. Nach der Flut der Kritik, die sein obiter dictum im Fall *Daily Mail* ausgelöst hat[126], darf es allerdings nicht verwundern, daß sich der EuGH im Fall *Centros* ganz im Sinne des "Gebotes der richterlichen Zurückhaltung" verhalten und sich auf die Beantwortung der vorgelegten Frage beschränkt hat[127].

---

122 Im Fall *Daily Mail* ging es ausschließlich um eine steuerrechtliche Wegzugssperre durch die britische Finanzverwaltung; im Fall *Centros* hingegen haben die dänischen Behörden (wenn auch nicht unter Berufung auf die Sitztheorie) auf eine ausländische Gesellschaft die dänischen Kapitalschutzvorschriften anwenden wollen und damit im Ergebnis zumindest eine der Sitztheorie entsprechende Sonderanknüpfung gesellschaftsrechtlicher Vorschriften vorgenommen. Denn ob man die nationalen Vorschriften aufgrund des Umgehungsgedankens anwenden will oder aufgrund der Sitztheorie, ist im Ergebnis dasselbe. Zur Ambivalenz der dänischen Rechtslage vgl. auch Fn. 140.

123 Vgl. hierzu oben S. 68ff.

124 Die *Daily Mail*-Entscheidung taucht nicht einmal als Fußnote dafür auf, daß der Satzungssitz, Hauptverwaltung oder Hauptniederlassung zur Bestimmung der Staatszugehörigkeit dienen (vgl. EuGH, *Centros* (oben Fn. 5), Slg. 1999, I, 1484, 1491 (Begr.Nr.20).

125 *Cascante* (oben Fn. 66), S. 450; *Görk* (oben Fn. 30), S. 796; *Hoffmann* (oben Fn. 83), S. 49; *Roth* (oben Fn. 26), S. 326; *Werlauff* (oben Fn. 24), S. 871; *Zimmer* (oben Fn. 15), S. 30.

126 Vgl. z.B. *Drobnig* (oben Fn. 11), S. 185, 204; *Knobbe-Keuk* (oben Fn. 40), S. 332f; *Roth* (oben Fn. 54), S. 647.

127 *Roth* (oben Fn. 26), S. 327. Ebenso: *Fock* (oben Fn. 55), S. 49; *Ebke* (oben Fn. 76), S. 661 ("Der EuGH hat sich dem Risiko dieser harschen Kritik in *Centros* nicht ausgesetzt"). Siehe die Erläuterungen zur Entscheidungs- und Urteilsbegründungspraxis des EuGH (insbesondere deren Beeinflussung durch die französische Praxis) sowie die deswegen

Bei genauerer Betrachtung stehen die beiden Entscheidung jedoch auch gar nicht in Widerspruch zueinander[128]. Dafür genügt zwar nicht bereits der Hinweis, die Entscheidungen hätten nichts miteinander zu tun, weil die eine zur primären, die andere zur sekundären Niederlassungsfreiheit ergangen sei[129], denn die Entscheidungen haben insofern sehr wohl etwas miteinander zu tun, als der EuGH genau die praktische Unterscheidung dieser beiden Niederlassungsformen ignoriert[130]. Der EuGH stellt sich in der *Centros*-Entscheidung aber weder gegen die Neutralität der Niederlassungsfreiheit gegenüber dem Kollisionsrecht, noch gegen die Sitztheorie. Er bleibt vielmehr hinsichtlich der Neutralität gegenüber dem nationalen Recht völlig konsequent. Zunächst stellt er fest, daß es für das *Gemeinschafts*recht unbeachtlich ist, ob die Gründer einer Gesellschaft *nationale* Vorschriften, z.B. Gründungsvorschriften, umgehen wollten[131]. Weiterhin kommt es für die Eröffnung des persönlichen Anwendungsbereichs der Niederlassungsfreiheit nach Art. 48 EGV nicht auf nationale Vorschriften an[132]. Gleichzeitig wiederholt er seine ständige Rechtsprechung, daß dies nichts daran ändere, daß alle in Art. 48 EGV genannten Anknüpfungskriterien gleichberechtigt für die Bestimmung der Zugehörigkeit einer Gesellschaft zur Rechtsordnung eines Mitgliedstaates nebeneinander stünden[133].

All dies steht nicht im Gegensatz zu *Daily Mail*, so daß der EuGH auch nicht veranlaßt war, seine Rechtsprechung zur kollisionsrechtlichen Neutralität des Art. 48 EGV als "rechtsirrig" zu qualifizieren[134]. Die Deutung der *Centros*-Entscheidung als Abkehr von *Daily Mail* beruht zum einen auf der Vermutung, der EuGH habe sich angesichts der schleppenden Harmonisierung des gemeinschaftsinternen Gesellschaftsrechts als "Motor der Integration" betätigen[135] wollen. Zum anderen geht diese Ansicht von einer nicht zutreffenden Erweiterung der Aussage des EuGH im Fall *Daily Mail* aus: Dort hat er das Recht zur Verlegung des Geschäftssitzes einer Gesellschaft *unter*

---

gelegentlich nicht befriedigten deutschen Erwartungen von *Everling*, in: FS Lutter, S. 31, 40f.

128 Ebenso *Flessner* (oben Fn. 48), S. 2; *Puszkajer*, IPRax 2000, 79, 80; *Roth* (oben Fn. 26), S. 327f; *Steindorff* (oben Fn. 9), S. 1141.

129 So aber *Ebke* (oben Fn. 76), S. 660; *Flessner* (oben Fn. 48), S. 4; *Kindler* (oben Fn. 76), S. 1998; ähnlich auch *Zimmer* (oben Fn. 15), S. 33.

130 Vgl. hierzu ausführlich unten S. 91ff.

131 *Sandrock* (oben Fn. 15), S. 1340, der hinzufügt, daß deswegen keinesfalls die Umgehung von Vorschriften der Mitgliedstaaten die Berufung auf Gemeinschaftsrecht mißbräuchlich macht. Die dänische Zentralverwaltung hat bei diesem Argument schlicht die Ebene des Gemeinschaftsrechts mit dem nationalen Recht vermischt.

132 So auch *Hoor* (oben Fn. 76), S. 985.

133 EuGH, *Centros* (oben Fn. 5), Slg. 1999, I, 1484, 1491 (Begr.Nr.20).

134 Vgl. *Roth* (oben Fn. 26), S. 329.

135 *G.Roth* (oben Fn. 80), S. 867. Ebenso: *Juncker* (oben Fn. 80), Editorial ("eine Art Rechtsvereinheitlichung mit der Brechstange"); *Leible* (oben Fn. 75), S. 302; *Sandrock* (oben Fn. 15), S. 1339f. Ähnlich auch *Steding*, NZG 2000, 913.

Beibehaltung ihres Gründungsstatutes aus dem Schutzbereich der Niederlassungsfreiheit herausgenommen[136]. Ein Widerspruch zu *Centros* bestünde also nur dann, wenn der EuGH in *Centros* geurteilt hätte, daß es nicht gerechtfertigt sei, auf eine Gesellschaft mit Verwaltungssitz in einem anderen als ihrem Gründungsstaat nach der Sitztheorie das inländische Gesellschaftsrecht anzuwenden. Die Frage, ob eine Briefkastengesellschaft wie die Centros Ltd. nach Artt. 43, 48 EGV fordern kann, daß sie bei der Eintragung *so, wie sie ist,* nämlich unter Wahrung ihrer Eigenschaft als Gesellschaft des Gründungsstaates, hingenommen wird und vor allem *nicht* den Vorschriften der Rechtsordnung ihrer Niederlassung unterworfen wird, hat sich der EuGH aber nicht einmal gestellt; statt dessen hat er wiederholt betont, es sei den Mitgliedstaaten nicht verwehrt, Maßnahmen zur Verhinderung von Betrügereien zu ergreifen, wenn diese die Niederlassungsfreiheit in verhältnismäßiger, d.h. geeigneter und erforderlicher Weise beschränken. Daß eine solche "Maßnahme" prinzipiell auch die Sitztheorie sein könnte, wird zum einen deutlich aus den - teilweise jedoch als Plädoyer für die Rechtswahlfreiheit interpretierten[137] - Schlußanträgen im Fall *Centros*: Der Generalanwalt *La Pergola* betont, er wolle trotz der fortschreitenden Annäherung der Rechtsordnungen "keinesfalls die Auffassung vertreten, daß die im Gründungsstaat nicht tätige ausländische Gesellschaft bezüglich der Ausübung der Tätigkeiten der in einem anderen Mitgliedstaat eingerichteten Zweigniederlassung nicht den zwingenden Vorschriften dieses Staates unterläge, wie sie für inländische Gesellschaften der gleichen Art gelten"[138]. Zum anderen darf auch nicht übersehen werden, daß der EuGH mit keinem Wort beanstandet hat, daß die Zentralverwaltung die dänischen Kapitalschutzvorschriften dadurch de facto angewandt hat, daß sie der Centros Ltd. Umgehung vorwarf. "Umgehen" kann man nur etwas, dem man eigentlich gehorchen muß. Nun folgt Dänemark zwar der Gründungstheorie[139], verhalten hat sich die Zentralverwaltung allerdings zumindest hinsichtlich der Anknüpfung der Kapitalschutzvorschriften wie ein Sitztheoriestaat, wenn auch freilich, ohne die Anwendung der inländischen Kapitalschutzvorschriften zu erklären[140]. Hätte der EuGH die Dänen auf die Gründungstheorie verpflichten wollen, hätte er anders argumentieren müssen[141].

---

136 Siehe oben S. 72f.

137 Vgl. vor allem *Kieninger* (oben Fn. 19), S. 726ff.

138 Schlußanträge v. 16.7.1998 (*Centros*), Slg. 1999, I, 1459, 1461, 1480 (Nr. 20 a.E.).

139 Vgl. die Nachweise oben Fn. 77.

140 Ebenso *Borges* (oben Fn. 85), S. 177; *Ebke* (oben Fn. 76), S. 658; *Sonnenberger/Großerichter* (oben Fn. 15), S. 724. Siehe hierzu *Schmidt/Sedemund* (oben Fn. 80), S. 2061: "Es fällt auf den ersten Blick auf, wie offensichtlich die in der Etnscheidung als europarechtswidrig eingestuften Handlungen geistiges Kind der Sitztheorie sind". *Behrens* (IPRax 2000, 384, 385) zieht aus dem Verhalten der dänischen Zentralverwaltung sogar den Schluß, Dänemark folge hinsichtlich der Gründung einer Gesellschaft der Sitztheorie. Vgl. hierzu *Bachner* ((Fn. 88), S. 252), der bedauernd feststellt, es sei "offenbar schwierig, die dänische Rechtslage einer der beiden Kategorien zuzuordnen"; ähnlich *Luttermann*, ZEuP 2000, 907, 912. Aus den Anträgen des Generalanwaltes *La Pergola* (Schlußanträge vom 16.7.1998 (*Centros*), Slg. 1999, I, 1459,

Auch nach der *Centros*-Entscheidung sind die Streitfragen im internationalen Gesellschaftsrecht um Sitz- und Gründungstheorie demnach nicht gelöst: Weder kann in der Niederlassungsfreiheit die Gewährleistung einer Rechtswahlfreiheit gesehen werden, noch hat der EuGH durch Abkehr von *Daily Mail* seine grundsätzliche Akzeptanz gegenüber der Sitztheorie aufgegeben[142].

c. Konsequenzen der *Centros*-Entscheidung für das Internationale Gesellschaftsrecht

Allerdings kann aus der beibehaltenen Neutralität der Niederlassungsfreiheit gegenüber dem internationalen Gesellschaftsrecht nicht gefolgert werden, die *Centros*-Entscheidung habe für die Sitztheorie bzw. für das Recht der Staaten, die ihrem Kollisionsrecht die Sitztheorie zugrunde legen, keinerlei Konsequenzen[143]. Denn gerade die Tatsache, daß der EuGH den Fall rein gemeinschaftsrechtlich und ohne Rücksicht auf das Kollisionsrecht gelöst hat, läßt vermuten, daß der EuGH die Eintragung einer Niederlassung ebenso durchsetzen wird, wenn die Verweigerung der Eintragung unter Rückgriff auf das IPR gerechtfertigt wird.

aa. Die Verpflichtung zur Anerkennung der Existenz gemeinschaftsangehöriger Gesellschaften

Teile der Literatur vertreten auch nach der *Centros*-Entscheidung die Ansicht, daß der persönliche Anwendungsbereich der Niederlassungsfreiheit nur dann eröffnet sei, wenn die fragliche Gesellschaft aus der Sicht des Staates ihrer Niederlassung "wirksam gegründet" sei[144]; sofern dieser Staat der Sitztheorie

---

1461 (Nr.3)) geht insoweit lediglich hervor, es entspreche in Dänemark ständige Praxis bei Eintragungen von Zweigniederlassungen zu überprüfen, ob Kapialvorschriften umgangen worden seien; eine kollisionsrechtliche Einordnung nimmt er allerdings ebenso wenig vor wie der EuGH.

141 Anders die Interpretation des EuGH von *Werlauff* (oben Fn. 24), S. 875: "Wenn man nicht einmal in Umgehungsfällen seine eigene Gesetzgebung anwenden kann, kann man dies erst recht nicht per Automatik kraft der Sitztheorie". Der EuGH hat allerdings nicht die *Anwendung* der Kapitalschutzvorschriften beanstandet, sondern die Verweigerung der Eintragung. Zu weit gehend allerdings *Emde* (BB 2001, 901, 903), der die Ansicht vertritt, der EuGH habe in Centros die Überlagerung des ausländischen Personalstatuts durch inländische Vorschriften gestattet.

142 Ebenso im Ergebnis: *Bungert* (oben Fn. 53), S. 1842; *Flessner* (oben Fn. 48), S. 4; *Fock* (oben Fn. 55), S. 44; *Kindler* (oben Fn. 76), S. 1998f; *Lange* (oben Fn. 10), S. 606; *Roth* (oben Fn. 26), S. 327f; *Sonnenberger/Großerichter* (oben Fn. 15), S. 726; *Timme/Hülk* (oben Fn. 9), S. 1058; *Zimmer* (oben Fn. 15), S. 31f. Einschränkend auch Lutter-*Lutter*, UmwG, § 1, Rn. 9 (oben Fn. 32): Kein overruling der *Daily Mail*-Entscheidung durch *Centros*, aber nur noch eingeschränkte Anwendbarkeit der Sitztheorie.

143 So: *Ebke* (oben Fn. 76), S. 660; *Hoffmann* (oben Fn. 83), S. 49; *Kindler* (oben Fn. 76), S. 1996. Ähnlich auch *Lange* (oben Fn. 10), S. 607; *Roth* (oben Fn. 26), S. 325f.

144 *Hoffmann* (oben Fn. 83), S. 49; *Kindler* (oben Fn. 76), S. 1997; mit Einschränkungen auch *Görk* (oben Fn. 30), S. 796; *Sonnenberger/Großerichter* (oben Fn. 15), S. 727.

folgt, so die Vertreter dieser Ansicht, sei die Gesellschaft nur dann wirksam gegründet, wenn sie die Gründungsvoraussetzungen im Staat ihrer Hauptverwaltung erfüllt[145]. Diese Ansicht stellt Art. 48 EGV quasi unter einen Vorbehalt des nationalen Rechts mit der Folge, daß Gesellschaften, die der Staat der Niederlassung nicht als wirksam gegründet ansieht, sich auch nicht nach Art. 48 EGV auf die Niederlassungsfreiheit berufen können sollen[146].

Diese Ansicht ist jedoch nicht mehr aufrecht zu erhalten. Denn der EuGH hat in *Centros* deutlich zum Ausdruck gebracht, daß er die Niederlassungsfreiheit durchsetzen werde trotz der Unterschiede im nationalen Recht[147]. Damit schlägt der EuGH eine bislang nicht deutlich formulierte Richtung der Neutralität der Niederlassungsfreiheit gegenüber dem internationalen Gesellschaftsrecht ein: So wenig die Niederlassungsfreiheit Regelungen im Kollisionsrecht der Mitgliedstaaten - wie z.B. die Sitztheorie - ausschließt, kann das Kollisionsrecht die Niederlassungsfreiheit ausschließen. Bislang ergab sich dies lediglich in allgemeiner Form aus dem Grundsatz des Vorranges des Gemeinschaftsrecht, von dem man aber nach *Daily Mail* zumindest das internationale Gesellschaftsrecht vollständig freigestellt glaubte[148]. Ob die Niederlassungsfreiheit einer Gesellschaft gemeinschaftsrechtlich gewährleistet wird, entscheidet der EuGH allein unter Rückgriff auf Art. 48 EGV[149]; es sei ein Mißverständnis anzunehmen, daß der EuGH, wenn er die Voraussetzungen der Niederlassungsfreiheit und damit die Existenz der Gesellschaft prüft, nationales Recht anwende[150].

Damit trifft die *Centros*-Entscheidung die Sitztheorie in gleicher Weise wie die Gründungstheorie[151]. Auch wenn beide Theorien für die Anknüpfung der lex societatis gleichberechtigt nebeneinander bestehen bleiben, schränkt der EuGH

---

145 *Kindler* (oben Fn. 76), S. 1996: "Ob eine Gesellschaft rechtmäßig errichtet ist, ergibt sich nicht aus dem Gemeinschaftsrecht selbst, sondern aus dem innerstaatlichen Recht der Mitgliedstaaten".

146 *Kindler* (oben Fn. 76), S. 1998; *Klinke* (oben Fn. 9), S. 7.

147 EuGH, *Centros* (oben Fn. 5), Slg. 1999, I, 1459, 1484, 1493 (Begr.Nr.28). Ebenso *Sonnenberger/Großerichter* (oben Fn. 15), S. 727; *Ulmer*, JZ 1999, 662.

148 *Roth* (oben Fn. 26), S. 323f. Vgl. hierzu auch *Bechtel* (oben Fn. 1), S. 185.

149 *Roth* (oben Fn. 26), S. 315; *Sonnenberger/Großerichter* (oben Fn. 15), S. 722.

150 *Hoor* (oben Fn. 76), S. 985. Ebenso: *Flessner* (oben Fn. 48), S. 4; *Roth* (oben Fn. 26), S. 315; *Sonnenberger/Großerichter* (oben Fn. 15), S. 722: "Der EuGH ist nicht dem nationalen Kollisions-, sondern dem EG-Recht verpflichtet". Anderer Ansicht ist z.B. *Kindler* (NJW 1999, 1993, 1996f), der davon ausgeht, das *Centros*-Urteil gelte nur für Gründungstheoriestaaten, die eine Briefkastengesellschaft wie die Centros Ltd. anerkennen, und, wenn auch mit gegenteiligen Schlußfolgerungen, *Meilicke* (DB 1999, 625, 627) der davon ausgeht, der EuGH habe durch die Annahme der Existenz die Gründungstheorie bestätigt.

151 *Bungert* (oben Fn. 53), S. 1843; *Fock* (oben Fn. 55), S. 44; *G.Roth* (oben Fn. 80), S. 862; *Kieninger*, NZG 2000, 39, 41; *Timme/Hülk* (oben Fn. 9), S. 1058; *Zimmer* (oben Fn. 15), S. 32.

die Zulässigkeit ihrer Rechtsfolgen erheblich ein[152]. *Centros* stellt klar, daß die Mitgliedstaaten die Niederlassungsfreiheit tatsächlich gewährleisten müssen, mit anderen Worten, daß die Anwendung ihres Kollisions- und Sachrechts nicht zur Verweigerung der Errichtung des geschäftlichen und wirtschaftlichen Standortes führen darf[153]. "Die mögliche Anwendung der zwingenden inländischen Vorschriften darf ... auf keinen Fall dazu führen, daß die Gemeinschaftsgesellschaft *gehindert* wird, ihr Niederlassungsrecht auszuüben"[154]. Die Mitgliedstaaten können folglich auch nicht unter Berufung auf nationales Recht die Freiheiten des Binnenmarktes durch die Hintertüre, nämlich zum Beispiel durch ihr IPR, wieder aushebeln[155]. Damit sind auch Unterschiede im Kollisionsrecht keine unüberwindlichen Schranken mehr[156]. Insofern - aber auch nur insofern - ist das Internationale Privatrecht "entmachtet"[157].

Wie die *Centros*-Entscheidung noch einmal[158] klarstellt, erfüllt auch eine echte Briefkastengesellschaft die Voraussetzungen des persönlichen Anwendungsbereiches der Niederlassungsfreiheit, weil sie nach dem Recht eines Mitgliedstaates gegründet ist und ihren Satzungssitz innerhalb der Gemeinschaft hat. Die Mitgliedstaaten können diesen Gesellschaften folglich nicht mehr verweigern, eine Niederlassung in ihrem Gebiet zu errichten, und zwar weder mit der Begründung, sie umgehe nationales Recht, noch mit dem Hinweis, sie sei nach nationalem Recht nicht rechtsfähig[159]. Konkret bedeutet dies für die Rechtslage in Deutschland, daß die Wirksamkeit der Gründung einer gemeinschaftsangehörigen Gesellschaft nicht mehr in Frage gestellt werden darf[160].

---

[152] Im Ergebnis ebenso *Bungert* (oben Fn. 53), S. 1842; *Roth* (oben Fn. 26), S. 328; *Sonnenberger/Großerichter* (oben Fn. 15), S. 722; ähnlich auch *Lange* (oben Fn. 10), S. 607.

[153] *Bungert* (oben Fn. 53), S. 1842; *Lange* (oben Fn. 10), S. 607; *Leible* (oben Fn. 75), S. 301; *Sonnenberger/Großerichter* (oben Fn. 15), S. 728f; *Werlauff* (oben Fn. 24), S. 872. Anders allerdings immernoch *Ebke* (oben Fn. 76), S. 660; *Kindler* (oben Fn. 76), S. 1997.

[154] Schlußanträge v. 16.7.1998 (*Centros*), Slg. 1999, I, 1459, 1461, 1480 (Nr. 20 a.E.).

[155] Ebenso *Behrens* (oben Fn. 62), S. 325; *Hoor* (oben Fn. 76), S. 985; *Werlauff* (oben Fn. 24), S. 871f ("Die Verpflichtung der Mitgliedstaaten, das Recht auf Errichtung einer (Zweig-)Niederlassung zu gewährleisten, ist 'absolut'."). Anders: *Hoffmann* (oben Fn. 83), S. 49; *Kindler* (oben Fn. 76), S. 1996.

[156] *Sandrock* (oben Fn. 15), S. 1340. Dagegen: *Kindler* (oben Fn. 76), S. 1998f; *Roth* (oben Fn. 26), S. 325f.

[157] *Sandrock* (oben Fn. 15), S. 1340; ähnlich *Behrens* (oben Fn. 62), S. 331 ("ihrer Bedeutung entkleidet").

[158] Vgl. schon EuGH, *Segers* (oben Fn. 33), Slg. 1986, 2375, 2387 (Begr.Nr.13).

[159] Ebenso im Ergebnis die ganz überwiegende Ansicht zur *Centros*-Entscheidung, vgl. z.B.: *Borges* (oben Fn. 85), S. 176f; *Bungert* (oben Fn. 53), S. 1843; *Leible* (oben Fn. 75), S. 301; *Werlauff* (oben Fn. 24), S. 872; *Zimmer* (oben Fn. 15), S. 36.

[160] Ebenso die ganz herrschende Meinung zur *Centros*-Entscheidung: *Borges* (oben Fn. 85), S. 176; *Bungert* (oben Fn. 53), S. 1843; *Freitag* (oben Fn. 62), S. 268; *Höfling* (oben

bb. Beschränkung der Anerkennungsverpflichtung auf Fälle der sekundären Niederlassungsfreiheit

Teile der Literatur wollen die Verpflichtung der Mitgliedstaaten, Gesellschaften aus anderen Mitgliedstaaten als wirksam gegründet anzuerkennen, auf Sachverhalte beschränken, in denen die sekundäre Niederlassungsfreiheit betroffen ist; die *Centros*-Entscheidung sei ausschließlich zur sekundären Niederlassungsfreiheit ergangen und habe daher für die primäre Niederlassungsfreiheit keine Konsequenzen[161]. Da nach der *Daily Mail*-Entscheidung die primäre Niederlassungsfreiheit von Gesellschaften jedoch nicht gewährleistet sei, könne nach wie vor die Eintragung einer Niederlassung verweigert werden, wenn es sich um die Hauptniederlassung handelte[162]. Die in eine andere Richtung weisende *Centros*-Entscheidung halten die Vertreter dieser Ansicht nicht für überzeugend: Obwohl der EuGH durchaus tatsächlich festgestellt hat, daß es sich bei der "Zweig"-Niederlassung in Dänemark um die einzige und damit nach herkömmlichen Verständnis um die "Hauptniederlassung" der Centros Ltd. handelte, hat er sich ganz auf die Beantwortung der Vorlagefrage beschränkt, die von einer Zweigniederlassung ausging, und den Fall allein unter Rückgriff auf die sekundäre Niederlassungsfreiheit gelöst[163]. Diese Haltung ist zwar nicht neu[164], sie hat aber erneut dazu beigetragen, die Differenzierung zwischen primärer und sekundärer Niederlassungsfreiheit zu verwässern[165].

Fn. 66), S. 1207; *Juncker* (oben Fn. 80), Editorial; *Kieninger* (oben Fn. 19), S. 732; *Leible* (oben Fn. 75), S. 301; *Lutter* (oben Fn. 14), S. 14; *Puszkajer* (oben Fn. 128), S. 80; *G.Roth* (oben Fn. 80), S. 863; *Sonnenberger/Großerichter* (oben Fn. 15), S. 730; *Thorn* (oben Fn. 77), S. 105; *Ulmer* (oben Fn. 145), S. 662f; *Zimmer* (oben Fn. 15), S. 35.

161 *Hoffmann* (oben Fn. 83), S. 49; *Kindler* (oben Fn. 76), S. 1998. Ähnlich *Ebke* (oben Fn. 76), S. 660; *Sonnenberger/Großerichter* (oben Fn. 15), S. 723; *Zimmer* (oben Fn. 15), S. 31 und 39f.

162 *Kindler* (oben Fn. 76), S. 1998; ähnlich *Ebke* (oben Fn. 76), S. 660. Zustimmend *Hoffmann* (oben Fn. 83), S. 49; *Zimmer* (oben Fn. 15), S. 31.

163 Vgl. auch die Kritik von *Kieninger* (oben Fn. 19), S. 728f und 738; *Leible* (oben Fn. 75), S. 301; *Risse* (oben Fn. 80), S. 753; *Sonnenberger/Großerichter* (oben Fn. 15), S. 730; *Thorn* (oben Fn. 77), S. 195.

164 Vgl. EuGH, *Segers* (oben Fn. 33), Slg. 1986, 2375. Ansätze zu dieser nicht nach Haupt- und Zweigniederlassung differenzierenden Rechtsprechung finden sich auch in dem Urteil in Sachen *Daily Mail* (EuGH (oben Fn. 4), Slg. 1988, I, 5483, 5505, 5511 (Begr.Nr.17)), in welchem die Verlegung des effektiven Verwaltungssitzes einer nach englischem Recht gegründeten Gesellschaft in die Niederlande streitig war: Der EuGH führt aus, Gesellschaften nähmen "ihr Niederlassungsrecht im Regelfall durch die Gründung von Agenturen, Zweigniederlassungen etc. wahr ... Diese Form der Niederlassung hat auch die Klägerin im vorliegenden Fall durch die Eröffnung des Investmentverwaltungsbüros für sich in Anspruch genommen".

165 *Freitag* (oben Fn. 62), S. 268. Vgl. auch *Sonnenberger/Großerichter* (oben Fn. 15), S. 730: Der eigentlich problematische Aspekt der *Centros*-Entscheidung liegt in der fehlenden Präzisierung des Begriffes Zweigniederlassung.

(1) Inhalt der sekundären Niederlassungsfreiheit

Nach unbestrittener Ansicht ist Voraussetzung für die Ausübung der sekundären Niederlassungsfreiheit, daß die Gesellschaft an einem anderen Ort ihre Hauptniederlassung hat, von der die Zweigniederlassung als unselbständige wirtschaftliche Einheit abhängig ist[166]. Ob *Centros* nun ein Fall der primären oder der sekundären Niederlassungsfreiheit ist, hängt davon ab, was man unter dem Begriff "Hauptniederlassung" versteht.

Die Gründungstheoriestaaten (wie Großbritannien und Dänemark im Fall *Centros*) können, da sie das Auseinanderfallen von Hauptverwaltungssitz und formellem Sitz über die Geltungsgrenzen einer Rechtsordnung hinweg hinnehmen, als Hauptniederlassung auch den *formellen* Aufenthaltsort, d.h. den Satzungssitz, ansehen[167]. Jede Niederlassung an einem anderen Ort als dem des Satzungssitzes ist damit begriffsnotwendig eine *Zweit*-Niederlassung und vom Satzungssitz "abhängig". Diese Ansicht wird auch in der *Centros*-Entscheidung zugrunde gelegt, wie an den Ausführungen des Generalanwaltes *La Pergola* deutlich wird, indem er eine *Zweig*niederlassung als "*tatsächliche Gesamtheit oder* ... Untergliederung des Unternehmens"[168] versteht; die Gesellschaft habe nach Art. 48 EGV Anspruch auf Inländerbehandlung, "selbst wenn sie ihre gesamte Geschäftstätigkeit in einem anderen Mitgliedstaat als dem der Hauptniederlassung durch Einschaltung einer ... Zweigniederlassung ... ausübt"[169].

Die Sitztheoriestaaten sehen dies anders. Nach dort herrschendem Verständnis ist Voraussetzung für die sekundäre Niederlassungsfreiheit, daß die betroffene Gesellschaft innerhalb der Gemeinschaft an einem anderen Ort ihre tatsächliche Hauptniederlassung hat[170], bzw. wie es andere ausgedrückt haben, innerhalb der Gemeinschaft tatsächlich *ansässig* ist[171]. Dies wird auch Art. 43 Abs. 1 Satz 2 EGV entnommen, wonach das Recht von Angehörigen eines Mitgliedstaates, in der Gemeinschaft Zweigniederlassungen zu errichten, davon abhängt, daß sie im Hoheitsgebiet eines Mitgliedstaates ansässig sind. Überträgt man dieses

---

166 Vgl. statt vieler EuGH, Urteil v. 6.10.1976, (Rs 14/76 - De Bloos - Bouyer), Slg. 1976, I, 1497, 1509 (Begr.Nr.20/22); v.d.Groeben/Thiesing/Ehlermann - *Troberg*, EWGV Art. 52, Rn. 14-18; *Eyles* (oben Fn. 19), S. 347; *Freitag* (oben Fn. 62), S. 268; *Kieninger* (oben Fn. 19), S. 726 und 729; *Lange* (oben Fn. 10), S. 605; *Leible* (oben Fn. 75), S. 301; *Roth* (oben Fn. 26), S. 316; *G.Roth* (oben Fn. 80), S. 862.

167 Ähnlich *Hoffmann* (oben Fn. 83), S. 49: "Geht man hiervon (scilicet: der Anerkennung nach der Gründungstheorie) aus, betrifft die Entscheidung tatsächlich allein die sekundäre Niederlassungsfreiheit".

168 Schlußanträge vom 16.7.1998 (*Centros*), Slg. 1999, I, 1459, 1461, 1471 (Nr.15) (Hervorh.v.Verf.).

169 Schlußanträge vom 16.7.1998 (*Centros*), Slg. 1999, I, 1459, 1461, 1470 (Nr.13).

170 *Kieninger* (oben Fn. 19), S. 729; *Lange* (oben Fn. 10), S. 605; *Sonnenberger/Großerichter* (oben Fn. 15), S. 730.

171 V.d.Groeben/Thiesing/Ehlermann - *Troberg*, EWGV Art. 58, Rn. 8; *Behrens* (oben Fn. 9), S. 520; *Eyles* (oben Fn. 19), S. 347f; *Kruse* (oben Fn. 1), S. 64f.

Merkmal auf die den natürlichen Personen gleichgestellten Gesellschaften, so genügt es nicht, daß eine Gesellschaft, wie Art. 48 EGV vorsieht, nach dem Recht eines Mitgliedstaates gegründet ist und ihren satzungsmäßigen Sitz in einem Mitgliedstaat haben, da die Ansässigkeit ein rein tatsächliches Erfordernis ist und somit durch den statutarischen Sitz nicht erfüllt werden kann[172]. Hierdurch sollen - ganz im Sinne der Sitztheorie - Niederlassungen von Briefkastengesellschaften vermieden werden[173]. Überwiegend wird daher als Niederlassung, die die Voraussetzungen der Ansässigkeit erfüllt, nur ein wirtschaftlicher Standort akzeptiert, wenn die zu errichtende Zweigniederlassung von ihr nicht nur formal abhängig ist, sondern von ihr aus tatsächlich gelenkt wird[174]; im Ergebnis ist eine Gesellschaft nach dieser Ansicht nur dann "ansässig", wenn sie in der Gemeinschaft ihre Hauptniederlassung (Hauptverwaltung) hat[175].

Diese Unterscheidung ist aufgrund der *Centros*-Entscheidung zumindest für gemeinschaftsangehörige Gesellschaften nicht mehr aufrecht zu erhalten, denn der EuGH hat auf das Merkmal der tatsächlichen Ansässigkeit als Voraussetzung für die Ausübung der *sekundären* Niederlassungsfreiheit ausdrücklich verzichtet; es genügt vielmehr, daß die Gesellschaft nach den Rechtsvorschriften eines Mitgliedstaates gegründet ist und ihren satzungsmäßigen Sitz innerhalb der Gemeinschaft hat[176]. Auch der Generalanwalt läßt das Erfordernis der Ansässigkeit für gemeinschaftsangehörige Gesellschaften nicht gelten und bezeichnet es als ein Kriterium, das "offenkundig Bedeutung nur für nichtgemeinschaftliche Gesellschaften hat"[177]. Weil es für die Eröffnung des persönlichen Anwendungsbereiches der (primären und sekundären) Niederlassungsfreiheit nach Art. 48 EGV nicht darauf ankommt, daß die Gesellschaft ihren Hauptverwaltungssitz innerhalb der Gemeinschaft hat, kann es auch im Rahmen des Art. 43 Abs. 1 Satz 2 EGV nicht auf die Ansässigkeit ankommen, denn dadurch würde die Aussage Art. 48 EGV hinten herum wieder

---

172 V.d.Groeben/Thiesing/Ehlermann - *Troberg*, EWGV Art. 58, Rn. 8; *Behrens* (oben Fn. 9), S. 520; *Eyles* (oben Fn. 19), S. 347; *Kindler* (oben Fn. 76), S. 2000.

173 Statt vieler: *Eyles* (oben Fn. 19), S. 347; ähnlich *Lange* (oben Fn. 10), S. 606.

174 *Eyles* (oben Fn. 19), S. 347f; *Kruse* (oben Fn. 1), S. 64. A.A. V.d.Groeben/Thiesing/Ehlermann - *Troberg*, EWGV Art. 58, Rn. 8, der auch eine innereuropäische Zweigniederlassung genügen lassen will. Allerdings muß die Gesellschaft bereits *vor* Errichtung der fraglichen Zweigniederlassung innerhalb der Gemeinschaft ansässig sein (*Kruse* (oben Fn. 1), S. 65).

175 *Eyles* (oben Fn. 19), S. 347; *Kruse* (oben Fn. 1), S. 64.

176 EuGH, *Centros* (oben Fn. 5), Slg. 1999, I, 1484, 1496 (Begr.Nr.39); EuGH, *Segers* (oben Fn. 33), Slg. 1986, 2375, 2388 (Begr.Nr. 16). Ebenso: *Lange* (oben Fn. 10), S. 607; *Roth* (oben Fn. 26), S. 316, 317; *Steindorff* (oben Fn. 9), S. 1143. Bereits vor Erlaß der *Centros*-Entscheidung: *Grothe* (oben Fn. 39), S. 176f. *Koppensteiner* (in: FS Lutter, S. 141, 144) ist hingegen der Ansicht, der EuGH habe diese Fragestellung verkannt. Dem wird hier im Hinblick auf die insoweit gleichgerichteten umfangreichen Ausführungen des Generalanwalts widersprochen.

177 Schlußanträge vom 16.7.1998 (*Centros*), Slg. 1999, I, 1459, 1461, 1469 (Nr. 12 a.E.).

relativiert[178]. Damit ist aber noch eine weitere wichtige Aussage getroffen: Der EuGH sieht ebenso wie der Generalanwalt als andere Niederlassung, von der die Zweigniederlassung abhängig ist, nicht unbedingt den Verwaltungssitz, sondern daneben den Satzungssitz an[179]. Die Konsequenz hieraus ist, daß europäische Briefkastengesellschaften in den Genuß der sekundären Niederlassungsfreiheit kommen, und zwar in Sitz- wie in Gründungstheoriestaaten.

(2) Folgen der *Centros*-Entscheidung für die Differenzierung zwischen primärer und sekundärer Niederlassungsfreiheit

Die Bedeutung der *Centros*-Entscheidung beschränkt sich dennoch nicht allein auf die sekundäre Niederlassungsfreiheit, vielmehr wird aus dem Urteil eine grundlegende Haltung des EuGH deutlich, die auch für die primäre Niederlassungsfreiheit von Bedeutung ist: Wenn es um die Verwirklichung der wirtschaftlichen Betätigungsfreiheit in Form der Standortwahl geht, ist es gleichgültig, ob die Niederlassung, von der aus die Tätigkeit erfolgen soll, eine Haupt- oder eine Zweigniederlassung ist. Wichtig ist, daß die *Niederlassung* errichtet werden kann, ohne daß es auf die von dem Unternehmen gewählte Organisationsform ankommt[180]. Ob es sich um eine Hauptniederlassung handelt, ist nur für das internationale Gesellschaftsrecht überhaupt von Bedeutung. Tatsächlich trifft der EuGH die Unterscheidung zwischen primärer und sekundärer Niederlassungsfreiheit gar nicht (mehr)[181]. Aufgrund der *Centros*-Entscheidung müssen Gesellschaften, die innerhalb der Gemeinschaft gegründet worden sind und ihren Satzungssitz in einem Mitgliedstaat haben, ihre Freiheit zur Errichtung von Niederlassungen unabhängig davon ausüben dürfen, ob es sich um die Wahrnehmung der primären oder sekundären Niederlassungsfreiheit handelt. Die Unterscheidung dient allerhöchstens noch theoretischen Zwecken. Infolgedessen ist auch die These, daß die Artt. 43, 48 EGV de lege lata die primäre Niederlassungsfreiheit nicht gewährleisteten, in dieser Weite nicht mehr aufrecht zu erhalten[182].

---

178 *Hoor* (oben Fn. 76), S. 985; *Roth* (oben Fn. 26), S. 316. Anders zur *Centros*-Entscheidung: *Behrens* (oben Fn. 62), S. 326.

179 Schlußanträge vom 16.7.1998 (*Centros*), Slg. 1999, I, 1459, 1461, 1470 (Nr.13) und 15. Anderer Ansicht hinsichtlich der Interpretation des *Centros*-Urteils: *Freitag* (oben Fn. 62), S. 268.

180 *Roth* (oben Fn. 26), S. 316f; *ders.* (oben Fn. 21), S. 737. Im Ergebnis ebenso *Göttsche* (oben Fn. 84), S. 1406.

181 "Tatsächlich irritiert an der *Centros*-Entscheidung das Fehlen einer Hauptniederlassung überhaupt", so *Kieninger* (oben Fn. 19), S. 737. Ebenso *Sonnenberger/Großerichter* (oben Fn. 15), S. 730; *Zimmer* (oben Fn. 15), S. 39.

182 Vgl. bereits oben (S. 72f) zur Interpretation der *Daily Mail*-Entscheidung in dem Sinne, daß nur die *statutenwahrende* Verwaltungssitzverlegung bislang nicht durch Artt. 43, 48 EGV gewährleistet wird.

cc. Folgen der Anerkennungspflicht für das IPR der Mitgliedstaaten: Kollisionsrechtliche Vorgaben des Art. 48 EGV

Teile der Literatur folgern aus der Verpflichtung der Mitgliedstaaten, gemeinschaftsangehörige Gesellschaften als existent hinzunehmen, es sei notwendig, die Sitztheorie innerhalb der Gemeinschaft aufzugeben[183]. Zu demselben Ergebnis gelangt die Ansicht, die davon ausgeht, Art. 48 EGV enthalte eine versteckte Kollisionsnorm entsprechend der Gründungstheorie[184], weil er darauf abstelle, daß eine Gesellschaft dann als gemeinschaftszugehörig hinzunehmen sei, wenn sie "nach dem Recht eines Mitgliedstaates gegründet ist"[185]. Dabei wollen einige das Erfordernis der Anknüpfung nach der Gründungstheorie auf die Frage der Wirksamkeit der Gründung beschränken[186], während andere in dem Bemühen, die Einheitlichkeit des Gesellschaftstatuts zu wahren, eine umfassende Anknüpfung nach der Gründungstheorie für erforderlich halten[187].

Zunächst muß der These von einer kollisionsrechtlichen Vorgabe des Art. 48 EGV entgegengehalten werden, daß Art. 48 EGV selbst die innerhalb der Gemeinschaft vertretenen Anknüpfungsmerkmale gleichberechtigt nebeneinander stellt[188]. Auch der EuGH hat seine Auslegung des Art. 48 EGV als Akzeptanz der Sitztheorie, die er in *Daily Mail* begründet hat, mit *Centros*

---

183 Scholz-*Westermann*, GmbHG, Einl., Rn. 125; *Freitag* (oben Fn. 62), S. 269; *Werlauff* (oben Fn. 24), S. 874. Teilweise ebenso *Behrens* (oben Fn. 62), S. 325f (hinsichtlich der Frage der Wirksamkeit der Gründung nur Anknüpfung nach dem Gründungsrecht zulässig).

184 *Behrens* (oben Fn. 9), S. 501, *ders.* ZGR 1994, 1, 17; *ders.* (oben Fn. 62), S. 325 (Fn.22); *Brödermann* (oben Fn. 15), S. 87f; *Drobnig* (oben Fn. 11), S. 185, 190 und 194; *Geyrhalter* (oben Fn. 80), S. 203; *Grothe* (oben Fn. 39), S. 178f, insb. S. 193-197; *Hoor* (oben Fn. 76), S. 984; *Leible* (oben Fn. 75), S. 301; *Knobbe-Keuk* (oben Fn. 40), S. 342f und 353. Zweifelnd BayObLG, 18.9.1986, BayObLGZ 1986, 61, 63.

185 Diese Frage ist bereits Gegenstand umfangreicher Erörterungen gewesen, auf die hier verwiesen wird, z.B. *Nachbaur* (oben Fn. 1), S. 27ff; *Brödermann* (oben Fn. 15), S. 148ff; *Schniechels* (oben Fn. 1), S. 169ff; *Kruse* (oben Fn. 1), S. 197ff.

186 *Brödermann* (oben Fn. 15), S. 64 u. 87f. Ebenso als Reaktion auf die *Centros*-Entscheidung: *Höfling* (oben Fn. 66), S. 1207 (unter Berufung auf die Überlagerungstheorie (oben S.40)); *Lutter* (oben Fn. 14), S. 14; *Puszkajer* (oben Fn. 128), S. 80; *Sedemund/Hausmann* (oben Fn. 77), S. 811; *Ulmer* (oben Fn. 145), S. 662f; wohl auch *Borges* (oben Fn. 85), S. 169. Auch der BGH scheint in seinem Vorlagebeschluß vom 30.3.2000 (Fn 33) davon auszugehen, daß die Bestimmung der Rechtsfähigkeit einer Gesellschaft aus einem anderen Mitgliedstaat nach der Sitztheorie wohl nicht mehr mit der Niederlassungsfreiheit vereinbar sei.

187 *Behrens* (oben Fn. 62), S. 329; *Drobnig* (oben Fn. 11), S. 185, 193f; *Risse* (oben Fn. 80), S. 753.

188 EuGH, *Centros* (oben Fn. 5), Slg. 1999, I, 1484, 1491 (Begr.Nr.20); *Segers* (oben Fn. 33), Slg. 1986, 2375, 2387 (Nr. 13); Urteil v. 27.9.1988 - Rs. 81/87 (*Daily Mail*), Slg. 1988, I, 5483, 5505, 5512 (Begr.Nr.21). Vgl. zu dieser Frage die ausführliche Darstellung bei *Brödermann* (oben Fn. 15), S. 60ff, und bei *Schniechels* (oben Fn. 1), S. 169ff.

weder relativiert noch als "rechtsirrig" qualifiziert[189]. Auf der Basis der bisherigen Rechtsprechung des EuGH kann daher von einer Verpflichtung zur Anknüpfung der lex societatis nach der Gründungstheorie nicht ausgegangen werden[190].

Vor allem ist auch die Verpflichtung der Mitgliedstaaten, die Existenz von Gesellschaften hinzunehmen, wenn diese die Voraussetzungen des Art. 48 EGV erfüllen, nicht als *Anerkennungsgebot mit kollisionsrechtlichem Gehalt* zu verstehen. Dafür spricht bereits die Systematik des EG-Vertrages: Der Vertrag selbst geht in Art. 293 (3.Spiegelstrich) EGV davon aus, daß die Frage der Anerkennung von Gesellschaften der Mitgliedstaaten eines Übereinkommens bedürfte, sieht diese Frage also als regelungsbedürftig an. "Anerkennung" i.S.d. Art. 293 EGV muß dabei so verstanden werden, daß damit die Hinnahme der ausländischen Rechtsform der Gesellschaft gemeint ist, also die Nichtanwendung des eigenen Gesellschaftsrechts, denn die Anerkennung von Gesellschaften, auf die die einzelnen Mitgliedstaaten ihr Gesellschaftsrecht ohnehin nicht anwenden wollen, ist unter Geltung des EG-Vertrages gar nicht problematisch gewesen.

Ausschlaggebend ist jedoch, daß es aus der Sicht des Gemeinschaftsrechtes der Interpretation der Anerkennungsverpflichtung als Gebot zur Anknüpfung an das Gründungsrecht überhaupt nicht bedarf, um die Hinnahme der Existenz ausländischer Gesellschaften in Sitztheoriestaaten zu gewährleisten. Die Grundfreiheiten des EG-Vertrages verpflichten die Mitgliedstaaten zur Herstellung eines bestimmten *Ergebnisses*[191], nämlich der tatsächlichen Gewährleistung der durch die Grundfreiheiten geschützten Betätigungsmöglichkeit. *Wie* die Mitgliedstaaten dieses Ergebnis herstellen, bleibt ihnen überlassen[192]. Entscheidend ist allein, daß keine nationale Vorschrift eines Mitgliedstaates, sei sie kollisionsrechtlicher oder sachrechtlicher Natur, *verhindern* darf, daß eine Gesellschaft, die nach dem Recht eines Mitgliedstaates gegründet ist und in einem Mitgliedstaat der EU ihren Verwaltungs- oder Satzungssitz oder ihren geschäftlichen Schwerpunkt hat, ihre Haupt- wie Zweigniederlassung frei innerhalb des Binnenmarktes errichten kann[193].

---

189 Vgl. hierzu *Roth* (oben Fn. 26), S. 329, sowie ausführlich oben S. 83f.

190 Ebenso (statt vieler): *Schniechels* (oben Fn. 1), S. 173-176.

191 *Hoor* (oben Fn. 76), S. 985; *Leible* (oben Fn. 75), S. 301; *Sonnenberger/Großerichter* (oben Fn. 15), S. 722. Ebenso: *Bungert* (oben Fn. 53), S. 1842 (Die Niederlassungsfreiheit greift erst ein, wenn es um die Rechtsfolgen geht, die das Sachrecht aufgrund der Anknüpfung auslöst). Siehe auch *Roth*, ZEuP 1994, 1, 20.

192 MünchKomm-*Sonnenberger*, Einl.IPR, Rn. 150; *Sonnenberger/Großerichter* (oben Fn. 15), S. 722.

193 *Sandrock* (oben Fn. 15), S. 1340: "Das Kollisionsrecht von Gesellschaften soll für die Verwirklichung von deren Niederlassungsfreiheit keine Rolle mehr spielen". Im Ergebnis ebenso: *Hoor* (oben Fn. 76), S. 985; *Leible* (oben Fn. 75), S. 301; *Zimmer* (oben Fn. 15), S. 36.

Ob die Niederlassungsfreiheit von europäischen Briefkastengesellschaften nur durch Aufgabe der Sitztheorie hergestellt werden kann, hängt davon ab, ob die deutsche Rechtsprechung an ihrer starren - und veralteten[194] - Auffassung festhalten will, mit einem Statutenwechsel gingen auch die Gesellschaften aus anderen europäischen Staaten zugrunde[195], oder ob sie Wege suchen wird, auch Hauptniederlassungen ausländischer Gesellschaften zu noch festzulegenden Bedingungen hinzunehmen, und sei es - die noch zu prüfende Verhältnismäßigkeit an dieser Stelle unterstellt[196] - zu der Bedingung der vollständigen Anpassung der Gesellschaft an deutsches Gesellschaftsrecht. Mögliche Wege wären etwa die Entscheidung für eine Sonderanknüpfung der Frage der Wirksamkeit der Gründung der Gesellschaft oder, wie in Italien, unabhängig von einer kollisionsrechtlichen Begründung die positive Formulierung eines *principio di riconoscimento*[197]; weiterhin wurde vorgeschlagen, auf das Tatbestandsmerkmal "rechtsfähige Gesellschaft" im Rahmen des § 13e HGB für europäische Gesellschaften zu verzichten[198].

Nach alledem ist "für den deutschen Gesetzgeber ... die Aufgabe der Sitztheorie von vorneherein nur eine der möglichen Konsequenzen ..., die er aus der *Centros*-Entscheidung zieht"[199].

---

194 Vgl. *Risse*, GmbHR 1993, R 17: "Die Rechtsfähigkeit eines Unternehmens an seinen Sitz und damit an seinen Nationalstaat zu knüpfen, ist eine Philosophie des vorigen Jahrhunderts, die durch den EG-Binnenmarkt überholt ist". Es sei an dieser Stelle allerdings noch einmal darauf hingewiesen, daß die Nichtanerkennung der ausländischen Gesellschaft keine Rechtsfolge der *Sitztheorie* ist. Vgl. ausführlich oben S. 41ff.

195 Vgl. zuletzt LG Potsdam (oben Fn. 87), ZIP 1999, 2021, 2022; auch der BGH hat sich nicht in der Lage gesehen, von dieser gesicherten herrschenden Meinung abzurücken, obwohl seit Jahren wissenschaftliche Arbeiten auf die Differenzierung zwischen Kollisions- und Sachrecht aufmerksam gemacht (vgl. statt vieler auch *Kindler* (oben Fn. 76), S. 1994, und bereits *Behrens*, RIW 1986, 590f) und sachrechtliche Lösungswege aufgezeigt haben, die kein Abrücken von der Sitztheorie erfordern (siehe z.B. *K.Schmidt*, ZGR 1999, 20, 22f; *Behrens*, ZGR 1994, 1, 17f; *Großfeld/Jasper* (oben Fn. 40), S. 52ff). Insofern kann es sich durchaus aus folgenschwer erweisen, daß der BGH dem EuGH am 30.3.2000 die Frage vorgelegt hat, ob Artt. 43, 48 EGV die Anknüpfung an das Gründungsrecht gebieten (BGH (oben Fn. 33), ZIP 2000, 967).

196 Vgl. hierzu sogleich S. 102.

197 In Italien wird die Anerkennung ausländischer Gesellschaften nach Art. 16 disp.prel. quasi vorausgesetzt. Freilich sind die Einzelheiten und insbesondere die dogmatischen Hintergründe seit der Neuregelung des IPR nicht geklärt. Vgl. hierzu ausführlich unten S. 114f und S. 152f.

198 In diese Richtung *Geyrhalter* (oben Fn. 80), S. 202.

199 *Sonnenberger/Großerichter* (oben Fn. 15), S. 729. Ebenso *Forsthoff*, DB 2000, 1109, 1112.

d. Zusammenfassung: Gewährleistung der primären Niederlassungsfreiheit und Anwendbarkeit der Sitztheorie nach der *Centros*-Entscheidung

Die *Centros*-Entscheidung gilt für die Freiheit der Errichtung einer Niederlassung auch dann, wenn es sich dabei um die tatsächliche *Haupt*niederlassung handelt. Deren Eintragung und Anerkennung können die Mitgliedstaaten nicht verweigern, wenn die Gesellschaft die Voraussetzungen des Art. 48 EGV erfüllt. Damit müssen Gesellschaften de facto aber auch das Recht haben, ihre Hauptniederlassung zu *verlegen*, denn es macht - auch für das internationale Gesellschaftsrecht - keinen Unterschied, ob eine Gesellschaft bereits bei ihrer Gründung ihre Hauptniederlassung außerhalb ihres Gründungsstaates hat oder erst später dorthin verlegt[200]. Jedenfalls wäre es ein nicht hinnehmbares Ergebnis, daß infolge der *Centros*-Entscheidung die Grenzen zwar für Briefkastengesellschaften, die in Umgehungsabsicht gegründet worden sind, offen sein sollen, nicht aber für Gesellschaften, deren Tätigkeitsschwerpunkt nachträglich in einen anderen Mitgliedstaat verlagert wird[201]. Im Hinblick darauf ist auch die bislang in der Wissenschaft vorgenommene schematische Unterscheidung zwischen primärer und sekundärer Niederlassungsfreiheit infolge der *Centros*-Entscheidung obsolet.

Damit ist vor allem die Schlußfolgerung, *Centros* habe mit der Sitztheorie nichts zu tun[202], in dieser Allgemeinheit nicht aufrecht zu erhalten: Die Entscheidung betrifft alle Maßnahmen, die die Niederlassungsfreiheit einschränken oder ausschließen, in gleicher Weise. Dagegen kann man auch nicht die Neutralität der Niederlassungsfreiheit gegenüber dem internationalen Gesellschaftsrecht geltend machen[203], denn die Neutralität erteilt dem Kollisionsrecht keinen "Freibrief". Auch die Sitztheorie darf nur zu einer verhältnismäßigen Beschränkung und jedenfalls nicht zum Ausschluß der Möglichkeit für europäische Gesellschaften führen, in einem Sitztheoriestaat eine Niederlassung, und sei es auch die Hauptniederlassung, zu errichten[204].

Jeder Mitgliedstaat darf sich allerdings - im Rahmen des Verhältnismäßigen - weiterhin durch die Anwendung seiner sachrechtlichen Vorschriften schützen,

---

200 Ebenso: *Bungert* (oben Fn. 53), S. 1843; *Hoor* (oben Fn. 76), S. 985; *Leible* (oben Fn. 75), S. 301; *Sonnenberger/Großerichter* (oben Fn. 15), S. 731. Dagegen: *Roth* (oben Fn. 26), S. 315.

201 Ebenso: *Sonnenberger/Großerichter* (oben Fn. 15), S. 731.

202 So aber: *Ebke* (oben Fn. 76), S. 660; *Hoffmann* (oben Fn. 83), S. 49; *Kindler* (oben Fn. 76), S. 1996. Ähnlich *Lange* (oben Fn. 10), S. 607. Siehe auch die weiteren Nachweise oben Fn. 83.

203 So aber *Roth* (oben Fn. 26), S. 327f (mit der Begründung, wegen der Fortgeltung von *Daily Mail* sei eine Überprüfung des IPR anhand der Artt. 43, 48 EGV generell ausgeschlossen). Anders auch noch *Roth* (oben Fn. 54), S. 648f.

204 Eine solche Überprüfung des Statutenwechsels halten ebenso für erforderlich: *Hoor* (oben Fn. 76), S. 985; *Kieninger* (oben Fn. 19), S. 741f; *Kruse* (oben Fn. 1), S. 229ff; *Lange* (oben Fn. 10), S. 603; *Schniechels* (oben Fn. 1), S. 180f; *Ulmer* (oben Fn. 145), S. 662. Wohl auch *Borges* (oben Fn. 85), S. 177f; *Bungert* (oben Fn. 53), S. 1842.

wenn eine Gesellschaft ihre Hauptniederlassung innerhalb seines Territoriums errichtet; dies ist jedenfalls solange zulässig, wie diese Frage nicht in einem Abkommen nach Art. 293 EGV geregelt wird, denn bis dahin verhält sich das Gemeinschaftsrecht zum internationalen Gesellschaftsrecht neutral. Für die Gewährleistung ihrer berechtigten Schutzinteressen müssen die Mitgliedstaaten allerdings andere Maßnahmen ergreifen als die *Verweigerung* der Grundfreiheit[205].

Die "Unannehmlichkeiten", denen eine Gesellschaft bei der Ausübung ihrer primären Niederlassungsfreiheit in einem Sitztheoriestaat unterworfen wird, können sich als Modifizierung und möglicherweise auch Behinderung der Bewegungsfreiheit der Gesellschaft darstellen, die zwar als solche wegen der Fortgeltung der Grundsätze aus der *Daily Mail*-Entscheidung nicht generell "verboten" sind, die aber einer Rechtfertigung bedürfen und in nicht diskriminierender Weise angewendet werden müssen. Das *Centros*-Urteil erweist sich somit im Ergebnis weniger als ein Urteil zum Gesellschaftskollisionsrecht als vielmehr zur möglichen *Rechtfertigung* einer Beschränkung der Niederlassungsfreiheit[206].

II. Verstoß der deutschen Rechtslage gegen die Niederlassungsfreiheit

Vor diesem Hintergrund ist die deutsche Rechtslage einer Überprüfung zu unterziehen, ob sie den Vorgaben der gemeinschaftsrechtlichen Niederlassungsfreiheit gerecht wird[207]. Zunächst ist festzustellen, daß die Sitztheorie als Kollisionsnorm nicht bereits deswegen gegen Artt. 43, 48 EGV verstößt, weil sie bei der Verlegung der tatsächlichen Hauptniederlassung zu einem Statutenwechsel führt, denn die Niederlassungsfreiheit gewährleistet nicht die Beibehaltung des Gründungsstatuts[208]. Die "deutsche Variante" der Sitztheorie wird aber vor allem wegen ihrer "rechtspersönlichkeitsvernichtenden Nebenwirkungen"[209] seit langem als europarechtswidrig angegriffen[210]. Die "Vernich-

---

205 EuGH, *Centros* (oben Fn. 5), Slg. 1999, I, 1484, 1494 (Begr.Nr.30); Schlußanträge v. 16.7.1998 (*Centros*), Slg. 1999, I, 1459, 1461, 1480 (Nr.20). Im Ergebnis ebenso: Lutter-*Lutter*, UmwG, § 1, Rn. 9; *Behrens* (oben Fn. 62), S. 325; *Leible* (oben Fn. 75), S. 301; *Lutter* (oben Fn. 14), S. 13; *Neye* (oben Fn. 80), S. 260; *Werlauff* (oben Fn. 24), S. 875; *Ulmer* (oben Fn. 145), S. 662; *Zimmer* (oben Fn. 15), S. 36.

206 Ebenso: *Roth* (oben Fn. 26), S. 320; *Sonnenberger/Großerichter* (oben Fn. 15), S. 722; *Werlauff* (oben Fn. 24), S. 870; im Ergebnis auch *Kieninger* (oben Fn. 19), S. 745.

207 Die Überprüfung wird sich auf die wesentlichen Schwerpunkte beschränken, um den Rahmen dieser Arbeit nicht zu sprengen; dies nicht zuletzt im Hinblick darauf, daß bereits umfangreiche Untersuchungen vorgelegt worden sind (vgl. z.B. die Arbeiten von *Schniechels,* Reichweite der Niederlassungsfreiheit (S. 176ff), und *Kruse,* Sitzverlegung von Kapitalgesellschaften innerhalb der EG (S. 129ff)).

208 EuGH, *Daily Mail* (oben Fn. 4), Slg. 1988, I, 5483, 5505, 5512 (Begr.Nr. 23 und 24). Vgl. ausführlich oben S. 72f.

209 *Werner*, NZG 1999, 387.

210 Vgl. statt vieler: *Knobbe-Keuk* (oben Fn. 40), S. 325f; *Meilicke*, RIW 1990, 449, 452; *ders.*, RIW 1992, 578, 579.

tung" der Gesellschaft bei der Errichtung ihres Verwaltungssitzes im Inland ist im Hinblick auf die Einbeziehung der primären Niederlassungsfreiheit in den Schutzbereich der Artt. 43, 48 EGV problematisch.

1. Verstoß der Sitztheorie und ihrer sachrechtlichen Konsequenzen gegen das Diskriminierungsverbot

Die Sitztheorie nach deutscher Auffassung wird seit längerem bereits als Verstoß gegen das Diskriminierungsverbot kritisiert[211]. Dieser Vorwurf trifft allerdings nicht die Sitztheorie als solche, da sie als Kollisionsnorm alle Gesellschaften, die ihren Verwaltungssitz in ihrem Geltungsbereich haben, gleichmäßig und vollständig dem inländischen Gesellschaftsrecht unterstellt. Sie gilt für im Inland gegründete gleichermaßen wie für ausländische Gesellschaften und verstößt als solche nicht gegen das Diskriminierungsverbot[212]. Sie stellt im Gegenteil die rechtliche Gleichbehandlung mit Inländern erst her[213]. Diejenigen, die ihr dennoch einen Verstoß gegen das Diskriminierungsverbot vorwerfen[214], beziehen die Konsequenzen der Anwendung des Gesellschaftsrecht in diese Frage mit ein.

Der Anwendung des inländischen Sachrechts infolge der Sitztheorie sind verschiedene Diskriminierungen nachgewiesen worden, die im folgenden anhand eines Überblickes wiedergegeben werden sollen[215]: Die deutschen Gerichte diskriminieren ausländische Gesellschaften mit Verwaltungssitz im Inland, indem sie ihnen die Rechts- und Prozeßfähigkeit versagen[216] und es

---

[211] Vgl. die Untersuchungen von *Kruse* ((Fn. 1) S. 129ff) und *Schniechels* ((Fn. 1) S. 176ff).

[212] EuGH, *Daily Mail* (oben Fn. 4), Slg. 1988, I, 5483, 5505; BayObLG (oben Fn. 48), RIW 1998, 966; OLG Hamm, 30.4.1997, ZIP 1997, 1696, 1697; BayObLG (oben Fn. 48), GmbHR 1992, 529. Ebenso: *Bechtel* (oben Fn. 1), S. 84 m.w.N.; *Nachbaur* (oben Fn. 1), S. 28; *Roth* (oben Fn. 54), S. 648; *K.Schmidt* (oben Fn. 195), S. 26 m.w.N. Fn. 35.

[213] *K.Schmidt* (oben Fn. 195), S. 23; *Ebenroth/Eyles* II, DB 1989, 413, 416; *Behrens* (oben Fn. 9), S. 517; *Schniechels* (oben Fn. 1), S. 176, 177; *Schümann* (oben Fn. 9), S. 273. Die Gleichbehandlung wird allerdings, wenn man es genau betrachtet, dadurch hergestellt, daß die Gesellschaften unter gleichen tatsächlichen Gegebenheiten jeweils als "Inländer" eingestuft werden. Es geht mithin nicht um die Behandlung eines Ausländers "wie" einen Inländer, sondern um die Behandlung "als" Inländer, indem ihm die Eigenschaft "Inländer" zugeordnet wird.

[214] Z.B. *Behrens* (oben Fn. 7), IPR Rn. 17f; *ders.*, RabelsZ 52 (1988), S. 498, 518; *ders.* ZGR 1994, 1, 18f.

[215] Im Rahmen dieser Arbeit kann nur ein Überblick gegeben werden. Eingehend hierzu siehe die Arbeiten von *Schniechels*, Reichweite der Niederlassungsfreiheit, S. 176ff; *Kruse*, Sitzverlegung von Kapitalgesellschaften innerhalb der EG, S. 129ff; *Bechtel*, Umzug von Kapitalgesellschaften unter der Sitztheorie, S. 65f.

[216] *Behrens* (oben Fn. 7), IPR Rn. 17; *ders.*, in: Hachenburg, GmbHG, Einl., Rn. 122; *ders.*, RabelsZ 52 (1988), 498, 517ff; *ders.* (oben Fn. 62), S. 329; vgl. zur Rechtsfolge der Rechtsunfähigkeit und der deswegen fehlenden Prozeßfähigkeit (auch in Hinblick auf den Antrag auf Eröffnung des Insolvenzverfahrens über das Vermögen eines deutschen Schuldners) oben S. 24. A.A. *Kindler*, NJW 1999, 1993, 1998, allerdings mit dem nicht

ihnen auf diese Weise unmöglich machen, ihre berechtigten Forderungen gegen ihre inländischen Schuldner geltend zu machen oder die Eröffnung des Insolvenzverfahrens über deren Vermögen zu beantragen[217]. Weiterhin werden sie dadurch diskriminiert, daß ihnen mangels Grundbuchfähigkeit die Möglichkeit verweigert wird, Grundeigentum zu erwerben, und daß sie gem §§ 13d ff HGB keine Möglichkeit haben, eine Zweigniederlassung im Inland eintragen zu lassen[218]. Dasselbe gilt für alle übrigen Konsequenzen der Nichtanerkennung ihrer Rechtsfähigkeit, beispielsweise dadurch, daß auf ausländische Kapitalgesellschaften § 8b KStG nicht angewendet wird, so daß die Gesellschaften hinsichtlich ihrer Abschreibungsmöglichkeiten schlechter gestellt werden[219].

Eine weitere Diskriminierung liegt darin, daß die deutschen Gerichte das Gesellschaftsrecht nicht vollständig auf die ausländische Gesellschaft anwenden, denn dies müßte, wie die Lehre herausgearbeitet hat, dazu führen, daß entweder die Regeln über die oHG und damit auch § 124 HGB angewendet werden oder aber die Regeln über die Vorkapitalgesellschaft[220]; gegen beides versperrt sich die Rechtsprechung jedoch immernoch. Eine Diskriminierung ausländischer Gesellschaften erfolgt auch unmittelbar durch § 1 Abs. 1 und 2 UmwG, weil das UmwG auf ausländische Gesellschaften nicht anwendbar ist[221]. Weiterhin wird diskutiert, ob das deutsche Recht seine eigenen Gesellschaften ungleich behandele, indem es die Verlegung des Verwaltungssitzes zwar in einen Gründungstheoriestaat oder einen Staat, mit dem ein entsprechendes Abkommen besteht[222], nicht hingegen in einen Sitztheoriestaat

---

zutreffenden Hinweis, daß auch inländische Gesellschaften vor dem Erwerb ihrer Rechtsfähigkeit nicht prozeßfähig seien; auch die nicht selbständig rechtsfähige oHG, KG und Vor-GmbH können selbständig klagen und verklagt werden (vgl. § 124 HGB; für die Vor-GmbH: BGH, 28.11.1997, WM 1998, 245, 246). Der Vorwurf, eine Diskriminierung liege ferner darin, daß ausländische juristische Personen ihren Verwaltungssitz nicht im Inland haben dürften (so *Behrens* (oben Fn. 9), S. 518; *ders.* ZGR 1994, 1, 18f), ist allerdings nicht haltbar, denn die Sitztheorie spricht keinerlei Verbot aus (ebenso *Schniechels* (oben Fn. 1), S. 178).

217 Vgl. zu dem jüngst entscheidenen Fall des OLG Zweibrücken (20.10.2000, ZIP 2000, 2172, 2173) *Paulus*, EWiR 2001, 233, 234.

218 Hierzu ausführlich *Hammen* (oben Fn. 77), S. 2490; *Müther*, RPfleger 2000, 316, 318.

219 Vgl. hierzu *Fock* (oben Fn. 55), S. 48 und 50f; *Sörgel*, DB 1999, 2236f.

220 *Bechtel* (oben Fn. 1), S. 73. Deswegen halten beispielsweise *Forsthoff* ((Fn. 199), S. 1109) und *Behrens* (IPRax 2000, 384, 388) den Vorlagebeschluß des BGH vom 30.3.2000 (vgl. hierzu bereits oben, unter anderem S. 28) für "höchst unglücklich". Ebenso *Roth*, ZIP 2000, 1597.

221 *Kruse* (oben Fn. 1), S. 137f.

222 *Schniechels* (oben Fn. 1), S. 183; *Bechtel* (oben Fn. 1), S. 66ff.

erlaubt[223]. Dies ist jedoch abzulehnen, da die Sitztheorie insoweit "passiv" ist und es auf die Reaktion des Zuzugsstaates ankommt[224].

2. Verstoß der Sitztheorie und ihrer sachrechtlichen Konsequenzen gegen das Beschränkungsverbot

Es kann inzwischen als gesicherte Erkenntnis angesehen werden, daß die Sitztheorie bzw. die durch sie hervorgerufenen sachrechtlichen Konsequenzen außerdem zu einer Beschränkung der primären Niederlassungsfreiheit führen[225]. Zunächst bewirkt die Sitztheorie für zuziehende wie wegziehende Gesellschaften einen Statutenwechsel; die Beschränkung liegt dabei bereits in der rein kollisionsrechtlichen Konsequenz, daß die Gesellschaft sich auf die Anwendbarkeit der Normen des Zuzugsstaates einrichten muß[226]. Ferner hat auch die Anwendung des Sachrechts beschränkende Folgen, weil die Gesellschaft nicht automatisch die Anforderungen des anwendbaren Gesellschaftsrechts erfüllt; im deutschen Recht führt dies etwa zur Nichtanerkennung der Rechtsfähigkeit und infolgedessen zur Verweigerung der Eintragung im Grundbuch oder Handelsregister, zur Abweisung einer Klage als unzulässig, zur Ablehnung der Eröffnung des Insolvenzverfahrens über das Vermögen eines inländischen Schuldners wegen Parteiunfähigkeit der antragstellenden ausländischen Gesellschaft und zum Haftungsdurchgriff auf die Geschäftsführer nach § 11 Abs. 2 GmbHG[227]. Sofern das Sachrecht, wie das deutsche Recht, eine eigene Wegzugssperre enthält, erfolgt die Beschränkung unmittelbar durch diese Sperre.

Mit der *Centros*-Entscheidung sind letzte Zweifel daran ausgeräumt, daß jede Beschränkung der Niederlassungsfreiheit einer Rechtfertigung anhand zwingender Gründe des Allgemeininteresses bedarf. Gerechtfertigt sind nur solche Maßnahmen, die in nichtdiskriminierender Weise angewendet werden, zur Erreichung des erstrebten Zieles geeignet sind und nicht über das Maß des Erforderlichen hinausgehen[228]. Die Mitgliedstaaten dürfen dabei prinzipiell alle

---

223 So *Behrens* (oben Fn. 9), S. 518 - 520; *Bechtel* (oben Fn. 1), S. 71f.

224 *Ebenroth/Eyles* II, DB 1989, 413, 416; ebenso *Schniechels* (oben Fn. 1), S. 179, mit der Begründung, die Diskriminierung erfolge nicht aufgrund des deutschen, sondern wegen des "Aufdrängungseffektes" der Gründungstheorie.

225 Vgl. statt vieler: *Hoor* (oben Fn. 76), S. 986; *Kieninger* (oben Fn. 19), S. 739; *Leible* (oben Fn. 75), S. 301; *Roth* (oben Fn. 54), S. 649. Anderer Ansicht sind nur noch diejenigen, die im Anschluß an die *Daily Mail*-Entscheidung die primäre Niederlassungsfreiheit nicht in den Schutzbereich der Niederlassungsfreiheit einbeziehen (vgl. die Nachweise oben Fn. 48).

226 Ebenso *Roth* (oben Fn. 26), S. 331.

227 Siehe im einzelnen zu diesen Konsequenzen und den gerichtlichen Entscheidungen, die sie erst jüngst bestätigt haben, oben S. 23f.

228 EuGH, Urteil v. 30.11.1995 (Rs. C-55/94 - Gebhard), Slg. 1995, I, 4165, 1486, 4197f (Begr.Nr. 37); für die Niederlassungsfreiheit jetzt ausdrücklich EuGH, *Centros* (oben Fn. 5), Slg. 1999, I, 1484, 1495 (Begr.Nr.45). Ebenso bereits vor der *Centros*-Entscheidung zur Rechtfertigung von Beschränkungen der primären

geeigneten Maßnahmen treffen, um Betrügereien zu verhindern oder zu verfolgen, und zwar auch gegenüber der Gesellschaft und/oder den Gesellschaftern selbst[229].

a. Beschränkung der Niederlassungsfreiheit durch Anordnung des Statutenwechsels

Zunächst ist zu prüfen, ob der durch die Sitztheorie bewirkte Statutenwechsel (de lege ferenda verbunden mit dem Zwang, die Gesellschaft einer inländischen Rechtsform anzupassen[230]), zum Schutz zwingender Allgemeininteressen geeignet und erforderlich ist[231]. Die Anwendung inländischen Gesellschaftsrechts auf eine im Ausland gegründete Gesellschaft mit Verwaltungssitz im Inland soll Dritte, die mit der Gesellschaft in Kontakt treten, vor den Unsicherheiten ausländischer Rechtsordnungen schützen, insbesondere vor laxeren Kapitalschutzvorschriften und großzügigeren Durchgriffs- und Haftungsregeln. Daneben dient sie auch dem Schutz der Arbeitnehmer, indem sie die Anwendung der Regelungen des MitBestG auf Gesellschaften mit Tätigkeitsschwerpunkt im Inland durchsetzt. Diese Ziele werden von der ganz herrschenden Ansicht als im zwingenden Allgemeininteresse liegend angesehen[232], solange die Gesellschaftsrechtsordnungen der Mitgliedstaaten noch nicht soweit harmonisiert sind, daß die verbleibenden nationalen Unterschiede nicht mehr ins Gewicht fallen[233].

Die Sitztheorie und die durch sie bewirkte Anwendbarkeit des inländischen Gesellschaftsrechts stellen ein geeignetes Mittel dar, diesen Schutz zu bewerkstelligen, denn die Sitztheorie bringt die Normen zur Anwendung, die den

---

Niederlassungsfreiheit: *Bechtel* (oben Fn. 1), S. 73 und 92ff; *Ebke* (oben Fn. 48), S. 208; *Kruse* (oben Fn. 1), S. 138 und 157ff; *Roth* (oben Fn. 54), S. 649; *Schniechels* (oben Fn. 1), S. 180ff.

229 EuGH, *Centros* (oben Fn. 5), Slg. 1999, I, 1484, 1496 (Begr.Nr.38).

230 Die von *Roth* ((Fn. 26), S. 325) geforderte Trennung dieser Phänomene erscheint nicht auf sinnvolle Weise möglich, da der Anpassungszwang nur die sachrechtliche Kehrseite des unmittelbar durch die Sitztheorie bewirkten Statutenwechsels ist.

231 Zu der Ansicht, die de lege lata eine solche Überprüfung wegen der Neutralität der Niederlassungsfreiheit gegenüber dem internationalen Gesellschaftsrecht und der damit eingehenden "Unantastbarkeit der Sitztheorie" für ausgeschlossen hält (*Roth* (oben Fn. 26), S. 325), vgl. bereits oben S. 98.

232 Vgl. *Behrens* (oben Fn. 62), S. 327; *Ebke* (oben Fn. 13), S. 258f; *Großfeld/König* (oben Fn. 9), S. 437; *Kieninger* (oben Fn. 19), S. 740; *Roth* (oben Fn. 54), S. 649; *ders.*, ZEuP 1994, 1, 20; *ders.* (oben Fn. 26), S. 333; *Ulmer* (oben Fn. 145), S. 664. Ähnlich *Drobnig* (oben Fn. 11), S. 185, 196.

233 So z.B. BayObLG, 18.7.1985, IPRax 1986, 161, 164: Aufgrund nicht zureichender Harmonisierung des Gesellschaftsrechts bestünde bereits wegen Art. 54 Abs. 3 lit.g EGV keine Verpflichtung zur Gewährung der vollen Niederlassungsfreiheit. Andeutungsweise auch EuGH, *Daily Mail* (oben Fn. 4), Slg. 1988, I, 5483, 5505, 5512 (Begr.Nr.22); *Großfeld/Jasper* (oben Fn. 40), S. 57.

bezweckten Schutz in angemessener Weise sicherstellen[234]. Dafür ist es ohne Bedeutung, daß *allein* mit der Anwendung der Kapitalschutzvorschriften der gebotene Gläubigerschutz in einem konkreten Fall nicht vollständig gewährleistet werden kann[235], weil jedenfalls die im Inland geltenden Schutzstandards eingehalten werden. Die kollisionsrechtlich gebotene Anwendung der inländischen Vorschriften ist auch geeignet, den inländischen Schutzstandard herzustellen. Der Sitztheorie kann dabei nicht die Inkonsequenz vorgeworfen werden, die der EuGH in der Haltung der dänischen Zentralverwaltung entdeckt hat[236]. Denn die Sitztheorie legt die Schwelle für den Anwendungsanspruch der inländischen Sachnormen eindeutig und unabhängig von einer Umgehungsabsicht der Gründer fest, nämlich durch einen bestimmten Grad der Intensität des Kontaktes der Gesellschaft mit dem inländischen Rechtsverkehr, die sich in der Errichtung der Hauptverwaltung im Inland widerspiegelt[237]. Die Festlegung einer Schwelle für die Annahme eines Schutzbedürfnisses als solche kann ebenfalls nicht als inkonsequent angesehen werden, denn die Gewährleistung eines einheitlichen Schutzstandards erfordert gerade, daß auch das Schutz*bedürfnis*, das heißt die Schwelle, von der an der Schutzstandard eingreifen soll, festgelegt wird[238]. Entscheidend ist auch für den EuGH nur, daß dieses einmal festgelegt Schutzbedürfnis auch konsequent beachtet und durchgesetzt wird. Es ist danach nicht inkonsequent festzulegen, daß unterhalb der Schwelle der Errichtung einer Hauptniederlassung im Inland die europäischen Regelungen für Zweigniederlassungen in Sitztheoriestaaten für hinreichend schützend erachtet werden.

Problematisch ist allerdings, ob der mit dem Statutenwechsel ausgelöste Anpassungszwang als erforderlich angesehen werden kann. Insoweit könnten auch für einen Sitztheoriestaat die Argumente des EuGH verfangen, es gebe "mildere

---

234 Ebenso: *Kieninger* (oben Fn. 19), S. 740, 741.

235 *Ulmer* (oben Fn. 145), S. 664. Vgl. hierzu auch die umfangreichen Ausführungen von *La Pergola* (Schlußanträge v. 16.7.1998 (*Centros*), Slg. 1999, I, 1459, 1461, 1481 (Nr.21). *La Pergola* sieht allerdings als entscheidend an, daß die Firma auf das möglicherweise nicht inländischen Standards entsprechende Kapital verweist. Diesem Einwand begegnet ein Sitztheoriestaat nicht, denn auch die Firma müßte nach inländischem Recht angepaßt werden. Und schließlich berücksichtigt *La Pergola* nicht in ausreichender Weise, daß viele der im britischen Recht wegen des geringen Kapitalschutzes vorhandenen Aufsichtsmaßnahmen und Haftungsdurchgriffstatbestände in ausländischen Rechtsordnungen nicht angewendet werden können (vgl. hierzu unten S. 242ff).

236 So auch *Kieninger* (oben Fn. 19), S. 741; *Roth* (oben Fn. 26), S. 335; *Sonnenberger/Großerichter* (oben Fn. 15), S. 724.

237 *Roth* (oben Fn. 26), S. 335. Anderer Ansicht ist *Forsthoff* ((Fn. 199), S. 1113), nach dessen Ansicht die (Verwaltungs-)Sitzverlegung grundsätzlich keine schutzwürdigen Interessen des Zuzugsstaates betreffen soll.

238 Ebenso *Roth* (oben Fn. 26), S. 335f. Das dies sogar entgegen der Befürchtung von *Roth* gegenüber Gesellschaften durchgesetzt wird, mit denen Anerkennungsabkommen bestehen, möge die Entscheidung des OLG Düsseldorf (15.12.1994, ZIP 1995, 1009) verdeutlichen. Vgl. hierzu *Bungert*, WM 1995, 2125.

Mittel" zur Erreichung des Gläubigerschutzes, etwa das Recht der Gläubiger, von der Gesellschaft Sicherheitsleistung zu verlangen, oder die Inanspruchnahme der Gesellschafter oder Geschäftsführer für die Gesellschaftsschulden[239]. Soweit der EuGH auch den privaten Rechtsverkehr (und nicht nur die öffentlichen Gläubiger) auf die Einräumung von Sicherheiten verweisen will, kann dies allerdings nicht als ein vergleichbar geeignetes Mittel angesehen werden wie die Anwendung der inländischen Kapitalschutzvorschriften; das ergibt sich schon daraus, daß sich größere Gläubiger in der Praxis ohnehin Sicherheiten einräumen lassen, ohne daß sie dadurch ausreichend geschützt werden. Das erklärt auch, warum der EuGH weiterhin einen Haftungsdurchgriffes auf die Gesellschafter bzw. die Geschäftsführer als unmittelbare Verhandlungspartner als geeignete Schutzinstrumente ansieht; *Ulmer*[240] schlägt zu diesem Zweck die Einführung einer neuen Fallgruppe der Durchgriffshaftung wegen des Gebrauchmachens von einer ausländischen Rechtsform ohne Mindestkapital vor.

Als gleich geeignetes milderes Mittel kann man allerdings nicht die - auch für inländische Zweigniederlassungen selbstverständliche - Verpflichtung zum Gebrauch einer ausländischen, die Haftungsbeschränkung verdeutlichende Firma für ausreichend ansehen[241]; hierdurch werden Gläubiger lediglich gewarnt[242]. Ließe man eine bloße Warnung durch den Hinweis auf die fehlende Anwendung dieser Schutzstandards genügen, wäre die qualitative und rechtliche Differenzierung zwischen Haupt- und Zweigniederlassung letztlich nivelliert. Ansatz der Sitztheorie ist aber gerade die Definition eines Anwendungsanspruches der eigenen Schutzinstrumentarien ab einer gewissen Intensität des Kontaktes der Gesellschaft mit der inländischen Rechtsordnung. Da der EuGH diesen Ansatz der Sitztheorie nach wie vor als gemeinschaftsrechtskonform akzeptiert, kann auch dem ihr zugrundeliegenden Anwendungsanspruch die Existenzberechtigung nicht streitig gemacht werden.

Etwas anderes gilt allerdings dann, wenn man Sonderanknüpfungen von einzelnen Regelungsbereichen zuläßt[243] oder, wie in den Niederlanden[244],

---

239 EuGH, *Centros* (oben Fn. 5), Slg. 1999, I, 1484, 1496 (Begr.Nr.38).

240 *Ulmer* (oben Fn. 145), S. 664.

241 In diese Richtung ist der Hinweis des EuGH gedeutet worden, die dänische Gläubiger hätten ja gewußt, daß sie es mit einer *private limited company* zu tun hatten (EuGH, *Centros* (oben Fn. 5), Slg. 1999, I, 1459, 1484, 1495 (Begr.Nr.36). Vgl. auch die Ausführungen von *La Pergola*, Schlußanträge v. 16.7.1998 (*Centros*), Slg. 1999, I, 1459, 1461, 1481 (Nr.21).

242 *Ulmer* (oben Fn. 145), S. 663.

243 Dafür: *Behrens* (oben Fn. 9), S. 514; *ders.* (oben Fn. 17), IPR Rn.14; *ders.*, in: Hachenburg, GmbHG, Einl, Rn. 119; *Borges* (oben Fn. 85), S. 178; *Höfling* (oben Fn. 66), S. 1207; *Knobbe-Keuk* (oben Fn. 40), S. 345f; *Roth* (oben Fn. 26), S. 333; *G.Roth* (oben Fn. 80), S. 863; ähnlich auch *Zimmer* (oben Fn. 15), S. 36 und 37 (der die Anwendung bestimmter deutscher Rechtsinstitute vorschlägt, ohne dies allerdings kollisionsrechtlich herzuleiten).

Sonderregelungen für das Mindestkapital von formal ausländischen Gesellschaften schafft[245]. Auch der Mitbestimmung könnte auf diese Weise Genüge getan werden[246], und jüngst ist man bei der Bildung der Aventis S.A. der Implantierung eines mitbestimmten Aufsichtsrates in eine ausländische Kapitalgesellschaft auf dem Verhandlungswege ein Stück weit näher gekommen[247].

Grundsätzliche Bedenken gegen einen Verzicht auf einen Statutenwechsel hat in diesem Zusammenhang auch *Roth*[248] geltend gemacht. Er weist zum Beispiel darauf hin, daß unter Zugrundelegung der Gründungstheorie die Informationskosten für den inländischen Rechtsverkehr erheblich ansteigen würden, da kundiger Rechtsrat im Geschäftskontakt und -konflikt mit ausländischen Gesellschaftsrechtsformen schwieriger und deshalb teuerer zu erlangen ist. Im übrigen müssen die Schwierigkeiten und Verzögerungen bedacht werden, die daraus entstehen, daß die deutschen Gerichte in einer weitaus größeren Zahl von Fällen gezwungen sein werden, ausländisches Recht anzuwenden. Diese Einwände wird man jedenfalls bei der Abwägung der Geeignetheit der zur Verfügung stehenden Maßnahmen zu berücksichtigen haben.

Ferner bestehen prinzipielle Schwierigkeiten, das verhältnismäßig mildeste Mittel zu bestimmen, denn "milde" ist ein durchaus subjektiver Begriff. So kann im Falle einer Kapitalgesellschaft, die nach dem Recht eines Mitgliedstaates gegründet ist, die Anpassung der Satzung - abgesehen von den hiermit verbundenen Rechtsanwalt-, Notar- und Handelsregistergebühren - tatsächlich milder sein als die vom EuGH in Erwägung gezogene Anwendung von Haftungsdurchgriffstatbeständen auf Gesellschafter oder Geschäftsführer[249]. Allerdings ist dem EuGH darin Recht zu geben, daß der Haftungsdurchgriff milder ist als

---

244 Vgl. hierzu *Timmerman*, ZGR 1999, 147, 148. Die Vereinbarkeit dieser Regelung mit der Niederlassungsfreiheit liegt allerdings angesichts der "Centros"-Entscheidung dem EuGH zur Vorabentscheidung vor (Vorlagebeschluß des Kantonengerecht Groningen vom 27.11.1999, EWS 2000, 280).

245 Dafür z.B. *Kieninger* (oben Fn. 19), S. 746; *Görk* (oben Fn. 30), S. 798.

246 *Bungert*, AG 1995, 489, 501, 502; *Hammen* (oben Fn. 77), S. 2493f (der dies sogar trotz der Rechtsform- und Strukturunterschiede ausländischer Kapitalgesellschaften für unproblematisch hält, a.a.O., S. 2494); *Schniechels* (oben Fn. 1), S. 195f.; *Schümann* (oben Fn. 9), S. 275; *Zimmer*, BB 2000, 1361, 1366. Zweifelnd allerdings *Harrer*, GesRZ 1995, 141, 148. *Ulmer* ((Fn. 145), S. 663) weist in diesem Zusammenhang darauf hin, daß im Hinblick auf Artt. 43, 48 EGV jedenfalls der von *Großfeld* (in: Staudinger, IntGesR, Rn. 519) vorgeschlagene Zwang zur Gründung inländischer Tochtergesellschaften - anstelle der Errichtung einer unselbständigen Zweigniederlassung - ausscheiden muß.

247 So bei der Fusion (nicht Verschmelzung!) der *Hoechst AG* und der *Rhone-Poulenc S.A.* zur *Aventis S.A.* mit Sitz in Frankreich; hierzu ausführlich *Hoffmann*, NZG 1999, 1077, 1084.

248 *Roth* (oben Fn. 26), S. 333, 334.

249 So auch die Argumentation der dänischen Zentralverwaltung, die es als weniger mild angesehen hatte, die Gründer in Form einer Druchgriffshaftung persönlich haften zu lassen, vgl. EuGH, *Centros* (oben Fn. 5), Slg. 1999, I, 1459, 1484, 1495 (Begr.Nr. 33).

die Maßnahme, die er im Fall Centros zu prüfen hatte, nämlich die vollständige Verweigerung der Eintragung der Zweigniederlassung.

An dieser Stelle ist festzuhalten, daß der durch die Sitztheorie ausgelöste Statutenwechsel als solcher keine unverhältnismäßige Beschränkung der Niederlassungsfreiheit darstellt[250].

b. Beschränkung infolge der sachrechtlichen Konsequenzen der Anwendung des deutschen Gesellschaftsrechts

Im deutschen Recht gibt es de lege lata bislang nicht einmal die Möglichkeit für eine Gesellschaft, sich durch entsprechende satzungsändernde Beschlüsse einer deutschen Rechtsform anzupassen[251]. Das deutsche Recht verhindert die Sitzverlegung insgesamt, und zwar sowohl Zuzug wie auch Wegzug. Es bedarf an dieser Stelle keiner vertieften Erörterung, daß das deutsche Recht dadurch die primäre Niederlassungsfreiheit, die auch für Gesellschaften als Sitzverlegungsfreiheit gewährleistet ist[252], beschränkt[253], im Ergebnis sogar vereitelt. Einer Rechtfertigung sind die von den Gerichten ergriffenen Maßnahmen sind allerdings nur zugänglich, soweit sie nicht bereits gegen das Diskriminierungsverbot verstoßen.

aa. Rechtfertigung von Zuzugssperren

Seit der *Centros*-Entscheidung ist es prinzipiell nicht mehr möglich, die vollständige *Verhinderung* der Errichtung einer Niederlassung ausländischer Gesellschaften zu rechtfertigen. Es ist aufgrund der deutlichen Worte des EuGH, daß auch die Verhinderung von Betrügereien die Verweigerung der Eintragung einer Zweigniederlassung nicht rechtfertigen kann[254], schwerlich ein Fall denkbar, in dem der EuGH zum Schutz der Gläubiger oder anderer Teilnehmer des inländischen Rechtsverkehrs die Verweigerung der Eintragung als geeignet und erforderlich ansehen könnte.

Der EuGH stellt deutlich fest, daß eine solche Maßnahme keinesfalls zum Schutz der Gläubiger erforderlich, sogar noch nicht einmal geeignet ist, da ihnen auf diese Weise jede Möglichkeit genommen wird, die Verhältnisse der

---

250 Anderer Ansicht ist z.B. *Kieninger* (oben Fn. 19), S. 743 (nach ihrer Ansicht passiert nur die Sonderanknüpfung der Mitbestimmung die Verhältnismäßigkeitsprüfung).

251 Vgl. oben S. 23, insb. S. 30f.

252 Vgl. oben S. 69.

253 So *Bechtel* (oben Fn. 1), S. 92; *Behrens*, ZGR 1994, 1, 18; *Ebke* (oben Fn. 13), S. 253; *Lutter* (oben Fn. 14), S. 12; *Knobbe-Keuk* (oben Fn. 40), S. 353; *Kruse* (oben Fn. 1), S. 138; *Schümann* (oben Fn. 9), S. 273. Zum Wegzug als Inhalt der primären Niederlassungsfreiheit vgl. EuGH, *Daily Mail* (oben Fn. 4), Slg. 1988, I, 5483, 5505, 5510 (Begr. Nr. 16). Insofern ist auch der Rückschluß von *Kieninger* ((Fn. 19), S. 739) aus der *Centros*-Entscheidung nicht neu.

254 EuGH, *Centros* (oben Fn. 5), Slg. 1999, I, 1484, 1494 und 1496 (Begr.Nr. 30 und 38). Ebenso: *Juncker* (oben Fn. 80), Editorial; *Kieninger* (oben Fn. 19), S. 739f; *Leible* (oben Fn. 75), S. 302. Anderer Ansicht: *Ebke*, JZ 2000, 656, 660.

Gesellschaft im Handelsregister einzusehen[255]. Da dies nach der *Centros*-Entscheidung auch dann gilt, wenn die angemeldete Niederlassung de facto die Hauptniederlassung ist, scheidet die Verweigerung der Eintragung gemäß § 13e HGB einer nach Ansicht der deutsche Gerichten nicht rechtsfähigen ausländischen Gesellschaft zukünftig aus[256].

Die weiteren sachrechtlichen Konsequenzen, die die Gerichte angesichts ausländischer Gesellschaften mit Verwaltungssitz im Inland gezogen haben, sind regelmäßig bereits Diskriminierungen[257] und als solche keiner Rechtfertigung mehr zugänglich. Damit ist die Rechtfertigung des sich aus der Versagung der Anerkennung ergebenden "Gesamtpakets" von Beschränkungen insgesamt nicht mehr möglich; zukünftig müssen daher auch für Scheinauslandsgesellschaften als aktiv prozeß-, partei- und grundbuchfähig angesehen werden[258]. Darüber hinaus wird in der Literatur zunehmend auf mildere Mittel verwiesen, um den Interessen des inländischen Rechtsverkehrs gerecht zu werden, als die Gesellschaft "nicht anzuerkennen"[259], etwa den Zwang, die Satzung der Gesellschaft deutschem Gesellschaftsrecht anzupassen[260]. Ein praktisches Beispiel für diese Form der internationalen Umwandlung zeigt das italienische Recht auf[261].

---

255 Auch in der deutschen Rechtswissenschaft ist wiederholt darauf hingewiesen worden, daß die Nichtanerkennung der Gesellschaft den zu schützenden Interessen geradezu entgegenläuft (vgl. z.B. *Behrens* (oben Fn. 7), IPR Rn. 14 und 16; *ders.*, in: Hachenburg, GmbHG, Einl., Rn. 121; *Fischer* (oben Fn. 74), S. 104; *Knobbe-Keuk* (oben Fn. 40), S. 335f; *Schniechels* (oben Fn. 1), S. 182, 183).

256 Ebenso im Ergebnis: *Behrens* (oben Fn. 62), S. 330; *Borges* (oben Fn. 85), S. 176f; *Bungert* (oben Fn. 53), S. 1843; *Leible* (oben Fn. 75), S. 301; Lutter-*Lutter*, UmwG, § 1, Rn. 7; *ders.* (oben Fn. 14), S. 13; *Werlauff* (oben Fn. 24), S. 872; *Zimmer* (oben Fn. 15), S. 36. Ebenso - mit ausführlicher Darstellung der Rechtslage in Deutschland und in Österreich - *Kieninger*, NZG 2000, 39, 40. Anders wohl *Müther* (oben Fn. 218), S. 317f.

257 Vgl. schon oben S. 100f.

258 *Sonnenberger/Großerichter* (oben Fn. 15), S. 730. Im Ergebnis ebenso: *Behrens* (oben Fn. 62), S. 323f; *ders.*, EuZW 2000, Heft 13, Editorial; *Borges* (oben Fn. 85), S. 176; *Bungert* (oben Fn. 53), S. 1843; *Höfling* (oben Fn. 66), S. 1207; *Kieninger* (oben Fn. 19), S. 732; *Leible* (oben Fn. 75), S. 301; *Lutter* (oben Fn. 14), S. 14; *Puszkajer* (oben Fn. 128), S. 80; *G.Roth* (oben Fn. 80), S. 863; *Ulmer* (oben Fn. 145), S. 662f.

259 *Bechtel* (oben Fn. 1), S. 104f; *Behrens*, RIW 1986, 592f; Staudinger-*Großfeld*, IntGesR, Rn. 646; *Großfeld/König* (oben Fn. 9), S. 433f; *Großfeld/Jasper* (oben Fn. 40), S. 58f; *Kruse* (oben Fn. 1), S. 129ff; *Schniechels* (oben Fn. 1), S. 194; *Schümann* (oben Fn. 9), S. 274. Vgl. zum Formwechselmodell auch oben S. 41f.

260 Befürwortend z.B. *Bechtel* (oben Fn. 1), S. 127f; *Kruse* (oben Fn. 1), S. 229ff, 244 (die deshalb § 1 Abs. 2 UmwG, dessen Anwendung eine Anpassung der ausländischen Gesellschaft erlauben würde, für europarechtswidrig hält).

261 Vgl. unten S. 154ff.

Allerdings könnte die Anwendung der Vorschriften über die Handelndenhaftung entsprechend §§ 11 Abs. 2 GmbHG, 41 Abs. 2 AktG die Verhältnismäßigkeitsprüfung noch passieren. Die entsprechende Anwendung der Regeln über die Handelndenhaftung in der Vorkapitalgesellschaft ist als solche nicht diskriminierend, weil diese Regeln Verwaltungsorgane inländischer wie ausländischer Kapitalgesellschaften, die nicht in einem inländischen Handelsregister eingeragen sind, gleichermaßen der persönlichen Haftung unterwerfen. Damit scheitert die Verhältnismäßigkeit dieser Maßnahme nicht schon wegen Verstoßes gegen das Diskriminierungsverbot.

Die Rechtfertigung ist außerdem nicht schon deswegen von vorneherein ausgeschlossen, weil die Handelndenhaftung zur *Ver*hinderung der Errichtung einer Niederlassung führte. Sie ist vielmehr eine Beschränkung in Form eines Druckmittels auf die Geschäftsführer ausländischer ebenso wie inländischer Kapitalgesellschaften, die Eintragung der Gesellschaft im inländischen Handelsregister herbeizuführen[262]. Durch die entsprechende Anwendung der §§ 11 Abs. 2 GmbHG, 41 Abs. 2 AktG erhalten Gläubiger ein Korrelat dafür, daß sie einen Vertrag mit einer Gesellschaft schließen, deren Satzung und insbesondere Grundkapital noch nicht gerichtlich überprüft wurde, und daß ihnen aufgrund der fehlenden Handelsregistereintragung und dem daher rührenden Informationsnachteil die Verfolgung ihrer Recht erheblich erschwert werden kann. Daß sie sich an diejenigen halten können, mit denen sie den Vertrag verhandelt haben, ist eine geeignete Schutzmaßnahme, denn ebenso wie bei einer inländischen Vorkapitalgesellschaft können sie auch dann auf einen Schuldner zurückgreifen, wenn die Gesellschaft nicht zur Eintragung gelangt und somit nicht entsteht. Den Rückgriff auf die Haftung der Geschäftsführer angesichts ausländischer Gesellschaften hat nicht zuletzt auch der EuGH im Fall *Centros* als verhältnismäßig in Erwägung gezogen[263].

Die entsprechende Anwendung des § 11 Abs. 2 GmbHG bleibt allerdings die einzige Maßnahme der deutschen Gerichte angesichts zugezogener ausländischer Kapitalgesellschaften, die einer Überprüfung durch den EuGH standhalten könnte.

---

262 Vgl. zur entsprechenden Rechtslage in Italien ausführlich unten S. 187f (in Italien will die überwiegende Ansicht Art. 2508 c.c. entsprechend auf ausländische Gesellschaften mit Hauptverwaltungssitz in Italien anwenden; Art. 2508 c.c. regelt die Haftung der Geschäftsführer einer ausländischen Gesellschaft, wenn diese die Anmeldung einer inländischen Zweigniederlassung versäumen).

263 EuGH, *Centros* (oben Fn. 5), Slg. 1999, I, 1484, 1496 (Begr.Nr.38). Der EuGH hat sogar die Haftung der Gesellschafter in Betracht gezogen.

bb. Rechtfertigung von Wegzugssperren

Problematisch ist auch die Verhinderung des Wegzugs von inländischen Gesellschaften, der sie infolge der Verlegung des Verwaltungssitzes der bislang anwendbaren Rechtsordnung entzieht.

Sachrechtlich hat dies nach bisher herrschender - wenn auch mit überzeugenden Argumenten angegriffener - Rechtsprechung die Auflösung und Liquidation der Gesellschaft zur Folge[264]. Der EuGH hat in der *Daily Mail*-Entscheidung angedeutet, daß er Wegzugs-sperren für problematisch hält[265], und dies in der *Centros*-Entscheidung dadurch ergänzt, daß er die völlige Verhinderung der Errichtung einer Hauptnieder-lassung außerhalb des Gründungsstaates nicht mehr hinnehmen wird[266]. Von daher ist eine Rechtfertigung der deutschen Rechtslage bereits im Ansatz problematisch.

Mit der Verhinderung des Wegzuges soll vermieden werden, daß sich Gesellschaften dem vergleichsweise strengen inländischen Gesellschaftsrecht nachträglich entziehen; hierdurch, so wird befürchtet, würde den Gläubigern die Rechtsverfolgung erschwert, den Arbeitnehmervertretern in mitbestimmten Gesellschaften ihr Aufsichtsratsmandat und dem Fiskus die Möglichkeit entzogen, bislang verschonte stille Reserven bei ihrer Auflösung zu besteuern. Zumindest die beiden zuerst genannten Ziele können als zwingende Allgemeinwohlinteressen angesehen werden, denn sie dienen nicht staatlichen wirtschaftlichen Interessen und sind vom EuGH außerdem hinsichtlich der Zuzugsbeschränkungen akzeptiert worden[267]. Hinsichtlich der Interessen des Fiskus an der Besteuerung der stillen Reserven ist bereits das Allgemeinwohlinteresse fraglich. Auf eine vertiefte Prüfung des Vorliegens des Allgemeinwohlinteresses hinsichtlich der Liquidationsbesteuerung kann allerdings verzichtet werden, weil jedenfalls die weiteren Voraussetzungen der Rechtfertigung, die Geeignetheit und Erforderlichkeit zum Schutz dieser Interessen, nicht bejaht werden können.

Soweit der Gläubiger- und Arbeitnehmerschutz bezweckt ist, ist bereits die Geeignetheit zu verneinen; mit der Auflösung der Gesellschaft wird den zu schützenden Interessen nicht gedient, sondern geschadet: Die Gläubiger werden auf eine Quote des Liquidationserlöses verwiesen und die Arbeitnehmer

---

264 Vgl. dazu oben S. 57f.

265 EuGH, *Daily Mail* (oben Fn. 4), Slg. 1988, I, 5483, 5505, 5510 (Begr.Nr. 16): "Wie die Kommission zu Recht geäußert hat, würden sich die durch Artt. 52 ff. EGV garantierten Rechte als inhaltsleer erweisen, wenn der Heimatstaat Unternehmen, die sich in einem anderen Mitgliedstaat niederlassen wollen, den Wegzug verbieten könnte".

266 EuGH, *Centros* (oben Fn. 5), Slg. 1999, I, 1484, 1496, Begr.Nr. 38: "Jedoch kann die Bekämpfung von Betrügereien nicht rechtfertigen, die Eintragung einer Zweigniederlassung einer in einem anderen Mitgliedstaat niedergelassenen Gesellschaft zu verweigern", da, so begründet er an anderer Stelle (Begr.Nr.30), "diese Weigerung jede Wahrnehmung der Freiheit zur Gründung einer Zweigniederlassung verhindert".

267 EuGH, *Centros* (oben Fn. 5), Slg. 1999, I, 1484, 1494, Begr.Nr.32.

verlieren für die Zukunft ihre Arbeitgeberin. Der Auflösungszwang ist nur solange überhaupt geeignet für den bezweckten Schutz, solange er Gesellschaften davon "abschreckt", ihren Sitz ins Ausland zu verlegen. Auch in diesem Fall ist eine Rechtfertigung jedoch ausgeschlossen, da der bezweckte Schutz weniger einschneidend durch die Gewährung von Sicherheiten an Gläubiger und Betriebsvereinbarungen mit den Arbeitnehmern gewährleistet werden kann.

Hinsichtlich der Interessen des Fiskus - den Allgemeinwohlzweck an dieser Stelle unterstellt - fehlt es jedenfalls an der Erforderlichkeit der Liquidation der Gesellschaft, weil als milderes ebenso geeignetes Mittel die Nachholung der Besteuerung zur Verfügung steht, wie etwa die für die grenzüberschreitende Verschmelzung gefundene Regelung zeigt (Art. 4 Abs. 1, 2.Spiegelstrich, der Fusionsbesteuerungsrichtlinie (90/434/EWG)[268].

3. Zusammenfassung der Ergebnisse

Der Sitztheoriestaat Deutschland kann zukünftig auch europäische Gesellschaften mit Verwaltungssitz im Inland seinem materiellen Gesellschaftsrecht unterwerfen; der hierdurch bewirkte Statutenwechsel ist als Maßnahme zum Gläubiger- und Arbeitnehmerschutz als solcher verhältnismäßig. Dies darf allerdings nicht mehr dazu führen, daß die Gesellschaft nicht als bestehend anerkannt wird, weil die Mitgliedstaaten unabhängig von ihrem Kollisionsrecht auch für Gesellschaften die primäre Niederlassungsfreiheit praktisch gewährleisten müssen. Ebenso wenig wie den Zuzug ausländischer Gesellschaften wird das deutsche Recht den Wegzug inländischer Gesellschaften verhindern können, denn aus der Warte der Niederlassungsfreiheit ist das eine nur die Kehrseite des anderen.

Vollständige Zuzugs- oder Wegzugssperren wird der EuGH zukünftig nicht mehr akzeptieren, so daß die ausländische Gesellschaft jedenfalls ihre Eintragung im Handelsregister erreichen können muß. Sofern es sich bei der Niederlassung tatsächlich nicht um eine Zweig-, sondern die Hauptniederlassung handelt, ist aber nicht § 13e HGB einschlägig[269]. Vielmehr muß die Gesellschaft, die nach der Sitztheorie deutschem Gesellschaftsrecht untersteht, eine deutsche Rechtsform annehmen. Ihr muß dabei auch die Möglichkeit gegeben werden, mit ihrer neuen Rechtsform in ein deutsches Handelsregister eingetragen zu werden, beispielsweise aufgrund entsprechender Anwendung der Umwandlungsvorschriften[270].

---

[268] Ebenso *Thömmes*, DB 1993, 1021.

[269] Ebenso *Müther* (oben Fn. 218), S. 318.

[270] Die Europarechtswidrigkeit des § 1 UmwG hat bereits *Kruse* ((Fn. 1) S. 244) nachgewiesen. Sofern der Gesetzgeber oder die Rechtsprechung kein Sonderrecht für die Anpassung ausländischer Gesellschaften schaffen wird, verstößt das Analogieverbot des § 1 Abs. 2 UmwG gegen die Niederlassungsfreiheit, so daß seine Anwendung wegen des Vorranges des Gemeinschaftsrechtes auszusetzen ist.

Auch die anderen aus der Nichtanerkennung ausländischer Gesellschaften mit Verwaltungssitz im Inland herrührenden gerichtlichen Maßnahmen wie die Aberkennung der aktiven Prozeßfähigkeit oder der Grundbuchfähigkeit verstoßen ebenso gegen Artt. 43, 48 EGV wie die Auflösung und Liquidation wegziehender Gesellschaften. Als einzige zu rechtfertigende Maßnahme erweist sich die entsprechende Anwendung der Vorschriften über die Handelndenhaftung in der Vorkapitalgesellschaft, solange die ausländische Gesellschaft noch nicht ihre Eintragung im Handelsregister erwirkt hat.

§ 4 Die Sitzverlegung von Kapitalgesellschaften über die Grenze aus Sicht des italienischen Rechtes

Nach italienischem Recht ist eine grenzüberschreitende Sitzverlegung sowohl als Zuzug wie auch als Wegzug möglich und zulässig. Dies stellt seit der Reform des IPR im Jahre 1995 Art. 25 Abs. 3 IPRG unmißverständlich fest; danach sind "Verlegungen des Satzungssitzes nur dann wirksam ..., wenn sie mit den beteiligten Rechtsordnungen übereinstimmen"[1]. Art. 25 Abs. 3 IPRG nimmt damit gleichzeitig eine wichtige Einschränkung zur Kenntnis, daß nämlich die Sitzverlegung über die Grenze nur dann möglich ist, wenn sie nicht durch die Rechtsordnung des ausländischen Staates verhindert wird[2].

I. Die Bestimmung des Gesellschaftsstatuts und die Anerkennung ausländischer Gesellschaften nach italienischem IPR

Das italienische internationale Gesellschaftsrecht betrachtet angesichts ausländischer Gesellschaften zwei grundsätzlich getrennte Fragen: Die eine Frage untersucht, welche rechtliche Beachtung einer in Italien als was auch immer auftauchenden ausländischen Gesellschaft gezollt wird - das Problem der "Anerkennung" (*riconoscimento*). Die andere - eigentliche - Frage lautet, wie das Personalstatut der Gesellschaft, die *lex societatis* zu bestimmen ist. Diese Trennung ist auf den ersten Blick und vor allem aus deutscher Sicht überraschend, da die Anerkennung in der modernen (deutschen wie italienischen) Literatur als die automatische Folge der Anwendung des ausländischen Rechtes angesehen wird, sofern dieses die Gesellschaft für rechtsfähig hält. Demzufolge wird keine Unterscheidung getroffen zwischen der Frage der Anknüpfung des Gesellschaftsstatuts und der Frage nach der Hinnahme der im ausländischen Recht begründeten rechtlichen Existenz einer Gesellschaft[3]. Anerkennung bedeutet demnach schlicht die Feststellung, daß eine Gesellschaft die Wirksamkeitsvoraussetzungen der auf sie anzuwendenden lex societatis erfüllt. Für das italienische Recht hat "Anerkennung" jedoch eine andere Bedeutung[4]. Sie steht

---

1 Art. 25 Abs. 3 lautet (auszugsweise): "I trasferimenti della sede statutaria in altro Stato ... hanno efficacia soltanto se posti in essere conformemente alle leggi di detti Stati interessati".

2 Für die folgende Analyse wird (und muß) unterstellt werden, daß die jeweils betroffene ausländische Rechtsordnung sich der Sitzverlegung nicht entgegenstellt. Die Ausführungen werden sich somit - abgesehen von Fragen im Zusammenhang mit einem möglichen *renvoi* - auf das italienische Recht konzentrieren.

3 *Benedettelli*, Riv.soc. 1997, 39, 103, 104; *Ebenroth/Sura*, RabelsZ 43 (1979), 315, 318; *Kruse*, Sitzverlegung von Kapitalgesellschaften, S. 18, 20; *Leanza*, Nov.dig.it., App. VII, voce: Società straniere, S. 408, 409; *Moor*, Italienisches internationales Gesellschaftsrecht, S. 23; *Rindisbacher*, Anerkennung gesellschaftsrechtlicher Gebilde im IPR, S. 50, 51. Zur Kritik an der Trennung beider Phänomene im italienischen Recht: *Drobnig*, in: v.Bar, Gemeinschaftsrecht und IPR, S. 185, 189 und 191.

4 So auch *Moor* (oben Fn. 3), S. 22, 23. Kritisch *Drobnig* (oben Fn. 3), S. 189 ("unnötige Zwischenfrage romanischer Herkunft", die er als "Geburtsfehler" des

für eine positiv formulierte Entscheidung des italienischen Rechtes, die Existenz ausländischer Gesellschaften - wie überhaupt einer im Ausland begründeten Rechtswirklichkeit - hinzunehmen[5]; dieses bereits lange anerkannte *principio di riconoscimento* hat auch die Reform des IPR wesentlich geprägt[6].

1. Die Sicherung der Existenz ausländischer Gesellschaften in Italien: Art. 16 disp.prel. und das "Prinzip der Anerkennung"

Entwickelt wurde das *principio di riconoscimento* als Ausgleich dafür, daß es vor der Reform des internationalen Gesellschaftsrechts mit dem IPRG von 1995 keine bilaterale Kollisionsnorm gab, die durch einen Rückgriff auf ausländisches Sachrecht die von der modernen Lehre entwickelten automatische Anerkennung ermöglicht hätte[7]. Die Tatsache, daß man zwar niemals bezweifelte, *daß* im italienischen Rechtsgebiet auch nicht-italienische Gesellschaften existierten, ohne jedoch erklären zu können, *warum* sie in Italien existierten, ist der Grund für den vergleichsweise enormen Raum, den in Italien die Literatur zur "Anerkennung" einnimmt. Der Grundsatz der Existenz ausländischer Gesellschaften ist nach Ansicht der Rechtsprechung in Art. 10 der Verfassung verankert und bildet einen festen Bestandteil des internationalen Gesellschaftsrechtes[8]. Er steht für den (ungeschriebenen) grundsätzlichen Willen, die Existenz ausländischer Gesellschaften in Italien hinzunehmen und die Entscheidung einer ausländischen Rechtsordnung über die Existenz der Gesellschaft zu respektieren[9]. Voraussetzung für die Anerkennung ist damit

---

Anerkennungsabkommens von 1968 bezeichnet (a.a.O., S. 191). Zum Verständnis von Anerkennung und der aktuellen Bedeutung dieser Frage nach italienischem Verständnis insbesondere im Zusammenhang mit der Sitzverlegung vgl. unten S. 114.

5 Vgl. statt vieler *Capotorti*, Riv.soc. 1966, 972, 973; *Caruso*, Le società, S. 158; *Santa Maria*, Dir.comm.com., S. 52f; aus der deutschsprachigen Literatur *Moor* (oben Fn. 3), S. 22, 23.

6 *Ballarino*, Sul progetto di riforma del sistema italiano di diritto internazionale privato, in: Gaja (Hrsg.), Studi in onore di Vitta, S. 3, 36; *Benedettelli* (oben Fn. 3), S. 66; *Campeis/DePauli*, Giust.civ.1995, II, 495 501.

7 *Coscia*, Riconoscimento delle Società straniere, S. 78. Ebenso: *Azzolini*, Riv.dir.int.priv.proc. 1993, 893, 894 (Fn. 4); *Campeis/DePauli* (oben Fn. 6), S. 501; *Capotorti*, La nazionalità delle società, S. 142; *Ramondelli*, Riv.not. 1996, 1401; *Santa Maria*, Enc. Treccani, voce: Società, cap. VII, S. 2; *Simonetto*, Commentario Art. 2505-2510 c.c., S. 380, 381. Zu den Versuchen, eine bilaterale Kollisionsnorm zu entwickeln vgl. S. 120f.

8 Corte di Cass., 14 aprile 1980, n. 2414, Riv.dir.int.priv.proc. 1980, 631, 634; Trib. Roma, 2 maggio 1963, Giust.civ. 1964, II, 698, 701.

9 *Leanza* (Società straniere (1970), S. 21) spricht daher von "ricognizione" (Wiedererkennung) einer bereits existierenden Realität. Ebenso: *Caruso*, (oben Fn. 5), S. 117 und 162; *Coscia* (oben Fn. 7), S. 13 u. 40; *Picone*, Diritto internazionale privato delle società e riconoscimento di "Anstalten" e di "Treuunternehmen" nell'ordinamento italiano, Communicazioni e studi, S. 98, 99; *Ramondelli* (oben Fn. 7), S. 1406.

lediglich, daß die Gesellschaft nach ausländischem Recht wirksam entstanden ist[10].

Normative Grundlage des *riconoscimento* ist nach Ansicht der Rechtsprechung[11] und der Lehre[12] Art.16 disp.prel. Art. 16 disp.prel. gewährleistet als Grundsatznorm des Fremdenrechts, die auch nach der IPR-Reform weiterhin Gültigkeit hat, Ausländern (natürlichen wie juristischen Personen) in Italien dieselben bürgerlichen Rechte zu wie Inländern[13]. Eine Ansicht sah in Art. 16 disp.prel. eine *aktive* Anerkennungsnorm für ausländische juristische Personen; mit der Gewährung der bürgerlichen Rechte werde gleichzeitig - als Voraussetzung für die Rechtsfähigkeit - die Eigenschaft als juristische Person zugesprochen[14]. Andere entnahmen Art. 16 disp.prel. den "Auftrag", ausländische juristische Personen ebenso wie ausländische natürliche Personen zu behandeln, was ihre Existenz voraussetzt[15]. Gegen die Heranziehung des Art. 16 disp.prel. als Anerkennungsnorm wurde eingewandt, daß zum einen nach dem Wortlaut der Norm bereits eine (juristische) Person existieren müsse[16]. Ferner sei die Rechts*fähig*keit kein "bürgerliches Recht" i.S.d. Art. 16 disp.prel.[17]. Eine weitere Schwierigkeit sah man darin, daß die Anerkennung nach Art. 16

---

10 Corte di Cass., 20 maggio 1985, n. 3089, Foro it. 1986 I. S. 744, 746; Corte di Cass., 21 gennaio 1985, n. 198, Riv.dir.int.priv.proc 1986, S. 353; Corte di Cass. (oben Fn. 8), Riv.dir.int.priv.proc. 1980, 631, 632; Corte di Cass., 8 novembre 1971, n. 3147, Riv.dir.int.priv.proc. 1972, 808. Aus der Literatur: *Coscia* (oben Fn. 7), S. 99; *Leanza* (oben Fn. 9), S. 23.

11 Corte di Cass., 15 febbraio 1993, n. 1853, Riv.dir.int.priv.proc. 1994, 422 (=Foro it. 1993, I, 2535); Corte di Cass., 7 giugno 1990, n. 5454, Riv.dir.int.priv.proc. 1992, 588; Corte di Cass., 28 luglio 1977, n. 3352, Giur. it. 1978, I, 1, c. 2001, 2002; Corte di Cass., 8 novembre 1971, n. 3147, Riv.dir.int.priv.proc. 1972, 808, 810; Corte d'App. Milano, 20 giugno 1980, Arch.civ. 1980, 928, 929; Corte d'App. Venezia, 23 maggio 1975, Foro it. 1975, I, 1832; Trib. Milano, 14 settembre 1978, Riv.dir.int.priv.proc. 1979, 125, 130; Trib. Roma (oben Fn. 8), Giust. civ. 1964, I, 698, 701.

12 *Ballarino*, Trattato delle s.p.a., vol.9.1, S. 43; *ders.*, Trattato di diritto privato, S. 391; *ders.*, Dir.int.priv. (2.A.), S. 343; *Coscia* (oben Fn. 7), S. 79, 87; *Iaccarino*, Lezioni di D.I.P, S. 205; *Lucchini/Manzato*, in: Iura Europeae, 40.50, S. 7; *Ramondelli* (oben Fn. 7), S. 1401; *Vitta*, Diritto internazionale privato II, S. 90, 91.

13 Art. 16 disp.prel. lautet: "Lo straniero é ammesso a godere dei diritti civili attributi al cittadino a condizione di reciprocità e salve le disposizioni contenute in leggi speciali. Questa disposizione vale anche per le persone giuridiche".

14 Corte di Cass., 28 luglio 1977, n. 3352, Foro it. 1977, I, 2158 (Fn. 11). Aus der Literatur: *Coscia* (oben Fn. 7), S. 87; *Orione*, Guida al dir. 1995, 33; *Ramondelli* (oben Fn. 7), S. 1402.

15 *Piccoli/Zanolini*, Riv.not. 1996, 163, 165.

16 *Caruso* (oben Fn. 5), S. 138; *Cassoni*, Giur.it. 1978, I, 1, 2003, 2004; *Cian/Trabucchi*, Art. 16 disp.prel. II, 1; *Leanza* (oben Fn. 9), S. 23.

17 *Picone* (oben Fn. 9), S. 90. Ähnlich auch Teile der Rechtsprechung: vgl. Corte di Cass. (oben Fn. 8), Riv.dir.int.priv.proc. 1980, 631, 634.

disp.prel. unter der Bedingung der Gegenseitigkeit steht und diese Bedingung bei der Frage nach der Existenz schwer handhabbar ist[18].

Seit der Reform des IPR ist die Diskussion um das "Prinzip der Anerkennung" in den Hintergrund getreten, da Art. 25 Abs. 1 eine bilaterale Kollisionsnorm enthält, mit welcher das für die Regelung der Rechts- und Geschäftsfähigkeit maßgeblich Recht bestimmt werden kann und man daher mit der automatischen Anerkennung operieren kann[19]. Daß Art. 16 disp.prel. dennoch nicht mit der IPR-Reform aufgehoben worden ist, liegt daran, daß er weiterhin eine wichtige Funktion als Norm des Fremdenrechtes erfüllt[20]. Nach wie vor hält man außerdem die gesetzliche Verankerung der in Art. 16 disp.prel. zum Ausdruck kommenden prinzipiellen Hinnahme einer ausländischen Rechtswirklichkeit nicht für überflüssig[21]. Zentrale Bedeutung hat Art. 16 disp.prel. vor allem im Zusammenhang mit der Verlegung des Gesellschaftssitzes nach Italien, denn wegen des Prinzips der Anerkennung steht die Anwendung des italienischen Rechts quasi unter der Voraussetzung, daß ausländische Gesellschaften dies jedenfalls "überleben"[22].

---

18 *Iaccarino* (oben Fn. 12), S. 206. Auch die Rechtsprechung hat bei fehlender Gegenseitigkeit jeweils nur die bürgerlichen Rechte eingeschränkt (Corte d'App. Venezia (oben Fn. 11), Foro it. 1975, I, 1832, 1834 (capacità limitata); ähnlich Corte d'App. Roma, 22 febbraio 1989, Riv.dir.int.priv.proc. 1989, 949).

19 *Benedettelli* (oben Fn. 3), S. 62 u. 64; aus der deutschsprachigen Literatur *Ebenroth/Kaiser*, ZVglRWiss 91 (1992), S. 223, 229; *Moor* (oben Fn. 3), S. 38; *Terlau*, Das Internationale Gesellschaftsrecht der GbR, S. 37. Bereits vor der Reform des IPR haben Teile der Rechtsprechung und Literatur - wenn auch unter Ausblendung der soeben in Fn. 10 beschriebenen kollisionsrechtlichen Schwierigkeiten - die „automatische Anerkennung" ausländischer Gesellschaften befürwortet, z.B. Corte d'App. Milano (oben Fn. 11), Arch.civ. 1980, 928; Trib. Pordenone, 28 settembre 1990, Foro pad. 1991, 187, 188; Trib. Milano (oben Fn. 11), Riv.dir.int.priv.proc. 1979, 125, 130. Aus der Lit.: *Angelici*, Enc. Treccani, voce: Società costituite o operanti all'estero, S. 3; *Bignami*, Riv.soc. 1980, 121, 129; *Capotorti* (oben Fn. 5), S. 973; *Caruso* (oben Fn. 5), S. 148; *Costantino*, Vita not. 1992, 1358, 1361; *Leanza* (oben Fn. 9), S. 7, 8 u. 24, 25; *Morelli*, Elementi (1986), S. 92; *Santa Maria*, Riv.soc. 1987, 1475; *ders.* (oben Fn. 7), S. 2; *Vitta* (oben Fn. 12), S. 92.

20 Der *Tribunale di Trani* hat nach der IPR-Reform (22 gennaio 1996, Riv.dir.int.priv.proc. 1997, 178, 179) einer ausländischen Gesellschaft *nicht* aus Art. 25 Abs. 1 Satz 1 i.V.m. Abs. 2 lit.d IPRG, sondern aus Art. 16 disp.prel. die *Prozeß*fähigkeit zuerkannt (zustimmend *Mengozzi*, Legge di riforma, S. 103; *Leanza*, Riv.dir.int.priv.proc. 1997, 87 und 187).

21 *Ballarino*, Dir.int.priv. (3.A.), S. 354f; *Iaccarino* (oben Fn. 12), S. 205; *Mengozzi* (oben Fn. 20), S. 103. Aus der Literatur vor der IPR-Reform: *Cagnasso/Irrera*, in: Giurisdizione sistematica, voce: Società estere, S. 487; *Capotorti* (oben Fn. 7), S. 107; *Caruso* (oben Fn. 5), S. 135 u. 168; *Leanza* (oben Fn. 9), S. 28; *Santa Maria* (oben Fn. 7), S. 5, sowie die Befürworter von Art. 16 disp.prel. als Anerkennungsnorm, vgl. Fn. 11 (Rechtsprechung) und Fn. 12 (Literatur).

22 *Ballarino*, Dir.int.priv. (3.A.), S. 356. Ähnlich *Leanza* (oben Fn. 20), S. 187; *Mengozzi* (oben Fn. 20), S. 103. Vgl. eingehend unten S. 152.

Das "Prinzip der Anerkennung" blendet allerdings die kollisionsrechtliche Frage aus, wie man die Begründung der Rechtswirklichkeit im Ausland trotz der kollisionsrechtlich gebotenen Anwendung des inländischen Rechtes rechtfertigen kann. Insbesondere bemüht man dafür auch nicht Art. 25 Abs. 1 Satz 1 IPRG oder eine Sonderanknüpfung der Wirksamkeit der Gründung im Ausland[23], sondern läßt die Frage schlicht offen. Hintergrund dessen ist, daß die italienische Rechtswissenschaft in die Frage der Anerkennung eine Art Zeitfaktor miteinbezieht: Es wird als inkonsequent empfunden, daß eine Gesellschaft, die für das italienische Recht jahrzehntelang als ausländische Gesellschaft mit Zweigniederlassung in Italien anerkannt worden ist, nur deshalb plötzlich nicht mehr existieren soll, weil sie von einem bestimmten Tag an zufälligerweise ihren Verwaltungssitz oder Geschäftsschwerpunkt in Italien etabliert; jedenfalls die Existenz in der Vergangenheit könne nicht mehr geleugnet werden[24]. Es ist nicht zuletzt angesichts der neueren Entwicklungen im Europäischen Recht[25] durchaus zu bezweifeln, daß diese Haltung noch als "Geburtsfehler" europäischer Einigungsversuche bezeichnet werden kann[26]. Zu erwägen ist vielmehr, ob nicht die italienische Auffassung von der Hinnahme der als ausländisch existierenden Gesellschaften ein allgemeines Prinzip innerhalb der Europäischen Gemeinschaft widerspiegelt und anderen mitgliedstaatlichen Regelungen, die sich solcher Anerkennung versperren - wie das deutsche Recht - als Vorbild dienen können[27].

2. Die Staatsangehörigkeit von Gesellschaften

Die Diskussion im italienischen internationalen Gesellschaftsrecht rankt sich neben dem *principio di riconoscimento* um die Frage der "*nazionalità*" einer Gesellschaft. Damit ist in Italien meist mehr gemeint als nur die Zuordnung einer Gesellschaft zu ihrer lex societatis: In Italien war und ist die Annahme lebendig, daß Gesellschaften eine Verknüpfung mit einem Staat aufweisen, die der der Staatsbürgerschaft natürlicher Personen (*cittadinanza*) entspricht. Auch die "Staatsangehörigkeit" von Gesellschaften stehe für einen Status mit eigenem Zuordnungsgehalt[28]. Das soll nach einer auch in der modernere Literatur

---

23 Davon scheinen aber *Sonnenberger/Großerichter* (RIW 1999, 721, 725) auszugehen.

24 Vgl. statt vieler *Broggini*, Società ed altri enti, S. 57, 62; *Simonetto*, Commentario Art. 2505 c.c., S. 395; *Vitta* (oben Fn. 12), S. 96. Zur Kontinuität zuziehender Gesellschaften vgl. ausführlich unten S. 150.

25 Vgl. hierzu ausführlich oben S. 64f.

26 So *Drobnig* (oben Fn. 3), S. 191.

27 Vgl. hierzu ausführlicher unten S. 244f.

28 Corte di Cass., 26 maggio 1969, n. 1857, Foro it. 1969, 2538, 2540 ("per le società il criterio di cittadinanza si sostituisce quello di nazionalità"); ebenso in der Literatur: *Biscottini*, Diritto amministrativo internazionale, S. 350ff, 353; *Caruso* (oben Fn. 5), S. 38; *Capotorti*, Riv.dir.int. 1958, 607, 614; *ders.*, Foro it. 1958, IV, 209, 212; *ders.* (oben Fn. 5), S. 975; *Ferri*, Le società, S. 90; *Monaco*, L'efficacia della legge nello spazio, S. 123ff, 125. Ebenso die h.M. unter Geltung des Cod.comm., vgl. *Anzilotti*, Riv.dir.int. 1912, II, 109, 110f, 123: "... La cittadinanza delle società commerciali, e in

vertretenen Ansicht zur Folge haben, daß eine Gesellschaft ihre Eigenschaft als ausländische Gesellschaft konserviere, auch wenn das anwendbare Gesellschaftsrecht wechselt[29].

Das Konzept der *nazionalità* einer Gesellschaft basiert auf der Annahme, es gebe eine beständige und untrennbare Verknüpfung zwischen der Rechtsordnung, die eine Rechtswirklichkeit erzeugt hat[30], und dem Fortbestehen dieser Rechtswirklichkeit; die *nazionalità* entspreche der "natürlichen Betrachtung dieses Phänomens"[31]. Diese These führt jedoch im Ergebnis zu einem Zirkelschluß, weil eine Gesellschaft nur unter der Voraussetzung erzeugt werden kann, daß ihre Erzeugerrechtsordnung anwendbar ist[32]. Zur Überbrückung dieser Schwierigkeit soll nach einer Ansicht die ursprüngliche Verknüpfung mit einer Rechtsordnung an den allerersten Sitz einer Gesellschaft gekoppelt sein[33]. Daran zeigt sich bereits, daß die *nazionalità* gerade kein "natürliches Phänomen" ist, da es bei Gesellschaften ebensowenig wie bei natürlichen Personen eine ursprüngliche oder tatsächliche[34] Anknüpfung der Staatszugehörigkeit gibt sondern lediglich eine rechtliche. Die Festlegung einer Verknüpfung der Person mit einem Staat und seiner Rechtsordnung bedarf einer gesetzgeberischen Entscheidung. Damit allerdings erweist sich das Konzept der "Staatsangehörigkeit von Gesellschaften" als "überflüssiges Bindeglied"[35]. Die moderne Literatur spricht sich daher überwiegend gegen die eigenständige

---

genere delle persone giuridiche, è determinata dal fatto stesso della loro creazione". Aus der deutschsprachigen Literatur *Moor* (oben Fn. 3), S. 26.

29 *Ballarino*, Dir.int.priv. (2.A.), S. 340; *ders.*, Dir.int.priv. (3.A.), S. 352; *ders.* (oben F. 6), S. 3, 36; *ders.*, Trattato di diritto privato, vol.17, S. 388 u. 400; *ders.*, Trattato delle s.p.a., S. 44. Vgl. zu seinem Konzept auch unten S. 149.

30 Die "Erzeugerrechtsordnung" wird in der italienischen Literatur unterschiedlich bezeichnet, teilweise als *legge di origine* (*Ballarino*, Trattato di diritto privato, vol.17, S. 400; *Coscia* (oben Fn. 7), S. 47), als *legge di provenienza* (*Rosselli*, Riv.not. 1983, 1212, 1214) oder *appartenza* (*Capotorti*, Riv.dir.int. 1958, 607, 614), zuweilen auch als schlicht als *legge nazionale* (so vor allem in der Rechtsprechung, vgl. Corte di Cass. (oben Fn. 28), Foro it., 1969, I, 2538).

31 *Ballarino*, Trattato delle s.p.a., vol.9.1, S. 45 und 46; *ders.* Trattato di diritto privato, vol.17, S. 391; zustimmend *Orione*, (oben Fn. 14), S. 34.

32 *Capotorti*, Riv.dir.int. 1958, 607, 614; *Caruso* (oben Fn. 5), S. 64, 66.

33 *Capotorti* (oben Fn. 32), S. 614; *ders.* (oben Fn. 7), S. 134; ähnlich *Coscia* ((oben Fn. 7), S. 100), nach dessen Ansicht die Zugehörigkeit einer Gesellschaft zu einem Staat aus der Tatsache resultiert, daß dieser Staat die Eintragung in ein Register anordnet.

34 *Lucchini/Manzato* (oben Fn. 12), S. 7.

35 *Beitzke*, Juristische Personen, S. 28 (der mit dieser Stellungnahme die Diskussion in Italien nicht unwesentliche geprägt hat); *ders.* Gutachten, S. 94, 97 ("überflüssiger Umweg"). Ebenso: *Caruso* (oben Fn. 5), S. 58 und S. 181; *Coscia* (oben Fn. 7), S. 28; *Luzzatto*, in: Problemi di riforma, S. 417, 428; *Rosselli*, Riv.not. 1983, 1213, 1214; *Santa Maria* (oben Fn. 7), S. 5. Aus der Literatur zur entsprechenden Sicht im deutschen internationalen Gesellschaftsrecht vgl. statt vieler *Kegel/Schurig*, Int.Priv.R., S. 505.

Bedeutung der *nazionalità* aus[36], und auch in der Diskussion um den Reformentwurf für ein IPRG wurde dringend davon abgeraten, die *nazionalità* als Anknüpfungskriterium für eine neue Kollisionsnorm zu verwenden[37]. Die Verdunklung des eigentlichen Problems durch das Scheingefecht um die *nazionalità* verhindere nur, einen gewinnbringenden Ausgangspunkt der Suche nach der lex societatis zu wählen[38]. Selbst *Capotorti*, der stärkste Verfechter des Konzeptes der *nazionalità*, räumte schließlich ein, daß mit der Anknüpfung *allein* an die *nazionalità* nicht viel gewonnen sei[39].

In der moderneren Literatur wird daher in aller Regel der Begriff *nazionalità* nur als nomen iuris für die Feststellung verwendet, welchem Recht eine Gesellschaft aufgrund des Kollisionsrechts unterstellt ist[40].

3. Die Bestimmung der lex societatis vor Neuregelung des IPR

Die Diskussion um die kollisionsrechtlichen Folgen einer grenzüberschreitenden Sitzverlegung ist wesentlich geprägt durch die Rechtslage vor der IPR-Reform; das jüngste Urteil zum Zuzug beispielsweise datiert aus dem Jahre 1990, so daß die Darstellung sich in weiten Teilen auf die frühere Rechtslage stützen muß. Dies ist auch rechtlich geboten, da sich die Rechtslage, sieht man von der Einführung einer bilateralen Kollisionsnorm ab, durch die IPR-Reform nicht wesentlich geändert hat[41].

---

36 *Benedettelli* (oben Fn. 3), S. 76; *Caruso* (oben Fn. 5), S. 58; *Leanza* (oben Fn. 9), S. 11ff; *Luzzatto* (oben Fn. 35), S. 427; *Vitta* (oben Fn. 12), S. 64. Vgl. auch die weiteren Nachweise Fn. 35.

37 Convegno su "Problemi di riforma del diritto internazionale privato", 1 e 2 giugno 1984 a cura del Consiglio nazionale del notariato (S. 669).

38 *Santa Maria* (oben Fn. 7), S. 5. Ebenso: *Costantino* (oben Fn. 19), S. 1362; *Luzzatto*, Enc. del diritto (voce: Persona giuridica (D.I.P.), S. 283; *Simonetto*, Commentario Art. 2505-2510 c.c., S. 352, 353 ("gefährliches Wortspiel"); *Vitta* (oben Fn. 12), S. 65; ähnlich *Lucchini/Manzato* (oben Fn. 12), S. 5. Für das deutsche Recht ebenso: *Behrens*, in: Hachenburg, GmbHG, Einl., Rn. 108 ("... nicht nur ohne Erkenntniswert und deshalb entbehrlich, sondern auch verwirrend").

39 Riv.dir.int. 1958, 607, 611; *ders.*, Riv.dir.int.priv.proc. 1965, 623, 628; *ders.*, Riv.soc. 1966, 972, 976; *ders.*, in: La riforma, S. 40.

40 Z.B.: *Vitta* (oben Fn. 12), S. 65: "nomen iuris, privo di contenuto proprio"; *Leanza* (oben Fn. 9), S. 12: "La cosidetta nazionalità delle società, infatti, indica esclusivamente l'esistenza di un collegamento tra la società e un dato ordinamento, da cui deriva la sottoposizione di tale ente al diritto materiale ivi vigente"; Ebenso: *Angelici* (oben Fn. 19), S. 1; *Colombo*, in: Iura Europeae, 40.80, S. 2; *Coscia* (oben Fn. 7), S. 31; *Graziani*, Diritto delle società, S. 3; *Greco*, Le Società, S. 487; *Königshofer*, Wechsel des Gesellschaftsstatuts, S. 19; *Luzzatto* (oben Fn. 38), S. 283; *Santa Maria* (oben Fn. 7), S. 5. Ebenso bereits *Anzilotti* (oben Fn. 28), S. 113. Letztlich mißt auch die Rechtsprechung der *nazionalità* keine eigenständige Bedeutung bei; *nazionale* bedeutet in der italienischen Rechtsprechung "in toto den italienischen Vorschriften unterworfen" (Corte di Cass. (oben Fn. 28), Riv.dir.int.priv.proc. 1970, 359).

41 Vgl. die Nachweise Fn. 75 und 76.

a. Die Suche nach einer Kollisionsnorm

Die herrschende Ansicht in Rechtsprechung und Literatur entnahm vor der IPR-Reform den - mit Art. 73 IPRG (l.218, 31 maggio 1995) weitestgehend aufgehobenen - *disposizioni sulla legge in generale* (disp.prel.) auch eine Aussage für das internationale Gesellschaftsrecht. Während eine ältere Ansicht die lex societatis mittels der lex contractus nach Art. 25 disp.prel. bestimmen wollte[42], teilte sich die herrschende Ansicht in zwei Lager: Teile der Rechtsprechung[43] und Literatur[44] betrachteten die "Anerkennungsnorm" des Art. 16 disp.prel. als ausreichend, da die Existenz der ausländischen Gesellschaft feststehe. Infolgedessen wurde Art. 16 disp.prel. eine Anknüpfung an das "Ursprungsrecht" entnommen[45]. Die wohl herrschende Ansicht in der Literatur[46], der sich auch die Rechtsprechung großteils anschloß[47], bestimmte die lex societatis über Art. 17 disp.prel., der für die Regelung des Standes und der Rechtsfähigkeit von Personen auf das Recht des Staates verwies, dem die Personen angehören[48]. Auf

---

42 *Balladore Pallieri*, Dir.int.priv. (1950), S. 134 ff; *Cassoni*, La nazionalizzazione, S. 63. Diese Ansicht ist spätestens seit der Umsetzung der Römer Vertragsrechtskonvention vom 19. Juni 1980 (*Convenzione di Roma*; umgesetzt durch l.18 dicembre 1984, n. 975) nicht mehr vertretbar, weil sich die Konvention in Art. 1, Ziff. 2, lit.e selbst für nicht auf gesellschaftsrechtliche Verträge anwendbar erklärt und das internationale Vertragsrecht nur noch mit dem Inhalt der *Convenzione di Roma* gilt (*Ballarino*, Trattato delle s.p.a., vol.9.1, S. 65 und S. 100). Die herrschende Meinung hat diese Ansicht daher seit langem verworfen (vgl. *Annibale*, Riforma, S. 154; *Caruso* (oben Fn. 5), S. 60; *Coscia* (oben Fn. 7), S. 22f; *Leanza*, Nov.dig.it. (1970), App. VII, voce: Società straniere, S. 694; *Mosconi*, Dir.int.priv., S. 35; *Ramondelli*, in: Imprese e doc.giur., S. 248; *Santa Maria* (oben Fn. 7), S. 3; *ders.*, Enc. di diritto, voce: Società (dir.int), S. 885; *Vitta* (oben Fn. 12), S. 75, 95.

43 Corte di Cass. (oben Fn. 8), Riv.dir.int.priv.proc. 1980, 631; Corte di Cass., 8 novembre 1971, n. 3147, Riv.dir.int.priv.proc. 1972, 808; Corte d'App. Milano (oben Fn. 11), Arch. civ. 1980, 928; Corte d'App.Venezia (oben Fn. 11), Foro it. 1975, I, 1832.

44 *Coscia* (oben Fn. 7), S. 86ff, S. 91. Ebenso: *Ballarino* (oben Fn. 30), S. 391; *ders.* (oben Fn. 42), S. 43f. Kritisch vor allem *Leanza* ((oben Fn. 3), S. 411) mit dem Hinweis, Art. 16 disp.prel. setze die bereits erfolgte Anerkennung der juristischen Person voraus.

45 *Ballarino* (oben Fn. 30), S. 400; *Coscia* (oben Fn. 7), S. 47.

46 *Capotorti*, Foro it. 1958, IV, 209, 212; *ders.* (oben Fn. 5), S. 974; *ders.*, in: La riforma, S. 114. Ihm folgend: *Bignami* (oben Fn. 19), S. 162; *Cassoni* (oben Fn. 16), c. 2004; *De Vita*, Le società, 1993, 139, 141.

47 Corte di Cass., 14 dicembre 1973, n. 3400, Riv.dir.int.priv.proc. 1974, 588; Trib. Napoli, 8 maggio 1974, Riv.dir.int.priv.proc. 1976, 804; Trib. Milano, 19 settembre 1968, Riv.dir.int.priv.proc. 1969, 1006, 1011 ("Lo status di una fondazione elvetica e ... sono disciplinati a stregua dell'Art. 17 disp.prel. dal diritto elvetico"); Trib. Torino, 14 dicembre 1955, Riv.dir.comm. 1956, II, 140; Trib. Milano, 10 giugno 1949, Foro pad. 1949, 675 (IG Farben). Vgl. auch die Nachw. bei *Monti*, Riv.soc. 1975, 1268, 1272.

48 Art. 17 disp.prel. lautete: "Lo stato e la capapcità delle persone e i rapporti di famiglia sono regolate dalle legge dello stato al quale esse appartengono". Art. 17 disp.prel. ist im Zuge der IPR-Reform aufgehoben worden durch Art. 73 IPRG.

die Befürworter des Art. 17 disp.prel. geht auch die Lehre von der Staatsangehörigkeit der Gesellschaften zurück[49]. Mangels eigenen Zuordnungsgehaltes der Staatsangehörigkeit von Gesellschaften, war der scheinbar "echte" Verweis des Art. 17 disp.prel. auf Hilfskriterien angewiesen, die den Artt. 2505, 2509 c.c. entnommen wurden[50]. Nach einem weiteren Vorschlag von *Vitta*[51] sollten Gesellschaften wie staatenlose natürliche Personen behandelt werden, so daß nach Art. 29 disp.prel. das Recht des Staates anzuwenden war, in dem ihr Satzungs- oder Verwaltungssitz lag[52].

Die neuere Literatur vermied den Umweg über Art. 17 disp.prel. und entnahm unmittelbar den Artt. 2505, 2509 c.c. die Anknüpfung der lex societatis[53], obwohl diese Normen systematisch nicht dem IPR sondern dem Gesellschaftsrecht zuzuordnen waren[54]. Danach unterstanden Gesellschaften[55] dem italienischen Recht, wenn sie ihren Verwaltungssitz oder ihren wesentlichen Geschäftsgegenstand in Italien hatten (Art. 2505 c.c.[56]) oder wenn sie in Italien

---

49 *Capotorti*, Riv.dir.int.priv.proc. 1965, 623, 627. Vgl. oben S. 117.

50 *Capotorti* (oben Fn. 49), S. 631; *ders.* (oben Fn. 7), S. 118; *ders.* (oben Fn. 5), S. 972; *Vitta* (oben Fn. 12), S. 76 und 81.

51 *Lucchini/Manzato* (oben Fn. 12), S. 3f; *Rosselli* (oben Fn. 35), S. 1214; *Vitta* (oben Fn. 12), S. 87.

52 Art. 29 disp.prel. (aufgehoben durch Art. 73 IPRG) lautete: "Se una persona non ha cittadinanza, si applica la legge del luogo dove risiede in tutti i casi nei quali ... dovrebbe applacarsi la legge nazionale". Dem Wohnsitz einer natürlichen Person (Art. 43 c.c.) steht gemäß Art. 46 Abs. 1 c.c. der Satzungssitz einer juristischen Person gleich; als Sitz der juristischen Person gilt nach Art. 46 Abs. 2 c.c. aber auch der Verwaltungssitz, wenn dieser nicht am Ort des Satzungssitzes liegt.

53 Cons.Stato, 12 febbraio 1974, n. 158, Foro it. 1974, III, c. 331. *Angelici* (oben Fn. 19), S. 1; *Ballarino* (oben Fn. 42), S. 38; *Santa Maria*, Le società nel dir. int. priv., S. 65f; *ders.*, Enc. di diritto, voce: Società (dir.int), S. 891f; *Simonetto*, Commentario Art. 2505-2510 c.c., S. 356.

54 *Ballarino* (oben Fn. 42), S. 33; *Bignami* (oben Fn. 19), S. 152; *Coscia* (oben Fn. 7), S. 32[illegible]; *Greco* (oben Fn. 40), S. 486ff; *Ramondelli*, temi rom. 1982, 60, 61; *Simonetto*, Commentario Art. 2505-2510 c.c., S. 348ff; *Vitta* (oben Fn. 12), S. 71.

55 Andere Personenzusammenschlüsse waren nicht erfaßt. "Gesellschaften" sind nach der Definition in Art. 2247 c.c. vertragliche Zusammenschlüsse von zwei oder mehr Personen, die Vermögen oder Leistungen einbringen, zur gemeinsamen Ausübung einer wirtschaftlichen Aktivität geschlossen mit dem Zweck, die Gewinne zu Teilen. Damit sah die h.M. bis zur Einführung der Ein-Mann-s.r.l. 1993 eingliedrige juristische Personen nicht als "Gesellschaften" an; problematisch war demzufolge vor allem die viel erörterte Anerkennung der Anstalten liechtensteinischen Rechtes. Die Kritik an der Enge des Anwendungsbereiches (vgl. z.B. *Bignami* (oben Fn. 19), S. 154; *Cassoni* (oben Fn. 16), c. 2005) hat in der Neufassung des IPR zu einer weiten Formulierung des Art. 25 Abs. 1 geführt (Siehe Fn. 73).

56 Art. 2505 c.c. lautete: "Società costituite all'estero con sede nel territorio dello Stato. Le società constituite all'estero, le quali hanno nel territorio dello Stato la sede dell'amministrazione ovvero l'oggetto principale dell'impresa, sono soggette, anche per i requisiti di validità dell'atto costitutive, a tutte le disposizioni della legge italiana".

gegründet worden waren (Art. 2509 c.c.[57]). Als *Kollisions*normen waren beide Vorschriften jedoch insofern "mangelhaft", als sie lediglich eine unilaterale Verweisung auf italienisches Recht enthielten, nicht aber auf ausländisches[58]. Die modernere Literatur hat wahlweise die Sitztheorie nach Art. 2505 c.c. oder die Gründungstheorie nach Art. 2509 c.c. "bilateralisiert": Während eine Ansicht die stärkere "anziehende" Kraft der Sitztheorie aus Art. 2505 c.c., die sich über die Gründung im Ausland hinwegsetzte, gegenüber der lediglich konservierenden Gründungstheorie nach Art. 2509 c.c. betonte[59], entnahm sich die wohl herrschende, von *Santa Maria* begründete Gegenansicht Art. 2509 c.c. die grundlegende Entscheidung des italienischen Gesetzgebers für die Gründungstheorie[60]. Art. 2505 c.c. limitiere die Anknüpfung nach der Gründungstheorie lediglich ausnahmsweise zum Schutz des inländischen Rechtsverkehrs[61]. Beide Ansichten vermochten jedoch nicht zu überzeugen, denn ebenso wie nach Art. 2505 c.c. das Sitzrecht das Gründungsrecht überwand, überwand umgekehrt nach Art. 2509 c.c. das Gründungsrecht das

---

57 Art. 2509 c.c. lautete: "Società costituite del territorio dello Stato con attività all'estero. Le società che si costituiscono nel territorio dello Stato, anche se l'oggetto della loro attività é all'estero, sono soggette alle disposizioni della legge italiana".

58 *Angelici*, Appunti sul „riconoscimento“ delle società straniere, S. 16; *ders.* (oben Fn. 19), S. 2; *Ballarino* (oben Fn. 42), S. 33; *Cagnasso/Irrera* (oben Fn. 21), S. 483; *Capotorti* (oben Fn. 7), S. 194; *Picone* (oben Fn. 9), S. 96.

59 *Coscia* (oben Fn. 7), S. 35- 37; ähnlich *Graziani* (oben Fn. 40), S. 5; *Simonetto*, Commentario Art. 2505 c.c., S. 388. Diesem Ansatz scheint auch Art. 29 disp.prel. (ersetzt durch Art. 19 IPRG), der Staatenlose dem Recht des Ortes unterwarf, an welchem sie ihren (Wohn-) Sitz haben, zuzustimmen (vgl. *Vitta* (oben Fn. 12), S. 85). Nach Ansicht von *Coscia* (a.a.O. S. 37) wollte der Gesetzgeber mit der Einführung des Art. 2509 c.c. lediglich vermeiden, daß die Sitztheorie auch für in Italien gegründete Gesellschaft gelte. Diesen Ansatz hat *Leanza* ((oben Fn. 9), S. 20) widerlegt mit der Begründung, daß eine Erweiterung des Art. 2505 c.c. zu einem unmöglichen Ergebnis führte, wenn der wesentliche Geschäftsgegenstandes in dem einen Land (z.B. Italien), der Verwaltungssitz aber in einem anderen Land läge. Die Bilateralisierung scheitert also an den Anknüpfungskriterien des Art. 2505 c.c. selbst.

60 Grundlegend: *Santa Maria*, Le società nel dir. int. priv., S. 105, 107. Ihm folgend: *Broggini*, in: La riforma, S. 283, 294; *Costantino* (oben Fn. 19), S. 1361; *Luzzatto* (oben Fn. 35), S. 431; *Monti* (oben Fn. 49), S. 1270. Aus der Rechtsprechung.: Trib. Roma, 16 gennaio 1953, Temi rom. 1954, 114; Trib. Genova, 21 febbraio 1948, Giur.compl.cass.civ. 1948, III, 873. Zur Begründung berief sich *Santa Maria* auf die Geschichte des Gesellschaftskollisionsrechtes, das bereits mit der Vorgängernorm, Art. 230 Cod.comm. auf den Gründungsort abgestellt hatte (Art. 230 Cod.comm. definierte die "*società estere*" als "*società legalmente costituite in paese estero*"), vgl. *Santa Maria*, a.a.O., S. 108, 109; *ders.*, Enc. di diritto, voce: Società (dir.int), S. 895. Ebenso zur Rechtslage unter Geltung des Cod.comm. *Anzilotti* (oben Fn. 28), S. 115.

61 *Santa Maria* (oben Fn. 60), S. 105. Die Sitztheorie hat seiner Ansicht nach nur eine relative Geltung, das Gründungsrecht hingegen eine absolute, weil der Verbleib des Verwaltungssitzes für in Italien gegründete Gesellschaften nach Art. 2509 c.c. unbeachtlich sei.

Sitzrecht[62]. Diese Pattsituation von Sitz- und Gründungstheorie wurde bis zur Reform nicht gelöst, und auch nach der Reform darf man Zweifel an dem Vorrang der einen oder der anderen Theorie geltend machen[63].

Nach einer in der modernen Literatur verbreiteten Ansicht lag der Normierung lediglich einer *vis attractiva*[64] im italienischen Kollisionsrecht eine bewußte Entscheidung des Gesetzgebers für ein offenes System des internationalen Gesellschaftsrechtes zugrunde[65]. Das italienische Recht sollte demnach nur seinen eigenen Anwendungsbereich abgrenzen (*funzione delimitativo*)[66]. Als entscheidenden Vorteil eines solchen Systems betrachtete man die Selbstanknüpfung (*autocollegamento*) des ausländischen Rechts, das *prima facie* auf die Gesellschaft anwendbar war, in der Regel das Gründungsrecht[67].

b. Die Praxis der Rechtsprechung

Das "theoretische Durcheinander" im italienischen internationalen Gesellschaftsrecht findet sich auch in der Rechtsprechung wieder, die einer Art "Theorie der freien Wahl" anzuhängen schien[68]. Während Teile der Recht-

---

62 So auch *Leanza* ((oben Fn. 9), S. 17): "Die Interpretation des Art. 2505 c.c. als Ausnahme zu Art. 2509 c.c. ist ebenso möglich wie die umgekehrte Ansicht, Art. 2509 c.c. bilde die Ausnahme zu Art. 2505 c.c.". Ebenso *Caruso* (oben Fn. 5), S. 140 und S. 182; *Vitta* (oben Fn. 12), S. 82.

63 Vgl. hierzu unten S. 128.

64 *Leanza* (oben Fn. 9), S. 22: "Agli artt. 2505 e 2509 c.c. è del tutto estranea la funzione di riconoscere le società straniere, stabiliscono solo quando le società devono essere regolate dal diritto materiale italiano"; ebenso *Simonetto*, Commentario Art. 2505-2510 c.c., S. 382.

65 *Angelici*, Appunti sul „riconoscimento“ delle società straniere, S. 27; *Caruso* (oben Fn. 5), S. 188, 189; *Leanza* (oben Fn. 3), S. 410; *Picone* (oben Fn. 9), S. 101. Teilweise wurde auch aufgrund des Bestehens einer ausdrücklichen Anerkennungsnorm, Art. 16 disp.prel. (vgl. Fn. 43 und 44), eine Kollisionsregel für überflüssig gehalten (diese Ansicht vertritt *Ballarino* (oben Fn. 42), S. 42). Zum Prinzip eines Systems einseitiger Kollisionsnormen vgl. *Quadri*, Lezioni di dir.int.priv., S. 238; *Kropholler*, Int.Priv.R., S. 93.

66 *Angelici*, Appunti sul „riconoscimento“ delle società straniere, S. 21; *Caruso* (oben Fn. 5), S. 183, 184; *Coscia* (oben Fn. 7), S. 101; *Leanza* (oben Fn. 42), S. 693; *Luzzatto* (oben Fn. 35), S. 427 (es soll nicht die lex fori sein, die über die *nazionalità* der nicht ihr angehörenden Subjekte entscheidet). Ähnlich *Ballarino* (oben Fn. 42), S. 40, 41. Vgl. zur Auseinandersetzung mit dem System unilateraler Kollisionsnormen im deutschen Recht *Kropholler* (oben Fn. 65), S. 91f. Seit der IPR-Reform ist das Problem der Respektierung der ausländischen Rechtsentscheidung über seine Anwendbarkeit durch die Einführung des *renvoi* in Art. 13 IPRG gelöst.

67 *Leanza* (oben Fn. 42), S. 693. Ähnlich *Ballarino* (oben Fn. 42), S. 47; *ders.*, Dir.int.priv. (2.A.), S. 343, 344. Aus der deutschen Literatur: *Terlau* (oben Fn. 19), S. 38.

68 So auch die Kritik von *Cagnasso/Irrera* (oben Fn. 21), S. 483; *Capelli*, Dir.com.scamb.int. 1996, 187; *Lucchini/Manzato* (oben Fn. 12), S. 6 und 7; *Vitta* (oben Fn. 12), S. 73.

sprechung der Gründungstheorie folgten und den Verwaltungssitz nur als Korrektiv heranzogen[69], wandten andererseits einige Gerichte die Sitztheorie an[70]; die höchstrichterliche Rechtsprechung enthielt sich einer Klärung und akzeptierte "den Gründungsort, den Verwaltungssitz oder den Hauptgeschäftsgegenstand" zur Bestimmung der Staatszugehörigkeit[71]. Als Ergebnis läßt sich somit lediglich festhalten, was *Edoardo Vitta* bereits 1973 konstatierte[72], daß nämlich ein Tätigwerden des Gesetzgebers dringend notwendig war.

4. Die Regelung des IPRG von 1995

Die Reform des IPR hat mit Art. 25 Abs. 1 Satz 1 IPRG (l. 31 maggio 1995, n.218) eine allseitige Kollisionsnorm eingeführt, wonach

> "die Gesellschaften[73] ... von dem Recht des Staates geregelt [werden], in dessen Territorium das Gründungsverfahren abgeschlossen worden ist".

---

69 So z.B. Trib. Genova (oben Fn. 60), Giur.compl.cass.civ. 1948, III, 873 (noch unter Berufung auf die Vorgängernorm Art. 230 cod.comm.); Trib. Roma (oben Fn. 60), temi rom. 1954, 114; Trib. Genova, 31 marzo 1967, Riv.dir.int.priv.proc. 1967, 802.

70 Corte d'App. Bari, 12 aprile 1955, Rep.Giur.it. 1955, II, voce: società, n. 386 (c. 2888); ebenso (vor Verabschiedung der Artt. 2505, 2509 c.c.) Trib. Roma, 15 febbraio 1935, Foro it. 1935, I, 1291.

71 Cons. Stato, IV, 12 febbraio 1974, n. 180, Foro it. 1974, III, 331. Ähnlich der *Tribunale di Torino* im Fall Hardtmuth ((oben Fn. 47), Riv.dir.comm. 1956, II, 140), wonach die *nazionalità* festgelegt werde "nach dem Sitz der Verwaltung *oder* nach dem Gründungsort". Ähnlich auch Corte d'App. Genova, 27 giugno 1953, Dir. e pratt. trib. 1954, II, 25.

72 *Vitta* (oben Fn. 12), S. 76: "La ricerca del resultato migliore ... appare oltremodo opportuna e, anzi, neccessaria in sede di riforma legislativa".

73 Art. 25 IPRG gilt - außer für Gesellschaften - für "Vereine, Stiftungen und alle anderen Personenzusammenschlüsse, [gleich ob] öffentlich oder privat und unabhängig davon, ob sie Verbandscharakter haben" (im Wortlaut: "..., le associazioni, le fondazione ed ogni altro ente, pubblico o privato, anche se privo di natura associativa"); auch joint ventures werden erfaßt (Corte d'App. Milano, 14 gennaio 2000, Riv.dir.int.priv.proc. 2000, 172. Zu dieser Frage im deutschen internationalen Gesellschaftsrecht vgl. *Goethel*, Joint ventures im internationalen Privatrecht (1999), S. 59ff). Anlaß für die Erweiterung des Anwendungsbereiches war die Kritik an Artt. 2505, 2509 c.c., die nur auf Personenzusammenschlüsse anwendbar waren, wie das italienische Recht als "Gesellschaften" ansah; bis zur Einführung der *s.r.l. con unico socio* war daher auch die Anwendung auf eingliedrige Gesellschaften, z.B. die Anstalt liechtensteinischen Rechtes, problematisch. Zur Vermeidung dieser Schwierigkeiten bekräftigt Art. 25 Abs. 1 IPRG die Anwendung der Kollisionsnorm auch auf "*enti privo di natura associativa*" (vgl. *Bignami* (oben Fn. 19), S. 121; *Pocar*, IPRax 1997, 145, 160). Die Verwendung des Begriffes *ente* in Art. 25 IPRG ist nicht unproblematisch und hat zu einigen Übersetzungsschwierigkeiten geführt: Teilweise wird ihm der Verweis auf "juristische Personen" zugeschrieben (so von *Moor* (oben Fn. 3), S. 39 (an anderer Stelle, auf S. 33, überzetzt *Moor* "*ente*" mit "Einrichtung"); *Siehr*, IPRax 1996, 360). Allerdings ist Art. 25 IPRG unstreitig - und trotz der in die gegengesetzte Richtung weisenden Überschrift des Kapitels ("*Persone giuridiche*") - auch auf Rechtsformen anwendbar, die keine eigene

Nach Art. 25 Abs. 1 Satz 2 IPRG

> "wird dennoch italienisches Recht angewandt, wenn der Sitz der Verwaltung in Italien liegt, oder wenn sich der wesentliche Gegenstand des Unternehmens in Italien abspielt".

a. Art. 25 Abs. 1 IPRG: Sitz- oder Gründungstheorie

Art. 25 Abs. 1 IPRG besteht aus einer bilateralen und aus einer unilateralen Kollisionsnorm: Satz 1 knüpft an das Recht des Staates, in welchem das Gründungsverfahren vollendet worden ist; dies gilt im Unterschied zur Vorgängernorm Art. 2509 c.c. auch für eine Gründung im Ausland[74]. Man kann dieses bilaterale Bekenntnis zur Gründungstheorie als ein wenig "scheinheilig" bezeichnen, denn Satz 2 erklärt italienisches Recht *dennoch* für anwendbar, wenn Verwaltungssitz oder Geschäftsschwerpunkt *in Italien* liegen. Einseitig knüpft das italienische internationale Gesellschaftsrecht also nach wie vor an die Sitztheorie an. Damit ist das altbekannte Nebeneinander von Sitz- und Gründungstheorie erhalten geblieben. Maßgebliche Stimmen in der Literatur halten die Einführung einer *bi*lateralen Kollisionsnorm daher für die einzige inhaltliche Neuerung der Reformgesetzes[75]. Für *italienische* Gesellschaften

---

Rechtspersönlichkeit besitzen; es soll jedes Zuordnungssubjekt von Rechten und Pflichten (*soggetto di diritto*) erfaßt werden, das keine natürliche Person ist (vgl. die Begründung der Expertenkommission, Riv.dir.int.priv.proc. 1989, 932, 958: "la categoria si estende anche ad enti non personificati, o ad enti la cui personalità è diversa"; ebenso *Annibale* (oben Fn. 42), S. 152; *Benedettelli* (oben Fn. 3), S. 44; *Broggini* (oben Fn. 24), S. 58; *Mosconi* (oben Fn. 42), S. 29; *Ramondelli* (oben Fn. 7), S. 1404; *Seatzu*, Giur.comm. 1997, I, 830, 833. Aus der deutschen Literatur: *Kindler*, RabelsZ 61 (1997), 227, 282; *Terlau* (oben Fn. 19), S. 40, 41). Mit der Bezeichnung "*ente*" wird nicht "auf das formale Verständnis von Rechtspersönlichkeit" Bezug genommen (*Angelici*, Quaderni della Riv.trim.dir.proc.civ. 1996, 111, 115). Die Übersetzung von "*ente*" als "juristische Person" ist auch insofern unvorteilhaft, als weder in Italien (vgl. *Graziani* (oben Fn. 40), S. 44-51; *Ramondelli* (oben Fn. 42), S. 241ff) noch in Deutschland (vgl. die Darstellung bei *K.Schmidt*, Gesellschaftsrecht, S. 189-193) eine einheitliche Vorstellung darüber herrscht, was genau eine juristische Person ist. Im italienischen Recht haben die verselbständigte Rechtspersönlichkeit (*personalità giuridica*) neben den Vereinen etc. nur die Kapitalgesellschaften gemäß Art. 2331 c.c.; *persona giuridica* kann aber auch eine Gesellschaft ohne *personalità giuridica* sein, beispielsweise die *società semplice*, weil sie *soggetto di diritto* ist und als "juristisches Phänomen" anerkannt ist (vgl. z.B. *Graziani* (oben Fn. 40), S. 47). Für diese Arbeit wird daher die Übersetzung von "ente" als "Personenzusammenschluß" oder "Unternehmen" bevorzugt (ebenso der Übersetzungsvorschlag von *Angelici* (Quaderni della Riv.trim.dir.proc.civ. 1996, 111, 116)).

74 *Ballarino*, Dir.int.priv. (3.A.), S. 357; *Benedettelli* (oben Fn. 3), S. 61; *Luzzatto/Azzolini*, in: Dig.disc.priv.- sez.comm. (XIV), S. 136, 146.

75 *Ballarino*, Dir.int.priv. (3.A.), S. 351; *Capelli* (oben Fn. 68), S. 187; *ders.* Le società 1995, 1153, 1154; *Fimmanò*, Le società 1997, 574, 575; *Santa Maria*, in: FS Broggini, S. 473, 475; *Vitta*, Riv.dir.int. 1986, 5, 22. Ebenso der Berichterstatter Riz an die *Commissione permanente* am 17. Mai 1995 (vgl. hierzu sogleich S. 127). Aus der

bzw. für den Anwendungsbereich des italienischen Rechtes hat sich die Situation überhaupt nicht verändert[76].

aa. Der Vorschlag der Kommission und der Regierung

Daß sich der Gesetzgeber für die allseitige Anknüpfung an den Gründungsort entschieden hat, ist nach einem Blick in die Geschichte des Art. 25 IPRG durchaus überraschend. Nach dem Vorschlag der Expertenkommission beim Justizminister, der dem Minister am 26.10.1989 unterbreitet wurde[77] und den der Regierungsentwurf n. 1192/93 nahezu gleichlautend wiederholt, sollte die Kollisionsregel für Gesellschaften lauten:

> "Die Gesellschaften (und andere Personenzusammenschlüsse) unterstehen dem Recht des Staates, in welchem sich ihre *zentrale Verwaltung* befindet. Ohne einen entsprechenden Gegenbeweis wird vermutet, daß sich die *zentrale Verwaltung* am Ort des Satzungssitzes befindet. Auf jeden Fall findet italienisches Recht Anwendung, wenn die Hauptgeschäftstätigkeit der betroffenen Verbände vorwiegend in Italien ausgeübt wird"[78].

Die Sitztheorie schien der Kommission vorzugswürdig, weil man Schwierigkeiten befürchtete bei der Feststellung des Gründungsortes von Gesellschaften ohne Rechtsperson, die durch den einfachen Vertragsschluß entstehen[79]. Praktisch erleichtert wurde das Auffinden des Verwaltungssitzes außerdem durch die Vermutungsregel des Satz 2. Der Kommissionsentwurf ist großteils als Ausdruck der "*Satzungs*sitztheorie" interpretiert worden, weil wegen der Vermutungsregel praktisch nur hilfsweise - nämlich bei

---

deutschsprachigen Literatur: *Kindler* (oben Fn. 73), S. 282; *Kronke*, in: Die GmbH im IPR und EuR, I, Rn. 52; *Terlau* (oben Fn. 19), S. 37.

76 *Munzi*, Impresa comm.industr. 1997, 288, 289. Ebenso *Capelli* (oben Fn. 68), S. 188; *Daniele*, Corr.giur. 1995, 1242.

77 Documenti giustizia Nr.1, 1990, S. 260; der Gesetzesentwurf der Kommission ist außerdem veröffentlicht in Riv.dir.int.priv.proc. 1989, 932 und Riv.dir.int. 1990, 741.

78 Hervorh.v.Verf. Im Wortlaut: "Le società, le associazioni, le fondazioni ed ogni altro ente, pubblico o privato, anche se privo di natura assiciativa, sono sottoposti al diritto dello Stato nel quale si trova la loro amministrazione centrale. Salvo prova contraria si presume che l'amministrazione centrale si trovi nel luogo della sede statutaria. In ogni caso si applica il diritto italiano se l'attività di tali enti si svolge prevalentemente in Italia".

Der Regierungsentwurf (veröff. in: La riforma (Gaja), S. 453) lautete: "Le società, le associazioni, le fondazioni ed ogni altro ente, pubblico o privato, anche se privo di natura assiciativa, sono disciplinati dalla legge dello Stato nel quale si trova la loro *amministrazione*. Salvo prova contraria si presume che l'amministrazione si trovi nel luogo ove, *per statuto*,è fissata *la sede*. In ogni caso si applica il diritto italiano se l'attività di tali enti si svolge prevalentemente in Italia." (Hervorh.v.Verf.).

79 Begründung des Kommissionsentwurfes (Riv.dir.int.priv.proc. 1989, S. 932, 958ff.); ebenso: *Azzolini* (oben Fn. 7), S. 902; *Daniele* (oben Fn. 76), S. 1242; *Mosconi* (oben Fn. 42), S. 31.

Auseinanderfallen von Verwaltungs- und Satzungssitz - auf den Ort der "zentralen Verwaltung" abgestellt wurde[80]; der Ort der zentralen Verwaltung wird gerade nicht als Sitz der Gesellschaft angesehen.

bb. Die Regelung des Art. 25 Abs. 1 IPRG

Erst im buchstäblich letzten Moment, nämlich Anfang April 1995, einen Monat vor Verabschiedung des von 1989 bis 1995 diskutierten Gesetzesentwurfes[81], ist Art. 25 von der *Camera dei Deputati* in wesentlichen Teilen neuformuliert, wenn nicht gar "auf den Kopf gestellt" worden[82], obwohl die Absätze 2 und 3 der von der Kommission vorgeschlagenen Norm in unveränderter Form beibehalten wurden. Das Umstellen der allseitigen Kollisionsnorm von der Sitztheorie auf die Gründungstheorie und die Beibehaltung der Sitztheorie als einseitiger Ausnahme war von einigen Stimmen aus der Rechtswissenschaft angeraten worden[83]. Auf der Suche nach den Motiven des Gesetzgebers für dieses plötzliche Umschwenken bleibt man allerdings recht erfolglos. Die einzige offizielle und veröffentlichte Begründung zum IPRG bezieht sich auf den Regierungsentwurf von 1993, der aber noch von der Sitztheorie ausgeht. Brauchbare Anhaltspunkte geben allein die parlamentarischen Debatten, deren Protokolle hingegen nicht vermuten ließen, man hätte es bei dieser Entscheidung mit einem der grundlegendsten Theorienstreits des internationalen Gesellschaftsrechtes zu tun: Über die Entscheidung für die Gründungs- und gegen die Sitztheorie sind tatsächlich nur sehr wenige Worte verloren worden.

Die erste Anregung, die Kollisionsnorm in dem vom Senat bereits gebilligten Regierungsentwurf von der Sitztheorie auf die Gründungstheorie umzugestalten, gab *Li Calzi* in der Sitzung der *II. Commissione permanente* beim Justizminister vom 7. März 1995. Sie begründete ihren Vorschlag damit, das Kriterium der Gründung sei "klarer", da "die konkrete Individualisierung der Verwaltung oft schwierig" sei[84]. Dem widersprach der Staatssekretär *Ricciardi*, da sich der Zeitpunkt des Abschlusses des Gründungsverfahrens nur für Gesellschaften und juristische Personen eigne. Mit dem Kriterium des Verwaltungssitzes blieben dem Richter komplexe juristische Rekonstruktionen

---

80 *Azzolini* (oben Fn. 7), S. 909; *Broggini* (oben Fn. 24), S. 67.

81 Vgl. die übersichtliche Darstellung der Gesetzgebungsgeschichte bei *Iaccarino* (oben Fn. 12), S. 203, und im Anhang bei *Pocar*, Il nuovo diritto internazionale privato.

82 *Broggini* (oben Fn. 24), S. 67: "Das, was für *Vitta* (der der Kommission vorsaß) die Regel war, ist heute die Ausnahme". Vgl. aber Fn. 75.

83 *Luzzatto* (oben Fn. 35), S. 429; *Santa Maria*, Dir.comm.comunitaria, S. 68. Ebenso *Broggini*, Riv.dir.int. 1992, 30 (zum Entwurf), und zur tatsächlich verabschiedeten Kollisionsnorm *ders.* (oben Fn. 24), S. 63). Es muß wohl auch nicht als Zufall genommen werden, daß die verabschiedete Fassung des Art. 25 IPRG inhaltlich identisch ist mit der Interpretation, die *Santa Maria* bereits zu Artt. 2505, 2509 c.c. vorgeschlagen hatte (vgl. hierzu oben S. 122 und die Nachweise Fn. 60), denn *Santa Maria* wird als der stille Urheber des Art. 25 Abs. 1 IPRG bezeichnet.

84 Documentazione, Bd.2, S. 137 (Protokoll der Sitzung am 7. März 1995).

erspart[85]. Der *Camera dei Deputati* wurde der Änderungsvorschlag in der Sitzung vom 6. April 1995 unterbreitet, in welcher er mit 320 zu 20 Stimmen angenommen wurde[86]. Der Berichterstatter *Riz* begründete dies gegenüber der *II. Commissione permanente* am 17. Mai 1995 damit, durch die Änderungen des Abs. 1 werde die Substanz der Norm im Verhältnis zu der von der IPR-Kommission und der Regierung vorgeschlagenen Fassung nicht verändert, ferner nehme der neue Vorschlag substantiell die bisherige Rechtslage wieder auf[87].

Die Gründe für das Umschwenken von der Sitztheorie auf die Gründungstheorie lassen sich im wesentlichen darauf zusammenfassen, daß man das Kriterium des Gründungsortes für präziser und leichter handhabbar hielt[88]; Schutzerwägungen spielten darüber hinaus keine Rolle[89]. Ferner wurde die Gründungstheorie insbesondere *nicht* zur Erleichterung der in Art. 25 Abs. 3 IPRG vorgesehenen grenzüberschreitenden Sitzverlegung eingeführt, und auch den gemeinschaftsrechtlichen Fragen hat der Gesetzgeber jedenfalls nicht explizit Beachtung geschenkt.

cc. Hintergründe der Kombination von Sitz- und Gründungstheorie

Eine allseitige Gründungstheorie ohne Einschränkung durch die Sitztheorie hat man auch für das Reformgesetz nicht gewollt und damit das altbekannte Nebeneinander der beiden im Grunde gegensätzlichen Theorien aufrecht erhalten. Dem italienischen Gesellschaftskollisionsrecht wird daher dogmatische Inkonsequenz[90] und Kooperationsfeindlichkeit[91] vorgeworfen, weil sie durch die Erweiterung des Anwendungsbereiches des italienischen Rechtes die gleichzeitige Anwendbarkeit zweier Rechtsordnungen fördert[92].

Mit der Begrenzung der Gründungstheorie durch die Sitztheorie soll verhindert werden, daß das als streng erachtete italienische Gründungsrecht umgangen werden kann; nach dem ausdrücklichen Willen des Gesetzgebers sollten insbesondere *pseudo-foreign-corporations* nicht als wirksam errichtet

---

85 A.a.O. Diesen Ansicht vertrat *Ricciardi* später jedoch nicht mehr (vgl. Stenographisches Protokoll der Sitzung am 6. April 1995 der Camera dei Deputati, Documentazione, Bd.2, S. 182).

86 Senat, XII. Legislatura, doc. 472-B, Bd.2, S. 217.

87 Documentazione, Bd.2, S. 239.

88 *Iaccarino* (oben Fn. 12), S. 204.

89 So auch *Piccoli/Zanolini* (oben Fn. 15), S. 171.

90 *Graziani* (oben Fn. 40), S. 5. Aus der deutschsprachigen Literatur auch *Vischer*, in: IntGesR, S. 27, 31 ("seltsame Zwitterlösung") und *Borges* (RIW 2000, 167, 176): "Diese Regelung kann man genauso gut als modifizierte Sitztheorie wie als modifizierte Gründungstheorie ansehen".

91 *Munzi* (oben Fn. 76), S. 289; *Ramondelli* (oben Fn. 7), S. 1407; kritisch aus der deutschsprachigen Literatur auch *Ebenroth*, Verdeckte Vermögenszuwendungen, S. 350; *Kindler* (oben Fn. 73), S. 281.

92 Vgl. zu dem hierdurch entstehenden Problem der *doppia nazionalità* unten S. 139.

angesehen werden[93]. Prinzipiell hielt und hält man es auch in Italien zum Schutze des Rechtsverkehrs für erforderlich, Gesellschaften dem Recht zu unterwerfen, in dessen Geltungsbereich sich ihre wirtschaftliche Aktivität abspielt, weil der Rechtsverkehr auf die Einhaltung der Vorschriften des Landes vertraut, in welchem die Gesellschaft agiert[94]. Daher muß eine Gesellschaft italienisches Recht befolgen, wenn sie ihre wirtschaftliche Aktivität auf Italien ausrichtet[95], damit der italienische Rechtsverkehr nicht beständig mit Gesellschaften konfrontiert ist, deren rechtliche Struktur und Haftungsverhältnisse den italienischen Grundsätzen fremd sind[96], vor allem im Hinblick auf Kapitalschutz- und Haftungsvorschriften[97]. Der Einführung der Gründungstheorie in Art. 2509 c.c. lag ursprünglich zum einen der Gedanke zugrunde, daß eine Gesellschaft in Italien nur nach italienischem Recht errichtet werden könnte, unabhängig davon, wo sich ihre geschäftliche Aktivität befand, zum anderen aber auch das Ziel zu vermeiden, daß italienische Gesellschaften der Anwendung des italienischen Rechtes nachträglich "entfliehen" könnten[98].

b. Die Anknüpfungsmerkmale des Art. 25 IPRG

Art. 25 Abs. 1 IPRG verwendet dieselben Anknüpfungskriterien wie vormals die Artt. 2505, 2509 c.c.[99]: *luogo di costituzione, sede dell'amministrazione* und *oggetto principale dell'ente*; für ihre Bestimmung und Anwendung kann und muß daher auf die alte Rechtslage zurückgegriffen werden[100].

---

93 So ausdrücklich die Begrüdnung zu Art. 2505 c.c. (1942): Relazione al c.c., n. 1024, vgl. hierzu *Coscia* (oben Fn. 7), S. 146, 147; *Ramondelli* (oben Fn. 54), S. 63. Dieselbe Begründung für die Sitztheorie findet sich in der Begründung des Regierungsentwurfes für das Reformgesetz (Relazione al disegno di legge n. 1192/93, S. 14), vgl. z.B. *Azzolini* (oben Fn. 7), S. 901 und 911.

94 Vgl. statt vieler *Azzolini* ((oben Fn. 7), S. 901 und 911), die dies als "Unbehagen" über die Tatsache des Auseinanderfallens von Gründungs- und Verwaltungssitz.

95 Trib. Roma (oben Fn. 8), Giust.civ. 1964, I, 698, 702. Ebenso *Angelici* (oben Fn. 19), S. 1; *ders.*, Quaderni della Riv.trim.dir.proc.civ. 1996, 111, 113; *Luzzatto/Azzolini* (oben Fn. 74), S. 149. Nach Ansicht von *Piccoli/Zanolini* ist die "notwendige Intervention" des italienischen Rechtes aufgrund der Sitztheorie durch "besondere Forderungen nationalen Charakters gerechtfertigt" ((oben Fn. 15), S. 169 u. 174f).

96 *Annibale* (oben Fn. 42), S. 153, 154; *Ballarino* (oben Fn. 42), S. 61; *Santa Maria* (oben Fn. 7), S. 7. Vgl. auch *Picone* (oben Fn. 9), S. 96.

97 Vgl. *Santa Maria* (oben Fn. 60), S. 192. Ebenso zum Reformgesetz statt vieler *Fimmanò* (oben Fn. 75), S. 576.

98 *Coscia* (oben Fn. 7), S. 148.

99 Wortlaut der Normen siehe oben Fn. 56 u. 57.

100 *Ballarino*, Dir.int.priv. (3.A.), S. 363, 365; *Benedettelli* (oben Fn. 3), S. 90; ebenso aus der deutschsprachigen Literatur *Moor* (oben Fn. 3), S. 41.

aa. Art. 25 Abs. 1 Satz 1 IPRG: Anknüpfung an das Gründungsrecht

Nach Art. 25 Abs. 1 Satz 1 IPRG wird die lex societatis bestimmt nach dem "Recht des Staates, in dessen Territorium das Gründungsverfahren abgeschlossen worden ist"[101]. Nimmt man die Norm beim Wort, so stellt sie auf den historischen Moment der Gründung ab und auf die Rechtswahl der Gründer, unabhängig von einem späteren Wechsel des Ortes des Satzungssitzes. Es gibt jedoch Anzeichen für die Vermutung, daß der italienische Gesetzgeber das *so* nicht gemeint hat[102].

(1) Inhalt der teoria dell'incorporazione

In der italienischen Rechtswissenschaft ist man von einem einheitlichen Verständnis der Gründungstheorie weit entfernt, was sich vor allem in den Unterschieden in der Definition des Anknüpfungsmerkmals "Gründungsort" zeigt, was teilweise übergangen wird[103], teilweise aber für eine nutzbringende Diskussion als unerläßlich betrachtet wird[104].

Die Ansicht, die entsprechend dem Wortlaut des Art. 25 Abs. 1 Satz 1 IPRG auf den Ort abstellt, an dem die Gesellschaft ursprünglich entstanden ist, wird nur vereinzelt vertreten[105]. Die überwiegende Literatur benutzt als Anknüpfungsmerkmal der Gründungstheorie nach Art. 25 Abs. 1 Satz 1 den Satzungssitz (*sede statutaria*)[106], was die Vertreter dieser Ansicht häufig als

---

[101] Art. 25 Abs. 1 Satz 1 IPRG lautet: "Le società ... sono disciplinati dalla legge dello Stato nel cui territorio è stato perfezionato il procedimento di costituzione."

[102] *Luzzatto/Azzolini* (oben Fn. 74), S. 147.

[103] *Benedettelli* (oben Fn. 3), S. 61; *Piccoli/Zanolini* (oben Fn. 15), S. 173. Ebenso *Vitta* (oben Fn. 12), S. 62, 63; aus der deutschsprachigen Literatur *Moor* (oben Fn. 3), S. 15. Eine Differenzierung erfolgt auch im deutschen Recht nicht immer, was sich darin zeigt, daß die Vertreter der Gründungstheorie zu unterschiedlichen kollisionsnrechtlichen Folgen der Verlegung des Satzungssitzes gelangen: Während überwiegend davon ausgegangen wird, damit wechsele das anwendbare Recht (*Behrens*, IPRax 1999, 323, 330; *ders.*, in: Die GmbH im IPR u. EuR, IPR Rn. 62; *ders.*, EuZW 1998, Heft 12, Editorial; *ders.*, EuZW 2000, Heft 13, Editorial; *Lutter*, in: IntGesR, S. 129, 151; *Roth*, ZGR 2000, 311, 331; *Zimmer*, IntGesR, S. 200), gehen andere von der unveränderten Beibehaltung der deutschen lex societatis aus (*Hoffmann*, ZHR 164 (2000), 43, 45).

[104] *Angelici*, Quaderni della Riv.trim.dir.proc.civ. 1996, 111, 126, 127; *Luzzatto/Azzolini* (oben Fn. 74), S. 147; aus der deutschsprachigen Literatur *Rindisbacher* (oben Fn. 3), S. 53.

[105] *Benedettelli* (oben Fn. 3), S. 62; *Fimmanò* (oben Fn. 75), S. 575; unklar: *Franceschelli*, Nuovo D.I.P., S. 43 ("criterio dell'incorporazione seguito negli Stati Uniti"); ähnlich auch *Daniele* (oben Fn. 76), S. 1043, der davon ausgeht, der Norm fehle jeder Bezug auf den Satzungssitz. Vgl. aus der deutschsprachigen Literatur *Moor* (oben Fn. 3), S. 15 u. S. 40.

[106] *Luzzatto/Azzolini* (oben Fn. 74), S. 146; *Seatzu* (oben Fn. 73), S. 834; *Vitta* (oben Fn. 12), S. 63. Vgl. auch *Ballarino* (oben Fn. 42), S. 14; *Broggini* (oben Fn. 60), S. 292- 295), der den Satzungssitz als einziges objektives und zuverlässiges Kriterium ansieht, weil es dokumentiert ist und kontrolliert werden kann; ebenso der Berichterstatter des Convegno su "Problemi di riforma del diritto internazionale privato", 1 e 2 giugno 1984 a cura del

organizzazione bezeichnen[107]. Die *teoria dell'incorporazione* nach Art. 25 Abs. 1 Satz 1 IPRG besagt nach dieser Ansicht, daß das Recht auf die Gesellschaft anzuwenden ist, *nach* dem sie aktuell inkorporiert *ist*, mit anderen Worten, dessen Rechtsform sie hat, weil sie in seinem Rechtskreis wirksam eingetragen ist[108].

Die Unterscheidung ist notwendig, sofern man sich vor Augen hält, daß der Satzungssitz kein unveränderbares Anknüpfungsmerkmal (mehr) ist[109]. Mit der Einführung der Möglichkeit der Sitzverlegung in Art. 25 Abs. 3 IPRG muß sich die wissenschaftliche Diskussion festlegen, ob sie an den ursprünglichen Satzungssitz anknüpft, d.h. den historischen Gründungsort, oder aber an den aktuellen Satzungssitz, dessen Rechtsordnung die Gesellschaft angehört[110], weil "das Recht des Ortes, an welchem das Gründungsverfahren vollendet wurde, nicht notwendig identisch [ist] mit dem Recht des Staates, nach dessen Recht die Gesellschaft aktuell organisiert ist"[111]. Während die Anknüpfung an den historischen Gründungsort (nur) den Willen der *Gründer* betrachtet, ist bei der Anknüpfung an den aktuellen Satzungssitz der Willen der *Gesellschafter* ausschlaggebend. Nur solange die Gesellschaft ohnehin ihren Satzungssitz in ihrem Gründungsstaat hat, kommen die verschiedenen Varianten der Gründungstheorie zu demselben Ergebnis. Um die begriffliche Unterscheidung treffen zu können, wird im folgenden als "strenge Inkorporationstheorie" die Variante der Gründungstheorie bezeichnet, die auf den historischen Gründungsort abstellt, und als "Organisations-", bzw. "Satzungssitztheorie" die Variante, die den aktuellen Eintragungsort betrachtet. Welcher dieser "Gründungstheorien" der italienische Gesetzgeber nun hat folgen wollen, wird sich zeigen anhand der kollisionsrechtlichen Folgen der Verlegung des Satzungssitzes aus Italien heraus[112].

Consiglio nazionale del notariato, S. 671; *Luzzatto* (oben Fn. 35), S. 430; *Piccoli/Zanolini* (oben Fn. 15), S. 167 u. 169. Ebenso zu Art. 2509 c.c.: *Azzolini* (oben Fn. 7), S. 909; *Capotorti*, Caratteri generali, S. 27, 40.

107 Z.B. *Broggini*, SZIER 1996, 1, 31.

108 *Broggini* (oben Fn. 24), S. 60; *Luzzatto/Azzolini* (oben Fn. 74), S. 147; *Vitta* (oben Fn. 12), S. 62. Die *teoria della sede legale* wird als Variante der Inkorporationstheorie angesehen (z.B. von *Ballarino*, Dir.int.priv. (3.A.), S. 358) bzw. als implizit in der Gründungstheorie enthalten (*Ramondelli* (oben Fn. 7), S. 1414).

109 So aber *Piccoli/Zanolini* (oben Fn. 15), S. 171, 172.

110 *Angelici* (oben Fn. 104), S. 126, 127; ebenso *Capotorti* (oben Fn. 106), S. 27. Genau aus diesem Grunde, daß die Möglichkeit der Veränderung des Satzungssitzes besteht, bezieht sich auch die immer wieder als Beispiel zitierte Kollisionsregel des schweizerischen IPR (Art. 154) auf das "Recht, nach dessen Vorschriften sie [die Gesellschaften] organisiert sind".

111 *Benedettelli* (oben Fn. 3), S. 68. Ebenso *Ramondelli* (oben Fn. 7), S. 1406.

112 Vgl. unten S. 203, insb. S. 213f.

(2) Der "Gründungsort"

Die Lokalisierung des "Gründungsortes" ist entgegen der Annahme des Gesetzgebers kein eindeutiges Kriterium, denn die Gründung einer Gesellschaft umfaßt verschiedene Schritte bis hin zur Eintragung einer Gesellschaft. Während eine Mindermeinung auf den Ort des formwirksamen Abschlusses des *atto costitutivo* abstellen will[113], geht die herrschende Ansicht davon aus, bei Kapitalgesellschaften sei auf den Ort abzustellen, an welchem die *letzte* Voraussetzung für die *Errichtung* der Gesellschaft erfüllt ist, an welchem sie mit anderen Worten als Rechtssubjekt entsteht und als "neue Rechtswirklichkeit" (*valore giuridico*) anerkannt wird[114]. Kapitalgesellschaften entstehen gemäß Art. 2331 Abs. 1 c.c. an dem Ort, an dem sie eingetragen werden[115]. Gründungsort i.S.d. Art. 25 Abs. 1 Satz 1 IPRG ist daher der Ort ihrer ersten Eintragung[116]; nach den Bestimmungen des Codice civile über die Zuständigkeit des Registergerichtes (Artt. 2296, 2330 Abs. 1 c.c.) ist dies der Ort des *ersten* Satzungssitzes[117]. Damit ist auch das von *Simonetto*[118] heraufbeschworene Problem beseitigt, das entstünde, wenn ein Japaner und ein Amerikaner eine Gesellschaft panamanesischen Rechtes während eines

---

113 So *Seatzu* (oben Fn. 73), S. 834f; aus der deutschsprachigen Literatur *Kindler* (oben Fn. 73), S. 283. Dagegen: *Broggini* (oben Fn. 24), S. 60; *Santa Maria* (oben Fn. 60), S. 141; *ders.*, in: "La riforma", Riv.dir.int.priv.proc. 1995, 1036, 1039.

114 *Angelici* (oben Fn. 104), S. 118, 126; *Benedettelli* (oben Fn. 3), S. 70; *Frè*, Commentario Art. 2328, S. 14; *Piccoli/Zanolini* (oben Fn. 15), S. 171; *Mosconi* (oben Fn. 42), S. 31; *Orione* (oben Fn. 14), S. 33; *Santa Maria* (oben Fn. 75), S. 476; *ders.*, "La riforma", Riv.dir.int.priv.proc. 1995, 1036, 1039; *Saulle*, Lineamenti, S. 11. Ebenso zu Art. 2509 c.c.: *Cagnasso/Irrera* (oben Fn. 21), S. 474; *Colombo* (oben Fn. 40), S. 1; *Coscia* (oben Fn. 7), S. 164; *Santa Maria* (oben Fn. 60), S. 134; *Simonetto*, Commentario Art. 2509 c.c., S. 441. Unklar: *Ballarino*, Dir.int.priv. (3.A.), S. 358f. Aus der deutschsprachigen Literatur *Ebenroth/Kaiser* (oben Fn. 19), S. 236; *Kindler* (oben Fn. 73), S. 283. Für das Schweizerische Recht: *Broggini* (oben Fn. 107), S. 30.

115 Eintragungsort ist regelmäßig auch der Entstehungsort einer (regulären) Personenhandelsgesellschaft, die vor ihrer Eintragung nur als *società irregolare* anerkannt wird und den Regeln der *società semplice* folgt (vgl. hierzu unten S. 183). Ebenso: *Broggini* (oben Fn. 24), S. 60; *Simonetto*, Commentario Art. 2509 c.c., S. 441; *Vitta* (oben Fn. 12), S. 84, 85. Eine Besonderheit gilt insofern für die nicht eintragungspflichtige (statt vieler *Gatti*, Giur.comm. 1998, II, 632, 646), wenn auch neuerdings eintragungsfähige *società semplice* (vgl. Art. 8 Abs. 4 l. 29 dicembre 1993, n. 580).

116 Herrschende Meinung, vgl. nur: *Ramondelli* (oben Fn. 7), S. 1406; *Santa Maria* (oben Fn. 60), S. 141; *ders.* in: "La riforma", Riv.dir.int.priv.proc. 1995, 1036, 1039; *Vitta* (oben Fn. 12), S. 85. Vgl. auch *Beitzke*, Gutachten, S. 94, 107.

117 *Azzolini* (oben Fn. 7), S. 900; *Ballarino*, Dir.int.priv. (3.A.), S. 359; *Luzzatto/Azzolini* (oben Fn. 74), S. 147; *Santa Maria* (oben Fn. 60), S. 142; *Santus*, N.Giur.civ.comm., 1996, 855, 859.

118 Commentario Art. 2509 c.c., S. 443.

Interkontinentalfluges über Italien oder während eines Abendessens in einer Trattoria in Venedig gründeten.

bb. Art. 25 Abs. 1 Satz 2: einseitige Kollisionsnorm für Gesellschaften mit Verwaltungssitz oder Hauptgeschäftstätigkeit in Italien

Die Anknüpfung an das Gründungsrecht wird ausnahmsweise durchbrochen, wenn der Verwaltungssitz oder der Hauptgeschäftsgegenstand einer ausländischen Gesellschaft in Italien liegen[119]. Damit wird die allseitige Kollisionsregel einseitig "abbedungen"[120], anders ausgedrückt "limitiert"[121] oder "verdrängt"[122]. Allerdings ist Art. 25 Abs. 1 Satz 2 IPRG - anders als die Vorgängernorm - nicht nur auf "im Ausland gegründete Gesellschaften" anwendbar, sondern auch auf Gesellschaften, die bereits nach Satz 1 dem italienischen Recht unterstehen[123].

(1) Die Bestimmung des Verwaltungssitzes

Die *sede dell'amministrazione* ist nach der herrschenden Definition im italienischen Recht der Ort, von dem die Willensimpulse derjenigen ausgehen, die die Verwirklichung des Unternehmensgegenstandes (*oggetto sociale*), *tatsächlich* lenken und verwalten[124]. Sitz der Verwaltung ist daher regelmäßig der (Wohn-)Sitz des Vorsitzenden der Geschäftsführung[125] bzw. des Generaldirektors[126].

---

119 Art. 25 Abs. 1 Satz 2 IPRG lautet: "Si applica, tuttavia, la legge italiana se la sede dell'amministrazione è situata in Italia, ovvero se in Italia si trova l'oggetto principale di tali enti".

120 *Annibale* (oben Fn. 42), S. 153; *Azzolini* (oben Fn. 7), S. 907; *Broggini* (oben Fn. 24), S. 60, 61; *ders.* (oben Fn. 107), S. 31.

121 *Gestri*, Riv.dir.int. 2000, 71, 77; *Mengozzi* (oben Fn. 20), S. 100.

122 *Terlau* (oben Fn. 19), S. 42.

123 Art. 25 Abs. 1 Satz 2 IPRG wird für in Italien gegründete Gesellschaften eine Rolle spielen, wenn diese ihren Satzungssitz aus Italien heraus verlegt; vgl. hierzu unten S. 216. Zweifelnd aber *Santa Maria* (oben Fn. 75), S. 477.

124 Trib. Genova, 31 marzo 1967, Riv.dir.int.priv.proc. 1967, 802, 806; Trib. Roma (oben Fn. 8), Giust.civ. 1964, I, 698. Aus der Literatur: *Ballarino* (oben Fn. 42), S. 62; *Benedettelli* (oben Fn. 3), S. 90; *Capotorti*, Foro it. 1958, IV, 209, 213; *Rordorf*, in: Nuova rassegna di giurisprudenza (Art. 2328), S. 1368; *Santa Maria*, Enc. di diritto, voce: Società (dir.int), S. 99; *ders.* (oben Fn. 60), S. 99, 101; *Simonetto*, Commentario Art. 2505 c.c., S. 389; aus der deutschsprachigen Literatur *Ebenroth/Kaiser* (oben Fn. 19), S. 237; *Moor* (oben Fn. 3), S. 41.

125 Corte di Cass., 9 giugno 1988, n. 3910, Mass.Giust.civ. 1988, 931; *Angelici* (oben Fn. 19), S. 6; *Ballarino* (oben Fn. 42), S. 62; *Simonetto*, Commentario Art. 2505 c.c., S. 390.

126 Corte di Cass., 2 febbraio 1976, n. 335, Mass.Giust.civ. 1976, 167; *M. Finocchiaro*, in: Nuova rassegna di giurisprudenza (Art. 46), S. 632; *Vitta* (oben Fn. 12), S. 83.

Zur Klärung der Frage, von wo aus die unternehmerischen Aktivitäten der Gesellschaft tatsächlich gelenkt werden, wird eine ausführliche Prüfung der Binnenstruktur der Gesellschaft für nötig gehalten[127]. Dabei kann sich herausstellen, daß tatsächlich die Gesellschafterversammlung den maßgeblichen Einfluß hat. Die Rechtsprechung hat daher in einigen Fällen zur Bestimmung der *sede dell'amministrazione* auf den Ort abgestellt hat, an welchem die Versammlungen der Gesellschafter einberufen werden[128], nicht zuletzt wohl deshalb, weil das italienische Kapitalgesellschaftsrecht ohnehin vom Grundsatz der Selbstorganschaft ausgeht[129]. Bei einer Ein-Mann-Gesellschaft (*società a unico socio*) wird demzufolge regelmäßig auf den (Wohn-)Sitz des Gesellschafters abzustellen sein[130].

(2) Vermutung für den Verwaltungssitz am Ort des Satzungssitzes

Für die Bestimmung des *Verwaltungs*sitzes ist es prinzipiell unbeachtlich, welchen Ort die Satzung als Sitz angibt[131], denn der Grund für die Anwendung des italienischen Rechtes ist der reale Kontakt der Gesellschaft mit dem italienischen Rechtsverkehr, nicht eine "Behauptungen" oder formal-juristische Tatbestände[132]. Dennoch diskutiert man auch im italienischen Recht zur Erleichterung der Handhabung des Art. 25 Abs. 1 Satz 2 IPRG über die Anerkennung einer Vermutungsregel, ähnlich wie sie in dem nicht verabschiedeten Regierungsentwurf n. 1192/93 enthalten war[133]. Im geltenden Art. 25 IPRG taucht diese Vermutung nicht mehr auf. Obwohl das Auseinanderfallen "beider" Sitze in Italien anerkannt und geregelt ist[134] und obwohl die gesetzliche

---

127 *Simonetto*, Commentario Art. 2505 c.c., S. 389.

128 Corte di Cass. 4 ottobre 1988, n. 5359, Giust.civ. 1988, 1281; Corte di Cass., 5 aprile 1985, n. 2341, Mass.Giust.civ. 1985, 735; Corte di Cass., 16 giugno 1984, n. 3604, Mass.Giust.civ. 1984, 1210; Corte di Cass., 25 maggio 1982, n. 3175, Giust.civ. 1982, I, 2381.

129 Für die s.p.a. kann nach Art. 2380 Abs. 1 c.c. die Geschäftsleitung *auch* Nicht-Gesellschaftern übertragen werden (Art. 2380 Abs. 1 lautet: "L'amministrazione della società può essere affidata anche a non soci"). Für die s.r.l. ist diese Möglichkeit noch weiter eingeschränkt: Gemäß Art. 2487 c.c. ist hierfür eine entsprechende Satzungsbestimmung erforderlich (Art. 2487 Abs. 1 c.c. lautet: "Salvo diversa disposizione dell'atto costitutivo l'amministrazione deve essere affidata a uno o più soci").

130 Trib. Genova (oben Fn. 124), Riv.dir.int.priv.proc. 1967, 809; Trib. Roma (oben Fn. 8), Giust.civ. 1964, I, 698, 702.

131 *Benedettelli* (oben Fn. 3), S. 90.

132 Ebenso: Corte di Cass., 10 dicembre 1974, n. 4172, Riv.dir.comm. 1976, II, 1; *Luzzatto/Azzolini* (oben Fn. 74), S. 149; *Rordorf*, in: Nuova rassegna di giurisprudenza (Art. 2505), S. 1894.

133 Vgl. Art. 25 Abs. 1 Satz 2 IPRG (abgedruckt in: Gaja (Hrsg.), Studi in onore di Vitta, S. 453): "Salvo prova contraria, si presume che l'amministrazione si trovi nel luogo ove, per statuto, è fissata la sede" (vgl. schon S. 126).

134 Vgl. oben S. 9f.

Vermutungsregel nicht in Art. 25 IPRG aufgenommen worden ist, bedient sich die Praxis einer Indizwirkung des Satzungssitzes. Denn "in der Regel", so wird argumentiert, fielen Verwaltungs- und Satzungssitz zusammen[135]. Die Indizwirkung des Satzungssitzes darf jedoch nicht dazu führen, daß die in der Satzung erklärte "Absicht" der Gesellschafter ein größeres Gewicht erhält als das tatsächliche Faktum der Verwaltung der Gesellschaft[136].

(3) Bestimmung des wesentlichen Gegenstandes des Unternehmens (Hauptgeschäftstätigkeit)

Nach Art. 25 Abs. 1 Satz 2 IPRG ist italienisches Recht außerdem dann anwendbar, wenn der Schwerpunkt des Unternehmens (*oggetto principale di tali enti*[137]) in Italien liegt. Dieser Begriff ist in Art. 87 Abs. 4 T.U.I.R. (D.P.R. 917/86) legaldefiniert; demnach wird "der ausschließliche oder wesentliche Gegenstand des Unternehmens bestimmt durch den Gesellschaftsvertrag, wenn dieser in notarieller Form existiert, und, wenn ein solcher fehlt, auf der Basis der effektiv ausgeübten geschäftlichen Aktivität"[138]. Die herrschende Ansicht im internationalen Gesellschaftsrecht definiert dieses Anknüpfungsmerkmal dementsprechend als "tatsächlich ausgeübte wirtschaftliche und unternehmerische Tätigkeit, zu deren Zweck die Gesellschaft errichtet worden ist"[139].

---

135 Ausdrücklich zu Art. 25 IPRG: Trib. Genova, 11 settembre 1997, Giur.it. 1998, 576, 580: "... dovendosi quindi ritenere che ... la sede legale e quella amministrativa di fatto della società siano coincidenti...". Die Rechtsprechung behandelt den Satzungssitz als Indiz für den Ort der *sede principale* bzw. der *sede effettiva* i.S.d. Art. 9 l.fallim. (R.D. 16 marzo 1942, n. 267) und bei der Bestimmung der Zuständigkeit des Gerichtes nach Art. 2409 c.c., die sich ebenfalls nach der *sede effettiva* richtet (vgl. Corte di Cass., 14 settembre 1991, n. 9609, Mass.Giust.civ. 1991, 1342; Corte di Cass., 18 giugno 1986, n. 4054, Giur.comm. 1987, II, 759; Corte di Cass. (oben Fn. 28), Foro it. 1969, 2538, 2541; siehe auch die weiteren Nachweise bei *Rordorf*, Nuova rassegna di giurisprudenza (Art. 2328), S. 1368; *Vitta* (oben Fn. 12), S. 83). Im einzelnen siehe oben S. 9-14.

136 *Simonetto*, Commentario Art. 2505 c.c., S. 394 und 389.

137 Wegen der nicht unproblematischen Übersetzung des Begriffes *ente* siehe schon oben Fn. 73.

138 Art. 87 Abs. 4 T.U.I.R. (D.P.R. 917/86) lautet: "L'oggetto esclusivo o principale dell'*ente* è determinato in base all'atto costitutivo, ... e, in mancanza, all'attività effettivamente esercitata". Die Norm bestimmt den Anwendungsbereich der Normen über die Gewinnbesteuerung (des *testo unico delle imposte sui redditi* (T.U.I.R.), der in etwa mit dem KStG gleichgesetzt werden kann) durch Festlegung, unter welchen Voraussetzungen eine Gesellschaft ihre Steuerresidenz in Italien hat, nämlich wenn Satzungs- oder Verwaltungssitz oder der Hauptgeschäftsgegenstand in Italien liegen (Art. 87 Abs. 3 T.U.I.R.).

139 Trib. Roma (oben Fn. 8), Giust. civ. 1964, 698, 702, 703. Aus der Literatur: *Angelici* (oben Fn. 19), S. 6; *Santa Maria* (oben Fn. 60), S. 102; *Simonetto*, Commentario Art. 2505 c.c., S. 392; *ders.*, Commentario Art. 2505-2510 c.c., S. 384; *Vitta* (oben Fn. 12), S. 83, 84.

Nach Art. 25 Abs. 1 Satz 2, 2.Alt. IPRG kommt es aber nur auf den *Schwerpunkt* (*oggetto principale*) der wirtschaftlichen Tätigkeit an. Dieser ist unter Berücksichtigung der Gesamtheit der organisierten wirtschaftlichen Tätigkeiten der Gesellschaft zu ermitteln[140], wobei auch künftige und bislang nur mögliche wirtschaftliche Aktivitäten in Betracht zu ziehen sind[141]. Die Methoden dieser Berechnung variieren: Während die Rechtsprechung sich eines Vergleiches der Umsatzzahlen mittels Gegenüberstellung der Anzahl der Geschäftsabschlüsse und der Produktionsziffern in verschiedenen Ländern bedient[142], stellt ein Teil der Lehre auf den wirtschaftlichen Wert der Geschäftstätigkeit[143] bzw. ihre "Qualität"[144] ab. Die Handhabbarkeit dieser Methode erscheint allerdings zweifelhaft, so daß nicht zuletzt im Interessen der Rechtssicherheit der Rechtsprechung der Vorzug zu geben ist. Allerdings muß in die Bestimmung des Schwerpunktes der Geschäftstätigkeit richtigerweise außerdem ein Zeitfaktor einkalkuliert werden. Zur Verdeutlichung dieser Frage kann das Beispiel dienen, daß sich das Geschäft einer italienischen Zweigniederlassung saisonbedingt in einem Geschäftsjahr besser entwickelt als am Stammsitz einer ausländischen Gesellschaft. Man kann daher von einem Schwerpunkt der Geschäftstätigkeit in Italien erst sprechen, wenn über einen längeren Zeitraum die Umsatzzahlen der gesamten Produktpalette eines Unternehmens in Italien den Umsatz in anderen Ländern übersteigen[145].

Es fehlt nicht an Kritik an der um den Hauptgeschäftsgegenstand erweiterten Anknüpfung, die hier kurz zitiert werden soll. *Ballarino*[146] wirft dem Gesetzgeber vor allem Ungenauigkeit vor, weil sich nicht jede wirtschaftliche Aktivität dazu eigne, an einem Punkt lokalisiert zu werden; ganz grundsätzlich kritisiert er die Anknüpfung an die wirtschaftlich Aktivität *neben* der Anknüpfung an den Verwaltungssitz, da größere Unternehmen ihren Direktionssitz meist dort wählten, wo sie vorteilhafter mit Banken und anderen Handelspartnern verhandeln können, so daß sich praktisch häufig eine Diskrepanz zwischen Verwaltungssitz und Vertriebs- und Produktionsstätten ergäbe. Diese nicht

---

140 Trib. Roma (oben Fn. 8), Giust.civ. 1964, II, 698, 703. Ebenso: *Benedettelli* (oben Fn. 3), S. 90; *Vitta* (oben Fn. 12), S. 83, 84; aus der deutschsprachigen Literatur *Rahm*, Das internationale Gesellschaftsrecht Italiens, S. 67.

141 Trib. Roma (oben Fn. 8), Giust.civ. 1964, I, 698, 703.

142 Corte di Cass. (oben Fn. 28), Foro it. 1969, I, c.2538, 2541; ebenso: Trib. Genova (oben Fn. 124), Riv.dir.int.priv.proc. 1967, 802, 807. Vgl. auch *Simonetto*, Commentario Art. 2505 c.c., S. 392; aus der deutschsprachigen Literatur *Rahm* (oben Fn. 140), S. 67.

143 *Ballarino* (oben Fn. 42), S. 68, 69.

144 *Simonetto*, Commentario Art. 2505 c.c., S. 392.

145 Wenn das fragliche Unternehmen in Italien und in *mehreren* anderen Ländern agiert, so soll nach Ansicht der Literatur (vgl. *Benedettelli* (oben Fn. 3), S. 91; *Simonetto*, Commentario Art. 2505 c.c., S. 393) der Schwerpunkt der Geschäftstätigkeit nur dann in Italien anzunehmen sein, wenn die Geschäftsleitung vornehmlich auf die Geschäftstätigkeit in Italien ausgerichtet ist, also nur dann, wenn der Umsatz in Italien den Umsatz in *allen* übrigen Vertriebsländern übersteigt.

146 La nazionalità, S. 1574.

unberechtigte Kritik hat den Gesetzgeber allerdings unbeeinflußt gelassen. Sie kann daher höchstens eine Rolle bei der Frage spielen, wie das Verhältnis der beiden Anknüpfungskriterien zu bestimmen ist.

(4) Alternativität oder Kumulation der Anknüpfungsmerkmale

Nach dem Wortlaut des Art. 25 Abs. 1 Satz 2 IPRG ist ausreichend, daß *entweder* Verwaltungssitz *oder* der wesentliche Geschäftsgegenstand in Italien liegen[147], so daß beide unabhängig voneinander die Anwendbarkeit des italienischen Rechtes bewirken[148]. Damit sind die Gesellschaften aber in hohem Maße von "Zufälligkeiten" der Marktentwicklung gefährdet. Um dies zu vermeiden, hat eine Mindermeinung in der Literatur versucht, die um die Anknüpfung an den Hauptgeschäftsgegenstand erweiterte Sitztheorie teleologisch zu reduzieren[149]. Dem scheint auch die Rechtsprechung nahezustehen, die zwar stets die Alternativität der Anknüpfungsmerkmale voraussetzt, dennoch aber eine Verbindung zwischen Verwaltungssitz und *oggetto principale dell'ente* herstellt, indem der Schwerpunkt der Geschäftstätigkeit am "zentralen Sitz der Direktion" lokalisiert und so der Definition des Verwaltungssitzes angenähert wird[150]. Zusammenfassend spricht sich auch *Santa Maria* dafür aus, daß "der Verwaltungssitz und der Ort der Ausübung der wirtschaftlichen Aktivität in Wahrheit dieselbe Funktion [haben], nämlich zu bestimmen, ob zum einen unter dem Aspekt der gesellschaftlichen Willensbildung und zum anderen unter dem Aspekt der konkreten Ausübung dieses Willens in Italien das Zentrum der Aktivität einer im Ausland gegründeten Gesellschaft liegt"[151]. Eine Annäherung ist auch deswegen erforderlich, um nicht die Grenzen zwischen Art. 25 Abs. 1 Satz 2 IPRG und den

---

147 Anders noch die Vorgängernorm des Art. 2505 c.c., Art. 230 cod.comm., wonach für einen Statutenwechsel Verwaltungssitz *und* Hauptgeschäftsgegenstand in Italien liegen mußten (Art. 230 Abs. 4 Cod.comm. lautete: "Le società costituite in paese estero, le quali hanno nel Regno la loro sede e l'oggetto principale della loro impresa, sono considerate come società nazionali e sono soggette, anche per la forma e validità del loro atto costitutivo, benchè stipulato in paese estero, a tutte le disposizioni del presente codice".

148 So auch: Trib. Genova (oben Fn. 124), Riv.dir.int.priv.proc. 1967, 802, 807; *Capelli* (oben Fn. 68), S. 188; *Rosselli* (oben Fn. 35), S. 1214; *Simonetto*, Commentario Art. 2505 c.c., S. 395; *Vitta* (oben Fn. 12), S. 85; aus der deutschsprachigen Literatur *Terlau* (oben Fn. 19), S. 43.

149 *Ballarino*, Dir.int.priv. (3.A.), S. 365, 366; *Santa Maria* (oben Fn. 60), S. 103 und 176.

150 Trib. Roma, 9 dicembre 1982, Riv.not. 1983, 1212, 1213; Trib. Roma, 19 giugno 1968, Foro it. 1969, I, 526, 527; Trib. Roma (oben Fn. 8), Giust.civ. 1964, I, 698, 703. Aus der Literatur: *Ballarino*, Dir.int.priv. (3.A.), S. 365.

151 *Santa Maria* (oben Fn. 60), S. 103, 104: "In realtà, la sede dell'amministrazione e il luogo di esercizio in via principale dell'impresa sociale hanno l'identica funzione di determinare, sotto il profilo della formazione della volontà sociale, il primo, e sotto il profilo dell'esecuzione concreta di tale volontà, il secondo, se sia localizzato in Italia il centro principale dell'attività di una società costituita all'estero". Ähnlich *Vitta* (oben Fn. 12), S. 76.

Vorschriften über die Zweigniederlassung, Artt. 2506-2508 c.c., zu verwischen[152].

c. Der Regelungsumfang der "legge regolatrice" - Art. 25 Abs. 2 IPRG

Art. 25 IPRG legt nicht nur die Anknüpfungsmerkmale der lex societatis fest; Art. 25 Abs. 2 IPRG listet außerdem die Regelungsbereiche *legge regolatrice*[153] besonders auf und orientiert sich damit am Vorbild des Art. 155 des schweizerischen IPRG[154]. "Insbesondere" regelt die *legge regolatrice* demnach a) die Rechtsnatur, insbesondere die Frage der Rechtspersönlichkeit, b) die Firma oder die sonstigen individuellen Bezeichnungen, c) die Gründung, die Umwandlung und die Auflösung, d) die Rechts- und Handlungsfähigkeit (*capacità*), e) die Zusammensetzung, die Befugnisse und die Art und Weise des Funktionierens der Gesellschaftsorgane, f) die Vertretungsmacht, g) die Modalitäten für den Erwerb oder den Verlust der Eigenschaft als Gesellschafter oder Teilhaber, sowie die Rechte und Pflichten aus dieser Eigenschaft, h) die Haftung für die Verbindlichkeiten der Gesellschaft und i) die Folgen der Verletzung des Gesetzes oder der Satzung[155].

Die Auflistung in Art. 25 Abs. 2 IPRG ist nur unvollständig; der italienische Gesetzgeber ging vielmehr im Einklang mit der herrschenden Ansicht im internationalen Gesellschaftsrecht von einer einheitlichen Anknüpfung der lex societatis aus[156]. Auch die Literatur weist angesichts der als wenig scharfsinnig empfundenen[157] Formulierung des Art. 25 Abs. 2 IPRG darauf hin, die Auflistung sei nur exemplarisch[158], "nicht erschöpfend"[159] und nur "indikativ"[160].

---

152 *Ramondelli* (oben Fn. 42), S. 260; ähnlich *Simonetto*, Commentario Art. 2505 c.c., S. 395.

153 "Legge regolatrice" ist als Begriff bislang in der rechtswissenschaftlichen Diskussion nicht aufgetaucht. Lehre und Rechtsprechung gebrauchen meist die Begriffe *statuto personale* bzw. *statuto*, lex societatis oder *legge nazionale*.

154 *Ballarino*, Dir.int.priv. (3.A.), S. 352; *Broggini* (oben Fn. 24), S. 63.

155 Art. 25 Abs. 2 IPRG lautet: "In particolare sono disciplinati dalla legge regolatrice dell'ente: a) la natura giuridica; b) la denominazione ... sociale; c) la costituzione, la trasformazione e l'estinzione; d) la capacità; e) la formazione, i poteri e la modalità di funzionamento degli organi; f) la rappresentanza dell'ente; g) le modalità di acquisto e di perdità della qualità di associato o socio nonché i diritti e gli obblighi inerenti a tale qualità; h) la responsabilità per le obbligazioni dell'ente; i) le conseguenze delle violazioni della legge e dell'atto costitutivo".

156 *Benedettelli* (oben Fn. 3), S. 48; *Broggini* (oben Fn. 24), S. 63; *Fimmanò* (oben Fn. 75), S. 575; *Gestri* (oben Fn. 121), S. 78; *Seatzu* (oben Fn. 73), S. 836. Aus der deutschsprachigen Literatur *Terlau* (oben Fn. 19), S. 43.

157 *Iaccarino* (oben Fn. 12), S. 206, 207.

158 *Piccoli/Zanolini* (oben Fn. 15), S. 176.

159 *Azzolini* (oben Fn. 7), S. 896; *Daniele* (oben Fn. 76), S. 1242. Ebenso *Broggini* (oben Fn. 24), S. 63 (nach dessen Ansicht sich dies bereits aus der Verwendung des Ausdrucks *in particolare* ergibt, der den nicht abschießenden Charakter der Auflistung und die

d. Die Rolle internationaler Abkommen

Die aufgezeigte kollisionsrechtliche Situation gilt gemäß Art. 2 IPRG nur dann, wenn nicht eine abweichende Regelung in einem sogenannten gesellschaftsrechtlichen "Anerkennungsabkommen" getroffen wurde[161]. Bei Abweichen der vertraglichen Regelung vom italienischen IPR hat diese konstitutive Wirkung als eigene Kollisionsregel, während sie nur deklaratorisch wirkt, wenn sie inhaltlich nicht vom übrigen Kollisionsrecht abweicht. Italien hat eine ganze Reihe solcher Abkommen geschlossen[162]. Diese haben allerdings nach Ansicht der Lehre das italienische internationale Gesellschaftsrecht, insbesondere das "Prinzip der Anerkennung", nicht geändert. Sie vereinfachten lediglich den Umgang mit Gesellschaften dieser Staaten, weil durch den Inhalt der Abkommen völkerrechtlich verbindlich sichergestellt werde, daß eine gegenseitige Anerkennung erfolge, so daß die Voraussetzungen hierfür nicht mehr überprüft werden müßten[163].

e. Das Problem der *doppia nazionalità*

Mit der Gründungs-Sitz-Theorie-Kombination hat sich das italienische Recht den weitestmöglichen Herrschaftsanspruch über in Italien agierende Gesellschaften zugewiesen. Die Regelung provoziert damit die Gefahr der "Kollision der Kollisionsrechte", die dazu führt, daß zwei Rechtsordnungen von der Gesellschaft die Erfüllung ihres Sachrechtes verlangen. Gesellschaften können allerdings hinsichtlich der "Strukturvorschriften", d.h. des Inhaltes ihrer Satzung, in aller Regel nur die Vorschriften einer Rechtsordnung erfüllen. Gleiches gilt - auch noch innerhalb der Europäischen Union - für die Vorschriften über die Firma einer Gesellschaft, denn bislang hält auch die italienische Rechtsprechung das ausländische Äquivalent (noch) für zu ungenau[164]. Für eine Gesellschaft kann neben der erhöhten Rechtsunsicherheit

---

Erfassung auch der nicht aufgezählten Faktoren unterstreiche); *Luzzatto/Azzolini* (oben Fn. 74), S. 151.

160 *Fimmanò* (oben Fn. 75), S. 575; *Luzzatto/Azzolini* (oben Fn. 74), S. 151; *Pocar*, Nuovo D.I.P., S. 72.

161 *Benedettelli* (oben Fn. 3), S. 43.

162 Eine übersichtliche Aufstellung mit Texten der bi- und miultilateralen Abkommen im Bereich des internationalen Handels- und Gesellschaftsrechtes ist veröffentlicht bei *Menegassi Munari*, Gli enti collettivi negli accordi stipulati dall'Italia, Padova, 1978.

163 *Coscia* (oben Fn. 7), S. 151; *Monti* (oben Fn. 49), S. 1274 (unter Berufung auf zwei nicht veröffentlichte Urteile der Corte d'Appello Firenze vom 11 maggio 1973 und 13 luglio 1973); *Ramondelli* (oben Fn. 42), S. 244, 245.

164 Vgl. z.B. die Entscheidung Trib. Verona, 5 dicembre 1996 (Vita not. 1997, 931). Das Gericht verweigerte die Eintragung von satzungsänderunden Beschlüssen im Zusammenhang mit der Verlegung des Satzungssitzes ins Ausland, weil die Gesellschaft fortan "S.A." anstatt "s.p.a." zu heißen gedachte. Zur Anpassung der Firma siehe auch unten S. 166f.

aufgrund einer schier "unentwirrbaren Normenhäufung"[165] der durch die "doppelte Staatsangehörigkeit" heraufbeschworene Konflikt existenzbedrohend sein, wenn ihre sanktionslose Anerkennung in den fraglichen Staaten davon abhängt, daß sie sich jeweils beiden anwendbaren Rechtsordnungen anpassen muß[166]. Die "doppelte Staatszugehörigkeit" ist für juristische Personen nicht lediglich ein politisches Problem, sondern wegen ihrer Abhängigkeit von der Fiktion ihrer Existenz durch eine Rechtsordnung eine Existenzfrage. Gänzlich verworren ist die Situation auch in dem Fall, daß ein satzungsändernder Beschluß in beiden Rechtskreisen angefochten, aber nur in einem für nichtig erklärt wird, oder daß ein italienisches Registergericht die Eintragung einer Satzungsänderung verweigert, die im Ausland anstandslos eingetragen wird[167].

Die Hinnahme der doppelten Staatszugehörigkeit von Gesellschaften ist bereits an der Wurzel fragwürdig, denn sie läuft darauf hinaus, der Gesellschaft mindestens zwei Eintragungsorte zuzuordnen; andernfalls könnten die Gesellschaft als juristische Person und die vorgenommenen Satzungsänderungen ohnehin nur in *einem* Rechtskreis wirksam und eingetragen werden. Dieses Problem will *Ballarino*[168] dadurch lösen, daß die Gesellschaft am Ort ihres Verwaltungssitzes eingetragen werden solle; im Ergebnis erhält dadurch der Verwaltungssitz die Publizitätsfunktion des Satzungssitzes[169]. Die Zulassung solcher "Doppelsitze" wird im deutschen Recht auch sachrechtlichen Gründen, insbesondere wegen der Gefahr einer faktischen Verdoppelung der Gesellschaft, bereits innerhalb der Grenzen desselben Rechtskreises für problematisch gehalten[170]. Man hat jedoch in der italienischen Diskussion um die Reform des internationalen Gesellschaftsrechts die sachrechtlichen Fragen der *doppia nazionalità* weder zu lösen versucht, noch scheinen sie die Diskussion um die Neuregelung des IPR überhaupt auch nur beeinflußt zu haben. Die Stellungnahmen und Empfehlungen für die Reform beschränken sich zumeist darauf zu konstatieren, es sei nach dem System der Anknüpfung in Art. 25 IPRG möglich, daß "diverse leges societatis" auf die Gesellschaft

---

165 *Eyles*, Niederlassungsrecht, S. 100, 101.

166 *Ramondelli* (oben Fn. 42), S. 257.

167 Dieser Fall ist von der italienischen Rechtsprechung 1991 entschieden worden (Trib. Torino, 16 dicembre 1991, Giust.civ. 1992, I, 811 und Riv.dir.int.priv.proc. 1993, 102). Im Ergebnis haben die Gerichte die im aktuellen Satzungssitzstaat (Kanada) vorgenommenen Satzungsänderungen rechtlich ignoriert, weil sie nicht in Italien nach dem immer noch anwendbaren italienischen Recht eingetragen worden waren (vgl. zu dieser Entscheidung ausführlich unten S. 204f).

168 *Ballarino* (oben Fn. 42), S. 70, 71. Ebenso: *Coscia* (oben Fn. 7), S. 154, 155; aus der deutschsprachigen Literatur *Rahm* (oben Fn. 140), S. 71.

169 Vgl. hierzu eingehend unten S. 159f.

170 Statt vieler: *Lutter/Hommelhoff*, GmbHG, § 4a, Rn. 11; Scholz-*Emmerich*, GmbHG, § 3, Rn. 7; *Jansen* (2.A.), FGG, § 125, Rn. 4. Zu den wenigen anerkannten Ausnahmen, beispielsweise im Falle von Doppelsitzen nach Verschmelzung, siehe *König*, AG 2000, 18, 19f, der allerdings für eine Erweiterung der Ausnahmefälle plädiert.

anwendbar seien[171]. Es wird als "vollkommen unbeachtlich"[172] oder als "irrelevanter Faktor" ansehen, daß die Gesellschaft neben der italienischen noch anderen Rechtsordnungen unterworfen ist[173]; ein solches Ergebnis gehöre vielmehr zu den normalsten Dingen des IPR[174].

Daß die doppelte Staatszugehörigkeit eine betroffene Gesellschaften vor ein sachrechtliches Dilemma stellt, hat allerdings bereits *Simonetto* beschrieben: "In den Fällen, in denen die Erfüllung der Regeln der einen sich als Verletzung der anderen darstellt, steht man vor einem unlösbaren Konflikt, weil beide Rechtsordnungen beanspruchen, daß sie angewandt werden; wenn nicht ein internationaler Vertrag das Dilemma löst, kommt man nicht umhin, zwei verschiedene, wenn auch miteinander verflochtene Gesellschaften anzunehmen"[175]. Vor diesem Hintergrund kann es zumindest nicht als nachahmenswert angesehen werden, eine Kollisionsnorm zu verabschieden, die das Eintreten dieses Konfliktfalles so häufig Rechtswirklichkeit werden läßt[176].

f. Zusammenfassung

Italien ist weder reiner Gründungstheorie- noch reiner Sitztheoriestaat. Die Reform des IPR hat die Situation gegenüber der vormals geltenden Rechtslage nur insofern geklärt, als nunmehr dank der bilateral geltenden Gründungstheorie die automatische Anerkennung ausländischer Gesellschaften kollisionsrechtlich gerechtfertigt werden kann. Grundsätzlich geändert hat sich die Situation jedoch nicht; insbesondere können Gesellschaften, die wirksam nach der Rechtsordnung ihres Herkunfts- bzw. Gründungsstaates errichtet worden sind, nach dem *principio di riconoscimento* immer noch darauf vertrauen, daß ihre Existenz in der Vergangenheit vom italienischen Recht anerkannt wird.

---

171 *Benedettelli* (oben Fn. 3), S. 67, 68.

172 *Caruso* (oben Fn. 5), S. 76.

173 *Ballarino* (oben Fn. 42), S. 104; *Simonetto*, Commentario Art. 2505-2510 c.c., S. 371.

174 *Ballarino*, Dir.int.priv. (3.A.), S. 363, 364 ("*duplice nazionalità*"); *ders.*, La nazionalità, S. 1576, 1577; *ders.*, Trattato di diritto privato, S. 400 ("duplicità di appartenza dell'ente"). *Ballarino* etwa geht in den Fällen des Zuzuges von Gesellschaften davon aus, daß ein wirklicher Statuten*wechsel* nur dann eintritt, wenn das ausländische Recht sich für nicht mehr anwendbar hält; andernfalls behält die zugezogene Gesellschaft ihr Personalstatut, das sich trotz des Erwerbes der italienischen *nazionalità* fortsetzt. Vgl. hierzu unten S. 149. Ähnlich auch *Benedettelli* (oben Fn. 3), S. 67, 68.

175 *Simonetto*, Commentario Art. 2505-2510 c.c., S. 382.

176 Ebenso die Kritik von *Ramondelli* ((oben Fn. 42), S. 257) der dies als eine "dumpfe Sentibilität" des IPR bezeichnet. Nach seiner Ansicht ist diese unerfreuliche Situation die Folge dessen, daß das italienische IPR nicht an ein rechtliches, sondern an ein tatsächliches Kriterium anknüpft (ebenso *ders.*, Riv.not. 1996, 1401, 1407).

II. Zuzug von Gesellschaften

Das italienische Recht steht dem Zuzug von ausländischen Gesellschaften grundsätzlich offen gegenüber, weil die Intensivierung des Kontaktes ausländischer Gesellschaften zum italienischen Markt als ökonomische Bereicherung begrüßt wird[177]. Dem Zuzug soll daher auch rechtlich nichts im Wege stehen. In dieser Haltung des italienischen IPR spiegelt sich die grundsätzliche Offenheit und der Respekt für ausländische Rechtsentscheidungen wieder, um die sich Italien gerade auch mit der Reform des IPR bemüht[178].

Die konkreten rechtlichen Folgen des Zuzuges sind auch im italienischen Recht verschieden je nachdem, ob eine Gesellschaft ihren Verwaltungssitz oder ihren Satzungssitz oder beide nach Italien verlegt. Diese Fallgestaltungen müssen daher unterschieden werden.

1. Verlegung des Verwaltungssitzes (amministrazione centrale) nach Italien

Mit dem Verwaltungssitz verlagert eine Gesellschaft ihre Geschäftsleitung bzw. deren "entscheidende" Teile, ohne daß hiervon der in der Satzung angegebene Sitz betroffen wird. Praktisch ist die Verlegung des Verwaltungssitzes sogar "an den Gesellschaftern vorbei" möglich[179].

a. Kollisionsrechtliche Konsequenzen der Verlegung des Verwaltungssitzes

Kollisionsrechtlich hat die Verlegung des Verwaltungssitzes bzw. des Hauptgeschäftsgegenstand[180] nach Italien gemäß Art. 25 Abs. 1 Satz 2 IPRG zur Folge, daß italienisches Recht anwendbar wird. Auf den ersten Blick muß man hieraus den Schluß ziehen, daß das Gesellschaftsstatut einer im Ausland gegründeten Gesellschaft *wechselt*, wenn sie ihre Verwaltung nach Italien verlegt. Ob und in welchem Maße dies der Fall ist, ist im italienischen Recht trotz des Wortlauts des Art. 25 Abs. 1 Satz 2 IPRG streitig.

Seit langem wird in der Literatur betont, durch die Anwendung des italienischen Rechtes infolge der Verlegung des Verwaltungssitzes nach Italien werde das Gründungsrecht "nicht ausgeschlossen"[181]. Damit ist jedoch gemeint, daß das

---

177 *Angelici* (oben Fn. 19), S. 6; *Simonetto*, Commentario Art. 2505-2510 c.c., S. 365.

178 *Azzolini* (oben Fn. 7), S. 912; *Campeis/DePauli* (oben Fn. 6), S. 501; *Orione* (oben Fn. 14), S. 33.

179 Vgl. hierzu bereits oben, S. 7f, und *Eyles* (Niederlassungsrecht, S. 310), der auf die (vor allem in Italien wegen der Anknüpfung an des Hauptgeschäftsgegenstand mögliche) "unbeabsichtigte" Sitzverlegung hinweist, bei der der Statutenwechsel einem "Betriebsunfall" gleichkomme.

180 Die Folgen der Verlegung des Geschäftsmittelpunktes sind mit den Folgen der Verlegung des Verwaltungssitzes identisch, da sie als alternative kollisionsrechtliche Anknüpfungskriterien benutzt werden (Art. 25 Abs. 1 Satz 2 IPRG ebenso wie die Vorgängernorm Art. 2505 c.c.). Die folgenden Ausführungen zur Verlegung des Verwaltungssitzes gelten daher in gleicher Weise für die Verlagerung des Geschäftsschwerpunktes.

181 *Coscia* (oben Fn. 7), S. 155; vgl. unten S. 150; *Santa Maria* (oben Fn. 7), S. 7.

italienische Recht keine Geltung beanspruche für das "Vorleben" der Gesellschaft, d.h. für die Zeit, in der der Verwaltungssitz noch nicht in Italien lag. Denn die Geltung des Gründungsrechtes für die Zeit *vor* der Sitzverlegung wird durch einen Statutenwechsel und die Anwendbarkeit des italienischen Gesellschaftsrechts *ex nunc* nicht in Frage stellt. Mißverständlich sind insoweit die Ausführungen von *Santa Maria*, auf eine zugezogene Gesellschaft seien nur die Vorschriften des *ordine pubblico* anwendbar[182]. Damit meint er aber alle "zwingenden Vorschriften des Gesellschaftsrechts"[183]. Auch *Santa Maria* will lediglich die Rückwirkung des italienischen Sachrechts auf die Wirksamkeit der ursprünglichen Gründung ausschließen, weil nach seiner Ansicht für die Frage des wirksamen Entstehens einer Gesellschaft deren Gründungsrecht anwendbar bleibe[184]. Letztlich entspricht dies im Ergebnis dem *principio di riconoscimento*.

In der neueren Literatur ist hingegen die Ansicht verbreitet, durch die Verlegung des Verwaltungssitzes nach Italien wechsele das anwendbare Recht nicht vollständig, sondern werde nur in Teilbereichen limitiert[185]. *Benedettelli* präzisiert diese Überlegung dahingehend, daß nach seiner Ansicht Art. 25 Abs. 1 Satz 2 IPRG lediglich dazu, daß das Gesellschaftsstatut, das sich gemäß Art. 25 Abs. 1 Satz 1 IPRG nach wie vor nach dem Gründungsrecht richte, von bestimmten Vorschriften des Sitzrechtes überlagert würde. Seine Überlegungen basieren damit auf einer Trennung der Wirkungsweise von Art. 25 Abs. 1 Satz 1 im Verhältnis zu Art. 25 Abs. 1 Satz 2 IPRG: Nur das Gründungsrecht nach Satz 1 wird als *legge regolatrice* i.S.d. Art. 25 Abs. 2 IPRG angesehen[186].

Welche inländischen Vorschriften wegen Art. 25 Abs. 1 Satz 2 IPRG auf die ausländische Gesellschaft anzuwenden sind, entnimmt *Benedettelli* einer Überprüfung des Schutzzweckes der einzelnen Sachnormen: Da der Grund für die Anwendung des italienischen Rechtes allein im realen Kontakt der Gesellschaft mit dem italienischen Rechtsverkehr liege, seien die Normen des italienischen Rechtes auch nur insoweit anzuwenden, als sie sich auf die Verwaltung und den wesentlichen Geschäftsgegenstand bezögen, also die Vorschriften über die Rechtsstellung, Handlungen und Haftung der Verwaltungsorgane oder die wirtschaftliche Aktivität[187]. Im Ergebnis ist nach

---

182 *Santa Maria* (oben Fn. 60), S. 182.

183 *Santa Maria*, "La riforma", Riv.dir.int.priv.proc. 1995, 1036, 1040 ("*norme di applicazione necessaria*"); *ders.* (oben Fn. 60), S. 182, Fn. 191 ("quell' insieme di norme interne che non sono derogabili dalla volontà privata"). Kritisch hierzu *Beitzke* (oben Fn. 116), S. 117: "Die Abgrenzung (zwischen zwingenden und nichtzwingenden Vorschriften) bleibt unklar".

184 *Santa Maria*, "La riforma", Riv.dir.int.priv.proc. 1995, 1036; *ders.* (oben Fn. 7), S. 7.

185 *Benedettelli* (oben Fn. 3), S. 68 und 88 - 90; *Ramondelli* (oben Fn. 7), S. 1408.

186 *Benedettelli* (oben Fn. 3), S. 88. Aus der deutschen Literatur vgl. zu dieser Ansicht *Sonnenberger/Großerichter* (oben Fn. 23) S. 724 (Fn. 24) und S. 725.

187 *Benedettelli* (oben Fn. 3), S. 89 u. 90: "(...si dovrà ritenere)... da un lato che le norme italiane rese applicabili dalla clausola dell'Art. 25 qui in esame sono solo quelle che

seiner Ansicht die Verlegung des Verwaltungssitzes rechtlich nichts anderes als eine Steigerung zur Errichtung einer Zweigniederlassung in Italien[188]. Es sei daher übertrieben, auch die interne Organisation der Gesellschaft durch das italienische Recht regeln zu wollen[189].

Die herrschende Meinung hält jedoch auch das durch die Sitztheorie berufene Recht für die *legge regolatrice* gemäß Art. 25 Abs. 2 IPRG. Die Verweisung in Art. 25 Abs. 1 IPRG erfaßt danach alle Normen der lex societatis und zwar unabhängig davon, ob Art. 25 Abs. 1 Satz 1 oder Satz 2 IPRG den Verweis bewirkt. Ein entgegenstehender Wille des Gesetzgebers, der eine Differenzierung der Wirkung der beiden Sätze des Abs. 1 zur Folge haben sollte, hätte deutlicher artikuliert werden müssen[190]. Gegen die schrittweise Überprüfung der Anwendung des italienischen Gesellschaftsrechts sprechen jedoch vor allem praktische Erwägungen, denn die Schritt-für-Schritt-Prüfung der Erforderlichkeit der Anwendung der italienischen Vorschriften brächte für die Gesellschafter einer ausländischen Gesellschaft ebenso wie für die Geschäftsführer das unkalkulierbare Risiko mit sich, daß sie, je nach dem wo sie die Eintragung beantragen, von einer Einzelfallbetrachtung des jeweils zuständigen Gerichtes und dessen Analyse des Schutzzweckes der Sachnormen abhängig wären. Ferner spricht gegen *Benedettellis* Grundannahme, die Errichtung des Verwaltungssitzes in Italien werde vom italienischen Recht nicht grundsätzlich anders betrachtet als die Errichtung einer Zweigniederlassung, daß der Gesetzgeber beide Fälle deutlich voneinander getrennt hat und in Art. 25 Abs. 1 Satz 2 IPRG eine Regelung getroffen hat, die gerade von Art. 2506 c.c. abweicht.

Mit der herrschenden Meinung ist daher davon auszugehen, daß die Verlegung des Verwaltungssitzes nach Italien gemäß Art. 25 Abs. 1 Satz 2 IPRG einen Statutenwechsel zur Folge hat[191]. Maßgeblich ist daher nach der Verlegung des Verwaltungssitzes italienisches Gesellschaftsrecht.

---

attengono alla disciplina dell'ente per questioni connesse alla sua amministrazione o al suo oggetto ..., dall'altro che tali norme intendono applicarsi soltanto agli atti degli organi amministrativi o alle attività concernenti l'oggetto "principale" localizzati ... in Italia". Und auf S. 85: "... l'ambito di operatività della legge dell'ordinamento 'di contatto' andrà definito restrittivamente, valorizzando le specifiche finalità per le quali tale legge vuole applicarsi in presenza (e solo in presenza) di certi collegamenti".

188 *Benedettelli* an, a.a.O. S. 91: "Si può infatti ritenere che ... tutte le esigenze di tutela dei terzi sottese alle norme materiali applicabili alle sedi secondarie di società straniera valgano per enti che vedono localizzata in Italia addiritura la sede della propria amministrazione...".

189 *Benedettelli*, a.a.O. S. 89, 90: "[sembra] eccessivo che la legge italiana venga a disciplinare anche l'organizzazione ..., nonchè le attività ..., che l'ente svolge all'estero".

190 *Broggini* (oben Fn. 24), S. 63; *Seatzu* (oben Fn. 73), S. 839 (Fn. 23).

191 *Broggini* (oben Fn. 107), S. 32; *Luzzatto/Azzolini* (oben Fn. 74), S. 141; *Mengozzi* (oben Fn. 20), S. 100, 101; *Mosconi* (oben Fn. 42), S. 32; *Piccoli/Zanolini* (oben Fn. 15), S. 175; *Ramondelli* (oben Fn. 7), S. 1409; aus der deutschsprachigen Literatur *Moor* (oben Fn. 3), S. 41. Ebenso bereits zu Art. 2505 c.c.: Trib. Pordenone, 28 settembre 1990,

b. Sachrechtliche Folgen für die Gesellschaft

Dennoch ist im italienischen Recht die Ansicht absolut herrschend, daß die Anwendung des italienischen Rechtes infolge des Statutenwechsels die ursprüngliche Wirksamkeit der Gründung der Gesellschaft im Ausland nicht in Frage stellt. Dementsprechend geht die neuere Rechtsprechung[192] ebenso wie die Literatur[193] davon aus, daß eine ausländische Gesellschaft den Umzug ihrer Verwaltung nach Italien überlebt und sich nicht in Italien neugründen muß. Vor der IPR-Reform wurde diese Frage durchaus unterschiedlich beantwortet. Einige Autoren sahen - ähnlich der herrschenden Auffassung im deutschen Recht - die Sitztheorie als Ausnahme zum "Grundsatz der Anerkennung" an[194]. Des Pudels Kern war die Formulierung des Art. 2505 c.c., wonach italienisches Recht "auch für die Voraussetzung der Wirksamkeit des *atto costitutivo*" anwendbar war: Man konnte die Norm sowohl im Sinne der Erforderlichkeit einer Neugründung interpretieren wie auch als schlichte Anordnung der Anpassung der Satzung an italienisches Recht. Die Neuregelung in Art. 25 IPRG hat das Problem nicht wirklich gelöst, da Art. 25 Abs. 2 lit.c IPRG nach wie vor für die Regelung der Gründung (*costituzione*) auf die *legge regolatrice* gemäß Art. 25 Abs. 1 IPRG verweist[195].

aa. Analyse der Rechtsprechung

Teile der Literatur[196] unterstellen der Rechtsprechung, sie habe die Möglichkeit einer identitätswahrenden Verlegung des Verwaltungssitzes nach Italien

---

Foro pad. 1991, c. 187; *Angelici* (oben Fn. 19), S. 7; Berichterstaater des Convegno su "Problemi di riforma del diritto internazionale privato", 1 e 2 giugno 1984 a cura del Consiglio nazionale del notariato (S. 674); *Cagnasso/Irrera* (oben Fn. 21), S. 466; *Colombo* (oben Fn. 40), S. 4; *Coscia* (oben Fn. 7), S. 38; *Leanza* (oben Fn. 3), S. 409; *Ramondelli* (oben Fn. 54), S. 63; *Rosselli* (oben Fn. 35), S. 1216; *Santa Maria* (oben Fn. 60), S. 179; *Simonetto*, Commentario Art. 2505 c.c., S. 390; *Vitta* (oben Fn. 12), S. 96; aus der deutschsprachigen Literatur *Rahm* (oben Fn. 140), S. 72.

192 Trib. Pordenone, Decr. 28 settembre 1990, Foro pad. 1991, c. 187.

193 *Azzolini* (oben Fn. 7), S. 913; *Ramondelli* (oben Fn. 54), S. 63; *ders.* (oben Fn. 42), S. 251; *Santa Maria* (oben Fn. 75), S. 478; *Simonetto*, Commentario Art. 2505-2510 c.c., S. 368; *Vitta* (oben Fn. 12), S. 84.

194 Statt vieler: *Bignami* (oben Fn. 19), S. 152. Ähnlich Trib. Roma (oben Fn. 8), Giust.civ. 1964, I, 698, 702. Vgl. hierzu auch *Coscia* (oben Fn. 7), S. 149f; *Picone* (oben Fn. 9), S. 96-97. Zum *principio di riconoscimento* siehe bereits oben S. 114.

195 *Mosconi* (oben Fn. 42), S. 33; ähnlich *Orione* (oben Fn. 14), S. 33; *Piccoli/Zanolini* (oben Fn. 15), S. 176. Anderer Ansicht: *Benedettelli* (oben Fn. 3), S. 84, insb. S. 88; *Ramondelli* (oben Fn. 7), S. 1408. Nach ihrer Ansicht beansprucht das italienische Recht wegen der Änderung der Formulierung keine Geltung mehr für die "Wirksamkeit des Gründungsvertrages". Dem ist jedoch nur insoweit zuzustimmen, als das italienische Recht nicht die Nachholung der Gründung verlangt; Art. 25 Abs. 2 lit.c IPRG erwähnt aber nach wie vor die Erfüllung der Vorschriften über die *costituzione*.

196 *Cagnasso/Irrera* (oben Fn. 21), S. 1274; *Caruso* (oben Fn. 5), S. 164; *Colombo* (oben Fn. 40), S. 4; *Coscia* (oben Fn. 7), S. 149, 150; *Ramondelli* (oben Fn. 42), S. 258;

aufgrund der Sitztheorie verneint und im Ausland gegründete Gesellschaft mit Verwaltungssitz in Italien als nicht existent angesehen, weil sie *in toto* italienischem Recht unterworfenen waren, jedoch die italienischen Gründungsvorschriften nicht erfüllten.

Als Beleg für diese Rechtsprechung wird am häufigsten ein Urteil des *Tribunale di Genova* vom 31. März 1967[197] zitiert. Das Gericht entschied, daß die "Providencia Shipping", die in Panama gegründet worden war und ihren Verwaltungssitz in Italien hatte, nach italienischem Recht nicht als existent angesehen werden konnte, weil sie die Vorschriften über die Eintragung nicht erfüllte. Das führte gemäß Art. 2331 Abs. 2 c.c. zur unbeschränkten Haftung derjenigen, die im Namen der Gesellschaft gehandelt hatten[198]. Bei genauerer Betrachtung des Sachverhaltes - glücklicherweise handelt es sich um eines der wenigen Urteile, das den Sachverhalt mitteilt - erfährt man aber, daß die Providencia Shipping zwar in Panama nach dortigem Recht errichtet und eingetragen worden war, in Wahrheit aber sowohl ihr Verwaltungssitz als auch ihr Geschäftsschwerpunkt *von Anfang an* in Italien lagen: Die Gründer - alle Italiener und wohnhaft in Italien - betrieben das Geschäft der Gesellschaft von vorneherein ausschließlich in Italien[199]. Damit war die Gründung in Panama als klassischer Versuch der Umgehung des italienischen Rechtes enttarnt. Dieser Fall wird im italienischen internationalen Gesellschaftsrecht allerdings von der hier zu untersuchenden Sitzverlegung deutlich abgegrenzt, weil im Fall der Umgehung von vorneherein italienisches Recht hätte beachtet werden müssen, so daß die Gesellschaft zu keinem Zeitpunkt für das italienische Recht als wirksam gegründet galt[200]. Eine Aussage zu den Folgen der sukzessiven Verlegung des Verwaltungssitzes einer *wirksam* im Ausland gegründeten Gesellschaft ist dem Urteil nicht zu entnehmen.

Ebenfalls häufig zitiert wird eine Entscheidung des *Tribunale di Roma* vom 9. Dezember 1982[201]. In diesem Fall ging es tatsächlich um die Verlegung des Sitzes einer im Ausland, wiederum in Panama, gegründeten Gesellschaft, der COMREAL Inc. Der *Tribunale di Roma* entschied über die Voraussetzungen für die Eintragung des Beschlusses über die Verlegung des *Satzungs*sitzes nach

Simonetto, Commentario Art. 2505-2510 c.c., S. 367. Aus der deutschsprachigen Literatur: *Terlau* (oben Fn. 19), S. 45.

197 Riv.dir.int.priv.proc. 1967, 802.

198 Trib. Genova, a.a.O., S. 808. Vgl. zu Art. 2331 c.c. auch unten S. 181.

199 Trib. Genova, a.a.O. S. 806f.: "... i legali rappresentanti della Providencia Shipping Company resiedevano, tutti, in Italia... (Loro) esplicarono, in Italia, una costante e ininterrotta attività... Deve, di conseguenza, affermarsi che l'attività amministrativa della società straniera si è svolta in effetti nel territorio dello Stato... La Proviedencia Shipping svolse nel territorio dello Stato una serie di operazioni notevoli coordinate ai fini sociali; loccalizzatò cosí in Italia una generale attività imprenditizia, prevalente, ... e non note, attività espetate in altri paesi...".

200 Vgl. statt vieler: *Santa Maria* (oben Fn. 60), S. 179 (m.w.N.).

201 Riv.not. 1983, 1212. Der veröffentlichte Urteilstext ist sehr knapp, jedoch ist das Urteil ausführlich erläutert (*Rosselli* (oben Fn. 35), S. 1213).

Italien. Der Verwaltungssitz der COMREAL Inc. lag bereits in Italien. Das Gericht hielt die COMREAL Inc. für nicht mehr existent, allerdings nicht aufgrund der Sitzverlegung, sondern aufgrund der Tatsache, daß die Gesellschafter in derselben Versammlung, in der der Sitzverlegungsbeschluß gefaßt worden war, gleichzeitig die Auflösung der "alten" Incorporation beschlossen hatten; der neue Geschäftsführer hatte bereits mit der Liquidation des Vermögens begonnen und die Löschung im Register veranlaßt[202]. Die Kontinuität war also schon im Herkunftsland unterbrochen worden. Konsequent prüft das Gericht eine Umdeutung des Sitzverlegungsbeschlusses in den Beschluß der (Neu-)Gründung einer italienischen Gesellschaft, dessen Voraussetzungen aber nicht erfüllt waren.

In einem anderen ebenfalls oft zitierten Fall hatte der *Tribunale di Roma*[203], zu prüfen, ob der wesentliche Geschäftsgegenstand der "Zauberberg", einer Anstalt liechtensteinischen Rechtes, in Italien lag. Wäre dies der Fall gewesen, so hätte die Anstalt nach der Auffassung des Gerichtes - ganz im Sinne der deutschen Variante der Sitztheorie - niemals die Eigenschaft als juristische Person erlangt, weil sie die (Eintragungs-)Voraussetzungen des italienischen Rechtes nicht erfüllte[204]. Die Entscheidung differenziert nicht danach, ob der Hauptgeschäftsgegenstand bereits bei Gründung der Zauberberg oder erst später auf Italien ausgerichtet war; das Gericht konnte die Frage im Ergebnis auch offenlassen, weil nach seiner Analyse sowohl der Verwaltungssitz als auch der wesentlicher Geschäftsgegenstand der Zauberberg in Liechtenstein lagen, italienisches Recht also gar nicht anwendbar war[205]. Auch diese Entscheidung taugt daher nicht als Beleg für die Behauptung, nach der Rechtsprechung führe die Sitztheorie zum Untergang einer nach Italien zuziehenden Gesellschaft.

Abermals um eine Anstalt liechtensteinischen Rechts ging es in einer weiteren Entscheidung des *Tribunale di Roma*[206]. Das Gericht verweigerte die Eintragung einer Zweigniederlassung der "Unorient Anstalt" - gegründet und mit Satzungssitz in Liechtenstein - weil sie sowohl ihren Verwaltungssitz als auch ihre Geschäftstätigkeit *von Anfang an* ausschließlich in Italien hatte; nach Ansicht des Gerichtes existierte die Anstalt nicht, weil sie nach italienischem Recht hätte errichtet werden müssen[207]. Auch hier handelte es sich aber nicht um einen *Sitzverlegungs*-, sondern um einen echten *Umgehungs*fall.

Der *Tribunale di Milano* hat mit seiner Entscheidung vom 14. September 1978[208] die Diskussion noch einmal aufgewärmt: Das Gericht wandte auf eine ausländische Gesellschaft, die gemäß Art. 2505 c.c. italienischem Recht unterstand - in diesem Falle eine A.G. liechtensteinischen Rechtes mit

---

202 Trib. Roma, a.a.O. S. 1213.

203 Trib. Roma (oben Fn. 8), Giust.civ. 1964, I, 698.

204 Trib. Roma, a.a.O. S. 702.

205 Trib. Roma, a.a.O. S. 704.

206 19 giugno 1968, Foro it. 1969, I, 526.

207 Trib. Roma, a.a.O. S. 527.

208 Riv.dir.int.priv.proc. 1979, 125.

Verwaltungssitz und Hauptgeschäftsgegenstand in Italien -, Art. 2332 c.c. an "mit allen dort vorgesehenen Konsequenzen", nämlich der Auflösung und Liquidation, weil sie sich nicht den Voraussetzungen der Artt. 2328ff c.c. angepaßt hatte. Das Gericht betonte dabei mehrfach, es betrachte nicht den Entstehungszeitpunkt, sondern den aktuellen Moment. Daraus folgerte es, daß das italienische Recht nicht über die "Anerkennung" der juristischen Person zu befinden habe, denn diese sei bereits erfolgt, so daß das italienische Recht die Existenz der Gesellschaft hinnehmen müsse. Das Gericht ging nicht davon aus, die Gesellschaft gehe infolge der Anwendung des italienischen Rechtes unter. Es hielt aber die Anwendung des Art. 2332 c.c. für die adäquate Sanktion für die unterlassene Anpassung.

Häufig zitiert wird auch die Entscheidung der *Corte d'Appello di Roma* vom 23. Dezember 1974[209], in welcher das Gericht über die Eintragung einer *in* den USA, vor einem amerikanischen Notar, aber *nach* italienischem Recht gegründete s.p.a. mit Sitz in Rom zu entscheiden hatte. Das Gericht hielt aufgrund des Art. 2505 c.c. italienisches Recht auf die Errichtung der Gesellschaft für anwendbar, weil die Gesellschaft von vorneherein in Italien auftreten und operieren sollte (weshalb ihr Satzungssitz ja auch in Rom liegen sollte). Das Gericht beanstandete die fehlende Einzahlung von 3/10tel des Grundkapitals gemäß Art. 2329 c.c., verweigerte die *omologazione* und hielt die Gesellschaft gemäß Art. 2332 c.c. für nichtig. Für den hier interessierenden Fall der Sitzverlegung trifft das Gericht allerdings keine Aussage, denn auch nach dem Willen der Gründer sollte es sich zu keinem Zeitpunkt um eine ausländische Gesellschaft handeln; vielmehr wurde in den USA eine italienische - und in Italien einzutragende - Gesellschaft nach dem Willen der Gesellschafter *neu*gegründet.

Die erste echte Sitzverlegung über die Grenze lag dem *Tribunale di Roma* 1987 zur Entscheidung vor[210]. Dieses Urteil straft jedoch die These der Literatur, die der Rechtsprechung die Ansicht unterstellt, die Sitztheorie verhindere den Zuzug, unmißverständlich Lügen. Das Gericht entschied, daß - gemäß Art. 2505 c.c. - "eine im Ausland gegründete Gesellschaft, die ihren Sitz in Italien einrichtet, ihre Satzung (*atto costitutivo e statuto*) einer gerichtlichen Kontrolle in Form der *omologazione*" unterziehen müsse. Mit keinem Wort läßt das Gericht Zweifel daran aufkommen, daß die zuziehende Gesellschaft kontinuierlich weiterbestehe[211].

Letzte Zweifel an der Kontinuität einer nach Italien zuziehenden Gesellschaft hat spätestens der *Tribunale di Pordenone* in seinem Beschluß (*decreto*) vom 28. September 1990[212] beseitigt. Das Gericht verfügte die Eintragung der Verlegung des *Satzungs*sitzes der Luxabel S.A., die durch Beschluß der Gesellschafterversammlung von einer luxemburgischen S.A. in eine italienische s.p.a.

---

209 23 dicembre 1974/ 25 gennaio 1975, Riv.not. 1980, 969.

210 Trib. Roma, 10 luglio 1987, Foro it. 1987, I, c.2592.

211 So auch der Kommentar (N.N.) zu dem Beschluß, a.a.O.

212 Foro pad. 1991, c. 187.

mit einem auf Lire lautenden Grundkapital umgewandelt worden war. Nach Ansicht des Gerichtes unterlag die S.A. dem italienischen Recht, weil ihr Verwaltungssitz bereits in Italien lag; daher beurteilte das Gericht den Sitzverlegungsbeschluß nach italienischem Recht[213]. Mit keinem Wort stellte das Gericht in Frage, ob die Gesellschaft infolge des Statutenwechsels eventuell untergegangen sein könnte, vielmehr sah es die Kontinuität der Gesellschaft ebenso als selbstverständlich an wie ihre Umwandlung der S.A. in eine s.p.a. italienischen Rechtes.

Die Behauptung der Literatur, nach Ansicht der Rechtsprechung habe der Statutenwechsel sachrechtlich die Konsequenz, daß die Gesellschaft als nicht wirksam gegründet angesehen werden müssen, hat sich damit als haltlos erwiesen[214].

bb. Literatur

In der Lehre zur grenzüberschreitenden Sitzverlegung wird es seit langem als unerwünscht und inakzeptabel angesehen, daß eine Gesellschaft untergehen sollte, "nur weil das auf die anwendbare Gesellschaftsrecht wechselt"[215], zumal dies die Konsequenz aus der durchaus erwünschten Tatsache sein kann, daß eine ausländische Gesellschaft, die bislang "nur" eine Zweigniederlassung in Italien unterhielt, ihren Kontakt mit dem italienischen Markt intensiviert[216]. Die Nichtanerkennung einer zuziehenden Gesellschaft wird als "nicht hinnehmbarer Verzicht auf den Nutzen durch die wirtschaftliche Aktivität des fraglichen Unternehmens, das der nationale Gesetzgeber als Quelle von Fortschritt und nationalem Reichtum schützt"[217]. Die Kontinuität zuziehender Gesellschaften

---

[213] Trib. Pordenone (oben Fn. 192), Foro pad. 1991, c. 187, 188.

[214] Das Mißverständnis über die Ansicht der Rechtsprechung geht maßgeblich auf die immer wieder im Zusammenhang mit der Sitzverlegung zitierten Entscheidungen im Fall "Hardtmuth" (Trib. Torino (oben Fn. 47), Riv.dir.comm. 1956, II, 139 und Corte d'App. Torino, 17 giugno 1958, Riv.dir.int. 1958, 598) zurück. In diesen Fällen ging es zwar um eine echte Sitzverlegung über die Grenze; allerdings war das italienische Recht weder als Zuzugs- noch als Wegzugsstaat betroffen. Die Existenz der "Kooh-i-noor-Hardtmuth" war für das italienische Recht nur insofern wichtig, als die Frage der Inhaberschaft eines Markenrechtes zu klären war. Die Gerichte in Turin verneinten die Kontinuität der nach dem zweiten Weltkrieg aus der Tschechoslowakai nach Frankreich umgezogenen Gesellschaft, weil das Recht der CSSR die Kontinuität verneinte. Mit den Artt. 2505, 2509 c.c. hatte dieses Ergebnis nicht das Geringste zu tun. Dennoch haben einige Autoren die Entscheidungen zum Anlaß genommen, die Kontinuität einer Gesellschaft nach einem Statutenwechsel grundsätzlich in Frage zu stellen. Infolgedessen hat sich vor allem *Capotorti* (oben Fn. 32), S. 607) bemüht, dieses Ergebnis für das italienische Recht zu entschärfen. Vgl. hierzu auch *Beitzke*, ZHR 127 (1965), 1, 33.

[215] *Simonetto*, Commentario Art. 2505 c.c., S. 395; *Vitta* (oben Fn. 12), S. 96. Ebenso *Piccoli/Zanolini* (oben Fn. 15), S. 175: Das Erfordernis der Neugründung erscheine "ein wenig zu rigoros", bzw. "übertrieben".

[216] *Ramondelli* (oben Fn. 42), S. 259, 260.

[217] *Simonetto*, Commentario Art. 2505-2510 c.c., S. 365; ebenso *Angelici* (oben Fn. 19), S. 6.

wird inzwischen als ein allgemeines Prinzip und aus dem grundrechtlichen Schutz der an der Gesellschaft wohlerworbenen Rechte zäh verteidigt[218], und spätestens seit dem Urteil des *Tribunale di Pordenone*[219] ist die Kontroverse um die Kontinuität ausländischer Gesellschaften in Selbstverständlichkeit verebbt.

Die Literatur hat verschiedene Ansätze entwickelt, um dieses praktisch erwünschte Ergebnis auch dogmatisch zu rechtfertigen und abzusichern und so die Schwierigkeiten der sachrechtlichen Folge der Sitztheorie zu korrigieren.

(1) Kontinuität des "Entstehungs- Statuts" (Ballarino)

In der modernen Literatur ist die Auffassung verbreitet, daß trotz eines Wechsels des anwendbaren Rechtes der neuen lex societatis die Entscheidung über die Existenz einer im Ausland gegründeten Gesellschaft entzogen sei. Ob eine Gesellschaft existiere oder nicht, könne allein von derjenigen Rechtsordnung beantwortet werden, deren Normen die Gesellschaft als Rechtssubjekt "erzeugt" haben[220]. Gleich einer natürlichen Person könne die einmal erzeugte juristische Person einem neuen Sachrecht unterworfen werden, ohne daß dieses ihre Existenz in Frage stellen dürfe. Die Anwendung des Sachrechtes beziehe sich nur auf den späteren Zeitpunkt, zu dem der Verwaltungssitz nach Italien verlegt worden sei. Die Frage nach der Existenz einer juristischen Person wird auf diesem Wege praktisch aus dem Regelungsbereich der lex societatis ausgeklammert. Konsequent trennen die Vertreter dieser Ansicht zwischen Personalstatut und lex societatis: Während das *statuto personale* für die Entstehung und Existenz einer Gesellschaft zuständig sei, regele die lex societatis nach Art. 25 IPRG alle (übrigen) gesellschaftsrechtlichen Fragen[221]. Das *statuto personale* wird - im Wege einer Sonderanknüpfung nach Art. 16 disp.prel.[222] - an die historische Tatsache des "Ursprunges", der Entstehung der juristischen Person geknüpft.

---

218 *Azzolini* (oben Fn. 7), S. 912; *Piccoli/Zanolini* (oben Fn. 15), S. 174; *Vitta* (oben Fn. 12), S. 96. Vgl. auch die Nachweise oben Fn. 8 u. 9.

219 (oben Fn. 192), Foro pad. 1991, c. 187.

220 *Ballarino*, Dir.int.priv. (3.A.), S. 355f. Diese "Ursprungs-"Rechtsordnung (*legge di origine*) bilde das "Personalstatut" (*statuto personale*) der Gesellschaft, nämlich die Rechtsordnung, die die "Person" hervorgebracht habe und die Existenz des Rechtssubjektes regele (*Ballarino*, Trattato di diritto privato, S. 400: "... il vero statuto personale della società, cioè la legge che ha creato la persona giuridica... ").

221 *Ballarino*, Trattato delle s.p.a., S. 65: "... nazionalità non è un concetto che s'identifica con quello di statuto personale..., si avrà quindi una scissione tra lo statuto personale e la nazionalità: lo statuto della società rimane straniero ma la nazionalità italiana è considerata sussistente". Siehe auch *Ballarino*, Dir.int.priv. (3.A.), S. 352: "[La nazionalità] è cosa diversa dallo statuto personale perché lo statuto personale esprime la ricerca di una legge regolatrice che è anteriore alla stessa qualificazione della nazionalità, mentre la nazionalità costituisce essenzialmente un dato rilevante per le norme del foro che distinguono tra cittadini e stranieri".

222 So ausdrücklich *Ballarino* (Dir.int.priv. (2.A.), S. 342, in der 3. Aufl. S. 355), der Art. 16 disp.prel. als Kollisionsnorm für das *statuto personale* bezeichnet. Ähnlich:

Durch die Unveränderbarkeit der Verknüpfung zwischen einem Rechtssubjekt und der Rechtsordnung, aufgrund deren Entscheidung es ursprünglich als rechtliches Etwas anerkannt worden ist, steht auch die Anerkennung der Rechtsperson fest[223]. Ein Statutenwechsel kann demnach nur dazu führen, daß die lex societatis das italienische Recht "überlagert" und die Gesellschaft zu Anpassungen zwingt, ohne ihre Eigenschaft als "ausländisch" in Frage zu stellen. Obwohl die Gesellschaft ihr ausländisches Personalstatut behält, kann sie demnach dazu gehalten sein, ihre gesamte Struktur einer italienischen Rechtsform anzugleichen[224].

Damit ist jedenfalls eine kollisionsrechtliche Rechtfertigung des *principio di riconoscimento* gefunden. Allerdings ist zweifelhaft, ob es dafür der dogmatischen Akrobatik der Trennung von *statuto personale* und lex societatis bedarf[225]. Der ohne solche Umwege gangbare Weg, den auch *Ballarino* erwähnt, ist die Auskoppelung der Frage der Wirksamkeit der Gründung einer ausländischen Gesellschaft. Ein entsprechendes gesetzliches Gebot entnehmen Teile der Literatur dem auf Art. 16 disp.prel. gestützten "Prinzip der Anerkennung"[226]; eine kollisionsrechtliche Festlegung darauf ist dem italienischen Recht bislang jedoch fremd, statt dessen wird die kollisionsrechtliche Rechtfertigung der unumstrittenen Anerkennung selten diskutiert. Vielmehr wird in der herrschenden Literatur betont, die Anknüpfung der gesellschaftsrechtlichen Vorschriften erfolge einheitlich[227].

Luzzatto/Azzolini (oben Fn. 74), S. 150 und 153, *Benedettelli* (oben Fn. 3), S. 88; *Mosconi* (oben Fn. 42), S. 32.

223 Diese Auffassung hat *Capotorti* geprägt (Riv.dir.int. 1958, 607, 614): "... Ein einmal entstandenes Rechtssubjekt [hat] seine eigene besondere juristische Existenz, und zwar auch innerhalb von Rechtsordnungen, die nicht seine ursprüngliche (nationale) Rechtsordnung sind. Daher ist durch nichts ausgeschlossen, daß die Veränderung einiger konkreter und tatsächlicher Merkmale in der Verbindung zur Außenwelt den Erwerb einer neuen *nazionalità* bewirkt und in der Konsequenz die Unterwerfung unter ein neues Rechtssystem, wobei gleichzeitig die Kontinuität des Subjektes erhalten bleibt. Der Wechsel der *nazionalità* hat also keine Konsequenz für den Fortbestand der Rechtsperson". Seit der IPR-Reform soll sich die Beibehaltung der ausländischen Rechtsperson außerdem Art. 66 i.V.m. Art. 65 IPRG ergeben, wonach Rechtsakte der ausländischen Freiwilligen Gerichtsbarkeit in Italien ohne gerichtlichen Zulassungsakt anerkannt werden (*Benedettelli* (oben Fn. 3), S. 64; *Broggini* (oben Fn. 24), S. 71).

224 *Ballarino*, Dir.int.priv. (3.A.), S. 362; *ders.*, Trattato delle s.p.a., vol.9.1, S. 103; ibid. S. 62; *ders.*, Trattato di diritto privato, vol.17, S. 393, 394.

225 Auch unter den Befürworter des principio di riconoscimento herrscht eine gewisse Aversion gegen die parallele Anwendung des italienischen und des ausländischen Rechtes, vgl. *Ramondelli* (oben Fn. 7), S. 1407; *Seatzu* (oben Fn. 73), S. 832.

226 Vgl. hierzu oben S. 114.

227 Statt vieler: *Seatzu* (oben Fn. 73), S. 833. Siehe auch oben S. 138.

(2) Art. 16 disp.prel. als Anpassungsrichtlinie für das Gesellschaftsrecht (Coscia)

Vergleichbar mit dieser Ansicht ist der Vorschlag von *Coscia*[228], der Art. 16 disp.prel. eine Art "Auslegungsprogramm" für die Anwendung der gesellschaftsrechtlichen Normen auf eine im Ausland gegründete und nach Italien zugezogene Gesellschaft: Wegen der nach Art. 16 disp.prel. vorausgesetzten Anerkennung einer im Ausland gegründeten juristischen Person dürfe das Ergebnis der Anwendung der *Sach*normen nicht sein, daß es sie plötzlich nicht mehr gebe[229]. *Coscia* fordert, das italienische internationale Gesellschaftsrecht im Lichte dieser Anerkennungsverpflichtung auszulegen[230]. Das führt seiner Ansicht nach dazu, daß beispielsweise die Vorschriften über die Gründung und Eintragung einer Gesellschaft (Art. 2328ff c.c.) nur insoweit angewendet werden können, als sie nicht der bereits erfolgten Gründung und der anerkannten Existenz der zuziehenden Gesellschaft widersprächen[231]. Es war nicht zuletzt *Coscia* und seine Interpretation des Art. 16 disp.prel., der im italienischen Recht die Ansicht durchgesetzt hat, die Nichtanerkennung zuziehender Gesellschaft sei die rechtlich falsche Konsequenz aus der Anwendung der Sachnormen, sie sei auch nach dem Schutzzweck der Sitztheorie nicht erforderlich und überdies für die italienische Rechts- und Wirtschaftsordnung untragbar.

(3) Die herrschende Ansicht in der Literatur: Grundsätzliche Ablehnung der Neugründung

In der neueren Literatur wird die Kontinuität einer nach Italien zuziehenden Gesellschaft als Faktum vorausgesetzt und nur noch selten dogmatisch zu begründen versucht. Der Schutzzweck der Sitztheorie rechtfertigt nach herrschender Meinung nicht die "Vernichtung" der zuziehenden Gesellschaft[232]. Die Verlegung des *Verwaltungs*sitzes nach Italien gilt daher als möglich, sofern nicht der Wegzugsstaat die Kontinuität durch Auflösung seiner Gesellschaft unterbricht[233].

---

228 Etabliert hat er diese Ansicht 1984 in seiner Monographie "Il riconoscimento delle società straniere" (siehe schon oben Fn. 7).

229 *Coscia* (oben Fn. 7), S. 152.

230 *Coscia* (oben Fn. 7), S. 151, 153. Ebenso argumentiert *Ramondelli* ((oben Fn. 42), S. 246), nach dessen Ansicht Art. 16 disp.prel. die Voraussetzung für die Anwendung des Art. 2505 c.c. war.

231 Seiner Ansicht nach findet daher die Eintragung gemäß Art. 2331 c.c. (vgl. hierzu unten S. 178ff) nur "im formellen Sinne" statt, weil die bereits anerkannte Errichtung nicht wiederholt werden könnte und also auch keine Gesellschaft entstünde (*Coscia* (oben Fn. 7), S. 153, 154; ebenso *Ramondelli* (oben Fn. 42), S. 246).

232 Statt vieler: *Benedettelli* (oben Fn. 3), S. 89. Ebenso bereits vor der Reform *Santa Maria* (oben Fn. 60), S. 182.

233 *Azzolini* (oben Fn. 7), S. 912; *Benedettelli* (oben Fn. 3), S. 88; *Broggini* (oben Fn. 24), S. 62; *Luzzatto/Azzolini* (oben Fn. 74), S. 149; *Piccoli/Zanolini* (oben Fn. 15), S. 175.

Seit langem wird in die Diskussion dabei ein zeitliches Moment einbezogen: Da das italienische Recht nur *ex nunc* von dem Zeitpunkt an eingreife, von welchem an der Verwaltungssitz in Italien liegt, und auch nur *während* dieser Zeit anwendbar sei, bleibe für die "Geschichte" der Gesellschaft das ausländische Recht maßgeblich. Solange der Verwaltungssitz noch nicht in Italien lag, fehlten die Voraussetzungen für die Anwendbarkeit des italienischen Rechtes[234]. Für den Zeitraum davor ist dem italienischen Recht die Entscheidung über die Existenz der Gesellschaft entzogen. *Broggini* untermauert diese These mit dem Grundsatz *tempus regit actus*: Das italienische Recht regele nur die zeitlich auf die Sitzverlegung folgenden rechtlichen Angelegenheiten der Gesellschaft. Das neu anwendbare italienische Recht könne nicht einmal als existent Wahrgenommenes nachträglich und rückwirkend als "nicht vorhanden gewesen" ansehen, weil "das Recht keine Realität der Vergangenheit auslöschen kann"[235]. Dies führt konsequent zu der Unterscheidung der echten Zuzugsfälle von pseudo-foreign-corporations, die von Anfang an ihren Verwaltungssitz in Italien hatten, denn auf diese war von Anfang an italienisches Recht anwendbar, so daß sie aus der Sicht des italienischen Rechtes zu keinem Zeitpunkt wirksam existiert haben[236]; nur diesen Fall habe der Gesetzgeber auch sanktionieren wollen[237].

Die Hinnahme der Existenz in der Vergangenheit entspricht dem "Prinzip der Anerkennung", mit dem die herrschende Literatur die Kontinuität der Rechtsperson begründet[238]. Man ist sich darüber einig, daß eine im Ausland gegründete Gesellschaft mit dem Betreten des italienischen Rechtskreises nicht in ein "Nichts" fällt, sondern das Faktum ihrer wirksamen Gründung mit sich nach

Aus der Literatur zu Art. 2505 c.c.: *Ramondelli* (oben Fn. 42), S. 259, 260; *Simonetto*, Commentario Art. 2505 c.c., S. 395; *Vitta* (oben Fn. 12), S. 96.

234 *Simonetto*, Commentario Art. 2505 c.c., S. 391: "Der Effekt der Unterwerfung der Gesellschaft unter italienisches Recht verwirklicht sich offensichtlich ex nunc und nicht ex tunc; für den vorausgegangenen Zeitraum war die Gesellschaft tatsächlich ausländisch aus Sicht unseres Rechtes, weil die Voraussetzungen für seine Anwendbarkeit fehlten". Ebenso *Broggini* (oben Fn. 24), S. 62: "si limiterà a stabilire *ex nunc* ..., senza intaccare l'esistenza e la validità degli atti dell'ente precedenti tale accertamento dell'applicazione del diritto italiano; ... assogetterà semplicemente atti ed effetti giuridici successivi alla nuova legge applicabile". Ebenso: Trib. Milano (oben Fn. 11), Riv.dir.int.priv.proc. 1979, 125, 133 (vgl. oben S. 147); aus der Literatur: *Cagnasso/Irrera* (oben Fn. 21), S. 466; *Capotorti* (oben Fn. 124), S. 214; *Rosselli* (oben Fn. 35), S. 1216. Ähnlich *Angelici* (oben Fn. 19), S. 6 u. 8; *Coscia* (oben Fn. 7), S. 147 und 155.

235 *Broggini* (oben Fn. 24), S. 62.

236 Vgl. auch das Ergebnis der Analyse der Rechtsprechung oben S. 145f.

237 *Santa Maria* (oben Fn. 60), S. 179ff.

238 *Azzolini* (oben Fn. 7), S. 906, 914; *Ballarino*, Dir.int.priv. (3.A.), S. 362f; *Benedettelli*, Riv.soc. 1997, 29, 89; *Caruso* (oben Fn. 5), S. 162f; *Coscia* (oben Fn. 7), S. 152f; *Ramondelli* (oben Fn. 7), S. 1407. Zum "principio di riconoscimento" vgl. oben S. 114.

Italien "transportiert"[239]. Sie soll nicht mit Nichtanerkennung dafür gestraft werden, daß sie den Kontakt mit dem italienischen Markt intensiviert[240]. Das "Vorleben" der Gesellschaft im Ausland ignorieren zu wollen, sei "eine gute Dosis Gleichgültigkeit und Ignoranz gegenüber der im Ausland verwirklichten Dimension des betreffenden Unternehmens und gegenüber seiner Entstehung unter der Geltung eines ausländischen Rechtssystems"[241].

cc. Zusammenfassung

Die Anwendung der Sachnormen des italienischen Gesellschaftsrechtes steht unter der Prämisse, daß die zuziehende Gesellschaft bereits gegründet und als Rechtsträger anerkannt ist. Die Forderung einer *Neu*gründung ist damit von vorneherein ausgeschlossen[242]. Die gesellschaftsrechtlichen Vorschriften sind nur insoweit anwendbar, als sie die Existenz der Rechtsperson zur Kenntnis nehmen[243].

c. Anpassung und "Umwandlung" der ausländischen in eine italienische Gesellschaft

Eine Gesellschaft mit Verwaltungssitz in Italien muß gemäß Art. 25 Abs. 1 Satz 2 IPRG das italienische Gesellschaftsrecht erfüllen[244]. Das führt dazu, daß sie ihre Satzung einer italienischen Rechtsform angleichen muß. Da sie dabei kontinuierlich als dieselbe, ursprünglich im Ausland gegründete Gesellschaft

---

239 *Ramondelli* (oben Fn. 54), S. 63, 67; *Simonetto*, Commentario Art. 2505-2510 c.c., S. 355, 356.

240 *De Vita* (oben Fn. 46), S. 1284; *Simonetto*, Commentario Art. 2505 c.c., S. 395 und 396.

241 *Azzolini* (oben Fn. 7), S. 912.

242 So die h.M., vgl. Trib. Pordenone (oben Fn. 192), Foro pad. 1991, c. 187; Trib. Roma (oben Fn. 210), Foro it. 1987, I, c.2592. Aus der Lit.: *Azzolini* (oben Fn. 7), S. 912; *Balladore Pallieri*, Dir.int.priv. (1950), S. 152; *Ballarino* (oben Fn. 42), S. 62; *Benedettelli* (oben Fn. 3), S. 88; *Broggini* (oben Fn. 24), S. 62; *Coscia* (oben Fn. 7), S. 154; *Luzzatto/Azzolini* (oben Fn. 74), S. 149; *Piccoli/Zanolini* (oben Fn. 15), S. 175; *Ramondelli* (oben Fn. 42), S. 259, 260; *Simonetto*, Commentario Art. 2505 c.c., S. 395; *Vitta* (oben Fn. 12), S. 96.

243 Ganz h.M., vgl. nur: *Ballarino* (oben Fn. 42), S. 62; *Coscia* (oben Fn. 7), S. 152, 155; *Ramondelli* (oben Fn. 7), S. 1408; *ders.* (oben Fn. 54), S. 67; *Rosselli* (oben Fn. 35), S. 1214; *Santa Maria* (oben Fn. 60), S. 183f.

244 Ganz h.M.; vgl. aus der Rechtsprechung: Trib. Pordenone (oben Fn. 192), Foro pad. 1991, c. 187, 188; Trib. Milano (oben Fn. 11), Riv.dir.int.priv.proc. 1979, 125, 132 u. 133. Aus der Literatur: *Azzolini* (oben Fn. 7), S. 914 ("in ein italienisches Gewand gekleidet"); *Cottino*, Diritto commerciale, vol. 1.2, S. 710 ("la società dovra incorporarsi in Italia"); *Gestri* (oben Fn. 121), S. 78; *Piccoli/Zanolini* (oben Fn. 15), S. 175; *Ramondelli* (oben Fn. 7), S. 1408; *Rosselli* (oben Fn. 35), S. 1216. Ähnlich *Coscia* (oben Fn. 7), S. 154, 155. Ebenso - unter Geltung des Art. 230 Abs. 4 Cod.comm. - Corte d'App. Bologna, 8 marzo 1910, Riv.dir.int. 1912, II, 106 (vgl. den Leitsatz dieser Entscheidung, zit. unten Fn. 432). Aus der deutschsprachigen Literatur *Kronke* (oben Fn. 75), Rn. 55.

fortbesteht und nur das anwendbare Recht wechselt[245], führt die Anwendung des italienischen Rechts nur zum Zwang einer Anpassung der Satzung[246].

Als erster hat wohl *Simonetto* die These aufgestellt, daß "die Regulierung der inneren Angelegenheiten der zugezogenen Gesellschaft in Italien mit einer wahren und wirklichen Umwandlung verglichen werden muß"[247], weil die Gesellschaft auch innerhalb der italienischen Rechtsordnung vor ihrer Eintragung in Italien bereits existiert hat[248]. Seine These hat in der neueren Literatur[249] und Rechtsprechung[250] viele Anhänger gefunden. Die Anwendbarkeit der Umwandlungsvorschriften (Artt. 2498 - 2500 c.c.) auf die zugezogene Gesellschaft ist kollisionsrechtlich unproblematisch, sobald der Verwaltungssitz in Italien liegt, weil gemäß Art. 25 Abs. 1 Satz 2 i.V.m. Abs. 2 lit.c, 2.Alt. IPRG die *legge regolatrice* auch die *trasformazione* regelt[251]. Da zu diesem Zeitpunkt die ausländische Gesellschaft noch nicht mit einer italienischen Rechtsform besteht, können die Artt. 2498-2500 c.c. allerdings nur entsprechend angewendet werden, wobei bislang aber keine Gründe gegen die analoge Anwendbarkeit des Umwandlungsrechtes geltend gemacht worden sind.

aa. Das Erfordernis der Eintragung in das Handelsregister

Die Folge der Anwendbarkeit des italienischen Rechtes ist, daß die Gesellschaft in einem italienischen Handelsregister eingetragen werden muß[252]. Dies

---

245 *Vitta* (oben Fn. 12), S. 96. Ebenso *Azzolini* (oben Fn. 7), S. 914.

246 Eine absolute Mindermeinung verneint den Anpassungszwang unter Rückgriff auf Art. 2507 c.c. (*Monaco*, L'efficacia della legge nello spazio, S. 141), wonach eine im Ausland gegründete Gesellschaft, die keinem der im Codice civile geregelten Gesellschaftsformen entspricht, hinsichtlich der Eintragungsanordnung und der Haftung der Geschäftsführer dem Recht der s.p.a. untersteht; Art. 2507 c.c. ist aber nach der richtigen Ansicht der herrschenden Meinung auf eine Gesellschaft mit Verwaltungssitz in Italien nicht anwendbar, sondern beschränkt sich auf Gesellschaften mit Zweigniederlassung in Italien (*Simonetto*, Commentario Art. 2507 c.c., S. 420. Ebenso: *Broggini* (oben Fn. 24), S. 73; *Cagnasso/Irrera* (oben Fn. 21), S. 472; *Caruso* (oben Fn. 5), S. 142; *Rordorf*, in: Nuova rassegna di giurisprudenza (Art. 2507), S. 1901; *Santa Maria* (oben Fn. 75), S. 477; *ders.* (oben Fn. 60), S. 91 und 192. Aus der deutschsprachigen Literatur *Königshofer* (oben Fn. 40), S. 50). Andernfalls bestünde ein nicht auflösbarer Widerspruch zu Art. 25 Abs. 1 Satz 2 IPRG.

247 *Simonetto*, Commentario Art. 2505 c.c., S. 396: "vera e propria trasformazione".

248 *Simonetto*, Commentario Art. 2498 c.c., S. 119.

249 *Azzolini* (oben Fn. 7), S. 916; *Ballarino* (oben Fn. 30), S. 402; *Orione* (oben Fn. 14), S. 33; *Piccoli/Zanolini* (oben Fn. 15), S. 175; *Rosselli* (oben Fn. 35), S. 1216; *Santa Maria* (oben Fn. 75), S. 478; Kommentar (N.N.) zu Trib. Pordenone, 28 settembre 1990, Foro pad. 1991, c. 189.

250 Trib. Pordenone (oben Fn. 192), Foro pad. 1991, c. 187.

251 So auch *Azzolini* (oben Fn. 7), S. 916.

252 Trib. Pordenone (oben Fn. 192), Foro pad. 1991, c. 187, 188; Trib. Roma (oben Fn. 210), Foro it. 1987, I, 2592; Trib. Roma, 3 ottobre 1984, Foro it. 1985, I, 1516. Aus der Literatur: *Annibale*, (oben Fn. 42), S. 155; *Azzolini* (oben Fn. 7), S. 915; *Ballarino*,

bestimmt auch Art. 7 Abs. 2 lit.a Nr.6 D.P.R. 581/1995[253]. Vor der Eintragung einer Kapitalgesellschaft ist gemäß Art. 2330 Abs. 3 c.c. (der nach Art. 2498 c.c. auch für die Umwandlung in eine s.p.a. gilt) die Überprüfung der Rechtmäßigkeit der Satzung erforderlich. Seit der Reform des Art. 2330 c.c. durch Art. 32 der l. 24 novembre 2000, n. 340 findet die materielle Kontrolle der Rechtmäßigkeit vor der Eintragung ausschließlich durch den beurkundenden Notar statt. Dieser unterliegt der Androhung einer Ordnungsstrafe von bis zu 30.000.000 Lire, wenn er eine Satzung trotz schwerwiegender Mängel zur Eintragung anmeldet (Art. 138-bis l. 16 febbraio 1913, n. 89 n.F.). Das Handelsregister überprüft die zur Eintragung angemeldete Satzung lediglich in formeller Hinsicht[254]. Vor der Reform wurde die Rechtmäßigkeit der Satzung der einzutragenden Gesellschaft durch das Registergericht im Verfahren der sogenannten *omologazione* überprüft und mit der Eintragungsverfügung (*decreto di omologazione*) bestätigt[255]. Das Registergericht wird nunmehr nachträglich aufgrund von Beschwerden gegen die Eintragung tätig.

Eine im Ausland gegründete Gesellschaft ist nur dann nach italienischem Recht rechtmäßig, wenn sie einer Gesellschaft italienischer Rechtsform entspricht[256]. Zu überprüfen sind daher, wenn italienisches Recht gemäß Art. 25 Abs. 1 Satz 2 IPRG anwendbar ist[257], "alle zwingenden Vorschriften des italienischen Gesell-

---

Dir.int.priv. (3.A.), S. 362; *ders.*, Trattato delle s.p.a., vol.9.1, S. 59 u. 62; *Broggini* (oben Fn. 24), S. 71, 72; *Ferri*, Le società, S. 86; *Ramondelli* (oben Fn. 7), S. 1409; *ders.* (oben Fn. 42), S. 250 u. 252; *ders.* (oben Fn. 54), S. 64; *Santa Maria* (oben Fn. 60), S. 186-189; *Simonetto*, Commentario Art. 2505 c.c., S. 396 u. 397 (Fn. 4).

253 Art. 7 , Ziff. 2 lit. a, Nr. 6 des D.P.R. 7 dicembre 1995, n. 581 lautet: "Nel registro delle imprese sono iscritti: ... 6) le società che sono soggette alla legge italiana ai sensi dell'articolo 25 della legge 31 maggio 1995, n. 218; ...".

254 Art. 2330 Abs.3 c.c. lautet in der neuen Fassung: "L'iscrizione della società nel registro delle imprese è richiesta contestualmente al deposito dell'atto costitutivo. L'ufficio del registro delle imprese, verificata la regolarità formale della documentazione, iscrive la società nel registro".

255 Art. 2330 Abs. 3 a.F. c.c. lautete: "Il tribunale, verificato l'adempiemento delle condizioni stabilite dalla legge per la costituzione della società e sentito il pubblico ministero, ordina l'iscrizione della società nel registro". Art. 2330 c.c. gilt auch für die übrigen Kapitalgesellschaften (für die s.a.p.a. gemäß Art. 2464 c.c. und für die s.r.l. gemäß Art. 2475 Abs. 2 c.c.).

Die gerichtliche Rechtmäßigkeitskontrolle (*omologazione*) nach Art. 2330 Abs. 3 c.c. a.F. erfolgte in einem Verfahren nach Artt. 737ff c.p.c., den Vorschriften über die richterliche Entscheidungen im Verfahren der freiwilligen Gerichtsbarkeit (*volontaria giurisdizione*), und endet mit der Eintragungsverfügung (*decreto di omologazione*) oder ihrer Ablehnung. Erst nach Wirksamwerden der Eintragungsverfügung könnte gemäß Art. 13 Abs. 1 D.P.R. 581/1995 die Eintragung der Gesellschaft in das Handelsregister beantragt werden (Trib. Roma, 4 luglio 1996, Riv.not. 1996, 664).

256 Trib. Roma (oben Fn. 206), Foro it. 1969, I, 526. Aus der Literatur: *Broggini* (oben Fn. 24), S. 72; *Coscia* (oben Fn. 7), S. 84; *Ferri* (oben Fn. 252), S. 86.

257 Die Überprüfung der Anwendbarkeit als Teil der Rechtmäßigkeitskontrolle fordert *Ramondelli* (oben Fn. 7), S. 1409. Der *Tribunale di Pordenone* ((oben Fn. 192), Foro pad.

schaftsrechtes"[258]. Unklar und umstritten ist allerdings, welche materiellen Vorschriften für die ausländische Gesellschaft "zwingend" sind, mit anderen Worten welche Voraussetzungen sie in welchem Maße erfüllen muß, um in das italienische Handelsregister eingetragen zu werden[259]. Vorherrschend scheint die Ansicht, die Gesellschaft müsse ihre gesamte interne Struktur dem italienischen Recht anpassen, so daß sich ihre Satzung nicht mehr von der einer italienischen Gesellschaftsform unterscheidet[260].

Seit sich in der modernen Lehre die Prämisse der Kontinuität der zuziehenden Gesellschaft durchgesetzt hat, herrscht Einigkeit darüber, daß die Vorschriften, die speziell für die Errichtung einer s.p.a. gelten, nicht oder zumindest nicht in vollem Umfange anwendbar sind[261], obwohl nach der IPR-Reform Art. 25 Abs. 2 lit.c 1. Alt. IPRG die gesamte *costituzione* (Gründung) der Regelung durch die nach Abs. 1 ermittelte *legge regolatrice* unterstellt[262]. Streitig ist in

---

1991, c. 187, 188) hat vor der Anordnung der Eintragung der umgewandelten Luxabel S.A. zumindest festgestellt, daß ihr Verwaltungssitz in Italien lag.

258 Trib. Roma (oben Fn. 210), Foro it. 1987, I, 2592; *Ballarino*, Dir.int.priv. (3.A.), S. 364 ("una società di capitali straniera debba essere *costituita* con un atto che presenti comunque caratteri corrispondenti a quelli dell'atto pubblico italiano", Hervorh.v.Verf.); *Coscia* (oben Fn. 7), S. 152; *Panzironi*, N.Giur.civ.comm., 1997, 250, 269.

259 Einige Stimmen in der Literatur beginnen eine Aufzählung der anzuwendenden Vorschriften, die aber keinen Anspruch auf Vollständigkeit erhebt (z.B. *Broggini* (oben Fn. 24), S. 62; *Ramondelli* (oben Fn. 7), S. 1409 ("... Einlagen, die Verteilung des Grundkapitals, der Rechte der Gesellschafter, Aufsichtsräte und Geschäftsführer, Veröffentlichungen in der *Gazz.uff.* etc.")) oder man verweist darauf, die *omologazione* erfolge nicht in dem Sinne wie bei der Neugründung einer Gesellschaft (*Coscia* (oben Fn. 7), S. 153: "l'atto costitutivo della società non è soggetto ad un giudizio di omologa in senso technico"), während die Rechtsprechung davon ausgeht, es erfolge eine "vollständige Nationalisierung" (*integrale processo di nazionalizzazione*, Trib. Roma (oben Fn. 8), Giust.civ. 1964, I, 698).

260 Trib. Pordenone (oben Fn. 192), Foro pad. 1991, c. 187, 188; Trib. Milano (oben Fn. 11), Riv.dir.int.priv.proc. 1979, 125, 133; *Azzolini* (oben Fn. 7), S. 913; *Ballarino*, Dir.int.priv. (3.A.), S. 364; *Ramondelli* (oben Fn. 54), S. 68, 69; *Rosselli* (oben Fn. 35), S. 1214; *Simonetto*, Commentario Art. 2505-2510 c.c., S. 372; *Vitta* (oben Fn. 12), S. 96.

261 *Ballarino* (oben Fn. 42), S. 62 und 70; *Coscia* (oben Fn. 7), S. 153, 154; *Rosselli* (oben Fn. 35), S. 1217; *Santa Maria* (oben Fn. 60), S. 187; *Simonetto*, Commentario Art. 2505 c.c., S. 388.

262 Vgl. oben S. 138. Die Vorgängernorm, Art. 2505 c.c., forderte seinem Wortlaut nach die Erfüllung der "*requisiti di validità dell'atto costitutivo*", womit nach einer stark vertretenen Literaturmeinung nur die Wirksamkeitsvoraussetzungen der Satzung gemeint waren (*Cagnasso/Irrera* (oben Fn. 21), S. 471; *Ramondelli* (oben Fn. 54), S. 60 ff., insb. S. 69; *ders.* (oben Fn. 42), S. 254). Teile der Literatur bezeichneten diese inhaltlichen Satzungsbestimmungen als "*requisiti sostanziali*" der Gründungsvoraussetzungen (z.B. *Coscia* (oben Fn. 7), S. 152; *Marziale*, Foro it. 1985, I, 1516, 1517; *Santa Maria* (oben Fn. 7), S. 7).

diesem Zusammenhang vor allem die Anwendung der Vorschriften über die *condizioni per la costituzione* nach Art. 2329 c.c.[263].

bb. Die "Anpassung" an eine italienische Gesellschaft: Anpassung der Satzung

Die Satzung (*atto costitutivo*) einer s.p.a.[264] muß nach Art. 2328 Abs. 1 Satz 2 c.c. folgende Angaben enthalten: 1) den vollständigen Namen, den Geburtstag und -ort, den Wohnsitz und die Staatsangehörigkeit der Gründer, außerdem die Anzahl der von jedem gezeichneten Aktien; 2) die Firma der Gesellschaft, den Sitz der Gesellschaft (*sede della società*) und die eventuellen Zweigniederlassungen; 3) den Unternehmensgegenstand (*oggetto sociale*); 4) den Betrag des gezeichneten und eingezahlten Grundkapitals; 5) den Nennwert und die Anzahl der Aktien, außerdem die Bezeichnung, ob es sich um Namens- oder Inhaberaktien handelt; 6) den Wert der Forderungen und Vermögensgüter, die als Sacheinlagen geleistet wurden; 7) die Bestimmungen über die Gewinnverteilung; 8) die eventuelle Gewinnbeteiligung für Gründer oder *promotori*; 9) die Anzahl der Verwaltungsorgane und ihre Befugnisse sowie unter ihnen die Bezeichnung der vertretungsberechtigten Organe; 10) die Anzahl der Mitglieder des Aufsichtsrates; 11) die Dauer der Gesellschaft; und 12) den ungefähr bezeichneten Gründungsaufwand, den die Gesellschaft zu tragen haben. Daneben wird nach Art. 2328 Abs. 3 c.c. ein *statuto* gefordert, das die Regelungen über die Arbeits- und Funktionsweise der Gesellschaft enthält und als integrierter Bestandteil des *atto costitutivo* angesehen wird.

Die in Art. 2328 c.c. aufgeführten notwendigen Bestandteile der Satzung sind für jede italienische Kapitalgesellschaft - und damit auch für eine zuziehende Gesellschaft - zwingend[265]. Eine zuziehende Gesellschaft kann sofort in Italien eingetragen werden, wenn ihre Satzung bereits der nach ausländischem Recht wirksamen Fassung die Voraussetzungen des Art. 2328 c.c. erfüllt[266]. Es muß jedoch bezweifelt werden, daß dies praktisch möglich ist, denn jedenfalls die im folgenden zu untersuchenden "typisch italienischen" Satzungsmerkmale (z.B. der Satzungssitz, die Firma und das Grundkapital der Gesellschaft) dürften nach ausländischem Recht nicht oder jedenfalls anders vorgesehen sein.

---

263 Vgl. zu Art. 2329 c.c. ausführlich unten S. 172.

264 Art. 2328 c.c. gilt gemäß Art. 2464 c.c. auch für die s.a.p.a. und im wesentlichen auch für die s.r.l.; Art. 2475 verzichtet für die s.r.l. lediglich auf die Nrn. 5, 8.

265 Trib. Pordenone (oben Fn. 192), Foro pad. 1991, c. 187, 188. Nach Art. 2498 c.c. Abs. 1 c.c. muß der Umwandlungsbeschluß "alle Angaben enthalten, die das Gesetz für die jeweilige Gesellschaftsrechtsform vorschreibt". Vgl. zum Formwechsel auch Corte d'Appello di Bari, 10 febbraio 1986, Le società 1986, 1014; Trib. Ascoli Piceno, 20 dicembre 1990, Le società 1991, 679.

266 *Cagnasso/Irrera* (oben Fn. 21), S. 472 f.

(1) Sitz der Gesellschaft gemäß Art. 2328, Nr.2 c.c.

Für die Anwendbarkeit des italienischen Rechtes gemäß Art. 25 IPRG ist es irrelevant, ob die Gesellschaft einen Satzungssitz in Italien hat[267]. Fraglich ist allerdings, ob das *Sach*recht auf die Benennung eines Ortes in Italien als Satzungssitz verzichtet, oder anders formuliert, ob eine Gesellschaft mit Verwaltungssitz in Italien nicht auch ihren Satzungssitz nach Italien verlegen muß[268].

Ein Teil der Literatur vertritt ausdrücklich die These, es solle möglich sein, daß eine Gesellschaft nach der Verlegung ihrer Verwaltung nach Italien ihren Satzungssitz im Herkunftsland beibehalten könne[269]. Auch der Gesetzgeber scheint davon auszugehen, daß Verwaltungs- und Satzungssitz über die Grenze auseinanderfallen könnten: Art. 4 lit.a, lit.c und lit.d D.P.R. 26 aprile 1986 (*Testo unico dell'Imposta di Registro*) regeln die (Gebühren für die) Eintragung einer Gesellschaft mit Verwaltungs-, aber ohne Satzungssitz in Italien, Art. 4 lit.b und lit.e den umgekehrten Fall der Verlegung nur des Satzungssitzes nach Italien[270]. In dem einzigen zur Sitzverlegung gerichtlich entschiedenen Fall konnte der *Tribunale di Pordenone* die Frage, ob die Luxabel auch ihren Satzungssitz nach Italien verlegen müßte, offenlassen, weil die Gesellschafter die Verlegung des Satzungssitzes von Luxemburg nach Italien bereits beschlossen hatten; das Gericht hatte daher keine Schwierigkeiten, die Eintragung der Luxabel s.p.a. "mit Sitz in Pordenone" anzuordnen[271].

Sofern man auf die Verlegung des Satzungssitzes nach Italien verzichtet, obwohl die Gesellschaft gemäß Art. 25 Abs. 1 Satz 2 IPRG italienischem Recht untersteht, stößt man bei der Anwendung des italienischen Rechtes auf

---

267 So die ganz herrschende Meinung, vgl. statt vieler *Ramondelli* (oben Fn. 42), S. 258; *Santa Maria* (oben Fn. 60), S. 100.

268 Nach der herrschenden Auffassung im deutschen Recht muß eine Kapitalgesellschaft mit einer deutschen Rechtsform eine deutsche Gemeinde als Satzungssitz wählen (vgl. KölnerKomm-*Kraft*, AktG, § 5, Rn.3; *Lutter/Hommelhoff*, GmbHG, § 4a, Rn. 5; *Behrens*, in: Die GmbH im IPR u. EuR, IPR Rn. 30). Wegen der "unglücklichen Verzahnung von Registerrecht und internationalem Privatrecht" an diesem Punkte hat *Bungert* (ZVglRWiss 93 (1994), 117, 167) vorgeschlagen, im Fall der Verlegung des Verwaltungssitzes ins Inland unter Beibehaltung des Satzungssitzes im Ausland auf die Eintragungserfordernisse der §§ 36, 37, 45 AktG bzw. §§ 7, 8 GmbHG zu verzichten.

269 *Ballarino* (oben Fn. 42), S. 63: "non è in alcun modo richiesto che l'atto costitutivo della società disponga che sia in Italia la sede della società". Ebenso *Coscia* (oben Fn. 7), S. 154; *Simonetto*, Commentario Art. 2505 c.c., S. 388; aus der deutschsprachigen Literatur *Ebenroth/Kaiser* (oben Fn. 19), S. 248. Von einer Mindermeinung in Italien wird nicht einmal irgendeine Angabe in der Satzung über den Sitz der Gesellschaft gemäß Art. 2328 Abs. 1 Nr.2 c.c. für erforderlich gehalten (vgl. *Quatraro*, Statuti Sociali, tomo I, S. 249).

270 Vgl. hierzu die ausführliche Darstellung bei *Ordine dott. commercialisti*, Trasferimento della sede all'estero, S. 41ff.

271 Trib. Pordenone (oben Fn. 192), Foro pad. 1991, c. 187, 188.

Schwierigkeiten: In Ermangelung eines Satzungssitzes in Italien muß ein neues Kriterium zur Bestimmung des zuständigen Handelsregisters und des zur Klärung gesellschaftsrechtlicher Fragen anzurufenden Gerichtes gefunden werden, weil das italienische Recht dessen Zuständigkeit gemäß Art. 2330 c.c. nach dem Ort des Sitzes der Gesellschaft (*sede sociale*) bestimmt[272]. Tatsächlich vertritt ein Teil der Lehre die Ansicht, für die Eintragung der zugezogenen

---

272 Den Grundsatz der Zuständigkeit des Registers am Ort der *sede sociale* bestimmt Art. 2296 c.c. für das Personengesellschaftsrecht, für Kapitalgesellschaften Art. 2330 Abs. 1 c.c.; ebenso die herrschenden Meinung, vgl. z.B. Trib. Ascoli Piceno, 10 gennaio 1982, Dir. fallim. 1982, 764; Trib. Cassino, 28 giugno 1991, Arch. civ. 1992, 574; *Condò*, Giur.comm. 1998, II, 182, 185; *Cottino* (oben Fn. 244), S. 324; *Marasà*, in: Trattato delle s.p.a., vol. 6.1, S. 53; *Marchese*, Riv.dir.comm. 1998, 601, 606). Für die im einzelnen besonders festgelegten Publizitätspflichten regeln zum Teil die Normen selbst ausdrücklich die Zuständigkeit des Gerichts des Satzungssitzes (z.B. Art. 2378 c.c. (Anfechtung von Gesellschafterbeschlüssen), Art. 2411 c.c. (Eintragung der Gesellschafterbeschlüsse)).

Eine Besonderheit hat sich seit der Errichtung des Handelsregisters 1993 und 1995 dahingehend ergeben, daß für die *omologazione* der eintragungsbedürftigen Tatsachen das Gericht am Ort der für die Eintragung zuständigen *Camera di Commercio*, bei welcher seit der Neuregelung des Registerrechts das Handelsregister geführt wird (vgl. Art. 8 Abs. 1 l.29 dicembre 1993, n. 580) zuständig ist (Corte di Cass., 1 settembre 1999, n. 9210, Riv.not. 2000, 467; Corte di Cass., 5 giugno 1998, n. 5535, Riv.not. 1999, II, 189; Corte di Cass., 9 agosto 1997, n. 7445, Giur.comm. 1998, II, 159; *Condò*, a.a.O. S. 187; *Fezza*, Giur.comm. 1998, II, 169, 182), nämlich das Gericht der Hauptstadt des Bezirkes (*capoluogo di provincia*) der *Camera di Commercio*; dies wird zwar oft mit dem *Tribunale* am Ort des Satzungssitzes übereinstimmen, weil der zuständige Handelskammerbezirk nach dem Satzungssitz bestimmt wird (vgl. Art. 2330 Abs. 1 c.c.("... presso l'ufficio del registro delle imprese nella cui circoscrizione è stabilità la sede sociale") und Art. 13 Abs. 1 D.P.R. 581/1995 ("... l'ufficio della Camera di commercio della provincia, nella quale l'imprenditore ha sede")); allerdings kann der Bezirk einer *camera di commercio* mehrere Landgerichtsbezirke umfassen, so daß es zu Unterschieden kommt (vgl. Art. 1 Abs. 2 l. 580/1993: "Le camere di commercio hanno sede in ogni capoluogo di provincia ..."). Zur Verdeutlichung: In einem Fall, in welchem sich sowohl der *Tribunale di Nola*, in dessen Bezirk der Satzungssitz einer *società coopoerativa* lag, die die *omologazione* ihrer Satzung beantragt hatte, als auch der *Tribunale di Napoli*, in dessen Bezirk die für die Eintragung zuständige *camera di commercio* ansässig war, für unzuständig hielten, entschied die Corte di Cassazione, die Zuständigkeit für die *omologazione* der einzutragenden Tatsache richte sich nach dem "Ort des Handelsregisters, in welchem die Tatsache eingetragen werden muß, auch wenn dieser verschiedenen ist vom Ort des Tribunale des Satzungssitzes" (vgl. Corte di Cass., 5 giugno 1998, n. 5535, a.a.O.; ebenso: Corte di Cass., 25 maggio 1999, n. 5063, 20 maggio 1999, n. 4891, 21 aprile 1999, n. 3936, Le società 1999, 944). Bis zur Neuregelung des Registerrechts stellte sich diese Frage nicht, weil das Handelsregister gemäß Artt. 99, 100 disp.att.c.c. provisorisch beim örtlichen Tribunale geführt wurde (vgl. *Condò*, a.a.O. S. 183; *Marchese*, a.a.O. S. 617f). Sachlich hat sich jedoch wenig geändert, insbesondere ist nach wie vor die *sede legale* ausschlaggebend, so daß beispielsweise *Fezza* (a.a.O. 182) die seit Erlaß des D.P.R. 581/1995 bemerkenswert ausführlich geführte Diskussion zu Recht als "molto rumore per nulla" bezeichnet.

Gesellschaft sei das Gericht am Ort ihres Verwaltungssitzes zuständig[273]. Die Zuständigkeit des Gerichtes am Ort des Verwaltungssitzes ist dem italienischen Recht zwar nicht grundsätzlich fremd[274]. Fraglich ist aber zum einen, ob dies auch für Eintragungen im Handelsregister nach Art. 2330 c.c. gelten kann, und zum zweiten, ob (unter der Voraussetzung, daß in mindestens einem Staat die Sitztheorie gilt) nicht bereits grundsätzliche Zweifel daran bestehen, daß Verwaltungs- und Satzungssitz auf Dauer in verschiedenen Rechtsordnungen liegen können[275].

Gegen die Bestimmung der Zuständigkeit des Handelsregisters am Ort der Verwaltung spricht der Zweck der Publizitätsvorschriften: Die Informationsquelle über die wichtigsten Daten der Gesellschaft muß im Interesse des Rechtsverkehrs zuverlässig lokalisierbar sein, damit die bezweckte allgemeine Information gewährleistet ist. Nur der in der Satzung angegebene Sitz gibt dem Rechtsverkehr den verläßlichen Hinweis, in welchem Register Informationen über die Gesellschaft einsehbar sind - im Gegensatz zu dem ohne Einhaltung von Publizitätspflichten veränderbaren Sitz der Verwaltung. Aus diesem Grunde wählt das Gesetz als Ort der Überprüfung und Eintragung der wichtigsten zu veröffentlichenden gesellschaftlichen Interna den Ort, den die Gesellschafter selbst als Aufenthaltsort der Gesellschaft angeben und festlegen. Sofern sich der in der Satzung angegebene Sitz ändert, kann der Rechtsverkehr auch dies mittels der Eintragungen an den verlassenen Satzungssitzen ersehen und nachverfolgen[276].

Von der "eindeutigen" Festlegung des Aufenthaltsortes der Gesellschaft in der Satzung nimmt man nur dann Abstand, wenn der Rechtsverkehr ein schützenswertes Vertrauen in das reale Auftreten der Gesellschaft am Ort ihrer

---

273 *Ballarino* (oben Fn. 42), S. 70, 71; *Coscia* (oben Fn. 7), S. 154, 155; aus der deutschsprachigen Literatur *Rahm* (oben Fn. 140), S. 71. Hinsichtlich der Bestimmung des Eintragungsortes wird der Verwaltungssitz damit im Ergebnis nicht anders behandelt als eine einfache Zweigniederlassung. Der entscheidende Unterschied liegt aber darin, daß der Eintragungsort einer Zweigniederlassung ausschließlich informativen Zwecken dient; eine Rechtsmäßigkeitskontrolle findet in Bezug auf die gesellschaftsrechtlichen Vorschriften nicht statt (vgl. die Nachweise bei *Scalese*, Art. 2506, Anm.3 (S. 742)), weil die Gesellschaft ausländischem Recht unterworfen bleibt. Genau das ist bei der Verlegung der Hauptverwaltung nach Italien aber nicht der Fall.

274 Vgl. zum grundsätzlichen Vorrang des Verwaltungssitzes (Art. 46 c.c.) oben S. 9f.

275 Vgl. z.B. *Ramondelli* ((oben Fn. 7), S. 1407), der Zweifel geltend macht an der fehlenden Anordnung der Verlegung auch des Satzungssitzes nach Italien: "Inoltre se ipotizziamo una societá costituita all'estero la quale ... si perfigge di svolgere attività in Italia, rendendo così applicabile la legge italiana, pur ... che quindi sarà il Giudice italiano competente a rilasciare la omologazione, mi chiedo quale sarà quello territorialmente competente, in assenza di specificazioni geografiche in ordine al luogo". Ähnlich *Graziani* (oben Fn. 40), S. 4.

276 *Quatraro* (oben Fn. 269), tomo I, S. 249. Seit der Neuordnung des Registerrechtes l.580/1993 und D.P.R. 581/1995 wird dies dadurch noch vereinfacht, daß die Daten im Wege der elektronischen Datenverarbeitung gespeichert werden und abrufbar sind.

Hauptverwaltung gesetzt hat: Art. 46 c.c. läßt in diesem Fall den effektiven Sitz *neben dem Satzungssitz* gelten[277]. Art. 46 c.c. darf aber nicht so gelesen werden, daß er dem effektiven Sitz in jedem Fall ein gleichwertige Geltung einräumt; er fängt lediglich drohende Nachteile durch das Vertrauen in das Verhalten der Verwaltungsorgane auf. Aus diesem Grunde soll Art. 46 c.c. bei der Bestimmung des Sitzes gemäß Art. 2328 c.c. nicht gelten, sondern für die Eintragung nach Art. 2330 c.c. ausschließlich das Gericht des Satzungssitzes zuständig sein[278].

Die Neubestimmung des Verwaltungssitzes ohne Änderung des Satzungssitzes ist auch hinsichtlich der gesellschaftsrechtlichen Realisierung fraglich. Die Geschäftsleitung kann den Umzug nach Italien faktisch kaum ohne die Mitwirkung der Gesellschafterversammlung realisieren, weil die Satzung der Gesellschaft an italienisches Recht angepaßt werden muß. Wie aber sollen die Gesellschafter einer Verlegung der Hauptverwaltung an einen anderen Ort zustimmen, ohne damit nicht den Sitz der Gesellschaft neu zu bestimmen. Die Gesellschafter können nur den einen "in der Satzung festgelegten Sitz" bestimmen; ein davon verschiedener Verwaltungssitz kann weder durch die Gesellschafter[279] noch aufgrund einer entsprechenden Autorisierung der Verwaltungsorgane[280] festgelegt werden.

Das Auseinanderfallen von Satzungs- und Verwaltungssitz über die Grenze ist zusätzlich *international*privatrechtlich problematisch: In aller Regel wird hierdurch der oben beschriebene Fall der "doppelten Staatszugehörigkeit"[281] provoziert, denn das IPR der Rechtsordnung, in deren Geltungsbereich der Satzungssitz und die Eintragung der Gesellschaft verbleiben, wird in aller Regel weiterhin auf die Anwendung des eigenen Sachrechts verweisen, auch wenn der Verwaltungssitz nach Italien verlegt worden ist.

---

277 Vgl. hierzu ausführlich oben S. 10f.

278 *Angelici* (oben Fn. 104), S. 126; *Frè*, Commentario Art. 2328 (1997), S. 56; *Luzzatto/Azzolini* (oben Fn. 74), S. 153; *Ramondelli* (oben Fn. 7), S. 1406; *Santa Maria* (oben Fn. 60), S. 144.

279 Vgl. *Cottino* (oben Fn. 244), S. 648: "Visto che occorre una delibera, si deve intendere per sede quella legale, indicato nello statuto". In dieselbe Richtung geht das Urteil der Corte di Cass., 25 gennaio 1943, n. 165, Mass. Foro it. 1943, 41, wonach die Bezeichnung einer *sede legale* in der Satzung wegen Art. 46 c.c. unbeachtlich ist, wenn die Satzung *außerdem* eine *sede dell'amministrazione* festlegt.

280 Vgl. die Entscheidung des Trib. Torino, 3 maggio 1996, Le società 1996, 939: Das Gericht hielt eine Satzungsbestimmung, die den Verwaltungsorganen erlaubte, "Verwaltungssitze" zu begründen, für unzulässig, weil die Bezeichnung *sede amministrativa* nicht ausschließe, daß es sich immernoch um einen Sitz handele, für dessen Bestimmung die Gesellschafterversammlung zuständig sei. Ebenso *Quatraro* (oben Fn. 269), tomo I, S. 249; ähnlich *Merz*, Manuale, S. 603 (faktische Änderungen der Satzung sind unzulässig).

281 Vgl. hierzu bereits S. 139.

Im Ergebnis ist daher der These von *Caruso*[282] zuzustimmen, daß die Anwendung des italienischen Rechts nicht auf einen Satzungssitz in Italien verzichten kann. "Daß die Zuständigkeit des (Register-)Gerichtes durch den Ort des Satzungssitzes bestimmt wird", läßt auch nach Ansicht von *Santa Maria* vermuten, "daß die Anwendung des italienischen Rechtes ... der Notwendigkeit des Vorhandenseins auch des Satzungssitzes in Italien untergeordnet ist"[283]. Dies gilt nicht nur zum Zeitpunkt der Gründung, sondern auch für die nach Verlegung des Verwaltungssitzes gemäß Art. 2330 c.c. erfolgende Rechtmäßigkeitkontrolle und Eintragung nach Anpassung der Gesellschaft[284]. Die Satzung der zuziehenden Gesellschaft muß demzufolge gemäß Art. 2328 Abs. 1 Nr.2 c.c. einen Ort in Italien als Sitz angeben[285].

(2) Das Grundkapital

Zu den "typisch nationalen" Elementen der Satzung gehört auch das Erfordernis, daß das Grundkapital der zuziehenden Gesellschaft auf die Währung des Staates lautet, dessen Rechtsordnung anwendbar ist, und daß der Nennbetrag des Kapitals dem geforderten Mindestnennbetrag entspricht. Auch wenn sich dieses Problem seit der Einführung des EURO für innereuropäische Sitzverlegungen nur noch eingeschränkt stellt, soll die Frage im folgenden dargestellt werden, da das italienische Recht auch den Zuzug von außereuropäischen Gesellschaften erlaubt. Im Hinblick darauf, daß die Vorschriften über das Grundkapital und seine Erhaltung im Kapitalgesellschaftsrecht das Herzstück der Gläubigerschutzvorschriften ist, werden die Gerichte sich über diese Fragen nicht hinwegsetzen.

(a) Mindestnennwert und Währung

Das Grundkapital einer s.p.a. muß gemäß Art. 2327 c.c. einen Nennbetrag von mindestens 200.000.000 Lire haben[286] bzw. ab dem 2. Januar 2002 gemäß Art. 4

---

[282] *Caruso* (oben Fn. 5), S. 75, 76. *Caruso* behilft sich allerdings damit, daß er den Satzungssitz - aufgrund der gesellschaftsrechtlichen Notwendigkeit - als Anknüpfungskriterium ansieht. Ebenso *Angelici* (oben Fn. 104), S. 128. Die Organisations- bzw. Satzungssitztheorie wird in der neueren Lehre auch Art. 25 Abs. 1 Satz 1 IPRG unterstellt (vgl. die Nachweise unten S. 208.

[283] *Santa Maria* (oben Fn. 60), S. 141: "Il fatto che la competenza del Tribunale dell'omologa sia determinata con riferimento al luogo in cui la società pone la sede statutaria fa ritenere che l'applicazione della legge italiana sia subordinato alla neccessaria localizzazione nello Stato della sede statutaria". Im Ergebnis ebenso *Broggini* (oben Fn. 24), S. 72; *Capotorti* (oben Fn. 124), S. 213.

[284] Für das im deutschen Recht vorgeschlagene Modell der formwechselnden Umwandlung im Ergebnis ebenso *Eyles*, Niederlassungsrecht, S. 372: ".. die Anpassung [hat] ... einen weiteren Nachteil: Sie nötigt die ausländische Gesellschaft regelmäßig, begleitend zu ihrem Verwaltungssitz auch ihren Satzungssitz im Wegzugsstaat aufzulösen".

[285] Ebenso im Ergebnis *Ramondelli* (oben Fn. 7), S. 1407.

[286] Für das Grundkapital der s.r.l. fordert Art. 2473 c.c. mindestens 20.000.000 LIT; für die s.a.p.a. gilt gemäß Art. 2464 c.c. der für die s.p.a. geltende Art. 2327 c.c.

Abs. 2 d.lgs. 24 giugno 1998, n. 213, 100.000 Euro[287]. Die Frage, ob auch eine Gesellschaft mit einem nicht auf Lira lautenden, aber wertmäßig dem geforderten Mindestnennbetrag entsprechenden Grundkapital in Italien eintragungsfähig ist, konnte der *Tribunale di Pordenone* offenlassen, da die Gesellschafter der Luxabel S.A. gemeinsam mit deren Umwandlung in eine s.p.a. auch das Grundkapital in Lire umgetauscht hatten[288]. Die Eintragung einer Gesellschaft mit ausländischem Grundkapital wird für die italienischen Gerichte jedoch nicht in Frage kommen, denn zum einen wäre nicht sichergestellt, daß die Gesellschaft das vom italienischen Recht geforderte Kapital tatsächlich hat, weil dies vom jeweiligen Umtauschkurs der Währung im Verhältnis zur Lira abhängig wäre. Und zum anderen wäre die Information der Gläubiger aus dem Handelsregister unvollständig, weil sie stets über den jeweiligen Tageskurs der ausländischen Währung informiert sein müßten. Nach dem Vorbild der Luxabel S.A. müssen die Gesellschafter daher im Zuge der Umwandlung in eine italienische Gesellschaft auch deren Kapital in Lira umwandeln.

(b) Die Aufbringung des Grundkapitals

Es wird die italienischen Richter allerdings nicht zufriedenstellen, daß das Grundkapital "benannt" wird[289]. Für den Kapitalschutz ist es von entscheidender Bedeutung, in welcher Höhe das Kapital der Gesellschaft tatsächlich vorhanden ist. Da die ausländische Gesellschaft bereits eigenes Vermögen hat und nach dem Grundsatz der Kontinuität auch Rechtsträgerin ihres Vermögens bleibt, ist für die Kapitalaufbringung der Parallelfall der Umwandlung heranzuziehen, für die Art. 2498 c.c. auf die Vorschriften über die Gründung der jeweils aus dem Formwechsel hervorgehenden Gesellschaft verweist[290].

Im Recht des Formwechsels unterscheidet das italienische Recht für die Kapitalaufbringung danach, ob eine Personen- oder eine Kapitalgesellschaft umgewandelt wird. Bei der Umwandlung einer Personen- in eine Kapitalgesellschaft wird nach der herrschenden Auffassung das Vermögen der Personengesellschaft als ganzes wie "eine einzige große Sacheinlage" in die durch den Formwechsel entstehende Kapitalgesellschaft eingebracht[291]. Dieser

[287] Die folgende Darstellung geht von der geltenden Rechtslage aus, nach der regelmäßig noch von einem in Lira ausgedrückten Grundkapital auszugehen ist.

[288] Trib. Pordenone (oben Fn. 192), Foro pad. 1991, c. 187, 188.

[289] Trib. Pordenone (a.a.O.).

[290] Die direkte Anwendung der Gründungsvorschriften ist insofern nicht sachgerecht, als dies dazu führen würde, daß nicht die Gesellschaft selbst, sondern ihre Gesellschafter das erforderliche Kapital zur Verfügung stellen müßten.

[291] So auch die Begründung zu Art. 2498 (Relazione al cod.civ., n. 1022); Corte di Cass., 3 maggio 1967, n. 827, Foro it. 1967, I, 1215; *Boero*, Giur.comm. 1982, II, 54, 57; *Cabras*, in: Trattato delle s.p.a., vol. 7.3, S. 165; *Fortunato*, Riv.soc. 1991, 125, 172; *Scardulla*, in: Trattato dir.civ.comm. (XXX, 2), S. 130.

Auffassung folgt auch der Gesetzgeber und ordnet in Art. 2498 Abs. 2 c.c.[292] die Anwendung des Art. 2343 c.c. an, der die Kriterien für die Bewertung einer Sacheinlage (bei der Gründung einer s.p.a.) und deren Kontrollen festlegt[293]. Sacheinlagen müssen vor der Eintragung vollständig geleistet sein. Das bedeutet, daß nach der Vermögensbewertung gemäß Artt. 2498 Abs. 2 i.V.m. 2343 c.c. das Nettovermögen der Personengesellschaft den Betrag vollständig ausweisen muß, der als Grundkapital der entstehenden Kapitalgesellschaft ausgewiesen wird[294].

Anders wird verfahren beim Formwechsel einer Kapitalgesellschaft in eine s.p.a., der in den Artt. 2498ff c.c. nicht ausdrücklich geregelt ist[295]. Einig ist man sich darüber, daß in diesem Falle Art. 2498 Abs. 2 1.Alt. c.c. nicht gilt und keine förmliche Bewertung des Vermögens nach Art. 2343 c.c. erforderlich ist[296]. Es genügt, daß die (Umwandlungs-)Bilanz[297] die Deckung des angegebenen Grundkapitals ausweist[298].

---

292 Art. 2498 Abs. 2 c.c. lautet: "Essa [la deliberazione di trasformazione] deve essere accompagnata da una relazione di stima del patrimonio sociale a norma dell'articolo 2343 c.c. ".

293 *Cabras* (oben Fn. 291), S. 165; *Ferri* (oben Fn. 252), S. 665. Die Vermögensbewertung nach Art. 2343 c.c. wird teilweise für entbehrlich gehalten, wenn das Vermögen der umzuwandelnden Gesellschaft nur aus Barmitteln besteht (z.B. Corte d'App. Ancona, 5 luglio 1979, Giur.comm. 1980, II, 220; hiergegen: *Cabras*, a.a.O. S. 166, 169).

294 Trib. Roma, 1 settembre 1994, Le società 1995, 404; Trib. Roma, 28 gennaio 1985, Vita not. 1985, 1310; *Fortunato* (oben Fn. 291), S. 172; *Boero* (oben Fn. 291), S. 60; *Cabras* (oben Fn. 291), S. 171, 174.

295 Art. 2498 c.c. lautet: "La deliberazione di trasformazione *di* una società in nome collettivo o in accomandita semplice *in* società per azioni, in accomandita per azioni o a responsabilità limitata " (Hervorh.v.Verf.).

296 *Cabras* (oben Fn. 291), S. 154 und S. 167, 168; *Ferrara/Corsi*, Imprenditori e Società (9.A.), S. 876; *Gasperoni*, Enc.di diritto, vol. XLIV, S. 1039.

297 Vgl. hierzu *Cabras* (oben Fn. 291), S. 175. Das Erfordernis der Aufstellung einer Bilanz ergibt sich daraus, daß das Gericht überprüfen muß, ob und in welcher Höhe das Grundkapital der aus dem Formwechsel entstehenden s.p.a. geeckt ist. Vgl. auch Art. 5 des Richtlinienvorentwurfes für eine 14. gesellschaftsrechtliche Richtlinie vom 22. April 1997.

298 Teile der Literatur stellen für den Formwechsel in eine s.p.a. in Frage, daß das Kapital *vollständig* gedeckt sein muß; zur Begründung verweisen sie darauf, daß eine italienische s.p.a. erst bei einer Deckung von nur noch einem Drittel ihres Grundkapitals entweder zur Kapitalherabsetzung (Art. 2446 c.c.) oder zur Auflösung bzw. Umwandlung (Art. 2447 c.c.) gezwungen ist (*Cabras* (oben Fn. 291), S. 157). Diese Praxis ist zur Erleichterung der Mobilität der Gesellschaften erwägenswert. Allerdings werden die Gerichte nach meiner Einschätzung die zuziehende Gesellschaft hinsichtlich der Kapitalaufbringung eher wie eine neu (als italienische) gegründete Gesellschaft behandeln und sich eventuell dazu bewegen lassen, analog Art. 2329 Abs. 1 Nr.2 c.c. (vgl. hierzu unten S. 172) das Vorhandensein von drei Zehntel des in Bareinlagen ausgedrückten Grundkapitals neben dem vollständig vorhandenen Wert der Sacheinlagen genügen zu lassen. Besäße die Gesellschaft lediglich in Bareinlagen gezeichnetes Grundkapital, so gelangte man auf

Inwieweit die Grundsätze der Kapitalaufbringung im Umwandlungsrecht auf den Fall der Sitzverlegung über die Grenze übertragen werden, ist noch nicht endgültig abzusehen, da die Betrachtung dieses Sachverhaltes als internationalformwechselnde Umwandlung im italienischen Recht noch nicht in allen Einzelheiten geklärt ist; meines Erachtens ist dies aber zu erwarten, da der Kapital- und Gläubigerschutz auch in Italien sensibel gehandhabt wird. Inwieweit sich Registerrichter aber konkret durch einen Blick in die Bilanzen oder ein etwa erforderliches Gutachten (gem. Art. 2343 c.c.) vergewissern werden, daß das Aktivvermögen der Gesellschaft das Grundkapital deckt, bleibt abzuwarten; der *Tribunale di Pordenone*[299] hat sich eine detaillierte Überprüfung jedenfalls erspart und sich auf die entsprechende Versicherung der Geschäftsführer und des Notars verlassen.

(3) Die Firma der Gesellschaft

Dem italienischen Gesetzgeber war die ausdrückliche Betonung wichtig, daß die nach Art. 25 Abs. 1 IPRG maßgebliche *legge regolatrice* auch für die Regelung der *denominazione o ragione sociale* zuständig ist (Art. 25 Abs. 2 lit.b IPRG)[300]. Auch im italienischen Recht muß mit der *denominazione sociale* dem Rechtsverkehr die Rechtsform des Gesellschaft offenbart werden[301]. Sie ist damit auch der erste wichtige Indikator, welcher Rechtsordnung und welchen Vorschriften die Gesellschaft zugeordnet ist; eine zugezogene und nunmehr italienischem Recht unterliegenden Gesellschaft muß sich also auch äußerlich von einer ausländischen Gesellschaft mit Zweigniederlassung in Italien unterscheiden und ihre italienische Rechtsform in ihrer Firma und in ihrer Satzung aufnehmen.

(4) Gründermehrheit nach Art. 2247 c.c.

Gemäß Art. 2247 c.c. müssen an einem Gesellschaftsvertrag - dem *contratto sociale*, der für die Handelsgesellschaften als *atto costitutivo* bezeichnet wird - "zwei oder mehr Personen" beteiligt sein. Eine Ausnahme gilt für die s.r.l., die nach dem 1993 eingefügten Art. 2474 Abs. 3 c.c. auch als eingliedrige Gesellschaft errichtet werden kann. Für alle übrigen Gesellschaften ist die Gründermehrheit eine vom Gericht vor der Eintragung der Gründung zu überprüfende Rechtmäßigkeitsvoraussetzung, deren Fehlen gemäß Art. 2332 Abs. 1 Nr.8 c.c. zur Nichtigkeit der Gesellschaft führt. Es ist dementsprechend in der Literatur gefordert worden, daß auch eine zuziehende Gesellschaft (wenn

---

diesem Wege zu demselben Ergebnis wie *Cabras* durch Heranziehung der Grundsätze aus Artt. 2446, 2447 c.c.

299 (oben Fn. 192), Foro pad. 1991, c. 187.

300 *Ragione* bezeichnet die Firma der Personenhandelsgesellschaft (Art. 2292 (s.n.c.), Art. 2314 (s.a.s.)); *denominazione* ist die Firma der s.p.a. (Art. 2326), der s.a.p.a. (Art. 2463), der s.r.l. (Art. 2473) und der soc.coop. (Art. 2515).

301 Siehe Artt. 2292, 2314, 2326, 2463, 2473, 2515 c.c.

sie nicht eine s.r.l. ist) mehrere Gesellschafter haben müsse[302]. Die gleiche Forderung wurde und wird teilweise noch heute auch aufgestellt für die Umwandlung nach Art. 2498 c.c.[303]. Diese Ansicht muß sich die maßgeblich durch das europäische Recht geprägte Entwicklung des Kapitalgesellschaftsrechtes und die fortschreitende Anerkennung eingliedriger Kapitalgesellschaften entgegenhalten lassen: Ebensowenig wie es für die Dauer der Existenz einer Gesellschaft ausgeschlossen ist, daß sich alle Anteile in einer Hand vereinigen[304], ist (inzwischen) ausgeschlossen, eine eingliedrige (Kapital-)Gesellschaft originär oder durch Formwechsel zu errichten[305]. Auch in den Fällen der Anpassung an eine s.p.a. infolge des Zuzuges nach Italien wird man daher von der Gesellschaft nicht erwarten, daß sie mehrere Gesellschafter aufzuweisen hat; der *Tribunale die Pordenone*[306] jedenfalls hat vor der Verfügung der Eintragung der Luxabel der Gesellschafterzahl keinerlei Beachtung geschenkt.

(5) Vorschriften für die Beschlüsse der Anpassungen der Satzung

(a) Mehrheits- und Formerfordernisse

Da die Beschlüsse über die Anpassung der Satzung in Italien eingetragen werden müssen, müssen sie den italienischen Vorschriften der Artt. 2366ff c.c. über die Satzungsänderung genügen[307]. Fraglich ist, ob darüber hinaus die Vorschriften über die Umwandlung entsprechend anzuwenden und zu beachten sind[308]. Das würde beispielsweise bedeuten, daß die Anpassungen der Satzung auch in der zweiten - aufgrund der Beschlußunfähigkeit der ersten - einberufenen Gesellschafterversammlung mit mehr als der Hälfte des Grundkapitals beschlossen werden müßten (Art. 2369 Abs. 4 c.c.). Weitere

---

302 *Ordine dott. commercialisti* (oben Fn. 270), S. 37; *Simonetto*, Commentario Art. 2505 c.c., S. 395.

303 Vgl. z.B. Trib. Roma, 26 maggio 1980, Foro it. 1980, I, 1758. Weitere Nachweise bei *Cabras* (oben Fn. 291), S. 150, Fn. 71 und 72. Es gibt im italienischen Recht keine § 197 Satz 2 UmwG entsprechende Vorschrift, die die Mindestgründerzahl für irrelevant erklärt.

304 Nach italienischem Recht ist dies jedoch für den Gesellschafter nicht ungefährlich: Gemäß Art. 2362 c.c. haftet im Falle der Zahlungsunfähigkeit einer Ein-Mann-s.p.a. deren einziger Gesellschafter unbeschränkt persönlich. Für die s.r.l. gilt dies nicht, allerdings greifen hier eine verschärfte Gründerhaftung (Art. 2475 Abs. 3 c.c.) sowie erweiterte Publizitätsverpflichtungen (z.B. Art. 2490-bis c.c.).

305 Trib. Roma, 28 gennaio 1985, Vita not. 1985, 1310; *Cabras* (oben Fn. 291), S. 150, insbesondere S. 161ff (Fn. 107, 109); *Scalese*, Art. 2498, Anm.1. Zur grundsätzlichen Zulässigkeit eingliedriger Gesellschaften vgl. Corte Costituzionale, 5 febbraio 1992, n. 35, Foro it. 1992, I, 1047; *Cottino* (oben Fn. 244), S. 97-99 u. 291f.

306 Decreto (oben Fn. 192), Foro pad. 1991, c. 187.

307 Vgl. auch die ausführliche Darstellung der Satzungsänderung im italienischen Kapitalgesellschaftsrecht unten S. 220f.

308 Dafür z.B.: *Azzolini* (oben Fn. 7), S. 893.

Besonderheiten ergäben sich hinsichtlich der Formerfordernisse: "Normale" satzungsändernde Beschlüsse müssen lediglich notariell protokolliert werden (Art. 2375 Abs. 2 c.c.); der Umwandlungsbeschluß bedarf jedoch gemäß Art. 2498 Abs. 1 c.c. der notariellen Beurkundung (*atto pubblico*, Art. 2699 c.c.), wenn aus dem Formwechsel eine Kapitalgesellschaft hervorgeht. Die Forderung nach der Form des *atto pubblico* ergibt sich im besonderen Fall der Anpassung infolge der Verlegung des Verwaltungssitzes aber bereits daraus, daß die zuziehende Gesellschaft gemäß Art. 25 Abs. 1 Satz 2 unbestritten Art. 2328 Abs. 1 c.c. unterworfen ist, der die notarielle Form für die Feststellung der (Gründungs-)Satzung einer Kapitalgesellschaft vorschreibt. Aufgrund beider Erwägungen fordert die Literatur inzwischen einhellig die notarielle Beurkundung der zur Anpassung der Satzung gefaßten Beschlüsse[309]. Dafür spricht außerdem der Schutzzweck dieser Anordnung, die Gesellschafter über die Folgen der Errichtung einer Kapitalgesellschaft hinreichend zu informieren und der Überprüfung durch das Registergericht eine erste Rechtmäßigkeitskontrolle vorzuschalten[310]. Beim Zuzug der Luxabel S.A. war die Form des Umwandungsbeschlusses unproblematisch: Der *Tribunale di Pordenone* stellte lediglich fest, daß die Luxabel S.A. vor dem Notar F.Baden in Luxemburg gegründet worden war und daß dieser auch den Umwandlungsbeschluß abgefaßt hatte[311].

(b) Koordinierung der nationalen Vorschriften über Satzungsänderungen

Die Gesellschafter der zuziehenden Gesellschaft stehen bei der Fassung der satzungsändernden Beschlüsse, mit denen die Gesellschaft italienischem Recht angepaßt wird, vor einem nicht unerheblichen Problem: Da der Inhalt der einzelnen Beschlußbestandteile, mit denen sie das italienische Recht erfüllen wollen, nur nach italienischem Recht recht*mäßig* sein kann, können sie die Anpassungen nicht wirksam im Ausland durchführen, jedenfalls dann nicht, wenn für die Wirksamkeit die Eintragung der jeweiligen Beschlüsse erforderlich ist, da die ausländischen Gerichte ihrerseits die Beschlüsse nicht als rechtmäßig ansehen und die Eintragungsverfügung verweigern werden. Einzige

---

309 *Ramondelli* (oben Fn. 42), S. 254; *ders.* (oben Fn. 54), S. 66; *ders.* (oben Fn. 7), S. 1411. Ebenso: *Azzolini* (oben Fn. 7), S. 916; *Ballarino* (oben Fn. 42), S. 71.

310 Vgl. z.B. Trib. Roma, 4 marzo 1983, Le società 1984, 44; *Scalese*, Art. 2328, Anm. 2. *Ramondelli* ((oben Fn. 7), S. 1411) weist in diesem Zusammenhang darauf hin, daß die Form des *atto pubblico* schon deswegen erforderlich ist, weil die Gesellschaft aufgrund der Regelung des Art. 106 legge notarile zur Hinterlegung der Urkunden in Italien verpflichtet ist und weil zumindest die Anmeldung zur Eintragung im Handelsregister durch einen italienischen Notar erfolgen muß. Vgl. hierzu auch unten S.177). Ausgehend von dem Schutzzweck der Formvorschrift, nämlich der ersten Rechtmäßigkeitskontrolle, fordert ein Teil der Literatur darüber hinaus, daß ein *italienischer* Notar die Änderung der Satzung beurkunden müsse (*Ballarino* (oben Fn. 42), S. 71). Eine entsprechende gesetzliche Verpflichtung gibt es aber - zumindest im Hinblick auf die Beurkung - nicht, im Gegenteil werden gemäß Art. 68 i.V.m. Art. 67 IPRG ausländische öffentliche Urkunden in Italien anerkannt.

311 Trib. Pordenone (oben Fn. 192), Foro pad. 1991, c. 187.

Ausnahme bildet die Erhöhung des Grundkapitals - nicht hingegen seine Umwandlung in Lire - auf einen Betrag, der, umgerechnet in Lire, dem geforderten Mindestkapital entspricht.

Der einzig ersichtliche gangbare Weg ist der, den die Gesellschafter der Luxabel in dem vom *Tribunale di Pordenone*[312] entschiedenen Fall gewählt haben: Die bereits *vor* dem formellen Umzug der Gesellschaft nach Italien gefaßten Beschlüsse, die die Satzung italienischem Recht anpaßten, entsprachen den Erfordernissen des italienischen Rechtes und lagen dem italienischen Registergericht zusammen mit dem Beschluß der Sitzverlegung vor. Die Änderungen der Satzung wurden demzufolge zusammen mit der Verlegung der Gesellschaft und bereits nach italienischem Recht wirksam. Das ausländische Recht wird nach dieser Lösung für die Entscheidung über die Wirksamkeit der Anpassung der Satzung gar nicht mehr zu Rate gezogen.

Das praktische Problem setzt sich damit fort, daß theoretisch bereits bei der Eintragung italienisches Recht anwendbar sein muß, um die Zuständigkeit für die Eintragung zu begründen[313]. In der Praxis ist dieses Problem dadurch zu überwinden, daß der Verwaltungssitz bereits vor der Anpassung in Italien liegt wie im Fall des *Tribunale di Pordenone.*

cc. Materielle Bedingungen für die Errichtung (Art. 2329 c.c.)

Die in der Literatur zu den Folgen des Zuzuges nach Italien am ausführlichsten diskutierte Frage im Zusammenhang mit der Eintragung der zugezogenen Gesellschaft betrifft die Anwendung des Art. 2329 c.c. Nach dieser Norm ist Bedingung für die Errichtung der s.p.a., daß das Kapital vollständig gezeichnet worden ist (Nr.1), daß bei einem Kreditinstitut mindestens drei Zehntel der Bareinlagen geleistet worden sind (Nr.2) und daß die besonderen Genehmigungen für die Ausübung des Unternehmensgegenstandes vorliegen (Nr.3). Das Gericht darf bei Fehlen einer dieser Voraussetzungen die Eintragung der Gesellschaft nicht verfügen; tut es dies fälschlicherweise dennoch, führt beispielsweise der Verstoß gegen Art. 2329 Abs. 1 Nr.2 c.c., die fehlende Einzahlung von drei Zehntel der Bareinlagen, zur Nichtigkeit der Gesellschaft gemäß Art. 2332 Abs. 1 Ziff.6 c.c.

Die Anwendung des Art. 2329 c.c. auf die Eintragung zugezogener Gesellschaften ist problematisch, weil Art. 2329 c.c. Voraussetzungen für die *Errichtung* der Gesellschaft - als Voraussetzung für das Entstehen des alleinigen Haftungssubjektes der juristischen Person - aufstellt, indem er die Erfüllung bestimmter Kapitalschutzvorschriften zur Bedingung der Eintragung macht. Für den Fall des Zuzuges und des Formwechsels in eine s.p.a. scheint

---

[312] Trib. Pordenone (oben Fn. 192), Foro pad. 1991, c. 187, 188.

[313] *Azzolini* (oben Fn. 7), S. 917 (Fn. 64); *Ramondelli* (oben Fn. 7), S. 1409. Dementsprechend fordert eine Ansicht in der Literatur (zur Rechtslage vor Abschaffung der gerichtlichen *omologazione*), das Registergericht müsse vor der Überprüfung der Satzung prüfen, ob denn überhaupt der Verwaltungssitz in Italien liegt und somit überhaupt italienisches Recht anwendbar ist (vgl. oben Fn. 257).

die Norm nicht zu passen, weil in beiden Fällen eine bereits gegründete und existierende Gesellschaft die Eintragung beantragt. Dennoch erklärt Art. 25 Abs. 2 lit.c IPRG vergleichbar der Vorgängernorm Art. 2505 c.c. die Vorschriften über die Gründung einschränkungslos für anwendbar[314]. Vor diesem Hintergrund erstaunt es nicht, daß die zur Anwendbarkeit von Art. 2329 c.c. vertretenen Ansichten von seiner völligen Nichtanwendung[315] bis hin zur vollständigen Unterwerfung der Gesellschaft unter diese Norm[316] reichen. Allerdings wird man nach der Reform des IPR die pauschale Verneinung der Anwendung des Art. 2329 c.c. auf zugezogene Fälle schwerlich rechtfertigen können. Die Ansicht, die dies unter Geltung des Art. 2505 c.c. ablehnte, stützte sich maßgeblich darauf, daß das italienische Recht nur für "die Wirksamkeit des *atto costitutivo*" Geltung beanspruchte, nicht für die Wirksamkeit der Errichtung der Gesellschaft. Art. 25 IPRG verweist aber umfassend auf die Vorschriften über die Gründung (Art. 25 Abs. 2 lit.c IPRG).

Vergleichbar umstritten ist die Anwendung des Art. 2329 c.c. auch in den Fällen einer formwechselnden Umwandlung nach Art. 2498 c.c.[317], was die Klärung für den Zuzug nicht erleichtert. Das Fehlen einer im Hinblick auf Art. 2329 c.c. zuverlässigen Rechtslage ist für diejenigen, die für die Anmeldung der Gesellschaft verantwortlich sind, eine nicht unerhebliche Gefahr: Der Notar beispielsweise, der vor der Anmeldung der Gesellschaft die Erfüllung der Voraussetzungen des Art. 2329 c.c. (unterstellt, die Norm sei vollständig anwendbar) nicht sicherstellt, verstieße gegen seine Pflichten aus Art. 28 der l. notarile (l. 16 febbraio 1913, n. 89) und macht sich schlimmstenfalls nach Art. 138 der l. notarile sogar strafbar.

(1) Vollständige Zeichnung des Grundkapitals

Eine s.p.a. kann gemäß Art. 2329 Abs. 1 Nr.1 c.c. nur errichtet werden, wenn ihr Kapital vollständig gezeichnet ist. Ob diese Anforderung auch an eine zuziehende Gesellschaft gestellt werden wird, richtet sich nach dem Sinn und

---

314 Art. 2505 c.c. verwies ausdrücklich auf die Unterwerfung der "requisiti per la validità dell'atto costitutivo" auf das Sitzrecht. Die Argumentation von *Ramondelli* ((oben Fn. 54), S. 64, 65), Art. 2329 c.c. sei davon nicht betroffen, weil er keine Voraussetzung für die Wirksamkeit des *atto costitutivo* enthalte, sondern nur eine Bedingung für die Eintragung, seit der Neufassung der IPR nicht mehr brauchbar.

315 Trib. Pordenone (oben Fn. 192), Foro pad. 1991, c. 187, 188; Trib. Roma (oben Fn. 210), Foro it. 1987, I, 2592; *Ballarino* (oben Fn. 42), S. 74; *Ramondelli* (oben Fn. 54), S. 67 - 69; ähnlich *Coscia* (oben Fn. 7), S. 155.

316 Kommentar (N.N.) zu Trib. Pordenone, 28 settembre 1990, Foro pad. 1991, c. 187, 191, 192.

317 Vgl. *Cabras* (oben Fn. 291), S. 152; *Ferrara/Corsi*, (oben Fn. 296, 9.A.), S. 873, sowie die Nachweise bei *Scalese*, Art. 2498, Anm. 8.

Gegen die Anwendung des Art. 2329 c.c. wird unter anderem vorgebracht, Art. 2498 c.c. verwiese nur auf die Anwendung der Vorschriften über den *atto costitutivo*, Art. 2329 c.c. enthalte aber Anordnungen über die *costituzione* (vgl. die Argumentation von *Boero* (oben Fn. 291), S. 58; *Cabras* (oben Fn. 291), S. 152).

Zweck, den diese Vorschrift hat, wenn die fragliche Gesellschaft bereits errichtet ist.

Der Parallelfall der formwechselnden Umwandlung hält keine Lösung parat, weil sich das Problem praktisch nicht stellt aufgrund der Tatsache, daß das italienische Recht Schutzvorschriften enthält, die verhindern daß im Zuge einer Umwandlung eine Kapitalgesellschaft mit nicht vollständig gezeichnetem Kapital entsteht: Bei der Umwandlung einer (italienischen) Kapitalgesellschaft in eine andere Kapitalgesellschaft galt Art. 2329 c.c. bereits für die früher erfolgte Gründung[318]. Auch bei der Umwandlung einer Personen- in eine Kapitalgesellschaft ist das Kapital spätestens im Zeitpunkt der Umwandlung vollständig gezeichnet, weil es aus dem als Sacheinlage eingebrachten Vermögen der umzuwandelnden Personengesellschaft gebildet wird[319]. Bei der Umwandlung einer *ausländischen* in eine italienische Kapitalgesellschaft ist die Anwendung des Art. 2329 Abs. 1 Nr.1 c.c. nur dann problematisch, wenn die Gesellschaft in einer Rechtsordnung errichtet worden ist, die vor dem Entstehen der Haftungsbeschränkung auf das Vermögen der juristischen Person die vollständige Zeichnung des Grundkapitals *nicht* gefordert hat[320]. Die eigentliche Frage der Anwendung des Art. 2329 Abs. 1 Nr.1 c.c. ist dann, ob das italienische Recht die Eintragung einer solchen Kapitalgesellschaft hinnehmen kann. Dagegen sprechen sowohl der Sinn und Zweck des Art. 2329 Abs. 1 Nr.1 c.c. als auch der Schutzzweck der Sitztheorie nach Art. 25 Abs. 1 Satz 2 IPRG. Das Gesetz ordnet die vollständige Zeichnung des Kapitals durch die Gründer an zu dem Zweck, daß die Gläubiger, die sich auf den geschäftlichen Kontakt mit einer Kapitalgesellschaft einlassen und die Beschränkung der Haftung auf das Vermögen der Gesellschaft in Kauf nehmen, darauf verlassen können, daß zumindest in der im Handelsregister und in der Satzung angegebenen Höhe Vermögen real zur Verfügung gestellt worden ist oder die Gesellschaft gegen die Gründer - aufgrund der Zeichnung - zumindest in Höhe der offenen Einlageverpflichtung eine Forderung erworben hat (Art. 2344 c.c.). Das Ziel der Sitztheorie ist es gerade, die Durchsetzung der strengen italienischen Kapitalschutzvorschriften auch gegenüber ausländischen Gesellschaften zu ermöglichen[321]. Die Anwendung des Art. 2329 Abs. 1 Nr.1 c.c. kann daher nur dann für entbehrlich gehalten werden, wenn das Kapital aufgrund entsprechender ausländischer Regelungen bereits vollständig gezeichnet ist.

---

318 Gemäß Art. 2439 c.c. wird die Kapitalerhöhung nur eingetragen, wenn für alle neuen Aktien Einlagen (innerhalb einer im Erhöhungsbeschluß hierfür gesetzten Frist) übernommen worden sind; andernfalls gilt Art. 2439 Abs. 2 c.c., wonach das Kapital nur um den gezeichneten Betrag erhöht wird. Bei der Zeichnung der neuen Aktien müssen die *sottoscrittori* mindestens drei Zehntel des nominellen Wertes einzahlen.

319 Siehe oben Fn. 294.

320 Trib. Pordenone (oben Fn. 192), Foro pad. 1991, c. 187, 188; *Ramondelli* (oben Fn. 54), S. 67.

321 Zur gesetzgeberischen Begründung der Sitztheorie vgl. oben Fn. 93; außerdem *Boero* (oben Fn. 291), S. 59; Kommentar (N.N.) zu Trib. Pordenone, 28 settembre 1990, Foro pad. 1991, c. 188, 191.

Auch der *Tribunale di Pordenone*, der hier immer wieder als maßgeblich zitiert werden muß, hat sich vor der Verfügung der Eintragung der einer s.p.a. angepaßten Gesellschaft vergewissert, daß das. Grundkapital der in Luxemburg gegründeten S.A. vollständig gezeichnet worden war[322]. Zusammenfassend läßt sich festhalten, daß eine Kapitalgesellschaft, aus deren Satzung nicht die vollständige Zeichnung des Grundkapitals (Art. 2328 Abs. 1 Nr.4 c.c.) hervorgeht, nicht mit ihrer Eintragung in Italien rechnen kann[323].

(2) Einzahlung von 3/10tel der Bareinlagen

Zu den am heftigsten debattierten Problemen der Verwaltungssitzverlegung nach Italien gehört die Frage, ob die Gesellschafter vor der Anmeldung der Gesellschaft zur Eintragung drei Zehntel auf die Barleinlagen bei einer italienischen Bank hinterlegt haben bzw., wie überwiegend angenommen wird[324], bei der Gesellschaft eingezahlt haben müssen (Art. 2329 Abs. 1 Nr.2 c.c.). Der Streit um die Anwendung des Art. 2329 c.c. auf eine zugezogene Gesellschaft ist maßgeblich provoziert worden durch die Entscheidung der *Corte d'Appello di Roma*[325], in der die Eintragung einer Gesellschaft mit (Satzungs-)Sitz in Italien, deren Gründungsvertrag im Ausland verfaßt und unterzeichnet worden war, verweigert wurde, weil die Gründer die besagten drei Zehntel nicht eingezahlt hatten[326]. Das genaue Gegenteil führt der *Tribunale di Pordenone* aus: Da es sich nicht um eine Gründung *ex novo* handele, sondern nur um eine Verlegung und den Formwechsel eines für das italienische Recht bereits existierenden Rechtssubjektes, sei die Einzahlung von drei Zehntel des Kapitals nicht notwendig[327]. In der Anmerkung zu dieser Entscheidung wird

---

322 Trib. Pordenone (oben Fn. 192), Foro pad. 1991, c. 187, 188: "... ritenuto che, come risulta dalla attestazione del Notaio Baden, contenuta nel verbale dell'assemblea del 3 aprile 1990 (seduta costitutiva) e dalla dichiarazione della Banque Paribas Luxembourg in pari data, l'intero capitale sociale è stato sottoscritto e versato".

323 Im Ergebnis ebenso *Boero* (oben Fn. 291), S. 59. Anderer Ansicht: *Ballarino* (oben Fn. 42), S. 74 (mit der Begründung, Art. 2329 c.c. habe nur "funktionalen" Charakter).

324 Z.B. *Boero* (oben Fn. 291), S. 61; *Cabras* (oben Fn. 291), S. 153; *Simonetto*, Commentario Art. 2498, S. 154. Begründet wird dies mit einem Vergleich zur Leistung der Bareinlagen bei einer Kapitalerhöhung, die ebenfalls an die Gesellschaft geleistet werden muß. Daraus wird gefolgert, sofern die Gesellschaft bereits existiere, müsse die Einzahlung bei ihr erfolgen (vgl. *Cabras*, a.a.O. S. 153).

325 (oben Fn. 209), Riv.not. 1980, II, 969.

326 Zu dieser Entscheidung bereits oben S. 148. Die Autoren, die sich auf diese Entscheidung berufen, verschweigen in aller Regel, daß es sich nicht um eine Sitz*verlegung* handelte, sondern tatsächlich um die *Neu*gründung einer italienischen s.p.a. mit der Besonderheit, daß der Gesellschaftsvertrag im Ausland unterzeichnet worden war (vgl. z.B. *Ballarino* (oben Fn. 42), S. 74 (Fn. 36)).

327 Trib. Pordenone (oben Fn. 192), Foro pad. 1991, c. 187, 188. Das Gericht stellte jedoch zuvor fest, daß das gesamte Kapital gezeichnet und eingezahlt worden war (vgl. oben Fn. 322).

gerade der Verzicht auf die Einzahlung heftig kritisiert[328], und in einem anderen Kommentar sogar als "unkeusches Lockverhalten" angesehen[329]. Den wenigen Stellungnahmen in der italienischen Literatur ist eine eher ablehnende Haltung gegenüber der Anwendbarkeit des Art. 2329 c.c. auf die zugezogene Gesellschaft zu entnehmen: *Santa Maria* hält die Überprüfung der Einzahlung im Hinblick auf das Erfordernis der Kapitalaufbringung durch die Gesellschaft für überflüssig[330], und *Ramondelli* ergänzt, daß die Gesellschafter die erforderliche Zahlung auf die übernommene Einlage bereits bei der vom italienischen Recht anerkannten und nicht mehr überprüfbaren Gründung der Gesellschaft geleistet hätten[331]. Andererseits wird die Anwendung des Art. 2329 c.c. aus Kapitalschutzgründen für zwingend erforderlich gehalten[332]. Im Parallelfall der formwechselnden Umwandlung wird der Streit ähnlich kontrovers diskutiert[333].

Das Problem der Anwendung von Art. 2329 Nr.2 c.c. ist verwandt mit der soeben untersuchten Frage. Der entscheidende Unterschied liegt jedoch in der unterschiedlichen Schutzrichtung der beiden Bestimmungen des Art. 2329 c.c.: Während Nr.1 vor allem eine Kapitalschutzvorschrift zugunsten der Gläubiger und ihres Vertrauen auf die Bereitstellung des Grundkapitals ist, stellt Nr.2 nach herrschender Ansicht den Beginn der Geschäftstätigkeit nach Eintragung der

---

328 Kommentar (N.N.) zu Trib. Pordenone, 28 settembre 1990, Foro pad. 1991, c. 188, 191f.

329 *Thieme*, Jahrbuch Ital.Recht Bd. 8 (1995), S. 104; auch *Greco* (oben Fn. 40), S. 498) geht im Falle des Art. 2505 c.c. davon aus, die drei Zehntel des Kapitals seien (erneut) einzuzahlen.

330 In: FS Broggini, S. 473, 478: "[Il giudice] sarà invece tenuto a verificare .. che il capitale .. esista effettivamente quanto meno nella misura minima prescritta della legge italiana". Ebenso: *Ballarino* (oben Fn. 42), S. 74; *ders.*, Dir.int.priv. (2.A.), S. 351. Für die Fälle der Umwandlung nach Art. 2498 c.c. *Boero* (oben Fn. 291), S. 63.

331 *Ramondelli* (oben Fn. 54), S. 63.

332 Kommentar (N.N.) zu Trib. Pordenone, 28 settembre 1990, Foro pad. 1991, c. 187, 191, 192.

333 Von dem Erfordernis der Einzahlung von drei Zehntel der Bareinlagen gehen aus: Trib. Ascoli Piceno, 6 febbraio 1992, Riv.not. 1992, II, 1552 (allerdings im Falle einer gleichzeitig durchgeführten Kapitalerhöhung); *ders.*, 22 novembre 1988, Le società 1989, 287; Trib. Biella, 11 agosto 1980, Giur.comm. 1982, II, 54 (mit der Begründung, beim Formwechsel einer Personengesellschaft in eine s.p.a. werde die Personengesellschaft aufgelöst und die s.p.a. neugegründet. Die Entscheidung wurde deswegen in nächster Instanz aufgehoben). Aus der Literatur zustimmend: *Ferri* (oben Fn. 252), S. 665; Kommentar (N.N.) zu Trib. Pordenone, 28 settembre 1990, Foro pad. 1991, c. 187, 192; mit Einschränkungen auch *Cabras* (oben Fn. 291), S. 155 (vgl. hierzu Fn. 339).

Die Gegenansicht vertreten z.B.: Corte d'App. Bari (oben Fn. 265), Le società 1986, 1014; Corte d'Appello Torino, 20 ottobre 1980, Giur.comm. 1982, II, 54; *Boero* (oben Fn. 291), S. 60; *Ramondelli* (oben Fn. 54), S. 63 u. 67. Vgl. zu der für die formwechselnde Umwandlung in eine Kapitalgesellschaft auch im deutschen Recht geführte Diskussion um das Volleinzahlungsgebot im UmwG *K.Schmidt*, ZIP 1995, 1385f.

Gesellschaft sicher[334], und zwar auch zum Schutze der Gesellschafter und Geschäftsführer. Das eingezahlte Kapital darf gemäß Art. 2329 Abs. 2 c.c. erst nach der Eintragung an die Verwaltungsorgane ausgezahlt werden[335]. Die Gläubiger werden nur indirekt geschützt, indem das Gesetz ihnen versichert, daß der Gesellschaft nach der Eintragung in gewissem Maße liquide Mittel zur Verfügung stehen[336].

Überträgt man diese Schutzrichtung auf die Fälle des Zuzuges einer ausländischen Gesellschaft bzw. den Formwechsel, besteht kein Bedürfnis für diesen "Schutz in der Anfangsphase", da die zuziehende Gesellschaft bereits im Ausland ihre Geschäftstätigkeit ausgeübt und ihre "Anfangsphase" möglicherweise lange hinter sich hat. Die Gesellschaft muß ohnehin ihr Grundkapital mit ihrem Vermögen aufbringen[337]. Anders als bei der Errichtung einer Kapitalgesellschaft gibt es die Situation, die Art. 2329 c.c. im Auge hat, somit beim Formwechsel (infolge des Zuzuges) gar nicht[338].

Zu lösen bleibt das Problem also für die Kapitalgesellschaften, und auch für sie nur insoweit, als Bareinlagen übernommen worden sind. Nach Ansicht von *Cabras*[339] muß der in Art. 2329 Abs. 1 Nr.2 c.c. enthaltene Grundsatz, daß man nur dann rechtmäßiger Inhaber von Anteilen einer s.p.a. sein kann, wenn auf deren (Bar-)Einlagen mindestens drei Zehntel geleistet worden sind, die noch

---

334 Casi e materiali di dir.comm., 1. s.p.a., S. 1776; *Boero* (oben Fn. 291), S. 60; *Frè*, Commentario Art. 2329 (1982), S. 76; *Galgano*, Commentario Cod.civ.comm. (artt. 2325 - 2341), S. 300, 301; *Ramondelli* (oben Fn. 54), S. 64. Anders: Corte d'App. Firenze, 24 settembre 1951, Foro it. 1952, I, 540 (Art. 2329 ist eine Art "Garantie" für die Gesellschaft, daß die Gründer ihr Einlageversprechen erfüllen).

335 *Frè*, Commentario Art. 2329 (1982), S. 75, 76. Damit wird ausgeglichen, daß das italienische Recht neben der Handelndenhaftung nach Art. 2331 Abs. 2 c.c. bislang keine Differenz- oder Vorbelastungshaftung kennt, da im italienischen Recht die Existenz einer "Vor-Kapitalgesellschaft" (*società preliminare*) nicht anerkannt ist (vgl. hierzu *Portale*, Riv.soc. 1994, 1, 60ff, und unten S. 185).

336 *Ramondelli* (oben Fn. 54), S. 64. Wie effektiv dieser Schutz in der Praxis ist, wird in Zweifel gezogen durch den Hinweis von *Portale* ((oben Fn. 335), S. 60), daß es vor der Eintragung einer neugegründeten Kapitalgesellschaft "geschehen kann, daß das Grundkapital nur noch partiell, wenn nicht gar überhaupt nicht mehr vorhanden ist". Die Rechtsprechung überprüft bei der *omologazione* aber dennoch nur gemäß Art. 2329 c.c., ob die Leistung der Bareinlagen erfolgt ist, nicht, wieviel davon noch übrig ist. Es scheint dazu im Widerspruch zu stehen, daß bei der Umwandlung in eine Kapitalgesellschaft verlangt wird, daß das Grundkapital vollständig gedeckt ist (vgl. hierzu oben Fn. 298).

337 Vgl. oben S. 164.

338 Aus diesem Grunde halten es einige Stimmen in der Literatur bereits im Ansatz für verfehlt, die Frage der Anwendung des Art. 2329 Nr.2 c.c. beim Formwechsel in eine Kapitalgesellschaft zu diskutieren (so vor allem *Santa Maria* (oben Fn. 75), S. 478. Ebenso: *Boero* (oben Fn. 291), S. 63; *Ferri* (oben Fn. 252), S. 665. Dagegen *Cabras* ((oben Fn. 291), S. 153): Allein die Existenz der Artt. 2498 Abs. 2, 2343 c.c. sei kein Grund für die Nichtanwendung des Art. 2329 c.c.

339 In: Trattato delle s.p.a., vol. 7.3, S. 153.

offene Einlageforderung der Gesellschaft mit anderen Worten nicht höher als 7/10-tel der versprochenen Einlage ist, auch dann gelten, wenn die s.p.a. infolge eines Formwechsels entsteht. Die Tatsache, daß man es nicht mit einer Gründung *ex novo*, sondern mit einer bereits gegründeten Gesellschaft zu tun hat, führt seiner Meinung nach dazu, daß man eine Nachzahlung auf die Einlage von den Anteilsinhabern fordern müsse, wenn auf ihre Einlagen weniger als drei Zehntel eingezahlt worden sind[340]. Es kommt also weniger darauf an, wo der auf die Einlage zu leistende Betrag hinterlegt worden ist, sondern darauf, daß die Einlageforderung der Gesellschaft in Höhe von mindestens drei Zehntel erloschen ist. Damit kann auch der von anderen heraufbeschworenen Gefahr der Umgehung des italienischen Gründungsrechtes (die ja auch hinsichtlich nationaler Formwechsel besteht) begegnet werden[341].

Auch der *Tribunale di Pordenone* hat sich der Zeichnung und Einzahlung des Grundkapitals versichert[342]. Im Ergebnis ist daher zu erwarten, daß die italienischen Gerichte von einer zuziehenden Gesellschaft den Nachweis verlangen werden, daß ihr auf jede Bareinlage (irgendwann einmal) mindestens drei Zehntel eingezahlt worden sind.

(3) Vorliegen der erforderlichen Genehmigungen

Nach Art. 2329 Abs. 1 Nr.3 c.c. müssen die für die Errichtung einer Gesellschaft zur Ausübung der im Unternehmensgegenstand bezeichneten Geschäftstätigkeit erforderlichen Genehmigungen bestehen und nach Art. 2330 Abs. 1 c.c. bei der Anmeldung der Eintragung belegt werden. Solche Genehmigungen sind etwa für die Errichtung einer Kreditanstalt erforderlich[343]. Daß Art. 2329 Abs. 1 Nr.3 c.c. auch für zuziehende Gesellschaften gelten soll, wenn sie in Italien ein unter dem Genehmigungsvorbehalt stehendes Gewerbe betreiben, ist wenig zweifelhaft und ergibt sich bereits aus dem *ordine pubblico* (ordre public) nach Art. 16 IPRG oder den notwendigerweise anzuwenden Vorschriften nach Art. 17 IPRG[344]; andernfalls könnte das italienische Recht den mit der Einführung der Genehmigungsvorbehalte bezweckten Schutz nicht realisieren.

---

340 *Cabras* (oben Fn. 291), S. 154.

341 Vgl. Kommentar (N.N.) zu Trib. Pordenone, 28 settembre 1990, Foro pad. 1991, c. 188, 192; *Boero* (oben Fn. 291), S. 57 u. 59; *Simonetto*, Commentario Art. 2498 c.c., S. 154.

342 Trib. Pordenone (oben Fn. 192), Foro pad. 1991, c. 187, 188 (vgl. den zitierten Nachweis in Fn. 322). Insofern zu Unrecht die Kritik des Kommentars, das Gericht habe sich nicht um die Einzahlung des Kapitals gekümmert und dadurch ermöglicht, daß "in unserer Rechtsordnung eine Gesellschaft mit einem Kapital von 4.455.500.00 LIT eingetragen ist und arbeitet, ohne daß irgendjemand einmal eine Kontrolle über dessen effektives Vorhandensein hat ausüben können" (vgl. Kommentar (N.N.), a.a.O. c.192).

343 Zum Beispiel Art. 14 d.lgs. 1 settembre 1993, n. 385.

344 *Benedettelli* (oben Fn. 3), S. 93f.

dd. Anmeldung der angepaßten Gesellschaft zur Eintragung in das Handelsregister

Nach der Anpassung der Satzung ist die Gesellschaft gemäß Art. 2330 c.c. innerhalb von 30 Tagen zur Eintragung in das Handelsregister anzumelden, und zwar gemäß Art. 2330 Abs. 1 c.c. durch den Notar, der die Satzung beurkundet hat[345]. Die Anwendung des Art. 2330 c.c. auf zugezogene Gesellschaften wirft einige Fragen auf, die damit zusammenhängen, daß Art. 2330 c.c. auf die *Errichtung* einer Kapitalgesellschaft zugeschnitten ist. Würde die Norm wortgetreu angewendet, so führte sie z.B. hinsichtlich der Eintragungsfrist zu praktisch unmöglichen und außerdem unsinnigen Ergebnissen.

Eine erste Klarstellung ist erforderlich im Hinblick darauf, daß das italienische Recht kein Interesse an der Eintragung des ursprünglichen Gründungsvertrages hat[346], sondern an der Satzung, die die aktuelle und inzwischen an italienisches Recht angepaßte Struktur der Gesellschaft regelt; dies entspricht, wie im Falle der formwechselnden Umwandlung, dem Umwandlungsbeschluß[347], der gemäß Art. 2498 Abs. 1 c.c. "*alle* Angaben enthalten [muß], die das Gesetz für die jeweilige Gesellschaftsrechtsform vorschreibt". Der Anmeldung des Umwandlungsbeschlusses zur Eintragung müssen die gemäß Art. 2330 Abs. 1 c.c. erforderlichen Anlagedokumente beigefügt sein[348]; die Fassung der geänderten Satzung ist beizufügen, wenn in dem satzungsändernden Beschluß nicht alle erforderlichen Elemente enthalten sind[349].

---

345 Trib. Pordenone (oben Fn. 192), Foro pad. 1991, c. 187, 188; Trib. Roma (oben Fn. 210), Foro it. 1987, I, c.2592. Ebenso aus der Literatur: *Azzolini* (oben Fn. 7), S. 914; *Ballarino*, Dir.int.priv. (3.A.), S. 364, 365; *ders.* Trattato delle s.p.a., vol.9.1, S. 70; *Simonetto*, Commentario Art. 2505 c.c., S. 367.

346 Dies behauptet beispielsweise *Rahm* (oben Fn. 140), (S. 71). Vgl. auch Fn. 360.

347 *Azzolini* (oben Fn. 7), S. 917; *Ballarino* (oben Fn. 42), S. 73. Ebenso *Angelici* (oben Fn. 19), S. 8: "Art. 2505 c.c. drückt keinerlei Interesse der italienischen Rechtsordnung an dem historischen Faktum der Gründung aus". Das ursprüngliche Gründungsdokument hat nur die Funktion zu dokumentieren, *daß* und als was, möglicherweise auch durch wen die Gesellschaft gegründet worden ist. Ebenso verfuhr der *Tribunale di Pordenone*, der die Eintragung des Umwandlungsbeschlusses verfügte und die erfolgte Eintragung in Luxemburg lediglich feststellte, um zu dokumentieren, daß die Gesellschaft (weiter-)existierte ((oben Fn. 192), Foro pad. 1991, c. 187, 188).

348 Art. 25 Abs. 2 lit.c i.V.m. Art. 25 Abs. 1 Satz 2 IPRG enthält - ebenso wie für die Umwandlung Art. 2498 Abs. 2 c.c. - einen vollständigen Verweis auf die Eintragungsvorschriften. Als Anlagedokumente beizufügen sind daher beispielsweise die Belege darüber, daß drei Zehntel der Bareinlagen erbracht sind (vgl. hierzu soeben S. 172), das Wertgutachten gemäß Art. 2343 c.c. (*relazione di stima del patrimonio sociale*; vgl. hierzu oben S. 164) bzw. die Bilanz der zuziehenden Kapitalgesellschaft, aus der das Gericht ersehen kann, daß das Grundkapital gedeckt ist.

349 *Ballarino* (oben Fn. 42), S. 71.

Für die Eintragung der angepaßten Satzung ist gemäß Art. 2330 Abs. 1 c.c. das Handelsregister am Ort der *sede sociale*, des (neuen) Satzungssitzes, zuständig[350].

Nach Art. 2330 c.c. muß "der Notar, der die Satzung (bzw. nach Art. 2498 c.c. den Umwandlungsbeschluß) beurkundet hat" die Gesellschaft zur Eintragung anmelden; versäumt er dies, droht ihm ein Ordnungsgeld nach Art. 2626 c.c. Neben der Frage, wer zur Anmeldung der Gesellschaft verpflichtet ist, ist aber zu klären, wer hierzu *berechtigt* ist. Nach Ansicht der Literatur kann im Rahmen des Art. 2330 c.c. nur ein *italienischer* Notar die Anmeldung der Gesellschaft zum Handelsregister vornehmen, weil nur ihm die effektive Ausübung der vorgeschalteten Rechtmäßigkeitskontrolle und die Beibringung der Belege für die einzutragenden und gerichtlich zu überprüfenden Tatsachen anvertraut wird[351]. Sofern sich die Gesellschaft also nicht bereits eines italienischen Notars bedient hat, der den satzungsändernden Beschluß beurkundet hat[352], nimmt die herrschende Meinung in der Literatur an, sie müsse dies spätestens vor der Anmeldung zur Eintragung nachholen; dies soll sich bereits aus den Vorschriften des Notarrechtes, insbesondere aus Art. 106 l.notarile[353] ergeben, dem man die Verpflichtung entnimmt, ein im Ausland beurkundetes Dokument bei einem italienischen Notar in Kopie zu hinterlegen, bevor es in Italien wirksam verwendet werden kann[354].

---

350 Die Gegenmeinung, nach deren Ansicht der Satzungssitz der Gesellschaft im Ausland verbleiben kann und die Gesellschaft am Ort ihres Verwaltungssitzes in Italien einzutragen ist (dafür: *Ballarino*, Dir.int.priv. (2.A.) S. 346; *ders.*, Trattato delle s.p.a., vol.9.1, S. 70, 71; *Biscottini*, Diritto amministrativo internazionale, S. 365; aus der deutschsprachigen Literatur: *Königshofer* (oben Fn. 40), S. 51; *Rahm* (oben Fn. 140), S. 71), ist bereits oben abgelehnt worden (vgl. S. 161f, insbesondere Fn. 273).

351 *Ballarino* (oben Fn. 42), S. 71, 73; ähnlich *Cagnasso/Irrera* (oben Fn. 21), S. 499; *Ramondelli* (oben Fn. 42), S. 251.

352 Vgl. oben S. 167.

353 Art. 106 l. n. 89, 16 febbraio 1913 lautet: "Nell'archivio notarile distrettuale sono depositati e conservati: ... (4) gli originali e le copie degli atti notarili rogati in paese estero prima di farne uso nel Regno...". Eine wichtige Nebenbestimmung hierzu ist Art. 68 regolamento notarile: R.D. n. 1326/1914): "Il notaio può ricevere in deposito in originale o in copia atti rogati in paese estero purché siano debitamente legalizzati, redigendo apposito verbale che deve essere annotato a repertorio. Tali atti, ove siano in lingua straniera, debbono essere accompagnati dalle traduzione in lingua italiana.".

354 *Ballarino* (oben Fn. 42), S. 71, 72; *Biscaretti di Ruffia*, Riv.dir.int.priv.proc. 1980, 554, 557; *Bocchini*, Nuove leggi civile commentate 1980, S. 580, 582; *Protetti/de Zenzo*, Comm. Art. 106, S. 395, 396; *Ramondelli* (oben Fn. 42), S. 253 und 256; *ders.* (oben Fn. 54), S. 66. Nach Ansicht von *Ramondelli* ((oben Fn. 7), S. 1412) gilt dieses Erfordernis auch nach der Reform des IPR und obwohl in Artt. 67, 68 IPRG die Anerkennung ausländischer Beurkundungen geregelt ist. Die Rechtsprechung mißt dieser Frage keine große Bedeutung bei: Der *Tribunale di Pordenone* ((oben Fn. 192), Foro pad. 1991, c. 187, 188) hat jedenfalls die Beurkundung durch den luxemburgischen Notar für ausreichend erachtet.

Schwierigkeiten der Anwendung des Art. 2330 Abs. 1 c.c. wurden vor allem in der Anmeldefrist von 30 Tagen gesehen[355]. Die früher herrschende Meinung hatte des angesichts Wortlauts des Art. 2505 c.c.[356] einige Not zu begründen, warum die Frist nicht - was als unsinnig und praktisch unmöglich angesehen wurde[357] - seit der Beurkundung des ursprünglichen *atto costitutivo*, sondern erst vom Zeitpunkt der Hinterlegung einer Kopie bei einem italienischen Notar gemäß Art. 106 l.notarile zu laufen begann[358], so daß schließlich der Gesetzgeber mit der legge 13 marzo 1980, n. 73, in die Diskussion eingriff[359]. Damit sollte zuziehenden Gesellschaften geholfen werden, deren Organe "unschuldigerweise" die Folgen des Ablaufes des Anmeldefristen träfen[360]. Die Neufassung dieses Gesetzes durch Art. 6 des d.lgs. 29 dicembre 1992, n. 516, hat die Fristen insofern verändert, als nunmehr spätestens zum 45. Tag nach der Beurkundung des zu hinterlegenden Dokumentes dessen Anmeldung beim Handelsregister erfolgt sein muß. Das gilt nicht nur für Gesellschaften mit Zweigniederlassung in Italien, sondern nach dem Wortlaut des Gesetzes für alle in Italien einzutragenden *atti ricevuti all'estero*. Im Falle des Zuzuges kommt es dabei auf die Beurkundung des Umwandlungsbeschlusses an[361].

ee. Eintragung der Gesellschaft

Sind die formellen Eintragungsvoraussetzungen erfüllt, wird die Gesellschaft gemäß Art. 7 Abs. 2 lit.a Nr.6 D.P.R. 581/1995 in das Handelsregister eingetragen. Das Handelsregister wird gemäß Art. 2188 Abs. 2 c.c. als öffentliches Register vom *ufficio del registro delle imprese* bei der örtlichen

---

355 *Cottino* (oben Fn. 244), S. 710; aus der deutschsprachigen Literatur *Rahm* (oben Fn. 140), S. 71.

356 Der Wortlaut ist wiedergegeben in Fn. 56.

357 *Capotorti* (oben Fn. 32), S. 614, *Ramondelli* (oben Fn. 42), S. 250, 259; *Simonetto*, Commentario Art. 2505-2510 c.c., S. 395.

358 *Ballarino* (oben Fn. 42), S. 71f; *Cagnasso/Irrera* (oben Fn. 21), S. 498, 499.

359 Der *articolo unico* der l. 13 marzo 1980, n. 73 (Gazz.Uff. 21-3-1980, n.80, S. 2515), lautete: "Per gli atti ricevuti all'estero, i termini di cui agli articoli 2296, 2300, 2330, 2383, 2400, 2411, 2436, 2450-bis, 2519 e 2671 del codice civile, decorrono dalla data del deposito da effettuarsi a norma dell'artico 106, n.4, della legge 16 febbraio 1913, n. 89, e successive modificazioni". Die zitierten Vorschriften des Codice civile betreffen die Eintragung der Errichtung von aller Gesellschaftsformen bzw. der Satzungsänderungen.

360 *Bocchini* (oben Fn. 354), S. 580. Das Gesetz galt nicht nur für Gesellschaften mit Zweigniederlassung in Italien, sondern auch für Gesellschaften i.S.d. Art. 2505 c.c. (vgl. *Cagnasso/Irrera* (oben Fn. 21), S. 498). Das Gesetz gibt nach Darstellung von *Bocchini* (a.a.O. S. 585 u. S. 583, Anm.11) die bis dahin gängige und unbestrittene Praxis wieder. Ebenso *Biscaretti di Ruffia* (oben Fn. 354), S. 558.

361 *Ballarino* (oben Fn. 42), S. 73. Zur Geltung für Zweigniederlassungen vgl. *Laurini*, Riv.soc. 1993, 250, 251.

camera di commercio geführt[362]. Das Eintragungsverfahren und seine Voraussetzungen sind geregelt im D.P.R. 29 dicembre 1995, n. 581, sowie der Durchführungsverordnung gemäß Art. 8 der l. 29 dicembre 1993, n. 580, mit der das Handelsregister errichtet wurde.

Die Eintragung der ausländischen Gesellschaft als solche stellt keine Schwierigkeiten dar. Unklar und streitig sind aber die Folgen, die diese Eintragung hat. Einigkeit besteht innerhalb der herrschenden Meinung insoweit, daß die Eintragung jedenfalls keine, wie in Art. 2331 c.c. bzw. Art. 2498 Abs. 3 c.c. vorgesehen, konstitutive Wirkung für das Entstehen der *persona giuridica* hat, weil die Gesellschaft nach der herrschenden Lehre von der identitätswahrenden Sitzverlegung unabhängig von ihrer Eintragung in Italien als Rechtsperson "anerkannt" wird[363]. Eine Mindermeinung hält die Eintragung allerdings insoweit für konstitutiv, als die Gesellschaft damit "eingebürgert"[364] bzw. "nationalisiert"[365] werde und fortan die Eigenschaft einer *italienischen* juristische Person habe[366]. Gesellschaftsrechtlich heißt dies aber nichts anderes, als daß die Umwandlung in eine italienische Rechtsform erst mit dem Zeitpunkt der Eintragung der Gesellschaft in das italienische Handelsregister wirksam wird; die Rechtsprechung jedenfalls hält alle Gesellschaften für *nazionale italiane*, die *in toto* dem italienischen Recht unterstehen[367].

---

362 Bis 1996 wurde das Register gemäß Art. 100 disp.att.c.c. jahrzehntelang - nämlich seit der Ermächtigung (von 1942) zur Einrichtung eines Handelsregisters durch Art. 99 disp att.c.c. -provisorisch bei einer Kanzlei des örtlichen Tribunale geführt.

363 *Ballarino*, Dir.int.priv. (3.A.), S. 362; *ders.*, Trattato delle s.p.a., vol.9.1, S. 62; *Coscia* (oben Fn. 7), S. 154; *Santa Maria* (oben Fn. 60), S. 185f, 187.

364 So: *Ballarino*, Dir.int.priv. (3.A.), S. 362; *ders.*, Trattato delle s.p.a., vol.9.1, S. 62 u. 70; aus der deutschsprachigen Literatur *Königshofer* (oben Fn. 40), S. 75.

365 Nach Ansicht des *Tribunale di Roma* ((oben Fn. 8), Giust.civ. 1964, I, 698, 702) führte Art. 2505 c.c. zu einem "integrale processo di nazionalizzazione", nach welchem die ausländischen Gesellschaften den italienischen vollständig angeglichen seien; ebenso aus der deutschsprachigen Literatur *Königshofer* (oben Fn. 40), S. 74; *Rahm* (oben Fn. 140), S. 72. Die Verwendung des Begriffes *nazionalizzazione* ist jedoch schon insofern ungenau und verwirrend, als damit im italienischen Recht urpsrünglich der Akt von Verstaatlichung einer Gesellschaft bezeichnete wird, wie sie etwa in den Staaten des ehemaligen Ostblockes nach Ende des Zweiten Weltkrieges praktiziert wurde. Die Lehre diskutiert im Zusammenhang mit *nazionalizzazione*, wie das italienische Recht auf diese Verstaatlichungs- und damit Enteignungsakte reagieren solle; vgl. hierzu etwa die Monographie von *Cassino* (1959).

366 *Ballarino*, Dir.int.priv. (3.A.), S. 362, 365; *ders.*, Trattato delle s.p.a., vol.9.1, S. 62 und 70. Anderer Ansicht: *Benedettelli* ((oben Fn. 3), S. 89), nach dessen Ansicht die Gesellschaft auch nach ihrer Eintragung ausländisch bleibt.

367 Corte di Cass. (oben Fn. 28), Riv.dir.int.priv.proc. 1970, 359; zustimmend: *Caruso* (oben Fn. 5), S. 165; im Ergebnis auch *Coscia* (oben Fn. 7), S. 163.

d. Folgen des Fehlens der Anpassung und der Eintragung

Die Unklarheiten über die rechtlichen Konsequenzen der Eintragung sind nur die Kehrseite der Frage, welche Folgen die Gesellschaft treffen, wenn sie *nicht* eingetragen wird. Vergleicht man die Anpassung der Satzung einer zuziehenden ausländischen Kapitalgesellschaft mit dem Formwechsel einer Kapital- in eine andere Kapitalgesellschaft, so bestünde die Wirkung der Eintragung lediglich darin, daß erst mit erfolgter Eintragung die Anpassung wirksam und auch erst dann die italienischen Vorschriften über die s.p.a. anwendbar würden; bis zur Eintragung bliebe die Gesellschaft eine Kapitalgesellschaft ausländischer Rechtsform[368]. Die Rechtspersönlichkeit, insbesondere die Beschränkung der Haftung auf das Gesellschaftsvermögen, blieben fortwährend und unabhängig von der Eintragung in Italien bestehen. Mit diesem Ergebnis steht das italienische Recht vor dem Problem, wie es sicherstellen kann, daß die Gesellschaft ihre Eintragung in Italien nachholt. Es bestünde ein möglicherweise dauerhafter Widerspruch zu Art. 25 Abs. 1 Satz 2 IPRG, der unmißverständlich anordnet, daß auf die Gesellschaft nach der Verlegung ihrer Verwaltung nach Italien italienisches Recht anzuwenden ist.

Das Hauptproblem aller Lösungen, die dem Grundsatz der Kontinuität der Rechtsperson einer ausländischen Gesellschaft mit Verwaltungssitz in Italien treu bleiben, liegt im Vergleich dieser Situation mit den Konsequenzen der unterlassenen Eintragung gemäß Art. 2506 c.c. nach Eröffnung einer Zweigniederlassung in Italien. Denn in diesem Fall, in dem die Gesellschaft gerade *nicht* italienischem Recht unterstellt wird, hat das Versäumen der nach Art. 2506 c.c. erforderlichen Eintragungen zur Folge, daß "diejenigen, die im Namen der Gesellschaft handeln, unbeschränkt und gesamtschuldnerisch für die Verbindlichkeiten der Gesellschaft haften" (Art. 2508 c.c.[369]). Ein Ergebnis, das die Verlegung des Verwaltungssitzes im Verhältnis hierzu privilegiert, wird schwerlich vertretbar sein, denn der italienische Rechtsverkehr ist *erst recht* schutzwürdig, wenn der Kontakt der Gesellschaft zum italienischen Recht so stark wird, daß das IPR einen Statutenwechsel anordnet. Hinzu kommt, daß aus der Sicht des Rechtsverkehrs vor der Eintragung kein Unterschied erkennbar ist zwischen einer ausländischen Gesellschaft mit Zweigniederlassung oder Hauptverwaltungssitz, so daß auch dies nicht gerechtfertigt, die Geschäftsführer einer zuziehenden Gesellschaft von der Haftung nach Art. 2508 c.c. zu befreien; der Rechtsverkehr wird im Zweifelsfalle den Verwaltungssitz für eine (groß geratene) Zweigniederlassung halten.

Die Frage ist also, wie das italienische Recht die Aufgabe meistert, erstens, auf die Gesellschaft mit der Verlegung des Verwaltungssitzes nach Italien (nur noch) italienisches Recht anzuwenden, ohne dabei, zweitens, ihre Existenz in

---

368 Dafür: *Ramondelli* (oben Fn. 42), S. 259 (vgl. hierzu unten S. 191). Eine Präzisierung ist erforderlich im Hinblick darauf, daß es im italienischen Recht durchaus streitig ist, ob Satzungsänderungen bereits mit der Eintragungsverfügung (*decreto di omologazione*) wirksam werden (vgl. hierzu unten S. 223ff zur Sitzverlegung ins Ausland).

369 Vgl. hierzu auch unten S. 187f. Zum Wortlaut des Art. 2508 c.c. siehe Fn. 400.

Frage zu stellen und sie, drittens, nicht besser zu behandeln als eine ausländische Gesellschaft mit Zweigniederlassung in Italien. Der Gesetzgeber hat sich (auch) zu diesem Punkt nicht geäußert. Eine einheitliche gerichtliche Praxis gibt es nicht.

aa. Maßnahmen durch das Registergericht

Relativ eindeutig sind dem Gesetz nur folgende Konsequenzen zu entnehmen:

Nach Art. 2626 c.c. kann gegen die Verwaltungsorgane, die die Anzeige einer eintragungspflichtigen Tatsache innerhalb der vorgeschriebenen Frist unterlassen, ein Ordnungsgeld (*sanzione amministrativa*) in Höhe von 100.000 bis 2.000.000 Lire verhängt werden. Nach Art. 2626 Abs. 2 c.c. trifft das gleiche Risiko den beurkundenden und zur Anmeldung verpflichteten Notar. Das Registergericht kann außerdem nach Art. 16 Abs. 2 D.P.R. 581/95 die Eintragung auch ohne entsprechenden Antrag des hierzu Verpflichteten vornehmen, nachdem es den Antragspflichtigen gemäß Art. 2190 c.c. per Einschreiben an die Anmeldung zur Eintragung erinnert und im Falle des weiteren Versäumens ein Ordnungsgeld von 20.000 bis 1.000.000 Lire verhängt hat.

bb. Folgen für Gesellschaft und Gesellschafter

Bereits eingangs ist das "Dilemma" beschrieben worden, daß das italienische Recht wegen des Prinzips der Anerkennung nicht zu dem Ergebnis kommen darf, daß die Gesellschaft auch nur für eine logische Sekunde nicht (mehr) existierte, der Gesetzgeber andererseits aber mit der Sitztheorie das letzte Tor für die Umgehung des italienischen Gründungsrechtes wirksam verschließen wollte. Welche Folgen es demnach für eine ausländische Gesellschaft mit Verwaltungssitz in Italien haben soll, wenn sie es unterläßt, ihre Umwandlung und Eintragung nach italienischem Recht zu bewirken, ist daher nicht eindeutig zu klären und Gegenstand in Italien langjähriger rechtswissenschaftlicher Diskussion.

(1) Nichtexistenz der Gesellschaft nach Art. 2331 c.c.

Teile der Literatur[370] haben unter Berufung auf die (wie dargestellt unrichtig interpretierte[371]) Rechtsprechung die Ansicht vertreten, vor der vollständigen Erfüllung *aller* Gründungsvoraussetzungen des italienischen Rechtes existiere

---

370 *Annibale* (oben Fn. 42), S. 155; *Cagnasso/Irrera* (oben Fn. 21), S. 473; *Caruso* (oben Fn. 5), S. 164; *Colombo* (oben Fn. 40), S. 4; *Coscia* (oben Fn. 7), S. 149; *Ferri* (oben Fn. 252), S. 88; *Monti* (oben Fn. 49), S. 1268; *Ramondelli* (oben Fn. 42), S. 258; *Simonetto*, Commentario Art. 2505-2510 c.c., S. 367; ebenso aus der deutschsprachigen Literatur *Königshofer* (oben Fn. 40), S. 51.

371 Vgl. oben Analyse der Rechtsprechung oben S. 145. Die Rechtsprechung hat die Nichtexistenz einer im Ausland gegründeten Gesellschaft stets nur in den Fällen angenommen, in denen die Gründung unter *Umgehung* des italienischen Rechtes erfolgt war. Vgl. hierzu auch *Santa Maria* (oben Fn. 60), S. 177ff.

die Gesellschaft für das italienische Recht nicht, so daß diejenigen, die im Namen der Gesellschaft gehandelt hatten, persönlich für die Verbindlichkeiten der Gesellschaft hafteten; dies wurde entweder im Umkehrschluß aus Art. 2331 c.c. hergeleitet, der in Abs. 1 die konstitutive Wirkung der Eintragung einer Kapitalgesellschaft regelt und in Abs. 2 die Haftung derjenigen, die im Namen der Gesellschaft vor der Eintragung gehandelt haben[372], oder aus Art. 2332 c.c., der die Nichtigkeit der Gesellschaft nach erfolgter Eintragung anordnet[373]. Die als Belege für diese Ansicht zitierten Entscheidungen im Fall *Hardtmuth*[374] können die These von der Nichtexistenz einer Gesellschaft nach ihrer Sitzverlegung allerdings nicht stützen, denn in den konkreten Fällen war die Nichtanerkennung der *Kooh-i-noor Hardtmuth* eine Folge des tschechischen und des französischen Rechtes, das italienische internationale Gesellschaftsrecht blieb völlig unberührt. Die These von der Nichtexistenz der Gesellschaft infolge der unterlassenen Eintragung steht in grundlegendem Widerspruch zu dem in der aktuellen Rechtentwicklung nicht mehr in Frage gestellten Prinzip der Anerkennung und Kontinuität der ausländischen juristischen Personen in Italien. Sie ist seit langem überholt und wird in der Wissenschaft in aller Regel nur noch mit dem Ziel erwähnt, die eigene Position abzugrenzen.

(2) Anwendung der Grundsätze der *società irregolare*

Bereits Mitte der 70-er Jahre hat *Simonetto*[375] die These aufgestellt, eine aus dem Ausland zugezogene Gesellschaft, die der Eintragungspflicht nach Art. 2330 c.c. unterliegt, sei hinsichtlich der rechtlichen Folgen der unterlassenen Eintragung ebenso zu behandeln wie eine in Italien gegründete eintragungspflichtige Gesellschaft, die noch nicht eingetragen worden ist[376]. Nach Ansicht von *Simonetto* folgt dies aus der konsequenten Anwendung der Grundsätze über die formwechselnde Umwandlung: Die Gesellschaft bestehe kontinuierlich fort, nach ihrer Eintragung setzten sich alle Rechtsverhältnisse aus ihrem "Vorleben" als ausländische Gesellschaft in der mit der Eintragung

---

372 Corte di Cass., 13 dicembre 1980, n. 6459, Mass. Foro it. 1980, 1230; Corte d'App. Roma (oben Fn. 209), Riv. not. 1980, 969 (allerdings nicht zu einem Zuzugsfall) Trib. Roma (oben Fn. 8), Giust.civ. 1964, I, 698, 702; Trib. Roma, 9 dicembre 1982, Riv.not. 1983, II, 1212. Aus der Literatur: *Ferri* (oben Fn. 252), S. 88; *Monti* (oben Fn. 49), S. 1270f.

373 Trib. Milano (oben Fn. 11), Riv.dir.int.priv.proc. 1979, 125, 133; *Merz*, Codice prattico delle società, Art. 2332, S. 202. Herangezogen wird Art. 2332 Abs. 1 Nr.3 c.c., wonach das Fehlen der gerichtlichen Rechtmäßigkeitskontrolle nach Art. 2330 c.c. zur Nichtigkeit der Gesellschaft führt. Die Folge des Art. 2332 c.c. ist die Abwicklung der Gesellschaft (Trib. Milano, a.a.O.). Gegen die Anwendung des Art. 2332 c.c. spricht allerdings sein Wortlaut: Er ist erst anwendbar, wenn die Gesellschaft bereits eingetragen und nach Art. 2331 c.c. entstanden ist.

374 Vgl. die Besprechung der Entscheidung oben Fn. 214.

375 Commentario Art. 2505 c.c., S. 396, 397; *ders.* Commentario Art. 2505 - 2509 c.c., S. 367f. Ebenso Trib. Roma (oben Fn. 206), Foro it. 1969, I, 526; *Rosselli* (oben Fn. 35), S. 1215.

376 *Simonetto*, Commentario Art. 2505 c.c., S. 396.

entstehenden italienischen Kapitalgesellschaft fort. Sie befinde sich lediglich in einem Zustand "äußerster Irregularität"[377], weil ihr die notwendige Eintragung fehle.

(a) Das Konzept der *società irregolare* im Kapitalgesellschaftsrecht

Gegen den Vorschlag von *Simonetto* wird vor allem eingewandt, das Konzept der *società irregolare* sei nicht auf Kapitalgesellschaften anwendbar.

Als *società irregolare* bezeichnet man im italienischen Gesellschaftsrecht eine eintragungspflichtige, aber noch nicht eingetragene Gesellschaft, deren Gründung deswegen noch nicht *regelgemäß* abgeschlossen ist[378]. Auf eine *società irregolare* finden die Vorschriften über die *società semplice* Anwendung, die (als einzige Gesellschaftsform) keiner Eintragungspflicht unterliegt. Damit wird der Tatsache Rechnung getragen, daß der Rechtsverkehr die Gesellschaft vor ihrer Eintragung noch nicht in ihrer konkreten Struktur identifizieren kann; er wird daher genauso gestellt wie in der Situation, daß gar keine Eintragung vorgesehen ist. Die Anwendung der Vorschriften über die *società semplice* ist für Personenhandelsgesellschaften vor deren Eintragung gesetzlich festgelegt in Art. 2297 c.c.; auf die *società irregolare* ist damit auch Art. 2267 c.c. anwendbar, wonach die Gesellschafter für die im Namen und auf Rechnung der Gesellschaft eingegangenen Verbindlichkeiten unbeschränkt und gesamtschuldnerisch haften. Im Unterschied zum deutschen Recht können die Gesellschafter der *società semplice* allerdings gemäß Art. 2268 c.c. von einem Gläubiger der Gesellschaft verlangen, daß er zuerst aus dem Gesellschaftsvermögen Befriedigung sucht.

Das Konzept der *società irregolare* ist nach dem erklärten Willen des Gesetzgebers und nach ganz herrschender Ansicht[379] auf eine noch nicht eingetragene *Kapital*gesellschaft nicht anwendbar, weil es dem Wesen der Kapitalgesellschaft widerspricht, eine persönliche Haftung ihrer Gesellschafter anzuordnen. Die wesenstypische Haftungsbeschränkung ist aber vor Entstehen der juristischen Person und der damit ermöglichten Verselbständigung des Vermögens nicht denkbar. Da das italienische Recht keine der deutschen Vor-Kapitalgesellschaft entsprechende Rechtsform sui generis für die Übergangszeit vor der Eintragung der Kapitalgesellschaft kennt, betrachtet die herrschende Ansicht eine noch nicht eingetragene Kapitalgesellschaft weder als irgendwie

---

377 *Simonetto*, Commentario Art. 2505-2510 c.c., S. 370: "La societá si trova in stato di grave irregolarità a tutti gli effetti, ma esiste certamente".

378 *Simonetto*, Commentario Art. 2505 c.c., S. 397. Zur *società irregolare* im Allgmeinen: *Cottino* (oben Fn. 244), S. 196; *Ferrara/Corsi* (oben Fn. 296), S. 224; *Ferri* (oben Fn. 252), S. 113-117.

379 Relazione al codice civile (n. 947); Cons. Stato, 24 ottobre 1967, n. 636, Foro amm. 1967, I, 2, 1335; Corte d'App. Milano, 11 febbraio 1955, Foro it. 1956, I, 1201; *Ferri* (oben Fn. 252), S. 87; *Frè*, Commentario Art. 2331, S. 88, 89; *Merz* (oben Fn. 373), Art. 2331, S. 201; *Spatazza*, in: Giurisdizione sistematica, voce: Le s.p.a., I, S. 95. Anderer Ansicht: Corte d'App. Firenze, 28 giugno 1962, Giur. it. 1963, I, 2, 94 (zur Existenz einer s.n.c. vor Eintragung der gegründeten *società cooperativa*).

entstanden, noch als wirksam gegründet[380]. Die nicht eingetragene Kapitalgesellschaft befindet sich daher - abgesehen von der Anordnung der Handelndenhaftung nach Art. 2331 Abs. 2 c.c. - in einer Art gesellschaftsrechtlichem Vakuum, insbesondere hält ein Teil der Literatur die Eintragung für eine aufschiebende Bedingung des *atto costitutivo*[381].

Das Argument, vor Eintragung einer Kapitalgesellschaft existiere die Gesellschaft überhaupt nicht, kann man dem Konzept *Simonettos* allerdings nicht überzeugend entgegenhalten. Das liegt zum einen bereits daran, daß nach ganz herrschender Meinung die ausländische Gesellschaft in Italien fortbesteht. Zum anderen ist aber auch die Annahme eines gesellschaftsrechtlichen Vakuums vor Eintragung einer Kapitalgesellschaft in jüngster Zeit überzeugend angegriffen worden[382]. Dem Gesetz selbst ist in Art. 2331 Abs. 1 c.c., der beharrlich als Beleg für die Nichtexistenz einer Vorgesellschaft bemüht wird, zu entnehmen, daß eine irgendwie geartete Gesellschaft bestehen muß, denn nach Art. 2331 c.c. erwirbt "die Gesellschaft" mit der Eintragung ihre Rechtspersönlichkeit[383]. Auch der Anordnung der Handelndenhaftung wird die Anerkennung einer Gesellschaft entnommen, denn andernfalls ergäbe sich diese Haftung bereits aus den Grundsätzen des *falsus procurator* (Art. 1398 c.c.)[384]. Die Gesellschaft kann aber - in Ermangelung der Rechtsfigur einer Vor-Kapitalgesellschaft - nur entweder eine Kapitalgesellschaft sein oder eine (faktische) Personen-

---

380 Cons. Stato, 24 ottobre 1967, n. 636, Foro amm. 1967, I, 2, 1335; Corte di Cass., 29 marzo 1991, n. 3435, Mass.Giust.civ. 1991, 443; Corte di Cass., 18 aprile 1984, n. 2515, Le società 1984, 994; Corte d'App. Milano, 11 febbraio 1955, Foro it. 1956, I, 1201; nach der Rechtsprechung der *Corte di Cassazione* ist die gegründete Gesellschaft vor der Eintragung auch weder Vermögensträgerin, noch wird sie - nach ihrer Eintragung - Schuldnerin der in ihrem Namen begründeten Verpflichtungen, sofern nicht ein Schuldübernahmevertrag zwischen den Geschäftsführern und der eingetragenen Gesellschaft aufgrund eines vorangegangenen Gesellschafterbeschlusses abgeschlossen wird (vgl. Corte di Cass., 22 gennaio 1958, n.131, Giust.civ. 1958, I, 441; Corte di Cass., 28 novembre 1958, n. 3808, Foro it. 1959, I, 375; Corte di Cass, 28 luglio 1960, n. 2222, Dir.fallim. 1960, II, 850; Corte di Cass., 2 agosto 1973, n. 2231, Riv.not. 1975, 107).

381 *Frè*, Commentario Art.2331, S. 90 ("l'atto costitutivo si presenta come un contratto plurilaterale sottoposto alla condizione sospensiva che l'iscrizione della società avvenga"); ebenso: *Ferrara/Corsi* (oben Fn. 296, 10.A.), S. 225 und 395 und 418. Gegen die Existenz einer irgendwie gearteten Gesellschaft auch *Ferri* (oben Fn. 252), S. 359, 360. *Galgano* (oben Fn. 334), S. 300; *Merz* (oben Fn. 373), Art. 2331, S. 201; *Panzironi* (oben Fn. 258), S. 252-253; *Spatazza* (oben Fn. 379), S. 94.

382 Vor allem *Portale* (oben Fn. 335), S. 1ff (der für die Anerkennung einer *società di capitali in formazione* im Sinne der der in Deutschland bekannten Vor-Kapitalgesellschaft sui generis plädiert). Zustimmend: *Pavone La Rosa*, Riv.soc. 1999, 194, 195; *Zoppini*, Giur.comm. 1996, I, 664ff.

383 Art. 2331 Abs. 1 c.c. lautet: "Con l'iscrizione nel registro *la società* acquista la personalità giuridica" (Hervorh.v.Verf.).

384 *Zoppini* (oben Fn. 382), S. 666; anderer Ansicht *Panzironi* (oben Fn. 258), S. 253 (nach deren Ansicht Art. 2331 Abs. 2 lex spezialis zur Haftung des Vertreters ohne Vertretungsmacht ist).

gesellschaft. Um die Annahme einer Personengesellschaft kommt man spätestens dann nicht mehr herum, wenn die einzutragende Gesellschaft eine wirtschaftliche Tätigkeit aufnimmt: Denn entweder, wenn man nämlich den Gesellschaftsvertrag (*atto costitutivo*) als durch die Eintragung im Unternehmensregister aufschiebend bedingt und damit unwirksam ansieht[385], existiert eine *società di fatto*[386], oder aber, wenn man den Vertrag als wirksam ansieht, eine noch nicht eingetragene ("irreguläre") Personenhandelsgesellschaft[387]. Sowohl die *società di fatto*, als auch die *società irregolare* werden nach den Regelungen der *società semplice* behandelt. Dieses Ergebnis wird in Anbetracht des entgegenstehenden Willens der Gründer in der neueren gesellschaftsrechtlichen Literatur als nicht hinnehmbar erachtet[388]. Die durch diese Kritik ausgelöste Diskussion hat inzwischen auch die neuere Rechtsprechung von der Ansicht abrücken lassen, vor der Eintragung existiere gar keine Gesellschaft[389], ohne daß dies aber bisher zur Anerkennung einer Art Vor-Kapitalgesellschaft geführt hätte. So unerwünscht dieses Ergebnis auch sein mag, allein unter Berufung auf die Nichtexistenz einer Kapitalgesellschaft vor ihrer Eintragung kann man das von *Simonetto* gefundene Ergebnis nicht vermeiden[390].

(b) Kritik an der Übertragung der Grundsätze über die *società irregolare*

Simonettos Lösungsweg kombiniert zwar die Prädispositionen des italienischen Rechtes, daß nämlich die Gesellschaft den Statutenwechsel überlebt und ihr Vermögen weiterhin den Gläubigern haftet, und daß vom ersten Moment an seit der Verlegung des Verwaltungssitzes nach Italien italienisches Gesellschaftsrecht angewandt wird. Sein Vorschlag stellt sich aber in Widerspruch zu der Grundthese des Zuzuges, die er selbst so zäh verteidigt hat, nämlich die

---

385 Vgl. die Nachweise Fn. 381.

386 Als *società di fatto* bezeichnet man eine Gesellschaft, die nicht auf einem (ausdrücklichen) Vertrag basiert, sondern auf faktischem Tätigwerden in Form gesellschaftlichen Handelns (vgl. Corte di Cass., 2 aprile 1999, n. 3136, Le società 1999, 822; Corte di Cass., 18 dicembre 1998, n. 12663, Riv.not. 1319, 1322; *Spatazza*, Società di fatto, S. 1f). Die *società di fatto* ist notwendigerweise auch *irregolare*, weil ein nicht schriftlich abgeschlossener Gesellschaftsvertrag auch nicht eingetragen werden kann (vgl. auch *Cottino* (oben Fn. 244), S. 196).

387 Vgl. *Panzironi* (oben Fn. 258), S. 253; *Spatazza* (oben Fn. 379) S. 97.

388 *Portale* (oben Fn. 335), S. 42f. Ähnlich *Panzironi* (oben Fn. 258), S. 253; *Zoppini* (oben Fn. 382), S. 672. Der Wille der Gesellschafter ist es auch, den der Gesetzgeber der Anwendung der Vorschriften über die *società semplice* auf eine noch nicht eingetragene Kapitalgesellschaft entgegenhält (Relazione al Codice civile, n. 947: "In difetto dell'iscrizione nel registro non esiste neppure ... una società per azioni irregolare, perchè ciò sarebbe in contrasto con la volontà dei soci").

389 Vgl. Corte di Cass., 11 marzo 1995, n. 2817, Mass.Giust.civ. 1995, 577; ebenso schon früher im Ansatz Corte d'App. Firenze (oben Fn. 379), Giur. it. 1963, I, 2, 94 und die Nachweise über die ältere Rechtsprechung bei *Spatazza* (oben Fn. 379) S. 97.

390 So auch *Simonetto*, Commentario Art. 2498 c.c., S. 119.

Kontinuität der juristischen Person. Der positive Effekt seines Konzeptes, daß die Gesellschaft nicht aufgelöst und neugegründet werden muß, wird somit für die Gesellschafter praktisch dadurch zunichte gemacht, daß sie nach den Vorschriften über die *società irregolare* haften, und zwar, wenn auch nur sekundär und gesamtschuldnerisch, persönlich unbeschränkt[391]. Dies entspricht genau der Situation von Gesellschaftern einer Gesellschaft *ohne* Rechtspersönlichkeit. *Simonetto* konserviert im Ergebnis somit die Gesellschaft lediglich als rechtliches Phänomen, nicht aber die "juristische Person". Das allerdings steht im Gegensatz zur Anerkennung einer ausländischen Kapitalgesellschaft mit Verwaltungssitz in Italien, die inzwischen in der italienischen Rechtsprechung und Literatur absolut herrschend ist[392]. *Simonettos* These war somit zwar ein wichtiger Schritt zur Anerkennung zugezogener ausländischer *Gesellschaften* in Italien, enspricht aber nicht mehr dem heute herrschenden Stand der Rechtsentwicklung.

(3) Die herrschende Literatur

Nach Ansicht der inzwischen herrschenden Rechtsprechung[393] und Literatur[394] hat die unterlassene Eintragung der Gesellschaft auf ihren Fortbestand überhaupt keinen Einfluß, weil die Gesellschaft nach dem "Prinzip der Anerkennung" als kontinuierlich weiterbestehend anerkannt wird[395]. Deswegen hat die unterlassene Eintragung auch für die Haftung und die Rechtsstellung der Gesellschafter keinerlei Konsequenz. Die einzige Folge der Unterwerfung unter italienisches Recht ist die Verpflichtung zur Eintragung nach Art. 2330 Abs. 1 c.c., ohne daß man aber von der Gesellschaft verlangt, vom ersten Moment der Anwendung italienischen Rechtes an eine wirksame Eintragung in Italien vorweisen zu können[396].

Das italienische Recht bedient sich allerdings anderer Mittel um sicherzustellen, daß die Gesellschaft den Anforderungen des italienischen Rechtes gerecht wird.

---

391 *Simonetto*, Commentario Art. 2505-2510 c.c., S. 367, 369.

392 Vgl. oben S. 149f und S. 152f, sowie die Nachweise dort.

393 Trib. Pordenone (oben Fn. 192), Foro pad. 1991, c. 187; Trib. Roma (oben Fn. 210), Foro it. 1987, I, c.2592.

394 *Azzolini* (oben Fn. 7), S. 913, 914; *Ballarino*, Dir.int.priv. (3.A.), S. 365; *ders.*, Trattato delle s.p.a., vol.9.1, S. 65f; *Benedettelli* (oben Fn. 3), S. 88, 89; *Broggini* (oben Fn. 24), S. 70, 71; *Cagnasso/Irrera* (oben Fn. 21), S. 472, 473; *Caruso* (oben Fn. 5), S. 148ff; *Coscia* (oben Fn. 7), S. 152, 153; *Luzzatto/Azzolini* (oben Fn. 74), S. 151; *Mengozzi* (oben Fn. 20), S. 101; *Santa Maria* (oben Fn. 60), S. 184, 185; *ders.* (oben Fn. 75), S. 478.

395 Vgl. hierzu oben S. 114 und die Ansicht von *Coscia* (hierzu bereits oben S. 152ff).

396 Dies wird als rechtstechnisch unmöglich und deshalb als praktisch unzumutbar angesehen, vgl. *Capotorti* (oben Fn. 32), S. 614, *Ramondelli* (oben Fn. 42), S. 250, 259; *Simonetto*, Commentario Art. 2505-2510 c.c., S. 395.

cc. Die Haftung der Geschäftsführer

Zunächst kommt als "Druckmaßnahme" in Betracht, die Folgen der unterlassenen Eintragung denjenigen aufbürden, die für sie zu sorgen haben. Der Statutenwechsel nach Art. 25 Abs. 1 Satz 2 IPRG kann, wie bereits dargestellt, allein durch eine Handlung der Geschäftsführer ausgelöst werden, wenn diese ihre Büroräume in ein Gebäude in Italien verlegen. Darüber hinaus liegen beispielsweise das Versäumen der Eintragung und die Einberufung der Gesellschafterversammlung, die über die Anpassungen der Satzung beschließen muß, ebenfalls ein Stück weit in der Hand der Geschäftsführer. Sie können daher nicht völlig von den gesellschaftsrechtlichen Konsequenzen des Umzuges verschont bleiben.

(1) Anwendung des Art. 2508 c.c.

Maßgebliche Teile der modernen Literatur[397] und gelegentlich auch die Rechtsprechung[398] schlagen die Anwendung des Art. 2508 c.c. auch auf die Fälle der Errichtung des Verwaltungssitzes in Italien vor. Art. 2508 c.c. bestimmt, daß "diejenigen, die im Namen der Gesellschaft handeln, bis zur Erfüllung der oben festgelegten Formerfordernisse[399] für die Verbindlichkeiten der Gesellschaft unbeschränkt und gesamtschuldnerisch haften"[400]. Art. 2508 c.c. bezweckt den Schutz der inländischen Gläubiger, die mit der Zweigniederlassung Geschäfte abschließen, vor erhöhten Schwierigkeiten bei der Rechtsverfolgung und Unsicherheiten über die Haftungsverhältnisse ihrer Schuldnerin, weil diese Details dem Rechtsverkehr erst mit der Eintragung zugänglich gemacht werden. Die Handelndenhaftung tritt allerdings nur *neben* die Haftung der Gesellschaft, weil deren Existenz ebensowenig in Frage gestellt

---

397 *Ballarino*, Dir.int.priv. (3.A.), S. 362 (2.Aufl., S. 349); *ders*, Trattato delle s.p.a., vol.9.1, S. 71; *ders.* Trattato di diritto privato, S. 394; *Coscia* (oben Fn. 7), S. 158; *Ramondelli* (oben Fn. 54), S. 62; *Santa Maria* (oben Fn. 60), S. 189, 191. Zu dem gleichen Ergebnis gelangen diejenigen Autoren, die in der Verlegung des Verwaltungssitzes nur eine graduelle Steigerung der Eröffnung einer Zweigniederlassung in Italien sehen (z.B. *Benedettelli* (oben Fn. 3), S. 91; *De Vita* (oben Fn. 46), S. 1284).

398 Trib. Milano (oben Fn. 11), Riv.dir.int.priv.proc. 1979, 125, 134. Die Entscheidung stellt die Behauptung auf, "die unterlassene Anpassung der A.G." bewirke die Anwendung der Sanktion aus Art. 2508 c.c., allerdings ohne weitere Begründung.

399 Mit dem Verweis auf die "oben festgelegten Formerfordernisse" nimmt Art. 2508 c.c. auf Art. 2506 c.c. Bezug (*Cagnasso/Irrera* (oben Fn. 21), S. 521, 522; *Ferri* (oben Fn. 252), S. 88; *Santa Maria* (oben Fn. 60), S. 191 (Anm. 203-bis)), der von ausländischen Gesellschaften mit Zweigniederlassung in Italien die Veröffentlichung und Eintragung bestimmter Informationen über die Gesellschaft verlangt.

400 Art. 2508 c.c. lautet: "Fino all'adempimento delle formalità sopra indicate, coloro che agiscono in nome della società rispondono illimitatamente e solidamente per le obbligazioni sociali".

wird wie die Tatsache, daß sie weiterhin wirksam durch ihre Geschäftsführer vertreten wird[401].

Uneinig ist man sich darüber, ob Art. 2508 c.c. direkt anzuwenden ist oder aber im Wege einer extensiven bzw. analogen Anwendung. Die Vertreter der direkten Anwendbarkeit, die ihre Ansicht noch unter der Geltung des Art. 2505 c.c. entwickelt haben, sehen im Wortlaut des Art. 2508 c.c. - "fino all'adempimento delle formalità sopra indicate" - einen Verweis auf *alle* (Form-)Vorschriften, die sich unmittelbar oder nur mittelbar aus der Anwendung des IX. Kapitels (Artt. 2505- 2510 c.c.) ergeben; damit würde auch auf die Eintragungsverpflichtung nach Artt. 2330, 2331 c.c. Bezug genommen, die über den Umweg des Art. 2505 c.c. anwendbar waren[402]. Seit der Aufhebung des Art. 2505 c.c. im Zuge der IPR-Reform scheint die *direkte* Anwendung des Art. 2508 c.c. allerdings nicht mehr möglich, denn seitdem sind die Publizitätsvorschriften des Codice civile nicht einmal mehr mittelbar "sopra indicate", sondern in einem anderen Gesetz und außerdem nicht nur für Gesellschaften i.S.d. Art. 2508 c.c. geregelt[403].

In Betracht kommt aber die von der herrschenden Lehre befürwortete entsprechende Anwendung des Art. 2508 c.c.[404]. Der Fall des Zuzuges durch Verwaltungssitzverlegung ist im italienischen Recht nicht geregelt, er ist aber aus der Sicht des inländischen Rechtsverkehrs vergleichbar mit dem Fall der Eröffnung einer Zweigniederlassung[405]. Nach Ansicht vieler Autoren ist die Errichtung der Hauptverwaltung in Italien nur die sehr erwünschte Intensivierung der wirtschaftlichen Beziehung der ausländischen Gesellschaft mit Italien; zudem kann sich der Fall des Art. 25 Abs. 1 Satz 2 IPRG schlicht dadurch ergeben, daß eine Zweigniederlassung zur Hauptverwaltung ausgebaut wird[406]. Wie nah sich beide Fälle sind, finden einige Autoren auch durch die praktischen Schwierigkeiten bei der Abgrenzung zwischen *sede secondaria* und *sede dell'amministrazione* bestätigt[407]. Entscheidend ist dafür, daß der Rechtsverkehr beide Fälle gar nicht unterscheiden kann, weil vor der Eintragung nicht erkennbar ist, ob es sich um die Haupt- oder eine Zweigniederlassung einer ausländischen Gesellschaft handelt; ihm gegenüber tritt die Gesellschaft weiterhin mit ausländischer Firma und ausländischer Rechtsform

---

401 *Ballarino*, Dir.int.priv. (3.A.), S. 362; *Simonetto*, Commentario Art. 2505-2510 c.c., S. 367.

402 *Ballarino* (oben Fn. 42), S. 71; *ders.* Dir.int.priv. S. 349.

403 Das übersieht *Ballarino* (Dir.int.priv. (2.A.), S. 362), der auch nach der Aufhebung des Art. 2505 c.c. im Zuge der Reform des IPR an der direkten Anwendung des Art. 2508 c.c. festhält.

404 Vgl. *Coscia* (oben Fn. 7), S. 158; *Ramondelli* (oben Fn. 54), S. 62; *ders.* (oben Fn. 42), S. 260; *Santa Maria* (oben Fn. 60), S. 189, 191.

405 Vgl. hierzu bereits S. 180.

406 *Ramondelli* (oben Fn. 42), S. 260.

407 *Ramondelli* (oben Fn. 42), S. 260; *ders.* (oben Fn. 7), S. 1409.

auf. Erst nach einem Blick in das Handelsregister kann ihm dieser Unterschied erkennbar werden[408].

(2) Anwendung des Art. 2331 Abs. 2 c.c.

Teile der älteren Literatur sahen gegenüber Art. 2508 c.c. die Handelndenhaftung nach Art. 2331 Abs. 2 c.c. als lex spezialis an[409]. Diese Ansicht geht noch davon aus, wegen Art. 2505 c.c. werde die Gründung nach ausländischem Recht als unwirksam angesehen[410]. Diese Prämisse gilt allerdings nicht mehr, so daß die ganz herrschende Ansicht zu Recht bestreitet, daß Art. 2331 c.c. überhaupt auf eine zugezogene Gesellschaft anwendbar sei[411]; denn im Unterschied zu dem Fall, auf den Art. 2331 c.c. zugeschnitten ist, existiert beim Zuzug nicht nur die Gesellschaft, sondern mit ihr die juristische Person, die als solche in Italien anerkannt wird. Somit ist die Anwendung des Art. 2508 c.c. sachgerechter, weil er die Existenz und die Haftung der Gesellschaft voraussetzt[412]. Darüber hinaus bedeutete die Anwendung des Art. 2331 c.c. für die Geschäftsführer das unzumutbare Risiko, daß sie auf ihrer Haftung "sitzenbleiben", denn nach gefestigter Rechtsprechung führt nicht einmal die Eintragung gemäß Art. 2331 Abs. 1 c.c. dazu, daß die Handelndenhaftung erlischt[413]. Nach Art. 2508 c.c. haften die Geschäftsführer aber nur "*bis* zur Erfüllung" der Publizitätsvorschriften. Mit gutem Grund spielt die Ansicht, die auf zugezogene Gesellschaften Art. 2331 Abs. 2 c.c. anwenden will, in der neueren Literatur keine Rolle mehr.

---

408 *Santa Maria* (oben Fn. 60), S. 189, 192.

409 *Ferri* (oben Fn. 252), S. 87, 88; *Monti* (oben Fn. 49), S. 1289; 1291; *Rordorf*, Nuova rassegna di giurisprudenza (Art. 2508), S. 1901. Ähnlich *Cagnasso/Irrera* (oben Fn. 21), S. 515 (Art. 2508 c.c. sei eine unnütze Wiederholung des Art. 2331 c.c.). Zum Inhalt des Art. 2331 Abs. 2 c.c. siehe oben bei Fn. 372.

410 Vgl. die Analyse oben S. 145. Art. 2331 c.c. wurde jedoch nur in den Fällen angewandt, in denen die fragliche Gesellschaft unter Umgehung des italienischen Rechtes gegründet worden war, also *ab inizio* ihren Verwaltungssitz in Italien hatte.

411 Vgl. zur Unanwendbarkeit des Art. 2331 Abs. 1 bereits oben S. 178 und die Nachweise Fn. 394.

412 *Ballarino*, Dir.int.priv. (3.A.), S. 362, 363; *Simonetto*, Commentario Art. 2505-2510 c.c., S. 367.

413 Hierfür ist vielmehr ein Beschluß der Gesellschafterversammlung erforderlich, aufgrund dessen die Gesellschaft mit den Geschäftsführern die Übernahme der Schulden vereinbart (Corte di Cass., 2 agosto 1973, n. 2231, Riv.not. 1975, 107; Corte di Cass, 28 luglio 1960, n. 2222, Dir.fallim. 1960, II, 850; Corte di Cass., 28 novembre 1958, n. 3808, Foro it. 1959, I, 375; Corte di Cass., 22 gennaio 1958, n.131, Giust.civ. 1958, I, 441). Der Grund hierfür ist, daß nach Ansicht der immer noch herrschenden Meinung vor der Kapitalgesellschaft ein gesellschaftsrechtliches Nichts besteht (vgl. die Nachweise Fn. 379 und 380). Genau dies ist aber (inzwischen) unbestritten bei der Verlegung der Hauptverwaltung nach Italien *nicht* der Fall.

(3) Stellungnahme

Auch wenn die Anwendung des Art. 2331 Abs. 2 c.c. wegen der Kontinuität der Rechtsperson nicht mehr in Betracht kommt, wird man schwerlich einen Weg finden, die Anwendung des Art. 2508 c.c. zu vermeiden. Die Rechtsfolge der Handelndenhaftung wird von Teilen der Literatur zu umschiffen versucht, weil man sie als zu drastisch empfindet, sofern Gesellschaften aus dem europäischen Ausland betroffen sind[414]. Diese Kritik geht allerdings zum einen von der nicht zutreffenden Voraussetzung aus, die Handelndenhaftung nach Art. 2508 c.c. sei (ebenso wie nach Art. 2331 c.c.) ein Korrelat zur *Nichtexistenz* der zugezogenen Gesellschaft. Zum anderen kann die Kritik auch insofern nicht überzeugen, als Art. 2508 c.c. in dem Parallelfall eingreift, daß eine europäische Gesellschaft in Italien eine *Zweig*niederlassung - und damit ein Minus zur Hauptniederlassung - errichtet; auch in diesem Fall wird kein Unterschied nach der Herkunft der Stammgesellschaft gemacht. Daher mag man zwar das Ergebnis der Geschäftsführerhaftung als unerwünscht ansehen, bis zu einer gegenteiligen Entscheidung des Gesetzgebers - oder des EuGH - bleibt Art. 2508 c.c. aber auf die Verlegung des Verwaltungssitzes entsprechend anwendbar[415].

Die Haftung der Handelnden nach Art. 2508 c.c. stellt praktisch ein geringeres Risiko dar, als es theoretisch scheint. Die Gläubiger werden auf die Geschäftsführer nur dann zurückzugreifen versuchen, wenn die zugezogene Gesellschaft nach der Verlegung ihres Verwaltungssitzes und vor der Eintragung in Italien in Liquiditätsengpässe gerät, denn bis dahin können die Geschäftsführer die Verbindlichkeiten aus dem Gesellschaftsvermögen begleichen. Einen Liquiditätsengpaß müssen die Geschäftsführer beim Zuzug aber ohnehin vermeiden, da eine zuziehende Kapitalgesellschaft nach den Grundsätzen über die Kapitalaufbringung bei ihrer Anmeldung zur Eintragung nicht überschuldet sein darf[416]. Hier kommt den Geschäftsführern weiterhin die kurze Anmeldefrist von allerhöchstens 45 Tagen und die auch dem Notar nach Art. 2626 c.c. drohende Ordnungsstrafe entgegen[417]. Sie können darüber hinaus das Eintragungsverfahren dadurch beschleunigen, daß sie bereits vor der Verlegung des Verwaltungssitz die vorzunehmenden Anpassungen der Satzung erwirken, d.h. die abzufassenden Beschlüsse mit notarieller Hilfe vorbereitet und möglichst in der Gesellschafterversammlung bereits durchgesetzt haben[418].

---

414 *Ballarino*, Dir.int.priv. (3.A.), S. 363. Der gleichen Ansicht ist er für Gesellschaften aus Staaten, mit denen Italien ein Anerkennungsabkommen geschlossen hat.

415 Im Ergebnis ebenso: *Coscia* (oben Fn. 7), S. 159; *Santa Maria* (oben Fn. 60), S. 193; *Simonetto*, Commentario Art. 2505 c.c., S. 397.

416 Vgl. oben S. 164 und 172.

417 Vgl. oben S. 176.

418 Zum zeitlichen Ablauf der Sitzverlegungsschritte vgl. den Vorschlag am Ende dieses Kapitels, S. 194.

dd. Aufschieben der Wirksamkeit der Sitzverlegung

Mit dem Ziel der Vermeidung sämtlicher Risiken für die Gesellschaft hat *Ramondelli*[419] vorgeschlagen, "die Änderung der Tatsache, die die Unterwerfung unter italienisches Recht bewirkt, nicht schon mit dem *Beschluß* darüber wirksam sein läßt, sondern erst mit dessen *Veröffentlichung* in Italien". Sein Vorschlag beschreibt das Ergebnis, das herzustellen die Verwaltungsorgane bemüht sein werden, um den Folgen des Art. 2508 c.c. zu entgehen. *Ramondellis* Überlegungen gehen von einem gewissen "Unbehagen" darüber aus, daß italienisches Recht anwendbar wird, während ausländisches Recht sich weiterhin für anwendbar hält[420]. Die "Schuld" an dieser Situation trägt nach Ansicht von *Ramondelli* das italienische Recht, weil die Sitztheorie an ein *tatsächliches* statt an ein *rechtliches* Moment anknüpft[421]. Damit verlange das italienische Recht von der zuziehenden Gesellschaft das rechtlich Unmögliche, zum Zeitpunkt der Verlegung der Verwaltung italienisches Recht zu erfüllen, weil es "logisch nicht vorstellbar und zeitlich nicht möglich ist, daß die Gesellschaft sich italienischem Recht anpaßt, bevor sie italienischem Recht unterworfen ist"[422]. Ohnehin sei es verfehlt, an die tatsächliche und damit gesellschaftsrechtlich nicht dokumentierte Präsenz des Verwaltungssitzes anzuknüpfen, weil hierdurch der Gesellschaft die Last aufgebürdet würde, auch bei Bestehen einer kleineren Geschäftsvertretung zu beweisen, daß dies nicht ihr Verwaltungssitz sei[423]; für den Richter der lex fori, der nach Art. 25 IPRG über die Anwendung des italienischen Gesellschaftsrechtes zu entscheiden habe, sei es jedenfalls weder rechtlich noch praktisch möglich, den Beginn der Anwendung italienischen Rechtes eindeutig zu definieren.

Ramondelli nimmt in gewissem Sinne eine "Umformulierung" des Gesetzes vor: Entscheidend soll nicht die Verlegung der Verwaltung nach Italien sein, sondern die Wirksamkeit der Anpassung an italienisches Recht. Im Ergebnis entspricht dies dem Schweizerischen Modell der Anknüpfung an die "Organisation" der Gesellschaft, nämlich an das Recht, nach dem die Satzung aktuell organisiert ist[424]. Auch wenn es richtig ist, daß sich der italienische Gesetzgeber an der schweizerischen Regelung orientieren wollte[425], so hat er aber dennoch ausdrücklich nicht auf die Anknüpfung an den Verwaltungssitz verzichten wollen. Art. 25 Abs. 1 Satz 2 IPRG legt vielmehr genau das fest, worüber sich *Ramondelli* hinwegsetzen will, weil der Gesetzgeber die Anknüpfung an reale Faktoren der Präsenz einer Gesellschaft in Italien für erforderlich hielt. Das italienische Recht wird gerade nicht aufgrund eines *Rechts*aktes im Sinne des schweizer Vorbildes anwendbar, sondern aufgrund

---

419 *Ramondelli* (oben Fn. 42), S. 259 (Hervorh.v.Verf.).

420 *Ramondelli* (oben Fn. 7), S. 1407.

421 *Ramondelli*, a.a.O. S. 1407 (Hervorh.v.Verf.).

422 *Ramondelli*, a.a.O. S. 1407.

423 *Ramondelli*, a.a.O. S. 1407 u. 1408.

424 Vgl. hierzu *Rindisbacher* (oben Fn. 3), S. 75f.

425 *Broggini* (oben Fn. 107), S. 31.

eines *Real*aktes. Das von *Ramondelli* vorgeschlagene Abwarten, bis die Tatsache, an die angeknüpft wird, wirksam geworden ist, ist bereits rechtstechnisch nicht möglich, weil die "Wirksamkeit" der Verlegung der Hauptverwaltung nicht hinausgeschoben werden kann. Tatsachen werden eben nicht "wirksam" im Rechtssinne, so daß einzig die Möglichkeit bleibt, den tatsächlichen Umzug hinauszuzögern.

e. Zusammenfassung der Folgen der Verlegung des Verwaltungssitzes nach Italien

Die Verlegung des Verwaltungssitzes nach Italien führt gemäß Art. 25 Abs. 1 Satz 2 IPRG zu einem Statutenwechsel. Die Folge ist, daß die Gesellschaft sich einer italienischen Gesellschaftsform anpassen und alle Gründungsvoraussetzungen des italienischen Rechtes erfüllen muß. Allerdings hat dies keine Auswirkungen auf ihr kontinuierliches Fortbestehen, da es überwiegend im Hinblick auf Art. 16 disp.prel. als unvertretbares Ergebnis angesehen wird, das Fortbestehen der einmal von der italienischen Rechtsordnung als existent anerkannten ausländischen Gesellschaft zu negieren. Die Kontinuität der zuziehenden Gesellschaft führt dazu, daß der Anpassungsprozeß von der neueren Literatur und Rechtsprechung als formwechselnde Umwandlung entsprechend Art. 2498 c.c. angesehen wird. Mit der erforderlichen Eintragung der Gesellschaft am Ort ihres neuen *Satzungs*sitzes wird die Umwandlung in eine italienische Gesellschaft wirksam. Bei Versäumen der Eintragung haften diejenigen, die im Namen der Gesellschaft gehandelt haben, analog Art. 2508 c.c. persönlich für deren Verbindlichkeiten.

2. Verlegung des Satzungssitzes (sede statutaria) nach Italien

Eine Gesellschaft kann - theoretisch - auch lediglich ihren Satzungssitz nach Italien verlegen wollen. Diesen Fall kennt und regelt das italienische Recht selbst beispielsweise Art. 4 lit.b und e des D.P.R. 26 aprile 1986, n. 131 (T.U.I.R.)[426]. Ob eine solche Sitzverlegung rechtlich möglich ist, hängt von den Rechtsfolgen ab, die IPR und Sachrecht hieran knüpfen.

a. Konsequenzen der Satzungssitzverlegung

Der Satzungssitz als solcher ist weder nach dem geltenden noch nach dem alten IPR Anknüpfungsmerkmal für die Anwendbarkeit des italienischen Rechtes. Er ist aber dennoch für die Anwendung einer Rechtsordnung nicht unwichtig, weil am Ort des Satzungssitzes die Eintragungen im Handelsregister erfolgen und eingesehen werden und an dem in aller Regel der Gerichtsstand der juristischen

---

[426] Art. 4 regelt beispielsweise in lit.b die Registrierung "der Errichtung des Satzungssitzes (einer Gesellschaft u.a.) in Italien, die ihren Verwaltungssitz in einem Nichtmitgliedstaat der EU hat".

Person liegt[427]. So wie in der Praxis das anwendbare Recht fordert, daß der Satzungssitz in seinem Geltungsbereich liegt[428], so kann umgekehrt der Satzungssitz nicht im Territorium einer nicht anwendbaren Rechtsordnung liegen, denn mangels Anwendbarkeit des eigenen Rechtes können die Gerichte eine Eintragung des neuen Satzungssitzes nicht verfügen.

Diese auf den ersten Blick so selbstverständliche Verknüpfung zwischen Satzungssitz und anwendbarer Rechtsordnung ergibt sich erst aus der Anwendung des Sachrechtes, die das IPR aber ignoriert[429]. Wenn also italienisches Recht nicht aufgrund des Art. 25 Abs. 1 Satz 2 IPRG anwendbar wird, dann ist fraglich, ob der Satzungssitz überhaupt nach Italien verlegt werden *kann*, denn dazu ist mindestens die Eintragung am neuen (italienischen) Satzungssitz erforderlich. Teile der Literatur, die noch durch die im Regierungsentwurf vorgesehene Vermutungsregel geleitet sind, wollen in diesem Fall unterstellen, daß auch die Verwaltung oder der Hauptgeschäftsgegenstand mitverlegt wird[430]. Andere Stimmen in der Literatur gehen gänzlich ohne kollisionsrechtliche Begründung davon aus, die Verlegung des Satzungssitzes nach Italien führe zu einem Statutenwechsel[431]. Für die Praxis ist jedenfalls zu erwarten, daß die Registerrichter, sofern eine im Ausland gegründete Gesellschaft die Eintragung der Verlegung ihres Satzungssitzes nach Italien beantragt, italienisches Recht anwenden werden[432].

b. Anwendbarkeit des Art. 25 Abs. 3 IPRG

Obwohl nach der Kollisionsregel des Art. 25 Abs. 1 IPRG der Satzungssitz keine ausdrückliche Rolle spielt, regelt Art. 25 Abs. 3 IPRG ohne Rücksicht auf

---

427 Siehe hierzu Staudinger- *Großfeld*, IntGesR, Rn. 241f. *Iaccarino* ((oben Fn. 12), S. 207) bezeichnet deshalb nur die Verlegung des Satzungssitzes als "categoria giuridica", während man die rein tatsächlichen Veränderungen nicht habe regeln wollen

428 Vgl. oben S. 159.

429 Die Bedeutung des Satzungssitzes, die noch die vom italienischen Justizminister eingesetzte Kommission zur Reform des IPR hervorgehoben hatte, ist erst in der verabschiedeten Fassung aufgehoben worden (vgl. oben S. 126f); nach dem Kommissionsentwurf sollte der Satzungssitz prima facie die ausschlaggebende Rolle spielen (vgl. *Azzolini* (oben Fn. 7), S. 920, die noch von der Anknüpfung an den Satzungssitz ausgeht). Kritisch hierzu *Iaccarino* (oben Fn. 12), S. 207.

430 *Azzolini* (oben Fn. 7), S. 903; *Broggini*, Riv.dir.int. 1992, 30, 39; *Caruso* (oben Fn. 5), S. 75, 76. Vgl. auch *Ramondelli* (oben Fn. 7), S. 1409.

431 *Ballarino*, Dir.int.priv. (3.A.), S. 372. Ähnlich *Ramondelli* ((oben Fn. 7), S. 1407), der die Überprüfung, ob sich der Verwaltungssitz tatsächlich im Ausland befindet, für unmöglich hält.

432 So entschied beispielsweise - unter Geltung des Art. 230 Abs. 4 Cod.comm. - die Corte d'Appello di Bologna, 8 marzo 1910, Riv.dir.int. 1912, II, 106: "La deliberazione dell'assemblea generale di detta società con cui se ne trasferisce la sede in Italia, ha per effetto di fare acquistare alla società la nazionalità italiana; sicchè non può ordinarsene ... la trascrizione ... se non la società stessa sia costituita conformemente a tutte le disposizioni della nostra legge". Zum Wortlaut des Art. 230 Cod.comm. siehe Fn. 147.

die Anknüpfung nur die Verlegung des *Satzungs*sitzes. Wenn es aber richtig ist, daß der Satzungssitz nur in einem Territorium liegen kann, dessen Recht nach seinem eigenen Kollisionsrecht anwendbar ist, würde Art. 25 Abs. 3 IPRG einen Fall regeln, der als solcher, nämlich ohne die Verlegung auch des Verwaltungssitzes, rechtlich unmöglich ist.

Die Unstimmigkeit innerhalb des Art. 25 IPRG ist aus seiner Geschichte zu erklären: Zum einen ist die Norm für den *Wegzug* konzipiert worden, wie sich aus den Begründungen der Expertenkommission und der Regierung ergibt[433]. Zum anderen lag dem Entwurf des Art. 25 IPRG, dessen Abs. 3 in die verabschiedete Fassung wortgleich übernommen wurde, eine Art "Verwaltungs-Satzungssitztheorie" zugrunde[434]. Daß Art. 25 Abs. 3 IPRG nur die Verlegung des Satzungssitzes regelt, ist dadurch zu erklären, daß das Recht keine Wirksamkeitsvoraussetzungen für eine Verwaltungssitzverlegung, sondern nur deren kollisionsrechtliche Konsequenzen festlegen kann[435].

Man muß Art. 25 Abs. 3 IPRG demnach die Regelung entnehmen, daß die Verlegung des Satzungssitzes *möglich* sein soll, ohne die Kontinuität der Gesellschaft zu unterbrechen[436]. Damit aber die isolierte Verlegung nur des Satzungssitzes möglich ist und der neue Satzungssitz in Italien von einem zuständigen Gericht eingetragen werden kann, muß italienisches Recht anwendbar werden[437]. Hält man italienisches Recht für unanwendbar, ist die Sitzverlegung nach der hier vertretenen Auffassung nicht möglich[438].

3. Praktische Realisierung der Sitzverlegung nach Italien: Der Fall Luxabel S.A.

Ein praktisch realisierbarer Weg, mit dem eine Gesellschaft so problemlos wie möglich die Verlegung von Verwaltungs- und Satzungssitz nach Italien

---

433 Vgl. die Begründung der IPR-Kommission (Riv.dir.int.priv.proc. 1989, 932, 958) zu Art. 23 Abs. 3 des Entwurfes: "... comportano effetti sia in Italia sia nello *Stato estero in cui viene trasferita* la sede della società... " (Hervorh.v.Verf.). Art. 25 Abs. 3 IPRG regelt im Gegensatz zu Artt. 2369, 2437 c.c. nicht nur die Verlegung ins Ausland, sondern auch den Zuzug (*Azzolini* (oben Fn. 7), S. 919; *Ballarino*, Dir.int.priv. (3.A.), S. 371f; *Broggini* (oben Fn. 107), S. 32). Art. 25 Abs. 3 regelt außerdem die Sitzverlegung zwischen dritten Staaten ohne Beteiligung Italiens (*Ballarino*, Dir.int.priv. (3.A.), S. 374).

434 *Azzolini* (oben Fn. 7), S. 900; vgl. auch oben S. 126.

435 Vgl. bereits oben zur Auseinandersetzung mit dem Vorschlag von *Ramondelli* ((oben Fn. 7), S. 1407; *ders*. (oben Fn. 42), S. 259), oben S. 191f.

436 So auch: Trib. Verona, 5 dicembre 1996, Vita not. 1997, 931, 932. Aus der Literatur: *Azzolini* (oben Fn. 7), S. 919; *Benedettelli* (oben Fn. 3), S. 96, 97; *Broggini* (oben Fn. 24), S. 65; *Luzzatto/Azzolini* (oben Fn. 74), S. 153; *Mengozzi* (oben Fn. 20), S. 102; *Mosconi* (oben Fn. 42), S. 33; *Santa Maria* (oben Fn. 75), S. 482.

437 Ähnlich (einen Statutenwechsel voraussetzend): *Benedettelli* (oben Fn. 3), S. 97; *Luzzatto/Azzolini* (oben Fn. 74), S. 153. Vgl. zur notwendigen Verknüpfung von Verwaltungs- und Satzungssitz bereits oben S. 159f.

438 Vgl. die ausführliche Begründung oben S. 159f.

vollziehen kann, läßt sich an der Entscheidung des Tribunale di Pordenone[439] verdeutlichen, aufgrund der im Ergebnis eine aus einer luxemburgischen S.A. hervorgegangenen italienische s.p.a. in das Handelsregister eingetragen wurde:

Zunächst waren die Beschlüsse der Gesellschafter, den Satzungssitz nach Italien zu verlegen, bereits in Luxemburg gefaßt worden, und zwar entsprechend den Vorgaben des italienischen und des luxemburgischen Rechts für satzungsändernde Beschlüsse[440]. Ferner hatten die Gesellschafter auch alle übrigen Satzungsänderungen beschlossen, die die Gesellschaft einer italienischen Rechtsform anglichen, insbesondere die Umstellung des Kapitals auf Lire, die Änderung der Firma etc.; hierbei war nur italienisches Recht zu beachten, da diese Beschlüsse in Luxemburg nicht wirksam werden mußten (und konnten). Sodann wurde die Gesellschaft zur Eintragung in das Handelsregister in Italien angemeldet und das registergerichtiche Verfahren der *omologazione* der satzungsändernden Beschlüsse eingeleitet, wobei der Verwaltungssitz bereits in Italien lag. Nach der Eintragung konnte die Löschung der Gesellschaft in ihrem Herkunftsstaat beantragt und vollzogen werden. Eine Liquidation schloß sich nicht an, da das luxemburgische Recht die Sitzverlegung akzeptierte.

4. Das italienische Recht nach der *Centros*-Entscheidung des EuGH

Die *Centros*-Entscheidung des EuGH[441] hat in Italien nicht den Aufschrei verursacht wie in Lehre und Rechtsprechung in Deutschland. Bis Juni 2000 ist erst eine Stellungnahme[442] erschienen, die in weiten Teilen auf die Diskussion im deutschen Recht rekurriert. Nach Ansicht von *Gestri* wird das italienische Recht vor allem durch die Ausführungen des EuGH zur Rechtswahlfreiheit angegriffen, die es künftig verböten, auf eine europäische Gesellschaft mit effektivem Sitz in Italien das italienische Recht anzuwenden[443]. An anderer Stelle geht er jedoch davon aus, daß es den Mitgliedstaaten in den Fällen der Gesetzesumgehung möglich sei, die umgangenen nationalen Vorschriften auf die Gesellschaft anzuwenden[444]. Er ist ferner der Ansicht, in Abkehr von der *Daily Mail*- Rechtsprechung dürften die Mitgliedstaaten nach der *Centros*-Entscheidung die Eigenschaft einer Gesellschaft als ausländisch nicht ignorieren, selbst wenn sich der Verwaltungssitz in ihrem Geltungsbereich befinde. Die *Centros*- Entscheidung eröffne damit den Wettbewerb der Rechtsordnungen innerhalb der Europäischen Union[445]. Schon vor der *Centros*-

---

439 (oben Fn. 192), Foro pad. 1991, c. 187.

440 Ein Entwurf für den Text des Beschlusses über die Verlegung des Satzungssitzes nach Italien und die Anpassungen der Satzung an italienisches Recht (Beschluß in notarieller Form) findet sich bei: *Ordine dott. commercialisti* (oben Fn. 270), S. 72 - 75.

441 EuGH, Urteil v. 9.3.1999 (*Centros*), Slg. 1999, I, 1459, 1484; ausführlich hierzu oben S. 76f.

442 *Gestri* (oben Fn. 121), S. 71.

443 *Gestri*, a.a.O. S. 82.

444 *Gestri*, a.a.O. S. 108, 109.

445 *Gestri*, a.a.O. S. 87.

Entscheidung hat *Ballarino*[446] - wenn auch ohne weitere Begründung - bezweifelt, daß das Eintragungserfordernis, der Anpassungszwang und Art. 2508 c.c. als eventuelle Folge bei Versäumen der Eintragungsverpflichtung auf Gesellschaften aus anderen Mitgliedstaaten angewendet werden könnten. Auch *Gestri* vertritt die Ansicht, Gesellschaften aus anderen Mitgliedstaaten könnten künftig nicht mehr als nicht wirksam gegründet angesehen werden[447]. Das stellt die auch in Italien praktizierte Nichtanerkennung von pseudo-foreign-corporations in Frage, denn diese haben nach der herrschenden Ansicht im italienischen Recht zu keinem Zeitpunkt das auf sie anwendbare Gründungsrecht erfüllt, sind mithin nicht wirksam entstanden[448]. *Gestri* hält aber insbesondere eine Durchgriffshaftung zur Überwindung der künstlich kreierten juristischen Person für zulässig.

Eine vertiefte Auseinandersetzung mit den Ansichten, die *Gestri* vertritt, hat bereits bei der Beurteilung der deutschen Rechtslage stattgefunden, in der ähnliche Ansichten vertreten werden[449]. Da nach der oben vertretenen Auffassung die Sitztheorie als solche auch nach der *Centros*-Entscheidung nicht gegen die Niederlassungsfreiheit verstößt, kann die Schlußfolgerung von *Gestri*, Art. 25 Abs. 1 Satz 2 IPRG könne auf Gesellschaften aus dem europäischen Ausland nicht mehr angewendet werden[450], nicht überzeugen. Der EuGH hat entgegen den Ausführungen von *Gestri* nicht die Rechtswahlfreiheit in den Schutzbereich der Niederlassungsfreiheit einbezogen[451]. Das Gleiche gilt für die Schlußfolgerung, die Gesellschaft müsse als *ausländische* erhalten bleiben. Sie muß lediglich als Gesellschaft bzw. als juristische Person erhalten bleiben. Diesem Erfordernis genügt das italienische Recht, denn es erkennt die ausländische Gesellschaft als Rechtssubjekt an, verlangt eben nur die Anpassung, ohne aber der Errichtung der Hauptniederlassung im Wege zu stehen. Der Anpassungszwang kann nach der obigen Prüfung aber aus Gründen des zwingenden Allgemeininteresses gerechtfertigt werden[452]. Auch der Haftungsdurchgriff auf die Geschäftsführer nach Art. 2508 c.c. erweist sich nach der oben zu § 11 Abs. 2 GmbHG angestellten Prüfung als verhältnismäßig[453], er wird zudem vom EuGH selbst vorgeschlagen[454].

---

446 *Ballarino*, Dir.int.priv. (3.A.), S. 363. Als einzige Begründung offeriert er den Hinweis auf das Urteil des EuGH v. 4. Dezember 1986 ((Rs. 205/84 - Kommission ./. Deutschland), Slg. 1986, 3793).

447 *Gestri* (oben Fn. 121), S. 107.

448 Dieses Problem soll im Rahmen dieser Arbeit, in der es um die Folgen des Zuzuges durch Verwaltungssitzverlegung geht, nicht vertieft werden. Insoweit sei auf die Ausführungen zum vergleichbaren deutschen Recht verwiesen (vgl. oben S. 100f). Wie die italienischen Gerichte auf die *Centros*-Entscheidung reagieren, bleibt bislang abzuwarten.

449 Zum Beispiel von *Kieninger*, ZGR 1999, 724ff.

450 *Gestri* (oben Fn. 121), S. 110, 111.

451 Vgl. ausführlich oben S. 80f.

452 Vgl. hierzu ausführlich oben S. 103f.

453 Vgl. S. 106f. Ebenso im Ergebnis *Gestri* (oben Fn. 121), S. 107f.

Die italienische Rechtslage kann daher hinsichtlich des Zuzuges auch nach der *Centros*-Entscheidung aufrecht erhalten werden.

III. Wegzug von Gesellschaften

Der Wegzug von Gesellschaften durch Verlegung ihres Verwaltungssitzes und/oder ihres Satzungssitzes ins Ausland wird auch in Italien als die problematischere Variante der Sitzverlegung angesehen. Es bereitet insbesondere der italienischen Rechtsprechung wegen des Schutzes von Gläubigern, Arbeitnehmern und Minderheitsgesellschafter Unbehagen, eine Gesellschaft aus dem Anwendungsbereich der italienischen Rechtsordnung zu entlassen.

1. Verlegung des Verwaltungssitzes ins Ausland

Nach italienischem Recht ist die Verlegung allein des Verwaltungssitzes ins Ausland unproblematisch; diese Fallgruppe wird deshalb weder in der älteren noch in der modernen italienischen Lehre besonders erörtert. Der Grund dafür ist, daß Art. 25 Abs. 1 IPRG nur einseitig - nämlich zu seinen "Gunsten" - an den Verwaltungssitz anknüpft: Italienisches Recht wird nach Art. 25 Abs. 1 Satz 2 IPRG anwendbar, wenn der Verwaltungssitz nach Italien verlegt wird; in umgekehrter Richtung hält das IPR die Verlegung der Verwaltung für irrelevant[455], denn hinsichtlich des Wegzuges verhält sich Italien wie ein reiner "Gründungstheorie-Staat"[456]. Die Verlegung des Verwaltungssitzes ist daher aus der Sicht des italienischen Rechtes ohne kollisions- oder sachrechtliche Konsequenzen möglich[457].

---

454 EuGH (*Centros*, oben Fn. 441), S. 1496 (Begr.Nr. 38).

455 Vgl. statt vieler *Mengozzi* (oben Fn. 20), S. 102. Bereits unter der Geltung des Art. 2509 c.c.: *Ballarino* (oben Fn. 42), S. 105, 106; *Coscia* (oben Fn. 7), S. 167; *Rosselli* (oben Fn. 35), S. 1216; *Simonetto*, Commentario Art. 2505-2510 c.c., S. 384; aus der deutschsprachigen Literatur *Königshofer* (oben Fn. 40), S. 65). Ein Teil der Lehre behauptete hingegen, eine Gesellschaft könne nur solange "in Italien gegründet" angesehen werden, solange ihr *Verwaltungs*sitz in Italien lag; um dies zu erreichen, erweiterten die Vertreter dieser Ansicht den Begriff der Gründung und fordern, daß die Gesellschaft wirksam nur dann am Ort des Satzungssitzes eingetragen werden könnte, wenn dort auch der Verwaltungssitz läge (*Capotorti* (oben Fn. 124), S. 214, 215, *Caruso* (oben Fn. 5), S. 70; aus der deutschsprachigen Literatur *Ebenroth/Kaiser* (oben Fn. 19), S. 228 (die dies als h.M. bezeichnen); *Rahm* (oben Fn. 140), S. 80, 83).

456 Statt vieler: *Ballarino*, Dir.int.priv. (2.A.), S. 357. Das Problematische dieser Prämisse zeigt sich allerdings in all den Fällen, in denen die Rechtsordnung des Zuzugsstaates an den Verwaltungssitz anknüpft und die Gesellschaft die Situation ihrer *doppia nazionalità* meistern muß (vgl. hierzu oben S. 139). Vermeiden ließe sich dies mit der Forderung, daß der Verwaltungssitz zusammen mit dem Satzungssitz verlegt werden müßte, weil die Verlegung des Satzungssitzes, wie die folgenden Ausführungen darlegen werden, nach italienischem Recht zu einem Statutenwechsel führt.

457 Vgl. statt vieler: *Ordine dott. commercialisti* (oben Fn. 270), S. 26-29.

2. Verlegung des Satzungssitzes ins Ausland

Der problematische Fall der Verlegung einer italienischen Gesellschaft ins Ausland ist die Verlegung des in der Satzung bestimmten Sitzes. In aller Regel ist auch nur dieser Fall der Sitzverlegung gemeint, wenn in der wissenschaftlichen Diskussion von *trasferimento della sede all'estero* die Rede ist.

Trotz der vergleichsweise zahlreichen Stellungnahmen ist die Kernfrage des Problems bislang nicht eindeutig beantwortet, nämlich die Frage, ob das Gesellschaftsstatut infolge der Verlegung des Satzungssitzes wechselt. Während die Rechtsprechung unter Rekurs auf die Gründungstheorie die Weitergeltung des italienischen Rechtes zu befürworten scheint[458], plädiert die herrschende Lehre für eine einschränkende Auslegung der Gründungstheorie (Art. 25 Abs. 1 Satz 1 IPRG) dahingehend, daß letztlich an die aktuelle Eintragung der Gesellschaft anzuknüpfen sei mit der Folge, daß mit der Verlegung des Satzungssitzes als Ort der Eintragung auch das anwendbare Gesellschaftsrecht wechselt[459].

a. Grundsätzliche Zulässigkeit

An der grundsätzlichen Zulässigkeit der Verlegung des Satzungssitzes ins Ausland bestehen keine Zweifel[460]; insofern ist die Aussage des Gesetzgebers in Art 25 Abs. 3 IPRG, der die Möglichkeit der Sitzverlegung positiv festgelegt hat, zuverlässig: Die Verlegung des Sitzes in einen anderen Staat ist "wirksam, wenn sie mit den Rechtsordnungen der beteiligten Staaten übereinstimmt". Damit ist allerdings im Ergebnis mehr gesagt als nur, daß das IPR die grenzüberschreitende Verlegung des Satzungssitzes grundsätzlich zuläßt. Denn dies war weder vor der Reform des IPRG noch ist es heute umstritten[461]. Vielmehr beinhaltet Art. 25 Abs. 3 IPRG eine Art Selbstverpflichtung des

---

458 Trib. Verona (oben Fn. 436), Vita not. 1997, 931; Corte d'App. Torino, 1° dicembre 1995, N.Giur.civ.comm. 1996, 855; Trib. Alessandria, 19 agosto 1995, N.Giur.civ.comm. 1996, 855. Siehe zur Analyse der Rechtsprechung ausführlich S. 206ff.

459 Vgl. ausführlich unten S. 208.

460 Statt vieler: *Iaccarino* (oben Fn. 12), S. 207. Ebenso *Broggini* ((oben Fn. 24), S. 65), der die "indirekte Bekräftigung des Prinzips der Kontinuität bei der Sitzverlegung" in Art. 25 Abs. 3 IPRG in Bezug auf die Verlegung des Satzungssitzes ins Ausland als überflüssig bezeichnet, weil sie eine eindeutige Rechtslage wiederhole; auch die Regierungsbegründung geht offenbar davon aus, daß der Fall nicht neuerlich zugelassen und geregelt werden muß.

461 Zur Zulässigkeit der Sitzverlegung unter Geltung des Art. 2509 c.c.: Corte d'App. Milano, 22 maggio 1974, Giur.comm. 1975, II, 832, 834; Trib. Torino (oben Fn. 167), Giust.civ. 1992, I, 811 (und Riv.dir.int.priv.proc. 1993, 102). *Ballarino* (oben Fn. 42), S. 107; *Capotorti* (oben Fn. 124), S. 209; *Ordine dott. commercialisti* (oben Fn. 270), S. 17; *Rosselli* (oben Fn. 35), S. 1216; *Santa Maria* (oben Fn. 60), S. 142; *Ubertazzi*, Banca e Borsa 1971, 384, 386f. Zu Art. 25 Abs. 3 IPRG: Trib. Alessandria (oben Fn. 458), N.Giur.civ.comm. 1996, 855, bestätigt von Corte d'App.Torino (oben Fn. 458); *Ballarino*, Dir.int.priv. (3.A.), S. 371; *Munzi* (oben Fn. 76), S. 292; *Ramondelli* (oben Fn. 7), S. 1413.

italienischen Rechts, eine Satzungssitzverlegung möglich und "wirksam" zu machen.

Es gibt im italienischen Recht konsequenterweise weder spezialgesetzliche Verbote, den Satzungssitz ins Ausland zu verlegen[462], noch sieht die herrschende Meinung die sach- oder internationalprivatrechtliche Notwendigkeit, daß der Satzungssitz einer italienischen Gesellschaft in Italien liegen und bleiben müsse[463]. Seit langem ist - und war auch bereits vor Verabschiedung des Art. 25 Abs. 3 IPRG - unbestritten, daß eine Gesellschaft das italienische Hoheitsgebiet verlassen kann, ohne daß ihrer Kontinuität Hindernisse in den Weg gestellt oder sie gar liquidiert würde[464]. Im Gegenteil regelt gerade das Sachrecht selbst den Fall, daß der Sitz einer italienischem Recht unterworfenen Gesellschaft ins Ausland transferiert wird: Die Artt. 2437[465] und 2369[466] c.c. enthalten Sonderregelungen zum Schutz der Gesellschafter im Falle des Beschlusses einer Sitzverlegung ins Ausland. Das Gesellschaftsrecht betrachtet die Sitzverlegung ins Ausland als eine mehr oder weniger gewöhnliche, wenn auch einschneidende Satzungsänderung[467]. Die Selbstverständlichkeit, mit der der Codice civile die Verlegung ins Ausland erlaubt, ist insofern bemerkenswert, als zum einen die herrschende Ansicht unter Geltung des Codice di commercio die Möglichkeit einer identitätswahrenden Satzungssitzverlegung verneinte[468], und zum anderen das italienische Recht keinerlei Sonderregelungen zum Schutze der Interessen der *Gläubiger* enthält, obwohl es in anderen Fällen, beispielsweise bei der Emigrationsfusion, diesem Schutz einen so hohen Stellenwert einräumt[469].

---

462 Die Prüfung möglicher Verbotsnormen findet sich bei *Ubertazzi* ((oben Fn. 461), S. 387 - 389), der zu dem Ergebnis kommt, daß keiner der Verbotstatbestände gegeben ist.

463 *Ballarino*, Dir.int.priv. (3.A.), S. 373; *ders.*, Trattato delle s.p.a., vol.9.1, S. 111f; *Capotorti* (oben Fn. 124), S. 209; *Santa Maria* (oben Fn. 60), S. 142; *ders.* (oben Fn. 75), S. 482; *Ubertazzi* (oben Fn. 461), S. 384.

464 Vgl. für die h.M. Trib. Alessandria und Corte d'App.Torino (oben Fn. 458), N.Giur.civ.comm. 1996, 855; Trib. Verona (oben Fn. 436), Vita not. 1997, 931; *Broggini* (oben Fn. 24), S. 65; *Santa Maria* (oben Fn. 60), S. 142; *Santus* (oben Fn. 117), S. 859.

465 Vgl. den Normtext Fn. 470.

466 Art. 2369 Abs. 4 c.c. Norm lautet: "Tuttavia anche in seconda convocazione è necessario il voto favorevole di tanti soci che rappresentino più della metà del capitale sociale per le deliberazioni concernenti il cambiamento dell'oggetto sociale, la trasformazione della società, lo scioglimento anticipato di questa, il trasferimento della sede sociale all'estero e l'emmissione di azioni privilegiate".

467 *Cagnasso/Irrera* (oben Fn. 21), S. 533; *Capotorti* (oben Fn. 124), S. 209; *Ordine dott. commercialisti* (oben Fn. 270), S. 18; *Simonetto*, Commentario Art. 2505-2510 c.c., S. 370 ("grave").

468 Vgl. *Anzilotti* (oben Fn. 28), S. 123 u. 124; *Capotorti* (oben Fn. 124), S. 219; aus der deutschsprachigen Literatur *Rahm* (oben Fn. 140), S. 81.

469 Im Fall der nationalen oder internationalen Fusion haben die Gläubiger die Möglichkeit, die Durchführung der Fusion zu blockieren, wenn ihnen nicht ausreichende Sicherheiten

b. Das Austrittsrecht (Art. 2437 c.c.).

Allerdings sieht das italienische Recht einen sehr weitreichenden Schutz der Minderheitsgesellschafter vor. Nach Art. 2437 c.c. können Gesellschafter, die der Verlegung des Gesellschaftssitzes ins Ausland nicht zugestimmt haben, können ihren Austritt aus der Gesellschaft erklären und die Einlösung ihrer Aktien verlangen[470]. Das Kapital der Gesellschaft wird nach der neueren Rechtsprechung um den Anteil des austretenden Gesellschafters herabgesetzt[471].

Das Austrittsrecht nimmt den Gesellschaftern das finanzielle Risiko beim Verlassen ihrer Gesellschaft weitestgehend ab[472] und verweist sie nicht auf die Veräußerung ihrer Anteile[473]. Dieser Schutz der dissentierenden Gesellschafter wird als so wichtig empfunden, daß das Gesetz die kapitalmindernde Wirkung des Austrittes[474] und damit eine Preisgabe des Gläubigerschutzes in Kauf nimmt[475], um den überstimmten Aktionär gerade nicht auf den Verkauf seiner Anteile - und auf mögliche Kursverluste - zu verweisen. Das Austrittsrecht, das den Aktionären börsennotierter Gesellschaften ebenso zusteht wie den Aktionären nicht börsennotierter Gesellschaften, unterstreicht, daß das italienische Aktienrecht von einer personalistisch geprägten Gesellschaft ausgeht[476].

---

zur Verfügung gestellt werden (sog. *opposizione dei creditori*). Vgl. hierzu unten, S. 313f.

470 Art. 2437 c.c. lautet: "I soci dissenzienti dalle deliberazioni riguardanti il cambiamento dell'oggetto o del tipo di società, o il trasferimento della sede sociale all'estero hanno diritto di recedere dalla società e di ottenere il rimborso delle proprie azioni, secondo il prezzo medio dell'ultimo semestre, se queste sono quotate in borsa, o, in caso contrario, in proporzione del patrimonio sociale risultante dal bilancio dell'ultimo esercizio". Art. 2437 c.c. gilt für alle Kapitalgesellschaften neben der s.p.a., und zwar gemäß Art. 2494 c.c. auch für die s.r.l. und nach Art. 2464 c.c. für die s.a.p.a. Zum Austrittsrecht nach dem Vorschlag der *Commissione Mirone* (Oktober 1999) zur Reform des Aktienrechts (für nicht börsennotierte s.p.a.), Art. 4 Nr.9.d (abgedruckt in Le società 2000, 99) vgl. *Salafia*, Le società 2000, 7, 9.

471 Vgl. hierzu unten bei Fn. 488 (m.w.N.).

472 *Marino*, Dir.e pratt.trib. 1993, I, 1028, 1030.

473 Die Veräußerung der Aktien (die wie im deutschen Recht Wertpapiere - *titoli azionari*) erfolgt nach Artt. 2021 - 2027 c.c. und durch R.D.L. 25 ottobre 1941, n. 1148, conv. in l. 9 febbraio 1942, n. 96, R.D. 29 marzo 1942, n. 239 (vgl. hierzu *Quatraro* (oben Fn. 269), tomo I, S. 307ff). Stimmberechtigte Aktien sind in der Regel *titoli nominativi* (Namenspapiere). Daneben gibt es *azioni di risparmio*, die regelmäßig als Inhaberpapiere gehandelt werden. Für börsennotierte Gesellschaften gilt seit der Aktienrechtsreform (d.lgs. 24 febbraio 1998, n. 58) Art. 131 d.lgs. 58/1998, der aber das Rücktrittsrecht nach Art. 2437 c.c. nicht ausschließt.

474 Das Kapital der Gesellschaft wird nach der neueren Rechtsprechung um den Anteil des austretenden Gesellschafters herabgesetzt, vgl. die Nachweise Fn. 488.

475 Vgl. hierzu *Presti*, Giur.comm. 1982, I, 100, 101.

476 Art. 2437 c.c. wird beispielsweise bezeichnet als das "Terrain, wo sich das vertragliche und das organisatorischem Moment am stärksten gegenüberstehen, weil der Vertrag auf

aa. Schutz der Aktionäre

Das Austrittsrecht nach Art. 2437 c.c. besteht als *ultima ratio* in bestimmten Fällen von Satzungsänderungen, wenn diese die Struktur der Gesellschaft und damit den Inhalt der Mitgliedschaft derart verändern, daß der Gesetzgeber einem überstimmten Aktionär nicht zumuten will, Teil der Gesellschaft bleiben und die Risiken der Veränderung mittragen zu müssen[477]. Die Satzungsänderungen, in denen der Gesetzgeber diese Zumutbarkeitsgrenze erreicht sieht, listet Art. 2437 c.c. abschließend[478] auf, nämlich neben der Sitzverlegung ins Ausland die Änderung des Unternehmensgegenstandes und die formwechselnde Umwandlung. Mit der Aufnahme der Sitzverlegung *ins Ausland* in den Katalog des Art. 2437 c.c. bringt der italienische Gesetzgeber seine Ansicht zum Ausdruck, daß - im Gegensatz zur Sitzverlegung *innerhalb Italiens* - die Verlegung des Satzungssitzes ins Ausland eine so tiefgreifende Änderung der Struktur der Gesellschaft zur Folge hat, daß die Aktionäre des Schutzes des Art. 2437 c.c. bedürfen[479]. Er grenzt damit gleichzeitig die Folgen der Sitzverlegung ins Ausland graduell deutlich von den Folgen einer innerstaatlichen Sitzverlegung ab, denn in letzterem Falle besteht kein Austrittsrecht. Mit Art. 2437 c.c. stellt der Gesetzgeber vielmehr die Sitzverlegung ins Ausland hinsichtlich ihrer Konsequenzen neben die formwechselnde Umwandlung.

Allein diese Gleichsetzung muß zwar noch nicht bedeuten, der Gesetzgeber sei davon ausgegangen, daß mit der Verlegung des Satzungssitzes ins Ausland das Gesellschaftsstatut wechseln sollte. Allerdings erscheinen die Motive des Gesetzgebers inkonsequent, wenn man - mangels eines Statutenwechsels - davon ausginge, die gesellschaftsrechtlichen Folgen entsprächen denen einer "normalen" Sitzverlegung: Unter der Prämisse, daß in beiden Fällen auf die Gesellschaft italienisches Recht anwendbar bleibt, wäre aus der Sicht eines überstimmten Minderheitsaktionärs der einzige Unterschied, daß zu den Hauptversammlungen ins Ausland reisen müßte. Der Zweck des Austrittsrechtes erschöpfte sich darin, den Aktionär vor dem verlängerten Reiseweg zur Gesellschafterversammlung zu schützen[480] - ein Schutz, den er nicht genießt, wenn seine Gesellschaft ihren Sitz von Mailand nach Palermo verlegt. Für einen "Nur-Anleger"- Aktionär hätte die Sitzverlegung ohne

---

die Organisation einwirkt", Trib. Milano, 2 maggio 1996, Foro it. 1998, I, 262, 264; *Tantini*, Modificazioni, S. 156.

477 Trib. Milano (oben Fn. 476), Le società 1996, 839, 840; ebenso: *Ferrara/Corsi* (oben Fn. 296, 10.A.), S. 610; *Frè*, Commentario Art. 2437, S. 765; *Marino* (oben Fn. 472), S. 1030; *Simonetto*, Commentario Art. 2505-2510 c.c., S. 372.

478 Vgl. z.B. Corte di Cass., 28 ottobre 1980, n. 5790, Mass.Giust.civ. 1980, II, 2427; Trib. Milano, 9 settembre 1991, Le società 1991, 1711; Trib. Milano, 12 dicembre 1984, Le società 1985, 971.

479 *Ferrara/Corsi* (oben Fn. 296, 10.A.), S. 610; *Frè*, Commentario Art. 2437, S. 765; *Marino* (oben Fn. 472), 1030; *Simonetto*, Commentario Art. 2505-2510 c.c., S. 372.

480 Dies betrachtet z.B. *Simonetto* (Commentario Art. 2505-2510 c.c., S. 370) als ratio des Art. 2437 c.c.

Statutenwechsel praktisch überhaupt keine Folgen. Es drängt sich daher der Eindruck auf, daß die Gewährung eines Austrittsrechts unter der Prämisse, daß das anwendbare Gesellschaftsrecht nicht wechselte - was noch zu prüfen ist [481]-, im Vergleich zu den üblichen Folgen einer Sitzverlegung überdimensioniert erscheint.

bb. Realisierung des Austrittes

Der austrittswillige Aktionär, der nicht für den Sitzverlegungsbeschluß gestimmt hat[482], muß, wenn er an der Versammlung teilgenommen hat, seinen Austritt mit eingeschriebenem Brief innerhalb einer Frist von drei Tagen nach Schluß der Versammlung erklären, andernfalls spätestens 15 Tage nach der Eintragung des Beschlusses der Sitzverlegung im Handelsregister. Maßgeblich ist der Zugang der Austrittserklärung bei der Gesellschaft[483]. Für seine Aktien erhält er entweder seinen Anteil am Gesellschaftsvermögen, das sich aus der letzten Jahresbilanz ergibt, die vor der Erklärung des Austrittes datiert[484], oder, sofern die s.p.a. börsennotiert (*quotata in borsa*) ist, den durchschnittlichen Kurswert des letzten Halbjahres[485]. Die augenblickliche Vermögenssituation der Gesellschaft bleibt außer Betracht[486].

Art. 2437 c.c. läßt offen, wie die Einlösung der Aktien vonstatten gehen soll; es ist für diesen Fall keine Ausnahme zu dem Grundsatz des Verbotes des Erwerbs eigener Aktien (Artt. 2357, 2357bis c.c.) vorgesehen, so daß diese Möglichkeit ausscheidet. Bleibt der Weg einer Kapitalherabsetzung (Artt. 2445- 2447 c.c.), die jedoch für diesen Fall ebenfalls nicht ausdrücklich vorgesehen wird. Es gibt, soweit ersichtlich, keine herrschende Ansicht in der Rechtsprechung, wie hier zu verfahren ist; in einer neueren zu Art. 2437 c.c. ergangenen Entscheidung hob die *Corte d'Appello di Torino* die Entscheidung der Vorinstanz[487] auf, die von der Unzulässigkeit der Kapitalherabsetzung zur Einlösung der Aktien des austretenden Aktionärs ausgegangen war, und schlug die Subsumierung dieses Falles unter Art. 2445 c.c. vor, der die Kapitalherabsetzung bei Kapitalüberschuß erlaubt[488].

---

481 Siehe hierzu ausführlich sogleich S. 203ff.

482 *Frè*, Commentario Art. 2437 c.c., S. 765.

483 Corte di Cass., 3 gennaio 1998, n. 12, Le società 1998, 773; *Ferrara/Corsi* (oben Fn. 296, 10.A.), S. 612; *Frè*, Commentario Art. 2437 c.c., S. 769; *Ianniello*, Le società 1998, 774, 775. Das kann dazu führen, daß der Aktionär praktisch keine Bedenkzeit hat, da die *posta italiana* auch Einschreiben nicht zuverlässig innerhalb von 3 Tagen zustellt. Zur Diskussion darüber, ob sich der Gesellschafter auch anderer Kommunikationsmittel, etwa Fax, bedienen kann, siehe die Darstellung bei *Ianniello* (a.a.O.).

484 Trib. Milano (oben Fn. 476), Foro it. 1998, I, 262.

485 Vgl. im einzelnen zur Berechnung der Ausgleichszahlung *Presti* (oben Fn. 475), S. 112.

486 Trib. Milano (oben Fn. 476), Foro it. 1998, I, 262, 265.

487 Trib. Alessandria (oben Fn. 458), N.Giur.civ.comm. 1996, 855.

488 Corte d'App.Torino (oben Fn. 458), N.Giur.civ.comm. 1996, 855, 856; Art. 2446 c.c. wurde für unanwendbar erachtet. Der Beschluß der Kapitalherabsetzung kann demnach

c. Kollisionsrechtliche Folgen

Außer der gesetzlich angeordneten Austrittsmöglichkeit nach Art. 2437 c.c. gibt es keine verläßliche Aussage des Gesetzgebers, welche Folgen eine Verlegung des Satzungssitzes ins Ausland hat. Das Fehlen eines inländischen Satzungssitzes hat allerdings für das Gesellschaftsrecht unmittelbare Konsequenzen: Die gesellschaftsrechtlichen Normen, deren Tatbestand an das Vorliegen eines Satzungssitzes in Italien anknüpft, sind jedenfalls nicht mehr direkt anwendbar, weil es kein zuständiges Registergericht in Italien mehr gibt[489]. Das stellt die Gesellschaft vor die Schwierigkeit, wie sie die Eintragungserfordernisse, beispielsweise bei einer Satzungsänderung, erfüllen soll, damit die Änderungen rechtlich wirksam werden[490].

Die Normen des *internationalen* Gesellschaftsrechtes haben dieses Problem jedoch auch hinsichtlich der Sitzverlegung ins Ausland nicht gelöst. So jedenfalls liest sich Art. 25 Abs. 1 Satz 1 IPRG, wonach Gesellschaften dem Recht des Staates unterstehen, "in dessen Territorium das Gründungsverfahren abgeschlossen worden ist". Entsprechend besagte die Vorgängernorm, Art. 2509 c.c., daß "Gesellschaften, die in Italien gegründet worden sind, dem italienischen Recht unterstehen", gleichgültig, wo sie sich realiter aufhalten. Streng beim Wort genommen, müßten beide Vorschriften als Ausdruck der reinen Gründungstheorie (Inkorporationstheorie[491]) gelesen werden mit der Folge, daß in Italien gegründete Gesellschaften auch nach der Verlegung des Satzungssitzes italienischem Recht unterstünden. Nach der unter Geltung des Art. 2509 c.c. herrschenden Meinung hielt man es zwar für erforderlich, daß der Satzungssitz zum Gründungszeitpunkt in Italien lag, daß er aber "ohne Schwierigkeiten später ins Ausland verlegt werden [kann], ohne daß dies Folgen hätte für die Anwendung des italienischen Recht"[492]. Dies will aber in der modernen Literatur niemand mehr so recht vertreten[493]. Der Standpunkt der Rechtsprechung ist, wie die folgende Analyse zeigen wird, nicht eindeutig zu bestimmen.

aa. Analyse der Rechtsprechung

Soweit ersichtlich, gibt es in der italienischen Rechtsprechung zur Frage der Verlegung des Satzungssitzes in Ausland in der Zeit *vor* der Verabschiedung

---

zusammen mit dem Sitzverlegungsbeschluß gefaßt werden, sofern der Aktionär bereits in dieser Versammlung seinen Austritt erklärt.

489 Vgl. zur Zuständigkeit des Registergerichtes entsprechend dem Ort des Satzungssitzes auch oben Fn. 272.

490 Siehe hierzu den Fall Trib. Torino (oben Fn. 167), Giust.civ. 1992, I, 811 (besprochen unten S. 204). Zu den Publizitätspflichten bei einer Satzungsänderung vgl. unten S. 223ff.

491 Vgl. zum Verständnis der Gründungstheorie im italienischen Recht oben S. 130.

492 *Santa Maria* (oben Fn. 60), S. 142, 143.

493 Nur noch *Annibale* (oben Fn. 42), S. 156; anderer Ansicht ist die herrschende Ansicht in der Literatur, vgl. unten Fn. 528.

des IPRG 1995 zwei Urteile[494] neben der immer wieder in diesem Zusammenhang zitierten Entscheidung im Fall "Hardtmuth"[495], die allerdings keinen Erkenntnisgewinn für die Behandlung der Sitzverlegung im italienischen IPR bringt, weil die Frage nach tschechischem und französischem Gesellschaftsrecht zu entscheiden war[496]. Seit der Reform des IPR haben sich bereits vier Gerichte mit den Folgen einer Sitzverlegung ins Ausland beschäftigt.

(1) *Corte d'Appello di Milano 1974*

In der Entscheidung der *Corte d'Appello di Milano* vom 22. Mai 1974 hatte das Gericht darüber zu befinden, ob die Vorinstanz zu Recht die *omologazione* des Beschlusses der Gesellschafter der "Hermes s.r.l." widerrufen hatte, mit dem deren Satzungssitz (*sede sociale*) nach Liechtenstein verlegt werden sollte. Der *Tribunale* hatte es in der zu überprüfenden Entscheidung für unmöglich gehalten, den Satzungssitz ins Ausland zu verlegen, weil auf diese Weise die Normen über Auflösung der Gesellschaft umgangen würden[497]. Die *Corte d'Appello* wies diese Annahme als irrtümlich zurück, da sich aus Art. 2509 c.c. ergebe, daß die Gesellschaft dem italienischen Recht unterstellt bliebe, auch wenn ihre Aktivität im Ausland läge[498]. Das Gericht differenzierte im Ergebnis nicht zwischen *sede sociale* und *oggetto della loro attività* i.S.d. Art. 2509 c.c. und hatte mangels eines Statutenwechsels nichts gegen eine Verlegung des Sitzes.

(2) *Tribunale di Torino, 16 dicembre 1991*

Ein weiterer, vor allem in der konkursrechtlichen Literatur beachteter Fall lag dem *Tribunale di Torino* 1991 zur Entscheidung vor: Eine in Italien als s.r.l. gegründete und in eine s.p.a. umgewandelte Gesellschaft, die "Dominion Trust Banking and Services Corporation s.p.a.[499]", hatte ihren Satzungssitz nach Kanada verlegt, danach - als "s.p.a.- ltd." - mit "statuts de prorogation" beschlossen, sich nicht mehr dem italienischen, sondern fortan kanadischem Recht zu unterstellen[500], und ihre Firma in "903530 Ontario Ltd." mit Sitz in

---

494 Trib. Torino (oben Fn. 167), Giust.civ. 1992, I, 811 (und Riv.dir.int.priv.proc. 1993, 102); Corte d'App. Milano (oben Fn. 461), Giur.comm. 1975, II, 832.

495 Trib. Torino (oben Fn. 47), Riv.dir.comm. 1956, II, 139, und Corte d'App. Torino, 17 giugno 1958, Riv.dir.int. 1958, 598.

496 Vgl. hierzu oben Fn. 214.

497 Corte d'App. Milano (oben Fn. 461), Giur.comm. 1975, II, 832, 834.

498 Corte d'App. Milano, a.a.O., S. 835.

499 Tatsächlich lautete die Firma auf "s.p.a.", während die Rechtsform wohl eine s.r.l. war; vgl. die Mitteilung des Sachverhaltes Trib. Torino (oben Fn. 167), Riv.dir.int.priv.proc. 1993, 102, 103 (=Giust.civ. 1992, I, 811).

500 So die Mitteilung des *Tribunale di Torino* ((oben Fn. 167), Riv.dir.int.priv.proc. 1993, 102, 107); der Tribunale mißt dieser Erklärung nur insoweit Bedeutung bei, als sie für die kanadische Rechtsprechung relevant ist, da aus deren Sicht (Gründungstheorie in Kanada) die Gesellschaft nur italienischem Recht untersteht. Für die Fortgeltung des italienischen

Toronto geändert. Später - und nur hierüber war zu entscheiden - war über das Vermögen der Gesellschaft das Konkursverfahren (in Italien) zu eröffnen. Das Gericht bejahte zunächst seine Zuständigkeit gemäß Art. 9 Abs. 2 l.fallim. (R.D. 16 marzo 1942, n. 267), da die *Dominion* in Italien nach wie vor eine Filiale unterhielt, wofür es genügte, daß "reale Teile" der umgezogenen Gesellschaft in Italien verblieben waren[501]. Nach ausführlicher Prüfung bejahte das Gericht seine Zuständigkeit aufgrund der Tatsache, daß der Verwaltungssitz (*sede effettiva e principale*) in Italien verblieben war[502], wobei es diesem Umstand, der nach Art. 2505 c.c. zur Anwendung des italienischen Gesellschaftsrechtes hätte führen müssen, keine weitere Bedeutung beimaß[503]. Die Anwendbarkeit der l.fallim. (R.D. 16 marzo 1942, n. 267) leitete das Gericht nicht aus Art. 2505 c.c., sondern aus Art. 2509 c.c. her, weil die Gesellschaft nie aufgehört habe, als italienische juristische Person zu existieren[504]. Da es weiterhin die Verlegung des Satzungssitzes nach Artt. 2437, 2369 c.c. für zulässig und nicht für einen Auflösungsgrund hielt, sah das Gericht auch kein Problem hinsichtlich der Kontinuität der weggezogenen Gesellschaft "s.p.a. Dominion Trust Corporation Ltd." und der kanadischen "The Dominion Corporation"[505].

Für die hier interessierenden kollisionsrechtlichen Folgen der Verlegung des Satzungssitzes ins Ausland ist die Entscheidung wenig ergiebig. Das Gericht äußert sich nirgends zur Frage der Anwendbarkeit des italienischen Gesellschaftsrechtes, weil es sich nur auf konkursrechtliche Sondervorschriften bezog. Daher läßt sich auch seiner Feststellung, die in Kanada vollzogenen Satzungsänderungen seien mangels Eintragung in Italien unwirksam[506], keine verwertbare Aussage für oder gegen einen Statutenwechsel entnehmen.

Rechtes aus Sicht des italienischen Rechtes sind diese Erklärungen bedeutdungslos, sie bewirken auch nicht das Erlöschen der italienischen Gesellschaft (Trib. Torino, a.a.O., S. 108). Sie wird als schlicht nicht der Wahrheit (aus italienischer Sicht) entsprechend eingestuft.

501 Trib. Torino (oben Fn. 167), Riv.dir.int.priv.proc. 1993, 102, 104. Nach der ständigen Rechtsprechung genügt für die Zuständigkeit der italienischen Gericht nach Art. 9 l.fallim. (R.D. 16 marzo 1942, n. 267), daß eine Filiale (*stabile organizzazione*, *sede secondaria* oder *rappresentanza stabile*) in Italien liegt; vgl. Corte di Cass., 4 luglio 1985, n. 4049, Mass.Giust.civ. 1986, 1249. Vgl. bereits oben S. 9ff.

502 Trib. Torino (oben Fn. 167), Giust.civ. 1992, I, 811, 815, 816.

503 Das ist so zu erklären, daß es die umgewandelte Gesellschaft nach wie vor als "in Italien gegründet" ansah, und daher Art. 2505 c.c. nicht anwenden konnte, weil - anders als nach dem heute geltenden Art. 25 Abs. 1 Satz 2 IPRG - der Verwaltungssitz nur für "im Ausland gegründete Gesellschaften" von Bedeutung.

504 Giust. civ. 1992, 811, 815: "... la società Dominion, pur avendo la propria sede legale all'estero, può essere dichiarata fallita in Italia ed è a tal fine soggetta alla giurisdizione del giudice italiano, in quanto è sorta come soggetto di diritto italiano, ha trasferito la propria sede all'estero (come l'ordinamento italiano consente), ma non ha mai cessato di esistere come persona giuridica italiana".

505 Trib. Torino (oben Fn. 167), Riv.dir.int.priv.proc. 1993, 102, 107.

506 Trib. Torino (oben Fn. 167), Giust.civ. 1992, I, 811, 815.

(3) ***Trib.Alessandria, 19 agosto 1995, und Corte d'Appello di Torino, 1° dicembre 1995*** **im Fall "PANTECH s.r.l."**

Wenige Tage vor (!) Inkrafttreten des IPRG[507] ist eine erste Entscheidung zu den Folgen des neuen Art. 25 IPRG im Falle der Sitzverlegung einer italienischen Gesellschaft in die Schweiz ergangen. Zu entscheiden war über die Eintragung des Beschlusses der außerordentlichen Gesellschafterversammlung einer italienischen Gesellschaft, der PANTECH s.r.l., ihren Satzungssitz in die Schweiz zu verlegen, sich in eine Gesellschaft schweizer Rechtsform umzuwandeln und ihr Kapital herabzusetzen, um den Austritt eines Gesellschafters zu realisieren. Die Wirksamkeit des Sitzverlegungsbeschlusses war an die Bedingung geknüpft, daß die Gesellschaft in der Schweiz eingetragen würde.

Der *Tribunale di Alessandria* entschied, daß der Beschluß, mit welchem eine italienische s.r.l. - infolge einer Sitzverlegung ins Ausland - in eine "nicht im italienischen Recht geregelte" Gesellschaft (in diesem Falle eine *societé anonyme* nach schweizer Recht) umgewandelt werden sollte, nicht eingetragen werden konnte, da die wegziehende Gesellschaft "weiterhin dem italienischen Recht unterworfen [bleibe], weil nach Art. 25 Abs. 1 Satz 1 der legge n. 218/ 1995 die Verlegung des Satzungssitzes nicht den Verlust der *nazionalità italiana* mit sich bringt"[508].

Die Entscheidung des *Tribunale Alessandria* wurde hinsichtlich der Beurteilung der Umwandlung in eine schweizer Gesellschaft von der *Corte d'Appello di Torino* vollumfänglich bestätigt, das Gericht relativierte jedoch die Begründung zu dieser Entscheidung: Weil Art. 25 Abs. 1 IPRG vorsehe, daß Gesellschaften von dem Recht des Staates geregelt werden, in welchem sie gegründet wurden, könne der italienische Richter die Umwandlung in eine Gesellschaft, die nicht vom italienischen Recht geregelt wird, nicht billigen[509]. Nach Ansicht der Richter konnte eine Umwandlung aber nur solange nicht erfolgen, als die Gesellschaft italienischem Recht unterstand. Für den Beschluß der Verlegung des Satzungssitzes in die Schweiz wurde die Eintragung verfügt. Die Richter der *Corte d'Appello* waren allerdings *nicht* der Ansicht, daß die Gesellschaft auch *nach* der Sitzverlegung und der Umwandlung weiterhin italienischem Recht unterstünde[510]. In der Begründung zu der Entscheidung heißt es, daß "die Verlegung des Satzungssitzes es erlaube, der Unvereinbarkeit des Beschlusses mit dem italienischen Recht entgegenzuwirken" - nicht jedoch solange

507 Gemäß Art. 74 IPRG trat das IPRG am 1. September 1995 in Kraft.

508 Trib. Alessandria (oben Fn. 458), N.Giur.civ.comm. 1996, 855, 856.

509 Corte d'App.Torino (oben Fn. 458), N.Giur.civ.comm. 1996, 855, 856.

510 Dies haben die den Fall entscheidenden Richter, *Giovanni Vendittelli Casoli* (Vorsitzender) und *Vincenzo Scalese* (als Berichterstatter), gegenüber der Verfasserin in einem persönlichen Gespräch, das am 24. November 1997 in der Pretura Circondariale di Torino stattfand, erklärt: Was mit der Gesellschaft nach der Sitzverlegung in die Schweiz geschehe, sei Sache des schweizerischen Rechtes.

italienisches Recht anwendbar sei[511]. Die Entscheidung läßt dabei offen, wie die Sitzverlegung, der die Richter nicht im Wege stehen wollten[512], im konkreten Fall realisiert werden konnte. In der Weise, wie die Gesellschafter der PANTECH s.r.l. vorzugehen gedachten, war die Sitzverlegung zumindest nicht realisierbar.

(4) *Tribunale di Verona, 5 dicembre 1996*

Deutlicher in Bezug auf kollisionsrechtliche Folgen liest sich der Leitsatz des Beschlusses des Tribunale di Verona vom 5. Dezember 1996[513], in welchem über die Sitzverlegung einer italienischen Gesellschaft nach Großbritannien zu entscheiden war. Dort heißt es, "die Verlegung des Satzungssitzes ins Ausland, obwohl rechtmäßig, kann nicht den Verlust der italienischen Staatsangehörigkeit bewirken". Das Gericht führt aus, die Gesellschaft müsse "im zuständigen italienischen Handelsregister eingetragen bleiben" und bleibe "auch für die Zukunft den Eintragungspflichten in Italien unterworfen".

Der Tribunale di Verona verneint damit in klaren Worten einen Statutenwechsel. Das Gericht hat diese Rechtsfolge aber nicht mit der nach Art. 25 Abs. 1 Satz 1 IPRG geltenden Gründungstheorie begründet. Statt dessen prüft es, ob es denn für eine in Italien gegründete Gesellschaft aus der Sicht des *britischen* Rechts möglich sei, dessen *nazionalità* unter Aufgabe der italienischen zu erwerben, was es im Ergebnis verneint, weil nach englischem Recht zuziehende Gesellschaften nicht "automatisch" die britische Staatszugehörigkeit erlangen und den Umgründungsformalitäten unterworfen würden, die das italienische Recht kennzeichnen[514]. Die Entscheidung gibt damit die auch in der Literatur herrschende Ansicht wieder, daß von der Reaktion des Zuzugsstaates abhängig ist, ob die Gesellschaft infolge der Verlegung ihres Satzungssitzes einem Statutenwechsel unterworfen wird[515]. Bemerkenswert ist allerdings das gesellschaftsrechtliche Ergebnis: Obwohl die Gesellschaft zukünftig ihren Satzungssitz im Ausland haben wird, soll sie in Italien eingetragen bleiben und auch zukünftig, weil sie ja eine italienische Gesellschaft bleibt, den Vorschriften des italienischen Gesellschaftsrechts unterworfen sein[516].

---

511 "... il trasferimento all'estero della sede sociale consentirà di ovviare alle incompatibilità della deliberazione *de qua* con il diritto italiano" (N.Giur.civ.comm. 1996, 855, 856).

512 Vgl. Fn. 510.

513 Trib. Verona (oben Fn. 436), Vita not. 1997, 931.

514 Trib. Verona, a.a.O., S. 931; ebenso *Fimmanò* (oben Fn. 75), S. 578.

515 *Ballarino* (oben Fn. 42), S. 105, 106; *ders.*, Dir.int.priv. (2.A.), S. 357; *Fimmanò* (oben Fn. 75), S. 577; *Santus* (oben Fn. 117), S. 858. Vgl. auch unten S. 216f.

516 Kritisch deswegen auch *Fimmanò* (oben Fn. 75), S. 579.

(5) *Corte d'Appello di Trieste, 9 ottobre 1999*

Eine jüngst ergangene Entscheidung der Corte d'Appello di Trieste[517], in welchem die *Danieli Ecologia s.p.a.* ihren Satzungssitz von Udine nach Luxemburg verlegen wollte[518], geht allerdings weit über die bisher herrschende Ansicht zur Sitzverlegung ins Ausland hinaus und zwar in sehr klaren Worten: Das Gericht hielt die Verlegung des Satzungssitzes ins Ausland zwar für zulässig und möglich. Man könne aber nicht den Fall der Sitzverlegung ins Ausland nach Art. 25 Abs. 3 IPRG aus dem generellen Anwendungsbereich des Art. 25 Abs. 1 und 2 IPRG herausnehmen; daher bleibe es dabei, daß alle Angelegenheiten des Gesellschaftsrechts und damit auch die Sitzverlegung ins Ausland notwendigerweise von dem Recht des Ortes geregelt werden, in welchem das Gründungsverfahren abgeschlossen worden ist[519]. An mehreren Stellen wird deutlich, daß das Gericht von der strengen Gründungstheorie ausgeht und gemäß Art. 25 Abs. 1 IPRG auf den historischen Gründungsort abstellt. Nach Ansicht des Gerichts kann sich eine in Italien gegründete Gesellschaft nur dann der Anwendung des italienischen Rechtes entziehen, wenn sie in Italien aufgelöst und im Zuzugsstaat neugegründet werde[520]. Das Gericht stellt - unter Berufung auf die *Daily Mail*-Rechtsprechung des EuGH[521] - ausdrücklich klar, es teile nicht die in der Literatur vertretene These, die Gesellschafter könnten das Recht, dem sie ihre Gesellschaft unterstellen wollten, frei wählen und somit den Kontakt zum Gründungsrecht abbrechen. Damit löst sich die Entscheidung von der relativierenden Interpretation des Art. 25 Abs. 1 Satz 1 IPRG, der einen Statutenwechsel zuließ, sofern die Gesellschaft im Zuzugsstaat dem dort geltenden Gesellschaftsrecht unterworfen wird[522], wie dies in Luxemburg der Fall ist[523].

---

517 9 ottobre 1999, Riv.not. 2000, II, 167f.

518 Anlaß für die Entscheidung der Corte d'Appello war eine Beschwerde gegen ein Dekret des Tribunale di Udine, das die *omologazione* des Beschlusses der außerordentlichen Gesellschafterversammlung, mit welchem der Satzungssitz nach Luxemburg verlegt werden sollte, abgelehnt hatte mit der Begründung, da mit der Satzungssitzverlegung der Verlust der italienischen Staatszugehörigkeit einherginge, verstieße der Beschluß gegen Art. 25 Abs. 1 IPRG (nach welchem die Gesellschaften immer dem Recht unterworfen blieben, nach dem sie originär errichtet worden sind), die Verlegung unter Verlust der Staatszugehörigkeit somit eine neue Form der Auflösung der Gesellschaft sei.

519 Corte d'App. Trieste, a.a.O., S. 170.

520 Corte d'App. Trieste, a.a.O., S. 170.

521 Siehe hierzu oben S. 71 und S. 82.

522 So auch der Trib. Verona (oben Fn. 436), Vita not. 1997, 931.

523 Vgl. die Stellungnahme des luxemburgischen Justizministeriums im Fall des OLG Thüringen v. 17.12.1997 (zitiert in DB 1998, 1178): "Gemäß Art. 159 des Gesetzes vom 10.10.1915 über Handelsgesellschaften sind Gesellschaften, deren Hauptbetrieb in Luxemburg liegt, dem luxemburgischen Recht unterworfen, auch wenn der Gründungsakt im Ausland erfolgt ist. ... Es wird jedoch heute allgemein angenommen, daß die Nationalitätenänderung keinen Bruch in der Kontinuität der Rechtspersönlichkeit mit sich bringt".

Doch die *Corte d'Appello di Trieste* geht noch weiter: "Man kann sicherlich nicht daran zweifeln, daß der Sitzverlegungsbeschluß, wenn er mit dem Verlust der italienischen Staatszugehörigkeit verbunden ist, sich - mit allen Wirkungen i.S.d. Art. 25 Abs. 2 lit.c IPRG - als Auflösung der Gesellschaft darstellt, weil eine solche *denazionalizzazione* noch drastischere Folgen hat als eine Auflösung und Abwicklung nach italienischen Recht ..., denn die Löschung der Gesellschaft in Italien hätte die Wirkungslosigkeit der Haftung der Gesellschafter nach Art. 2456 Abs. 2 c.c. zur Folge"[524]. Mit anderen Worten: Wechselt das Statut beim Wegzug einer Gesellschaft aus Italien, führt das zu ihrer Auflösung und Abwicklung nach italienischem Recht. Auch die Vorinstanz hatte Bedenken gegen ein solches "Verschwinden" der Gesellschaft aus dem italienischen Recht, verbunden mit der Löschung im Handelsregister, ohne das dem eine Liquidation nach italienischem Recht vorausgegangen sei. Damit stellt das Gericht eine dem italienischen Recht bis dato unbekannte These auf, daß nämlich der Statutenwechsel bei einer Sitzverlegung ins Ausland die Auflösung der Gesellschaft nach sich zöge.

Interessant ist allerdings, daß die Gesellschaft in der Folge nicht als aufgelöst betrachtet, sondern nur die Gesellschafterbeschlüsse nicht eingetragen wurden. Außerdem verweigerte das Gericht die *omologazione* der Beschlüsse auch nicht mit der Begründung, eine identitätswahrende Sitzverlegung ins Ausland sei nicht möglich, sondern begründete seine Entscheidung damit, die Änderung der Firma der Gesellschaft in "Daniele Ecologica International S.A." erfülle wegen des Fehlens der Bezeichnung der Gesellschaft als "s.p.a." nicht die Voraussetzungen des Art. 2326 c.c.. Wie auch der *Pubblico Ministero* ausführt, war demnach der Grund für die Zurückweisung der *omologazione* insgesamt, daß die Beschlüsse neben der Sitzverlegung auch andere Satzungsänderungen und Anpassungen enthielten, die nach italienischem Recht gar nicht rechtmäßig sein können, weil das italienische Recht andere, wenn auch möglicherweise sehr ähnliche Anforderungen an die Satzung einer s.p.a. stellt, als beispielsweise das luxemburgische Recht an die Satzung einer S.A.

bb. Die herrschende Lehre: Art. 25 Abs. 1 Satz 1 als Ausdruck der Organisationstheorie

Die Frage, ob die unbestrittenermaßen zulässige Verlegung des Satzungssitzes ins Ausland mit einem Statutenwechsel verbunden ist, wurde und wird in der Literatur nicht einheitlich beantwortet. Die Unklarheiten hierüber hängen mit

---

524 "... non puo`certo dubitarsi che la delibera di trasferimento della sede sociale all'estero, comportante la perdità della nazionalità italiana, si configuri - a tutti gli effetti, ed in particolare rispetto alla previsione dell'Art. 25, comma 2, lett.c - quale vera e propria estinzione della società, proprio perché ... tale "denazionalizzazione" avrebbe implicazioni ancor più drastiche e trancianti rispetto alle ordinarie ipotesi di scioglimento e di liquidazione considerate negli Artt. 2448 e segg. c.c., sol che si consideri ... come la conseguente cancellazione della società - siccome non preceduta dalla procedura di liquidazione - renderebbe inoperante, tra l'altro, la garanzia a favore dei creditori prevista dall'Art. 2456, comma 2 c.c.".

den zum Teil erheblich differierenden Vorstellungen über den Inhalt der Gründungstheorie zusammen[525]. Bereits unter Geltung des Art. 2509 c.c., der in Italien *gegründete* Gesellschaften dem italienischen Recht unterwarf, vertrat ein Großteil der Literatur die Ansicht, es sei auf den Satzungssitz abzustellen, also auf dem Ort, wo die Gesellschaft *aktuell* die Gründungsvoraussetzungen erfüllte, so daß das Statut wechselte, wenn der Sitz verlegt würde[526]; nach anderer Ansicht, die auf den ursprünglichen Gründungsort abstellte, ließ die Verlegung des Satzungssitzes die Anwendung des italienischen Rechts unberührt[527]. Auch unter der Geltung des IPRG befürwortet die herrschende Lehre einen Statutenwechsel bei der Verlegung des Satzungssitzes ins Ausland, sofern nicht auf italienisches Recht zurückverwiesen wird[528]. Dieses Ergebnis ist dem Art. 25 IPRG jedoch nicht ohne Umwege zu entnehmen, denn nach dem Wortlaut des Abs. 1 Satz 1 ist das Recht des Staates anwendbar, "in dessen Territorium das Gründungsverfahren abgeschlossen worden ist". Und man weiß spätestens seit der Einführung des Art. 25 Abs. 3 IPRG, daß "das Recht des Ortes, an welchem das Gründungsverfahren vollendet wurde, nicht notwendig identisch [ist] mit dem Recht des Staates, nach dessen Recht die Gesellschaft aktuell organisiert ist"[529]. Die alles entscheidende Frage ist also, wie strikt der italienische Gesetzgeber die Gründungstheorie nach Art. 25 Abs. 1 Satz 1 IPRG angewandt wissen will.

Die herrschende Meinung in der Literatur unterstellt dem italienischen Gesetzgeber, er habe die im schweizerischen IPR vertretene Organisations-

---

525 Vgl. oben S. 124ff, insbesondere S. 130.

526 *Ballarino* (oben Fn. 42), S. 47 und S. 106, 107; *ders.* Trattato di diritto privato, S. 393; *Cagnasso/Irrera* (oben Fn. 21), S. 476; *Caruso* (oben Fn. 5), S. 71, 73; *Frè*, Commentario all'Art. 2437 c.c., S. 764, 765 ("*snazionlizzazione*"); *Graziani* (oben Fn. 40), S. 4; *Grippo*, in: Trattato delle s.p.a., vol.6.1, S. 171, 172; *Morano*, Le società - Casi e questioni 1/1991, 1615, 1619 (caso 215); *Simonetto*, Commentario Art. 2509 c.c., S. 372 u. 440; wohl auch *Capotorti* (oben Fn. 7), S. 204ff; *Ubertazzi* (oben Fn. 461), S. 392f.

527 *Anzilotti* (oben Fn. 28), S. 124: ".. una società costituita in Italia è società italiana e rimane tale fino a che non si scioglie". Ebenso: *Ferri* (oben Fn. 252), S. 89; *Lefebre d'Ovidio*, La nazionalità, S. 171; *Santa Maria* (oben Fn. 60), S. 141 u. 142; vgl. auch die Ausführungen von *Santa Maria* zur Organisationstheorie in: Codice delle Convenzioni, S. 917, 919. Dagegen: *Capotorti*, Riv.dir.int.priv.proc. 1965, 5, 18; *Vitta* (oben Fn. 12), S. 96.

528 *Angelici* (oben Fn. 104), S. 127; *Azzolini* (oben Fn. 7), S. 904; *Ballarino*, Dir.int.priv. (3.A.), S. 373f; *Benedettelli*, Nuove leggi civile commentate 1996, 1109, 1141; *Broggini* (oben Fn. 24), S. 67f; *ders.* (oben Fn. 107), S. 31; *Capelli* (oben Fn. 68), S. 190; *Marino*, Dir.e pratt.trib. 1995, 1444, 1460; *Mengozzi* (oben Fn. 20), S. 102; *Mosconi* (oben Fn. 42), S. 35; *Munzi* (oben Fn. 76), S. 289; *Piccoli/Zanolini* (oben Fn. 15), S. 177; *Santa Maria* (oben Fn. 75), S. 482; *Santus* (oben Fn. 117), S. 858. Ähnlich auch *Luzzatto/Azzolini* (oben Fn. 74), S. 147 ("man muß annehmen, daß der Staat, der den Satzungssitz beherbergt, der Gründungsstaat ist").

529 *Benedettelli* (oben Fn. 3), S. 68. Ebenso *Ramondelli* (oben Fn. 7), S. 1406.

theorie übernommen[530]. Die Anknüpfung an den Satzungssitz ist auch in der Diskussion um die Reform des IPR angeraten worden, nicht zuletzt im Hinblick darauf, daß dieses Kriterium in internationalen Abkommen üblich sei[531]. Die Begründungen für die Annahme der Satzungssitztheorie in Art. 25 Abs. 1 Satz 1 IPRG sind äußerst unterschiedlich. Am häufigsten wird die Forderung nach der Übereinstimmung von Ort des Satzungssitzes und anwendbarem Recht damit begründet, daß eine Gesellschaft nur dann gemäß Artt. 2330, 2331 c.c. in Italien als *società regolare* errichtet werden könne, wenn ihr Satzungssitz in Italien liege. Da die Gesellschaft nur am Ort ihres Satzungssitzes entstehen könne, funktioniere das Kriterium der Gründung nur, wenn das Recht am Ort des Satzungssitzes das Gründungsrecht der Gesellschaft sei[532]. Das führt indes nicht notwendig zu dem Schluß, daß die Gesellschaft nur solange italienischem Recht unterworfen sei, wie ihr Satzungssitz in Italien liege. Andere Stimmen in der Literatur begründen den Statutenwechsel unter Rückgriff auf den bereits erörterten Art. 2437 c.c., dessen Schutz nur dadurch gerechtfertigt sei, daß mit der Verlegung des Satzungssitzes ein Wechsel des anwendbaren Rechtes und damit der Struktur der Gesellschaft einherginge[533].

Capotorti[534] hat in diesem Zusammenhang darauf hingewiesen, daß auch die Gründungstheorie nur dann funktionieren, wenn das anwendbare Recht bereits *vor* Abschluß des Gründungsverfahrens bestimmbar ist. Daher greife auch die Inkorporationstheorie in Wahrheit auf den Satzungssitz zurück[535]. Ähnlich, aber unter Rückgriff auf die internationale Zuständigkeit der italienischen (Register-)Gericht, argumentiert *Broggini*[536]: Die Zuständigkeit gemäß Art. 3 IPRG[537] ist an das Vorhandensein des Sitzes einer Gesellschaft in Italien geknüpft[538]; dies gilt gemäß Art. 9 IPRG auch für die freiwillige Gerichtsbarkeit. E contrario

---

530 Hierzu im einzelnen *Rindisbacher* (oben Fn. 3), S. 75f und oben Fn.106 und 107.

531 *Luzzatto* (oben Fn. 35), S. 429.

532 *Capotorti* (oben Fn. 124), S. 214. Ebenso: *Ballarino* (oben Fn. 42), S. 47; *ders.*, Dir.int.priv. (2.A.), S. 346; im Ergebnis auch *Santa Maria* (oben Fn. 60), S. 142.

533 *Santus* (oben Fn. 117), S. 859 (vgl. zu Art. 2437 c.c. auch oben S. 201); bereits vor der Neuregelung des IPR war dieser Ansicht vor allem *Simonetto* (Commentario Art. 2505-2510 c.c., S. 372): "Ci sembra che la legge, quando parla di trasferimento della sede all'estero intenda significare anche l'ipotesi del mutamento della disciplina della struttura del rapporto. Assoggetteremmo quindi l'espressione trasferimento della sede sociale all'estero a una lettura estensiva e comprensiva anche del mutamento di disciplina della struttura sociale che da nazionale diventa straniera".

534 Riv.dir.int. 1958, 607, 614, 615.

535 Ebenso: *Ramondelli* (oben Fn. 7), S. 1406; *Vitta* (oben Fn. 12), S. 71. Ähnlich *Angelici* (oben Fn. 104), S. 122ff, der zu diesem Ergebnis über den Vergleich zur Bestimmung der lex societatis der (umstrittenen) Vor-(Kapital-)Gesellschaft gelangt.

536 *Broggini* (oben Fn. 24), S. 84.

537 Diese Bestimmung korrespondiert mit Art. 53 der Convenzione di Bruxelles vom 27 September 1968 (transformiert in italienisches Recht durch l. 21 giugno 1971, n. 804).

538 Die Vorschrift gilt auch für juristische Personen. Das *domicilio* der natürlichen Personen ist durch Art. 46 Abs. 1 c.c. dem Sitz der juristischen Personen gleichgestellt.

zieht er den Schluß, daß die italienischen Gerichte nicht mehr zuständig seien, wenn die Gesellschaft keinen Sitz mehr in Italien habe[539], ein Ergebnis, das auch die gesellschaftsrechtlich widersinnige Konsequenz vermeidet, daß italienisches Recht anwendbar bliebe, obwohl kein Gericht in Italien mehr zuständig sei.

Angelici stellt die Satzungssitztheorie in Zusammenhang mit dem Ziel der kollisionsrechtlichen Anknüpfungskriterien, jeweils immer dasjenige Recht anzuwenden, mit dem der Sachverhalt die engste Bindung aufweist und das deswegen dem Sachverhalt auch am besten gerecht wird[540]. Deshalb sei es "angebrachter, der Verknüpfung zwischen der Gesellschaft und dem Ort, in welchem das Gründungsverfahren abgeschlossen worden ist, eine dynamische und evolutive Sichtweise zu Grunde zu legen"[541]. Nur das Abstellen auf den Satzungssitz erlaube eine angemessene Bewertung der Verhältnisse der Gesellschaft, weil nicht auf einen längst vergangenen Zeitpunkt rekurriert werden muß[542].

Der entscheidende Grund für das Abstellen auf den Satzungssitz muß aber wohl darin gesehen werden, daß das Sachrecht des Gründungsstatuts nicht mehr angewandt werden *kann*, wenn die Gesellschaft die reale Verknüpfung mit ihrem Gründungsort durch Verlegung des Satzungssitzes verliert[543]. Es stellt sich als eine Art gesellschaftsrechtliche Notwendigkeit dar, daß der Satzungssitz in dem Staatsgebiet liegen *muß*, dessen Recht anwendbar ist, und, anders gewendet, auch nur dann in diesem Gebiet liegen *kann*, wenn dessen Recht anwendbar ist[544]. Da der italienische Gesetzgeber das europäische Modell der Kapitalgesellschaften vor Augen gehabt habe, setzt nach Ansicht von *Benedettelli*[545] auch Art. 25 IPRG die Übereinstimmung des Rechtes des Eintragungsortes mit dem nach IPR anwendbaren Recht voraus. Die Überzeugung, daß der Satzungssitz in dem Staatsgebiet liegen muß, dessen Recht anwendbar ist, läßt sich auch der älteren Rechtsprechung zu den rechtlichen Konsequenzen des Verlustes von Hoheitsgebieten nachweisen: Die

---

539 *Broggini* (oben Fn. 24), S. 85.

540 *Angelici* (oben Fn. 104), S. 126; *Vitta*, Riv.dir.int. 1986, 5, 15 ff. Dieses Ziel steckt letztlich auch hinter der Anwendung des *genuine-link* bei der Gründungstheorie, für die vor allem *Ebenroth* eintritt (*Ebenroth/Kaiser* (oben Fn. 19), S. 239; *ders./Kemner/Willburger*, ZIP 1995, 972; vgl. auch *Bungert*, WM 1995, 2125, 2128f). Auch Italien strebt dies Ziel an, wenn auch die italienische Sitz-Gründungstheorie-Kombination, die dem italienischen Recht den größtmöglichen Anwendungsbereich sichert, eine solche Aussage auf den ersten Blick unglaubwürdig erscheinen läßt.

541 *Angelici* (oben Fn. 104), S. 126.

542 *Angelici* (oben Fn. 104), S. 127, 128.

543 *Santa Maria* (oben Fn. 75), S. 482; ähnlich argumentieren *Broggini* (oben Fn. 24), S. 67; *Luzzatto/Azzolini* (oben Fn. 74), S. 147; *Santus* (oben Fn. 117), S. 859.

544 Vgl. zur den gesellschaftsrechtlichen Fragen die Ausführungen zu den Folgen der Verlegung des Verwaltungssitzes oben S. 159.

545 Riv.soc. 1997, 39, 69, 70.

Rechtsprechung hatte den italienischen Gesellschaften eine Frist gesetzt, bis zu der sie die Eintragung ihres in das italienische Territorium verlegten Satzungssitzes beantragen mußten; nach Ablauf dieser Frist wurden sie als Gesellschaften des Staates angesehen, zu dessen Territorium die verlorenen Gebiete nunmehr gehörten[546].

cc. Analyse des Art. 25 IPRG

Das Ergebnis der herrschenden Literatur, daß Art. 25 IPRG nicht, wie sein Wortlaut vermuten läßt, an den Gründungsort, sondern an den Ort der aktuellen Eintragung, d.h. den aktuellen Satzungssitz anknüpft, wird durch eine Analyse der Norm unterstützt.

(1) Auslegungsanordnung durch Art. 25 Abs. 3 IPRG

Die einschränkende Auslegung der Inkorporationstheorie des Art. 25 Abs. 1 Satz 1 IPRG läßt sich bereits aus Art. 25 Abs. 3 IPRG rechtfertigen. Die Bedeutung dieser Norm erschöpft sich nicht darin, die grundsätzliche Zulässigkeit der Sitzverlegung zu unterstreichen, denn zum einen war diese gar nicht streitig[547], und zum anderen würde Art. 25 Abs. 3 IPRG sich damit selbst überflüssig machen, weil die Möglichkeit des Wegzuges nach wie vor nur von den Konsequenzen des IPR und des Sachrechtes der beteiligten Rechtsordnungen abhinge[548]. Art. 25 Abs. 3 IPRG muß daher so gelesen werden, daß er als "Norm des materiellen IPR"[549] den Tatbestand der Sitzverlegung gesetzlich formuliert - über die unstreitigen Selbstverständlichkeiten hinaus[550], so daß er nach einer Ansicht in der Literatur die Interpretation des Abs. 1 Satz 1 im Sinne der strengen Inkorporationstheorie verbietet[551].

Nach Art. 25 Abs. 3 IPRG ist die Verlegung des Satzungssitzes wirksam, wenn sie in Übereinstimmung mit *den* Rechtsordnung*en* der beteiligten Staaten erfolgt. Diese Regelung hätte keinen Sinn, wenn Art. 25 Abs. 1 IPRG Ausdruck der strengen Inkorporationstheorie wäre und für den Fall des Wegzuges nur italienisches Recht in der Rolle des Rechtes des Gründungsortes als maßgeblich ansähe[552]. Art. 25 Abs. 3 IPRG erklärt vielmehr ausdrücklich auch das Nicht-

---

546 Corte di Cass., 12 settembre 1952, n. 2900, Giur.it. 1953, 174; *Cagnasso/Irrera* (oben Fn. 21), S. 477.

547 Vgl. oben S. 198f.

548 *Broggini* (oben Fn. 24), S. 65. Vgl. auch oben Fn. 460 und 582.

549 *Benedettelli*, Nuove leggi civile commentate 1996, 1109, 1139.

550 *Angelici* (oben Fn. 104), S. 127, *Broggini* (oben Fn. 24), S. 65; *Seatzu* (oben Fn. 73), S. 840. Ähnlich auch *Iaccarino* (oben Fn. 12), S. 207.

551 *Benedettelli* (oben Fn. 3), S. 100, 101; *Ramondelli* (oben Fn. 7), S. 1413. Ähnlich auch *Luzzatto/Azzolini* (oben Fn. 74), S. 146. Bereits zur alten Rechtslage unter Rückgriff auf Art. 2437 c.c. *Simonetto*, Commentario Art. 2505-2510 c.c., S. 383.

552 *Angelici* (oben Fn. 104), S. 127. Ebenso: *Ramondelli* (oben Fn. 7), S. 1413: "... il legislatore abbandona il criterio del completamento del procedimento di costituzione per riferirsi finalmente al luogo della sede statutaria prevedendo che i passaggi da un

Gründungsrecht für beachtlich[553], nicht zuletzt deshalb, weil er zur Ermöglichung einer "wirksamen" Sitzverlegung auf die Mitwirkung der ausländischen Rechtsordnung angewiesen ist, die die Eintragung am neuen Satzungssitz zulassen (und durchführen) muß. Unter Zugrundelegung der strengen Inkorporationstheorie, die unabhängig davon, wo sich Satzungssitz, Verwaltungssitz oder Hauptgeschäftsgegenstand befänden, die fortziehende Gesellschaft nur italienischem Recht unterstellte, wäre Art. 25 Abs. 3 IPRG als "Scheinerklärung" entlarvt, weil etwas tatsächlich undurchführbares ausdrücklich erlaubt würde.

(2) "Geschichte" des Artikel 25 IPRG

Auch in der Verabschiedungsgeschichte des Art. 25 IPRG finden sich Anhaltspunkte dafür, daß Art. 25 Abs. 1 Satz 1 IPRG nicht als Ausdruck der strengen Inkorporationstheorie, sondern der Satzungssitz- oder auch Organisationstheorie verfaßt worden ist.

Die Kollisionsnorm in Art. 25 Abs. 1 IPRG wurde, wie bereits dargestellt[554], erst im letzten Moment und trotz der vorangegangenen langjährigen Diskussion um den Kommissionsentwurf von 1989 von Sitztheorie auf Gründungstheorie "umformuliert". Die Absätze 2 und 3 ließ der Gesetzgeber dabei allerdings völlig unangetastet; sie wurden bei der Erörterung der Neugestaltung der Kollisionsnorm sogar nicht einmal erwähnt. Man hat sich in der Kürze der Bedenkzeit für die Neufassung des Abs. 1 nicht die Frage gestellt, welche anderen kollisions- und damit auch sachrechtlichen Folgen die Verlegung des Satzungssitzes hat, wenn man die lex societatis statt an den Sitz an den Gründungsort anknüpft.

Nach dem Kommissions- und auch dem ursprünglichen Regierungsentwurf hätte die Verlegung des Satzungssitzes einen Statutenwechsel zur Folge gehabt. Das anwendbare Recht sollte *prima facie* an den Satzungssitz angeknüpft werden, an welchem der tatsächliche Sitz vermutet wurde. Wenn die Gesellschaft den Beweis, daß ihr Verwaltungssitz noch in Italien lag, nicht führte, wechselte mit dem Ort des Satzungssitzes auch das Gesellschaftsstatut[555]. Reste der Satzungssitztheorie finden sich auch in Abs. 3: Art. 25 Abs. 3 IPRG erklärt für eine grenzüberschreitenden Sitzverlegung und Fusion die Staaten für "beteiligt", in denen die Gesellschaften ihren *Sitz* haben, was als

ordinamento ad un altro debbano avvenire nel rispetto delle leggi di tutti il Paesi interessati".

553 Vgl. die Begründung der IPR- Kommission (Riv.dir.int. 1990, 757), die davon ausgeht, daß die Beachtung der ausländischen Rechtsordnung notwendig sei für die Wirksamkeit der entsprechenden Transaktion; das italienische Recht sei nur "außerdem" zu beachten.

554 Vgl. oben S. 127.

555 *Azzolini* (oben Fn. 7), S. 903, 904; *Broggini* (oben Fn. 24), S. 67; *Daniele* (oben Fn. 76), S. 1243. Der Kommissionsentwurf wurde aus diesem Grunde überwiegend als Ausdruck der *Satzungs*sitztheorie interpretiert.

Bekenntnis zur Satzungssitztheorie interpretiert wird[556]. Der Kommissionsentwurf wurde nicht zuletzt aus diesem Grunde allgemein als "durchdacht" gelobt[557].

Daß der Gesetzgeber die kollisionsrechtlichen Folgen der Verlegung des Satzungssitzes mit der Neuformulierung des Art. 25 Abs. 1 IPRG hat ändern wollen, ist nirgendwo zum Ausdruck gekommen; man geht und ging vielmehr davon aus, die Norm sollte "nicht auf den Kopf gestellt, sondern nur simplifiziert werden, ohne daß ihr Inhalt geändert werden sollte"[558]. Auch innerhalb der Gremien des Gesetzgebers war man der Ansicht, die Substanz der Vorschrift werde nicht geändert[559]. Die Veränderung der kollisionsrechtlichen Folgen einer Verlegung des Satzungssitzes ins Ausland nach Abs. 3 scheint dem Gesetzgeber also buchstäblich "unterlaufen" zu sein, ohne daß dahinter eine erkennbare Absicht steckte[560].

(3) Stellungnahme

Dem Plädoyer der herrschenden Lehre für die Organisationstheorie ist argumentativ nur der Wortlaut des Art. 25 Abs. 1 Satz 1 IPRG entgegenzuhalten, der allerdings, wenn man die Stellungnahmen des Gesetzgebers untersucht[561], wohl doch nicht so streng auf die Gründungstheorie abstellt, wie er formuliert ist. Vieles spricht statt dessen dafür, daß man sich am schweizer Vorbild orientieren wollte: Art. 25 IPRG trägt deutlich die Handschrift des schweizer Gesetzgebers, beispielsweise in Art. 25 Abs. 2 IPRG, der fast wörtlich die Formulierung des Art. 155 des schweizer IPRG von 1987 aufnimmt. Die Regelungen des schweizer IPRG haben auch von Anfang an die Arbeit der Expertenkommission beeinflußt, so daß teilweise die Ansicht vertreten wird, mit Art. 25 IPRG habe der italienische Gesetzgeber eine dem Art. 154 Abs. 1 des schweizer IPRG[562] entsprechende Regelung geschaffen[563].

---

556 ".. le fusioni di società *con sede in Stati diversi* hanno efficacia soltanto se posti in essere conformemente alle leggi di *detti Stati* interessati" (Hervorh.v.Verf.). Vgl. auch *Benedettelli* (oben Fn. 3), S. 98, 99.

557 Vgl. z.B. *Daniele* (oben Fn. 76), S. 1243.

558 *Broggini* (oben Fn. 24), S. 67. Vgl. auch oben S. 127f.

559 Vgl. Relatore Riz vor der 2. Kommission, Seduta 17 maggio 1995, Doss.Provv. C.D., n.118/2, XII legislatura, S. 239.

560 Vgl. auch die Kritik von *Angelici* (Quaderni della Riv.trim.dir.proc.civ. 1996, 111, 115), der die Lösung des Gesetzgebers, wenn auch nicht als völlig absurd, so doch als ohne jede Rationlität kritisiert.

561 Vgl. die Zitate aus den parlamentarischen Debatten oben S. 127.

562 Art. 154 Abs. 1 des schweizerischen IPRG lautet: "Gesellschaften unterstehen dem Recht des Staates, nach dessen Vorschriften sie organisiert sind, wenn sie die darin vorgeschriebenen Publizitäts- und Registrierungsvorschriften dieses Rechtes erfüllen oder, falls solche Vorschriften nicht bestehen, wenn sie sich nach dem Recht dieses Staates organisiert haben".

In allererster Linie spricht jedoch für die herrschende Lehre, daß nur auf der Basis der Satzungssitz- bzw. Organisationstheorie die nach Art. 25 Abs. 3 IPRG erwünschte Verlegung des Satzungssitzes praktikabel ist, weil der Satzungssitz - zumindest in den nationalen Rechtsordnungen der europäischen Mitgliedstaaten - eine entscheidende Rolle spielt für die Anwendung der gesellschaftsrechtlichen Vorschriften durch die Gerichte[564]. Es erweist sich als falsch und wird von der herrschenden Literatur nur mit einigem Interpretationsaufwand überwunden, die sachrechtlichen Notwendigkeiten nicht in die kollisionsrechtlichen Überlegungen einfließen zu lassen.

dd. Die Bedeutung des Verbleibes des Verwaltungssitzes - Art. 25 Abs. 1 Satz 2 IPRG

Während unter Geltung der Artt. 2505, 2509 c.c. der Verwaltungssitz und der Geschäftsschwerpunkt nur für "im Ausland gegründete Gesellschaften" eine Rolle spielten, trifft Art. 25 Abs. 1 Satz 2 IPRG diese Unterscheidung nicht: Italienisches Recht ist immer dann anwendbar, wenn die Verwaltung oder der Hauptgeschäftsgegenstand in Italien liegen. Der Schutz der Sitztheorie, daß bei "realem" Vorhandensein der Gesellschaft in Italien auch italienisches Recht beachtet werden muß, gilt nach Art. 25 Abs. 1 Satz 2 IPRG nunmehr unabhängig davon, wo die Gesellschaft gegründet worden ist. Auch in Italien gegründete Gesellschaften unterliegen daher nur solange italienischem Recht, wie ihr Satzungs- und Verwaltungssitz und ihr Hauptgeschäftsgegenstand in Italien liegen, weil eben gerade nicht auf den historischen Gründungsort abgestellt wird. Für wegzugswillige Gesellschaften bedeutet dies, daß sie ihren Satzungssitz nicht *vor* dem Verwaltungssitz aus Italien herausverlegen oder gar die Verwaltung weiterhin von Italien aus vornehmen können, weil sie weiterhin in Italien eingetragen sein müßten; nur bei einer vollständigen Verlegung der Gesellschaft wechselt das Gesellschaftsstatut[565].

ee. Die Reaktion des Zuzugsstaates - *rinvio*

Das Gesellschaftsstatut wechselt bei einer Sitzverlegung ins Ausland nur dann, wenn der Zuzugsstaat die Gesellschaft seinen eigenen Regeln unterwirft[566]. Der Statutenwechsel steht damit unter dem Vorbehalt, daß nicht das ausländische

---

563 *Broggini* (oben Fn. 107), S. 31: "Le terme 'constitution' a été préféré par le législateur italien à celui d' 'organistion', voulu par le législateur suisse. La différence terminologique ne doit pas nous tromper: la solution matérielle est la même". Ebenso *Angelici* (oben Fn. 104), S. 127.

564 *Luzzatto/Azzolini* (oben Fn. 74), S. 153.

565 *Ballarino*, Dir.int.priv. (3.A.), S. 373; *Santa Maria* (oben Fn. 75), S. 482; *Santus* (oben Fn. 117), S. 860.

566 *Fimmanò* (oben Fn. 75), S. 577. Diese Ansicht war bereits unter Geltung der alten Rechtslage vorherrschend, vgl. z.B. *Ballarino* (oben Fn. 42), S. 105, 106. Unter Geltung der alten Rechtslage ergab sich die Beachtung des IPR des Zuzugsstaates aus der von vielen Autoren zugrundegelgten "Selbstanknüpfung" des anwendbaren Rechtes in Ermangelung einer bilateralen Kollisionsnorm (vgl. oben S.120f).

Recht auf italienisches zurückverweist. Diese Rechtsfolge wird in der Literatur selten unter ausdrücklichem Rückgriff auf den *renvoi* hergeleitet, nicht zuletzt wohl deshalb, weil die ausdrückliche Regelung des *renvoi* eine Neuerung des reformierten IPR ist[567]. Man spricht daher meist davon, daß der Statutenwechsel von der "Verleihung der eigenen *nazionalità*" durch den Staat ad quem abhängig sei[568]. Bei einer Satzungssitzverlegung ins Ausland kommt eine Rückverweisung auf italienisches Recht allerdings nur dann in Frage, wenn das Recht des Zuzugsstaates weder den Verwaltungs- noch den Satzungssitz als eigene Anknüpfungskriterien verwendet, praktisch also nur in dem Fall des Umzuges in ein Land, dessen Rechtsordnung der strengen Gründungstheorie folgt und daher weiterhin auf italienisches Recht abstellen würde, wenn es sich um eine in Italien gegründete Gesellschaft handelt[569].

ff. Die Anwendung der Vorschriften des *ordine pubblico*: Artt. 16 und 17 IPRG

Trotz des Statutenwechsels verzichtet das italienische Recht nicht vollständig auf die Anwendung seiner Rechtsnormen, sondern unterstellt die weggezogene Gesellschaft weiterhin den Vorschriften des *ordre public* (Art. 16 IPRG) bzw. den "notwendigerweise anzuwendenden Vorschriften" (Art. 17 IPRG), sofern sie in Italien tätig bleibt. Als *norme di applicazione neccessaria* gemäß Art. 17 IPRG bleiben beispielsweise die Vorschriften über den Schutz des Wettbewerbs, etwa die Fusionskontrolle, die Vorschriften über den Börsenhandel und über andere Arten der Übertragung von Beteiligungen an Gesellschaften, über öffentliche Übernahmeangebote etc. anwendbar[570]. Grundsätzlich werden die ausländischen Vorschriften damit aber nur "überlagert"[571]; ausgeschlossen und durch italienische Vorschriften ersetzt werden sie im Extremfall nur dann, wenn sie gemäß Art. 16 IPRG gegen den *ordre public* verstoßen[572].

gg. Zwischenergebnis

Art. 25 Abs. 1 Satz 1 IPRG folgt der Organisations- bzw. Satzungssitztheorie. Das bedeutet, daß das auf eine Gesellschaft anwendbare Recht wechselt, wenn "die Gesellschaft", d.h. ihr Satzungssitz sowie ihr Verwaltungssitz und Hauptgeschäftsgegenstand, ins Ausland verlegt werden und sie sich italienischem Recht unterstellt. Zu welchem Zeitpunkt das Statut wechselt, wird sich aus der folgenden Analyse der gesellschaftsrechtlichen Folgen der Satzungssitzverlegung ergeben.

---

567 *Benedettelli* (oben Fn. 3), S. 71ff; *Capelli* (oben Fn. 68), S. 189; *Pocar*, IPRax 1997, 145, 151.

568 Statt vieler: *Ballarino*, Dir.int.priv. (2.A.), S. 357; *Santus* (oben Fn. 117), S. 858.

569 So im Fall des Trib. Verona (oben Fn. 436), Vita not. 1997, 931 (vgl. hierzu S. 207).

570 *Benedettelli* (oben Fn. 3), S. 93.

571 *Santa Maria* (oben Fn. 75), S. 478.

572 *Benedettelli* (oben Fn. 3), S. 95; *Broggini* (oben Fn. 24), S. 63, 64; *Picone* (oben Fn. 9), S. 124.

d. Gesellschaftsrechtliche Realisierung der Satzungssitzverlegung

Eine aus Italien wegziehende Gesellschaft muß gemäß Art. 25 Abs. 3 IPRG die Rechtsordnungen *aller* beteiligten Staaten erfüllen, wenn sie ihren Sitz wirksam verlegen will. Diese vom IPR aufgestellte Voraussetzung entspricht dem sachrechtlichen Erfordernis, daß gesellschaftsrechtlich eine Satzungssitzverlegung nur dann als durchgeführt betrachtet werden kann, wenn die Gesellschaft, erstens, weggezogen und, zweitens, am neuen Ort angekommen ist.

aa. 1. Fall: Satzungssitzverlegung führt *nicht* zu einem Statutenwechsel

Wenn italienisches Recht nach Art. 25 IPRG oder aufgrund eines *renvoi* anwendbar bleibt, ist fraglich, ob die Verlegung des Satzungssitzes durchführbar ist. Denn hierfür müßten beide beteiligte Rechtsordnungen eine Trennung zwischen anwendbarer Rechtsordnung und Belegenheit des Satzungssitzes zulassen: Erstens muß der Zuzugsstaat die Verlegung des Satzungssitzes in sein Territorium eintragen, obwohl seine Rechtsordnung *nicht* anwendbar ist, und zweitens muß Italien in der Rolle des Wegzugstaates auf den Satzungssitz im italienischen Territorium verzichten können, ohne daß die Anwendung der italienischen Sachnormen in Frage gestellt würde.

Rechtsprechung und Literatur schenken der Verknüpfung von Satzungssitz und anwendbarer Rechtsordnung wenig Beachtung. Die Stellungnahmen in der italienischen Literatur, die sich mit den sachrechtlichen Konsequenzen der (Satzungs-)Sitzverlegung ins Ausland auseinandersetzen, behandeln überwiegend nur die Frage, ob die Gesellschaft infolge der Verlegung aufgelöst werden muß[573]. Das Fehlen eines inländischen Satzungssitzes wird nur gelegentlich im Hinblick auf die Eintragung von beispielsweise Satzungsänderungen für problematisch gehalten[574]. Und auch in der oben zitierten Entscheidung zur Sitzverlegung der "Dominion Corporation" nach Kanada[575] hat sich der *Tribunale di Torino* nicht über das Ergebnis gewundert, daß italienisches Recht auf eine Gesellschaft anwendbar bleiben sollte, die mangels inländischen Satzungssitzes die Eintragungserfordernisse in Italien gar nicht erfüllen konnte[576]. Denn um mit Satzungssitz in der neuen Rechtsordnung eingetragen werden zu können, muß die Gesellschaft in aller Regel eine Rechts-

---

573 Trib. Verona (oben Fn. 436), Vita not. 1997, 931, 932 (vgl. die Darstellung der einschlägigen Entscheidungen oben S. 203ff); *Ballarino*, Dir.int.priv. (3.A.), S. 374; *Benedettelli* (oben Fn. 3), S. 98, 99; *Luzzatto/Azzolini* (oben Fn. 74), S. 153, 154; aus der deutschsprachigen Literatur *Rahm* (oben Fn. 140), S. 80, 81.

574 Z.B. *Ballarino* (oben Fn. 42), S. 111. Doch auch *Ballarino* betont lediglich, dies hätte keine Konsequenzen für den Fortbestand der juristischen Person.

575 Tribunale di Torino (oben Fn. 167), Giust.civ. 1992, I, 811 und Riv.dir.int.priv.proc. 1993, 102; zu dieser Entscheidung bereits oben S. 204.

576 Giust.civ. 1992, I, 811, 815: "La società Dominion, pur avendo la propria sede legale all'estero, ... ha trasferito la propria sede all'estero (come l'ordinamento italiano consente), ma non ha mai cessato di esistere come persona giuridica italiana".

form annehmen, die den Voraussetzungen des am neuen Satzungssitz geltenden Gesellschaftsrechts entspricht. Um diese Umwandlung zu ermöglichen, muß das italienische Recht aber seinen Anwendungsbereich begrenzen[577].

Die theoretisch bestehende Möglichkeit, den Satzungssitz aus Italien ins Ausland zu verlegen, ohne daß die lex societatis wechselt, ist im Ergebnis "theoretisch": Praktisch kann eine Gesellschaft ihren Satzungssitz nur dann wirksam ins Ausland verlegen, wenn dessen Recht anwendbar wird, und nur dann aus Italien wegverlegen, wenn das italienische Gesellschaftsrecht nicht mehr angewandt wird. Im Falle eines *renvoi* auf italienisches Recht oder bei Beibehaltung von Verwaltungssitz oder Geschäftsschwerpunkt in Italien ist die Satzungssitzverlegung daher praktisch undurchführbar[578].

bb. 2. Fall: Satzungssitzverlegung führt zu Statutenwechsel

Durchführbar ist die Verlegung des Satzungssitzes allerdings, wenn infolge der Sitzverlegung das anwendbare Gesellschaftsrecht wechselt und die Gesellschaft spätestens *mit* ihrer Eintragung am neuen Satzungssitz dem Recht dieses Staates untersteht[579]. Die praktischen Schwierigkeiten liegen hierbei darin, das Zusammenwirken der beteiligten Rechtsordnungen bis zum Abschluß der Sitzverlegung zu koordinieren und so anzuwenden, daß sie nicht zu widersprechenden Ergebnissen führen.

Das italienische Recht erklärt seine Bereitschaft, die eigenen Sachnormen auf die Sitzverlegung ins Ausland anzuwenden, in Art. 25 Abs. 3 IPRG. Diese Norm erteilt dem italienischen Recht den umfassenden Auftrag, an der Durchführung einer Sitzverlegung mitzuwirken und sie zu ermöglichen[580]. Andernfalls wäre die "abstrakte" Zulassung der Sitzverlegung sinnlos und überflüssig, weil ihre Durchführbarkeit nach wie vor von den Ergebnissen der Anwendung des nationalen Rechtes abhinge[581]. Diese Aufgabe kann das italienische Recht mangels Sondervorschriften über die internationale Sitzverlegung nur mit Hilfe seiner gesellschaftsrechtlichen Vorschriften und nur dann durchführen, wenn die für eine inneritalienische Sitzverlegung geschaffenen Vorschriften dem internationalen Sachverhalt angepaßt werden können[582]. Die größte Schwierigkeit liegt dabei in der Koordinierung der Zeitpunkte für

---

577 Kritisch daher *Santa Maria* (oben Fn. 60), S. 144 ("Il fatto che la sede statutaria ... sia fissata all'estero ... impedisce ... l'applicazione in capo alle società di tutta la normativa propria di quel dato tipo sociale").

578 So auch das Ergebnis der *Ordine dott. commercialisti* (oben Fn. 270), S. 29: "... il risultato di sottrarre una società costituita in Italia all'ordinamento giuridico italiano... Non accettando questa interpretazione potrebbe voler rappresentare una limitazione al diritto di libera circolazione di persone".

579 Zu diesem Ergebnis gelangen auch: *Ordine dott. commercialisti* (oben Fn. 270), S. 29; *Santa Maria* (oben Fn. 75), S. 482.

580 Vgl. oben S. 213.

581 *Broggini* (oben Fn. 24), S. 65.

582 Ähnlich *Benedettelli* (oben Fn. 3), S. 100, 101; *Santa Maria* (oben Fn. 75), S. 482.

die Vornahme und Wirksamkeit der zur Sitzverlegung erforderlichen gesellschaftsrechtlichen Handlungen.

(1) Voraussetzungen der Verlegung des Satzungssitzes

Das italienische Sachrecht enthält ebensowenig wie das internationale Gesellschaftsrecht Einschränkungen für die Zulässigkeit der Sitzverlegung. Unterschiedlich beurteilt wurde dies lediglich in dem Fall, daß über das Vermögen der Gesellschaft das Konkursverfahren eröffnet ist: Während der *Tribunale di Bologna*[583] eine Sitzverlegung (innerhalb Italiens) für unzulässig hielt, weil sich die Gesellschaft der einmal begründeten Kontrolle durch ein Gericht nicht entziehen können sollte, hat die höchstrichterliche Rechtsprechung festgestellt, daß die Zuständigkeit der italienischen Gerichtsbarkeit für das Konkursverfahren durch eine Sitzverlegung ins Ausland nicht berührt werde[584]. Trotz Verlegung des Satzungssitzes bleibt auch die Zuständigkeit nach Art. 2409 c.c. erhalten, solange der effektive Sitz in Italien liegt[585]. Und schließlich soll auch die begonnene Durchführung des Liquidationsverfahrens - anders als bei der Verschmelzung[586] - der Sitzverlegung nicht entgegenstehen[587].

(2) Beschluß über die Satzungssitzverlegung

Für die Verlegung des Satzungssitzes ins Ausland ist eine Änderung der Satzung erforderlich. Hierfür gelten die Artt. 2436ff c.c. i.V.m. den Vorschriften über die außerordentliche Gesellschafterversammlung, Artt. 2365ff c.c.

(a) Form und Veröffentlichung des Verlegungsbeschlusses

Satzungsänderungen müssen gemäß Art. 2365 c.c. in einer außerordentlichen Gesellschafterversammlung beschlossen werden[588] und zwar gemäß Art. 2368

---

583 20 aprile 1995, Le società 1995, 1233.

584 Corte di Cass., 11 novembre 1994, n. 9417, Riv.dir.int.priv.proc. 1994, 352. Zu Art. 2409 c.c. vgl. bereits die Nachweise oben S. 11-14.

585 Vgl. zur Zuständigkeit des Gerichtes nach Art. 2409 c.c. die Nachweise oben S. 11-14. Gegen die Zulässigkeit der Sitzverlegung bei einem Verfahren nach Art. 2409 c.c. aber dennoch Trib. Rieti, 18 febbraio 1985, Foro it. 1985, I, 1780.

586 Vgl. hierzu unten S. 286f.

587 Trib. Udine, 19 luglio 1985, Le società 1985, 1312; Trib. Milano, 4 gennaio 1984, Le società 1084, 1021. Gelegentlich hat die Rechtsprechung betont, die Begründung eines "Liquidationssitzes" neben dem verlegten Satzungssitz sei unzulässig (Trib. Milano, 8 luglio 1983, Le società 1984, 7). Dahingegen hält der Tribunale di Cassino (8 aprile 1992, Foro it. 1993, I, 1688) die Sitzverlegung bei bereits begonnener Liquidation für unzulässig.

588 Diese Zuständigkeit kann nicht auf die ordentliche Gesellschafterversammlung übertragen werden (Trib. Torino, 11 settembre 1990, Le società 1991, 73).

Abs. 2 c.c. mit Zustimmung von mindestens der Hälfte des Grundkapitals[589]. Sofern Beschlußgegenstand eine Sitzverlegung ins Ausland ist, bleibt gemäß Art. 2369 Abs. 4 c.c. das Mehrheitserfordernis von mindestens der Hälfte des Grundkapitals auch in der zweiten Einberufung einer zuvor beschlußunfähigen Gesellschafterversammlung bestehen[590].

Der Beschluß über die Satzungssitzverlegung muß - wie jede andere Satzungsänderung - nach Art. 2375 c.c. notariell protokolliert und gemäß Art. 2436 c.c. nach den Vorschriften des Art. 2411 Abs. 1-3 c.c. von den Geschäftsführern oder dem Notar innerhalb von 30 Tagen beim Handelsregister hinterlegt und zur Eintragung angemeldet werden. Nach der ständigen Praxis der Registergerichte wird die Sitzverlegung zunächst am *alten* Satzungssitz und erst danach am *neuen* Sitz eingetragen[591]. Das italienische Recht nimmt damit in Kauf, daß die Gesellschaft zwischenzeitlich in keinem Register eingetragen ist, was aber - anders als im deutschen Recht - nicht für problematisch gehalten wird[592], weil aus dem Handelsregister des Wegzugsortes ersichtlich ist, wo sich die Gesellschaft in Zukunft befinden soll und dem Schutz des Rechtsverkehrs durch Art. 2457-ter c.c. und Art. 46 c.c. Genüge getan wird[593]. Bleibt das

---

589 Für börsennotierte s.p.a. gelten seit der Reform des Aktienrechtes durch d.lgs. 24 febbraio 1998, n.58, Sonderreglungen, u.a. nach Art. 126 Abs. 4 d.lgs.58/1998, wonach für Beschlüsse der außerordentlichen Gesellschafterversammlung in der ersten, zweiten und dritten Einberufung stets eine Mehrheit von mindestens zwei Dritteln des anwesenden Grundkapitals erforderlich ist. Die bis dahin geltende Sonderregelung des Art. 2369-bis c.c., der für den Beschluß der Sitzverlegung ins Ausland auf Art. 2369 Abs. 4 c.c. verwies, ist durch Art. 214 Abs. 1 lit.n d.lgs. 58/1998 aufgehoben worden.

590 Die außerordentliche Versammlung ist gemäß Art. 2368 Abs. 1 c.c. beschlußfähig, wenn die anwesenden Aktionäre mehr als die Hälfte des Grundkapitals vertreten. Wenn dies nicht der Fall ist, muß gemäß Art. 2369 Abs. 1 c.c. eine neue Gesellschafterversammlung einberufen werden, in welcher für Satzungsänderungen - mit Ausnahme der in Abs. 4 der Norm aufgeführten Beschlußgegenstände - vorbehaltlich abweichender Satzungsbestimmungen eine Kapitalmehrheit von einem Drittel genügt Art. 2369 Abs. 3 c.c.). Für börsennotierte s.p.a. vgl. soeben Fn. 589.

591 Trib. Cassino, 10 aprile 1992, Dir.fallim. 1992, II, 1050; aus der Literatur: *Maisano*, Giur. comm. 1983, II, 546, 551 (mit der Begründung, daß andernfalls die Gefahr bestünde, daß die Gesellschaft an zwei Orten eingetragen sei).

Vor der Abschaffung des registergerichtlichen Kontrollverfahrens (*omologazione*) durch Art. 32 der l. 24 novembre 2000, n. 340 (vgl. hierzu bereits oben S. 155) wurde die Rechtmäßigkeit des Beschlusses auch nur durch das Registergericht am Ort des alten Satzungssitzes überprüft (zur Zuständigkeit des Gerichtes am alten Satzungssitz vgl. die Nachweise Fn. 616). Nunmehr obliegt diese Aufgabe dem Notar, der den Sitzverlegungsbeschluß beurkundet.

592 Vgl. statt vieler *De Marchi*, Riv.not. 1997, 685, 714. Eine praktische Erleichterung ist ferner die seit der Neuordnung des Handelsregisters 1993 bzw. 1995 bestehende Möglichkeit, die Daten des Registers per Computer abzurufen.

593 Nach Art. 2457-ter c.c. kann Dritten eine eintragungspflichtige Tatsache wie z.B. die Sitzverlegung erst nach ihrer Veröffentlichung entgegengehalten werden; Art. 46 c.c. erklärt zum Schutz Dritter die Gesellschaft für nach wie vor an ihrem (Verwaltungs-)Sitz

Problem, daß vor der Eintragung am neuen Sitz keine andere Eintragung, etwa die einer weiteren Satzungsänderung, vorgenommen werden kann[594].

Nach erfolgter Eintragung müssen der Beschluß über die Satzungsänderung und die ursprüngliche vollständige Fassung der geänderten Satzungsbestimmung nach Art. 2436 c.c. im BUSARL (*Bollettino ufficiale delle s.p.a. e s.r.l.*) veröffentlicht werden[595]; börsennotierte Gesellschaften müssen darüber hinaus nach Art. 4 l. 7 luglio 1974, n. 216, die Änderungen ihrer Satzung der CONSOB (*Commissione nazionale per le società e la borsa*) mitteilen[596].

(b) Wirksamkeit der Verlegung des Satzungssitzes

Wann Satzungsänderungen rechtlich *wirksam* werden, ist weder dem Gesetz noch der gerichtlichen Praxis in Italien eindeutig zu entnehmen und ist dementsprechend umstritten. Der Spezialfall der Änderung des Satzungssitzes bildet hiervon keine Ausnahme. Für die Sitzverlegung ins Ausland ist die Wirksamkeit des Verlegungsbeschlusses jedoch von einiger Bedeutung, denn dies markiert den Eintritt des Statutenwechsels.

Die Unklarheit über den Zeitpunkt der Wirksamkeit von Satzungsänderungen hat ihren Grund darin, daß Art. 2436 c.c. zwar auf Art. 2411 c.c. verweist aber lediglich auf dessen Abs. 1 - 3[597]; gerade Art. 2411 Abs. 4 c.c., wonach der Beschluß der Gesellschafter erst nach seiner Eintragung durchgeführt werden kann[598], gilt für die übrigen Satzungsänderungen nach Art. 2436 c.c. nicht. Dem entnimmt die herrschende Meinung, daß satzungsändernde Beschlüsse - von den gesetzlich festgelegten Ausnahmen abgesehen[599] - bereits *vor* ihrer Eintragung wirksam, d.h. durchführbar sind[600]. Unterstützt wird diese Ansicht dadurch, daß die Gesellschafter gemäß Art. 2377 Abs. 1 c.c. unmittelbar nach Beschlußfassung "an die in Übereinstimmung mit dem Gesetz gefaßten

für erreichbar, was für den Gerichtsstand und Zustellungen an die Gesellschaft von Bedeutung ist; vgl. hierzu bereits oben S. 9f.

594 Kritisch deswegen *Maisano* (oben Fn. 591), S. 551.

595 Die Mitteilung an den BUSARL nimmt bei Satzungsänderungen nach Art. 2436 c.c. das *ufficio del registro delle imprese* vor (Art. 21 Abs. 6 D.P.R. 7 dicembre 1995, n. 581), bei anderen Beschlüssen nur dann, wenn ein entsprechender Antrag gemäß Art. 20 D.P.R. 581/95 gestellt worden ist.

596 Vgl. hierzu *Merz*, Manuale, S. 604.

597 *De Marchi* (oben Fn. 592), S. 688f.

598 Art. 2411 Abs. 4 c.c. lautet: "La deliberazione non può essere eseguita se non dopo l'iscrizione."

599 Eine Art. 2411 c.c. entsprechende Bestimmung trifft z.B. Art. 2444 (Kapitalerhöhung).

600 Corte di Cass., 12 giugno 1996, n. 5416, Foro it. 1996, I, 3093, 3094 (zur Sitzverlegung); Trib. Milano, 6 febbraio 1975, Riv.not. 1976, 572 (zur Änderung des Unternehmensgegenstandes); ebenso: *De Marchi* (oben Fn. 592), S. 712f; *Frè*, Commentario Art. 2436, S. 750. Kritisch: *Angelici*, Giur.comm. 1994, I, 621, 622.

Beschlüsse" gebunden sind[601] und gemäß Art. 2437 c.c. bereits nach der Beschlußfassung ihren Austritt aus der Gesellschaft erklären können[602].

An anderer Stelle jedoch legt das Gesetz scheinbar das Gegenteil fest: Gemäß Art. 2457-ter c.c. können Beschlüsse, für die die Veröffentlichung vorgeschrieben ist (also z.B. gemäß Art. 2436 Abs. 2 c.c. alle Satzungsänderungen), Dritten erst nach ihrer Veröffentlichung entgegengehalten werden, sofern diese den Inhalt des Beschlusses nicht kannten[603]. Diese Wirkung tritt nach Art. 29 der l. 7 agosto 1997, n. 266, für die Zeit nach dem 1. Oktober 1997 nicht nur mit der vorgesehenen Veröffentlichung im BUSARL, sondern bereits mit Eintragung ins Handelsregister ein[604].

(aa) Wirksamkeit der Satzungsänderung mit dem *decreto di omologazione*

Nach einer neueren Ansicht in Rechtsprechung und Literatur, der auch der Gesetzgeber nahegestanden hat, sollte die gerichtliche Rechtmäßigkeitskontrolle (*omologazione*) die ausschlaggebende Bedeutung für die Wirksamkeit des Satzungsänderungsbeschlusses haben[605]. Diese Ansicht soll hier widergegeben werden, obwohl die gerichtliche *omologazione* durch Art. 32 der l. 24 novembre 2000, n. 340 formell abgeschafft und durch eine

---

601 Diese interne Bindung entspricht etwa der im deutschen Recht bekannten "Vorwirkung" der HV-Beschlüsse (*Angelici* (oben Fn. 600), S. 628). Sie besteht nicht bei den nach Art. 2379 c.c. nichtigen Beschlüsse, deren Gegenstand gesetzeswidrig oder unmöglich ist.

602 *De Marchi* (oben Fn. 592), S. 701, 702. Zu Art. 2437 c.c. und dem Austrittsrecht im Falle der Sitzverlegung ins Ausland vgl. oben S. 200f.

603 Die Tatsache, daß das Gesetz selbst die satzungsändernden Beschlüsse zwar für (intern) bindend, aber im Außenverhältnis für unwirksam erklärt, hat *Angelici* ((oben Fn. 600), S.629) als "Dissonanz des Gesetzes" bezeichnet und vorgeschlagen, die Harmonie wieder herzustellen mittels der Unterscheidung von zwei Formen der Wirksamkeit, nämlich der internen Bindung (*valore organizzativa*, die zur "Gültigkeit" (*validità*) des Beschlusses führt) und der äußeren (eigentlichen) Wirksamkeit (*efficacia*). Die äußere, die tatsächliche Wirksamkeit des Beschlusses tritt seiner Ansicht nach erst mit der Veröffentlichung ein; bis dahin existiert zwar der *Beschluß*, nicht aber sein Inhalt. Dieser Interpretation entspricht die Vorgängernorm über die Publizität von satzungändernden Beschlüssen, Art. 100 cod.comm., der die Eintragung der Beschlüsse als Voraussetzung für ihre Wirksamkeit ansah.

604 Art. 29 Abs. 1 der l. 7 agosto 1997, n. 266, lautet: "A decorrere dal 1° ottobre 1997, l'obbligo di pubblicazione degli atti e dei fatti per i quali la legge prevede la pubblicazione nel Bollettino ufficiale delle società per azione e a responsabilità limitata o nel Bollettino delle società cooperative, è assolto con l'iscrizione o il deposito nel registro delle imprese. Gli effetti della pubblicazione di cui all'Art. 2457-ter c.c. del codice civile decorrono dalla data di iscrizione o di deposito nel registro delle imprese".

605 Vgl. Relazione al Cod.civ. n. 992: "l'efficacia delle deliberazioni modificative resta ... in ogni caso subordinata sia di fronte ai soci sia di fronte ai terzi all'omologazione giudiziaria". Ebenso: Corte di Cass., 29 agosto 1995, n. 9066, Foro it. 1996, I, 3094. Vgl. auch *Morera*, Modificazioni, S. 269. Die Formulierung der gesetzlichen Regelungen hat diesen Ansatz jedoch nicht verwirklicht.

notarielle Kontrolle ersetzt worden ist[606]. Diese Ansicht argumentiert damit, daß die gerichtliche Überprüfung keinen Sinne mehr hätte, wenn der Beschluß bereits vorher wirksam wäre und die Geschäftsführer auf seiner Grundlage "Fakten schaffen" könnten[607]. Welche konkreten Wirkungen der *omologazione* zuzuschreiben sein sollten, ist aber auch unter den Befürwortern dieser These streitig[608]. Nach einer Auffassung sollte die *omologazione* wie eine aufschiebende Bedingung wirken, so daß der Beschluß vor der gerichtlichen Bestätigung der Rechtmäßigkeit als nicht existent angesehen werde, die *omologazione* mit anderen Worten konstitutive Wirkung habe[609]. Insbesondere in den Fällen, in denen ein Gesellschafter seinen Austritt erklärt hat[610], sollte er nach dieser Ansicht an seine Erklärung nicht gebunden sein, wenn das Gericht die *omologazione* verweigerte, weil es in diesen Fällen unbillig sei, den Beschluß bereits vor der *omologazione* als wirksam anzusehen[611]. Dahingegen hält eine andere Auffassung die *omologazione* für eine auflösende Bedingung, so daß der Beschluß zwar unmittelbar wirksam sei[612], bei Verweigerung der Eintragungsverfügung aber unwirksam würde, wobei keine Einigkeit darüber besteht, ob die Unwirksamkeit *ex nunc* oder *ex tunc* gelten soll[613]. Grundsätzlich gegen das Abstellen auf die *omologazione* argumentiert allerdings ein Teil der Literatur, daß weder die Eintragungsverfügung noch ihre Ablehnung veröffentlicht würden und dem Rechtsverkehr somit nicht zugänglich seien[614].

Für die Satzungssitzverlegung hat der Streit einige Randkorrekturen in Spezialfragen erfahren, über die hinaus man die Klärung der Frage, welches denn nun "der Sitz" der Gesellschaft sei, nicht für interessant hält. Unstreitig ist beispielsweise, daß unwissende Dritte vor der Veröffentlichung nach Art. 2457-

---

606 Siehe hierzu oben S. 155.

607 *Marasà* (oben Fn. 272), S. 56 u. 58.

608 Vgl. zu diesem Streit die ausführlichen Analysen von *Nazzicone*, Foro it. 1996, 3094. Ebenso: *Frè*, Commentario Art.2436, S. 753; *Marasà* (oben Fn. 272), S. 57; *Morera* (oben Fn. 605), S. 268ff.

609 Corte d'App. Milano, 14 gennaio 1992, Giur.it. 1993, I, 2, 348 (zur Sitzverlegung); aus der Literatur: *Ferri* (oben Fn. 252), S. 908ff; *Maisano* (oben Fn. 591), S. 546; *Marasà* (oben Fn. 272), S. 55, 58; *Nazzicone* (oben Fn. 608), S. 3102; ähnlich *Angelici* (oben Fn. 600), S. 628. Vgl. auch die weiteren Nachweise bei *Nazzicone* (oben Fn. 608), S. 3098, Fn. 17.

610 Vgl. zum Austrittsrecht nach Art. 2437 c.c. oben S. 200ff.

611 So: *Marasà* (oben Fn. 272), S. 55, 58; *Tronti*, Giur.merito 1996, I, 601, 608, 609. Nach anderer Ansicht spricht das Bestehen des Austrittsrechtes gerade für die sofortige Wirksamkeit des Beschlusses, weil sonst der Gesellschafter aufgrund eines unwirksamen Beschlusses austräte (Trib. Milano (oben Fn. 600), Riv.not. 1976, 572; ebenso *Sapuppo*, Le società 1997, 164, 176). Vgl. hierzu ausführlich *Presti* (oben Fn. 475), S. 117.

612 Vgl. *Pavone La Rosa*, Il registro, S. 382; *Salafia*, Le società 1996, 167.

613 Corte di Cass. (oben Fn. 600), Foro it. 1996, I, 3093 (Unwirksamkeit ex tunc). Dagegen: *Sapuppo* (oben Fn. 611), S. 168 (Unwirksamkeit ex nunc). Vgl. auch die umfangreichen Rechtsprechungsnachweise bei *Nazzicone* (oben Fn. 608), S. 3096, Fn. 12.

614 *De Marchi* (oben Fn. 592), S. 711; *Nazzicone* (oben Fn. 608), S. 3098.

ter c.c., d.h. vor der Eintragung im Handelsregister, den alten Sitz als "den" Sitz ansehen können[615]. Auch war allein das Gericht des alten Satzungssitzes für die *omologazione* des Verlegungsbeschlusses zuständig[616]. Dieser Schutz wird erweitert durch Art. 46 c.c., der dazu führt, daß der Rechtsverkehr - für Mitteilungen, gerichtliche Ladungen (Art. 145 c.p.c.) etc. - ohnehin den effektiven (Verwaltungs-)Sitz für "den Sitz" der Gesellschaft halten darf[617]. Und trotz der internen Bindung der Gesellschafter nach Art. 2377 c.c. ist vor der *omologazione* weiterhin der alte Sitz Versammlungsort der Gesellschafter[618].

(bb) Die Bedeutung der Eintragung für die Wirksamkeit der Sitzverlegung

Die Eintragung der Satzungssitzverlegung hält die ganz herrschende Meinung für lediglich deklaratorisch, auch wenn die Tatsache der Sitzverlegung Dritten nicht entgegengehalten werden kann[619]. Vor der formellen Abschaffung der *omologazione* mit Art. 32 der l. 24 novembre 2000, n. 340, hielt die herrschende Ansicht die Sitzverlegung mit der *omologazione* durch das Registergericht für wirksam[620].

---

615 Corte d'App. Milano (oben Fn. 609), Foro it. 1993, I, 2, 348, 350.

616 Vgl. z.B. Corte d'App. Milano (oben Fn. 609), Giur.it. 1993, I, 2, 348; Trib. Napoli, 17 gennaio 1996 e Corte d'App. Napoli, 6 marzo 1996, Le società 1996, 683; Trib. Cassino (oben Fn. 591), Dir.fallim 1992, II, 1050; Trib. Ascoli Piceno, 10 gennaio 1982, Dir.fallim 1982, II, 764; Trib. Palermo, 30 novembre 1982, Giur.comm. 1983, II, 546, 548; Trib. Vasto, 16 dicembre 1975, Giur.comm. 1977, II, 392. Aus der Literatur: *Angelici* (oben Fn. 600), S. 634, 635; *De Marchi* (oben Fn. 592), S. 712. Zur Begründung wird vorgetragen, daß bis zur *omologazione* der Beschluß der Sitzverlegung noch nicht wirksam sei, so daß auch der Sitz unverändert bleibe (*Maisano* (oben Fn. 591), S. 550; *Nazzicone* (oben Fn. 608), S. 3100).

617 Vgl. oben S. 11f.

618 Trib. Milano (oben Fn. 609), Giur.it. 1992, I, 2, 348 (zur Einberufung der Gesellschafterversammlung, die sowohl am alten wie am neuen Sitz stattgefunden hatte); *Nazzicone* (oben Fn. 608), S. 3101.

619 *De Marchi* (oben Fn. 592), S. 712.

620 Corte di Cass., 14 novembre 1959, n. 3377, Giust.civ. 1960, I, 18; Trib. Milano, 26 aprile 1990, Le società 1990, 1328; Trib. Milano (oben Fn. 600), Riv.not. 1976, 572. Aus der Lit.: *Angelici* (oben Fn. 600), S. 623; *De Marchi* (oben Fn. 592), S. 712; *Frè*, Commentario Art. 2436, S. 750; *Maisano* (oben Fn. 591), S. 547; *Marasà* (oben Fn. 272), S. 56 u. 61 (Fn. 96); anderer Ansicht nur *Ramondelli* (oben Fn. 7), S. 1401 (vgl. hierzu unten Fn. 621). Woran die herrschende Ansicht die Wirksamkeit seit Abschaffung der *omologazione* festmachen will, ist, soweit ersichtlich, noch nicht diskutiert worden.

Im Gegensatz zur Vorgängernorm Art. 100 Cod.comm. hängt nach den Vorschriften des Codice civile die Wirksamkeit aber nur in Ausnahmefällen von der Eintragung ab, beispielsweise bei der Kapitalherabsetzung (Art. 2445 Abs. 3 c.c.) oder der Ausgabe von Obbligationen (Art. 2411 Abs. 4 c.c.). Gleiches gilt für die Wirksamkeit des Formwechsels (Art. 2498 Abs. 3 c.c.) oder die Fusion (Art. 2504-bis Abs. 2 Satz 1 c.c.).

Soweit ersichtlich, hat lediglich *Ramondelli* dieses Ergebnis für den speziellen Fall der Verlegung des Satzungssitzes *ins Ausland* in Frage gestellt[621]. Er hält, erstens, die Eintragung der Sitzverlegung im Handelsregister für das entscheidende Moment für die Wirksamkeit der Satzungssitzverlegung. Und zweitens geht er - entgegen der stets geübten Praxis - davon aus, daß der Beschluß der Sitzverlegung zuerst am *neuen* und danach am *alten* Satzungssitz einzutragen sei[622]. Seine Ansicht verdient im Ergebnis den Vorzug. Für die italienische Gesellschaft bedeutete es ein hohes Risiko, wenn das italienische Recht die Sitzverlegung über die Grenze bereits mit dem *decreto di omologazione* des italienischen Gerichtes als geschehen ansähe. Denn damit würde das italienische Recht eine Sitzverlegung als durchgeführt betrachten, von der es noch gar nicht weiß, ob sie durchführbar ist, weil für den Erfolg der beschlossenen Transaktion auch die Eintragung der Gesellschaft im ausländischen Register erforderlich ist. Der Gesellschaft wird erst mit ihrer Eintragung am neuen Satzungssitz bestätigt, daß die Sitzverlegung mit dem dortigen Recht übereinstimmt. Das italienische Recht darf also nicht bereits Fakten schaffen, bevor sich die Gesellschaft des erstrebten Erfolges sicher sein kann. In Anbetracht der Unsicherheit über die Akzeptanz der Sitzverlegung im Zuzugsstaat wird die Gesellschaft ihren italienischen Satzungssitz auch gar nicht aufgeben wollen, bevor die Eintragung ihres neuen Satzungssitzes erfolgt ist. So kann sie vermeiden, für einen unbestimmten Zeitraum "in der Luft" zwischen zwei Rechtsordnungen zu hängen, ohne daß sie rechtlich zugeordnet werden könnte.

(cc) Wirksamkeit der Satzungssitzverlegung nach Art. 25 Abs. 3 IPRG

Hinsichtlich des Zeitpunktes der Wirksamkeit der Sitzverlegung ins Ausland ist auch Art. 25 Abs. 3 IPRG zu berücksichtigen. Art. 25 Abs. 3 IPRG bestimmt ausdrücklich, daß "die Verlegung des statutarischen Sitzes in einen anderen Staat nur dann wirksam [ist], wenn sie mit den beteiligten Rechtsordnungen übereinstimmt[623]". Der Gesetzgeber hat damit regeln wollen, daß neben der Erfüllung der Voraussetzungen des italienischen Rechtes "die Beachtung der ausländischen Rechtsordnung notwendig [sei] für die Wirksamkeit (*efficacia*) des Beschlusses der Sitzverlegung"[624]. Nicht nur die Sitzverlegung selbst,

---

621 *Ramondelli* (oben Fn. 7), S. 1401.

622 *Ramondelli* (oben Fn. 7), S. 1414: "... b) il distacco dal primo ordinamento deve essere successivo al collegamento con il secondo, al fine di assicurare la continuità del soggetto; c) il collegamento al nuovo ordinamento dovrebbe costituire il presupposto perché possa darsi la prova nel primo ordinamento dell'avvenuto inserimento in un ambito nuovo". Zustimmend *Santus* (oben Fn. 117), S. 860, 861 in Anlehnung an das schweizerische Registerrecht.

623 Art. 25 Abs. 3 IPRG lautet: "I trasferimenti della sede statutaria in altro Stato ... hanno efficacia soltanto se posti in essere conformemente alle leggi di detti Stati interessati."

624 Begründung der Kommission, Riv.dir.int.priv.proc. 1989, 932, 959: "Si dispone perciò che l'osservanza della legge propria dello Stato estero interessato sia neccessaria per l'efficacia della delibera di trasferimento, ... altrettanto quanto il rispetto delle condizioni

sondern der Bestand des Beschlusses über die Sitzverlegung soll von der Erfüllung des ausländischen Rechtes abhängen. Ob dies der Fall ist, kann aber der italienische Registerrichter erst dann wissen, wenn das ausländische Recht die Übereinstimmung durch die entsprechende Eintragung bestätigt hat; andernfalls riskiert er, die Eintragung eines nach Art. 25 Abs. 3 IPRG unwirksamen Sitzverlegungsbeschlusses zu verfügen. Somit unterstützt auch Art. 25 Abs. 3 IPRG die Ansicht von *Ramondelli*, daß eine Sitzverlegung zuerst im Ausland und dann in Italien eingetragen werden soll und erst mit der letzten Eintragung (voll-) wirksam ist.

(c) Folgen für den Zeitpunkt des Statutenwechsels

Mit der Wirksamkeit der Satzungssitzverlegung wechselt nach der herrschenden Ansicht das anwendbare Recht[625]. Das ist nach dem soeben gefundenen Ergebnis der Fall, wenn der italienische Richter *nach* der Eintragung des neuen Sitzes im Ausland die Eintragung des nunmehr wirksamen Sitzverlegungsbeschlusses verfügt. Die Konsequenz dieser "Wirksamkeitsreihenfolge" ist gleichzeitig, daß der Statutenwechsel zu einem Zeitpunkt eintritt, in welchem die Gesellschaft bereits ihre neue ausländische Rechtsform hat, mit der sie an ihrem neuen Satzungssitz im Ausland eingetragen worden ist.

Dieses Ergebnis entspricht der sog. Organisationstheorie[626], die man auch als "Satzungssitztheorie unter Mit-Berücksichtigung der gesellschaftsrechtlichen Konsequenzen" ansehen kann. Das italienische Recht hört erst dann auf, die Gesellschaft zu regeln, wenn sie eine neue Rechtsform angenommen hat, um die Eintragung ihres neuen Satzungssitzes zu erreichen. Die Eintragung der Gesellschaft ist damit neben der Eintragung des neuen Satzungssitzes auch die (konstitutive) Eintragung des Formwechsels und der Wechsel des Rechtes, das die Gesellschaft regelt.

(3) Die Umwandlung in eine Gesellschaft ausländischen Rechtes

Für ihre Umwandlung in eine ausländische Rechtsform muß die umziehende Gesellschaft dieselben Probleme lösen wie eine nach Italien zuziehende Gesellschaft: Solange sie noch italienischem Recht untersteht, kann sie sich (in Italien) nicht wirksam eine ausländische Rechtsform geben, weil die Umwandlung in eine ausländische Gesellschaftsform nach italienischem Recht nicht rechtmäßig ist[627]. Solange sie aber noch keine ausländische Rechtsform hat, ist das italienische Recht anwendbar und ihre Eintragung im Ausland unwahrscheinlich.

---

specifiche poste dalla legge italiana"; gleichlautend die Begründung des Regierungsentwurfes, in: Gaja (Hrsg.), Studi in onore di Vitta, S. 417.

625 *Ballarino* (oben Fn. 42), S. 108; *Ordine dott. commercialisti* (oben Fn. 270), S. 29; *Santa Maria* (oben Fn. 75), S. 482.

626 Vgl. statt vieler, die diese Interpretation des Art. 25 Abs. 1 Satz 1 IPRG vorschlagen: *Broggini* (oben Fn. 24), S. 63.

627 Trib. Alessandria und Corte d'App.Torino (oben Fn. 458), N.Giur.civ.comm. 1996, 855.

Die Lösung liegt darin, daß die Umwandlung in eine ausländische Gesellschaftsform zum gleichen Zeitpunkt wirksam wird wie die Verlegung des Satzungssitzes: Die wegziehende Gesellschaft kann bereits in Italien alle erforderlichen Anpassungen in einem Umwandlungsbeschluß fassen, eingeschlossen den Beschluß über die Sitzverlegung; allerdings kann (und muß) nur der Beschluß über die Sitzverlegung in Italien eingetragen werden[628]. Für die Anpassung ihrer Satzung an ausländisches Recht muß die Gesellschaft das ausländische Recht beachten, auch hinsichtlich der Beschlußfassung, Mehrheits- und Formerfordernisse. Nur der Beschluß über die Verlegung des Sitzes muß sowohl dem ausländischen als auch dem italienischen Recht genügen.

(4) Weitere Publizitätsvorschriften in Italien: Die Anmeldung und Eintragung einer Zweigniederlassung

Eine Gesellschaft, die ihren Satzungssitz ins Ausland verlegt, wird damit in aller Regel nicht auch ihre wirtschaftliche Aktivität aus Italien herausverlegen. Der mögliche Transfer der Wirtschaftsgüter ins Ausland ist zumindest keine unmittelbare Folge der Entscheidung der Sitzverlegung, sondern eine unternehmerische Entscheidung, die sich unter Umständen an die Sitzverlegung anschließen kann[629]. Die Gesellschaft wird jedoch ein Interesse daran haben, weiterhin (als nunmehr ausländische Gesellschaft) am italienischen Markt aufzutreten. Es wird in der italienischen Literatur sogar als Regelfall angesehen, daß die weggezogenen Gesellschaften in Italien eine Zweigniederlassung unterhalten werden[630]. Dies unterwirft sie den Vorschriften über ausländische Gesellschaften, die eine Zweigniederlassung in Italien betreiben, und damit auch den entsprechenden Publizitätspflichten. Sofern die Voraussetzungen des Art. 2506 c.c. vorliegen, müssen die Verwaltungsorgane innerhalb von 30 Tagen seit Errichtung der Zweigniederlassung die Eintragung der weggezogenen Gesellschaft am Ort der Niederlassung in Italien veranlassen.

Eine Zweigniederlassung (*sede secondaria*[631]) gilt als errichtet, wenn ein Unternehmer eine *rappresentanza stabile* (auf Dauer angelegte Vertretung) an

---

628 Trib. Alessandria und Corte d'App. Torino, a.a.O.; Trib. Verona (oben Fn. 436), Vita not. 1997, 931.

629 *Ubertazzi* (oben Fn. 461), S. 386. *Ubertazzi* untersucht mögliche spezialgesetzliche Verbote des Transfers von Wirtschaftsgütern im italienischen Recht, z.B. Art. 13 d.lgs. 6 giugno 1956, n. 476, wonach unter bestimmten Voraussetzungen eine staatliche Genehmigung erforderlich sein kann für die "Kapitalflucht". Dies ist nicht erforderlich, wenn die Wirtschaftsgüter einer in Italien verbleibenden Niederlassung zugute kommen (a.a.O. 395).

630 *Ubertazzi* (oben Fn. 461), S. 395.

631 Andere Begriffe, die in der wissenschaftlichen Diskussion zur Bezeichnung desselben gebraucht werden, sind beispielsweise *succursale* oder *filiale*.

einem anderen Ort als dem Stammsitz seines Unternehmens einrichtet[632]. Die Rechtsprechung sieht es als Wesensmerkmal der *sede secondaria* an, daß die Vertretung der Gesellschaft einen eigenen *nucleo imprenditoriale*[633], also in beschränktem Rahmen eigene unternehmerische Entscheidungsmöglichkeiten hat[634]. Die Zweigniederlassung erscheint als rechtlich selbständig, obwohl sie tatsächlich nur eine Untergliederung der Gesellschaft ist[635]. Erfüllen die in Italien verbliebenen Betriebsteile die Voraussetzungen einer *sede secondaria*, müssen die Geschäftsführer rechtzeitig für die erforderlichen Eintragungen sorgen, um ihrer persönlichen Haftung nach Art. 2508 c.c.[636] und einer möglichen Ordnungsstrafe nach Art. 2626 c.c. zu entgehen[637].

(5) Schutz der Gläubiger

Es gibt in Italien keine Regelungen für den Schutz der Gläubiger einer Gesellschaft, die durch Verlegung des Satzungssitzes ins Ausland die Rechtsordnung wechselt. Das ist bemerkenswert, denn die Gläubiger werden durch die Satzungssitzverlegung unter Umständen empfindlich getroffen, auch wenn ihre Schuldnerin dieselbe bleibt[638] und der Vertrag mit der Gesellschaft, aus dem sich ihre Forderung ergibt, weiterhin dem Recht unterworfen bleibt, nach dem er geschlossen worden ist[639]. Eine Gefahr besteht für die Gläubiger insoweit, als ihre Schuldnerin künftig einem anderen Gesellschaftsrecht und damit unter Umständen auch anderen Kapitalschutzvorschriften untersteht; außerdem können sich - bedingt durch die Umwandlung - auch die Haftungsverhältnisse entscheidend ändern.

Unter der Voraussetzung, daß, wie als Regelfall unterstellt[640], in Italien eine Niederlassung der weggezogenen und umgewandelten Gesellschaft bleibt, erweisen sich zumindest die möglichen prozeß- und vollstreckungsrechtlichen Befürchtungen der Gläubiger als unbegründet. Im internationalen Prozeß- und

---

632 Das Vorhandensein der *rappresentanza stabile* wird als Wesensmerkmal der *sede secondaria* angesehen (*Laurini*, Riv.soc. 1993, 250, 251; *Levi*, in: Dig.disc.priv.-sez.comm. (XIII), S. 292, 295; *Vismara*, Riv.dir.int.priv.proc. 1995, 87, 89).

633 Corte di Cass., 25 marzo 1958, n. 995, Dir.fallim. 1958, II, 227; Trib. Milano, 16 luglio 1990, Le società 1990, 1511; *Laurini*, Riv.not. 1996, 115, 120.

634 Vgl. *Ballarino* (oben Fn. 42), S. 84, 85; *Levi* (oben Fn. 632), S. 295. Die Forderung nach einer in gewissem Rahmen unternehmerischen Entscheidungsfreiheit sieht die Literatur dadurch unterstützt, daß das Gesetz durch die Verwendung des Begriffes *rappresentanza* in Art. 2197 c.c. auf den die Vorschriften über den Handlungsbevollmächtigten (*institore*) nach Art. 2203 c.c. Bezug nehme (*Laurini* (oben Fn. 632), S. 251; *Vismara* (oben Fn. 632), S. 89-90).

635 *Laurini* (oben Fn. 632), S. 251; *Vismara* (oben Fn. 632), S. 89, 90.

636 Vgl. hierzu ausführlich oben S. 187f.

637 Vgl. hierzu oben S. 181f.

638 *Ubertazzi* (oben Fn. 461), S. 386.

639 Art. 57 IPRG i.V.m. der Convenzione di Roma (v. 19 Juni 1980).

640 Vgl. Fn. 630.

Vollstreckungsrecht der Mitgliedstaaten des EuGVÜ gilt für ausländische Gesellschaften der inländische Gerichtsstand, wenn sie eine Niederlassung in diesem Land betreiben (Art. 5 Nr.5 EuGVÜ). Der Begriff Niederlassung ist dabei weit zu fassen und geht über den gesellschaftsrechtlichen Begriff der Zweigniederlassung hinaus[641]. Gemäß Art. 3 Abs. 2 IPRG i.V.m. Art. 5 Nr.5 EuGVÜ[642] bleibt der Gerichtsstand in Italien, wenn die weggezogene Gesellschaft nicht ihre italienischen Betriebsstätten auflöst und es sich um sog. betriebsbezogene Forderungen i.S.d. Art. 5 Nr.5 EuGVÜ handelt. Die Gläubiger der weggezogenen und in eine ausländische Rechtsform umgewandelten Gesellschaft können also weiterhin in Italien nach italienischem Recht klagen und ihren Titel nach italienischem Prozeßrecht erwerben. Bei der Zwangsvollstreckung hat der Gläubiger die Wahl, ob er in das Vermögen, mit dem die Niederlassung weiterbetrieben wird, vollstrecken will, oder ob er den Titel nach EuGVÜ im Ausland für vollstreckbar erklären lassen will. Seine Rechtsposition wird demnach bei der Durchsetzung seiner Forderung überhaupt nicht verschlechtert, solange in Italien eine Niederlassung der wegziehenden Gesellschaft bleibt. Das gilt auch im Falle der Insolvenz der Gesellschaft, weil das italienische Konkursverfahren anwendbar bleibt: Die Rechtsprechung hält die Zuständigkeit der italienischen Gerichte bereits dann nach Art. 9 l.fallim. (R.D. 16 marzo 1942, n. 267) für gegeben, wenn eine ausländische Gesellschaft in Italien eine Filiale oder sonstige Niederlassung betreibt[643].

Weitergehende Schutzmechanismen, insbesondere zum Beispiel Ansprüche auf Sicherheitsleistung wie im Falle der Fusion, in welchem die Gläubiger die Verschmelzung sogar verhindern können[644], gelten für die Sitzverlegung allerdings de lege lata nicht. Das liegt wohl nicht zuletzt daran, daß die grenzüberschreitende Sitzverlegung in ihrer praktischen Durchführung noch nicht sehr ausführlich diskutiert worden ist. Im bisherigen Stand der Diskussion fehlen jedenfalls konkrete Vorschläge dazu, ob und wie das italienische Recht das Risiko aufgrund unter Umständen großzügigerer Kapitalschutzbestimmungen auffangen will. Sollte der Vorschlag für eine 14. gesellschaftsrechtliche Richtlinie (zur internationalen Sitzverlegung) verwirklicht werden, müßte gemäß Art. 8 des Vorschlages eine Verpflichtung zur angemessen Sicherung der Forderungen vor dem Wegzug geschaffen werden. Das italienische Recht kennt solche Schutzinstrumente in Form der *opposizione del creditore* bei der Fusion (Art. 2503 c.c.) und bei der Kapitalherabsetzung (Art. 2445 Abs. 3 c.c.),

---

641 *Geimer/Schütze*, Europ. ZivilVerfR, Art. 5 EuGVÜ, Rn. 229; vgl. auch *Kronke*, IPRax 1989, 81, 82.

642 Eine gleiche Regelung trifft Art. 19 Abs. 2 c.p.c., der ebenfalls den allgemeinen Gerichtsstand (eines italienischen Unternehmens) am Ort der Niederlassung festlegt.

643 Vgl. Corte di Cass. (oben Fn. 584), Riv.dir.int.priv.proc. 1994, 352; Corte di Cass., 30 marzo 1993, n. 3815, Mass.Giust.civ. 1993, 578; Corte di Cass., 8 luglio 1986, n. 4455, Mass.Giust.civ. 1986, 1249; *M. Finocchiaro*, in: Nuova rassegna di giurisprudenza (Art. 46), S. 632; *Rordorf*, in: Nuova rassegna di giurisprudenza (Art. 2328), S. 1368, und oben S. 11f.

644 Vgl. unten S. 313f (zur *opposizione del creditore*).

die den geplanten Rechtsakt vereiteln kann, sofern die Gesellschaft die *opposizione* nicht mit Sicherheitsleistung abwendet. Präzisere Aussagen sind an dieser Stelle nicht möglich; es bleibt die Entwicklung des italienischen Rechtes abzuwarten.

(6) Arbeitnehmerschutz bei der Verlegung der Gesellschaft

Auch der Schutz der Arbeitnehmer infolge einer Sitzverlegung ins Ausland erfährt in der wissenschaftlichen Diskussion in Italien wenig Beachtung. An diesem Punkt sind zwei verschiedene Schutzinteressen der Arbeitnehmer zu unterscheiden, nämlich einerseits ihre arbeitsvertragliche Stellung zum Arbeitgeber und andererseits die institutionalisierte Vertretung ihrer Interessen innerhalb der Organisation des Unternehmens.

Mit dem Wechsel der lex societatis wird die Anwendung der Regelungen zum Schutze der Arbeitnehmer überhaupt nur dann betroffen, wenn diese Teil der lex societatis sind. Das gilt etwa für die Regelungen über Interessenvertretungen der Arbeitnehmer, die Teil der internen Organisation der Verwaltung der Gesellschaft sind, mit anderen Worten die Unternehmens-mitbestimmung in den Organen der Gesellschaft, deren Zusammensetzung und Aufgaben gemäß Art. 25 Abs. 2 lit.e IPRG von dem nach Abs. 1 dieser Norm festgelegte Gesellschaftsstatut geregelt werden[645]. Die Arbeitnehmer haben zwar nach Art. 46 der *Costituzione della Repubblica Italiana* das Recht, "zur wirtschaftlichen und sozialen Verbesserung der Arbeit und in Übereinstimmung mit den Notwendigkeiten der Produktion (....) an der Leitung (*gestione*) des Betriebes (*azienda*) mitzuwirken". Dieser Artikel der Verfassung ist bislang für das Gesellschaftsrecht nicht konkretisiert worden. Eine "echte" Arbeitnehmermitbestimmung, die vergleichbar der deutschen Regelung die Struktur und Organisation der Gesellschaftsorgane beeinflußt, gibt es in Italien nicht.

Problematisch könnte sich die Erhaltung der *betrieblichen* Mitbestimmung der Arbeitnehmer gestalten. Nach dem sog. Arbeitnehmerstatut (legge 29 maggio 1970, n. 300) werden in Betrieben Arbeitnehmervertretungen[646] geschaffen, die in Konfliktfällen und in Tarifverhandlungen die Interessen der Arbeitnehmer gegenüber dem Arbeitgeber vertreten[647]. Die betriebliche "Mitbestimmung" wird durch die Verlegung des Sitzes der Gesellschaft und durch die Umwandlung der Arbeitgeberin in eine Gesellschaft ausländischer Rechtsform allerdings

---

645 Vgl. hierzu auch *v.Bar*, Int. Privatrecht II, Rn. 445; Staudinger- *Großfeld*, IntGesR, Rn. 458ff.

646 Die Vertretungen in den Produktionsstätten werden *consiglio dei delegati* oder *consiglio di fabbrica* genannt, die gleichzeitig Basisorgane der Gewerkschaften sind. Besteht ein solches Gremium nicht, werden die Arbeitnehmer durch die Betriebskommission (*commissione interna*) oder durch die betrieblichen Gewerkschaftsvertretungen (*rappresentanze sindacali aziendali*) vertreten. Das Arbeitnehmerstatut (l. 20 maggio 1970, n. 300) ist nach herrschender Meinung auf alle erwähnten Arbeitnehmervertretungen anzuwenden. Zu den einzelnen Aufgaben der Vertretungen nach dem Arbeitnehmerstatut vgl. *Runggaldier*, S. 123ff.

647 *Runggaldier*, S. 123, 129.

nicht berührt, weil die Anwendung der Normen des Arbeitnehmerstatuts davon abhängig ist, ob in Italien ein "Betrieb" liegt, gleichgültig wer Arbeitgeber ist und wo er sich befindet[648]. Hinsichtlich der Vertretung ihrer Interessen haben die Arbeitnehmer der wegziehenden Gesellschaft also keine Nachteile zu fürchten, sofern die Produktionsstätten in Italien als "Betrieb" weitergeführt werden. Den Arbeitnehmern bleiben ihre kollektiv ausübbaren Rechte, etwa das Streikrecht, erhalten, weil diese Teil des *ordine pubblico* und der notwendig anzuwendenden Normen nach Artt. 16 und 17 IPRG sind und von jedem im italienischen Rechtsverkehr tätigen Unternehmer beachtet werden müssen[649].

Auch das vertragliche Verhältnis zu der umgewandelten Arbeitgeberin ändert sich nicht. Die weggezogene Gesellschaft besteht - in anderer Rechtsform - kontinuierlich als Arbeitgeberin fort, so daß es zur Begründung der Kontinuität der vertraglichen Beziehung nicht einmal der Heranziehung der Vorschriften über den Betriebsübergang (Art. 2112 c.c.) bedarf. Statt dessen führt die schlichte Anwendung des Art. 57 IPRG i.V.m. Art. 6 Abs. 2 der Convezione di Roma zu dem Ergebnis, daß der - von der Änderung der Rechtsform der Arbeitgeberin in Bestand und Inhalt unabhängige - Individualarbeitsvertrag sich weiterhin nach dem Recht des Staates richtet, in dem der Arbeitnehmer seine Arbeit ausübt. Dasselbe gilt für Regelungen über den Kündigungsschutz und andere gesetzliche Modifikationen des Arbeitsverhältnisses ebenso wie für tarifvertraglichen Vereinbarungen aus dem *contratto collettivo di lavoro* nach Artt. 2067 - 2081 c.c., die den Individualarbeitsvertrag i.S.d. Art. 6 Abs. 2 der Convezione di Roma inhaltlich mitbestimmen und an die die weggezogene Gesellschaft gebunden bleibt. Schließlich ändert sich auch der Gerichtsstand für Streitigkeiten aus dem Arbeitsverhältnis nicht, weil gemäß Art. 3 Abs. 2 IPRG i.V.m. Art. 5 Nr.1 EuGVÜ für arbeitsvertragliche Streitigkeiten das Gericht des Arbeitsortes zuständig ist.

Die Rechtsposition der Arbeitnehmer im Verhältnis zu ihrer nunmehr ausländischen Arbeitgeberin ändert sich also praktisch gar nicht, wenn sie im Betrieb einer Zweigniederlassung der weggezogenen Gesellschaft beschäftigt bleiben. Der einzige Umstand, den ein Arbeitnehmer zu fürchten haben, ist die unternehmerische Entscheidung der Geschäftsführung, im Zuge der Sitzverlegung Produktions- und andere Betriebsstätten in Italien aufzulösen, weil er hierdurch seinen Arbeitsplatz verliert. Die Gefahr für den Bestand der Arbeitsplätze durch Auflösung einer Betriebstätte in Italien ist aber nicht die Folge der Sitzverlegung, erst recht nicht des Statutenwechsels, sondern eine rein unternehmerische Entscheidung, gegen die einem Arbeitnehmer prinzipiell nur der Schutz durch die Regeln über die Kündigung des Arbeitsvertrages (l. 15 luglio 1966, n. 604, *Norme sui licenziamenti individuali*, und l. 11 maggio 1990, n. 146, *Disciplina dei licenziamenti individuali*) zur Verfügung steht. Ob man für den besonderen Fall der Sitzverlegung ins Ausland weitergehende Schutzvorschriften einführt, ist eine rechtspolitische Entscheidung, bei der man,

---

648 Vgl. hierzu aus der deutschsprachigen Literatur *Zimmer*, IntGesR, S. 143f.

649 Vgl. *Ballarino* (oben Fn. 42), S. 82, 83. Zum *ordre public*: *Benedettelli* (oben Fn. 3), S. 93; *Broggini* (oben Fn. 24), S. 64.

wie der Vorschlag der Kommission für eine 14. Gesellschaftsrechtliche Richtlinie andeutet, das Ziel verfolgen wird, den Arbeitnehmervertretungen möglichst wenig Argumente gegen die Sitzverlegung ins Ausland an die Hand zu geben. Das gilt auch für die vorgeschlagene Verpflichtung der Arbeitgeberin zur umfangreichen Information der Belegschaft über die geplanten Veränderungen im Zusammenhang mit der Sitzverlegung[650]. Einen ersten Schritt in diese Richtung weist Art. 5 des Vorentwurfes der EU- Kommission über eine Richtlinie zur Sitzverlegung, der - ähnlich der Regelung für die Fusion - die Erstellung eines erläuternden "Verlegungsplanes" vorsieht, in welchem unter anderem die Folgen für die Arbeitnehmer dargelegt werden müssen und den die Arbeitnehmer einsehen können.

e. Praktische Realisierung der Sitzverlegung ins Ausland: Der Fall - PANTECH s.r.l. -

Die Realisierung einer Verlegung des Satzungssitzes ins Ausland läßt sich am Beispiel des Sachverhaltes darstellen, der der letztinstanzlichen Entscheidung der Corte d'App. di Torino im Fall *Pantech s.p.a.* zugrunde lag[651]. Es handelte sich dabei um eine Sitzverlegung in die Schweiz[652]. Voraussetzung für die folgende Darstellung ist, daß das italienische Recht solange anwendbar bleibt, wie die Gesellschaft an ihrem neuen Satzungssitz in der Schweiz eingetragen worden ist.

Der Beschluß der Gesellschafterversammlung, den Satzungssitz in die Schweiz zu verlegen, mußte in diesem Fall sowohl nach italienischem wie auch nach schweizerischem Gesellschaftsrecht rechtmäßig sein, da er in beiden Rechtsordnungen eingetragen werden mußte[653]. Die Anpassungen der Satzung der italienischen Gesellschaft an das schweizerische Aktienrecht mußten hingegen lediglich schweizerisches Recht beachten, da sie in Italien nicht eingetragen werden mußten. Der Sitzverlegungsbeschluß wurde sodann mit den übrigen satzungsändernden Beschlüssen zur Eintragung in das schweizerische Handelsregister angemeldet. Damit zukünftig die Anwendung des italienischen Rechtes ausgeschlossen war, mußte danach tatsächlich der Verwaltungssitz und der Hauptgeschäftsgegenstand aus Italien herausverlegt werden. Erst danach sollte der Beschluß über die Satzungssitzverlegung auch in Italien zur dortigen Eintragung angemeldet werden. Dabei muß betont werden, daß die Beschlüsse über die Anpassungen der Satzung an schweizerisches Aktienrecht nicht in Italien angemeldet werden müssen oder auch nur sollten. Da das italienische

---

[650] Nach Ansicht von *Magno* (Dir.lav. 1992, I, 435, 437, 438) ergibt sich diese Pflicht des Arbeitgebers, über geplante Umstrukturierungsmaßnahmen zu informieren, bereits als arbeitsvertragliche Nebenpflicht aus der *buona fede* (Treu und Glauben) nach Artt. 1175 und 1375 c.c.

[651] Corte d'App.Torino (oben Fn. 458), N.Giur.civ.comm. 1996, 855. Siehe auch die Entscheidung der Vorinstanz Trib. Alessandria (oben Fn. 458).

[652] Vgl. zur Sitzverlegung in die Schweiz *Rindisbacher* (oben Fn. 3), S. 110ff.

[653] Ein Text-Entwurf für einen Beschluß der Sitzverlegung ins Ausland in notarieller Form findet sich in: *Ordine dott. commercialisti* (oben Fn. 270), S. 69 - 71.

Recht keine expliziten Regelungen darüber kennt, wie eine italienische Gesellschaft in eine schweizerische umgewandelt wird, können diese Beschlüsse rechtstechnisch nicht nach italienischem Recht rechtmäßig sein.

Der "Clou" der italienisch- schweizerischen Lösung liegt darin, daß die Gesellschaft erst dann schweizerischem Recht unterstellt wird, wenn sie wirksam in eine schweizerische Rechtsform umgewandelt worden ist, also mit der Eintragung der Gesellschaft in neuer Rechtsform am Ort ihres neuen Satzungssitzes (mit der "Um-Korporation" nach Art. 161 schw.IPRG); bis dahin hat sie nur die Pflicht, innerhalb einer bestimmten Frist ihre Umwandlung zu vollziehen[654]. Das italienische Recht nimmt den Statutenwechsel ebenfalls erst dann an, wenn der Satzungssitz wirksam verlegt worden ist; das ist nach der hier favorisierten Ansicht[655] frühestens mit der Eintragung der Gesellschaft am neuen Satzungssitz (in der Schweiz) der Fall. Damit kann sichergestellt werden, daß die Gesellschaft zu keinem Zeitpunkt als keiner oder - unter Umständen ebenso schlimm - zwei Rechtsordnungen unterstellt angesehen wird. Denn in dem Moment, in dem die Anwendung des italienischen Rechtes (aus Sicht beider Kollisionsrechte) endet, wird das neue Recht (ebenfalls aus Sicht beider Kollisionsrechte) anwendbar.

Dieses Ergebnis läßt sich nur herstellen, indem man letztendlich auf den Satzungssitz einer Gesellschaft abstellt, der mit dem Verwaltungssitz gemeinsam verlegt werden muß. Diese Vorstellung liegt daher auch Art. 3 des Vorschlags über eine 14. gesellschaftsrechtliche Richtlinie zur internationalen Sitzverlegung zugrunde, wonach die Sitzverlegung "mit der Eintragung des *neuen* Sitzes im Gesellschaftsregister einen Wechsel des auf die Gesellschaft anwendbaren Rechtes bewirkt"; zum gleichen Zeitpunkt werden gemäß Art. 11 Abs. 1 des Vorschlages die Verlegung und die Umwandlung wirksam; und er ist gemäß Art. 11 Abs. 3 des Vorschlages der frühestmögliche Zeitpunkt für die Löschung der Gesellschaft am alten Satzungssitz.

IV. Sitzverlegung im italienischen Steuerrecht

Eine gesellschaftsrechtliche Sitzverlegung ist als solche steuerrechtlich "neutral": Mit der Verlegung der Verwaltung und des satzungsmäßigen Sitzes einer Gesellschaft und der sich daran anschließenden Umwandlung in eine Gesellschaft ausländischer Rechtsform wird zu keinem Zeitpunkt das Gesellschaftsvermögen "übertragen" oder liquidiert, so daß sich hierdurch keine zu besteuernden Gewinne realisieren. Es wird lediglich ein und derselbe Vermögensträger "bewegt".

Für das Steuerrecht ist die Sitzverlegung aber dennoch interessant, weil die Verlegung des Vermögensträgers in einen anderen Rechtskreis auch zum Verlust der *residenza fiscale* führen kann, so daß dem Wegzugsstaat zukünftig

---

654 Vgl. *Rindisbacher* (oben Fn. 3), S. 115ff.

655 Siehe S. 215f.

die Möglichkeit fehlen wird, von dem Bilanzgewinn oder der Übertragung der Vermögensgegenstände, in denen stille Reserven der Besteuerung des Gewinnes bislang verborgen geblieben sind, den steuerlich geschuldeten Betrag abzuschöpfen. Dieses Problem hat auch der italienische Steuergesetzgeber gesehen und sich dafür entschieden, nicht auf den Zugriff auf die abwandernden Vermögenswerte zu verzichten.

Die Besteuerung der von Einkünften und anderen Gewinnen aus wirtschaftlicher oder sonstiger Tätigkeit der Kapitalgesellschaften erfolgt nach den Vorschriften des *testo unico delle imposte sui redditi* (D.P.R. 22 dicembre 1986, n. 917 (T.U.I.R.)). Danach unterliegen Personen der Besteuerung nach dem T.U.I.R., wenn sie entweder in Italien ansässig sind oder, falls sie nicht in Italien ansässig sind, wenn die Gewinne in Italien erzielt worden sind (Artt. 2 und 3 T.U.I.R.)[656]. Die Vorschriften des ersten Titels (über die Besteuerung der Gewinne natürlicher Personen) gelten nach Art. 86 auch für juristische Personen. Als ansässig in Italien gelten juristische Personen gemäß Art. 87 Abs. 3 T.U.I.R., wenn sie während des überwiegenden Zeitraumes der Steuerberechnung ihren Satzungssitz, ihren Verwaltungssitz *oder* ihren wesentlichen Geschäftsgegenstand in Italien haben[657].

Mit dem Zuzug einer Gesellschaft nach Italien durch Verlegung ihres Satzungs- oder Verwaltungssitzes oder ihres Hauptgeschäftsgegenstand verlegt eine ausländische Gesellschaft grundsätzlich auch ihre *residenza fiscale* nach Italien, so daß sie der Besteuerung durch die Vorschriften des T.U.I.R. unterliegt.

Für den Fall der Verlegung der Gesellschaft aus Italien ins Ausland ist mit Art. 30 d.lgs. 23 febbraio 1995, n. 41 (der sogenannten "*manovra Dini*"), eine Sondernorm in den T.U.I.R. eingefügt worden, die bislang aber noch nicht durch Gerichte angewandt worden ist[658]. Art. 20-bis T.U.I.R. regelt die Besteuerung einer Gesellschaft, die nach einer Sitzverlegung ins Ausland weder ihren Satzungs- oder Verwaltungssitz noch ihren wesentlichen Geschäftsgegenstand in Italien hat[659], also kollisionsrechtlich nicht mehr dem italienischen Gesellschaftsrecht untersteht und auch im Sinne des T.U.I.R. nicht mehr als in Italien ansässig anzusehen ist.

In diesem Fall wird der Gewinn der Gesellschaft nach dem *realen* Wert der Vermögensgegenstände besteuert, nicht nach dem steuerlichen; damit wird - nach dem Wortlaut der Norm - die Wertdifferenz zwischen den *plusvalenze* und *minusvalenze* aufgedeckt, was den im deutschen Recht sogenannten "stillen Reserven" entspricht.

---

656 Ob eine international tätige Gesellschaft tatsächlich in Italien besteuert wird, obliegt in Einzelfällen der Regelung durch Doppelbesteuerungsabkommen.

657 Das Steuerrecht verwendet damit inhaltlich die gleichen Kriterien wie das internationale Privatrecht, ohne jedoch hierauf Bezug zu nehmen (vgl. die Kritik von *Marino* (oben Fn. 528), S. 1461).

658 Vgl. auch *Ferrari*, Dir.com.scamb.int. 1999, 399, 404.

659 Die Verlegung nur einer dieser Komponenten wird nicht von Art. 20-bis T.U.I.R. erfaßt (vgl. *Mayr*, Corr.trib. 1995, 2707, 2708).

Von dieser Sonderbesteuerung nimmt Art. 20-bis T.U.I.R. allerdings diejenigen Vermögensgegenstände (*componenti dell'azienda o complesso aziendale*) der wegziehenden Gesellschaft aus, die in eine in Italien verbleibende Niederlassung fließen (Art. 20-bis Abs. 1 Satz 1 T.U.I.R.), weil hinsichtlich dieser Vermögensgegenstände die Besteuerungsmöglichkeit durch den italienischen Fiskus erhalten bleibt.

Der italienische Gesetzgeber hat damit den Vorschlag aufgegriffen, den die Fusionsbesteuerungsrichtlinie (90/434/EWG) in Art. 4 I, 2. Spiegelstrich für grenzüberschreitende Verschmelzungen gewählt hat[660]. Art. 20-bis T.U.I.R. versperrt darüber hinaus den Weg für einen Umgehungsversuch, bei welchem wegziehende Gesellschaften zunächst eine Niederlassung in Italien erhalten, diese aber zu einem späteren Zeitpunkt auflösen. In diesem Fall erklärt Satz 2 den Satz 1 für (nachträglich) anwendbar, so daß auch hier die Besteuerung in den abwandernden Vermögensgegenständen enthaltenen Reserven nachgeholt werden kann. Satz 3 des Art. 20-bis Abs. 1 T.U.I.R. legt schließlich fest, daß auf jeden Fall die Reserven in Vermögensgegenständen, die einer stabilen Organisation im Ausland zufließen sollen, als realisiert angesehen werden. Abs. 2 des Art. 20-bis T.U.I.R. erlaubt dem Fiskus außerdem die Nachholung der aufgeschobenen Besteuerung für die in der Bilanz eingestellten Reserven.

Der Vorgang der Sitzverlegung als solcher wird, was die Literatur eigens betont, als "steuerneutral" angesehen[661]. Einigkeit besteht auch darin, daß eine Sitzverlegung ins Ausland nicht die steuerlichen Folgen einer Liquidation auslösen soll[662], nur hinsichtlich des "abwandernden" Vermögens trifft Art. 20-bis T.U.I.R. die dargestellte abweichende Regelung, die verhindert, daß Italien auf der zuvor im Interesse der Gesellschaft unterlassen Besteuerung "sitzen bleibt". Art. 20-bis T.U.I.R. ist in Wahrheit also deshalb interessant, weil er dazu führt, daß ein eigentlich steuerneutraler Tatbestand besteuert wird[663].

---

660 *Ferrari* (oben Fn. 658), S. 405. Vgl. zur Übertragung des Grundgedankens der Fusionsbesteuerungsrichtlinie auf die grenzüberschreitende Sitzverlegung: *Thömmes*, DB 1993, 1021.

661 *Marino* (oben Fn. 528), S. 1467; *ders.* (oben Fn. 472), 1035. Teile der Literatur nehmen zur Begründung Bezug auf einen Vergleich mit den steuerlichen Folgen einer formwechselnden Umwandlung, für die in Art. 122 T.U.I.R. eigens festgelegt ist, daß sie nicht zur Realisierung der Differenz zwischen dem realen und dem steuerlichen Wert des Vermögens führen soll (vgl. hierzu *Caramazza*, Le società 1988, 871).

662 *Ferrari* (oben Fn. 658), S. 404; *Marino* (oben Fn. 472), 1035; *Mayr* (oben Fn. 659), S. 2707; *Varazi*, Rass.trib. 1995, I, 687, 689.

663 Hintergrund dieser Regelung ist, daß es für eine Gesellschaft, die nicht mehr italienischem Recht untersteht, leichter sein wird, Kapital aus Italien herauszuschaffen (vgl. *Mayr* (oben Fn. 659), S. 2709).

Teile der Literatur haben Art. 20-bis T.U.I.R. als niederlassungsfeindlich kritisiert, da die nach Art. 43,48 EGV erlaubte und geschützte Niederlassungsfreiheit von Gesellschaften durch die hohen Kosten im Zusammenhang mit der steuerlichen Aufdeckung der stillen Reserven behindert würde[664]. Diese Zweifel können aber dadurch zumindest zerstreut werden, daß Art. 20-bis T.U.I.R. eine gemeinschaftsrechtliche Regelung, nämlich Art. 4 der Fusionsbesteuerungsrichtlinie, inhaltlich kopiert[665]. Das Gemeinschaftsrecht selbst macht somit den Vorschlag, die Besteuerung von stillen Reserven inländischer Vermögensgegenstände nachzuholen, bevor bzw. wenn eine inländische Gesellschaft ihren Rechtskreis verläßt. Ohne eine solche steuerrechtliche Regelung dürfte eine grenzüberschreitende Sitzverlegung oder Verschmelzung auch rechtspolitische kaum durchsetzbar sein.

---

664 *Ferrari* (oben Fn. 658), S. 404, 405.

665 Vgl. bereits Fn. 660.

§ 5 Das italienische Recht als Modellfall für den Vorschlag einer 14. Gesellschaftsrechtliche Richtlinie

Die vorstehenden Untersuchungen haben gezeigt, daß eine identitätswahrende grenzüberschreitende Sitzverlegung trotz der auch in Italien herrschenden Sitztheorie möglich ist, sofern Verwaltungs- und Satzungssitz gemeinsam verlegt werden, die Gesellschaft sich einer Rechtsform des Zuzugsstaates anpaßt und die erforderlichen Registereintragungen vorgenommen werden. Der Wechsel des Gesellschaftsstatuts ist dabei nicht hinderlich. Allerdings wurde auch auf die Schwierigkeiten aufmerksam gemacht, die daher rühren, daß die Gesellschaft möglicherweise während des Sitzverlegungsvorganges zur selben Zeit von zwei Rechtsordnungen als "Produkt" der eigenen Rechtsordnung angesehen wird, so daß man insbesondere die Zuordnung des Gesellschaftsvermögens nicht eindeutig vornehmen kann. Die Situation kann für die Gesellschaft deswegen verheerend werden, weil sie - mit Satzungssitz in dem einen und Verwaltungssitz in dem anderen Land - einerseits die Voraussetzungen der nach der Sitztheorie anwendbaren Rechtsordnung in Ermangelung einer dortigen Eintragung nicht vollständig erfüllt, dafür aber andererseits die der kollisionsrechtlich nicht mehr anwendbaren Rechtsordnung. Es kann demnach pure "Glückssache" sein, ob die Rechtsordnung des Verwaltungssitzes die Gesellschaft anerkennt.

Zur Vermeidung solcher Schwierigkeiten hat die Kommission im Frühjahr 1997 einen Vorentwurf für eine 14. Gesellschaftsrechtliche Richtlinie[1] (im Folgenden auch Entwurf) zur Diskussion gestellt, mit welchem die Verlegung des Satzungs- und des Verwaltungssitzes[2] ermöglicht werden soll, wobei dieser Vorgang kollisionsrechtlich zu einem Wechsel des auf die Gesellschaft anwendbaren Rechts führt. Das italienische Recht erfüllt schon jetzt wesentliche Teile des Entwurfes.

Die Prämisse der grenzüberschreitenden Sitzverlegung, daß die Sitzverlegung weder die Auflösung der Gesellschaft noch die Gründung einer neuen juristischen Person zu Folge hat, regelt Art. 3 des Entwurfs. Hinsichtlich des Zuzuges stellt das italienische Recht diese Rechtsfolgen zum einen her durch das allgemeine Bekenntnis zur "Anerkennung" von Gesellschaften, die nach einem ausländischen Recht wirksam gegründet worden sind (*principio di riconoscimento*). Zum anderen kann sich die Gesellschaft aufgrund der entsprechenden Anwendung der Artt. 2498 c.c. formwechselnd in eine italienische Gesellschaftsrechtsform umwandeln, ohne dabei ihre Identität einzubüßen.

Hinsichtlich der Modalitäten des Sitzverlegungsbeschlusses gemäß Art. 6 des Entwurfes erfordert das italienische Recht bei börsennotierten s.p.a. die im

1 Abgedruckt u.a. in ZIP 1997, 1723.

2 Der Entwurf wurde dahingehend korrigiert, daß nicht nur "die Verlegung des satzungsmäßigen oder tatsächlichen Sitzes" geregelt werden sollen, sondern jeweils der "satzungsmäßige oder der Satzungs- und Verwaltungssitz"

Entwurf vorgesehene Zweidrittelmehrheit; für andere Kapitalgesellschaften erfüllt Italien die Anforderungen des Art. 6 Abs. 3 des Entwurfs, da die außerordentliche Hauptversammlung gemäß Art. 2368 Abs. 1 c.c. beschlußfähig, wenn die Aktionäre mindestens die Hälfte des Grundkapitals vertreten, so daß dann die in Art. 2368 Abs. 2 c.c. vorgesehene einfache Mehrheit ausreicht. Mit Artt. 2436, 2411 c.c. erfüllt Italien auch die in Art. 6 Abs. 4 des Entwurfes vorgesehene Publizität.

Den (fakultativen) Schutz der Minderheitsgesellschafter gemäß Art. 7 des Entwurfes regelt Art. 2437 c.c., wonach ein widersprechender Aktionär gegen Auszahlung des Wertes seiner Anteile die Gesellschaft verlassen kann (sog. *diritto di recesso*).

Die gemäß Art. 9 des Entwurfes vorgesehene Bescheinigung erteilt das Registergericht, das den (satzungsändernden) Sitzverlegungsbeschluß gemäß Art. 2411 Abs. 2 c.c. überprüft und mit dem *decreto di omologazione* die Erfüllung der Eintragungsvoraussetzungen bestätigt. Eine Bescheinigung über die Eintragung im Handelsregister wird sich ebenfalls unproblematisch erreichen lassen.

Allerdings stimmt die in Art. 11 des Entwurfes vorgesehene Koordinierung der Eintragungen nicht mit der bislang in Italien geübten Praxis überein, weil die Gesellschaft in Italien an ihrem alten Sitz nicht gelöscht wird, sondern daß dort die Sitzverlegung vermerkt wird und die Eintragungen künftig am neuen Sitz erfolgen. Über die Wirksamkeit der Sitzverlegung herrscht in Italien in Ermangelung einer Regelung Unklarheit; den wenigen Stellungnahmen zur grenzüberschreitenden Sitzverlegung ist aber zu entnehmen, daß man dahin tendiert, die Verlegung als mit der Eintragung am neuen Sitz wirksam anzusehen[3]. Art. 2457-ter c.c. erfüllt die Voraussetzungen von Art. 12 des Entwurfs.

Ergänzungsbedürftig ist das italienische Recht hinsichtlich des Sitzverlegungsplans, den der Richtlinienvorentwurf in Art. 4 vorschlägt. Gleiches gilt für den Verlegungsbericht nach Art. 5 des Entwurfes. Art. 8 des Entwurfes sieht ferner einen weitreichenderen Schutz der Gläubiger vor, als Italien bislang gewährt. Allerdings darf man mit Blick auf den enorm starken Gläubigerschutz bei der Fusion (Art. 2503 c.c., der den Gläubigern außer dem Recht, Sicherheiten zu fordern, ein Verhinderungsrecht gibt) davon ausgehen, daß Italien nicht zögerlich sein wird, den in Art. 8 des Entwurfes vorgesehenen Schutz einzuführen. Ferner müßte auch die Schutzanordnung des Art. 13 des Entwurfes noch umgesetzt werden; Italien kennt aber eine ähnliche Regelung ebenfalls im Fusionsrecht, nämlich Art. 2501 Abs. 2 c.c.

Im "Großen und Ganzen" sind in Italien jedoch bereits die wichtigsten Anforderungen des Richtlinienvorentwurfes bereits Realität.

---

3 *Ramondelli*, Riv.not. 1996, 1401, 1414.

§ 6 Rechtsvergleichende Würdigung

Wo ein Wille ist, da ist ein Weg, und wo kein Wille ist, da wird dem Weg ausgewichen. So läßt sich Rechtsvergleich zwischen der italienischen Offenheit gegenüber der grenzüberschreitenden Sitzverlegung im Gegensatz zur deutschen Verhinderungstaktik weitestgehend zusammenfassen.

Die vorstehende Analyse hat gezeigt, daß beide Rechtsordnungen prinzipiell vor denselben rechtsdogmatischen Fragen und Aufgaben stehen, weil sie im wesentlichen von denselben Voraussetzungen ausgehen: Hinsichtlich des Zuzuges gilt in beiden Rechtsordnungen kollisionsrechtlich die Sitztheorie, so daß es bei Verlegung des Verwaltungssitzes zu einem Statutenwechsel kommt; auch die sachrechtlichen Voraussetzungen des Kapitalgesellschaftsrechts (GmbHG/AktG und Artt. 2325ff c.c.) und des Personengesellschaftsrechts (§§ 705ff BGB/105ff HGB und Artt. 2247 c.c.) stimmen im wesentlichen überein. Allerdings versperrt sich das italienische Recht nicht der Möglichkeit, die Vorschriften des Umwandlungsrechtes auch auf ausländische Gesellschaften entsprechend anzuwenden. Auch beim Wegzug sind die Voraussetzungen nicht verschieden: Nach beiden Rechtsordnungen findet bei Verlegung des Verwaltungs- und Satzungssitzes ein Statutenwechsel statt; hinsichtlich der sachrechtlichen Voraussetzungen ergeben sich auch hier keine grundsätzlichen Unterschiede, sieht man davon ab, daß das italienische Recht in Art. 2437 c.c. ein Austrittsrecht für nicht-umzugswillige Aktionäre vorsieht.

Daß die deutschen Gerichte, verteidigt von einem Teil der Literatur, immer noch eine zuzugs- und anpassungswillige Gesellschaft rechtlich nicht zur Kenntnis nehmen wegziehende Gesellschaften auflösen und liquidieren, läßt sich sachrechtlich nicht überzeugend rechtfertigen. Die eigentliche Begründung scheint vielmehr im Fehlen des Willens zu liegen, grenzüberschreitende Sitzverlegungen zu ermöglichen. Denn daß auch nach deutscher Rechtslage eine identitätswahrende Sitzverlegung ins Inland möglich ist, hat die neuere Lehre mit dem "Formzwang-Modell" überzeugend dargelegt, ebenso wie sie die These von der Auflösung infolge eines Statutenwechsels entkräftet hat. Mit ihrem Willen, grenzüberschreitende Sitzverlegungsvorgänge zu verhindern, wird die herrschende Meinung in Deutschland allerdings innerhalb der Europäischen Gemeinschaft zukünftig nicht mehr durchdringen können. Seit der *Centros*-Entscheidung steht fest, daß auch die primäre Niederlassungsfreiheit durch Artt. 43, 48 EGV geschützt wird und Zuzugs- wie Wegzugsschranken einer Verhältnismäßigkeitsprüfung standhalten müssen. Die totale Verweigerung der Niederlassungsfreiheit, wie sie in Deutschland praktiziert wird, hat keine Chance, diese Prüfung zu passieren[1]. Dies zwingt allerdings nur dann zur Aufgabe der Sitztheorie, wenn sich das deutsche Recht weiterhin den sachrechtlichen Lösungsvorschlägen verschließt. Europarechtlich

---

1 EuGH, Urteil v. 9.3.1999 (*Centros*), Slg. 1999, I, 1459, 1484, 1496; vgl. ausführlich oben S. 99ff.

betrachtet, ist die Aufgabe der Sitztheorie weder erforderlich und geboten, noch ist dies m.E. im Ergebnis wünschenswert.

Die folgende rechtsvergleichende Würdigung hat vor diesem Hintergrund das Ziel, an der Sitztheorie "zu retten, was zu retten ist" - und das ist eine Menge -, nämlich so weit wie möglich auf Gesellschaften, die sich hauptsächlich im Inland betätigen, die inländischen gesellschaftsrechtlichen Vorschriften anzuwenden, auch innerhalb der Europäischen Gemeinschaften. Dabei soll nicht geleugnet werden, daß die Gründungstheorie niederlassungsfreundlicher ist[2]. Allein das macht sie aber nicht zur europarechtlich besseren Theorie, weil auch unter der Geltung der Sitztheorie die Niederlassungsfreiheit gewährleistet werden kann.

I. Ausblick: Die Zukunft der Sitztheorie in Europa

Die Sitztheorie verstößt nach der bisherigen Rechtsprechung des EuGH nicht gegen die Niederlassungsfreiheit, weder als Kollisionsnorm selbst noch wegen ihrer unmittelbaren Konsequenzen[3]. Sie wird dennoch innerhalb der Gemeinschaft zu Recht als "Theorie auf Zeit" bezeichnet[4], weil ihre Grundlage - der Anspruch, die eigenen sachrechtlichen Vorschriften auf eine Gesellschaft ausländischer Rechtsform anzuwenden - nur dann eine Existenzberechtigung hat, wenn die Rechtsordnungen sich unterscheiden. Diese Unterschiede sollen innerhalb der Gemeinschaft durch Harmonisierung der nationalen Gesellschaftsrechtsordnungen aufgehoben werden. Solange dies noch nicht geschehen ist, hat sich der Schutzzweck der Sitztheorie nicht erledigt.

Die Sitztheorie bietet bis zur Vervollständigung der Harmonisierung der Gesellschaftsrechtsordnungen auch innerhalb der Mitgliedstaaten Vorteile, die hier ebenso wie ihre Nachteile noch einmal[5] dargestellt und um einige rechtspolitische Erwägungen ergänzt werden sollen.

Hinter der abstrakten Begründung, die Sitztheorie verwirkliche die Interessen des Staates, der am meisten durch die Tätigkeit der Gesellschaft betroffen ist[6] und sorge dafür, daß Recht und Wirklichkeit konform gingen[7], steckt das wichtige praktische Bedürfnis, im Inland inländisches Recht anzuwenden und dadurch praktisch zu vermeiden, daß, worauf *Roth*[8], hingewiesen hat, die Informationskosten des Rechtsverkehrs in die Höhe getrieben und Prozesse in die Länge gezogen würden, weil sich die inländischen Gerichte (und Rechts-

---

2 *Kieninger*, ZGR 1999, 724, 733; ebenso: *Geyrhalter*, EWS 1999, 201, 203; *Schön*, ZHR 160 (1996), 221, 245.

3 Vgl. oben S. 78f und S. 100.

4 *Großfeld*, AG 1987, 261, 263; *Zimmer*, IntGesR, S. 205.

5 Vgl. schon *Roth*, ZGR 2000, 311, 332ff; *K.Schmidt*, ZGR 1999, 20ff.

6 Vgl. statt vieler jüngst *Kindler*, NJW 1999, 1993, 1994; *Göttsche*, DStR 1999, 1403, 1404.

7 Vgl. statt vieler *Zimmer* (oben Fn. 4), S. 219.

8 ZGR 2000, 311, 334.

berater, auf die sich *Roth* bezieht) anhand von Rechtshilfeersuchen mit den Eigenheiten ausländischer Rechtsordnungen auseinandersetzen müssen. Denn realiter werden Rechtsstreite mit einer Gesellschaft an ihrem Direktionssitz, nicht am Ort ihres Briefkastens geführt werden, so daß Gläubiger wie Richter praktisch häufig mit ausländischem Recht konfrontiert sein werden[9]. Die Sitztheorie bietet außerdem den praktischen Vorteil, daß Gesellschafts- und Steuerrechtsstatut zusammen bleiben, was insbesondere hinsichtlich der Bilanzierungsvorschriften Bedeutung hat. Hinzukommt, daß viele der nationalen Aufsichts- und Schutzinstrumente - beispielsweise des britischen Rechtes - außerhalb des Zuständigkeitsbereichs der nationalen Verwaltung gar nicht angewandt werden können[10]. Für eine *ltd.* mit bloßem Briefkasten im Vereinigten Königreich gälte demnach praktisch eine "doppelte Rosinentheorie": Sie hätte alle Vorzüge des britischen Gesellschaftsrechtes und insbesondere keinen finanziellen Aufwand bei der Gründung einer Gesellschaft ohne die Nachteile der verschärften Kontrolle[11].

Demgegenüber wiegen die Nachteile der Sitztheorie, die vor allem *Behrens* ins Feld führt, relativ gering, wobei hier nicht auf seine Argumentation hinsichtlich der Verhinderung der Sitzverlegung eingegangen wird, denn dies ist, wie sowohl für das deutsche als auch das italienische Recht gezeigt werden konnte, keine Folge der Sitztheorie. *Behrens* hält zum einen das Anknüpfungsmerkmal Verwaltungssitz für zu unbestimmt[12] und weist zu Recht darauf hin, daß es in einigen Bereichen vor allem moderner Geschäftsfelder nicht paßt[13]. Das hat jüngst auch die Entscheidung des OLG Frankfurt a.M.[14] veranschaulicht. Diese Schwierigkeiten sind aber nicht unüberwindbar, können doch Beweislast- und Vermutungsregeln die praktische Handhabung des Merkmals Verwaltungssitz erleichtern[15]. Darüber hinaus ist dies aber kein Argument *für* die Gründungstheorie, denn auch sie begegnet Schwierigkeiten bei der Festlegung

---

9 In diese Reichtung argumentiert *Risse* (MDR 1999, 752, 754), der bedauert, nach der Gründungstheorie gelte der gewohnte Gleichlauf von internationaler Zuständigkeit und anwendbarem Recht.

10 *Geyrhalter* (oben Fn. 2), S. 202; *Görk*, GmbHR 1999, 793, 795; *Ulmer*, JZ 1999, 662, 664. Eine Darstellung der britischen Schutzmechanismen findet sich bei *Luttermann*, ZEuP 2000, 907, 911f.

11 So läßt sich die von *Göttsche* ((oben Fn. 6), S. 1406) formulierte Prognose erklären, London werde sich in Zukunft zum europäischen Zentrum des "Gesellschaftsrecht-Geschäfts" entwickeln.

12 *Behrens*, in: Die GmbH im IPR u. EuR, IPR Rn. 12.

13 *Behrens* (oben Fn. 12), IPR Rn. 13; ähnlich *Ballarino*, La nazionalità, S. 1574 (unter Hinweis auf Transportunternehmen).

14 ZIP 1999, 1710.

15 Vgl. oben S. 19f.

des Anknüpfungsmerkmals sowohl in rechtlicher wie auch in tatsächlicher Art[16].

Gewichtiger sind aber die Nachteile der Gründungstheorie. Sie wird mit gutem Grund nirgendwo als reine Gründungstheorie angewandt, sondern praktisch stets von nationalen Schutzstandards, meist durch Sonderanknüpfungen, überlagert[17]. Die Realität der Gründungstheorie faßt *Höfling*[18] dahingehend zusammen, es gleiche einem "Normenmix aus relativ eng umgrenztem Gründungsstatut einerseits und dem durch Sonderanknüpfungen an den Verwaltungssitz beherrschten angrenzenden Rechtsgebiete andererseits".

Die Sitztheorie vermeidet hingegen, daß das internationale Privatrecht "zum intellektuellen Glasperlenspiel besonders versierter Kollisionsrechtler ausartet"[19]. Und sie stellt sich auch dem befürchteten "juristischen Impressionismus" mit seinen Defiziten an Rechtssicherheit entgegen[20]. Denn da sie von vorneherein das Recht anwendet, daß wegen eigener realer Betroffenheit Anwendungsanspruch erhebt, stellt sich ihr das Problem von Sonderanknüpfungen zum Schutz dieser betroffenen Interessen grundsätzlich nicht.

Der entscheidende europäische Nachteil der Sitztheorie ist ihre Konsequenz für die Anerkennung von ausländischen Gesellschaften mit inländischem Verwaltungssitz. Sie kann nicht erklären, *warum* sie eine Gesellschaft als existent anerkennt, obwohl diese Gesellschaft ihren Verwaltungssitz, jedoch keine Eintragung im Inland hat. Hinsichtlich der echten Sitzverlegung hält das italienische Recht die Frage für beantwortet: Eine Gesellschaft, die in der Vergangenheit für das italienische Recht als wirksam gegründete ausländische Gesellschaft mit einer echten Zweigniederlassung in Italien als existent hingenommen und anerkannt war, verliert ihre Geschichte als wirksam gegründete Gesellschaft nicht dadurch, daß von heute auf morgen für die Zukunft italienisches Recht anwendbar wird, auch wenn sie, was sie ja nicht kann, noch nicht in Italien eingetragen ist. Das deutsche Recht ist dabei inkonsequent konsequent mit dem Ergebnis, daß nur das Hier und Jetzt von Bedeutung ist. Bleibt die Frage, wie unter dieser Voraussetzung pseudo-

---

16 Siehe zu der Unklarheit, ob auf den ursprünglichen Gründungs-Satzungssitz oder den aktuellen Satzungssitz abzustellen sei, sowie auf die Schwierigkeit der Feststellung, wo eine Personengesellschaft als gegründet angesehen wird, oben S. 132.

17 Vgl. beispielsweise das niederländische Gesetz über das Mindestkapital von Scheinauslandsgesellschaften (siehe hierzu *Timmerman*, ZGR 1999, 147, 148), sowie die übrigen in der wissenschaftlichen Diskussion vorgeschlagenen Sonderanknüpfungen (vgl. *Behrens* (oben Fn. 12), IPR Rn. 22; *Höfling*, DB 1999, 1206, 1207). Zur Realität der Gründungstheorie in den USA und insbesondere zum sog. *genuine-link* vgl. *Ebenroth/Einsele*, ZVglRWiss 87 (1988), 217ff, und *Bungert*, ZVglRWiss, 93 (1994), 117ff.

18 DB 1999, 1206, 1207.

19 Die Formulierung stammt von *Sandrock*, BB 1999, 1337, 1342.

20 *Sonnenberger/Großerichter*, RIW 1999, 721, 725 (zur Rechtlage in Italien).

foreign-corporations zu behandeln sind. Selbst wenn eine positivrechtliche Norm verabschiedet würde, die genau den Inhalt des Art. 48 EGV wiedergäbe, daß Gesellschaften niederlassungsberechtigt sind, wenn sie nach dem Recht eines Mitgliedstaates gegründet sind und ihren Satzungssitz innerhalb der Gemeinschaft haben, so empfände die Mehrzahl des deutschen internationalprivatrechtlichen Schrifttums dies als dogmatische Inkonsequenz, weil nicht erklärt wäre, ob die Frage nach der Wirksamkeit der Gründung nun im Wege der Sonderanknüpfung gelöst würde oder nicht. Und erklärte man dies, was wäre mit der Einheitlichkeit der Anknüpfung des Gesellschaftsstatuts?

II. Die Anerkennung zuziehender Gesellschaften und das Dogma von der "Einheitlichkeit des Gesellschaftsstatuts"

Es wird als die Gretchenfrage des internationalen Gesellschaftsrechts bezeichnet, ob eine Rechtsordnung bei der Rechtsfähigkeit bzw. Existenz einer ausländischen Gesellschaft ansetzen, d.h. diese voraussetzen, soll, wenn sie diese durch das eigene Gesellschaftsrecht kontrollieren will[21]. Dabei hat sich in die Köpfe der deutschen Rechtswissenschaft tief eingegraben, daß die Anerkennung eine "unnötige Zwischenfrage romanischer Herkunft" sei, der die anderen Mitgliedstaaten beim Versuch einer Regelung der Anerkennung 1968 zum Opfer gefallen seien[22]. Es gilt als eine der Errungenschaften der modernen Lehre des internationalen Gesellschaftsrechts, daß mit Hilfe von allseitigen Kollisionsnormen eine umfassende Verweisung auf ein Gesellschaftsstatut erfolgt, das allein *alle* Fragen betreffend einer Gesellschaft regelt, ihr "Entstehen, Leben und Vergehen"[23]. Im Fall der grenzüberschreitenden Sitzverlegung erweist sich dies als das unüberwindliche Hindernis, als das regelmäßig die Sitztheorie hingestellt wird. Denn die strikte Einheitlichkeit der Anknüpfung *aller* das Gesellschaftsrecht betreffenden Fragen versagt die Möglichkeit, das Entstehen einer ausländischen Gesellschaft als historische Tatsache hinzunehmen und ihr "zuzusichern", daß sie einen Statutenwechsel - als Rechtsperson - überlebt. Auf diesem Wege käme auch die Sitztheorie um die Rechtsfolge umhin, daß das "Überleben" einer Kapitalgesellschaft als Rechtsperson davon abhängig ist, daß sie in jeder der berühmten logischen Sekunden die Eintragungserfordernisse des jeweils auf sie anwendbaren Rechts erfüllt. Wenn eine Gesellschaft nur *automatisch* anerkannt wird, kann sie nicht auch nur eine logische Sekunde riskieren, ohne Eintragung in einem deutschen Handelsregister ihren Verwaltungssitz in Deutschland zu haben.

---

21 Staudinger- *Großfeld*, IntGesR, Rn. 58; *Timme/Hülk*, JuS 1999, 1055, 1058.

22 *Drobnig*, in: v.Bar, Gemeinschaftsrecht und IPR, S. 185, 189 und 191.

23 BGH Z 25, 134, 144. Ebenso: Hachenburg-*Behrens*, GmbHG, Einl., Rn. 129f und 157; Rowedder- *Rittner*, GmbHG, Einl., Rn. 273f; *Ebenroth*, JZ 1988, 18, 25f; *Drobnig* (oben Fn. 22), S. 189; *Haas*, DB 1997, 1501; *Kegel/Schurig*, S. 505f.

Will man die Sitztheorie europaweit retten - was *Drobnig* gerade nicht will[24] - so ist die Zwischenfrage der Anerkennung hingegen nicht unnütz. Sie erscheint jedenfalls als die einzige Überlebenschance der Sitztheorie in Europa[25], weil weder das Kollisions- noch das Sachrecht der Mitgliedstaaten - auch nicht mehr in Fällen echter anfänglicher pseudo-foreign-corporations - zu dem Ergebnis kommen dürfen, daß eine Gesellschaft, die die Voraussetzungen des Art. 48 EGV erfüllt, nicht besteht. Das internationale Gesellschaftsrecht hat folglich nur zwei Möglichkeiten: Entweder es gibt die einheitliche Anknüpfung des Gesellschafsstatuts auf, konserviert dafür aber die Möglichkeit, Gesellschaften mit inländischem Verwaltungssitz inländischem Gesellschaftsrecht zu unterwerfen. In diesem Fall würde das Sitzrecht *nur* über die Wirksamkeit der ursprünglichen Gründung *nicht* entscheiden, einem Zeitpunkt im übrigen, zu dem es noch gar nicht anwendbar war. Oder aber das internationale Gesellschaftsrecht innerhalb der Europäischen Union nimmt vollständig Abstand von der Sitztheorie. Wobei auch letzteres im rechtstatsächlichen Ergebnis zur Aufgabe der Einheit des Gesellschaftsstatuts führte, denn in der Realität arbeiten die Gründungstheoriestaaten mit einer Reihe von Sonderanknüpfungen.

1. Funktion und Funktionsweise der "Anerkennung" in Italien

Das italienische Recht nimmt für sich in Anspruch, dem Prinzip der automatischen Anerkennung anzuhängen. Seit Einführung einer bilateralen Kollisionsnorm, Art. 25 Abs. 1 Satz 1 IPRG, kann die Anwendung des ausländischen Rechtes und damit die automatische Anerkennung auch dogmatisch gerechtfertigt werden. Die Beobachtung der Folgen eines Statutenwechsels hat aber gezeigt, daß das italienische Recht nur solange konsequent auf die Rechtsfigur der automatischen Anerkennung zurückgreift, wie ausländisches Recht anwendbar ist. Wird infolge eines Statutenwechsels italienisches Recht anwendbar, will man die Frage nach der Wirksamkeit der Errichtung und der Existenz der Gesellschaft *nicht* dem anwendbaren Recht entnehmen, sondern weiterhin dem Gründungsrecht. Das italienische Recht nimmt zuziehenden Gesellschaften damit im Ergebnis auf unkomplizierte Art und Weise das Risiko eines Statutenwechsels ab.

Man kann dieses Ergebnis entweder durch eine entsprechende Interpretation des Art. 25 Abs. 1 IPRG begründen, wie sie *Benedettelli* vorgeschlagen hat; danach überlagert bzw., wie *Benedettelli* es ausdrückt, "limitiert" das Sitzrecht nur die weiterhin gültige Anknüpfung an das Gründungsrecht[26]. Oder man bemüht

---

[24] A.a.O., S. 194. Nach seiner Ansicht ist es wegen der gemeinschaftsrechtlich gebotenen Anerkennung "folgerichtig", von der Sitztheorie abzurücken.

[25] Ähnlich schon *Brödermann*, in: Brödermann/Iversen, S. 64, sowie im Zuge der Diskussion um die *Centros*-Entscheidung: *Bungert*, DB 1999, 1841, 1842; *Borges*, RIW 2000, 167, 178; *Hoor*, NZG 1999, 984, 985; *G.Roth*, ZIP 1999, 861, 862; *Timme/Hülk* (oben Fn. 21), S. 1056; *Zimmer*, ZHR 164 (2000), 23, 32.

[26] *Benedettelli*, Riv.soc. 1997, 39, 88. Dieser Interpretation zustimmend aus der deutschsprachigen Literatur *Sonnenberger/Großerichter* (oben Fn. 20), S. 725.

hierzu ein wie auch immer aus Art.16 disp.prel. hergeleitetes allgemeines Prinzip der Anerkennung[27]. Die Diskussion um eine Herleitung des Ergebnisses, daß ausländische Gesellschaften in Italien weiterexistieren, ist aber insgesamt geprägt davon, daß man es als offensichtliche Selbstverständlichkeit empfindet, die Realität der Vergangenheit nicht nachträglich auszulöschen[28]; das wird ständig betont, hingegen tauchen die Zweifelsfragen über eine "Sonderanknüpfung" oder die Aufgabe der Einheitlichkeit der lex societatis nicht auf.

Auch wenn die italienische Lösung in Deutschland als dogmatische Unsauberkeit empfunden zu werden droht, so führt sie auf der anderen Seite eine Inkonsequenz des deutschen Rechtes vor. Nach Ansicht der deutschen Gerichte hört eine Gesellschaft, deren ursprüngliches Entstehen auf der Fiktion einer ausländischen Rechtsordnung beruht, nur deshalb automatisch zu existieren auf, weil das eigene IPR das ausländische Recht nicht mehr für anwendbar hält. Damit maßt sich das deutsche Recht an, über eine Frage zu entscheiden, die *in der Vergangenheit* der Existenz der Gesellschaft liegt, nämlich ihr ursprüngliches Entstehen. Dies ist ein Zeitpunkt, zu dem das deutsche Recht ohne Frage noch nicht anwendbar war. Auch deswegen hält man es in der romanischen Rechtstradition hingegen für falsch und inkonsequent, die Frage nach der wirksamen Errichtung der Gesellschaft nach einer anderen Rechtsordnung zu entscheiden als der, deren Fiktion die Gesellschaft in der Vergangenheit hervorgebracht hat. Das deutsche Recht kann allein mit seiner Berufung auf die Einheitlichkeit der lex societatis nicht rechtfertigen, aus welchen Gründen es einer anderen als der Gründungsrechtsordnung vorbehalten sein sollte, über die Wirksamkeit des Entstehens der Gesellschaft zu entscheiden. Denn eine Gesellschaft "anzuerkennen", muß nicht bedeuten, sie *so* gelten zu lassen, *wie* sie entstanden ist, sondern nur *daß* sie überhaupt entstanden ist[29]. Die Sitztheorie führt dann dazu, daß das inländische Gesellschaftsrecht auf eine als Rechtssubjekt weiterbestehende Gesellschaft angewendet werden kann.

Benedettelli leitet diese Interpretation aus dem Wortlaut der Norm her: Art. 25 Abs. 1 Satz 1 IPRG unterwirft Gesellschaften ihrem Gründungsrecht; Satz 2 erklärt auf "diese Gesellschaften" (*tali* enti) ausnahmsweise das Sitzrecht für anendbar, nimmt aber mit dem Demonstrativpronomen "diese" Satz 1 in sich auf. In Ermangelung entsprechender Stellungnahmen während der Diskussion um Art. 25 IPRG (vgl. oben S. 126f) ist allerdings näherliegend, daß mit "tali enti" lediglich auf die Aufzählung der verschiedenen Formen von Personenzusammenschlüssen, die Art. 25 IPRG erfaßt (vgl. hierzu oben S. 124, Fn. 73), Bezug genommen wird.

27 Vgl. ausführlich oben S. 114f.

28 *Broggini*, Società ed altri enti, S. 57, 62.

29 Die schlichte Hinnahme der Wirksamkeit der Gründung hat auch *Beitzke* (Gutachten S. 94, 111) befürwortet.

2. Die Furcht vor dem "Normenmix"

Die Gegner der positiven Formulierung der Anerkennung ausländischer Gesellschaften wenden vor allem die Gefahr eines "Normenmix" ein. Daraus erwüchse erhebliche Rechtsunsicherheit[30]. Man könne nicht einzelne Regelungsbereiche aus dem Funktionszusammenhang des gesellschaftsrechtlichen Normativsystems herausreißen und in eine andere Rechtsordnung implementieren[31]. Man fürchtet "Fremdkörper", die sich nicht in das Gesellschaftsstatut einfügen; als Beispiel dafür kann vor allem die Mitbestimmung dienen, wenn eine ausländische Rechtsordnung keinen oder einen anders strukturierten Aufsichtsrat mit anderen Kompetenzen vorsieht[32]. Ferner sieht man es als wesentlichen Vorteil an, daß unter Geltung der Einheitslehre keinerlei Unsicherheiten darüber bestehen, welche Frage von welchem Gesellschaftsrecht beantwortet wird[33]. Diese Furcht ist aber angesichts der hier vorgeschlagenen schlichten Hinnahme der Wirksamkeit der Errichtung und Existenz einer Gesellschaft unbegründet. Denn wie das italienische Recht zeigt, ist es möglich, das gesamte inländische Gesellschaftsrecht auf eine nach ausländischem Recht gegründete Gesellschaft anzuwenden und sie in eine inländische Gesellschaft *umzuwandeln.* Es geht gerade nicht um eine diffizile Unterscheidung zwischen Innen- und Außenverhältnis, von der die Vertreter der Überlagerungstheorien ausgehen[34], sondern um die Anwendung des gesamten inländischen Gesellschaftsrechts auf eine bestehende juristische Person.

An diese Form des "Normenmix", wonach die Wirksamkeit der Gründung vom Herkunftsland geregelt und alles übrige nach der Sitztheorie angeknüpft wird, wird man sich innerhalb des europäischen Binnenmarktes zukünftig ohnehin gewöhnen müssen[35]. Denn es ist europaweit seit der *Centros*-Entscheidung nicht mehr zulässig, die Existenz einer Gesellschaft in Frage zu stellen, wenn sie entsprechend Art. 48 EGV nach dem Recht eines Mitgliedstaates gegründet ist und ihren Satzungssitz innerhalb der Gemeinschaft hat[36].

---

30 MünchKomm(2.A.)-*Ebenroth*, EGBGB, Nach Art. 10, Rn.166 und Rn.171; MünchKomm-*Kindler*, IntGesR, Rn.295f; *Höft*, S. 35.

31 MünchKomm(2.A.)-*Ebenroth*, EGBGB, Nach Art. 10, Rn.166; *Wessel/Ziegenhain*, GmbHR 1988, 424, 425.

32 *G.Roth* (oben Fn. 25), S. 864.

33 MünchKomm(2.A.)-Ebenroth, EGBGB, Nach Art. 10, Rn.166 und Rn.171; *Kaligin*, DB 1985, 1449, 1450; *Risse*, MDR 1999, 752, 753; *Sack*, JuS 1990, 352, 353 (m.w.N. Fn.12).

34 *Grasmann*, Rn. 624; *Sandrock*, RabelsZ 42 (1978), 227ff. Befürwortend auch: *Bungert*, AG 1995, 489, 491; ebenso - unter dem Vorbehalt befriedigender Mitbestimmungsregelungen - *Großfeld/König*, RIW 1992, 433, 436. Vgl. zu den Überlagerungstheorien oben S. 40f.

35 *Höfling* (oben Fn. 17), S. 1207; *Sandrock* (oben Fn. 19), S. 1338f.

36 Ausführlich oben S. 83f.

3. Die Anwendung des Sachrechts auf die anerkannte Gesellschaft

Verlangt die anwendbare Rechtsordnung von der im Ausland gegründeten Gesellschaft die Erfüllung ihres Gründungsrechts, kann sie von ihr nur die inhaltliche Erfüllung, d.h. Anpassung an die Gründungsvorschriften verlangen, nicht die Neugründung, denn, so die Auffassung im italienischen Recht, was bereits gegründet ist, kann nicht ein zweites Mal gegründet werden. Durch die Anpassung an ein neues Gesellschaftsrecht wird die Identität einer Gesellschaft nicht verändert, sondern nur ihre Erscheinungsform modifiziert. *Beitzke*[37] hat dies bereits vor längerer Zeit für das deutsche Recht formuliert: "Auch beim Menschen ist die Rechtsfähigkeit von der Rechtsordnung abhängig, in der er sich befindet; trotzdem ist noch niemand auf den Gedanken verfallen anzunehmen, daß beim Wechsel der Staatsangehörigkeit und damit des Personalstatuts der Mensch vom Standpunkt der Rechtsordnung aus ein anderer würde. Genauso wie hier Identität der Person angenommen wird, ist auch bei Gesellschaften oder juristischen Personen die Wahrung der Identität anzunehmen".

Die Anpassung der Erscheinungsform einer ausländischen Gesellschaft an eine inländische Rechtsform ist, so die Auffassung im italienischen Recht, eine "*vera e propria trasformazione*"[38], deren Ergebnis dank der Anwendung der inländischen Umwandlungsvorschriften vollständig dem einer rein innerstaatlichen Umwandlung entspricht. An dieser Stelle ist der Furcht des Gesetzgebers entgegenzutreten, mit der Ausdehnung des Umwandlungsgesetzes auf internationale Sachverhalte würde einer europaweit einheitlichen Regelung vorgegriffen[39], denn mit der entsprechenden Anwendung der Umwandlungsvorschriften kann nicht der Sachverhalt insgesamt geregelt werden, sondern nur der inländische Part. Für den ausländischen Part der Sitzverlegung und Umwandlung - die "Entlassung" der ausländischen Gesellschaft aus ihrer Rechtsordnung - kann, muß und darf das deutsche Recht keine Regelung treffen.

III. Die Zukunft von Wegzugssperren und das deutsche Problem mit der Mitbestimmung

Die vorstehenden Ausführungen betreffen lediglich den Zuzug einer ausländischen Gesellschaft in einen Sitztheoriestaat, sie gelten nicht für die Schwierigkeiten, denen sich eine Rechtsordnung in der Rolle des Wegzugsstaates gegenübersieht. Der inländische Rechtsverkehr legt Vertragsverhandlungen mit einer inländischen Gesellschaft die Erwartung zugrunde, daß auf seine Vertragspartnerin inländisches Gesellschaftsrecht mit dem dort verwirklichten Schutzsystem anwendbar ist und bleibt und daß seine wohlerworbenen Gesellschafter- oder Mitverwaltungsrechte bestehen bleiben.

---

37 ZHR 127 (1965), 1, 30.

38 *Simonetto*, Commentario Art. 2505 c.c., S. 396.

39 So in der Begründung zu § 1 UmwG, BT-Drs. 12/6699 v. 1.2.1994, S. 80. Hierzu siehe ausführlich unten S. 267f.

Der Schutz dieses Vertrauens darf zwar künftig nicht mehr dazu führen, daß der Wegzug einer Gesellschaft verhindert wird[40]. Der betroffene Staat darf aber dennoch Möglichkeiten zur Verwirklichung seines Schutzsystems suchen, solange sie den Wegzug nicht unverhältnismäßig beeinträchtigen. Insbesondere widerspricht die auch in der Fusionsbesteuerungsrichtlinie vorgesehene Nachholung der Besteuerung stiller Reserven in Vermögensgütern, die aus der steuerlichen Verstrickung "abwandern", nicht dem europäischen Recht[41]. Hinsichtlich der Schutzes der Gläubiger vor dem Verlust ihres inländischen Gerichtsstandes und ihrer Vollstreckungsmöglichkeit sind die Probleme tatsächlich geringer als sie oft gesehen werden, da in aller Regel eine inländische Betriebstätte oder Zweigniederlassung verbleibt[42].

Die am schwersten zu lösende "Bremse" für die Ermöglichung eines grenzüberschreitenden Wegzuges aus dem Geltungsbereich der Bundesrepublik hinaus ist die unternehmerische Mitbestimmung[43]. Sie ist Teil der lex societatis und nach einem Statutenwechsel nicht mehr anwendbar[44]; man will daher den deutschem Recht unterstehenden Gesellschaften nicht die Möglichkeit geben, den Statutenwechsel zu nutzen, um der Anwendung des MitBestG zu entgehen[45]. Diese Sorge halten Teile der Literatur allerdings für rein theoretisch, weil Unternehmen von einer solchen Größe, daß sie in den Anwendungsbereich des MitBestG fallen, sich praktisch kaum eines fiktiven ausländischen Sitzes bedienen würden; pseudo-foreign-corporations sind in aller Regel kleine Unternehmen. Die Furcht vor der Flucht aus der Mitbestimmung wird daher für weitestgehend theoretisch gehalten[46]. Dennoch ist die

40 Vgl. zur *Centros*-Entscheidung in diesem Zusammenhang oben S. 110f.

41 Vgl. ausführlich oben S. 234 zur "*manovra Dini*".

42 Vgl. hierzu oben S. 229f. Jüngst ebenso *Luttermann* (oben Fn. 10), S. 914f.

43 Statt vieler: *Heinze*, AG 1997, 289, 291; *ders.*, ZGR 1999, 54f; *Hahn*, GmbHR 1993, R 17. Zum Rechtsvergleich mit anderen europäischen Staaten siehe *Figge*, Mitbestimmung auf Unternehmensebene in Vorschlägen der Europäischen Gemeinschaften (1991), S. 74ff.

44 Soergel-*Lüderitz*, EGBGB, Anh. Art.10, Rn. 43; Rowedder-*Rittner*, GmbHG, Einl., Rn. 286; *v.Bar*, IntPrivR II, Rn. 445; *Heinze*, ZGR 1999, 54, 56 und 59; *Hoffmann*, ZHR 2000, 43, 61; *Kaligin*, DB 1985, 1449, 1454.

45 Grundsätzlich gegen den Schutz der Mitbestimmung mit Mitteln des Kollisionsrechts *Behrens* (RabelsZ 52 (1988), 498, 514; ebenso *Meilicke*, GmbHR 1998, 1053, 1057), da die Diskussion um die Sitztheorie von den kollisionsrechtlichen Problemen wirtschaftsrechtlicher Materien entlastet werden müßte und im übrigen die Defizite des mitbestimmungsrechtlichen Schutzes der Arbeitnehmer im Mitbestimmungsrecht selbst lägen.

46 *Heinze*, AG 1997, 289, 291; *Hoffmann*, NZG 1999, 1077, 1984; *Kallmeyer*, ZIP 1996, 535, 537; *Steindorff*, JZ 1999, 1140, 1142; *Ulmer* (oben Fn. 10), S. 663; *Wiesner*, AG 1996, 390, 391. *Heinze* ((oben Fn. 44), S. 56f) hat in diesem Zusammenhang auf eine Schwierigkeit im Bereich des kollektiven Arbeitsrechts aufmerksam gemacht, die darin besteht, daß eine wegziehende Gesellschaft möglicherweise ihre Mitgliedschaft im Arbeitgeberverband - und damit ihre Verpflichtungen aus den Tarifverträgen - verlöre.

Sorge um die Mitbestimmung in der rechtspolitischen Diskussion um die Ermöglichung der Sitzverlegung zu einiger "Bremskraft" fähig[47] und hat auch die Kommission veranlaßt, diese heikle Frage in ihrem Vorschlag für eine 14. Gesellschaftsrechtliche Richtlinie über die internationale Sitzverlegung auszusparen[48]. Wenig konstruktiv ist in diesem Zusammenhang daher der Vorschlag von *Meilicke*[49], das deutsche demokratisch organisierte Gemeinwesen möge im Wettbewerb der Rechtsordnungen den Beweis dafür antreten, daß mit der Mitbestimmung ein Wettbewerbsvorteil verbunden sei.

Die neuere Ansicht in der Literatur hält allerdings sogar das Problem der Mitbestimmung für lösbar. Auch und gerade im Gefolge der *Centros*-Entscheidung sprechen sich vermehrt auch Kritiker der Sitztheorie dafür aus, die Mitbestimmung im Wege einer Sonderanknüpfung zu konservieren[50]. In die gleiche Richtung geht der Vorschlag der entsprechenden Anwendung der Vorschriften des MitBestBeiG[51] oder des § 5 Abs. 3 MitbestG, der zur Fiktion des Fortbestehens der inländischen Betriebsstätte der mitbestimmten Gesellschaft führte[52]. Überwiegend einig ist man sich darüber, daß Beschränkungen des Wegzuges zum Schutz der Mitbestimmung einer Verhältnismäßigkeitsprüfung durch den EuGH standhalten würden[53]. Allerdings müssen die rechtstechnischen Probleme einer Sonderanknüpfung der Mitbestimmung nicht lange gesucht werden, denn eine ausländischem Recht unterstehende Gesellschaft müßte einen Aufsichtsrat entsprechend deutschem Kapitalgesellschaftsrecht errichten[54]. Ferner müssen Folgeregelungen geschaffen werden, mit denen die Gesellschaft effektiv dazu "gezwungen" werden kann, die Einrichtung des Aufsichtsrates auch zukünftig nicht mehr rückgängig zu machen. Eine Lösung wird daher ohne Frage schwierig, aber dennoch möglich sein[55].

---

47 Vgl. hierzu *Großfeld/Erlinghagen*, JZ 1993, 217, 225. Ebenso *Heinze*, AG 1997, 289; *Kallmeyer*, AG 1998, 88, 89.

48 *Heinze*(oben Fn. 44), S. 55.

49 GmbHR 1998, 1053, 1057.

50 *Hammen*, WM 1999, 2487, 2493f; *G.Roth* (oben Fn. 25), S. 864; *Zimmer* (oben Fn. 4), S. 148ff; *ders.*, BB 2000, 1361, 1366.

51 Vgl. hierzu *Bungert*, AG 1995, 489, 501, 502; *Schümann*, EuZW 1994, 269, 275.

52 *Kallmeyer*, ZIP 1996, 535, 537.

53 Statt vieler: *Kieninger* (oben Fn. 2), S. 745; *Roth* (oben Fn. 5), S. 333; *Ulmer* (oben Fn. 10), S. 663.

54 *Zimmer*, BB 2000, 1361, 1366. Anders allerdings *Hammen* ((oben Fn. 50), S. 2493f), der die Implementierung der unternehmerischen Mitbestimmung in eine ausländische Rechtsform auch dann für unproblematisch hält, wenn es sich um eine monistisch strukturierte Gesellschaft handelte, sofern diese auch nichtgeschäftsführende Verwaltungsorgane hat.

55 *Zimmer* (oben Fn. 4), S. 137ff, insb. S. 159f. Zweifelnd allerdings *Heinze*, der für den einzig gangbaren Weg die Annäherung der Rechtssysteme im Wege der Koordinierung auf europäischer Ebene hält ((oben Fn. 44), S. 60f und 68f).

IV. Rechtliche Eckpunkte für die grenzüberschreitende Sitzverlegung nach geltendem Kollisions- und Sachrecht

Die Untersuchung des italienischen Rechtes hat gezeigt, daß man bei der Lösung der Fragen im Zusammenhang mit der Sitzverlegung nicht vernachlässigen darf, daß anwendbares Recht und Satzungssitz gesellschaftsrechtlich nicht auseinanderfallen können[56]. Das liegt weniger daran, daß "meist etwas faul ist, wenn Sitz und Satzung auseinandergehen"[57], als vielmehr daran, daß es für die rechtstatsächliche Anwendbarkeit der bis dahin nur theoretisch anwendbaren Vorschriften ein inländischer Satzungssitz erforderlich ist, weil nur dann ein zuständiges Registergericht über die Anwendung des Gesellschaftsrechtes wacht. Die in der wissenschaftlichen Diskussion im internationalen Gesellschaftsrecht beständig vorgenommene Trennung von Verwaltungs- und Satzungssitz ist gesellschaftsrechtlich im Ergebnis nicht akzeptabel, wenn der Verwaltungssitz über die Anwendbarkeit des Rechts entscheidet. Da aber die Ermöglichung der Sitzverlegung ebensowenig ein rein kollisionsrechtliches wie ein rein gesellschaftsrechtliches Problem ist, muß die Trennung der "beiden" Sitze im Interesse einer konstruktiven Diskussion aufgegeben werden.

Den ersten Schritt dahin ist die Kommission mit Art. 3 ihres Vorentwurfes für eine 14. Gesellschaftsrechtliche Richtlinie betreffend die grenzüberschreitende Sitzverlegung gegangen[58]: Es müssen Satzungs- und Verwaltungssitz gemeinsam verlegt werden, und erst mit der Eintragung des Satzungssitzes im neuen Register wechselt das anwendbare Recht. Auch Art. 5 des Entwurfes für das Statut der Europäischen Aktiengesellschaft geht davon aus, daß Verwaltungs- und Satzungssitz übereinstimmen müssen[59].

In jüngerer Zeit mehren sich außerdem im deutschen Gesellschaftsrecht die Stimmen, die das Auseinanderfallen von Verwaltungs- und Satzungssitz gesellschaftsrechtlich nicht für zulässig halten[60]. Die Verlegung des Verwaltungssitzes wird teilweise bereits als unzulässige faktische Satzungsänderung angesehen[61]. Und neuerdings wird im Hinblick auf § 4a GmbHG und § 5 AktG vorgeschlagen, bei einer nachträglichen Änderung der tatsächlichen Verhält-

---

56 Siehe ausführlich oben S. 159f. Die diffizile Begründung dieses Ergebnisses war deshalb erforderlich, weil das italienische Gesellschaftsrecht davon ausgeht, daß Verwaltungs- und Satzungssitz auf Dauer auseinanderfallen können (vgl. oben S. 9f).

57 *Kegel/Schurig* (oben Fn. 23), S. 503).

58 Abgedruckt z.B. in ZIP 1997, 1723f.

59 ABl.C 176 v. 8.7.1991, S. 1ff.

60 *Lutter/Hommelhoff*, GmbHG, § 4a, Rn. 15, 16. Kritisch zur Zulässigkeit des Auseinanderfallens von Verwaltungs- und Satzungssitz auch *Emmerich* (in: Scholz, GmbHG, § 3, Rn. 5), nach dessen Ansicht die Wahl des Satzungssitzes nicht rein fiktiv sein darf; in diesem Falle sei die freie Wahl des Satzungssitzes mißbräuchlich ausgeübt.

61 *Tieves*, Der Unternehmensgegenstand der Kapitalgesellschaft, S. 229 (Fn. 29); *Lutter/Hommelhoff*, GmbHG § 4a, Rn. 15, 16.

nisse betreffend den Sitz das Verfahren nach § 144a FGG anzuwenden, wenn die Satzung nicht entsprechend geändert wird[62].

Aus der Warte des internationalen Gesellschaftsrechts betrachtet, bedeutet dies, daß der Satzungssitz nur die publizierte Angabe darüber sein darf, in welchem Rechtskreis sich der Verwaltungssitz befindet[63]. Wird die Hauptverwaltung faktisch verlegt, muß die Gesellschaft demnach förmlich hinterherziehen; jede andere Überlegung würde die Gesellschaft in die "Zwickmühle" setzen, weil sie entweder in dem anwendbaren Rechtskreis *nicht* oder aber an *zwei* Orten eingetragen wird. Damit ist der Satz von *Behrens*[64], Gesellschaften hätten bekanntlich zwei Sitze, nämlich den Verwaltungs- und den Satzungssitz, internationalprivatrechtlich nicht aufrecht zu erhalten, und die Kritik von *Beitzke* entkräftet, der bereits 1972 darauf hingewiesen hat, "daß das deutsche Recht keinen einheitlichen Anknüpfungspunkt für die Erlangung der Rechtsfähigkeit kennt"[65].

Mit der Forderung nach Übereinstimmung von Verwaltungssitz und Satzungssitz - auch dieser Gedanke ist von *Beitzke*[66] - wird der Unterschied zwischen der Sitztheorie und der Gründungstheorie keine wesentliche Rolle mehr spielen.

---

62 *Lutter/Hommelhoff*, GmbHG § 4a, Rn.16; die Frage ist streitig (a.A. sind z.B. *Ebling*, BB 1970, 450; *Kögel*, GmbHR 1998, 1108, 1109. Einschränkend Scholz- *Emmerich*, GmbHG, § 3, Rn. 9, m.w.N. aus der Rechtsprechung (§ 144a FGG nicht bei nachträglichem, wohl aber bei anfänglichem Auseinanderfallen)), nach Ansicht von *Lutter/Hommelhoff* hat der Gesetzgeber diesen Streit allerdings mit der Begründung zur Neufassung des § 4a GmbHG entschieden, in der ein Auseinanderfallen von Verwaltungs- und Satzungssitz ausgeschlossen werden sollte.

63 Ebenso: *Behrens* (oben Fn. 12), IPR Rn. 30; *G.Roth*, GesRZ 1995, 1, 7f; ähnlich *Zimmer* (oben Fn. 54), S. 1361. Einschränkend: Scholz-*Westermann*, GmbHG, Einl, Rn. 125 (es soll genügen, daß die Gesellschaft im Inland eine Betriebsstätte unterhält).

64 EuZW 2000, Heft 13, Editorial. *Behrens* geht in einer früheren Stellungnahme davon aus, daß eine deutsche Gesellschaft einen deutschen Verwaltungssitz haben müßte ((oben Fn. 12), IPR Rn. 30).

65 *Beitzke* (oben Fn. 29), S. 109.

66 *Beitzke* (oben Fn. 29), S. 103.

Teil 2: Die grenzüberschreitende Verschmelzung

§ 7 Einführung in die Fragestellung

In Italien gab und gibt es keinen Zweifel daran, daß die gesellschaftsrechtliche Verschmelzung von Gesellschaften verschiedener Rechtsordnungen möglich, durchführbar und vor allem erwünscht ist. Seit der IPR-Reform 1995 ist sie in Art. 25 Abs. 3 IPRG ausdrücklich geregelt:

> "... die Fusionen von Gesellschaften mit Sitz in verschiedenen Staaten sind nur wirksam, wenn sie mit den Rechtsordnungen der beteiligten Staaten übereinstimmen"[1].

Auch im deutschen Recht hält man die grenzüberschreitende Verschmelzung jedenfalls kollisionsrechtlich nicht für so problematisch wie die grenzüberschreitende Sitzverlegung, weil sie aufgrund der Auflösung der übertragenden Gesellschaften nicht zu einem Statutenwechsel führt[2].

I. Begriff der grenzüberschreitenden Fusion

Als "Fusion" wird im allgemeinen die - wie auch immer vollzogene - wirtschaftliche Vereinigung von Gesellschaftsvermögen oder der von Gesellschaften betriebenen Unternehmen bezeichnet[3]. Dieser Begriff, der vor allem im Steuer- und Kartellrecht gebraucht wird[4], geht über das hier zu untersuchende Phänomen der gesellschaftsrechtlichen Verschmelzung hinaus.

Unter Verschmelzung im *gesellschaftsrechtlichen* Sinne versteht man die Vereinigung von zwei Gesellschaften zu einem Rechtsträger im Gegensatz zur bloßen Vereinigung ihres Vermögens oder ihrer wirtschaftlichen Tätigkeit. Die gesellschaftsrechtliche Verschmelzung führt im Gegensatz zu anderen Formen der wirtschaftlichen Vereinigung dazu, daß die übertragenden Rechtsträger erlöschen, ohne daß ihr Vermögen liquidiert wird; die übernehmende (neugegründete) Gesellschaft tritt die Gesamtrechtsnachfolge an[5]. Grenzüberschreitend ist eine solche Verschmelzung, wenn die an ihr beteiligten Gesellschaften verschiedenen Rechtsordnungen unterstellt sind.

---

1 Art. 25 Abs. 3 IPRG im Wortlaut: "... le fusioni di enti con sede in stati diversi hanno efficacia soltanto se posti in essere conformemente alle leggi di detti Stati interessati."

2 Vgl. hierzu unten S. 258.

3 Vgl. statt vieler *Bühler*, Grenzüberschreitende Fusion von Kapitalgesellschaften in der EU, S. 44.

4 Vgl. hierzu MünchKomm(2.A.)-*Ebenroth*, EGBGB, Nach Art. 10, Rn. 468; *Avagliano*, in: L'ordinamento tributario, S. 199; *Ebenroth*, II, JZ 1988, 75, 80; *Lupi*, Boll.trib. 1992, 1299.

5 Vgl. z.B. § 2 UmwG; Art. 19 der Dritten Richtlinie 78/855/EWG. Aus der Literatur statt vieler: *Bühler* (oben Fn. 3), S. 46; *Ebenroth*, II, JZ 1988, 75, 79.

Es gibt alternative Fusionsmodelle, die ein der gesellschaftsrechtlichen Verschmelzung vergleichbares wirtschaftliches Ergebnis herstellen können[6]. Möglich ist beispielsweise eine Fusion durch Betriebsübertragung gegen Gewährung von Gesellschafterrechten, bei der die übernehmende Gesellschaft das Vermögen der übertragenden Gesellschaft übernimmt und im Gegenzug dafür durch Sachkapitalerhöhung geschaffene eigene Anteile gewährt. Im Anschluß daran wird die übertragende Gesellschaft aufgelöst und liquidiert, die Anteile der übernehmenden Gesellschaft werden an die Gesellschafter der übertragenden Gesellschaft ausgeschüttet[7].

Die Nachteile dieser Ersatzlösung sind zuerst im Steuerrecht zu sehen, da die gesellschaftsrechtliche Verschmel-zung im Gegensatz zu dieser Ausweglösung ein steuerneutraler Vorgang ist. Die beschriebenen Ersatzlösungen gehen in aller Regel mit der Übertragung von Vermögensgegenständen einher, die nicht unter das "Verschmelzungs-privileg" fallen. Nicht zu vergessen ist auch der finanzielle Aufwand der Liquidation und die dadurch erforderliche Aufdeckung der stillen Reserven. Eine praktische Schwierigkeit liegt auch in der Organisation des "Anteils-tausches" durch Kapitalerhöhungen bei der übernehmenden Gesellschaft.

Als weitere Möglichkeit für eine internationale "Fusion" wird oftmals das "Holdingkonzept" herangezogen[8]. Hierbei bleiben die fusionierenden Gesellschaften als rechtlich selbständig erhalten, sind jedoch entweder Muttergesellschaften einer gemeinsamen Tochter, deren Geschäftsführung die Leitungsorgane der Mütter in Personalunion vereint, oder sie werden Tochtergesellschaften einer Holding, die die Gesellschafter der fusionierenden Gesellschaften gegründet und auf die sie ihre Anteile an den beteiligten Gesellschaften übertragen haben. Die Bildung einer gemeinsamen Holding führt damit aber nur zur Zusammenfassung und Koordinierung der wirtschaftlichen Aktivität, nicht zur wirklichen Vereinigung der Gesellschaften.

---

6 Vgl. hierzu: *Eyles*, Niederlassungsrecht, S. 459f; *Großfeld*, Int.UnternehmensR, S. 100ff; *Herzig/Förster*, DB 1994, 1ff; *Lutter*, Gutachten, H, S. 50ff; Staudinger-*Großfeld*, IntGesR, Rn. 626-646; *Neye/Limmer/Frenz/Harnacke*, Handb.Umw, 2.Teil, A.III (Rn. 99ff); *Widmann/Mayer*, § 1 UmwG, Rn. 31 m.w.N.

7 Ähnlich ist das Verfahren der Fusion durch Übertragung der Anteile gegen Gewährung von Gesellschaftsrechten an der übernehmenden Gesellschaft. Bei diesem Modell muß jeder einzelne Gesellschafter der übertragenden Gesellschaft seine Anteile einzeln übertragen und erhält im Gegenzug (dafür geschaffene) Anteile an der übernehmenden Gesellschaft (vgl. die Fusion der *Daimler Benz AG* mit *Crysler*, die den hierzu erforderlichen Tausch jeweils über Treuhänder abwickelten; vgl. hierzu *Baums*, FS Zöllner, S. 65, 70f; *Hoffmann*, NZG 1999, 1077, 1082). Nachdem die übernehmende Gesellschaft alleinige Gesellschafterin der übertragenden Gesellschaft geworden ist, beschließt sie deren Auflösung; das nach der Liquidation verbleibende Restvermögen wird an sie ausgeschüttet.

8 So bei der Fusion *Hoechst- Rhone Poulenc* zur *Aventis* (im einzelnen siehe *Hoffmann* (oben Fn. 7), S. 1078). Vgl. zum Holding-Konzept generell: *Beisel/Klumpp*, Rn. 275 (S. 89); *Beitzke*, FS Hallstein, S. 14; *Thiel*, GmbHR 1994, 277, 287.

Gegenstand dieser Arbeit ist nur die Verschmelzung von Gesellschaften im Sinne der Artt. 3 und 4 der Richtlinie 78/855/EWG (Dritte Gesellschaftsrechtliche Richtlinie, sogenannte Fusionsrichtlinie)[9]. Bei dieser werden die Gesellschaften im Zuge der Übertragung ihres Vermögens ohne anschließende Abwicklung aufgelöst; die übernehmende Gesellschaft tritt die Nachfolge in die Rechtsverhältnisse der übertragenden Gesellschaften an. Als "Gegenleistung" erhalten die Gesellschafter der übertragenden Gesellschaft(en) Anteile an der übernehmenden Gesellschaft. Nach den Vorschriften der Dritten Richtlinie kann diese Verschmelzung durch Aufnahme seitens eines bestehenden oder seitens eines neuzugründenden Rechtsträgers erfolgen. Nur dies ist gemeint, wenn im Folgenden der Begriff "Fusion" gebraucht wird. Dieser in der EG-Richtlinie definierte Begriff liegt auch dem italienischen Fusionsrecht zugrunde[10], das mit dem d.lgs. 16 gennaio 1991, n. 22 (*Attuazione delle direttive communitarie in materia di fusioni e scissioni societarie*), entsprechend den Vorgaben der Dritten Richtlinie neugestaltet worden ist.

II. Aussagen des Europarechtes zur internationalen Fusion

Das europäische Recht enthält bislang keine ausdrückliche und verbindliche Regelung über die gesellschaftsrechtliche Realisierung einer internationalen Fusion. Ebensowenig enthält es eine explizite Verpflichtung der Mitgliedstaaten, Regelungen für die Durchführung einer internationalen Fusion zu treffen. Es steht aber außer Frage, daß aus der Sicht des europäischen Rechts die Verschmelzung von Gesellschaften verschiedener Mitgliedstaaten ein erwünschtes und nützliches Instrument der wirtschaftlichen Kooperation innerhalb des Gemeinsamen Marktes ist[11]. Teile der Literatur halten die grenzüberschreitende Verschmelzung ebenso wie die Sitzverlegung für eine Ausübungsform der primären Niederlassungsfreiheit und wollen sie in den Schutzbereich der Artt. 43, 48 EGV einbeziehen[12].

Es gibt eine Reihe von Versuchen, Verpflichtungen der Mitgliedstaaten zur Regelung der internationalen Fusion zu begründen. Diese sind jedoch bislang

---

9 Richtlinie vom 9. Oktober 1978, ABl.Nr. L 295 v. 20.10.1978, S. 36.

10 Ebenso zur Terminologie *Ebenroth/Kaiser*, ZVglRWiss 91 (1992), 223, 248.

11 Vgl. z.B. die Begründung zum Dritten geänderten Vorschlag für eine VO über das Statut der SE v. 16. Mai 1991, in der es heißt: "Dazu (zur Verwirklichung des Binnenmarktes) ist es unerläßlich, daß die Unternehmen, deren Tätigkeit sich nicht auf die Befreidigung rein örtlicher Bedürfnisse beschränkt, die Neuordnung ihrer Tätigkeiten auf Gemeinschaftsebene planen und betreiben können. eine solche Umgestaltung setzt die Möglichkeit voraus, das Wirtschaftspotential bereits bestehender Unternehmen mehrerer Mitgliedstaaten durch Konzentrations- und Fusionsmaßnahmen zusammenzufassen". Hierbei bestünden aber u.a. "psychologische" Schwierigkeiten.

12 Lutter-*Lutter*, UmwG, § 1, Rn. 9; *Kallmeyer*, ZIP 1996, 535, 537; *Koppensteiner*, in: FS Semler, S. 485, 486 und 500; *Lutter*, ZGR 1994, 87, 91; *Sonnenberger/Großerichter*, RIW 1999, 721, 728. Zur Niederlassungsfreiheit vgl. ausführlich oben S. 64f.

aufgrund des Widerstandes einiger Staaten, die in erster Linie um die Bewahrung eigener Schutznormen für bestimmte Interessengruppen, vor allem für Arbeitnehmer fürchteten, im Entwurfsstadium steckenblieben. Als wichtigster Versuch ist der Entwurf für eine internationale Fusionsrichtlinie (Zehnte Richtlinie)[13] von 1985 zu nennen[14]. Dem war 1973 die Veröffentlichung eines Entwurfes für ein Übereinkommen nach Art. 220 EGV über die internationale Fusion[15] vorausgegangen, das jedoch ebenfalls nicht zustande kam. Nur die international bestehenden steuerlichen Hindernisse wurden mit der Fusionsbesteuerungsrichtlinie (90/434/EWG)[16] ausgeräumt.

Nicht zuletzt ist die Europäische Aktiengesellschaft (Societas Europeae) zu nennen, deren Statut sich fast 10 Jahre lang im Entwurf befand, bevor die europäischen Regierungschefs sich im Dezember 2000 auf den Entwurf einigten. Mit dieser europäischen Gesellschaftsform, die wohl etwa im Jahre 2004 Rechtswirklichkeit erlangen wird, wird nationalen Kapitalgesellschaften die Möglichkeit gegeben werden, "zu fusionieren oder eine Holdinggesellschaft zu errichten und damit Gesellschaften und andere juristische Personen aus verschiedenen Mitgliedstaaten, die eine Wirtschaftstätigkeit betreiben, gemeinsame Tochtergesellschaften gründen zu können"[17].

Damit zeigt das europäische Recht zwar unmißverständlich den Willen, die internationale Fusion zu ermöglichen[18]. Eine rechtliche Verpflichtung der Mitgliedstaaten, in den nationalen Privatrechtsordnungen die rechtstechnischen Voraussetzungen für eine internationale Fusion zu schaffen, gibt es bislang jedoch nicht.

Einer der wichtigsten Schritte zur Ermöglichung einer grenzüberschreitenden Verschmelzung zwischen Gesellschaften verschiedener Mitgliedstaaten ist, wie diese Arbeit zeigen wird, die Vereinheitlichung des Verschmelzungsrechts durch die Fusionsrichtlinie[19]: Denn sofern einer grenzüberschreitenden Verschmelzung keine grundsätzlichen Einwände begegnen, kommt es für die tatsächliche Durchführbarkeit entscheidend darauf an, ob und wie sich die

---

13 ABl.EG 1985 Nr.C 23/11.

14 Vgl. *Boucourechliev*, RIW 1999, 1, 5; *Lutter*, Europ. UnternehmensR, S. 304f.

15 EG Bull. Beil. 13/73.

16 ABl.EG v. 20.8. 1990, Nr.L 225, 1.

17 So die Begründung für den Dritten geänderten Vorschlag für eine Verordnung über das Statut der Europäischen Aktiengesellschaft vom 16.05.1991, abgedruckt bei *Lutter* (oben Fn. 14), S. 725.

18 Vgl. *Beitzke* (oben Fn. 8), S. 14; *Kreuzer*, EuZW 1994, 73, 75. Zu den mitbestimmungsrechtlichen Schwierigkeiten siehe *Heinze*, AG 1997, 289ff.

19 Dritte gesellschaftsrechtlichen Richtlinie v. 9. Oktober 1978, ABl.Nr.L 295 v. 20.10.1978, S. 36. Vgl. hierzu auch *Boucourechliev* (oben Fn. 14), S. 5: "Tatsächlich macht erst die Gesamtheit des in den zurückliegenden 15 Jahren geleisteten Harmonisierungsprogramms ... das Projekt (erg.: den Vorschlag für eine 10. Gesellschaftliche Richtlinie über die Internationale Fusion) begreiflich".

sachrechtlichen Regelungen in Einklang bringen lassen. Innerhalb der Europäischen Union sind die wichtigsten Voraussetzungen hierfür geschaffen.

§ 8 Grenzüberschreitende Verschmelzungen im deutschen Recht

Grenzüberschreitende Verschmelzungsvorgänge begegnen im deutschen Recht nicht (mehr) den Bedenken, denen sich eine grenzüberschreitende Sitzverlegung ausgesetzt sieht[1]. Die inzwischen herrschende Auffassung in der *internationalprivatrechtlichen* Literatur geht vielmehr von der grundsätzlichen Zulässigkeit einer grenzüberschreitenden Verschmelzung aus[2], ohne daß die grenzüberschreitende Verschmelzung jedoch *sachrechtlich* zulässig und durchführbar wäre[3].

Die grundsätzliche Offenheit des deutschen internationalen Gesellschaftsrechts gegenüber einer grenzüberschreitenden Verschmelzung verwundert, wenn man sie mit den Ansichten zur Sitzverlegung vergleicht: Auch eine grenzüberschreitende Verschmelzung kann zum "Wegzug" einer deutschem Recht unterstehenden Gesellschaft führen kann mit der Folge, daß die gesellschafts- und mitbestimmungsrechtlichen Vorschriften des deutschen Rechts nicht mehr anwendbar sind. Daher bestanden in der älteren Rechtsauffassung Zweifel an der Zulässigkeit einer solchen grenzüberschreitenden Verschmelzung, die aber auch die Emigrationsfusion beschränkt blieben. Inzwischen hat sich jedoch die Auffassung durchgesetzt, daß die Emigrationsfusion nicht grundsätzlich anders behandelt werden könne als die Immigrationsfusion[4], da für beide Verschmelzungsvarianten dieselben sachrechtlichen Vorschriften gelten. Die Problematik des Steuerrechts[5], die ihren Aufhänger im wesentlichen an der Besteuerung stiller Reserven in der Bilanz "wegziehender" Gesellschaften hat und die demzufolge zwischen Emigrations- und Immigrationsfusion unterscheidet, hat für die Frage der Zulässigkeit einer grenzüberschreitenden Fusion keine Bedeutung, sondern beschränkt sich auf deren Folgen.

I. Kollisionsrechtliche und sachrechtlich Überlegungen

Grundsätzliche Bedenken gegen eine grenzüberschreitende Verschmelzung bestehen innerhalb der Europäischen Union nicht mehr, weil das in den Mitgliedstaaten geltende, der Richtlinie 78/855/EWG entsprechende Verschmelzungsrecht ein ausgefeiltes Schutzsystem für Gläubiger,

---

1 Vgl. zur (Un-)Zulässigkeit einer Sitzverlegung über die Grenze nach deutschen Recht oben S. 23ff (Zuzug) und S. 53ff (Wegzug).

2 MünchKomm-*Kindler*, IntGesR, Rn. 664f; Soergel-*Lüderitz*, EGBGB, Anh. Art.10, Rn. 53; Hachenburg-*Behrens*, GmbHG, Einl., Rn. 175; KölnerKomm-*Kraft*, § 339, Rn. 26ff; *Behrens*, in: Die GmbH im IPR u. EuR, IPR Rn. 68; *Beitzke*, FS Hallstein, S. 19; *Großfeld/Jasper*, RabelsZ 53 (1989), S. 52, 63; *Koppensteiner*, Int.Unternehmen, S. 255.

3 Vgl. hierzu (zu § 1 UmwG) sogleich S. 259f.

4 Vgl. z.B. *Bühler*, Grenzüberschreitende Fusion von Kapitalgesellschaften in der EU, S. 103; *Herzig/Förster*, DB 1994, 2 (m.w.N.); *Kronke*, ZGR 1994, 26, 29.

5 Vgl. hierzu unten S. 263 (deutsches Steuerrecht) und S. 333 (italienisches Steuerrecht).

Gesellschafter und Arbeitnehmer enthält. Gerade *mit* der Anwendung der Verschmelzungsvorschriften kann man daher viel erreichen. Ferner kann anders als gegen eine Sitzverlegung nicht die Sitztheorie als Argument gegen eine grenzüberschreitende Verschmelzung dienen: Da die an der Verschmelzung beteiligten übertragenden Rechtsträger mit Wirksamwerden der Verschmelzung aufgelöst werden und der übernehmende (neugegründete) Rechtsträger die Gesamtrechtsnachfolge antritt, findet für keine der fusionierenden Gesellschaften zu irgendeinem Zeitpunkt ein Statutenwechsel statt[6]. Daher sind auch Fragen der "Anerkennung" der Rechtsträger von vorneherein nicht zu klären[7]. Die weiteren kollisionsrechtlichen Fragen werden als weitestgehend gelöst angesehen; die in der Literatur einhellig vertretene Ansicht befürwortet die Anwendung der Vereinigungstheorie, nach der beide Rechtsordnungen auf die Verschmelzung anwendbar sind[8].

Die Diskussion um die kollisionsrechtlichen Fragen der Zulässigkeit grenzüberschreitender Verschmelzungsvorgänge ist allerdings seit der Einführung des § 1 UmwG in den Hintergrund getreten, weil mit dieser Vorschrift zulässige Verschmelzungen auf Inlandssachverhalte beschränkt zu sein scheinen. Die Verschmelzung von Rechtsträgern verschiedener Rechtsordnungen wird im deutschen Recht demnach als ein vornehmlich sachrechtliches Problem angesehen[9].

II. Die Rolle des § 1 Abs. 1 UmwG

Ein auf den ersten Blick unüberwindliches sachrechtliches Hindernis enthält § 1 UmwG. Danach können gemäß den Vorschriften des UmwG nur "Rechtsträger mit Sitz[10] im Inland" umgewandelt werden (§ 1 Abs. 1 UmwG). § 1 Abs. 2 UmwG schließt darüber hinaus die entsprechende Anwendung der Vorschriften des UmwG auf Rechtsträger ohne inländischen Sitz aus.

1. Darstellung der Diskussion um § 1 Abs. 1 UmwG

Unter Berufung auf § 1 Abs. 1 UmwG finden sich vermehrt Stimmen, die trotz der grundsätzlichen Zulässigkeit der grenzüberschreitenden Verschmelzung

---

6 Vgl. MünchKomm(2.A.)-*Ebenroth*, EGBGB, Nach Art. 10, Rn. 481; Hachenburg-*Behrens*, GmbHG, Einl., Rn. 174; *ders.* (oben Fn. 2), IPR Rn. 69; *ders.*, ZGR 1994, 1, 13; *Bühler* (oben Fn. 4), S. 104; *Sonnenberger/Großerichter*, RIW 1999, 721, 728.

7 Vgl. Hachenburg-*Behrens*, GmbHG, Einl., Rn. 174.

8 Die kollisionsrechtliche Diskussion im deutschen Recht gleicht der im italienischen Recht noch immer lebhaft geführten Diskussion um Art. 25 Abs. 3 IPRG. dabei nimmt das italienische Schrifttum in weiten Teilen Bezug auf die deutsche Literatur. Eine Darstellung soll daher auch erst im Zusammenhang mit dem italienischen Recht erfolgen, denn dort ist sie von Bedeutung. Vgl. daher unten S. 267f.

9 So auch Hachenburg-*Behrens*, GmbHG, Einl., Rn. 174; *ders.* (oben Fn. 2), IPR Rn. 69; *Bühler* (oben Fn. 4), S. 103.

10 Zu der Frage, ob § 1 Abs. 1 UmwG auf den Satzungs- oder den Verwaltungssitz abstellt, vgl. bereits oben S. 45f.

nach internationalprivatrechtlichen Gesichtspunkten, insbesondere im Hinblick auf die Sitztheorie, davon ausgehen, der Gesetzgeber habe durch § 1 Abs. 1 i.V.m. Abs. 2 UmwG grenzüberschreitende Verschmelzungen für unzulässig erklärt[11]. Teilweise wird dies auch lediglich auf Emigrationsfusionsvorgänge beschränkt, die zur Auflösung der Gesellschaft führten[12].

Dieser Ansicht wird entgegengehalten, daß § 1 Abs. 1 UmwG mit der Begrenzung seines Anwendungsbereiches auf inländische Rechtsträger Ausdruck einer internationalprivatrechtlichen wie sachrechtlichen Notwendigkeit ist, mithin "wie eine Beschreibung wirkt"[13]: Bei einer grenzüberschreitenden Verschmelzung *kann* das UmwG nur die Voraussetzungen regeln, die der deutschem Recht unterstehende Rechtsträger erfüllen muß, trifft daher notwendigerweise nur eine Teilregelung[14]. Das UmwG maßt sich mit anderen Worten nicht an, auch für den ausländischen Rechtsträger Geltung zu beanspruchen, sondern "beschränkt" den Anwendungsbereich auf den inländischen Rechtsträger[15]. Auf der Basis dieser Überlegungen wird § 1 Abs. 1 UmwG so interpretiert, daß er schlichtweg *keine* Aussage über die Zulässigkeit der grenzüberschreitenden Verschmelzung trifft, sie insbesondere nicht verbietet[16]. Zur weiteren Begründung wird darauf verwiesen, daß angesichts des spätestens in der Fusionsbesteuerungs-Richtlinie ausgedrückten europäischen Willens ein Verbot grenzüberschreitender Verschmelzungen ein Verbot solcher Umwandlungen europarechtswidrig wäre[17].

Fraglich ist aber, ob trotz § 1 Abs. 1 UmwG die deutschen Verschmelzungsvorschriften zumindest auf den Rechtsträger mit Sitz im Inland anwendbar bleiben oder ob in diesem Fall eine Regelungslücke besteht. Nach einer Ansicht ist das UmwG gemäß § 1 UmwG nur auf Umwandlungen unter Beteiligung ausschließlich inländischer Rechtsträger anwendbar. Grenzüberschreitende Verschmelzungen werden nach dieser Ansicht gar nicht erfaßt, so daß nicht einmal die deutsche Gesellschaft an das UmwG gebunden sein soll[18]. Nach anderer Ansicht bleiben die Umwandlungsvorschriften zumindest für die inländische Gesellschaft verbindlich[19].

---

11 MünchKomm-*Kindler*, IntGesR, Rn. 678; *Widmann/Mayer*, UmwG, § 1, Rn. 29; *Hoffmann*, NZG 1999, 1077, 1079; *Schaumburg*, I, GmbHR 1996, 501, 502; *ders.*, IntStR, Rn. 17.54.

12 *Hoffmann* (oben Fn. 11), S. 1079; *Schaumburg*, IntStR, Rn. 17.53.

13 Lutter-*Lutter*, UmwG, § 1, Rn. 2.

14 *Bungert*, AG 1995, 489, 502.

15 Vgl. Lutter-*Lutter*, UmwG, Einl., Rn. 31 ("Rechtsträger mit Sitz im Ausland unterfallen nicht dem Gesetz"); *Kronke* (oben Fn. 4), S. 35f.

16 Goutier/Knopf/Tulloch- *Bermel*, UmwG § 1, Rn. 16; Lutter-*Lutter*, UmwG, § 1, Rn. 6, 7; *Bungert* (oben Fn. 14), S. 502; *Kallmeyer*, ZIP 1996, 535.

17 Lutter-*Lutter*, UmwG, § 1, Rn. 9; *Bungert* (oben Fn. 14), S. 502; *Kronke* (oben Fn. 4), S. 36; *Lutter*, ZGR 1994, 86, 87.

18 Guotier/Knopf/Tulloch - *Bermel*, § 1 UmwG, Rn. 16; *Kronke* (oben Fn. 4), S. 36.

19 Lutter-*Lutter*, UmwG, § 1, Rn. 8; *Bungert* (oben Fn. 14), S. 502.

2. Auslegung des § 1 Abs. 1 UmwG und Stellungnahme

Die Erlaubnis an "Rechtsträger mit Sitz im Inland", sich durch Verschmelzung umzuwandeln, bietet zwei mögliche Interpretationen an. Zum einen kann man in § 1 UmwG lesen, daß *nur* Rechtsträger mit Sitz im Inland miteinander verschmolzen werden können, mit anderen Worten: Haben nicht alle beteiligten Gesellschaften ihren Sitz im Inland, ist eine Verschmelzung i.S.d. UmwG nicht möglich. Eine weitere ebenso mögliche Interpretation setzt nur das "Nur" an eine andere Stelle: Der oder die beteiligten Rechtsträger mit Sitz im Inland können *nur* nach dem UmwG verschmolzen werden. Eine Verschmelzung muß demzufolge im Hinblick auf diejenigen Gesellschaften, die ihren Sitz im Inland haben, nach den Vorschriften des UmwG durchgeführt werden. Eine dritte Interpretation schlägt *Bühler* vor, nach der § 1 Abs. 1 UmwG so gelesen werden könnte, daß die *übertragende* Gesellschaft ihren (Verwaltungs-)Sitz in Deutschland haben müsse[20]. Diese Deutung findet jedoch im Wortlaut ebensowenig eine Stütze wie im UmwG überhaupt, da nach den Regelungen des UmwG die übernehmende Gesellschaft an der Verschmelzung nicht weniger "beteiligt" ist als die übertragende. Es verbleiben allerdings die beiden zuerst genannten Interpretationsmöglichkeiten, so daß mit dem Wortlaut allein die Bedeutung des § 1 UmwG nicht geklärt werden kann.

Die gesetzgeberische Begründung zu § 1 Abs. 1 UmwG läßt ebenfalls nur zwischen den Zeilen das Verhältnis des UmwG zur grenzüberschreitenden Verschmelzung erkennen. Darin heißt es, "angesichts der Bemühungen der Europäischen Gemeinschaften um eine Regelung grenzüberschreitender Vorgänge, insbesondere der grenzüberschreitenden Verschmelzung, sollte eine Regelung dieses Komplexes *zurückgestellt* werden. Überdies würde die Ausdehnung des Gesetzes auf internationale Fälle politisch wie rechtstechnisch erhebliche Probleme aufwerfen"[21]. Aus dieser Begründung geht hervor, daß der deutsche Gesetzgeber weder politisch willens war noch rechtlich in der Lage gewesen wäre, die grenzüberschreitende Verschmelzung zu regeln. Das muß aber nicht zu der Schlußfolgerung führen, die Zulässigkeit einer grenzüberschreitenden Verschmelzung sollte ausgeschlossen werden. Ebensowenig ergiebig für die Auslegung des § 1 UmwG ist in dieser Hinsicht die Systematik des Gesetzes, denn internationale Sachverhalte sind nicht Teil der Regelung.

Zu prüfen ist daher, ob die Zulässigkeit grenzüberschreitender Verschmelzungen nach dem Sinn und Zweck des UmwG ausgeschlossen ist und § 1 Abs. 1 UmwG deshalb ein entsprechendes Verbot entnommen werden muß. Betrachtet man die Norm im Zusammenhang mit internationalen Sachverhalten,

---

20 *Bühler* (oben Fn. 4), S. 110, 111. Diese Interpretation soll seiner Ansicht nach dazu führen, daß die Emigrationsfusion zulässig sei (weil die übertragende Gesellschaft ihren Sitz im Inland hat), die Immigrationsfusion hingegen unzulässig. *Bühler* selbst lehnt im Hinblick auf dieses Ergebnis die vorgeschlagene Interpretation aus Gründen des Schutzzweckes der Sitztheorie ab, da demzufolge gerade der aus Gründen des Gläubiger- und Arbeitnehmerschutzes sensibleren Fall zulässig wäre.

21 BT-Drs. 12/6699 v. 1.2.1994, S. 80 (Hervorh.v.Verf.).

so ist von vorneherein überhaupt nur die Emigrationsfusion geeignet, ein Schutzbedürfnis des Rechtsverkehrs auszulösen. Die *Immigrations*fusion bringt keine besonderen Probleme mit sich, da die inländische (neugegründete) Gesellschaft deutschem Recht unterstellt bleibt[22]. Bei der Emigrationsfusion entläßt die Rechtsordnung eine Gesellschaft aus ihrem Geltungsbereich, weil eine ausländische Gesellschaft die Rechtsnachfolge antritt. Der Schutz des Rechtsverkehrs erfordert in diesem Fall jedoch nicht, daß die Fusion gänzlich ausgeschlossen wird. Erforderlich ist lediglich, daß die im Inland von der Verschmelzung Betroffenen im Ergebnis nicht schlechter stehen als bei einer innerstaatlichen Verschmelzung. Dafür ist es aber gerade erforderlich, die internen Normen auch anzuwenden, zumindest auf den inländischen Rechtsträger.

Für die Ansicht, die in § 1 Abs. 1 UmwG statt eines Verbotes grenzüberschreitender Verschmelzungen eine Begrenzung der Anwendung des UmwG auf die Gesellschaft(en) mit Sitz im Inland erblickt, sprechen auch im übrigen die besseren Argumente. Zunächst beschreibt diese Interpretation des § 1 UmwG das Ergebnis der Anwendung der Sitztheorie: Das UmwG ist bereits als Teil der lex societatis für die deutschem Recht unterliegende Gesellschaft verbindlich. § 1 Abs. 1 UmwG müßte demnach, wollte man ihn im Sinne der vorher genannten Ansicht interpretieren, als Ausnahme zur Sitztheorie interpretieren und als Absage an den von der seit langem herrschenden Meinung anerkannten Grundsatz, daß für jede beteiligten Gesellschaft ihr Verschmelzungsrecht gilt[23]. Dazu findet sich in der gesetzgeberischen Begründung aber keine Aussage; vielmehr wird deutlich, daß man die grenzüberschreitenden Verschmelzungen *nicht regeln* wollte. Was man im übrigen ja auch gar nicht gekonnt hätte[24]. Denn ein deutsches Gesetz kann außerhalb seines durch das IPR festgelegten Anwendungsbereiches ausländischen Rechtsträgern keine Vorschriften machen. § 1 UmwG beinhaltet daher im Grunde genommen eine Selbstverständlichkeit. Das für das deutsche Recht schlechteste Ergebnis wäre jedenfalls, auf die Anwendung des UmwG und damit auf die Erfüllung der dort festgelegten Schutzmechanismen gerade bei grenzüberschreitenden Verschmelzungsvorgängen zu verzichten[25], zumal die Praxis der letzten Jahre gezeigt hat, daß Gesellschaften auch ohne Anwendung der Umwandlungsvorschriften "verschmolzen" werden können[26].

---

[22] Lutter-*Lutter*, UmwG, § 2, Rn. 35; *Behrens*, ZGR 1994, 1, 11.

[23] Ähnlich *Kallmeyer* (oben Fn. 16), S. 536. Vgl. auch die Nachweise oben Fn. 19.

[24] Lutter-*Lutter*, UmwG, § 1, Rn. 6.

[25] Vgl. Lutter-*Lutter*, UmwG, § 1, Rn. 6; *Kallmeyer* (oben Fn. 16), S. 536; *Kronke* (oben Fn. 4), S. 34.

[26] Vgl. *Rixen/Böttcher*, GmbHR 1993, 572. Erinnert sei hier außerdem an die Fusion von *Daimler Benz* und *Crysler* (vgl. zu diesem Fusionsmodell auch *Baums* (oben Fn. 7), S. 65ff).

III. Steuerrechtliche Aspekte

Auch die steuerrechtlichen Fragen im Zusammenhang mit der grenzüberschreitenden Verschmelzung sind im deutschen Recht nicht abschließend geklärt. Fraglich ist zum einen, ob auf eine grenzüberschreitende Verschmelzung die Vorschriften des UmwStG anwendbar sind. Nur dann wäre gesichert, daß sie steuerneutral vollzogen werden kann. Zum anderen fragt sich, ob insbesondere die Emigrationsfusion zu einer Realisierung der stillen Reserven nach § 11 Abs. 2 UmwStG oder entsprechend § 12 KStG führt[27].

Die Anwendbarkeit des UmwStG auf grenzüberschreitende Verschmelzungen kann nicht bereits durch eine einschränkende Auslegung des § 1 Abs. 1 UmwG (auf den § 1 Abs. 1 UmwStG verweist) abgelehnt werden[28]. Andere begründen die Unanwendbarkeit des UmwStG auf die grenzüberschreitende Verschmelzung unter Rückgriff auf § 1 Abs. 5 UmwStG, wonach das UmwStG nur auf nach § 1 KStG unbeschränkt körperschaftssteuerpflichtige Gesellschaften anwendbar ist. Daraus wird gefolgert, daß nicht nur die übertragende, sondern auch die übernehmende Gesellschaft unbeschränkt körperschaftssteuerpflichtig sein müsse[29], ihre Geschäftsleitung oder ihren Sitz also im Inland haben müsse (§ 1 Abs. 1 KStG) mit der Folge, daß grenzüberschreitende Verschmelzungen nicht unter die Vorschriften des UmwStG fielen.

Eine solche Einschränkung läßt sich aber nicht mit einer Auslegung des § 1 UmwStG rechtfertigen. Die maßgebliche Bedeutung des § 1 UmwStG liegt darin, daß diese Norm einen Gleichlauf mit den Regelungsbereichen des UmwG herstellt, indem auf die "Umwandlungen i.S.d. § 1 UmwG" verwiesen wird. Daher gilt auch hier die Parallele zu dem zu § 1 Abs. 1 UmwG gefundenen Ergebnis: Die Regelungen des deutschen Umwandlungs- und Umwandlungssteuerrechts sind nur auf die Gesellschaften anwendbar, die dem Gesetz unterliegen, weil sie ihren Sitz im Inland haben. Das bedeutet aber nicht, daß Verschmelzungsvorgänge nur dann gesellschaftsrechtlich zulässig und steuerlich neutral sind, wenn beide beteiligte Rechtsträger dem deutschen Recht unterliegen[30].

Hält man demnach das UmwStG für anwendbar, stellt sich die Frage, welche Folgen § 11 UmwStG für grenzüberschreitende Tatbestände hat, ob also bei der grenzüberschreitenden Verschmelzung eine steuerneutrale Übertragung der im Vermögen - genauer gesagt: der Bilanz - der übertragenden Gesellschaften vorhandenen stillen Reserven möglich ist. Dagegen spricht § 11 Abs. 2 UmwStG: Sofern nicht feststeht, daß die stillen Reserven bei der übernehmenden Gesellschaft der Körperschaftssteuer unterliegen (§ 11 Abs. 1 Nr. 1

---

27 Zur Anwendung des § 12 KStG auf die Sitzverlegung ins Ausland und die dortigen Schwierigkeiten vgl. oben S. 60.

28 Lutter-*Schaumburg*, UmwG, Einl., Rn. 59; *ders.*, I, GmbHR 1996, 501, 502. Vgl. auch Fn. 11. Die gegenteilige Ansicht ist bereits abgelehnt worden (siehe S. 261f).

29 *Dehmer*, UmwStG § 1, Rn. 33.

30 So auch *Bühler* (oben Fn. 4), S. 294 und 298.

UmwStG), findet eine Besteuerung der stillen Reserven statt (§ 11 Abs. 2 UmwStG); dies dürfte bei einer Emigrationsfusion regelmäßig der Fall sein[31].

Ein vergleichbares Ergebnis erhalten diejenigen, die in der Emigrationsfusion einen Parallelfall zur Sitzverlegung ins Ausland erblicken und dementsprechend § 12 KStG für anwendbar halten. Allerdings vermeidet die Anwendung von § 11 UmwStG eine Unklarheit, die bei der Anwendung des § 12 KStG immer wieder Stein des Anstoßes gewesen ist: § 12 Abs. 1 i.V.m. § 11 KStG ordnet die Schlußbesteuerung des Vermögens der übertragenden Gesellschaft unabhängig davon an, ob das Vermögen zumindest insoweit weiterhin der Körperschaftssteuer unterliegt, als die übernehmende Gesellschaft im Inland beschränkt steuerpflichtig bleibt. Entscheidend ist nach § 12 KStG allein, daß die Vermögensträgerin im Inland nicht (mehr) *unbeschränkt* steuerpflichtig ist. Daher wurde auch für den Fall der Sitzverlegung ins Ausland und entsprechend der Emigrationsfusion vorgeschlagen, der Schlußbesteuerung nur diejenigen Vermögensteile zu unterwerfen, die nicht einer inländischen Betriebsstätte verbleiben[32].

Für die Emigrationsfusion ist dieses Problem mit Hilfe der Anwendung des § 11 Abs. 1 Nr.1 UmwStG zu vermeiden, denn eine Schlußbesteuerung findet solange nicht statt, wie "die in dem übergegangenen Vermögen enthaltenen stillen Reserven später bei der übernehmenden Körperschaft der Körperschaftssteuer unterliegen", also auch der beschränkten Steuerpflichtigkeit ausländischer Gesellschaften mit inländischer Betriebsstätte nach § 2 KStG.

IV. Zusammenfassung

Soll ein Rechtsträger mit Sitz im Inland mit einem ausländischen Rechtsträger verschmolzen werden, müssen die Voraussetzungen der Verschmelzung, ihre Durchführung und ihre Wirkungen den Regelungen des UmwG in der gleichen Weise genügen, wie eine Verschmelzung ohne Auslandsbezug. § 1 Abs. 1 i.V.m. Abs. 2 UmwG steht dem nicht entgegen, sondern enthält lediglich eine Beschränkung des Anwendungsbereichs des UmwG auf den inländischen Rechtsträger.

Ein Vergleich mit der italienischen Rechtslage zur grenzüberschreitenden Verschmelzung wird zeigen, daß die in den nationalen Verschmelzungsregelungen verwirklichten Schutzanordnungen im Hinblick auf den inländischen Rechtsverkehr vollständig sichergestellt werden können, und zwar nur deswegen, weil die der nationalen Verschmelzungsvorschriften auch bei

---

31 Vgl. hierzu *Schaumburg*, GmbHR 1996, 414, 420f.

32 *Knobbe-Keuk*, StuW 1990, 372, 376f (378); befürwortend auch *Thömmes*, DB 1993, 1021. Anderer Ansicht z.B. *Debatin*, GmbHR 1991, 165, 167 (unter Hinweis auf die Eindeutigkeit des Wortlauts des § 12 KStG). Kritisch auch *Thiel* (oben Fn. 8), S. 278. Vgl. ausführlich zur Auslegung des § 12 KStG die Analyse von *Bühler* (oben Fn. 4), S. 289f.

einer grenzüberschreitenden Verschmelzung vollständig auf den inländischen Rechtsträger angewendet werden.

§ 9 Die grenzüberschreitende Fusion im italienischen internationalen Gesellschaftsrecht

An der prinzipiellen Zulässigkeit grenzüberschreitender Verschmelzungen gab es bereits vor der Einführung des Art. 25 Abs. 3 IPRG keinen ernsthaften Zweifel. Nunmehr gibt es eine explizite Regelung. Art. 25 Abs. 3 IPRG erklärt Verschmelzungen von Rechtsträgern, die ihren *Sitz* in unterschiedlichen Staaten haben, für wirksam, wenn sie mit den beteiligten Rechtsordnungen übereinstimmen[1]. Entscheidend ist dabei, wie Art. 25 Abs. 3 IPRG klarstellt, daß die Verschmelzung mindestens zwei Rechtskreise "interessiert", d.h. berührt; dies ist auch dann der Fall, wenn die aus der Fusion hervorgehende Gesellschaft einer dritten Rechtsordnung unterstehen wird[2].

I. Zulässigkeit der grenzüberschreitenden Verschmelzung

Auch im italienischen Recht wird die Frage der Zulässigkeit der grenzüberschreitenden Verschmelzung nicht als kollisionsrechtliches Problem gesehen, weil die übertragenden - in der neuen Rechtsordnung "ankommenden" - Gesellschaften mit Wirksamwerden der Verschmelzung aufgelöst sind und daher auch nach italienischem Verständnis zu keinem Zeitpunkt ein Statutenwechsel stattfindet. Die Zulässigkeit der grenzüberschreitenden Verschmelzung ist vielmehr ausschließlich eine Frage der rechtstechnischen Durchführbarkeit, d.h. der Anwendung der nationalen Verschmelzungsvorschriften auf einen internationalen Sachverhalt.

Die herrschende Meinung im italienischen Recht betrachtet die grenzüberschreitende Verschmelzung nicht nur als ohne Zweifel zulässig, sondern vor allem im Hinblick auf die grenzüberschreitende wirtschaftliche Tätigkeit italienischer Gesellschaften als notwendig und unterstützenswert[3]. Vor der Einführung des Art. 25 Abs. 3 IPRG begründete die herrschende Meinung die Zulässigkeit der grenzüberschreitenden Verschmelzung unter Rückgriff auf Art. 16 disp.prel., der ausländischen juristischen Personen die einem Italiener zustehenden bürgerlichen Rechte gewährte, und damit, so wurde argumentiert, auch das Recht, an einer Verschmelzung nach italienischem Recht teilzunehmen[4]. Die Unterscheidung danach, ob die italienische Gesellschaft als übernehmende oder übertragende Gesellschaft an der Verschmelzung beteiligt sein sollte, spielt in der Diskussion kaum eine Rolle. Gerichtlich bestätigt sind

---

1 Vgl. den Normext Fn. 1.

2 *Santa Maria*, in: FS Broggini, S. 473, 482.

3 Corte d'App. Roma, 28 marzo 2000, Riv.not. 2000, 1295; Corte d'App.Milano, 7 maggio 1974, Dir.fallim. 1974, II, 1134; *Benedettelli*, Riv.soc. 1997, 39, 98ff; *Gelosa/Insalaco*, Fusioni e scissioni, S. 370; *Luzzatto/Azzolini*, in: Dig.disc.priv.- sez.comm. (XIV), S. 136, 154; *Santa Maria* (oben Fn. 2), S. 482.

4 *Simonetto*, Commentario Artt. 2505-2510 c.c., S. 375; *Cagnasso/Irrera*, in: Giurisdizione sistematica, voce: Società estere, S. 535.

sowohl die Verschmelzung auf einen italienischen Rechtsträger[5] als inzwischen auch die Verschmelzung durch Aufnahme einer italienischen Gesellschaft durch einen ausländischen Rechtsträger[6].

An der prinzipiellen Zulässigkeit einer grenzüberschreitenden Verschmelzung lassen auch die Fusionsvorschriften selbst nicht zweifeln. Es gab und gibt im italienischen Verschmelzungsrecht keinerlei Beschränkung der Anwendung der Artt. 2501ff c.c. auf italienische Gesellschaften; Art. 2501 Abs. 1 c.c. regelt schlicht die "*fusione di più società*"[7]; ebensowenig existieren spezialgesetzliche Verbote für die internationale Verschmelzung. Von einigen Stimmen wird die Anwendbarkeit der italienischen Verschmelzungsvorschriften auf ausländische Gesellschaften sogar als rechtlich vorgesehen bezeichnet[8].

II. Kollisionsrechtliche Überlegungen

Vor der Frage nach der rechtstechnischen Durchführung der Verschmelzung von Gesellschaften verschiedener Rechtsordnungen muß geklärt werden, welchen Rechtsordnungen die Vorschriften über die Verschmelzung zu entnehmen sind.

1. Bestimmung des anwendbaren Verschmelzungsrechtes nach Art. 25 Abs. 3 IPRG

Das Verschmelzungsrecht ist Teil der nach Art. 25 Abs. 1 IPRG bestimmten *legge regolatrice* gemäß Art. 25 Abs. 2 IPRG. Art. 25 Abs. 2 lit.c IPRG spricht zwar ausdrücklich nur von "*costituzione, trasformazione* und *estinzione*"; damit ist jedoch nach unbestrittener Ansicht auch die *fusione* erfaßt[9]. Wegen der umfassenden Verweisung des Art. 25 Abs. 1 IPRG ist für die ausländische Gesellschaft ihr Kollisionsrecht maßgeblich; das italienische Recht nimmt einen *renvoi* unter Berücksichtigung der in Art. 13 IPRG genannten Ausnahmen an. *Italienisches* Verschmelzungsrecht ist anwendbar, wenn eine an der Fusion beteiligte Gesellschaft entweder gemäß Art. 25 Abs. 1 Satz 1 IPRG eine

---

5 Corte d'App.Milano (oben Fn. 3), Dir.fallim. 1974, II, 1134. Das Gericht äußerte allerdings vorsichtige Zweifel, ob Vermögensgüter italienischer Gesellschaften schrankenlos ins Ausland verlagert werden könnten.

6 Corte d'App. Roma (oben Fn. 3), Riv.not. 2000, 1294, 1295.

7 Vgl. aber die Beschränkung der Anwendung des UmwG in § 1 Abs. 2 UmwG.

8 *Simonetto*, Commentario Artt. 2505-2510 c.c., S. 375, 376.

9 Statt vieler: *Benedettelli* (oben Fn. 3), S. 50. Zur Begründung wird unter anderem darauf hingewiesen, die Aufzählung in Art. 25 Abs. 2 IPRG sei ohnehin nicht abschließend (vgl. *Azzolini*, Riv.dir.int.priv.proc. 1993, 893, 896; *Broggini*, Società ed altri enti, S. 57, 63; *Luzzatto/Azzolini* (oben Fn. 3), S. 136, 151; *Pocar*, Nuovo D.I.P., S. 72). Auch in der deutschen Literatur bestehen keine Zweifel an der Zuordnung des Fusionsrechtes zur lex societatis (vgl. z.B. MünchKomm-*Ebenroth*, EGBGB, Nach Art. 10, Rn. 482; Staudinger-*Großfeld*, IntGesR, Rn. 628).

italienische Rechtsform hat[10] oder gemäß Art. 25 Abs. 1 Satz 2 IPRG in Italien ihren Verwaltungssitz oder Hauptgeschäftsgegenstand hat.

Art. 25 Abs. 3 IPRG ist dabei keine Sonderanknüpfung für die Regelung der Verschmelzung zu entnehmen[11]. Zwar spricht die Norm von "Fusionen von Gesellschaften *mit Sitz in verschiedenen Staaten*"[12] und erklärt die Rechtsnormen "dieser Staaten" für beachtlich. Die scheinbare Diskrepanz zwischen Art. 25 Abs. 1 und Abs. 3 IPRG ist aber ausschließlich durch die Gesetzgebungsgeschichte zu erklären, in der zwar die Kollisionsnorm des Kommissionsentwurfs, die die Sitztheorie zugrundelegte, nicht aber die übrigen Bestimmungen des Art. 25 IPRG verändert wurden[13].

2. Art. 25 Abs. 3 IPRG als Ausdruck der Vereinigungstheorie

Die materiellrechtlichen Regelungen über die Verschmelzung stehen nach Art. 25 Abs. 1 IPRG gleichwertig nebeneinander; allerdings gilt - ebenfalls wegen der für jede Gesellschaft nach Art. 25 Abs. 1 IPRG durchgeführten Anknüpfung - für jede Gesellschaft prinzipiell nur das Verschmelzungsrecht ihrer eigenen lex societatis. Erst mit Eintritt der Rechtsfolgen der Verschmelzung entlassen die Rechtsordnungen die übertragenden Gesellschaften aus ihrem Anwendungsbereich[14].

Das italienische Recht bekräftigt die gleichwertige Anwendung der ausländischen neben den italienischen Verschmelzungsvorschriften ausdrücklich in Art. 25 Abs. 3 IPRG, wonach die Verschmelzung nach *den Rechtsordnungen der beteiligten Staaten* wirksam sein muß[15]. Damit hat sich das italienische Recht nach unbestrittener Ansicht für die Vereinigungslehre entschieden[16], die auch dem Vorschlag der EU-Kommission für eine internationale Fusionsrichtlinie[17] zugrunde lag. Im Gegensatz zu den Einzeltheorien[18], die im Wege

---

10 Art. 25 Abs. 1 Satz 1 IPRG stellt nicht auf den historischen Gründungsort, sondern im Sinne der Organisationstheorie auf den Ort der aktuellen Eintragung ab (vgl. ausführlich oben im Kapitel Sitzverlegung S. 212ff).

11 So auch *Benedettelli* (oben Fn. 3), S. 96.

12 Im Wortlaut: "fusioni di enti con sede in Stati diversi".

13 Vgl. hierzu oben im Kapitel Sitzverlegung S. 124.

14 Gemäß Art. 2504-bis Abs. 1 c.c. gehen die übertragenden Gesellschaften mit Wirksamwerden der Fusion unter und es existiert nur noch die aus der Fusion hervorgegangene (übernehmende) Gesellschaft; diese untersteht wiederum (nur) ihrer lex societatis. Vgl. *Ballarino*, Dir.int.priv. (3.A.), S. 376; *Beitzke*, FS Hallstein, S. 14, 20.

15 Vgl. den Normtext Fn. 1.

16 Corte d'App. Roma (oben Fn. 3), Riv.not. 2000, 1294, 1297; *Benedettelli* (oben Fn. 3), S. 86; *Luzzatto/Azzolini* (oben Fn. 3), S. 136, 154; *Mengozzi*, S. 102; *Santa Maria* (oben Fn. 2), S. 483. Bereits vor der IPR-Reform: *Simonetto*, Commentario Artt. 2505-2510 c.c., S. 375; *Ferrara/Corsi*, Imprenditori e società, S. 898.

17 Abl.EG Nr.C 23, 1985, S. 11.

18 Vgl. hierzu auch MünchKomm-*Ebenroth*, EGBGB, Nach Art. 10, Rn. 482-485; *Ganske*, DB 1985, 581, 582.

einer Art Sonderanknüpfung das anwendbare Verschmelzungsrecht entweder - nach Ansicht der Vertreter der sogenannten Aufnahmetheorie - danach bestimmen, welcher Rechtsordnung die aus der Verschmelzung resultierende Gesellschaft angehört, oder aber - nach Ansicht der Vertreter der sogenannten Übertragungstheorie - nach dem Statut der übertragenden Gesellschaft, bleibt es nach der Vereinigungslehre bei der in den beteiligten Rechtsordnungen erfolgten Anknüpfung. Die Vereinigungslehre vermeidet damit, daß die Durchführung der Verschmelzung nur mit einer Rechtsordnung in Einklang steht, und akzeptiert, daß das Verschmelzungsrecht als Teil der lex societatis für jede an einer grenzüberschreitenden Verschmelzung beteiligten Gesellschaft ihrem Gesellschaftsstatut entnommen werden muß[19]. Die *Corte d'App. di Roma* formuliert dies in einer jüngeren Entscheidung folgendermaßen: Art. 25 Abs. 3 IPRG beschränkt sich darauf festzustellen, daß die Verschmelzung rechtstechnisch nur dann durchgeführt werden kann, wenn die Rechtsfigur der Verschmelzung in beiden beteiligten Rechtsordnungen vorgesehen ist und die Grundsätze beider Rechtsordnungen für einen Verschmelzung erfüllt werden[20]. Die Einzeltheorien haben in der italienischen Diskussion kaum eine Rolle gespielt[21]; lediglich der Entscheidung der *Corte d'Appello di Milano* von 1974 könnte man die Aufnahmetheorie unterstellen, weil das Gericht von der ausländischen Gesellschaft erwartete, daß diese "allen Vorschriften des italienischen Rechtes unterworfen wird", ohne daß es aber auf die Aufnahmetheorie Bezug nahm[22].

3. Kumulative und distributive Anwendung der Verschmelzungsvorschriften

Legt man dem Kollisionsrecht bei der Verschmelzung die Vereinigungstheorie zugrunde, so müssen mit der Durchführung der Verschmelzung *zwei* Rechtsordnungen erfüllt werden. Die Hauptaufgabe ist dabei die Koordinierung und die Überbrückung möglicher abweichender Regelungen der Sachvorschriften, die jeweils Regelungen sowohl für die übernehmende als auch für die übertragenden Gesellschaften enthalten. Die "reine" Form der Vereinigungslehre, nach der *alle* Verschmelzungsvorschriften *aller* beteiligten Rechtsordnungen durch *alle* Gesellschaften erfüllt werden müßten, ist in dieser Radikalität nie

---

19 Corte d'App. Roma (oben Fn. 3), Riv.not. 2000, 1294, 1297; MünchKomm-*Kindler*, IntGesR, Rn. 663; MünchKomm(2.A.)-*Ebenroth*, EGBGB, Nach Art. 10, Rn. 485; Soergel-*Lüderitz*, EGBGB, Anh. Art.10, Rn. 53; Lutter-*Lutter*, UmwG, § 1, Rn. 5; Hachenburg-*Behrens*, GmbHG, Einl., Rn. 174; *ders.*, ZGR 1994, 1, 13. Grundlegend bereits *Beitzke* (oben Fn. 14), S. 33f.

20 Corte d'App. Roma (oben Fn. 3), Riv.not. 2000, 1294, 1297.

21 Vgl. aber *Massa Felsani*, Riv.soc. 1991, 1721, 1770.

22 Corte d'App.Milano (oben Fn. 3), Dir.fallim. 1974, II, 1134. Das Gericht begründete die Anwendung des italienischen Rechtes mit Art. 2505 c.c. (vgl. hierzu oben im Kapitel Sitzverlegung S. 118f), weil der Verwaltungssitz der ausländischen Gesellschaft in Italien lag.

wirklich vertreten worden[23]. Grund dafür ist, daß die ausnahmslos kumulative Anwendung der beteiligten Fusionsrechte die Verschmelzung zu einem undurchführbar komplizierten Verfahren gemacht hätte in all den Fällen, in denen die Regelungen nicht genau übereinstimmen, so daß alle Schritte jeweils doppelt vollzogen werden müßten. Die Lösung der Vereinigungstheorie liegt vielmehr in der Grundannahme, daß jede Gesellschaft grundsätzlich *ihr* Personalstatut erfüllen muß, und nur *ausnahmsweise* auch die Vorschriften der lex societatis der ausländischen Gesellschaft. Man spricht in diesem Zusammenhang von "distributiver Anwendung" der materiellen Fusionsnormen, wenn eine jede Gesellschaft jeweils nur die Sachnormen ihrer eigenen lex societatis zu erfüllen hat, und von "kumulativer Anwendung", wenn die beteiligten Rechtsordnungen dergestalt ineinandergreifen, daß eine jede Gesellschaft die Sachnormen aller beteiligten Rechtsordnungen erfüllen muß[24].

Wann die Fusionsnormen kumulativ oder distributiv angewandt werden müssen, ist abhängig von ihrer inhaltlichen Regelung. Die einfachste Differenzierung kann danach angestellt werden, ob zur Durchführung der Verschmelzung ein gemeinsames Tätigwerden der Gesellschaften erforderlich ist. So grenzt beispielsweise *Ballarino*[25] die kumulative und distributive Anwendung im Bereich der Vorschriften über die Durchführung der Verschmelzung (*procedura della fusione*) danach ab, ob die Verfahrensvorschrift *autosufficente* ist, d.h. ohne fremde Hilfe erfüllbar wie etwa die Publizitätsvorschriften; in diesem Fall genüge eine distributive Anwendung, während die kumulative Anwendung erforderlich sein soll, wenn die zur Verwirklichung der Fusion notwendigen Schritte die Sphäre der eigenen Gesellschaft verlassen, etwa bei Abschluß des Verschmelzungsvertrages. Eine kumulative Anwendung der Fusionsvorschriften wird außerdem einhellig hinsichtlich des Eintritts der Wirkungen der Verschmelzung für erforderlich gehalten[26].

Die prinzipielle Unterscheidung danach, ob bei den einzelnen Schritten des Verschmelzungsverfahrens ein gemeinsames Tätigwerden erforderlich ist oder nicht, ist innerhalb der Vertreter der Vereinigungstheorie herrschend[27] und hat zur Aufstellung der folgenden "Faustregel" geführt:

---

23 *Beitzke* (oben Fn. 14), S. 14, 21.

24 *Ballarino* (oben Fn. 14/3.A.), S. 375; ebens aus der deutschsprachigen Literatur MünchKomm-*Ebenroth*, EGBGB, Nach Art. 10, Rn. 494.

25 Dir.int.priv., S. 360.

26 *Ballarino* (oben Fn. 14/3.A.), S. 375; *Benedettelli* (oben Fn. 3), S. 102. Aus der deutschsprachigen Literatur: MünchKomm-*Kindler*, IntGesR, Rn. 672; Hachenburg-*Behrens*, GmbHG, Einl., Rn. 174; *ders.*, ZGR 1994, 1, 13.

27 Vgl. *Ballarino* (oben Fn. 14/3.A.), S. 375f; *Luzzatto/Azzolini* (oben Fn. 3), S. 136, 154. Ebenso in der deutschen Literatur: MünchKomm-*Ebenroth*, EGBGB, Nach Art. 10, Rn. 489-500; *Beitzke* (oben Fn. 14), S. 14, 20ff; *Bessenich*, Grenzüberschreitende Fusion, S. 16f, 21; *Koppensteiner*, Int.Unternehmen, S. 268ff; *Meyer*, Besteuerung grenzüberschreitender Verschmelzungen, S. 41f; *Züllig*, Internationale Fusion im schweizerischen

Bei der Frage der Zulässigkeit bzw. den grundlegenden *Voraussetzungen* der internationalen Fusion ist für jede Gesellschaft allein ihr Statut maßgeblich (distributive Anwendung).

Im *Verfahren* der Fusion ist zu unterscheiden, ob ein gemeinschaftliches Tätigwerden der Gesellschaften erforderlich ist oder nicht. Wo kein gemeinschaftliches Tätigwerden notwendig ist, gilt das Sachrecht nur für die eigene Gesellschaft (distributive Anwendung); wo hingegen ein Zusammenwirken zwingend erforderlich ist, müssen die jeweiligen Fusionsvorschriften von allen Gesellschaften erfüllt werden (kumulative Anwendung).

Bei den Rechtsfolgen und *Wirkungen* der Fusion ipso iure schließlich müssen die materiellen Normen der Personalstatuta übereinstimmen, da andernfalls die (eine) Rechtsfolge der Fusion nicht eintreten kann (kumulative Anwendung)[28].

4. Anwendung der Fusionsvorschriften nach Maßgabe ihres Schutzzwecks (Benedettelli)

Eine neuere, von *Benedettelli* begründete Ansicht macht zum Maßstab für die Anwendung jeder einzelnen Fusionsnorm deren "Anwendungswillen" im internationalen Sachverhalt[29]. Ob und in welchem Maße auf die Anwendung der italienischen Normen verzichtet werden kann, ohne daß ihr Schutzzweck gefährdet ist, wird Schritt für Schritt in einer differenzierten Analyse des Inhaltes und Zweckes der materiellen Verschmelzungsnormen festgestellt[30]. Darauf kann nur dann verzichtet werden, wenn die Regelungen aus rechtstechnischen Gründen übereinstimmen müssen, so beispielsweise die Regelungen über die Wirkung und Folgen der Verschmelzung[31]. In eine ähnliche Richtung wie der Vorschlag *Benedettellis* gehen die Ausführungen der *Corte d'App. di Roma*, nach deren Ansicht im Falle einer Emigrationsfusion der *ordre public*, der alle zwingenden gesellschaftsrechtlichen Vorschriften umfassen soll, des

---

Gesellschaftsrecht, S. 85-87. Ebenso, hinsichtlich des Verfahrens der Verschmelzung Corte d'App. Roma (oben Fn. 3), Riv.not. 2000, 1294, 1297.

28 *Bessenich* (oben Fn. 27), S. 17: "Eine "gemeinsame" Wirkung ist nur dort möglich, wo alle involvierten Rechtsordnungen übereinstimmen". Ebenso *Ballarino* (oben Fn. 14/3.A), S. 376; *Beitzke* (oben Fn. 14), S. 20, 21; *Ferrara/Corsi* (oben Fn. 16), S. 899.

29 *Benedettelli* (oben Fn. 3), S. 99ff, insb. S. 101.

30 *Benedettelli* (oben Fn. 3), a.a.O. Für eine Schritt-für-Schritt Analyse der Anwendung der Fusionsnormen argumentiert auch *Züllig* ((Fn. 27), S. 85-87, 92ff), der jedoch nicht nach dem Schutzzweck der Normen, sondern nach der Rechtsnatur der Verfahrensschritte differenzieren will. Gegen seinen Vorschlag wird vorgebracht, das führe zu einer Verkomplizierung und damit zu Rechtsunsicherheit (MünchKomm-*Ebenroth*, EGBGB, Nach Art. 10, Rn. 488; vgl. zu dieser Kritik unten Fn. 35).

31 *Benedettelli* (oben Fn. 3), S. 102; ebenso die Vertreter der Vereinigungstheorie in Fn. 27.

italienischen Rechts eingehalten werden muß oder, anders gesagt, die "Grundsätze" des nationalen Verschmelzungsrechts[32].

Der Unterschied der Ansicht *Benedettellis* im Vergleich zu der von den Vertretern der Vereinigungstheorie angestellten "Drei-Phasen"-Unterscheidung, der hier sogenannten "Faustregel", besteht darin, daß man über die Schutzzweckanalyse die Anwendung der eigenen Sachnormen begrenzen kann, weil das eigene Sachrecht nur den Schutz des eigenen Rechtsverkehrs gewährleisten muß. Andererseits kann es aber gerade um der Gewährleistung dieses Schutzes willen geboten sein, die Einhaltung der italienischen Vorschriften auch von der ausländischen Gesellschaft zu fordern, obwohl *kein* gemeinsames Vorgehen i.S.d. der "Faustregel" erforderlich ist, wie zum Beispiel bei der Bestimmung des Unternehmenswertes und der Darstellung der Vermögenssituation (*situazione patrimoniale*[33]) der beteiligten Gesellschaften, die nach einheitlichen Grundsätzen erfolgen müssen. So kann flexibel auf die Regelung der jeweiligen ausländischen Rechtsordnung reagiert werden, ohne den eigenen Rechtsverkehr im Vergleich zu einer rein inneritalienischen Fusion schlechter zu stellen.

Benedettelli selbst beschreibt die aus Art. 25 Abs. 3 IPRG resultierende Aufgabe als "ziemlich komplex"[34]. Dies muß jedoch nicht zu der von *Ebenroth*[35] befürchteten Rechtsunsicherheit aufgrund einer "undifferenzierten Anwendung der Vereinigungstheorie" führen. Vielmehr wird es dem erfolgreichen Abschluß der grenzüberschreitenden Fusion in der Praxis entgegenkommen, wenn man durch die größtmögliche Berücksichtigung der Schutzinteressen der Gläubiger und Gesellschafter von Anfang an Prozesse durch die Anfechtung der Verschmelzungsbeschlüsse[36] oder die Erklärung der *opposizione*[37] vermeidet. Die befürchtete Rechtsunsicherheit dürfte im Fall der Verschmelzung auch deswegen nicht so groß sein wie im vergleichbaren Fall der Sitzverlegung[38], weil ohnehin von vorneherein nur ein Ausschnitt der gesellschaftsrechtlichen Normen, nämlich nur die Verschmelzungsvorschriften

---

32 Corte d'App. Roma (oben Fn. 3), Riv.not. 2000, 1294, 1297. In dem entschiedenen Fall ging es um die Frage, ob die Satzung der aufnehmenden englischen Gesellschaft einer italienischen Rechtmäßigkeitskontrolle unterliege. Die *Corte d'App. di Roma* verneinte dies unter Hinweis auf die distributive Anwendung des Verschmelzungsrechts im Gegensatz zur Vorinstanz, die die Eintragung der Verschmelzung verweigert hatte, weil die aufnehmende britische Gesellschaft die italienischen Mindestkapitalvorschriften nicht erfüllte (mit einem Grundkapital von 1.000 Lire) und einen nach italienischem Recht nicht zulässigen Unternehmensgegenstand hatte, vgl. Trib. Roma, 15 dicembre 1999, Riv.not. 2000, 1294, 1295.

33 Vgl. hierzu unten S. 283.

34 *Benedettelli* (oben Fn. 3), S. 101.

35 In: MünchKomm, EGBGB, Nach Art. 10, Rn. 488.

36 Vgl. hierzu unten S. 301.

37 Vgl. S. 303.

38 Dort wurde der entsprechende Vorschlag *Benedettellis* abgelehnt (siehe dort, S. 141f).

betroffen sind. Etwas anderes gilt demgegenüber, wenn für jede gesellschaftsrechtliche Norm nach einer Sitzverlegung ins Inland deren Anwendungswillen überprüft werden muß, wie *Benedettelli* vorgeschlagen hat.

Die meisten Stimmen in der Literatur zur internationalen Fusion stehen in Wahrheit dem Ansatz *Benedettellis* nahe, ohne ihn so deutlich zu formulieren. Als das wesentliche Kriterium für die Zulassung der internationalen Fusion wird ganz unbestritten die vollständige Erfüllung der sachrechtlich umgesetzten Schutzmechanismen angesehen[39]. Auf den von *Benedettelli* so bezeichneten "Anwendungswillen der Norm"[40] wird allerdings in aller Regel nicht bereits bei der Entscheidung über die kumulative oder distributive Anwendung zurückgegriffen, sondern erst bei der Anpassung der (kumulativ anzuwendenden) Sachvorschriften[41]. *Benedettelli* weist aber zu Recht darauf hin, daß die Einhaltung der italienischen Schutzvorschriften gefährdet ist, wenn man mit der "Faustformel" a priori über die (kumulative oder distributive) Anwendung der Sachnormen entscheidet und den Schutzzweck erst bei der Anpassung berücksichtigt. Gerade die unmißverständliche gesetzliche Anordnung, daß *alle* beteiligten Rechtsordnungen erfüllt werden müssen, verbietet eine schematische Differenzierung danach, ob ein gemeinsames Tätigwerden erforderlich ist. Die Erfüllung der Verschmelzungsvorschriften, d.h. die Gewährleistung derselben Rechtsposition gegenüber all denjenigen, deren Interessen durch die Verschmelzung betroffen sein können und durch die Artt. 2501ff c.c. geschützt werden, verlangt vielmehr die Beachtung des Schutzzweckes bereits bei der Entscheidung über ihre nur distributive Anwendung[42].

Die Gewährleistung der in der jeweiligen Rechtsordnung enthaltenen Schutzmechanismen ist bei einer grenzüberschreitenden Verschmelzung unverzichtbar, weil sie nach Abschluß der Emigrationsfusion endgültig nicht mehr anwendbar sind. Der Vorschlag *Benedettellis* stellt letztlich methodisch sicher, was auch *Bessenich*[43] ausdrücklich fordert, daß sich nämlich "durch die internationale Fusion ... keine rechtliche Gefährdung der Interessen an der Gesellschaft ergeben [darf], die nicht auch Folge der nationalen Fusion sein darf". Dies ist aber nur dadurch zu gewährleisten, daß man das jeweilige Ergebnis der "Faustregel" durch eine Schutzzweckanalyse überprüft.

---

39 Vgl. z.B. *Luzzatto/Azzolini* (oben Fn. 3), S. 136, 155: "... una delicata attività interpretativa che ... componga in modo armonico le diverse competenze delle leggi in presenza al fine di garantire, con la loro corretta atuazione, la protezione di tutte le posizioni soggettive coinvolte"; ebenso *Benedettelli* (oben Fn. 3), S. 100, 101; *Bessenich* (oben Fn. 27), S. 16 (vgl. Fn. 43).

40 Vgl. Fn. 29.

41 MünchKomm-*Ebenroth*, EGBGB, Nach Art. 10, Rn. 494; *Ballarino*, Dir.int.priv. (2.A.), S. 360; *Bessenich* (oben Fn. 27), S. 16; *Steiger*, Grenzüberschreitende Fusion und Sitzverlegung (Spanien, Portugal), S. 34, 57, 96 und 98; *Züllig* (oben Fn. 27), S. 80ff.

42 Ähnlich *Züllig*, der überprüft, ob der durch die Anwendung der italienischen Fusionsnormen auf die italienische Gesellschaft erreichte "inländische Schutz dem internationalen Sachverhalt vollumfänglich gerecht wird" ((Fn. 27), S. 93).

43 *Bessenich* (oben Fn. 27), S. 16.

5. Die inhaltliche Koordinierung der kumulativ anzuwendenden Verschmelzungsvorschriften

Sofern der Schutzzweck der Verschmelzungsvorschriften deren kumulative Anwendung erforderlich macht - und nur dann[44] -, müssen die nationalen Regelungen inhaltlich in Einklang gebracht werden, so daß der tatsächlich durchgeführte Verfahrensschritt beiden Regelungen entspricht und, wie es dem Willen des italienischen Gesetzgebers entspricht, das ausländische Recht in gleicher Weise beachtet wird wie das italienische[45]. *Benedettelli*[46] bezeichnet dies plastisch als "Collage" der Rechtsordnungen. Die hierzu erforderlichen Anpassungen stellen praktisch ein geringes Problem dar, wenn die Regelungen inhaltlich nicht voneinander abweichen. In diesen Fällen wird in aller Regel eine Sachnorm durch eine ausländische ersetzt werden können. Im Ergebnis bedeutet dies, daß sich das jeweils strengste Recht durchsetzt, weil das weniger strenge Recht "miterfüllt" wird[47]; beispielsweise wird ein Schriftformerfordernis der einen Rechtsordnung auch (erst recht) durch die Anordnung der notariellen Beurkundung desselben Fusionsschrittes erfüllt.

Schwierigkeiten bei der sachrechtlichen Koordinierung treten jedoch auf, wenn die materiellen Verschmelzungsnormen inhaltlich voneinander abweichen, weil das ausländische Verschmelzungsrecht entweder keine oder eine andere Regelung enthält. Fehlt eine Regelung, die in der jeweils anderen Rechtsordnung ein notwendiges Element darstellt (Regelungslücke), so muß die fehlende Regelung ersetzt werden, und zwar entweder durch die Regelung der anderen Rechtsordnung oder - sofern diese abdingbar ist - durch eine "neue" (Substitution). Trifft das ausländische Recht hingegen eine andere Regelung, müssen die beteiligten Rechtsordnungen in diesem Punkt einander angepaßt werden (Anpassung[48]). Im Fall der Normenhäufung kann auch eine Substitution in Betracht kommen, wenn eine der Rechtsordnungen auf die Anwendung der eigenen Regelung verzichten kann. Anpassungen können praktisch vor allem durch vertragliche Regelungen zwischen den Fusionsparteien erfolgen, die mit denen die inhaltlichen Unterschiede der Sachnormen überbrückt werden. Ob eine Anpassung oder Substitution in Betracht kommt, muß jeweils im Einzelfall danach entschieden werden, ob und wie die Schutzinhalte und Grundsätze der anzupassenden Verschmelzungsnormen gewahrt bleiben[49]. Wo eine solche

---

[44] Vgl. *Benedettelli* (oben Fn. 3), S. 99 und 101.

[45] Vgl. den Text der Begründung zum Kommissionsentwurf, Riv.dir.int. 1990, 754, 757.

[46] *Benedettelli* (oben Fn. 3), S. 86.

[47] *Benedettelli* (oben Fn. 3), S. 102; *Luzzatto/Azzolini* (oben Fn. 3), S. 136, 155. Wohl ebenso *Ballarino*, Dir.int.priv., S. 360. Vgl. auch *Ebenroth/Kaiser*, ZVglRWiss 91 (1992), 223, 250, die aber das in der deutschen Lehre vertretene Differenzierungsprinzip zur Vereinigungstheorie einfach auf Italien übertragen. Ebenso aus der deutschsprachigen Literatur statt vieler Soergel-*Lüderitz*, EGBGB, Anh. Art.10, Rn. 53.

[48] Vgl. hierzu ausführlich *Bessenich* (oben Fn. 27), S. 19- 24.

[49] *Benedettelli* (oben Fn. 3), S. 101; *Luzzatto/Azzolini* (oben Fn. 3), S. 136, 155.

Übereinstimmung nicht zu erzielen ist, bleibt die grenzüberschreitende Verschmelzung undurchführbar[50].

Mit dieser kollisionsrechtlichen Aussage über die Anwendung der eigenen Verschmelzungsvorschriften kommt das italienische Recht zu dem Ergebnis, daß einer innereuropäischen Verschmelzung von Kapitalgesellschaften aufgrund der Harmonisierung der nationalen Verschmelzungsregelungen durch die Richtlinie 78/855/EWG keine prinzipiellen Hindernisse im Wege stehen[51].

6. Zusammenfassung

Das italienische Recht entscheidet über die Anwendung der Artt. 2501ff c.c. auf die internationale Verschmelzung danach, ob hierdurch Interessen beeinträchtigt werden, die bei einer innerstaatlichen Verschmelzung gewahrt sind. Die kumulative Anwendung der italienischen Verschmelzungsvorschriften ist dann erforderlich, wenn nur dadurch sichergestellt werden kann, daß das Ergebnis der Verschmelzung einer italienischen mit einer ausländischen Gesellschaft aus der Sicht der von den Folgen der Verschmelzung Betroffenen kein anderes ist als bei der Verschmelzung mit einer anderen italienischen Gesellschaft. Der internationalen Verschmelzung stehen damit aus Sicht des italienischen Rechtes keine grundsätzlichen Hindernisse im Wege. Ob die Verschmelzung tatsächlich durchführbar und möglich ist, hängt vom Erfolg oder Mißerfolg der Koordinierung der beteiligten Rechtsordnungen ab.

III. Voraussetzungen der Verschmelzung nach italienischem Recht

Das italienische Verschmelzungsrecht enthält entsprechend den Vorgaben der Dritten Richtlinie (78/855/EWG) die beiden möglichen Formen der Fusion, die Verschmelzung durch Neugründung (Art. 2501 Abs. 1, 1.Alt. c.c.) und die Verschmelzung durch Aufnahme (Art. 2501 Abs. 1, 2.Alt. c.c.). Vorbereitet wird die Verschmelzung durch Erstellung eines Verschmelzungsplanes (*progetto di fusione*, Art. 2501-bis c.c.), der im deutschen Recht dem Entwurf des Verschmelzungsvertrages entspricht, und bestätigenden Gesellschafterbeschlüssen (Art. 2502 c.c.), tatsächlich vollzogen durch den Abschluß des Verschmelzungsvertrages (*atto di fusione*) nach Art. 2504 c.c. Mit Wirksamwerden der Verschmelzung (nach Art. 2504-bis Abs. 2 c.c.) aufgrund Eintragung im Handelsregister erwirbt die aus der Fusion resultierende Gesellschaft die Rechte und Pflichten der erlöschenden Gesellschaften.

Voraussetzung für die internationale Fusion ist die "Fähigkeit" der beteiligten Gesellschaften, an der geplanten Verschmelzung teilzunehmen. Hierfür enthält das italienische Recht Einschränkungen (aktive und passive Verschmelzungsfähigkeit), außerdem teilweise Verbote zum Schutz des Rechtsverkehrs aufgrund der wirtschaftlichen Situation einer der beteiligten Gesellschaften. Ob

---

50 *Beitzke* (oben Fn. 14), S. 21; *Kallmeyer*, ZIP 1996, 535, 536.

51 Ebenso im deutschen Recht *Kallmeyer* (oben Fn. 50), S. 537.

diese Vorschriften, die nach der "Faustregel"[52] nur distributiv anzuwenden wären, auch im Hinblick auf die ausländische Gesellschaft gelten, richtet sich danach, ob andernfalls wichtige Schutzinteressen des Rechtsverkehrs gefährdet werden, so daß die italienische Verbotsnorm auch auf die ausländische Gesellschaft angewandt wird[53].

1. Verschmelzungsfähigkeit der beteiligten Gesellschaften

Die Anwendung der italienischen Verschmelzungsvorschriften ist nicht auf bestimmte Gesellschaftsformen beschränkt; es können also *alle* Gesellschaftsformen an der Fusion beteiligt sein. Art. 2501 c.c. spricht nur von der "Fusion mehrerer Gesellschaften"[54]. Es bestehen auch keine Bedenken gegen die aktive oder passive Verschmelzungsfähigkeit jeder (italienischen) Gesellschaftsform, so daß Gesellschaften jeder Rechtsform als übernehmende oder übertragende Gesellschaft an einer Verschmelzung beteiligt sein können. Besonderheiten können lediglich hinsichtlich der ausgeübten wirtschaftlichen Tätigkeit bestehen, so z.B. für Gesellschaften, die ein Kreditinstitut betreiben[55].

Auch die *società semplice* kann nach herrschender Meinung an einer Verschmelzung beteiligt sein[56]. Das früher vorgebrachte Argument gegen ihre Verschmelzungsfähigkeit, weder sie selbst noch ihre Beschlüsse könnten eingetragen werden[57], greift seit der Neuregelung des Registerrechtes nicht mehr, da Art. 7 Abs. 2 lit.a Nr.9 D.P.R. 7 dicembre 1995, n. 581, die (wenn auch nicht obligatorische) Eintragung der *società semplice* vorsieht. Nicht Verschmelzungsfähig ist allerdings eine *società irregolare*[58], da eine Verschmelzung ohne die Beachtung einer Reihe von Publizitätsvorschriften

---

52 Siehe oben Fn. 27.

53 Zu dem gleichen Ergebnis, allerdings mit anderen Argumenten, gelangen auch *Bessenich* ((Fn. 27), S. 16) und *Ebenroth* (in: MünchKomm, EGBGB, Nach Art. 10, Rn. 491, 492), die ebenfalls die Vorschriften über die Verschmelzungsfähigkeit auf die ausländische Gesellschaft übertragen wollen.

54 Vgl. oben Fn. 7. Verschmelzungsfähig ist gemäß Art. 2538 c.c. auch die *società cooperativa.* Die Rechtsprechung hat auch bei der Fusion einer *società lucrativa* und einer *società cooperativa* keine Hindernisse mehr gesehen (vgl. Corte d'App. Milano, 15 luglio 1994, Le società 1995, 376, und die Nachweise bei *Gasperoni*, Enc.di diritto, vol. XLIV, S. 1052). Dies ist jedoch nicht unbestritten (anderer Ansicht z.B. Trib. Napoli, 19 luglio 1989, Le società 1990, 356).

55 Vgl. Artt. 31 u. 36 l. 1°settembre 1993, n. 385; Artt. 47ff l. 7 marzo 1938, n. 141.

56 *Gasperoni* (oben Fn. 54), S. 1051; *Pettarin*, Acquisizione, fusione e scissione, S. 83, 84.

57 *Scardulla*, in: Trattato dir.civ.comm. (XXX, 2), S. 367, 371; *Serra/Spolidoro*, Fusioni e scissioni di società, S. 4.

58 Corte di Cass., 11 gennaio 1989, n. 58, Le società 1989, 454; Corte di Cass., 21 giugno 1971, n. 1912, Foro it. 1971, I, 1849 (zur *società di fatto*); *Scardulla* (oben Fn. 57), S. 381. Die Ansicht, daß auch *società irregolari* an einer Fusion beteiligt sein können, vertritt eine Mindermeinung in der Literatur, vgl. *Gasperoni* (oben Fn. 54), S. 1051; *Simonetto*, Commentario Art. 2501 c.c., S. 309.

nicht durchführbar ist, die *società irregolare* aber nicht eingetragen ist[59]. Nicht im gesellschaftsrechtlichen Sinne verschmelzungsfähig sind auch solche Rechtsträger, die das italienische Recht nicht als "Gesellschaft" (*società*) i.S.d. Art. 2247 c.c. ansieht[60], obwohl Art. 25 Abs. 3 IPRG verallgemeinernd nur von Verschmelzung von "Personenzusammenschlüssen" (fusioni di *enti*) spricht und damit grundsätzlich auch andere als Gesellschaften erfaßt[61]. Damit kann er aber noch nicht den Anwendungsbereich der Artt. 2501ff c.c. ändern.

2. Verschmelzungsverbote, Art. 2501 Abs. 2 c.c.

Entsprechend Art. 1 Abs. 3 der Dritten Richtlinie enthält Art. 2501 Abs. 2 c.c. ein Verschmelzungsverbot für Gesellschaften, die sich in einem Verfahren der Insolvenz befinden, sowie für (aufgelöste) Gesellschaften in Liquidation, wenn diese bereits mit der Verteilung des Vermögens begonnen haben. Dies gilt unabhängig davon, ob sich eine in die Krise geratene Gesellschaft als übernehmende oder als übertragende an der Verschmelzung beteiligen will[62].

a. Die *procedure concorsuali* i.S.d. Art. 2501 Abs. 2 c.c.

Procedure concorsuali sind alle diejenigen Verfahren, die das italienische Recht für wirtschaftliche Krisenfälle anordnet. Damit sind unbestritten die im R.D. 16 marzo 1942, n. 267 (l.fallim.), geregelten Verfahren erfaßt, die aufgrund der Überschuldung (*insolvenza*) nach Art. 5 Abs. 2 R.D. 16 marzo 1942, n. 267, eingeleitet werden[63]; das ist in erster Linie der Konkurs (*fallimento*, titolo II (Artt. 5- 159) R.D. 16 marzo 1942, n. 267), weiterhin der *concordato preventivo* (titolo III (Artt. 160- 186) R.D. 16 marzo 1942, n. 267). Ebenfalls im R.D. 16 marzo 1942, n. 267, vorgesehen und geregelt sind die "kontrollierte Verwaltung" (*amministrazione controllata*, titolo IV (Artt. 187-193)) und die "Zwangsliquidationsverwaltung" (*liquidazione coatta amministrativa*, titolo V (Artt. 194- 215)).

---

59 *Pettarin* (oben Fn. 56), S. 83. Ähnlich Corte d'App. Venezia (30 gennaio 1992, Riv.not. 1992, II, 1268), die die Anwendung der Artt. 2501ff c.c. auf die regulär errichteten Gesellschaften beschränkt.

60 *Serra/Spolidoro* (oben Fn. 57), S. 5ff. Das Gesetz kennt allerdings "Fusion von Gesellschaften und anderen Personenzusammenschlüssen, die nicht Gesellschaften sind" in Art. 4 Tariffa allegata al T.U.I.R. (D.P.R. 26 aprile 1986, n. 131), der die (Gebühren für die) Eintragung einer solchen Verschmelzung regelt.

61 *Annibale*, Riforma, S. 152; *Benedettelli* (oben Fn. 3), S. 44; *Broggini* (oben Fn. 9), S. 57, 58; *Mosconi*, Dir.int.priv., S. 29; *Ramondelli*, Riv.not. 1996, 1401, 1404). Zum Begriff *ente* siehe ausführlich oben S. 124f.

62 Corte d'App. Roma, 25 giugno/ 24 luglio 1993, Riv.not. 1993, II, 678.

63 *Gelosa/Insalaco* (oben Fn. 3), S. 20; *Pettarin* (oben Fn. 56), S. 85; *Serra/Spolidoro* (oben Fn. 57), S. 13f. Voraussetzung der *insolvenza* ist nach Art. 5 Abs. 2 R.D. 16 marzo 1942, n. 267, daß ein Kaufmann nicht mehr in der Lage ist, seine Schulden ordentlich zu begleichen.

Um ein Insolvenzverfahren i.S.d. Art. 2501 c.c. handelt es sich nach herrschender Ansicht[64] auch bei der *amministrazione straordinaria delle grandi impresi in crisi* nach dem d.lgs. 30 gennaio 1979, n. 26, bei welcher im Fall der Überschuldung von großen Unternehmen mit volkswirtschaftlicher Bedeutung die Geschäftsleitung durch einen gerichtlich bestellten *Commissario* fortgeführt wird[65]. Dies bestreitet neuerdings ein Teil der Literatur mit der Begründung, die *amministrazione straordinaria* sei auf die Erhaltung der Werte des Unternehmens ausgerichtet und nicht wie die Insolvenzverfahren i.S.d. Art. 2501 Abs. 2 c.c. auf die Verteilung des Vermögens[66]. Außerdem sei gerade in diesem Fall, der noch nicht zur Insolvenz der Gesellschaft geführt hat, die Fusion ein geeignetes Mittel, dem in die Krise geratenen Unternehmen auf die Füße zu helfen, so daß die Anwendung des Art. 2501 Abs. 2 c.c. auf die *amministrazione straordinaria* sanierungsfeindlich sei[67].

b. Beginn der Verteilung des Liquidationserlöses i.S.d. Art. 2501 Abs. 2 c.c.

Die Fusion ist gemäß Art. 2501 Abs. 2 c.c. auch dann nicht zulässig, wenn die gesellschaftsrechtliche Liquidation einer beteiligten Gesellschaft bereits in das Stadium eingetreten ist, in welchem die Aktiva verteilt werden. Gemeint ist damit die Ausschüttung des nach der Abwicklung verbleibenden Restvermögens an die Gesellschafter. Hiermit darf gemäß Art. 2280 Abs. 1 c.c., der für alle übrigen Gesellschaftsformen kraft Verweisung gilt[68], erst *nach* der Befriedigung der Gläubiger begonnen werden[69]. Art. 2501 Abs. 2 c.c. greift daher erst zu einem recht späten Zeitpunkt der Liquidation ein[70]. Vor dem Beginn der Ausschüttung stehen weder die Auflösung der Gesellschaft noch die sich anschließende Liquidation der Fusion entgegen[71], insbesondere soll auch die Änderung des Unternehmensgegenstandes infolge der Liquidation nach Art. 2449 c.c. und die damit verbundene Begrenzung der Vertretungsmacht der

---

64 *Pettarin* (oben Fn. 56), S. 85, 86; *Serra/Spolidoro* (oben Fn. 57), S. 13.

65 Die Vereinbarkeit dieses Verfahrens mit Art. 87 EGV wird derzeit aufgrund von Anfragen zweier italienischer Gerichte (Vorabentscheidungsersuchen der Corte di Cass., Rs.C-200/97 und des Trib.Genova, Rs.C-295/97) vom EuGH geprüft.

66 *Gelosa/Insalaco* (oben Fn. 3), S. 21.

67 *Gasperoni* (oben Fn. 54), S. 1052.

68 Vgl. Art. 2293 c.c. (s.n.c.), Art. 2315 c.c. (s.a.s.), Art. 2452 c.c. (s.p.a.), Art. 2464 c.c. (s.a.p.a.), Art. 2497 c.c. (s.r.l.), Art. 2516 c.c. (soc. coop.).

69 Herrschende Meinung, vgl. statt vieler *Pettarin* (oben Fn. 56), S. 87; *Serra/Spolidoro* (oben Fn. 57), S. 14.

70 Im Hinblick darauf, daß es zu diesem Zeitpunkt kein öffentliches Interesse an der Verhinderung der Fusion gebe, weil die Gläubiger bereits befriedigt seien und die Gesellschafter, um deren Interessen es alleine noch gehe, selbst entscheiden könnten, ob sie eine Verschmelzung befürworteten, wird die Regelung kritisiert von z.B. *Ferrara/Corsi* (oben Fn. 16), S. 883; *Serra/Spolidoro* (oben Fn. 57), S. 15, 16 und 18.

71 *Pettarin* (oben Fn. 56), S. 88; anderer Ansicht teilweise die Rechtsprechung vor der Neuregelung des Fusionsrechts, vgl. z.B.: Trib. Roma, 14 novembre 1979, Giur.comm. 1980, II, 985.

Verwaltungsorgane die Planung und Durchführung der Verschmelzung nicht ausschließen[72].

c. Probleme der Anwendung des Art. 2501 c.c. auf die grenzüberschreitende Fusion

Die Verschmelzungsverbote nach Art. 2501 c.c. schließen auf jeden Fall eine italienische Gesellschaft, die die Voraussetzungen einer der Alternativen erfüllt, von der Teilnahme an einer grenzüberschreitenden Fusion aus. Fraglich ist aber, ob die italienischen Verschmelzungsverbote auch die Teilnahme einer ausländische Gesellschaft verhindern, wenn diese sich in einer wirtschaftlichen Lage befindet, die nach italienischem Recht zur Eröffnung eines Insolvenzverfahrens führte.

Die Anwendung des Art. 2501 Abs. 2 c.c. auf die ausländische Gesellschaft hängt davon ab, inwiefern dies zur Verwirklichung des Schutzes, den der Gesetzgeber bezweckt hat, erforderlich ist[73]. Art. 2501 Abs. 2 c.c. will unter anderem Gläubiger der fusionierenden Gesellschaften davor bewahren, daß das ihnen haftende Vermögen durch die Verschmelzung aufgezehrt wird. Dieses Schutzes bedürfen sie bei einer grenzüberschreitenden Fusion ebenso wie bei einer inneritalienischen; das italienische Recht kann demzufolge nicht erlauben, daß eine italienische Gesellschaft mit einer insolventen ausländischen Gesellschaft verschmolzen werden kann; daher ist Art. 2501 Abs. 2 c.c., sofern deren Rechtsordnung nicht bereits ein entsprechendes Verschmelzungsverbot vorsieht, auch auf die ausländische Gesellschaft anwendbar.

Dieses Ergebnis ist problematisch, wenn die Gesellschaft zwar nach dem (nicht anwendbaren) italienischem Recht einem Insolvenzverfahren unterworfen wäre, das ausländische Recht aber trotz Vorliegens derselben wirtschaftlichen Voraussetzungen entsprechendes Verfahren nicht anordnet, etwa weil die Voraussetzungen der Überschuldung anders festgelegt sind. Ein praktisch nicht seltener Fall ist beispielsweise die *amministrazione straordinaria*, eine Spezialität des italienischen Rechts, die vor der echten Zahlungsunfähigkeit angeordnet wird. Fraglich ist, ob es für das Eingreifen des Verschmelzungsverbotes nach Art. 2501 Abs. 2 c.c. bereits ausreichen soll, daß die ausländische Gesellschaft in Italien einem Insolvenzverfahren unterliegen würde, oder ob das Verschmelzungsverbot erst dann greift, wenn nach ausländischem Recht ein Verfahren eröffnet worden ist. Gegen letzteres spricht zwar der Schutzzweck des Art. 2501 Abs. 2 c.c.; die Übertragung der italienischen Insolvenzvorschriften führte aber andererseits zu langwierigen und schwierigen Analysen des ausländischen Insolvenzrechts, im Zweifel also zu großer Rechtsunsicherheit. Gegen die Heranziehung der italienischen Voraussetzungen für die Eröffnung des Insolvenzverfahrens spricht außerdem, daß sowohl Gläubiger als auch Gesellschafter von der desolaten Vermögenssituation der ausländi-

---

[72] Corte d'App. Milano, 4 maggio 1993, Riv.not. 1994, I, 864; *Benvenuto/Vita*, Le società, vol.VII (Trasformazioni. Fusioni, Scissioni), S. 157; *Salafia*, Le Società 1993, 1229.

[73] Vgl. oben S. 271f.

schen Gesellschaft erfahren, bevor sie der Verschmelzung zustimmen[74] bzw. auf die Ausübung ihres *diritto di opposizione*[75] verzichten. Die Übertragung auch der insolvenzrechtlichen Vorschriften erscheint außerdem fragwürdig im Hinblick auf Art. 25 Abs. 3 IPRG, der zwar die Übereinstimmung mit "den Gesetzen" (*leggi*) der beteiligten Staaten anordnet, seinem Kontext nach aber mit Abs. 3 nicht anders als mit der Aufzählung der Regelungsgebiete der *legge regolatrice* nur auf das jeweilige Gesellschaftsrecht Bezug nimmt. Wie die Rechtsprechung sich zu dieser Frage stellen wird, bleibt abzuwarten.

3. Gerichtliche Überprüfung der Verschmelzungsverbote

Ob sich eine an der grenzüberschreitenden Verschmelzung beteiligende Gesellschaft in einem Insolvenzverfahren oder im Beendigungsstadium der Liquidation befindet, prüft das Gericht frühestens vor der Verfügung der Eintragung der Verschmelzung. Die Vermögenssituation der Gesellschaft zu einem vorherigen Zeitpunkt ist irrelevant. Die Fusion ist deshalb auch dann unmöglich, wenn die Gesellschaft erst nach Erstellung des Verschmelzungsplanes (*progetto di fusione*) in die Krise gerät. Das ergibt sich daraus, daß Art. 2501 Abs. 2 c.c. von "Teilnahme" an der Fusion spricht: Es soll der tatsächliche Effekt der Verschmelzung mit einem (überschuldeten) Vermögen verhindert werden.

IV. Planung der Fusion

Für die Planung der Fusion - dem Zeitraum bis zur Genehmigung des Verschmelzungsplanes durch die Gesellschafterversammlungen - hat sich das italienische Recht an den Vorschlägen der Artt. 5, 6, 9 - 11 der Dritten Richtlinie orientiert. Die Planung umfaßt folgende Schritte: Die Erstellung eines Verschmelzungsplanes (*progetto di fusione*) durch die Verwaltungsorgane nach Art. 2501-bis c.c., die Darstellung der Vermögenssituation (*situazione patrimoniale*) der beteiligten Gesellschaften durch die jeweiligen Verwaltungsorgane nach Art. 2501-ter c.c., einen ausführlichen schriftlichen Bericht der Verwaltungsorgane zum Verschmelzungsvorhaben (*relazione degli amministratori*), Art. 2501-quater c.c., die Erstellung eines Prüfungsberichts im Zusammen-hang mit den wichtigsten Fragen zum Umtauschverhältnis (*relazione degli esperti*), Art. 2501-quinquies c.c., und die Veröffentlichung von Verschmelzungsplan, Vermögenssituation sowie der letzten drei Jahresschlußbilanzen (Art. 2501-sexies c.c.).

1. Kollisionsrechtliche Überlegungen

Die Planungsphase der Verschmelzung besteht aus verschiedenen Schritten, die zum Teil ohne Mitwirkung der anderen an der Fusion beteiligten Gesellschaften verwirklicht werden können, beispielsweise die Publizitäts- und Berichtspflichten, zum Teil aber nur mit Hilfe der ausländischen Gesellschaft,

---

[74] Vgl. ausführlich unten S. 295.

[75] Vgl. ausführlich unten S. 303.

beispielsweise die Festlegung des Umtauschverhältnisses. Nach der "Faustregel" der Vereinigungstheorie[76] können die Sachnormen distributiv angewendet werden, wenn *kein* gemeinschaftliches Tätigwerden der Gesellschaften bzw. ihrer Organe erforderlich ist. Auch dieses Ergebnis kann dann nicht aufrecht erhalten werden, wenn zur Gewährleistung des durch die italienischen Normen bezweckten Schutzes erforderlich ist, daß auch die ausländische Gesellschaft die italienischen Vorschriften erfüllt. Im Ergebnis dürfen diejenigen, deren Interessen jeweils geschützt werden, durch die Beteiligung eines ausländischen Rechtsträgers an der Verschmelzung nicht schlechter gestellt ist als bei einer innerstaatlichen Fusion.

Der Schutz, der in der Planungsphase der Fusion gewährleistet werden muß, betrifft vor allem die Sicherung der umfassenden und korrekten Information über die Hintergründe und die Folgen der Verschmelzung. Die in ihren wirtschaftlichen Interessen Betroffenen sollen in die Lage versetzt werden, das Verschmelzungsvorhaben und seine wirtschaftlichen Konsequenzen für die Gesellschaft und für ihre persönlichen wirtschaftlichen Risiken und Chancen abschätzen zu können[77]. Ziel des Gesetzes ist es gleichzeitig, durch die Überprüfung der Vorteile der Verschmelzung anhand persönlicher wirtschaftlicher Interessen eine Kontrolle der Entscheidungen der Verwaltungsorgane zu erreichen[78]. Die Gewährleistung der vollständigen und objektiven Information des italienischen Rechtsverkehrs kann es erforderlich machen, daß auch die ausländische Gesellschaft Teile ihrer Planungsphase nach den italienischen Vorschriften gestalten muß, ohne daß in diesem Schritt des Verschmelzungsverfahrens tatsächlich ein gemeinschaftliches Tätigwerden erforderlich ist[79]. Praktisch relevant ist vor allem die kumulative Anwendung der italienischen Vorschriften über die Offenlegungspflichten der beteiligten Gesellschaften, insbesondere wenn diese im ausländischen Recht weniger umfangreich sind als im italienischen Recht vorgesehen. Wie sich dies im einzelnen auswirkt, ist für jeden Planungsschritt zu untersuchen.

2. Der Verschmelzungsplan, Art. 2501-bis c.c.

Im ersten Schritt der Planung der Verschmelzung ist es gemäß Art. 2501-bis c.c. Aufgabe der Verwaltungsorgane der beteiligten Gesellschaften, den Verschmelzungsplan (*progetto di fusione*) zu verfassen. Der *progetto di fusione* entspricht dem im deutschen Recht bekannten Entwurf des Verschmelzungsvertrages. Art. 2501-bis c.c. enthält die Auflistung seines Mindestinhaltes, auf den hier nicht näher eingegangen werden muß, weil er den Vorgaben des Art. 5 der Dritten Richtlinie entspricht.

---

76 Siehe oben Fn. 27.

77 Trib. Verona, 24 marzo 1995, Le società 1995, 968; Trib. Udine, 21 febbraio 1995, Le società 1995, 986; Trib. Udine, 26 marzo 1992, Le società 1992, 1104; *Gasperoni* (oben Fn. 54), S. 1054, 1055; *Massa Felsani* (oben Fn. 21), S. 453.

78 *Ferri*, Manuale di dir.comm., S. 510; *Serra/Spolidoro* (oben Fn. 57), S. 49, 50.

79 Vgl. oben S. 272; zum abweichenden Ergebnis der "Faustregel" siehe S. 270.

Die Erstellung des *progetto di fusione* erfordert nach ganz unbestrittener Ansicht ein gemeinsames Tätigwerden der Verwaltungsorgane[80]. Für alle Gesellschaften muß ein einheitlicher Entwurf erarbeitet werden, weil dieser Inhalt der Genehmigungsbeschlüsse wird, die schließlich mit der Unterzeichnung des Verschmelzungsvertrages umgesetzt werden[81]. Da bei der Verhandlung eines einheitlichen *progetto di fusione* die Verwaltungsorgane der beteiligten Gesellschaften notwendigerweise zusammenwirken, müssen die jeweiligen nationalen Vorschriften kumuliert werden, d.h. einander angepaßt werden. Für die meisten der nach Art. 2501-bis c.c. im Verschmelzungsplan zu klärenden Punkte der Fusion wird dies nicht problematisch sein, insbesondere nicht innerhalb der Europäischen Union, weil Art. 5 Abs. 2 der Dritten Richtlinie den nationalen Rechtsordnungen wenig Gestaltungsfreiheit läßt.

Eine Besonderheit gilt hinsichtlich der Satzung der aufnehmenden (bzw. neu gegründeten) Gesellschaft, sofern deren Sitz im Ausland liegt. Nach Art. 2501-bis Abs. 1 Nr. 2 c.c. muß die Satzung dieser Gesellschaft dem *progetto di fusione* beigefügt werden. Ein neueres Urteil stellt klar, daß Art. 25 Abs. 3 IPRG nicht dazu führt, daß die Satzung der aufnehmenden ausländischen Gesellschaft nach italienischem Recht rechtmäßig sein muß; es genügt vielmehr, daß die Satzung dem *progetto di fusione* beigefügt ist[82]. Das Gericht begründet dieses Ergebnis mit der distributiven Anwendung der Verschmelzungsvorschriften beider beteiligter Rechtsordnungen, nämlich damit, daß die Verfahrensvorschriften "autosufficiente", für sich selbst ausreichend, seien. Das Gericht hat allerdings den Hinweis unterlassen, daß es bei dieser Frage eigentlich gar nicht um die Anwendung der *Verschmelzungs*vorschriften i.S.d. Art. 25 Abs. 3 IPRG, insbesondere nicht um Verfahrensvorschriften, ging, sondern vielmehr um die allgemeinen Vorschriften für die Errichtung einer Gesellschaft in Italien. Zu dem selben Ergebnis gelangt man somit über die Regel des Art. 25 Abs. 1 IPRG. Das italienische Verschmelzungsrecht beschränkt sich darauf, die Beifügung des Satzungstextes zu verlangen.

---

80 *Ferrara/Corsi* (oben Fn. 16), S. 884; *Ferri* (oben Fn. 78), S. 511; *Serra/Spolidoro* (oben Fn. 57), S. 26.

81 Die Rechtsnatur des *progetto di fusione* ist umstritten. Nach der wohl überwiegenden Ansicht ist er eine Art "Vorvertrag" oder zustimmungsbedürftiger Vertrag (vgl. z.B. *Ferri* (oben Fn. 78), S. 511; *Oppo*, Riv.dir.civ. 1991, II, 501, 511, 512); ein Teil der Literatur hält diese Einordnung für "übertrieben", denn der *progetto di fusione* sei schlicht ein unveränderlicher bindender Entwurf in einer Art "gemeinsamem Papier" (*Serra/Spolidoro* (oben Fn. 57), S. 26). Vgl. hierzu auch *Züllig* (oben Fn. 27), S. 81ff (allerdings zur Rechtslage vor der Neuordnung des Fusionsrechtes entsprechend der Dritten Richtlinie); zur schweizerischen Regelung vgl. *Bessenich* (oben Fn. 27), S. 64ff; für das spanische Recht vgl. *Steiger* (oben Fn. 41), S. 86.

82 Corte d'App. Roma (oben Fn. 3), Riv.not. 2000, 1294, 1297. Anders die Vorinstanz (oben Fn. 32).

3. Die Darstellung der Vermögenssituation (*situazione patrimoniale*) als Grundlage für die Zustimmung zur Verschmelzung und für die Berechnung des Umtauschverhältnisses

Schwierigkeiten bei der Kumulation der anwendbaren Verschmelzungsvorschriften können auftreten bei der Aufstellung der *situazione patrimoniale* gemäß Art. 2501-ter c.c., der im wesentlichen den Vorgaben des Art. 11 Abs. 1 lit.c der Dritten Richtlinie entspricht[83]. Die Verschmelzungsbilanz muß auf einen Stichtag lauten, der nicht mehr als 4 Monate vor dem Datum liegt, zu welchen der *progetto di fusione* nach Art. 2501-sexies c.c. am Sitz der Gesellschaft hinterlegt wird. Sie muß gemäß Art. 2501-ter Abs. 2 c.c. nach den Vorschriften über die Jahresschlußbilanz (*bilancio di esercizio*) aufgestellt werden[84]. Damit gelten auch die bilanzrechtlichen Bewertungskriterien und Grundsätze[85], auch die vergleichsweise strengen Vorschriften über die Bewertung von dinglichem Vermögen (Art. 2426 c.c.)[86].

a. Probleme der Koordinierung mit den ausländischen Bilanzierungsgrundsätzen

Die Darstellung der Vermögenssituation gemäß Art. 2501-ter c.c. ist - anders als die Erarbeitung des *progetto di fusione* - nicht das Resultat der *Zusammenarbeit* der Verwaltungsorgane der beteiligten Gesellschaften; vielmehr muß jede Verwaltung die *situazione patrimoniale* individuell für die jeweilige

---

[83] Z.B. darf gemäß Art. 2501-ter Abs.a c.c. der Stichtag für die Fusionsbilanz höchstens 4 Monate vor der Hinterlegung des *progetto di fusione* am Sitz der Gesellschaft liegen; außerdem kann die Fusionsbilanz gemäß Art. 2501-Abs. 3 c.c. durch die letzte Jahresschlußbilanz ersetzt werden, wenn diese nicht älter als 6 Monate ist. Zu dem Problem einer Veränderung des Grundkapitals in dem Zeitraum zwischen der Offenlegung der Vermögenssituation und dem Verschmelzungsbeschluß vgl. *Cabras*, Le società 1990, 1642 (Anm. zu Corte d'App. Venezia, 20 luglio 1990, a.a.O. S. 1641).

[84] Trib. Napoli, 12 febbraio 1994, Le società 1994, 1378; Trib. Napoli, 14 ottobre 1993, Le società 1994, 251. Die Neuregelung hat die bereits vorher gängige Praxis der Heranziehung des Bilanzrechtes bestätigt (*Pettarin* (oben Fn. 56), S. 100; *Serra/Spolidoro* (oben Fn. 57), S. 49); vgl. aus der älteren Rechtsprechung z.B. Trib. Cassino, 23 dicembre 1988, Foro it. 1989, I, 2969, und die Nachweise bei *Scalese*, Art. 2501-ter c.c., S. 717.

[85] Vgl. *Serra/Spolidoro* (oben Fn. 57), S. 49.

[86] Siehe zu den bilanzrechtlichen Fragen im Zusammenhang mit Art. 2501-ter c.c.: *Colombo*, in: Trattato delle s.p.a., vol.7.1; *Pettarin* (oben Fn. 56), S. 104; *Serra/Spolidoro* (oben Fn. 57), S. 44-53. Das italienische Bilanzrecht wurde durch den d.lgs. 9 aprile 1991, n. 127, in wesentlichen Teilen neugeregelt und den Richtlinien 78/660/EWG und 83/349/EWG angepaßt. Für Kapitalgesellschaften sind die Bilanzvorschriften der Artt. 2423- 2435-bis c.c. maßgeblich. "*Riserve occulte*" sind grundsätzlich unzulässig (*Hofmann*, Ital.GesellschaftsR, S. 64); andere Über- oder Unterbewertungen (*plus-/minusvalenze implicite nelle poste di bilancie*) sind nur nach den in Art. 2426 c.c. aufgestellten strengen Bewertungsmaßstäben für Vermögensgüter zulässig (vgl. hierzu *Colombo*, in: Trattato delle s.p.a., vol.7.1., S. 187ff).

Gesellschaft erarbeiten[87]. Das läßt nach der "Faustregel"[88] den Schluß zu, es gelte wegen der gebotenen distributiven Anwendung der Verschmelzungsvorschriften für jede Gesellschaft (nur) ihr nationales Recht[89].

Zu diesem Ergebnis scheint bereits Art. 2501-ter c.c. selbst in Widerspruch zu stehen, weil er von *allen* an der Verschmelzung beteiligten Gesellschaften die Aufstellung der Verschmelzungsbilanz fordert[90]. Als delikates Problem erweist sich dabei insbesondere die distributive Anwendung der Bilanzvorschriften bzw. ein Verzicht des italienischen Rechts auf die Einhaltung seiner eigenen Bilanzierungsgrundsätze durch die ausländische Gesellschaft, denn dieses brächte Abstriche hinsichtlich der Offenlegung der Vermögensverhältnisse und des hierdurch bezweckten Schutzes mit sich.

Zum einen spielt die *situazione patrimoniale* eine entscheidende Rolle bei der Berechnung des Umtauschverhältnisses (*rapporto di cambio*), der auf der Basis des effektiven Wertes der beteiligten Gesellschaften errechnet werden muß[91] und damit nach Ansicht der herrschenden Meinung maßgeblich von der Vermögenssituation der Gesellschaften beeinflußt wird[92]. Die Offenlegung der *situazione patrimoniale* ist gleichermaßen Voraussetzung für die Verschmelzungsbeschlüsse, denn auf ihrer Grundlage sollen sich die Gesellschafter über den wirtschaftlichen Sinn oder Unsinn der Verschmelzung und über den Umtausch ihrer Anteile selbst ein Bild machen können[93]. Schließlich können auch die *obbligazionisti* (Inhaber von Schuldverschreibungen) und andere *creditori* (Gläubiger) erst nach Einsicht in die Vermögensverhältnisse der beteiligten Gesellschaften ihr finanzielles Risiko abschätzen und auf der Basis

87 *Serra/Spolidoro* (oben Fn. 57), S. 45.

88 Siehe oben Fn. 27.

89 So das Ergebnis von *Ballarino* (oben Fn. 14/3.A.), S. 375. Ebenso die h.M. im spanischen und portugiesischem Recht (vgl. *Steiger* (oben Fn. 41), S. 96).

90 Art. 2501-ter Abs. 1 c.c. lautet: "Gli amministratori *delle società* partecipanti alla fusione devono redigere la situazione patrimoniale delle società stesse ..." (Hervorh.v.Verf.).

91 *Benvenuto/Vita* (oben Fn. 72), S. 164; *Farenga*, Riv.dir.comm. 1991, 465, 437; *Fortunato*, Riv.soc. 1991, 125, 180; *Gelosa/Insalaco* (oben Fn. 3), S. 66; *Pettarin* (oben Fn. 56), S. 109; *Serra/Spolidoro* (oben Fn. 57), S. 32. Subjektive Bewertungskriterien dürfen nur dann in die Festlegung einfließen, wenn sie auf alle Gesellschaften gleichermaßen angewendet werden (*Pettarin* (oben Fn. 56), S. 109; vgl. auch Nachweise bei *Benvenuto/Vita* (oben Fn. 72), S. 165); in diesem Rahmen und solange die Bewertung die Grenzen des Nachvollziehbaren (*ragionevole opiniabilità*) nicht überschreitet (*Benvenuto/Vita* (oben Fn. 72), S. 166), können die Verwaltungsorgane auch über das Umtauschverhältnis verhandeln (*Serra/Spolidoro* (oben Fn. 57), S. 32). Zur gerichtlichen Überprüfung des Umtauschverhältnisses vgl. aber Fn. 143.

92 *Serra/Spolidoro* (oben Fn. 57), S., 51: "... il rapporto di cambio dipende dalla valutazione attribuita al patrimonio netto effettivo". Ebenso *Pettarin* (oben Fn. 56), S. 108, 109.

93 *Fortunato* (oben Fn. 91), S. 176, 177; *Pettarin* (oben Fn. 56), S. 99; *Serra/Spolidoro* (oben Fn. 57), S. 45.

ihrer Einschätzung der Folgen der Verschmelzung über die Ausübung ihres *diritto di opposizione*[94] entscheiden[95].

Die *situazione patrimoniale* liefert damit die wesentlichen Informationen, auf deren Basis die Kontrolle über die Entscheidungen der Geschäftsleitung stattfindet. Gesellschafter, Inhaber von Schuldverschreibungen oder ähnlichen Wertpapieren (*obbligazionisti*) und andere Gläubiger (*creditori*) können sich nur dann selbständig, d.h. ohne auf den Verschmelzungsbericht der Verwaltungsorgane angewiesen zu sein, ein Bild über die zu erwartenden Folgen der Verschmelzung machen, wenn ihnen die wirtschaftlichen Daten offenliegen[96]. Auch die Rechtsprechung sieht die lückenlose Information des Rechtsverkehrs über die Vermögensverhältnisse der beteiligten Gesellschaften als so wesentlich an, daß sie den Verschmelzungsbeschluß für unwirksam hält, wenn die Offenlegung der *situazione patrimoniale* ein korrektes Bild über die wirtschaftlich Situation und den Wert der fusionierenden Gesellschaften nicht erlaubte[97].

Bei einer grenzüberschreitenden Verschmelzung muß Art. 2501-ter c.c. die Information der Gläubiger und Gesellschafter der italienischen Gesellschaft in gleiche Weise gewährleisten wie bei einer inneritalienischen Fusion. Das bedeutet zunächst, daß auch die ausländische Gesellschaft ihre Vermögenssituation offenlegen muß. Denn andernfalls bewegten sich Gläubiger und Gesellschafter gleichermaßen im luftleeren Raum bei der Beurteilung der Verschmelzung mit einer ausländischen Gesellschaft. Die weitaus delikatere Frage ist aber, ob das italienische Recht auch die Anforderungen an den Inhalt der *situazione patrimoniale* gemäß Art. 2501-ter c.c. auf die ausländische Gesellschaft überträgt oder sich damit begnügt, den Gesellschafter und Gläubigern der italienischen Gesellschaft eine ausländische Bilanz vorzulegen. Sofern die kumulative Anwendung des Art. 2501-ter c.c. dazu führt, daß auch ausländische Gesellschaft eine Bilanz verfassen muß, die den italienischen Grundsätzen über die Gliederung und vor allem über die Bewertung von Vermögensgütern entspricht, könnte dies praktisch dazu führen, daß die ausländischen Gesellschaften unter Umständen zwei Bilanzen aufstellen müßte, eine nach italienischem und eine nach ihrem Bilanzrecht.

Das Risiko des Verzichts des italienischen Rechts auf die Einhaltung seiner eigenen Bilanzierungsgrundsätze durch die ausländische Gesellschaft, mit anderen Worten, das Risiko der nur distributiven Anwendung der Vorschriften

94 Vgl. hierzu näher unten S. 303.

95 *Benvenuto/Vita* (oben Fn. 72), S. 181; *Fortunato* (oben Fn. 91), S. 176, 177.

96 Vgl. Relazione n.22/1992, Art. 4: "... la situazione patrimoniale destinata essentialmente alla informazione dei creditori e dei terzi in genere" (abgedruckt bei *Serra/Spolidoro* (oben Fn. 57), S. 271).

97 Vgl. Corte d'App. Napoli, 20 aprile 1995, und Trib. Napoli, 24 novembre 1994, Dir.fallim. 1996, II, 331, 332; Corte d'App. Genova, 23 ottobre 1990, Giur.comm. 1992, II, 270; Trib. Udine, 27 ottobre 1992, Riv.not. 1993, II, 465; *Mainetti*, Riv.dir.comm. 1996, II, 92, 96 u. 102.

über die Aufstellung der *situazione patrimoniale*, besteht darin, daß Gesellschafter und Gläubiger der italienischen Gesellschaft sich ein Bild über die wirtschaftlichen Folgen der Verschmelzung machen müssen, obwohl sie unter Umständen über die Situation der ausländischen Gesellschaft nicht in gleicher Weise informiert würden wie über die Situation der italienischen Gesellschaft. Diesem Risiko wären sie nicht nur dann ausgesetzt, wenn die ausländische Rechtsordnung (schlimmstenfalls) die Gesellschaft gar nicht zur Aufstellung einer Verschmelzungsbilanz verpflichtete, sondern bereits dann, wenn in der ausländischen Bilanz Positionen versteckt werden könnten, über die eine italienische Bilanz wahrheitsgetreu informieren muß. Sofern man erwägt, diese Information trotz einer Abweichung der Bewertungsgrundsätze zu gewährleisten, muß man zumindest verlangen, daß die abweichenden Maßstäbe für die Bewertung von Vermögensgütern offen- und dargelegt werden[98]. Vor diesem Hintergrund erscheint die Forderung nach einheitlichen Bilanzierungs- und Bewertungsgrundsätzen schon aus praktischen Gründen geboten. Der wesentliche Grund für die Anwendung einheitlicher Grundsätze liegt jedoch darin, daß die Gefahr der Verfälschung des Verhältnisses der jeweiligen effektiven Werte der beteiligten Gesellschaften zueinander und damit das Umtauschverhältnis bestünde, wenn für die Bewertung der Vermögensgüter der Gesellschaften unterschiedliche Maßstäbe gälten[99]. Die Forderung nach Übereinstimmung der bilanzrechtlichen Bewertungsmaßstäbe für die einzelnen Vermögensgüter ist damit Voraussetzung für die von der herrschenden Literatur geforderte Einheitlichkeit der Maßstäbe für die Festlegung des Werteverhältnisses der beteiligten Gesellschaften[100]. Aus praktischen Erwägungen spricht dafür außerdem die Tatsache, daß die Eröffnungsbilanz der aus der Verschmelzung hervorgehenden (übernehmenden) Gesellschaft auf der Basis der Jahresschlußbilanzen der verschmelzenden Gesellschaften erstellt wird[101].

Mit diesem Ergebnis, der Forderung nach Übereinstimmung sowohl der Bilanzierungs- und Bewertungsgrundsätze wie auch der Kriterien, nach denen der effektive Wert der Gesellschaften zur Festlegung des Umtauschverhältnisses bestimmt wird, ist nicht gesagt, daß für die Aufstellung der Verschmelzungsbilanz stets die *italienischen* Bilanzierungsgrundsätze zugrunde gelegt werden. Erforderlich ist allerdings, daß sie *einheitlich* angewendet werden. Die Verwaltungsorgane müssen daher einen gemeinsamen Nenner finden, um die unterschiedlichen Vorschriften einander anzupassen[102]; im Zweifel wird sich dabei das strengere Recht, das die detailliertesten und korrektesten Regelungen über die Aufstellung der Bilanz enthält, durch-

---

98 *Fortunato* (oben Fn. 91), S. 179.

99 *Fortunato* (oben Fn. 91), a.a.O.

100 *Fortunato* (oben Fn. 91), S. 178. Ebenso: *Benvenuto/Vita* (oben Fn. 72), S. 164; *Gelosa/Insalaco* (oben Fn. 3), S. 66. Aus der deutschsprachigen Literatur ebenso Lutter-*Lutter*, UmwG, § 5 Rn. 18.

101 *Fortunato* (oben Fn. 91), S. 178, 180, insb. S. 184f; *Laurini*, Riv.not. 1991, I, 577, 582; *Serra/Spolidoro* (oben Fn. 57), S. 50.

102 Ebenso *Bessenich* (oben Fn. 27), S. 82.

setzen[103]. Das Ergebnis entspricht damit der kumulativen Anwendung der nationalen Vorschriften über die Aufstellung der *situazione patrimoniale* nach Art. 2501-ter c.c.

Auf den ersten Blick scheint dies ein Erschwernis und Hindernis für die Durchführung einer grenzüberschreitenden Verschmelzung zu sein. Berücksichtigt man hingegen die Interessen derer, für die die Information über die Vermögenssituation der Gesellschaften essentielle Entscheidungsgrundlage ist, so kommt es praktisch der Durchführbarkeit einer internationalen Verschmelzung entgegen, daß ihre Interessen in größtmöglichem Umfange gewahrt bleiben. Andernfalls wäre es ungleich schwieriger für die Verwaltungsorgane, die Zustimmung und Unterstützung der Gläubiger und Gesellschafter zu erlangen. Zu bedenken ist außerdem, daß die Anwendung einheitlicher Bilanzierungsgrundsätze bei Verschmelzungen innerhalb der Europäischen Union ein geringes Problem darstellt, da die Bilanzvorschriften der Mitgliedstaaten in weiten Teilen harmonisiert worden sind[104].

b. Probleme bei der Bewertung der fusionierenden Gesellschaft

In Abhängigkeit von Wechselkursschwankungen zwischen den Währungen, in denen die jeweilige Verschmelzungsbilanz (*situazione patrimoniale*) erstellt ist, können sich Probleme bei der Bewertung der Gesellschaften und damit bei der Festlegung des Umtauschverhältnisses ergeben. Der Umrechnungskurs spielt bei der Berechnung des Umtauschverhältnisses insofern eine Rolle, als der Wert der Gesellschaften zueinander in Verhältnis gesetzt werden muß. Das führt dazu, daß man sich entweder auf einen Umrechnungskurs einigt oder einen Stichtag für die Umrechnung festlegt, um auf Wechselkursschwankungen der nationalen Währungen der fusionierenden Gesellschaften zu reagieren[105]. Für einen solchen Umrechnungsstichtag spricht, daß sich ohnehin die Festlegung eines Stichtages für die Bewertung der Gesellschaftsvermögen (Bewertungs-

---

103 Ebenso *Benedettelli* (oben Fn. 3), S. 100; *Luzzatto/Azzolini* (oben Fn. 3), S. 136, 154, 155. Anderer Ansicht (allerdings ohne konkreten Bezug auf das Bilanzrecht) ist *Ballarino* (oben Fn. 14/3.A.), S. 375. Ebenso aus der deutschsprachigen Literatur MünchKomm-*Ebenroth*, EGBGB, Nach Art. 10, Rn. 494, nach deren Ansicht die beteiligten Rechtsordnungen nur dann kumulieren will, wenn ein gemeinschaftliches Vorgehen der Gesellschaften erforderlich ist. Vgl. auch *Steiger* (oben Fn. 41), S. 95, 96.

104 Vgl. Art. 11 Abs. 2 der Dritten Richtlinie i.V.m. den Richtlinien über die Aufstellung der Bilanzen (Vierte (78/660/EWG), Siebte (83/349/EWG) und Achte (84/253/EWG) Gesellschaftsrechtliche Richlinie). Wegen der unterschiedlichen Zielsetzungen der Bilanzierungsvorschriften der Mitgliedstaaten der EU sieht jedoch *Lutter* (Europ. UnternehmensR, S. 60, 61) weiterhin erheblichen Harmonisierungsbedarf.

Einen nicht fernliegenden Fall, in dem die Harmonisierung der Bilanzierungsgrundsätze problematisch werden könnte, beschreibt *Bessenich* ((Fn. 27), S. 81, 82) im Verhältnis der Schweiz zu den EU-Mitgliedstaaten, da in der Schweiz nur wenige und zudem wenig detaillierte Vorschriften für die Bilanz bestünden.

105 Vgl. hierzu auch *Bessenich* (oben Fn. 27), S. 83f; *Steiger* (oben Fn. 41), S. 101 und 229.

stichtag) anbietet[106], der in der Regel gekoppelt sein wird mit den Stichtag der Verschmelzungsbilanz[107]. Die Entscheidung darüber liegt jedenfalls in der Hand der Gesellschafter, die entweder einem im *progetto di fusione* festgelegten bestimmten Umrechnungskurs oder aber der Zugrundelegung des Tageskurses an einem bestimmten Stichtag zustimmen.

Darüber hinaus schlägt *Bessenich*[108] vor, zur Vermeidung unbilliger Härten infolge radikaler Kursveränderungen bis zum Wirksamwerden der Verschmelzung den hierdurch benachteiligten Gesellschaftern Ausgleichszahlungen zu gewähren (Spitzenausgleich[109]), wenn bestimmte, vorher festgelegte Verlustquoten überschritten worden sind. Solche Zahlungen hält er de lege ferenda sogar für erforderlich. Ob das italienische Recht sich diese Haltung zu eigen machen wird, ist bislang nicht absehbar. Für die vor allem in der Praxis wichtige innereuropäische Verschmelzung hat sich die Diskussion um Ausgleichszahlungen seit der Einführung des EURO jedenfalls erübrigt, weil sich das Problem schwankender Umrechnungskurse nicht mehr stellt. Aber auch für die europaübergreifende Verschmelzung ist eine *gesetzliche* Regelung nicht erforderlich, weil die Festlegung von Ausgleichszahlungen in der Hand der Gesellschafter liegt, die einer entsprechenden Bestimmung im *progetto di fusione* zustimmen müssen. *Bessenich* ist jedoch insoweit Recht zu geben, als es aus psychologischen Gründen ratsam sein kann, den Gesellschaftern ab einer bestimmten "Härtefallgrenze" Ausgleichszahlungen anzubieten.

4. Begründung der Verschmelzungs durch die Verwaltungsorgane (Verschmelzungsbericht), Art. 2501-quater c.c.

Nach Art. 2501-quater c.c., mit dessen Einführung Art. 9 der Dritten Richtlinie umgesetzt worden ist, müssen die Verwaltungsorgane einen schriftlichen Bericht erarbeiten, in dem der Verschmelzungsplan, insbesondere das Umtauschverhältnis, sowie eventuelle Schwierigkeiten bei der Bewertung unter juristischen und ökonomischen Aspekten dargestellt und erläutert werden (entsprechend dem im deutschen UmwG sogenannten Verschmelzungsbericht). Damit sollen die Gesellschafter in die Lage versetzt werden, das Umtauschverhältnis selbst zu überprüfen; den Gläubigern sollen die wirtschaftlichen Motive offengelegt werden, die die Verwaltung zur Planung der Fusion

---

106 Vgl. hierzu Lutter-*Lutter*, UmwG, § 5 Rn. 21.

107 *Bessenich* (oben Fn. 27), S. 83. Der Bewertungsstichtag muß zeitlich zugleich oder vor der über den *progetto di fusione* beschließenden Gesellschafterversammlung liegen, weil zu diesem Zeitpunkt das Umtauschverhältnis feststehen muß. Damit werden Veränderungen des Vermögens, die zwischen dem Bewertungsstichtag und der Durchführung der Verschmelzung eintreten, nicht mehr in das Umtauschverhältnis einbezogen (insoweit anderer Ansicht *Bessenich* (oben Fn. 27), S. 84).

108 S. 84, 85. Zustimmend *Steiger* (oben Fn. 41), S. 102.

109 Die von *Bessenich* vorgeschlagene Zahlung ist nicht zu verwechseln mit der in Artt. 3 Abs. 1 und 4 Abs. 1 der Fusionsrichtlinie vorgesehenen baren Zuzahlung, mit denen "ungrade" Anteilsberechnungen ausgeglichen werden (vgl. §5 Abs. 1 Nr.3 UmwG; hierzu *Kallmeyer*, UmwG, §5, Rn.9).

bewogen haben. Zu diesem Zweck muß die *relazione degli amministratori* einen Vergleich der Situation des Unternehmens nach der Verschmelzung im Verhältnis zur Situation ohne Realisierung der Verschmelzung enthalten[110].

Die *relazione degli amministratori* ist ein Verfahrensschritt, bei dem die Verwaltungsorgane nicht zusammenwirken müssen: Jede Unternehmensleistung hat eigene wirtschaftliche Überlegungen für oder gegen die Verschmelzung; sie ist auch nur "ihren" Gesellschaftern und Gläubigern verpflichtet. Eine kumulative Anwendung des Art. 2501-quater c.c. wäre demnach nur erforderlich, wenn andernfalls sein Schutzzweck gefährdet wäre. Obwohl auch Art. 2501-quater c.c. davon ausgeht, daß die Verwaltungsorgane *aller* beteiligten Gesellschaft einen Bericht verfassen, genügt es zum Schutz des italienischen Rechtsverkehrs, wenn nur die Verwaltungsorgane der italienischen Gesellschaft einen Bericht verfassen. Bei der Darstellung der Konsequenzen der Verschmelzung und in die Erläuterung des Wert- und Umtauschverhältnisses müssen sie ohnehin die Verhältnisse der ausländischen Gesellschaft einbeziehen und erläutern. Mit der Anwendung des Art. 2501-quater c.c. auf ausländische Gesellschaften würde das italienische Recht daher nur dem ausländischen Rechtsverkehr einen Dienst erweisen, für dessen Schutz es aber nicht zuständig ist. Es bleibt daher bezüglich Art. 2501-quater c.c. bei der distributiven Anwendung der beteiligten Sachrechte[111].

5. Verschmelzungsprüfung durch Sachverständige (Art. 2501-quinquies c.c.)

Gemäß Art. 2501-quinquies c.c., mit dem Art. 10 der Dritten Richtlinie umgesetzt worden ist[112], müssen "ein oder mehr" (unabhängige) Sachverständige (*esperti*) die Angemessenheit des Umtauschverhältnisses sowie die Berechnungsmethoden und Bewertungsschwierigkeiten überprüfen und darüber einen schriftlichen Bericht erstellen (entsprechend der im deutschen UmwG sogenannten Verschmelzungsprüfung)[113]. Auch hinsichtlich des Art. 2501-

---

110 Vgl. näher *Gelosa/Insalaco* (oben Fn. 3), S. 63 - 65; nach ihrer Ansicht bedürfen der Erläuterung z.B. marktstrategische Überlegungen (Marktanteilsvergrößerung etc.), Gründe für erwartete Produktivitäts- oder Absatzsteigerungen, eine beabsichtigte Veränderung des Verhaltens am Markt, etwa Preisstragegien, finanzmarktstrategische Überlegungen (Auswirkungen auf die Kreditwürdigkeit), interne und externe Organisationsveränderungen, zu erwartende Gewinnsteigerungen, auch Veränderung der Renditen für die Gesellschafter etc.

111 Vgl. auch zu Art. 2501-sexies c.c. unten S. 292f.

112 Besonderheiten im Verhältnis zu Art. 10 der EU-Richtlinie bestehen darin, daß für eine börsennotierte Gesellschaft die Überprüfung durch eine *società di revisione* vorzunehmen ist (Art. 2501-quinquies Abs. 5 c.c.; vgl. hierzu ausführlich *Pettarin* (oben Fn. 56), S. 115).

113 Die Sachverständigen haben in Italien umfangreiche Informations- und Einsichtsrechte, die teilweise mit den Kompetenzen von Betriebsprüfern (*ispetori*) verglichen werden (vgl. *Pettarin* (oben Fn. 56), S. 113). An dieser Stelle können Probleme bei der Erstellung des Berichts auftreten, wenn die Sachverständigen nicht an hinreichende Informationen

quinquies c.c. ist eine kumulative Anwendung nicht erforderlich. Art. 2501-quinquies c.c. schützt ebenso wie Art. 2501-quater c.c. ausschließlich die Interessen der Gesellschafter der italienischen Gesellschaft, die durch eine unparteiische und korrekte Nachberechnung des Umtauschverhältnisses vor einer nicht verhältnismäßigen Beteiligungsquote bewahrt werden sollen[114]. Ob ein solcher Bericht auch im für die ausländische Gesellschaft erstellt wird, ist ohne Einfluß auf die Situation der Gesellschafter der italienischen Gesellschaft.

6. *Fusione semplificata* bei der Konzernverschmelzung (Art. 2504-quinquies c.c.)

Wenn eine 100-prozentige Tochtergesellschaft, eine *società interamente posseduta*, auf ihre Muttergesellschaft verschmolzen wird[115], gilt hierfür nach Art. 2504-quinquies c.c. - entsprechend Art. 24 der Dritten Richtlinie - das Verfahren der *fusione semplificata*. Bei der "vereinfachten Fusion" wird auf die Festlegung des Umtauschverhältnisses der Anteile im Verschmelzungsplan (Art. 2501-bis Abs. 1 Nrn. 3-5 c.c.) sowie auf den Verschmelzungsbericht der Verwaltungsorgane (Art. 2501-quater c.c.) und die Verschmelzungsprüfung (Art. 2501-quinquies c.c.) verzichtet; die Anwendung dieser gesellschafterschützenden Vorschriften wird für überflüssig erachtet, weil die Verschmelzung als "Annulierung" der Beteiligung der Mutter an der übertragenden Gesellschaft angesehen wird[116].

Die Anwendung des vereinfachten Verfahrens nach Art. 2504-quinquies c.c. auf die grenzüberschreitende Fusion ist unproblematisch. Sofern die Tochtergesellschaft italienischem Recht untersteht, hat das italienische Recht deren Gesellschafter - die ausländische Gesellschaft - in Art. 2504-quinquies c.c. für nicht schutzwürdig erklärt. Da in diesem Fall das italienische Recht für den Schutz der Gesellschafter der übertragenden Gesellschaft verantwortlich ist, ist das vereinfachte Verfahren möglich, auch wenn es in der ausländischen

---

über die ausländische Gesellschaft gelangen. Sofern sich hier die ausländische Gesellschaft nicht kooperativ zeigt, müssen sich die *esperti* mit der Analyse der *situazione patrimoniale* begnügen.

114 *Pettarin* (oben Fn. 56), S. 113.

115 Art. 2504-quinquies ist nach herrschender Ansicht nicht anwendbar auf die Verschmelzung von "Schwesterngesellschaften", deren Gesellschafter personengleich sind (vgl. Trib. Paola, 7 giugno 1994, Le società 1995, 93 (in dem Fall der Verschmelzung einer s.n.c. auf eine s.r.l., die die Gesellschafter der s.n.c. zuvor gegründet hatten und an der sie zu gleichen Teilen beteiligt waren wie an der s.n.c.); zustimmend: *Lolli*, Le società 1995, 93, 95); anderer Ansicht: Trib.Trieste, 3 febbraio 1995, Foro it. 1996, I, 2927 (nach dessen Ansicht bei der Verschmelzung von Schwesterngesellschaften Art. 2504-quinquies c.c. entsprechend anwendbar sein soll). Ausgeschlossen ist nach Ansicht der Rechtsprechung außerdem die Anwendung des Art. 2504-quinquies c.c. auf die Verschmelzung einer Personen- auf eine Kapitalgesellschaft, weil eine Kapitalgesellschaft nicht an einer Personengesellschaft beteiligt sein könne (vgl. Trib.Paola, 7 giugno 1994, Le società 1995, 93).

116 *Lolli* (oben Fn. 111115), S. 94.

Rechtsordnung nicht bekannt ist. Im umgekehrten Fall, der Verschmelzung einer (ausländischen) Tochtergesellschaft auf ihre italienische Muttergesellschaft, kommt es auf das ausländische Verschmelzungsrecht an, weil die übertragende Gesellschaft einer ausländischen Rechtsordnung untersteht. Daher obliegt der ausländischen Rechtsordnung die Entscheidung darüber, ob und in welchem Maße deren Gesellschafter geschützt werden, gleichgültig, ob Gesellschafter eine italienische Gesellschaft ist oder nicht. Wenn die ausländische Rechtsordnung das vereinfachte Verfahren nicht vorsieht, kann dies dazu führen, daß - trotz der abweichenden Regelung in Art. 2504-quinquies c.c. - das ausländische Recht der italienischen Muttergesellschaft einen Schutz angedeihen läßt, den ihr Art. 2504-quinquies c.c. nicht gewährte.

7. Veröffentlichung des Verschmelzungsplanes, Art. 2501-bis c.c.

Nach Art. 2501-bis Abs. 3 c.c., der im wesentlichen Art. 6 der Dritten Richtlinie entspricht, muß der *progetto di fusione* beim Handelsregister am Sitz einer jeden beteiligten Gesellschaft zur Eintragung angemeldet und hinterlegt werden. Er ist ferner gemäß Art. 2501-bis Abs. 4 c.c. spätestens einen Monat vor dem Termin der Beschlußfassung über den Verschmelzungsplan in der *Gazzetta ufficiale* zu veröffentlichen[117].

Vor der Hinterlegung des Verschmelzungsplanes findet keine gerichtliche Kontrolle seines Inhaltes statt[118]; diese wird erst bei der *omologazione* des Verschmelzungsbeschlusses durchgeführt[119]. Allerdings überprüft das Handelsregister zumindest anhand des Art. 2501-bis c.c. die formelle Rechtmäßigkeit und die Vollständigkeit des *progetto di fusione*, bevor es die Eintragung vornimmt[120]; dies ergibt sich für Rechtsakte, die vor ihrer Eintragung keiner gerichtlichen Überprüfung unterliegen, seit der Errichtung des Handelsregisters aus Art. 11 Abs. 6 lit.c des D.P.R. 581/95. Eine weitergehende Kontrolle des *progetto di fusione* ist zu diesem Zeitpunkt nicht erforderlich, weil seine Veröffentlichung als solche keine Rechtsfolgen auslöst. Sie dient in erster Linie der Information des Rechtsverkehrs über die geplante Verschmelzung, insbesondere der Gläubiger und Gesellschafter[121]. Die Pflicht zur Veröffentlichung des gemeinsam mit den Verwaltungsorganen der ausländ-

---

117 Bereits drei Monate *vor* der Veröffentlichung des Fusionsplanes muß eine Aufforderung an die Inhaber von Schuldverschreibungen in der *Gazzetta ufficiale* ergangen sein, in der diese aufgefordert werden, binnen eines Monats ihr Recht auf *conversione* (Umwandlung) geltend zu machen; ihr Recht auf *opposizione* nach Art. 2503-bis i.V.m. Art. 2503 c.c. bleibt ihnen erhalten; hierzu unten S. 302ff.

118 Massime del Trib. Milano, lit.a, n. 1. Ebenso aus der Literatur *Serra/Spolidoro* (oben Fn. 57), S. 40.

119 Siehe S. 297.

120 *Patroni Griffi*, in: Fusioni e scissioni, S. 32. Er leitet dies noch aus Art. 100 Abs. 1, letzter Halbsatz, und Abs. 2 disp.att. her, der allerdings seit Errichtung des Handelsregisters gegenstandslos ist.

121 Trib.Udine, 26 marzo 1992, Le società 1992, 1104. Ebenso aus der Literatur *Pettarin* (oben Fn. 56), S. 119; *Serra/Spolidoro* (oben Fn. 57), S. 40. Vgl. auch unten S. 303.

ischen Gesellschaft erstellten Verschmelzungsplanes trifft nach Art. 2501-bis c.c. nur die italienische Gesellschaft. Das italienische Recht ist nicht autorisiert, dieses Schutzinstrument auf die ausländische Gesellschaft zu übertragen, weil es damit in den Zuständigkeitsbereich einer ausländischen Rechtsordnung eingriffe. Art. 2501-bis Abs. 3 und 4 c.c. ist daher distributiv anzuwenden.

8. Weitere Publikationspflichten: Hinterlegung der Anlagedokumente nach Art. 2501-sexies c.c.

Neben der Veröffentlichung des *progetto di fusione* nach Art. 2501-bis c.c. fordert das italienische Recht weitere Offenlegungen.

Nach Art. 2501-sexies c.c., der Art. 11 der Dritten Richtlinie entspricht, müssen jeweils am Sitz jeder der beteiligten Gesellschaften während der 30 Tage, die dem Termin der Gesellschafterversammlung vorausgehen, folgende Dokumente zur Einsichtnahme für die Gesellschafter (Art. 2501-sexies Abs. 2 c.c.) am Sitz ihrer Gesellschaft hinterlegt werden: (1) der Verschmelzungsplan mit der Begründung des Verschmelzungsvorhabens durch die Verwaltungsorgane und mit dem Bericht über die Verschmelzungsprüfung, (2) die letzten 3 Jahresschlußbilanzen jeder der beteiligten Gesellschaften mit den jeweils dazugehörenden Lageberichten der Verwaltungsorgane und des *collegio sindacale* (des Aufsichtsrats), und (3) die Darstellung der Vermögenssituation (*situazione patrimoniale*) jeder der beteiligten Gesellschaften.

Mit dieser Bestimmung soll sichergestellt werden, daß die Gesellschafter auf alle Informationen Zugriff haben, die sie für eine vernünftige Abwägung der Gründe für oder gegen die Zustimmung zum Verschmelzungsbeschluß benötigen[122]. Art. 2501-sexies c.c. verpflichtet daher *jede* an der Verschmelzung beteiligte Gesellschaft, auch den Gesellschaftern der übrigen Gesellschaften ihre letzten Jahresabschlußbilanzen etc. zur Einsichtnahme zur Verfügung zu stellen. Ob und inwieweit die Offenlegungspflichten nach Art. 2501-sexies c.c. auch die ausländische Gesellschaft tangieren, hängt davon ab, ob die vollständige Information der Gesellschafter der italienischen Gesellschaft auch dann gewährleistet ist, wenn nur die italienische Gesellschaft die entsprechenden Dokumente hinterlegt.

a. Hinterlegung des Verschmelzungsplanes und der Vorstands- und Prüfungsberichte, Art. 2501-sexies Abs. 1 Nr.1 c.c.

Unproblematisch ist die Vorschrift der Hinterlegung des *progetto di fusione*, weil dieser für alle beteiligten Gesellschaften einheitlich lautet und in Gemeinschaftsarbeit aller Verwaltungsorgane erstellt worden ist. Die umfassende Information des italienischen Rechtsverkehrs ist daher gewährleistet. Auch

---

122 Relazione ministeriale sub Art. 7, abgedruckt bei *Serra/Spolidoro* (oben Fn. 57), S. 273: "La ratio ... risiede nell'esigenza ... di consentire ai soci di assumere prima della assemblea convocata per deliberare la fusione, tutti i dati e le informazioni necessari ai fini di una consapevole partecipazione alla delibera stessa". Vgl. auch *Marchetti*, Riv.not. 1991, I, 17, 31f; *Patroni Griffi* (oben Fn. 120), S. 40.

hinsichtlich der Veröffentlichungen der Berichte des Vorhabens gilt nichts anderes: Für den italienischen Rechtsverkehr sind allein die Überlegungen maßgeblich, die in Bezug auf die italienische Gesellschaft angestellt worden sind und in die naturgemäß wirtschaftliche Überlegungen im Hinblick auf die ausländische Gesellschaft einbezogen[123]. Art. 2501-sexies Abs. 1 Nr.1 c.c. muß daher nur distributiv angewendet werden, so daß es genügt, daß am Sitz der italienischen Gesellschaft der Verschmelzungsplan, die Begründung der Verwaltungsorgane und die Stellungnahme der Experten, die für die italienische Gesellschaft verfaßt worden sind, hinterlegt werden.

b. Hinterlegung der letzten drei Jahresabschlußbilanzen und des Lageberichtes, Art. 2501-sexies Abs. 1 Nr.2 c.c.

Problematischer ist die Anordnung in Art. 2501-sexies Abs. 1 Nr.2 c.c. der Offenlegung der Schlußbilanzen der letzten drei Geschäftsjahre sowie der jeweiligen Geschäftsberichte *aller* an der Verschmelzung beteiligten Gesellschaften.

Sofern das italienische Recht ernst macht mit der vollständigen Gleichstellung der Rechtsposition der Gesellschafter bei einer grenzüberschreitenden und der "normalen" inneritalienischen Verschmelzung, müßte Art. 2501-sexies Abs. 1 Nr.2 c.c. dazu führen, daß die ausländischen Gesellschaften nicht nur ihre letzten drei Jahresschlußbilanzen am Sitz der italienischen Gesellschaft offenlegen müssen, sondern diese darüber hinaus - nach den oben erläuterten Regeln für die Aufstellung der Verschmelzungsbilanz[124] - nach italienischem Bilanzrecht "umformulieren" müßten. Gleiches müßte hinsichtlich der beizufügenden Lageberichte des Vorstands (Art. 2428 c.c.) und des Aufsichtsrats (Art. 2429 c.c.) gelten, für die das italienische Recht strenge Vorgaben trifft[125].

Fraglich ist aber, ob der Schutzzweck der Offenlegungspflicht unterlaufen wird, sofern man darauf verzichtet, von der ausländischen Gesellschaft zum einen die Anpassung der Bilanzen an italienisches Recht und zum anderen die Veröffentlichung von Lageberichten nach Maßgabe des italienischen Rechtes zu verlangen. Für einen solchen Verzicht sprechen vor allem wichtige praktische Gründe: Sofern das ausländische Recht entsprechende Lageberichte nicht vorsieht - was zumindest hinsichtlich des Lageberichts des Aufsichtsrats nicht selten der Fall sein wird -, wird es sehr schwierig sein, diese für die letzten drei Jahre nachträglich zu verfassen. Der vergleichsweise enorme Aufwand, den die Verwaltungsorgane schon zur Anpassung der Berichte und zu einer Neuformulierung der Bilanzen betreiben müßten, stünde in keinem Verhältnis zum Informationsinteresse der Gesellschafter, denen immer noch die Erwägungen ihrer Verwaltungsorgane zu den Verhältnissen der anderen

---

123 Siehe oben S. 288.

124 Vgl. oben S. 283f.

125 Die umfangreichen Berichtspflichten der Verwaltungsorgane sind dadurch zu erklären, daß gemäß Art. 2364 Abs. 1 Nr.1 c.c. die Hauptversammlung die Bilanz feststellen (genehmigen) muß.

beteiligten Gesellschaften zur Verfügung stehen. Auch im Verschmelzungsprüfungsbericht werden bei der Überprüfung der Bewertung der Gesellschaften deren Geschäfts- und Vermögensentwicklung beachtet. Schließlich muß bei der Betrachtung des Schutzbedürfnisses der Gesellschafter auch berücksichtigt werden, daß sie vor allem an der *aktuellen* Situation der ausländischen Gesellschaft interessiert sind. Diesem Bedürfnis ist Genüge getan, wenn die jeweiligen Verschmelzungsbilanzen nach einheitlichen und für die Gesellschafter verständlichen Grundsätzen verfaßt werden. Allerdings wird man von den ausländischen Gesellschaften verlangen können, daß sie ihre (ausländischen) Bilanzen und, sofern vorhanden, auch Lageberichte in Italien offenlegen.

Alles in Allem führte die kumulative Anwendung des Art. 2501-sexies Abs. 1 Nr.2 c.c. zu einer unnötigen Verkomplizierung der internationalen Fusion, die auch mit dem Informationsinteresse der Gesellschafter nicht zu rechtfertigen wäre.

c. Hinterlegung der *situazioni patrimoniali*, Art. 2501-sexies Abs. 1 Nr.3 c.c.

Schließlich muß nach Art. 2501-sexies Abs. 1 Nr.3 c.c. den Gesellschaftern am Sitz ihrer Gesellschaft auch Einsicht gewährt werden in die Verschmelzungsbilanz (*situazione patrimoniale*) aller beteiligten Gesellschaften. Diese müssen, wie bereits dargestellt[126], nach übereinstimmenden Grundsätzen verfaßt werden. Ihre Hinterlegung am Sitz jeder Gesellschaft ist nur die notwendige Konsequenz daraus. Art. 2501-sexies Abs. 1 Nr.3 c.c. ist daher auch auf die ausländische Gesellschaft anwendbar, wenn ihre Rechtsordnung eine entsprechende Pflicht nicht vorsieht.

9. Zwischenergebnis

Um eine umfassende Information all derer zu gewährleisten, deren wirtschaftliche Interessen von der Verschmelzung betroffen sind und die die Ausübung von Gegenrechten erwägen können, ist es nach italienischen Grundsätzen im Verfahren der Verschmelzung erforderlich, daß folgende italienische Normen auch von der ausländischen Gesellschaft erfüllt werden bzw. kumulativ anzuwenden sind: Art. 2501-bis c.c. Abs. 1 c.c. (Inhalt des *progetto di fusione*), Art. 2501-ter Abs. 1-3 c.c. (*situazione patrimoniale*) und die Offenlegungen nach Art. 2501-sexies Abs. 1 Nr. 1 und 3 c.c. Obwohl Art. 25 Abs. 3 IPRG grundsätzlich die kumulative Anwendung aller beteiligten Rechtsordnungen anordnet, kann sich das italienische Recht mit der distributiven Anwendung der übrigen Verfahrensvorschriften zufriedengeben, weil die Interessen des zu schützenden italienischen Rechtsverkehrs nicht gefährdet sind.

---

[126] Vgl. oben S. 283f.

V. Genehmigung des Verschmelzungsplanes durch die Gesellschafter (Verschmelzungsbeschluß)

Der Verschmelzungsplan muß von den Gesellschaftern genehmigt werden, bevor er wirksam von den Verwaltungsorganen unterzeichnet werden kann. Diese Genehmigung ist ein rein gesellschaftsinterner Vorgang der Fusion[127], bei welchem nach der von der herrschenden Ansicht aufgestellten "Faustregel" die materiellen Verschmelzungsregeln der beteiligten Gesellschaft nur distributiv angewandt werden müssen[128]. Eine Mindermeinung behauptet hingegen, daß auch hinsichtlich des Verschmelzungsbeschlusses die jeweils strengsten Vorschriften anzuwenden seien, weil dies Voraussetzung für die Wirksamkeit der Beschlüsse in der ausländischen Rechtsordnung sei[129]. Diese - im übrigen nicht weiter begründete - Ansicht verkennt jedoch, daß der genehmigende Beschluß in der ausländischen Rechtsordnung auch gar nicht wirksam sein muß; er ist lediglich Voraussetzung dafür, daß die Verwaltungsorgane die Verschmelzung durchführen dürfen. Auch im Hinblick auf den durch die Vorschriften über die Beschlußfassung bezweckten Schutz ist die kumulative Anwendung der Verschmelzungsvorschriften unter keinem denkbaren Gesichtspunkt erforderlich, so daß es sich "sachlich nicht rechtfertigen [läßt], daß die Beschlußfassung einem anderen als dem (eigenen) Gesellschaftsstatut unterworfen wird"[130]. Die folgenden Ausführungen beziehen sich daher lediglich auf die Anwendung der italienischen Vorschriften auf die italienische Gesellschaft.

1. Einzelheiten zum Verschmelzungsbeschluß

Inhalt des Verschmelzungsbeschlusses ist gemäß Art. 2502 c.c. die Genehmigung des von den Verwaltungsorganen entworfenen und im *progetto di fusione* festgehaltenen Verschmelzungsvertrages mit der Folge, daß die Verwaltungsorgane zu dessen Abschluß autorisiert werden[131]. Jede Abweichung des

---

127 *Galgano*, Dir.comm., S. 435.

128 *Ballarino*, Dir.int.priv., S. 360; *Luzzatto/Azzolini* (oben Fn. 3), S. 136, 155. Aus der deutschsprachigen Literatur: MünchKomm-*Ebenroth*, EGBGB, Nach Art. 10, Rn. 494, 495; *Bessenich* (oben Fn. 27), S. 89.

129 *Gelosa/Insalaco* (oben Fn. 3), S. 373.

130 Ebenso im Ergebnis *Bessenich* (oben Fn. 27), S. 89.

131 Art. 2502 c.c. lautet: "La fusione deve essere deliberata da ciascuna delle società che vi partecipano mediante l'approvazione del relativo progetto". Nach Ansicht der Rechtsprechung (Trib. Verona, 19 ottobre 1994, Le Società 1995, 103) und der Literatur (vgl. *Pettarin* (oben Fn. 56), S. 128; *Serra/Spolidoro* (oben Fn. 57), S. 89) handelt es sich um eine Ermächtigung zum Abschluß eines Vertrages mit bestimmtem Inhalt handeln, nicht um die nachträgliche Genehmigung eines bis dahin vorläufig geltenden Vertrages. Das Vorhandensein des Genehmigungsbeschlusses ist Wirksamkeitsvoraussetzung für den *atto di fusione* (zur Möglichkeit der Heilung seines Fehlens durch die Eintragung des *atto di fusione* vgl. Fn. 327); die Regelungen über den Vertreter ohne Vertretungsmacht und die Überschreitung der Geschäftsführungsbefugnis sollen nicht gelten (*Scognamiglio*,

Genehmigungsbeschlusses von der Fassung, die nach Art. Art. 2501-bis Abs. 3 und 4 c.c. veröffentlicht worden ist, gilt als Verweigerung der Zustimmung mit der Folge, daß die Verwaltungsorgane einen neuen Entwurf erarbeiten müssen[132]. Hintergrund dieser Strenge ist neben dem schutzwürdigen Vertrauen des Rechtsverkehrs in den veröffentlichten *progetto di fusione* die Tatsache, daß der gemeinsam erarbeitete Vertragsentwurf nicht von einer Gesellschafterversammlung auch mit Wirkung für die jeweils anderen verändert werden kann[133]. Dasselbe gilt bei einer grenzüberschreitenden Verschmelzung, auch wenn die Rechtsordnung der ausländischen beteiligten Gesellschaft eine entsprechende Beschränkung der Befugnisse der Gesellschafter nicht enthält und trotz der distributiven Anwendung der Vorschriften über den Verschmelzungsbeschluß. Denn die Verschmelzung wird bei einer Abweichung des genehmigten von dem erarbeiteten Verschmelzungsplan undurchführbar, weil die Verwaltungsorgane der italienischen Gesellschaft nur den Verschmelzungsplan unterzeichnen dürfen, den ihre Hauptversammlung genehmigt hat.

Artt. 2502 c.c., 2502-bis c.c. enthalten keine Sonderregelungen für die Beschlußfassung in der außerordentlichen Hauptversammlung. Das italienische Recht verweist daher nach herrschender Ansicht auf die Vorschriften über satzungändernde Beschlüsse des jeweiligen Gesellschaftstyps[134]. Für "normale" satzungsändernde Beschlüsse ist eine Mehrheit von mindestens der Hälfte des Grundkapitals (Art. 2369 c.c.), für börsennotierte Gesellschaften nach Art. 126 Abs. 3 d.lgs. 58/1998 eine Mehrheit von mindestens zwei Dritteln des in der Hauptversammlung vertretenen Grundkapitals erforderlich[135]. Eine Besonderheit gilt insoweit, als nach herrschender Ansicht für nicht börsennotierte s.p.a.

Riv.dir.comm. 1992, I, 1027, 1046; vgl. auch Fn. 243). Vgl. auch oben zur Rechtsnatur des *progetto di fusione* Fn. 81.

132 Relazione ministeriale sub Art. 8 (abgedruckt bei *Serra/Spolidoro* (oben Fn. 57), S. 273); Corte d'App. Trieste, 18 gennaio 1994, und Trib. Udine, 12 ottobre 1993, Le società 1994, 631; Trib. Verona (oben Fn. 131), Le società 1995, 103. Ebenso aus der Literatur: *Oppo* (oben Fn. 81), S. 512; *Pettarin* (oben Fn. 56), S. 125; *Serra/Spolidoro* (oben Fn. 57), S. 87, 88. Die Zustimmung kann auch nicht wirksam unter der aufschiebenden Bedingung einer Neuformulierung, etwa der Neuberechnung des Umtauschverhältnisses erteilt werden (Trib. Milano, 25 settembre 1995, Giur.it. 1996, I, 2, 77).

133 *Serra/Spolidoro* (oben Fn. 57), S. 91.

134 *Gelosa/Insalaco* (oben Fn. 3), S. 373; *Pettarin* (oben Fn. 56), S. 126; *Serra/Spolidoro* (oben Fn. 57), S. 91.

135 Vgl. für die s.p.a. oben S. 224ff. Zu beachten sind außerdem Sonderregelungen, wie sie beispielsweise für die Bankenfusion gelten (Artt. 31, 36 d.lgs. 1 settembre 1993, n. 385).

Art. 2369 Abs. 4 c.c.[136] auch auf den Verschmelzungsbeschluß anzuwenden ist, obwohl die Fusion im Tatbestand nicht aufgeführt ist[137].

Der Genehmigungsbeschluß muß gemäß Art. 2502-bis c.c. nach den Vorschriften des Art. 2411 Abs. 1-3 c.c. unter Beifügung der in Art. 2501-sexies c.c. aufgeführten Dokumente im Handelsregister eingetragen[138] und danach in der *Gazzetta ufficiale* veröffentlicht werden. Für die Veröffentlichung in der *Gazzetta ufficiale* gilt gemäß Art. 2504-sexies c.c. Art. 2457-ter c.c., so daß die Außenwirksamkeit des Verschmelzungsbeschlusses bis zur Veröffentlichung hinausgeschoben ist[139].

Vor der Eintragung wird der Verschmelzungsbeschluß gemäß Art. 2502-bis i.V.m. Art. 2411 Abs. 2 c.c. durch das zuständige Registergericht auf seine Rechtmäßigkeit überprüft (*omologazione*)[140]. Seit der Reform des Handelsregisterrechts in Italien Ende des Jahres 2001 übernimmt diese Aufgabe der Notar, der die einzutragenden Beschlüsse oder Manahmen beurkundet hat[141]. Im Rahmen dieser Rechtmäßigkeitskontrolle wird auch der Inhalt des genehmigten *progetto di fusione* überprüft[142] mit Ausnahme des dort festgelegten Umtauschverhältnisses, weil die Rechtsprechung hierüber allein die Gesellschafterversammlung für dispositionsbefugt ansieht[143]; eine Grenze hat der die

---

136 Art. 2369 Abs. 4 c.c. verlangt die übliche satzungsändernde Mehrheit von mehr als der Hälfte des Grundkapitals auch in der zweiten Einberufung der *assemblea straordinaria*.

137 Vgl. *Gasperoni* (oben Fn. 54), S. 1053, 1054; *Gelosa/Insalaco* (oben Fn. 3), S. 373; *Marchetti* (oben Fn. 122), S. 46; *Pettarin* (oben Fn. 56), S. 127; *Serra/Spolidoro* (oben Fn. 57), S. 91; *Simonetto*, Commentario Artt. 2501-2504, S. 267.

138 Bei der Verschmelzung von Personengesellschaften gilt der Verweis auf Art. 2411 c.c. nur dann, wenn aus der Verschmelzung eine Kapitalgesellschaft hervorgeht (Art. 2502-bis Abs. 2 c.c.). Nur in diesem Fall muß der Verschmelzungsbeschluß eingetragen werden.

139 Die Wirksamkeit nach Art. 2457-ter c.c. tritt seit dem 1.Oktober 1997 bereits mit der Veröffentlichung im Handelsregister ein (vgl. hierzu oben im Kapitel zur Sitzverlegung S. 224f).

140 Mit Art. 2502-bis Abs. 2 c.c. wurde der langanhaltende Streit darum beendet, ob auch die Fusionsbeschlüsse der Personengesellschaften der *omologazione* unterlagen; dies ist nach Art. 2502-bis Abs. 2 c.c. nur der Fall, wenn aus der Verschmelzung eine Kapitalgesellschaft hervorgeht. Sofern an der Verschmelzung nur Personengesellschaften beteiligt sind, findet demnach zu keinem Zeitpunkt eine gerichtliche Rechtmäßigkeitskontrolle statt und zwar weder des Inhalts des Beschlusses noch des *progetto* bzw. *atto di fusione* (vgl. kritisch hierzu *Pettarin* (oben Fn. 56), S. 132, 133).

141 Vgl. zu dieser Gesetzesänderung im Teil 1 der Arbeit, S. 177f.

142 Trib.Pavia, 14 giugno 1988, Le società 1988, 1179; *Ferrara/Corsi* (oben Fn. 16 -10.A.), S. 911; *Gasperoni* (oben Fn. 54), S. 1064.

143 Vgl. Corte d'App. Genova (oben Fn. 97), Giur.comm. 1992, II, 270: "Il controllo di legittima attribuito al giudice non [può condurre] a sindacare il rapporto di cambio e tanto meno a correggere, autoritativamento sostituendosi alla libera determinazione delle parti, un atto di autonomia negoziale, quale è la determinazione del rapporto di cambio"). Ebenso: Trib.Roma, 1° agosto 1994, Giur.comm. 1996, II, 89.

Rechtsprechung erst bei "offensichtlicher und vollständiger Unvernünftigkeit" des Umtauschverhältnisses gezogen[144]. Vor der Eintragung des Verschmelzungsbeschlusses wird außerdem überprüft, ob die strengen und umfangreichen Berichts- und Publizitätspflichten, insbesondere die Offenlegungspflichten nach Art. 2501-sexies c.c. während der Vorbereitung der Verschmelzung eingehalten wurden und der Rechtsverkehr in der gesetzlich vorgesehenen Weise über die geplante Verschmelzung informiert worden ist[145].

2. Austrittsrecht der Gesellschafter

Das italienische Verschmelzungsrecht enthält kein ausdrückliches Austrittsrecht für die beim Verschmelzungsbeschluß überstimmten Gesellschafter. Das allgemeine Austrittsrecht gemäß Art. 2437 c.c., das einem dissentierenden Gesellschafter zusteht, wenn eine Satzungsänderung zu einer Sitzverlegung ins Ausland oder zur Änderung des Unternehmensgegenstandes oder der Rechtsform führt[146], läßt die Fusion als Austrittsgrund unerwähnt[147]. Statt dessen gibt es für bestimmte Fallgestaltungen einer Verschmelzung spezielle Regelungen eines Austrittsrechts, beispielsweise bei der Verschmelzung einer börsennotierten s.p.a. (Art. 131 d.lgs. 24 febbraio 1998, n. 58[148]) oder bei einer Bankenfusion (Art. 31 Abs. 2 und Art. 36 Abs. 2 d.lgs. 1 settembre 1993, n. 385). Rechtsprechung und Literatur sind sich daher weitestgehend darüber einig, daß die Verschmelzung als solche *grundsätzlich* nicht zum Austritt aus der Gesellschaft berechtigt[149]. Man streitet allerdings über die Ausnahmen.

---

144 Trib.Roma (oben Fn. 143), Giur.comm. 1996, II, 89.

145 Vgl. Corte d'App. Genova (oben Fn. 97), Giur.comm. 1992, II, 270; Trib.Napoli, 24 novembre 1994, Dir.fallim. 1996, II, 331; Trib. Udine, 27 ottobre 1992, Riv.not. 1993, II, 465. Ebenso aus der Literatur: *Mainetti* (oben Fn. 97), S. 96 u. 102. Hierzu gehört die auch die Überprüfung der Frist von einem Monat, die zwischen der Veröffentlichung des *progetto di fusione* und dem Termin der Hauptversammlung liegen muß (Art. 2501-bis Abs. 4 c.c.; Trib. Udine, 21 febbraio 1995, Le società 1995, 968)

146 Vgl. zu Art. 2437 c.c. und den Einzelheiten des Austrittsrechtes bereits oben zur Sitzverlegung ins Ausland S. 202.

147 Anders war die Regelung im *Codice di Commercio*, der bis zur Inkraftsetzung des Codice civile das Austrittsrecht bei einer Verschmelzung ausdrücklich regelte (Art. 158 Abs. 1 Cod.comm.; vgl. *Scardulla* (oben Fn. 57), S. 424. Vgl. hierzu auch *Ferri*, La fusione, S. 137f).

148 Bis zum Inkrafttreten der Aktienrechtsreform (am 1. Juli 1998), in der vor allem die Vorschriften über börsennotierte Aktiengesellschaften neugeregelt wurden, war dieses spezielle Austrittsrecht in Art. 13 der l. 18 febbraio 1992, n. 149, geregelt; das Gesetz n.149/1992 ist aufgehoben durch Art. 214 Abs. 1 lit.z)ee) des d.lgs. 24 febbraio 1998, n. 58.

149 Vgl. Corte d'App. Milano, 22 aprile 1960, Giust.civ. 1960, I, 2026; Corte d'App.Roma, 18 luglio 1962, Foro pad. 1963, I, 877. Ebenso aus der Literatur: *Dammacco*, Fusioni e scissioni, S. 37; *Ferri*, Le società, S. 931; *Franceschelli*, Riv.dir.civ. 1968, I, 142, 146; *Massa Felsani* (oben Fn. 21), S. 451 (Fn.3); *Pettarin* (oben Fn. 56), S. 110. Die Fusion wird auch bei *Nobili/ Spolidori* (in: Trattato delle s.p.a., vol.6.1, S. 432ff) nicht als

Die Verweigerung eines Austrittsrechts bei Verschmelzungen will die inzwischen überwiegende Ansicht in der Literatur zumindest einschränken, wenn die Verschmelzung eine Verlegung des Sitzes ins Ausland, eine Änderung des Unternehmensgegenstandes oder die Verschmelzung auf einen Rechtsträger einer anderen Rechtsform bewirkt, weil dies die Eingriffe in die mitgliedschaftliche Rechtsposition jedes dissentierenden Gesellschafters seien, vor denen Art. 2437 c.c. schützen will[150]. Auch die Rechtsprechung hat ihre zögerliche Haltung bei der Anwendung des Art. 2437 c.c. über seinen Wortlaut hinaus für den Fall der Fusion aufgeweicht und die entsprechende Anwendung des Art. 2437 c.c. sogar für geboten erachtet, wenn die übertragende Gesellschaft auf einen Rechtsträger einer anderen Rechtsform verschmolzen wird oder wenn aufgrund der Verschmelzung der Gegenstand des Unternehmens geändert wird[151]. Es wird als inkonsequent empfunden, den Gesellschaftern *kein* Austrittsrecht zu gewähren, wenn sie von den in Art. 2437 c.c. aufgeführten Konsequenzen infolge einer übertragenden Verschmelzung getroffen werden, obwohl ihnen dieses Austrittsrecht zustünde, würden diese Folgen durch einen gewöhnlichen satzungsändernden Beschluß hervorgerufen[152].

Die Anerkennung eines Austrittsrechts wird insbesondere für den Fall gefordert, daß die Verschmelzung zu einer Verlegung (des Sitzes) der Gesellschaft ins Ausland führt (Emigrationsfusion)[153]. Streit herrscht aber weiterhin darüber, ob Art. 2437 c.c. auf die Emigrationsfusion direkt oder nur entsprechend anzuwenden sei. Einige Autoren betrachten die Verschmelzung als eine mögliche Form einer Satzungsänderung und gelangen so zur direkten Anwendung des

---

Austrittsgrund genannt. Viele Autoren erwähnen bei der Diskussion der Fusion das Austrittsrecht gar, z.B. *Benvenuto/Vita* (oben Fn. 72), S. 186 -189; *Gelosa/Insalaco* (oben Fn. 3), S. 371f.

150 *Gasperoni* (oben Fn. 54), S. 1054; *Grippo*, in: Trattato delle s.p.a., vol.6.1, S. 172; *Scardulla* (oben Fn. 57), S. 425, 426; *Serra/Spolidoro* (oben Fn. 57), S. 92; *Simonetto*, Commentario Art. 2501 c.c., S. 187. Aus der deutschsprachigen Literatur *Züllig* (oben Fn. 27), S. 92. Dasselbe ergibt sich aus den Ausführungen von *Ferrara/Corsi* ((Fn. 16) S. 881), die die für den Formwechsel geltenden Vorschriften auf die heterogene Fusion entsprechend anwenden wollen (ebenso *Santagata*, La fusione, S. 245). Anderer Ansicht: *Dammacco* (oben Fn. 149), S. 37, 38; *Franceschelli* (oben Fn. 149), S. 142; *Massa Felsani* (oben Fn. 21), S. 451 (oben Fn. 3).

151 Trib. Venezia, 18 marzo 1966, Foro it. 1966, I, 1988. Ähnlich der Versuch von Trib. Milano, 9 ottobre 1958, Monit.trib. 1960, 15. Dagegen allerdings Corte d'App.Milano (oben Fn. 149), Giust. civ. 1960, I, 2026.

152 *Cottino*, Diritto commerciale, vol. 1.2, S. 646; *Grippo* (oben Fn. 150), S. 171f; *Scardulla* (oben Fn. 57), S. 425, 426; *Serra/Spolidoro* (oben Fn. 57), S. 92; *Simonetto*, Commentario Art. 2501 c.c., S. 188.

153 *Dammacco* (oben Fn. 149), S. 37; *Gasperoni* (oben Fn. 54), S. 1054; *Grippo* (oben Fn. 150), S. 172; *Santagata* (oben Fn. 150), S. 245; *Serra/Spolidoro* (oben Fn. 57), S. 92, 93; *Scardulla* (oben Fn. 57), S. 425; *Simonetto*, Commentario Art. 2502 c.c., S. 234; *Tantini*, Trasformazione e fusione, S. 294.

Art. 2437 c.c. auf eine "Satzungsänderung mittels Verschmelzung"[154]. Überwiegend greift man aber unter Hinweise auf die Vergleichbarkeit der Interessenlage auf Art. 2437 c.c. zurück und plädiert für eine Erweiterung seines Anwendungsbereiches[155]. Die Gegner der Anwendung des Art. 2437 c.c. bei der Emigrationsfusion kritisieren vor allem die tatbestandliche Erweiterung des Art. 2437 c.c. über seinen Wortlaut hinaus, weil damit der Ausnahmecharakter des Austrittsrechts untergraben würde[156]. Für die herrschende Meinung spricht der Sinn und Zweck des Art. 2437 c.c.: Das ausnahmsweise Austrittsrecht nach Art. 2437 c.c. ist gerade deswegen geschaffen worden, damit die Gesellschafter entscheiden können, ob sie auch nach einer wesentlichen Umgestaltung ihrer Gesellschaft, nämlich dem Wechsel des anwendbaren Gesellschaftsrecht, dem Wechsel des Gesellschaftszweckes (Unternehmensgegenstands) oder der Rechtsform, ihre Mitgliedschaft in der Gesellschaft aufrecht erhalten wollen[157]. Es wäre in der Tat inkonsequent, ihnen diesen Schutz nur dann zu gewähren, wenn diese Umgestaltung der Gesellschaft durch einen Beschluß i.S.d. Art. 2436 c.c. hervorgerufen würde, zumal die Folgen einer Verschmelzung die Gesellschafter im Hinblick auf eine Veränderung der Beteiligungsverhältnisse noch empfindlicher treffen können. Naheliegend ist vielmehr die Annahme, daß der Gesetzgeber auf alle Vorschriften über Satzungsänderungen - also auch auf Art. 2437 c.c. - hat Bezug nehmen wollen, sofern nicht Artt. 2502, 2502-bis c.c. eine spezielle Regelung treffen. Es verletzt daher auch nicht den Ausnahmecharakter der Vorschrift, den dissentierenden Gesellschaftern den Austritt zu erlauben, wenn die Verschmelzung dieselben tatsächlichen Folgen mit sich bringt wie eine einfache Satzungsänderung.

Die grenzüberschreitende Verschmelzung hat allerdings nur dann die in Art. 2437 c.c. beschriebenen Konsequenzen, wenn die italienische Gesellschaft auf die ausländische Gesellschaft verschmolzen wird. Zumindest in diesem Fall ist mit großer Wahrscheinlichkeit zu erwarten, daß die Gerichte die Anwendung des Art. 2437 c.c. erweitern werden.

---

[154] *Ferrara/Corsi* (oben Fn. 16), S. 880; *Gasperoni* (oben Fn. 54), S. 1054; *Santagata* (oben Fn. 150), S. 245; *Simonetto*, Commentario Art. 2502, S. 234; *Tantini* (oben Fn. 153), S. 295. Ähnlich *Serra/Spolidoro* (oben Fn. 57), S. 90, 91. Vgl. außerdem zum Streit um die Rechtsnatur der Verschmelzung (Beendigung der Gesellschaft oder Satzungänderung) *Valerio*, Giur.comm. 1996, II, 470, 473f, und unten Fn. 284.

[155] *Scardulla* (oben Fn. 57), S. 426; *Tantini* (oben Fn. 153), S. 294.

[156] Corte d'App. Roma (oben Fn. 149), Foro pad. 1963, I, 877; Corte d'App. Milano (oben Fn. 149), Giust.civ. 1960, I, 2026; Trib.Milano, 12 dicembre 1984, Le società 1985, 971. Ebenso aus der Literatur: *Cottino* (oben Fn. 152), S. 646; *Franceschelli* (oben Fn. 149), S. 142, 146 (der der Anerkennung eines Austrittsrechtes im Falle der Emigrationsfusion nationalistische Motive unterstellt); *Pettarin* (oben Fn. 56), S. 110.

[157] *Grippo* (oben Fn. 150), S. 172; *Scardulla* (oben Fn. 57), S. 425; *Simonetto*, Commentario Art. 2501 c.c., S. 187, 188.

3. Anfechtbarkeit des Beschlusses

Ein weiterer Schutz der Aktionäre[158] besteht in der Möglichkeit, den Verschmelzungsbeschluß durch Geltendmachung eines Verstoßes gegen Artt. 2501ff c.c. anzufechten[159]; in Ermangelung von Sondervorschriften im Verschmelzungsrecht gelten hierfür die allgemeinen Regelungen über die Anfechtung von Hauptversammlungsbeschlüssen[160], mit der inhaltliche sowie formelle Mängel der Verschmelzung geltend gemacht werden können[161].

Die Anfechtung des Verschmelzungsbeschlusses führt nicht zwingend dazu, daß die Durchführbarkeit des Beschlusses suspendiert ist; vielmehr *kann* das Gericht gemäß Art. 2378 Abs. 4 c.c. auf Antrag des Anfechtenden, nachdem es die Verwaltungsorgane hierzu gehört hat, die Durchführung des Hauptversammlungsbeschlusses aufschieben, wenn schwerwiegende Gründe dies erforderlich erscheinen lassen[162]; der entsprechende Beschluß, der den Verwaltungsorganen mit Begründung zugestellt werden muß, ist zusammen mit der Anfechtungsklage im Handelsregister einzutragen (Art. 2378 Abs. 5 c.c.); das Gericht kann in dem Beschluß allerdings dem anfechtenden Aktionär die Hinterlegung einer angemessenen Sicherheit für eventuell entstehende Schäden der Gesellschaft auferlegen (Art. 2378 Abs. 2 c.c.). Der Antrag auf Suspendierung des Verschmelzungsbeschlusses ist trotzdem für den anfechtenden Aktionär insofern nahezu zwingend erforderlich, als wegen Art. 2504-quater c.c. die Gefahr besteht, daß mit der Eintragung des Verschmelzungsvertrages dessen Mängel geheilt werden, so daß auch die begründete die Anfechtung erfolglos bleibt[163].

---

[158] Die Anfechtung von Beschlüssen einer Personengesellschaft ist nicht möglich, weil das Gesetz davon ausgeht, daß die Beschlüsse einstimmig gefaßt werden.

[159] *Dammacco* (oben Fn. 149), S. 38; *Gelosa/Insalaco* (oben Fn. 3), S. 63.

[160] Nach Art. 2377 Abs. 2 c.c. muß die Anfechtung innerhalb von 3 Monaten nach der Eintragung des Beschlusses im Handelsregister bei dem Gericht des Sitzes der Gesellschaft (Art. 2378 Abs. 1 c.c.) geltend gemacht werden. Das Verfahren der Anfechtung regelt im einzelnen Art. 2378 Abs. 2-5 c.c.; anfechtungsberechtigt sind gemäß Art. 2377 Abs. 2 c.c. nicht nur die (dissentierenden oder abwesenden) Gesellschafter, sondern nach Art. 2416 c.c. auch die Inhaber von Schuldverschreibungen (*obbligazionisti*), außerdem die Verwaltungsorgane und Aufsichtsräte, bei börsennotierten Gesellschaften darüber hinaus in bestimmten Fällen die *Commissione nazionale per le società e la borsa* (CONSOB) sowie unter bestimmten Voraussetzungen die *Banca d'Italia* oder bei Versicherungsunternehmen das *Istituto per la vigilanza sulle assicurazioni private* (ISVAP).

[161] Eine detaillierte Auflistung möglicher Anfechtungsgründe findet sich bei *Dammacco* (oben Fn. 149), S. 39-40.

[162] Vgl. hierzu Trib.Milano 4 maggio 1990, Giur.merit. 1991, II, 1, 1036. Vgl. auch *De Acutis*, Giur.comm. 1991, I, 729, 736; *Mainetti* (oben Fn. 97), S. 100; *Morano*, in: Fusioni e scissioni (1993), S. 61, 80; *Serra/Spolidoro* (oben Fn. 57), S. 160.

[163] *Mainetti* (oben Fn. 97), S. 100. Vgl. hierzu ferner die Nachweise Fn. 321 sowie zu Art. 2504-quater c.c. auch unten S. 328.

VI. Schutz der Gläubiger

Das italienische Recht räumt den Gläubigern fusionierender Gesellschaften einen sehr weitreichenden Schutz ein. Das rechtspolitische Ziel, die Verschmelzung für die Gläubiger so gefahrlos wie möglich zu gestalten, wird damit gerechtfertigt, daß es nicht zuletzt dem Interesse der Volkswirtschaft diene, wenn die gerade fusionierten Gesellschaften ihre Tätigkeit ohne die Sorge bevorstehender Zwangsvollstreckungen aufnehmen können[164].

Die Interessen der Gläubiger können beeinträchtigt werden, weil das ihnen haftende Vermögen mit einem anderen Vermögen unter möglicherweise fremder Verwaltung verschmolzen wird[165]; dabei soll nicht nur die möglicherweise Verringerung des Aktivvermögens eine Rolle spielen, sondern auch die Erschwerung der Rechtsverfolgung durch die Konkurrenz mit neu hinzutretenden Gläubigern und den Wechsel des Gerichtsstands[166]. Bei der internationalen (Emigrations-)Fusion stellt sich das weitere Problem, daß die Gläubiger nach dem Erlöschen der übertragenden (italienischen) Gesellschaft auf das ausländische Recht verwiesen sind, das beispielsweise einen sehr viel geringeren Kapitalschutz vorsehen kann.

Die Interessen der Gläubiger sind unterschiedlich je nachdem, ob sie bereits vor der Durchführung der Verschmelzung Schutzrechte geltend machen können, oder ob und wie ihre Position nach Wirksamwerden der Verschmelzung gestaltet ist. Vor Wirksamwerden der Verschmelzung ist das wichtigste Schutzinstrument die *opposizione dei creditori* nach Art. 2503 c.c.; danach ist für sie vor allem von Interesse, wie ihre Rechtsposition erhalten wird.

1. Kollisionsrechtliche Überlegungen zum Gläubigerschutz

Fraglich ist, ob und inwiefern Art. 25 Abs. 3 IPRG die Erfüllung der italienischen Gläubigerschutzvorschriften auch von der ausländischen Gesellschaft verlangt oder ob der Schutzzweck dieser Vorschriften durch eine distributive Anwendung der Vorschriften nicht gefährdet wird. Das hängt - nach der "Faustregel"[167] - davon ab, ob es sich bei der Berücksichtigung der Gläubigerinteressen um einen Teilakt der Verschmelzung handelt, bei dem die Gesellschaften zusammenwirken müssen[168]. Nach der Korrektur dieser Regel aufgrund der Beachtung des Schutzauftrages der italienischen Vorschriften ist für die (kumulative) Anwendung entscheidend, ob der bezweckte Schutz der Gläubiger (der italienischen Gesellschaft) auch ohne eine Verpflichtung der

---

164 *Massa Felsani* (oben Fn. 21), S. 455.

165 Trib.Milano, 5 aprile 1984, Le Società, 1984, 1144. Ebenso aus der Literatur: *Benvenuto/Vita* (oben Fn. 72), S. 189; *Gelosa/Insalaco* (oben Fn. 3), S. 97; *Pettarin* (oben Fn. 56), S. 138; *Ferri* (oben Fn. 78), S. 511; *Valerio*, Giur.comm. 1994, II, 726, 727.

166 *Serra/Spolidoro* (oben Fn. 57), S. 113.

167 Siehe oben Fn. 27.

168 Vgl. oben S. 270.

ausländischen Gesellschaft zur Einhaltung der italienischen Vorschriften erreicht wird[169].

Bezüglich der Vorschriften, die die Rechte der Gläubiger *vor* Wirksamwerden der Verschmelzung regeln, kann die italienische Gesellschaft den Gläubigerschutz ohne Mithilfe der ausländischen Gesellschaft sicherstellen; eine Übertragung der italienischen Vorschriften auf die ausländische Gesellschaft ist schon deshalb nicht geboten, weil das italienische Recht damit den Gläubigern einer ausländischen Gesellschaft einen dort nicht vorgesehenen Schutz aufzwingen würde.

Anders verhält es sich hingegen hinsichtlich des Gläubigerschutzes *nach* Wirksamwerden der Verschmelzung. Der im italienischen Recht vorgesehen Schutz der Gläubiger wird zwar jedenfalls dann gewährleistet, wenn die aus der Verschmelzung hervorgehende bzw. die übernehmende Gesellschaft italienischem Recht untersteht. Dahingegen sind bei einer Emigrationsfusion zumindest alle die italienischen Gläubigerschutzvorschriften, die Teil der lex societatis sind, nicht mehr anwendbar, so daß für den Schutz der Gläubiger *nach* Wirksamwerden der Verschmelzung nur noch das ausländische Recht gilt. Das italienische Recht müßte zur Vermeidung einer Preisgabe seines Gläubigerschutzes die Beachtung der italienischen Vorschriften durch die ausländische Gesellschaft sicherstellen, es sei denn, es existieren in der ausländischen Rechtsordnung vergleichbaren Schutzvorschriften.

2. Gläubigerschutz *vor* Wirksamwerden der Verschmelzung: *opposizione alla fusione*

Die Verschmelzung mit einer italienischen Gesellschaft ist nicht möglich ohne die "Zustimmung" ihrer Gläubiger (*creditori*)[170]. Die Gläubiger haben nach italienischem Recht die Möglichkeit, äußerstenfalls die Verschmelzung als ganze gemäß Art. 2503 c.c. durch die sogenannte *opposizione* zu verhindern, wenn sie ihre wirtschaftlichen Interessen gefährdet sehen. Dasselbe Recht steht - mit wenigen Besonderheiten - gemäß Art. 2503-bis c.c. auch den Inhabern von Schuldverschreibungen (*obbligazionisti*) zu[171].

---

[169] Vgl. oben S. 272.

[170] Die Zustimmung der Gläubiger wird für erforderlich gehalten, weil durch die Verschmelzung "ihrer" Gesellschaft mit einer anderen ihre "juristische Sphäre" unmittelbar berührt werde (*Cabras*, L'Opposizione, S. 109ff; *Colucci*, Giur.comm. 1996, II, 9, 10; *Ferrara/Corsi* (oben Fn. 16 -10.A.), S. 908; *Morano* (oben Fn. 162), S. 61; *Serra/Spolidoro* (oben Fn. 57), S. 113). Zur Begründung wird weiterhin auf den schuldrechtlichen Grundsatz verwiesen, daß ein Schuldnerwechsel nicht ohne Zustimmung des Gläubigers möglich sei (*Serra/Spolidoro* (oben Fn. 57), S. 113).

[171] Wie Art. 15 der Dritten Richtlinie sieht das italienische Recht die Inhaber von Schuldverschreibungen nicht als "gewöhnliche" Gläubiger i.S.d. Art. 2503 c.c. an. Ihre Aktivlegitimation wird dadurch begrenzt, daß sie die Schuldverschreibungen *vor* der Veröffentlichung des Verschmelzungsbeschlusses erworden haben müssen. Gemäß Art. 2503-bis Abs. 2 c.c. muß die Gesellschaft den Inhabern von Schuldverschreibungen bereits drei Monate vor der Veröffentlichung des Verschmelzungsplanes mittels Aufrufes in der

Mit der Regelung der *opposizione alla fusione* geht das italienische Recht über die in Art. 13 der Dritten Richtlinie anvisierten Schutzinstrumentarien hinaus[172]. Wegen der starken Beteiligung der Gläubigerinteressen müssen die Verwaltungsorgane die Verschmelzung so ausgestalten und planen, daß sie keine Gläubigeropposition riskieren; in der Praxis der Verschmelzungen in Italien gelingt dies in der Regel[173], weil die Ausübung des *diritto di opposizione* an eine Reihe von Voraussetzungen geknüpft ist.

a. Voraussetzungen des *diritto di opposizione*, Art. 2503 c.c.

Art. 2503 c.c. führt zunächst dazu, daß die Durchführung der Verschmelzung erst zwei Monate nach der Eintragung oder Veröffentlichung des Verschmelzungsbeschlusses möglich ist; während dieser Zeit können die Gläubiger gemäß Art. 2503 Abs. 2 c.c. ihr *diritto di opposizione* ausüben, das dazu führt, daß die Verschmelzung nicht mehr durchgeführt werden kann, sofern das Gericht sie nicht ausdrücklich gemäß Art. 2503 Abs. 3 c.c. zuläßt. Rechtstechnisch wird die "Undurchführbarkeit" der Verschmelzung einerseits durch die Aufschiebung der Wirksamkeit der Verschmelzungsbeschlüsse erreicht[174], andererseits hält man sie für ein Verbot an die Verwaltungsorgane, den Verschmelzungsvertrag zu unterzeichnen, und für ein Verbot an das Handelsregister, den Verschmelzungsvertrag einzutragen.

aa. Berechtigung zur *opposizione*

Zur *opposizione* gemäß Art. 2503 c.c. sind nur diejenigen Gläubiger berechtigt, deren Forderungen bereits vor der Veröffentlichung des *progetto di fusione*

Gazzetta ufficiale Gelegenheit geben, innerhalb eines Monats ihr Recht auf vorzei-tige Umwandlung gemäß Art. 2503-bis c.c. geltend zu machen (*diritto di conversione anticipata del prestito*). Sofern sie hiervon keinen Gebrauch machen, muß die Gesellschaft ihnen gemäß Art. 2503-bis Abs. 3 c.c. gleichwertige Rechte garantieren wie die, die sie ohne die Fusion innehätten; auch diesen Anspruch verlieren die *obbligazionisti* jedoch, wenn die einer Veränderung der Schuld zugestimmt haben. Eine Besonderheit besteht insofern, als die Interessen der *obbligazionisti* in aller Regel durch eine *assemblea* nach Art. 2415 c.c. ständig bei der Gesellschaft vertreten sind. Daher wird auch dieses Vertretungsorgan von der Verwaltung zu Rate gezogen. Hat die *assemblea* bzw. deren gewählter Vertreter (Art. 2417 c.c.) der Fusion zugestimmt, verlieren die einzelnen *obbligazionisti* wegen Art. 2503 Abs. 1, 1.Alt. ihr Oppositionsrecht. Das durch einzelne ausgeübte Oppositionsrecht kann allerdings von der gewählten Vertretung widerrufen werden (vgl. *Guglielmo*, Riv.not. 1994, 174, 175).

172 So ausdrücklich die Relazione Ministriale al d.lgs. 16 gennaio 1991, n. 22, sub Art. 10 einräumt. Die Regierungsbegründung rechtfertigt diesen Alleingang als adäquates Mittel zum Schutz der Gläubiger und mit der Tradition des italienischen Fusionsrecht, das die Möglichkeit der *opposizione dei creditori* bereits kannte.

173 Vgl. *Valerio* (oben Fn. 165), S. 727. Er bezeichnet es als gängige Praxis, daß die Gesellschaften bereits präventiv ihre Schulden bei den Gläubigern zahlen, von denen sie Schwierigkeiten befürchten, und für die übrigen Gläubiger den geschuldeten Betrag hinterlegen. Ebenso *Morano* (oben Fn. 162), S. 61, 68.

174 Trib. Lamezia Terme, 6 marzo 1998, Giur.comm. 1999, II, 660.

entstanden sind[175]. Die Forderungen müssen nicht auf eine Geldzahlung lauten[176]. Gleichgültig ist, ob die Forderungen bereits fällig, aufschiebend bedingt oder gestundet sind oder ob den Gläubigern Sicherheiten bestellt worden sind[177]; nach Ansicht der Rechtsprechung genügt es, daß die Forderungen der opponierenden Gläubiger in der Bilanz auftauchen müssen[178]. Ob auch Gläubiger aus Dauerschuldverhältnissen das Recht zur *opposizione* zusteht, ist umstritten, wird aber überwiegend unter ausdrücklicher Ausnahme der Arbeitnehmer bejaht[179]. Nicht berechtigt sind jedenfalls die persönlichen Gläubiger der Gesellschafter[180].

Die Ausübung des *diritto di opposizione* ist gemäß Art. 2503 Abs. 1 c.c. nur zulässig innerhalb einer Ausschlußfrist von zwei Monaten[181], gerechnet seit der

---

175 Art. 2503 Abs. 2 i.V.m. Abs. 1 c.c. benennt die "creditori anteriori agli adempiementi previsti nel terzo e quarto comma dell'Art. 2501-bis". Dies entsprach bereits vor der Neuregelung des Fusionsrechtes (durch d.lgs. 22/1991) der herrschenden Meinung, vgl. z.B. *Ferri* (oben Fn. 78), S. 512; *Morano* (oben Fn. 162), S. 61, 63; *Santagata*, Le società 1993, 506, 507. Maßgeblicher Zeitpunkt für das Entstehen der Forderung soll der Zeitpunkt der Begründung des Schuldverhältnisses, insbesondere also der Abschluß des Vertrages sein (vgl. hierzu ausführlich *Salafia*, Le società 1999, 1417, 1418).

176 *Gelosa/Insalaco* (oben Fn. 3), S. 101; *Guglielmo* (oben Fn. 171), S. 175; *Morano* (oben Fn. 162), S. 61, 65.

177 Trib. Verona, 10 ottobre 1991, Foro it. 1993, I, 275. Ebenso aus der Literatur: *Gelosa/Insalaco* (oben Fn. 3), S. 101; *Guglielmo* (oben Fn. 171), S. 175; *Morano* (oben Fn. 162), S. 64; *Santagata* (oben Fn. 175), S. 508; *Simonetto*, Commentario Art. 2503, S. 314; *Valerio* (oben Fn. 165), S. 729. Wohl auch *Scardulla* (oben Fn. 57), S. 430 (431: zweifelnd bezüglich der real gesicherten Gläubiger). Vgl. zur Möglichkeit, die *opposizione* durch angemessene Sicherheiten abzuwehren unten bei Fn. 217.

178 Trib. Genova, 13 luglio 1992, Le società 1992, 501, 502; Trib. Verona, 10 ottobre 1991, Foro it. 1993, I, 275. Ebenso aus der Literatur *Benvenuto/Vita* (oben Fn. 72), S. 190; *Guidotti*, Giur.comm. 1999, II, 662, 667; *Simonetto*, Commentario Art. 2503 c.c., S. 314; *Valerio* (oben Fn. 165), S. 729.

179 *Serra*, in: Tratt.di dir.priv., vol. XVIII, S. 371; ebenso *Morano* (oben Fn. 162), S. 66; differenzierend nach dem Bestehen einer Kündigungsmöglichkeit für den einen oder anderen Teil *Scardulla* (oben Fn. 57), S. 432; differenzierend nach den Folgen, die die Verschmelzung für die Fortsetzung des Vertrages hätte, *Ferri* (oben Fn. 147), S. 175. Zu der besonderen Problematik im Hinblick auf die Einbeziehung der Arbeitnehmer siehe unten S. 326 und die Entscheidung Trib.Roma, 20 gennaio 1983, Vita not. 1983, I, 665, näher hierzu in Fn. 304.

180 *Guidotti* (oben Fn. 178), S. 667; *Pettarin* (oben Fn. 56), S. 138; *Scardulla* (oben Fn. 57), S. 433.

181 Andere Fristen sind festgelegt: für die Fusion von Kreditinstituten (*enti creditizi*) 15 Tage (Art. 57 d.lgs. 1 settembre 1993, n. 385); die *dismissione di partecipazioni pubbliche* 1 Monat (Art. 1 d.lgs. 19 settembre 1993, n. 350, Art. 6 d.lgs. 29 novembre 1993, n. 486 und Art. 6 d.lgs. 27 settembre 1993, n. 389). Ferner kann der Justizminister in Fällen, in denen ein öffentliches Interesse an der Fusion besteht, die Frist auf 15 Tage verkürzen (l. 19 novembre 1942, n. 1472).

Veröffentlichung der Verschmelzungsbeschlüsse[182]. Nach der neueren Rechtsprechung ist sie auch bereits vor der *omologazione* der Verschmelzungsbeschlüsse zulässig[183].

Art. 2503 Abs. 1 c.c. listet eine Reihe von *fatti preclusivi* auf, bei deren Vorliegen die Gläubiger durch die Verschmelzung der Vermögensmassen als nicht (mehr) beeinträchtigt angesehen werden[184], etwa wenn sie ihr Einverständnis mit der Verschmelzung erklärt haben (Art. 2503 Abs. 1 1.Alt c.c.[185]). Darüber hinaus kann die Gesellschaft die *opposizione* ihrer Gläubiger dadurch abwenden, daß sie entweder ihre Forderungen begleicht (Art. 2503 Abs. 1 2. Alt. c.c.) oder die hierzu erforderliche Summe bei einem Kreditinstitut hinterlegt[186].

bb. Form der Ausübung des *diritto di opposizione*

Art. 2503 c.c. schweigt zu der Frage, wie die Gläubiger ihr *diritto di opposizione* auszuüben haben. Die Frage ist daher umstritten. Nach Ansicht der herrschenden Meinung ist eine gerichtliche Geltendmachung in Form einer Klage nach Artt. 163ff c.p.c. (*atto di citazione*) erforderlich[187]. Die Rechtsprechung betont dabei, es handele sich um ein Verfahren der ordentlichen Gerichtsbarkeit und nicht der freiwilligen[188]. Dies wird für erforderlich gehalten, um es den Gläubigern nicht zu einfach zu machen, die Verschmelzung zu blockieren, weil dies zu einer unangemessenen Übervorteilung der Interessen der Gläubiger führen könnte[189]. Andernfalls bestünde außerdem die Gefahr, daß die *opposizione* als rein prophylaktisches Schutzinstrument mißbraucht würde,

---

182 Sofern (für die Kapitalgesellschaften) die Veröffentlichung im BUSARL vorgeschrieben ist, beginnt die Zwei-Monats-Frist nach h.M. mit diesem Zeitpunkt; vgl. *Pettarin* (oben Fn. 56), S. 139.

183 Trib. Lamezia Terme (oben Fn. 174), Giur.comm. 1999, II, 660. Zustimmend in der Literatur: *Guidotti* (oben Fn. 178), S. 666.

184 *Pettarin* (oben Fn. 56), S. 141.

185 Das Einverständnis i.S.d. Art. 2503 Abs. 1 1.Alt. c.c. ist eine formlose Erklärung, die allerdings in der Praxis in aller Regel schriftlich erteilt wird, weil die Verwaltungsorgane im Bestreitensfalle das Vorliegen des Einverständnisses beweisen müssen.

186 Die hinterlegte Summe muß dem Zugriff des Gläubigers tatsächlich zur Verfügung stehen und zwar mindestens bis zum Ablauf der Frist des Art. 2503 c.c. (*Valerio* (oben Fn. 165), S. 728); die Beibringung einer Bankgarantie oder -bürgschaft soll nicht reichen (*Pettarin* (oben Fn. 56), S. 141. Anderer Ansicht *Silvestro*, Riv.dir.comm. 1999, I, 325, 350).

187 Trib. Lamezia Terme (oben Fn. 174), Giur.comm. 1999, II, 660; Trib Genova (oben Fn. 178), Le società 1993, 501, 502. Ebenso aus der Literatur: *Cagnasso/Irrera*, in: Giurisdizione sistematica, voce: Società estere, S. 439; *Dammacco* (oben Fn. 149), S. 44; *Gelosa/Insalaco* (oben Fn. 3), S. 101; *Pettarin* (oben Fn. 56), S. 139; *Santagata* (oben Fn. 175), S. 508 u. 510; *ders.* (oben Fn. 150), S. 340f; *Serra/Spolidoro* (oben Fn. 57), S. 114; *Valerio* (oben Fn. 165), S. 731, 732 (n.30).

188 Ständige Rechtsprechung, vgl. nur Trib Genova (oben Fn. 178), Le società 1993, 501, 502.

189 *Serra/Spolidoro* (oben Fn. 57), S. 114; *Valerio* (oben Fn. 165), S. 731.

mit dem Gläubiger sich Bedenkzeit verschaffen könnten. Den Gläubigern müsse ihre ernsthaft erklärte *opposizione* mindestens die Mühe einer Klage wert sein. Mit der Forderung nach gerichtlicher Geltendmachung werde das Druckmittel auf die Gesellschaft auch nicht geschwächt[190]. Die Vertreter der herrschenden Meinung ziehen außerdem die Parallele der *opposizione* zur Anfechtung des Verschmelzungsbeschlusses durch die Gesellschafter, für die ebenfalls eine gerichtliche Geltendmachung erforderlich ist (Art. 2378 Abs. 1 c.c.)[191]. Ein weiteres Argument entnehmen sie Art. 2307 Abs. 2 c.c.[192], der spezielle Regeln für die *opposizione* gegen Beschlüsse der Gesellschafterversammlung von Personenhandelsgesellschaften (s.a.s. und s.n.c.) aufstellt und die eine Frist (für die Einziehung eines Gesellschaftsanteils) berechnet nach der "Zustellung des Urteils" im Verfahren der *opposizione*[193]. Schließlich wird die gerichtliche Geltendmachung und ein offiziell kontrolliertes Verfahren auch im Interesse der Rechtssicherheit für erforderlich gehalten, da die *opposizione* nicht nur der Eintragung im Handelsregister entgegensteht, sondern außerdem die Verwaltungsorgane für den Abschluß des Verschmelzungsvertrages trotz ausgeübter *opposizione* nach Art. 2623 Abs. 1 Nr.1 c.c. strafrechtlich zur Verantwortung gezogen werden.

Die auch in der neueren Literatur vertretene Mindermeinung läßt hingegen die außergerichtliche Erklärung der *opposizione* genügen[194]. Um die Verschmelzung dennoch durchführen zu können, müßten die Verwaltungsorgane auf Zulassung der Verschmelzung gemäß Art. 2503 Abs. 3 c.c. klagen[195]. Zur Begründung wird vorgetragen, die *opposizione* sei nur der actus contrarius zu der formfreien und vor allem außergerichtlichen Erklärung des Einverständnisses gemäß Art. 2503 Abs. 1 c.c.[196]. Sofern eine gerichtliche Geltendmachung der *opposizione* erforderlich sei, hätte der Gesetzgeber dies ausdrücklich anordnen müssen[197], andernfalls bleibe es beim Grundsatz der Formfreiheit[198]. Es genüge daher, daß der Gläubiger die Gesellschaft von seinem Nichteinverständnis ausdrücklich in Kenntnis setze[199]. Gegen diese

---

190 *Serra/Spolidoro* (oben Fn. 57), S. 114; dagegen: *Guglielmo* (oben Fn. 171), S. 176.

191 Corte di Cass., 5 marzo 1991, n. 2321, Le società 1991, 1039; Trib. Treviso, 29 dicembre 1999, Le società 2000, 446. Aus der Literatur: *Di Mauro*, Giust.civ. 1991, I, 1447; *Valerio* (oben Fn. 165), S. 731, 732, n.30.

192 Art. 2307 Abs. 2 c.c. lautet: "Se l'Opposizione è accolta, la società deve, entro tre mesi dalla notificazione della sentenza, liquidare la quota del socio debitore dell'Opponente".

193 *Guidotti* (oben Fn. 178), S. 669.

194 *Cabras* (oben Fn. 170), S. 80; *Ferrara/Corsi* (oben Fn. 16), S. 895; *Guglielmo* (oben Fn. 171), S. 176; *Guidotti* (oben Fn. 178), S. 669f; *Scardulla* (oben Fn. 57), S. 437, 438; *Simonetto*, Commentario Art. 2503 c.c., S. 314.

195 *Guidotti* (oben Fn. 178), S. 670; vgl. zur sog. *fusione anticipata* unten S. 311.

196 *Scardulla* (oben Fn. 57), S. 438; *Simonetto*, Commentario Art. 2503 c.c., S. 314.

197 *Guglielmo* (oben Fn. 171), S. 176; *Simonetto*, Commentario Art. 2503 c.c., S. 314.

198 *Guidotti* (oben Fn. 178), S. 669.

199 *Cabras* (oben Fn. 170), S. 81.

Ansicht spricht jedoch, daß die *opposizione* nach der Regelung des Gesetzes wesentlich mehr ist als nur *actus contrarius* zur Einwilligung nach Art. 2503 Abs. 1 c.c.: Das Fehlen der Einverständniserklärung hat lediglich zu Folge, daß eine Verschmelzung vor Ablauf von zwei Monaten nicht oder nur nach Begleichen der Forderung oder Hinterlegung der entsprechenden Summe möglich ist. Nach Ablauf dieser Frist ist das fehlende Einverständnis unerheblich. Die erklärte *opposizione* hingegen verhindert die Durchführung der Verschmelzung. Ferner besteht auch kein praktisches Bedürfnis, den Gläubigern die Ausübung der *opposizione* ohne gerichtliche Geltendmachung zu gestatten, weil ihre Rechtsposition faktisch stark genug ist. Die Berücksichtigung der praktischen Bedürfnisse spricht vielmehr für die gerichtliche Geltendmachung der *opposizione* im Interesse der Gläubiger: Sofern eine formlose Erklärung genügte, liefen die Gläubiger Gefahr, daß das Registergericht oder der beurkundende Notar in Unkenntnis ihrer *opposizione* die dennoch (und unter Verstoß gegen Art. 2503 c.c.) durchgeführte Verschmelzung einträgt und damit die Rechtsfolgen des Art. 2504-quater c.c.[200] auslöst.

Mit der herrschenden Meinung muß der Gläubiger daher zur wirksamen Geltendmachung seiner *opposizione* bei dem Gericht am Ort des Satzungssitzes der Gesellschaft[201] gemäß Art. 163ff c.p.c. beantragen festzustellen, daß durch die Verschmelzung seine Forderung gefährdet wird[202].

cc. Begründetheit der *opposizione* und Umfang der Beweislast

Die *opposizione* ist begründet, wenn die Verschmelzung für den opponierenden Gläubiger konkrete und aktuelle Risiken für die Durchsetzung seiner Forderung mit sich bringt, die ohne die Verschmelzung nicht bestünden[203]. Für die Überprüfung, ob und wieweit die Durchsetzung der Forderung infolge der Verschmelzung gefährdet wird, soll das Gericht die gesamte wirtschaftliche

---

200 Vgl. hierzu unten S. 328.

201 Die Rechtsprechung bestimmt das zur Klärung der *opposizione* zuständige Gericht analog Art. 2378 Abs. 1 c.c. (vgl. Corte di Cass., 5 marzo 1991, n. 2321, Riv.not. 1991, I, 816; Trib.Tempio Pausania, 7 gennaio 1988, Dir.fallim. 1988, II, 320).

202 Trib. Genova (oben Fn. 178), Le società 1993, 501, 502 ("L'Opposizione ha natura contenziosa ed è diretta ad accertare l'insufficenza patrimoniale della docietà risultante dalla fusione o incorporante e la conseguente lesione della garanzia patrimoniale del credito vantato dall'Opponente"); Trib. Milano, 14 marzo 1974, Riv.not. 1995, III, 150; *Santagata* (oben Fn. 175), S. 508.

203 Trib. Lamezia Terme (oben Fn. 174), Giur.comm. 1999, II, 660; Trib. Milano, 5 aprile 1984, Le società 1984, 1144; Trib. Milano, 14 marzo 1974, Riv.not. 1975, III, 150. Teilweise wird der *atto di citazione* auch für unzulässig gehalten, wenn offensichtlich nicht die Gefahr einer Verschlechterung der Lage der Gläubiger besteht (so im Fall Trib. Treviso, 27 dicembre 1999, Le società 2000, 446, in welchem der Wert des Vermögens der übernehmenden Gesellschaft das der übertragenden Gesellschaft, deren Gläubiger die Opposizione geltend gemacht hatten, weit überstieg); argumentiert wird hier mit einer Parallele zum vorläufigen Rechtsschutz entsprechend Art. 700 c.p.c. (Fehlen eines periculum in mora). Vgl. hierzu auch *Gioia-Carabellese*, Le società 2000, 446, 447.

Situation der Gesellschaft berücksichtigen dürfen[204]. Umstritten ist allerdings, ob der Gläubiger neben der Darlegungs- auch die Beweislast dafür trägt, daß die Durchführung der Verschmelzung eine Vermögensverringerung bewirke, die die Durchsetzbarkeit seiner Forderung beeinträchtige. Unstreitig muß er das Bestehen seiner Forderung gegen die Gesellschaft, d.h. die Voraussetzungen seiner Aktivlegitimation, beweisen[205]. Darüber hinaus fordern die herrschende Lehre[206] und inzwischen auch Teile der Rechtsprechung[207] vom opponierenden Gläubiger den Beweis dafür, daß seine Position im Verhältnis zum Unterbleiben der Verschmelzung deutlich verschlechtert werde. Es solle ihm nicht möglich sein, eine gesellschaftliche Aktion durch einen derart schwerwiegenden Eingriff in die Verwaltungsautonomie von Gesellschaftern und Verwaltung zu verhindern, wenn er dafür nicht plausible und nachvollziehbare Gründe vorweisen könne[208]. So würde auch verhindert, daß die Gesellschaft durch zeitliches Hinauszögern der Verschmelzung und die damit verbundenen wirtschaftlichen Nachteile "erpreßt" werden könnte.

Die von der herrschenden Meinung vorgenommene Verteilung der Beweislast ist nicht frei von Kritik. Zum einen geht Art. 2503 Abs. 2 c.c. selbst davon aus, daß *grundsätzlich* alle Gläubiger gegen die Verschmelzung vorgehen können und nur *ausnahmsweise*, nämlich in den in Abs. 1 aufgezählten Fällen, das Oppositionsrecht ausgeschlossen ist. Das Gesetz unterstellt damit die Gefährdung der Gläubigerinteressen quasi als den Regelfall[209]. Demnach müßte die Gesellschaft den Nachweis erbringen, daß *keine* Gefährdung der wirtschaftlichen Interessen der Gläubiger zu erwarten ist. Für diese Verteilung der Beweislast spricht außerdem, daß praktisch allein die Gesellschaft in der Lage ist, diesen Nachweis zu erbringen, weil sie die wirtschaftlichen Auswirkungen der Verschmelzung am besten kennen muß. Die Gläubiger sind auf die im Handelsregister und in der *Gazzetta ufficiale* veröffentlichten Dokumente angewiesen, d.h. auf den Verschmelzungsplan, den Verschmelzungsbeschluß und die ebenfalls hinterlegten Dokumente gemäß Art. 2501-sexies c.c.; auf dieser Basis wird ihnen der Beweis allerdings nur selten

---

204 *Benvenuto/Vita* (oben Fn. 72), S. 189, 190.

205 Trib.Genova (oben Fn. 178), Le società 1993, 501, 502; zustimmend *Santagata* (oben Fn. 175), S. 507.

206 *Benvenuto/Vita* (oben Fn. 72), S. 190, 191; *Morano* (oben Fn. 162), S. 73; *Santagata* (oben Fn. 175), S. 510; *Serra/Spolidoro* (oben Fn. 57), S. 113; *Silvestro* (oben Fn. 186), S. 351; *Valerio* (oben Fn. 165), S. 733, 736.

207 Vgl. Trib.Genova (oben Fn. 178), Le società 1993, 501, 502: "... incombe sull'Opponente l'onere di prova che il soddisfacimento del proprio credito possa subire pregiudizio dalla fusione ... in quanto si dimostri che il previsto mutamento ... della debitrice possa comportare il concreto ed attuale rischio per il creditore ..."); Trib. Milano, 5 aprile 1984, Le società 1984, 1144; Trib.Milano, 14 marzo 1974, Riv.not.1975, III, 150; Trib. Milano, 27 marzo 1969, Riv.dir.comm. 1969, II, 204.

208 *Valerio* (oben Fn. 165), S. 733.

209 *Simonetto*, Commentario Art. 2503 c.c., S. 314.

gelingen[210]. Die Erschwerung der Beweisführung ist schließlich außerdem angreifbar mit der Begründung, daß die Gesellschaft zur Abwendung der *opposizione* lediglich die Forderung begleichen bzw. den hierzu erforderlichen Betrag hinterlegen muß, um nach Art. 2503 Abs. 1 2.u.3.Alt. c.c. die Berechtigung zur *opposizione* entfallen zu lassen.

Trotz dieser nicht unberechtigten Kritik ist der herrschenden Meinung darin Recht zu geben, daß die Nichterweislichkeit der Gefährdung der Forderung nicht zulasten der Gesellschaft gehen darf. Die Folgen des non-liquet in diesem Fall dem Gläubiger aufzubürden, gebietet bereits seine Position als Antragsteller vor Gericht. Dieses Ergebnis belastet den opponierenden Gläubiger auch nicht übermäßig, denn in der Praxis wird die Gesellschaft nicht erst den Ausgang des Feststellungsverfahrens abwarten wollen, sondern die *opposizione* auf anderem Wege abwenden.

dd. Wirkung der Geltendmachung der *opposizione*

Nach Art. 2503 c.c. hat die *opposizione* zur Folge, daß die Verschmelzung nicht durchgeführt werden kann. Fraglich ist, ob diese Wirkung bereits mit der Stellung des zulässigen Antrags bei Gericht eintritt oder erst mit positiver Bescheidung des Feststellungsantrages.

Hält man die Parallele zur Anfechtung des Verschmelzungsbeschlusses (Art. 2378 c.c.) durch, so kann nicht bereits der zulässige Antrag des Gläubigers die Durchführbarkeit der Verschmelzung suspendieren; dementsprechend geht der *Tribunale di Genova* davon aus, die *opposizione* sei erst dann wirksam ausgeübt, wenn das Gericht die Begründetheit des Antrags positiv festgestellt hat[211]. Um die Durchführung der Verschmelzung zu verhindern, müsse der opponierende Gläubiger - wie gemäß Art. 2378 Abs. 4 c.c. bei der Anfechtung der Gesellschafter - einen Antrag auf Suspendierung der Verschmelzungsbeschlüsse stellen[212].

Die Literatur[213] und wohl auch die neuere Rechtsprechung[214] gehen hingegen davon aus, die Wirkungen des Art. 2503 c.c. träten bereits mit Erhebung der zulässigen Feststellungsklage ein. Dafür spricht bereits der weitere Wortlaut des Art. 2503 Abs. 3 c.c., wonach das Gericht die Verschmelzung trotz der Opposition zulassen kann. Der durch Art. 2503 c.c. bezweckte Schutz liefe leer, wenn die Verschmelzung trotz des möglicherweise langwierigen Rechtsstreits über die Begründetheit der Opposition durchführbar wäre, weil die

---

210 Vgl. *Simonetto*, a.a.O.

211 Trib.Genova (oben Fn. 178), Le società 1993, 501, 502: "Affinchè l'opposizione possa essere accolta, è neccessario l'accertamento positivo del pregiudizio circa l'incapienza patrimoniale e della lesione della garanzia patrimoniale dell'Opponente".

212 Vgl. Trib.Genova (oben Fn. 178), Le società 1993, 501, 502.

213 *Benvenuto/Vita* (oben Fn. 72), S. 191; *Gasperoni* (oben Fn. 54), S. 1060; *Gelosa/Insalaco* (oben Fn. 3), S. 102; *Serra/Spolidoro* (oben Fn. 57), S. 114, 115; *Valerio* (oben Fn. 165), S. 727.

214 Trib. Lamezia Terme (oben Fn. 174), Giur.comm. 1999, II, 660.

Verschmelzung nach ihrer Eintragung gemäß Art. 2504-quater c.c. unumkehrbar ist; der Gläubiger stünde nach der erfolgten Eintragung mit einem Urteil da, das zwar seinem Feststellungsantrag stattgibt, an der Tatsache der Verschmelzung aber nichts mehr ändern kann[215]. Die Verweisung des Gläubigers auf Stellung des Antrag nach Art. 2378 Abs. 4 c.c. trägt seinem Schutzbedürfnis nicht ausreichend Rechnung, denn zum einen ist hierfür die Darlegung "gewichtiger Gründe" (*gravi motivi*) erforderlich, zum anderen wird das Gericht regelmäßig die Leistung einer Sicherheit verlangen. Die herrschende Ansicht auch innerhalb der Rechtsprechung nimmt daher die Eintragung des Verschmelzungsvertrages erst nach einer Überprüfung der Voraussetzungen des Art. 2503 c.c. vor[216].

Im Ergebnis ist festzuhalten, daß ein Gläubiger die *opposizione* beim Gericht des Satzungssitzes der Gesellschaft geltend machen muß durch einen Antrag festzustellen, daß durch die Verschmelzung die Durchsetzung seiner Forderung gegen die beklagte Gesellschaft gefährdet wird, wofür der Gläubiger die Beweislast trägt. Bis zur Abweisung dieses Antrags ist die Verschmelzung undurchführbar.

b. Gerichtliche Zulassung der Verschmelzung, Art. 2503 Abs. 3 c.c. - *fusione anticipata*

Die Gesellschaft kann bereits vor der Abweisung des Feststellungsantrages die Zulassung der Verschmelzung durch Antrag auf gerichtliche Entscheidung gemäß Art. 2503 Abs. 3 c.c. im Laufe des Gerichtsverfahrens erwirken, wenn die Verwaltungsorgane beweisen, daß die Gesellschaft dem Gläubiger geeignete Sicherheiten bereitgestellt hat[217]. Als "geeignete Sicherheit" soll dabei jede Art der Sicherheitsleistung in Frage kommen, der Begriff ist damit insbesondere weiter als die in Art. 2503 Abs. 1 c.c. genannten Modalitäten der Hinterlegung oder Zahlung[218]. Eine solche Entscheidung hat zur Folge, daß der Suspensiveffekt der *opposizione* beendet wird[219]. Nach Ansicht der Literatur *muß* das Gericht die Verschmelzung nach der Bereitstellung der Sicherheiten zulassen, weil die Gläubiger nicht mehr schutzbedürftig seien[220]. Dieser Weg wird für Gesellschaften insofern attraktiver sein als das Abwarten der Entscheidung über den Feststellungsantrag des opponierenden Gläubigers, als sie die zeitliche Verzögerung durch die oftmals langwierigen gerichtlichen Überprüfungen

---

215 *Santagata* (oben Fn. 175), S. 510; *Serra/Spolidoro* (oben Fn. 57), S. 115.

216 Vgl. die Nachweise Fn. 270 zur gerichtlichen Praxis vor der Eintragung (S. 320).

217 Art. 2503 Abs. 3 c.c. lautet: "Il tribunale ... può disporre che la fusione abbia luogo previa prestazione da parte della società di idonee garanzie". Die herrschende Meinung geht davon aus, daß es sich bei dem Verfahren der Zulassung der Fusion nach Art. 2503 Abs. 3 c.c. um einen Zwischenstreit handelt (*procedimento incidentale*); vgl. hierzu *Guidotti* (oben Fn. 178), S. 676f.

218 *Salafia* (oben Fn. 175), S. 1419.

219 Trib. Lamezia Terme (oben Fn. 174), Giur.comm. 1999, II, 660, 661.

220 *Valerio* (oben Fn. 165), S. 735.

vermeiden können. Möglich ist der Antrag der Gesellschaft gemäß Art. 2503 Abs. 3 c.c. aber auch *nach* der Feststellung der Begründetheit der *opposizione* durch das Gericht.

c. Folgen der *opposizione*

Die *opposizione* nach Art. 2503 c.c. führt dazu, daß der Abschluß des *atto di fusione*[221] zum einen während der ersten zwei Monate nach der Eintragung des Verschmelzungsbeschlusses, der Oppositionsfrist, und zum anderen nach Feststellung der Begründetheit des Gläubigerantrags rechtswidrig ist. Umstritten sind allerdings die Rechtsfolgen, wenn die Verwaltungsorgane den *atto di fusione* dennoch unterzeichnen. Der Streit betrifft vor allem die Heilung der Rechtswidrigkeit des *atto di fusione* durch Art. 2504-quater c.c.[222]. Klarheit hat der Gesetzgeber nur insoweit geschaffen, als die Verwaltungsorgane, die die Verschmelzung unter Verstoß gegen Art. 2503 c.c. durchführen[223], der Strafandrohung des Art. 2623 Nr.1 c.c.[224] unterliegen, schlimmstenfalls einer möglichen Geldstrafe von bis zu 2.000.000 LIT[225].

Nach Ansicht der herrschenden Meinung ist der unter Verstoß gegen Art. 2503 c.c. unterzeichnete Verschmelzungsvertrag unwirksam, weil die *opposizione* wie eine aufschiebende Bedingung wirkt[226]. Zur Begründung wird der Wortlaut des Art. 2503 Abs. 1 c.c. herangezogen, wonach die Verschmelzung nur unter

---

221 Das Gesetz spricht lediglich von "der Fusion", gemeint ist aber die Unterzeichnung des *atto di fusione* (vgl. im Text Relazione Ministeriale sub Art. 10 (abgedruckt bei *Serra/Spolidoro* (oben Fn. 57), S. 274): "... non può essere attuata (non può essere stipulato l'atto di fusione) ...").

222 Vgl. zur Wirkung des Art. 2504-quater im Verhältnis zu Art. 2503 c.c. auch unten S. 330.

223 "Durchführung" (*attuazione*) der Fusion ist nach Ansicht der herrschenden Meinung nicht schon die Unterzeichnung des *atto di fusione*, sondern die Veranlassung der Eintragung der Fusion, die gemäß Art. 2504-bis Abs. 2 c.c. die Verschmelzung bewirkt (*Marchetti* (oben Fn. 122), S. 23, 24; *Serra/Spolidoro* (oben Fn. 57), S. 116).

224 Art. 2623 n.1 lautet: "Sono puniti con la reclusione da sei mesi a tre anni e con la multa da lire quattrocentomila a lire due millioni gli amministratori che 1) *eseguono* ... la fusione con altra società in violazione degli articoli ... e 2503 c.c.".

225 Es wird in diesem Zusammenhang auch über mögliche Schadensersatzansprüche der Gläubiger gegen die Verwaltungsorgane, die trotz der *opposizione* den Antrag auf Eintragung der Gesellschaft gestellt haben, spekuliert; in Betracht käme die deliktische Haftung wegen Verletzung der Artt. 2503, 2623 c.c.; teilweise wird eine Haftung der Rechtsnachfolgerin angenommen (Trib. Catania, 18 giugno 1994, Giur.comm. 1995, II, 217), wohl aus der im Zuge der Universalsukzession übergegangenen Haftung der übertragenden Gesellschaft für ihre Organe (der Haftungsgrund wird nirgends näher ausgeführt). Teilweise wird auch, allerdings ohne nähere Erläterungen, auf Vertragsrecht verwiesen (*Pettarin* (oben Fn. 56), S. 162).

226 Corte di Cass., 9 luglio 1959, Riv.dir.comm. 1960, II, 241; *Simonetto*, Commentario Art. 2503 c.c., S. 318; ähnlich *Dammacco* (oben Fn. 149), S. 43.

den dort genannten Voraussetzungen durchgeführt werden *kann*[227]. Uneinig ist man sich aber darüber, ob die Unwirksamkeit den gesamten Verschmelzungsvertrag erfassen soll oder nur teilweise. Teile der Rechtsprechung und der Literatur gehen davon aus, der *atto di fusione* sei nur im Verhältnis zu den opponierenden Gläubigern unwirksam, so daß die Gesellschaft, deren Gläubiger opponiert haben, von der Verschmelzung ausgeschlossen sei[228]. Dies ist jedoch bereits deshalb nicht möglich, weil nicht mehr dieselbe Verschmelzung durchgeführt würde, der die Gesellschafter zugestimmt haben, sobald eine Gesellschaft "ausfällt"; die Verschmelzung hätte vollkommen andere wirtschaftliche Folgen, so daß auch das Umtauschverhältnis völlig neu berechnet werden müßte[229]. Zu Recht geht daher die herrschende Lehre davon aus, daß ein unter Verstoß gegen Art. 2503 c.c. abgeschlossener *atto di fusione* absolut unwirksam sei[230]. Allerdings sind die Begründungen für diese Ansicht unterschiedlich. Während ein Teil der herrschenden Meinung Art. 2503 c.c. die Wirkung einer aufschiebenden Bedingung (*condizione sospensiva*)[231] zuschreibt, soll er nach anderer Ansicht - ebenso wie die Anfechtung (*azione revocatoria*) - zur Unwirksamkeit ex tunc führen[232].

Die Unwirksamkeit des *atto di fusione* hat zur Folge, daß das Handelsregister die Verschmelzung nicht eintragen darf[233]. Erfolgt die Eintragung unter Verstoß gegen Art. 2503 c.c., so erfaßt die in Art. 2504-quater c.c. vorgesehene heilende Wirkung der Eintragung nach herrschender Meinung jedoch auch den Verstoß gegen Art. 2503 c.c.[234].

---

227 Art. 2503 Abs. 1 c.c. lautet: "La fusione *può* essere *attuata* solo dopo due mesi ..." (Hervorh.v.Verf.).

228 Vgl. Tribunale di Velletri ,10 agosto 1994, Le società 1995, 551. Aus der Lit.: *Morano* (oben Fn. 162), S. 71; *Scardulla* (oben Fn. 57), S. 435; *Valerio* (oben Fn. 154), S. 481. Für die Durchführbarkeit der Fusion im übrigen, d.h. zwischen den übrigen Gesellschaften, sprechen ihrer Ansicht nach ökonomische Gründe.

229 Vgl. die Kritik von *Valerio* (oben Fn. 165), S. 734.

230 *Gasperoni* (oben Fn. 54), S. 1060; *Pettarin* (oben Fn. 56), S. 140; *Serra/Spolidoro* (oben Fn. 57), S. 115, 116 u. 143; *Simonetto*, Commentario Art. 2503 c.c., S. 315 u. 318; *Valerio* (oben Fn. 165), S. 733.

231 *Marchetti* (oben Fn. 122), S. 24; *Serra/Spolidoro* (oben Fn. 57), S. 143.

232 *Gelosa/Insalaco* (oben Fn. 3), S. 103, 104; *Guglielmo* (oben Fn. 171), S. 175. Nicht gemeint ist die gesellschaftsrechtliche Anfechtung der Hauptversammlungsbeschlüsse nach Art. 2378 c.c.; diese hat gemäß Art. 2378 Abs. 4 c.c. nur dann aufschiebende Wirkung, wenn das Gericht sie anordnet (vgl. hierzu oben S. 301).

233 Trib.Torino, 11 giugno 1990, Le società 1991, 71. Vgl. zu der Frage, in welchem Umfang vor der Eintragung nach Art. 2504-quater c.c. eine Kontrolle der Rechtmäßigkeit durch das Registergericht stattfindet, unten S. 316.

234 Vgl. zum Streit um die Wirkung des Art. 2504-quater c.c. auf die Unwirksamkeit des *atto di fusione* gemäß Art. 2503 c.c. unten S. 330.

3. Gläubigerschutz *nach* Wirksamwerden der Verschmelzung

Anders als bei der soeben untersuchten Situation der Gläubiger vor der Eintragung des *atto di fusione* spielt es für ihre Rechte nach Wirksamwerden der Verschmelzung eine entscheidende Rolle, ob es sich um die Verschmelzung der italienischen Gesellschaft auf einen Rechtsträger mit Sitz im Ausland oder in Italien handelt. Denn in letzterem Falle richtet sich der Gläubigerschutz weiterhin nach italienischem Recht. Bei einer Emigrationsfusion hingegen muß nach Wegen gesucht werden, die Gläubiger nicht anders zu stellen, als sie bei einer inneritalienischen Verschmelzung stünden[235]. Dies betrifft in erster Linie ihr Interesse daran, daß ein inländischer Gerichtsstand erhalten bleibt, weil mit der Verlegung des Satzungssitzes im Geltungsbereich des EuGVÜ auch der allgemeine Gerichtsstand ins Ausland verlegt ist[236]. Demzufolge ist für die gerichtliche Durchsetzung der Forderungen auch das ausländische Prozeß- und Vollstreckungsrecht maßgeblich. Überdies können die Gläubiger mit der Abwanderung der Gesellschaft auch ihre rein tatsächlichen Vorteile bei der inländischen Zwangsvollstreckung einbüßen.

Die Gläubiger können sich vor einem Verlust des italienischen *forums* allerdings wirksam schützen durch entsprechende Gerichtsstandsvereinbarungen, die vom italienischen Recht gemäß Art. 4 Abs. 1 IPRG anerkannt werden. Ferner können sie sich Sicherheiten einräumen lassen. De lege lata enthält das italienische Recht jedoch keine entsprechende Verpflichtung der übertragenden Gesellschaft. *Bessenich* hat für die Regelung der internationalen Verschmelzung den Vorschlag gemacht, daß die übernehmende Gesellschaft hinsichtlich des Gläubigerschutzes vollständig, und zwar auch in kollisionsrechtlicher Hinsicht, den *Status quo ante* gewährleisten müsse. Dies soll sich nach seiner Ansicht bereits aus dem Wesen der Universalsukzession ergeben, mit der nicht nur der Wechsel der Schuldnerin einherginge[237]. Dem sehr um den Schutz seiner Gläubiger bemühten italienischen Recht würde dieser Vorschlag sicher entgegenkommen, er ist jedoch bislang auch in der Literatur nicht aufgegriffen worden.

Es bedarf dieser Besorgnis allerdings von vorneherein nicht, wenn - wie in der Praxis der Regelfall[238] - die übernehmende Gesellschaft in Italien weiterhin eine Niederlassung betreibt. In diesem Fall bleibt es gemäß Art. 3 Abs. 2 IPRG

---

235 Vgl. oben S. 302.

236 Nach italienischem Recht ist der allgemeine Gerichtsstand der juristischen Personen gemäß Art. 19 c.p.c. i.V.m. Art. 46 c.c. der Sitz der Gesellschaft, sofern es sich um eine italienische juristische Person handelt, die der italienischen Gerichtsbarkeit untersteht. Im internationalen Privat- und Vollstreckungsrecht stellt Art. 3 Abs. 1 IPRG, der nach herrschender Meinung wie seine Vorgängernorm Art. 4 c.p.c. auf juristische Personen anwendbar ist, für die Bestimmung der italienische Gerichtsbarkeit ebenfalls auf den Sitz des Beklagten ab. Den Wechsel des Gerichtsstands ins Ausland nach der Verschmelzung bewirkt Art. 3 Abs. 2 IPRG i.V.m. Artt. 2 und 53 Abs. 1 EuGVÜ.

237 S. 154.

238 *Ubertazzi*, Banca e Borsa 1971, 384, 395.

i.V.m. Art. 5 Nr.5 EuGVÜ bei der italienischen Gerichtsbarkeit. Es ist hierfür nicht erforderlich, daß die in Italien verbleibende Niederlassung die Qualität einer Zweigniederlassung i.S.d. Art. 2506 c.c. hat[239]. Es genügt, daß die Betriebsstätten auf Dauer für die aus der Verschmelzung hervorgegangene Gesellschaft auftreten und Geschäfte abschließen[240]. In diesem Fall können die Gläubiger der aufgelösten Gesellschaft weiterhin in Italien nach italienischem Recht klagen und ihren Titel nach italienischem Prozeßrecht erwerben; Beklagte und Vollstreckungsschuldnerin ist die ausländische (übernehmende) Gesellschaft, die in die Pflichten der italienischen (übertragenden) Gesellschaft eingetreten ist. Bei der Vollstreckung aus seinem Titel hat der Gläubiger die Wahl, ob er in das Vermögen, mit dem die Niederlassung weiterbetrieben wird, vollstrecken will, oder ob er den Titel nach EuGVÜ im Ausland für vollstreckbar erklären lassen will. Seine Position wird demnach überhaupt nicht verschlechtert.

VII. Durchführung der Verschmelzung - *atto di fusione*

Die Verschmelzung wird gemäß Art. 2504 c.c. durchgeführt mit dem Abschluß des *atto di fusione*[241], des im deutschen Recht so bezeichneten Verschmelzungsvertrages. Der *atto di fusione* ist nach herrschender Ansicht ein gesellschaftsrechtlicher Vertrag (Verschmelzungsvertrag)[242]. Er entspricht inhaltlich dem *progetto die fusione*, den die Gesellschafter mit dem Verschmelzungsbeschluß genehmigt haben und der danach von den Verwaltungsorganen nicht mehr geändert werden kann[243]; der *atto di fusione* enthält deshalb mindestens die in

239 Zur Zweigniederlassung in Italien im Zusammenhang mit der Verlagerung der Gesellschaft ins Ausland vgl. oben bei der Sitzverlegung S. 232.

240 *Geimer/Schütze*, Europ.Zivilverf.R, Art. 5 EuGVÜ, Rn. 232.

241 *Patroni Griffi* ((Fn. 120), S. 30) kalkuliert hierfür einen Zeitraum von mindestens 6-7 Monaten.

242 *Benvenuto/Vita* (oben Fn. 72), S. 193; *Ferri* (oben Fn. 78), S. 509; *Gasperoni* (oben Fn. 54), S. 1063; *La Porta*, Riv.not. 1992, I, 651, 657; *Pettarin* (oben Fn. 56), S. 147, 149; *Scardulla* (oben Fn. 57), S. 444; *Scognamiglio* (oben Fn. 131), S. 1045; *Serra/Spolidoro* (oben Fn. 57), S. 133, 134. Zweifel an der Einordnung des *atto di fusione* als Vertrag werden insofern erhoben, als er als solcher (noch) keine Rechtswirkungen erzeugt, sondern hierzu erst die Eintragung erforderlich ist (vgl. *Serra/Spolidoro* (oben Fn. 57), S. 134).

243 Trib.Udine, 12 ottobre 1993, und Corte d'App. Trieste, 18 gennaio 1994, Le società 1994, 631. Ebenso aus der Literatur: *Benvenuto/Vita* (oben Fn. 72), S. 192; *Gasperoni* (oben Fn. 54), S. 1062; *Oppo* (oben Fn. 81), S. 511, 512; *Pettarin* (oben Fn. 56), S. 149; *Serra/Spolidoro* (oben Fn. 57), S. 134. Leichte "Randkorrekturen" will allerdings *Marchetti* ((Fn. 122), S. 46) zulassen. Der ohne genehmigenden Beschluß unterzeichnete *atto di fusione* ist nach Ansicht der Literatur absolut unwirksam, insbesondere sollen weder die Regelungen für die Überschreitung der Geschäftsführungsbefugnis (Art. 2384 Abs. 2 c.c.), noch die Regeln über den Vertreter ohne Vertretungsmacht gelten (vgl. für diese Ansicht *Scognamiglio* (oben Fn. 131), S. 1046; anderer Ansicht: Trib. Tempio

Art. 2501-bis c.c. aufgeführten Regelungen. Sein wesentlicher Inhalt ist die Übertragung des Gesellschaftsvermögens auf die aus der Verschmelzung hervorgehende (übernehmende) Gesellschaft. Die Verschmelzung selbst ist dennoch kein "Übertragungsakt" im eigentlichen Sinne; vielmehr ist der Erwerb der Rechte und Pflichten der übertragenden Gesellschaften gemäß Art. 2504-bis Abs. 1 c.c. die Rechtsfolge der Wirksamkeit der Verschmelzung und tritt mit Vornahme der letzten der erforderlichen Eintragungen ein. Die Regelungen des italienischen Rechtes entsprechen den europäischen Vorgaben, daher kann auf eine eingehende Erörterung verzichtet werden. Es soll jedoch näher auf die Punkte eingegangen werden, die bei der rechtlichen Koordinierung der beteiligten Rechtsordnungen problematisch werden können.

1. Kollisionsrechtliche Überlegungen zu Abschluß und Form des *atto di fusione*

Art. 2504 Abs. 1 c.c. ordnet für den *atto di fusione* die öffentliche Beurkundung an (*atto pubblico*, Art. 2699 c.c.). Bei einer internationalen Verschmelzung kann die Einhaltung dieser Form problematisch werden, wenn die Rechtsordnungen der an der Verschmelzung beteiligten Gesellschaften hinsichtlich ihrer Formerfordernisse nicht übereinstimmen.

Der Abschluß des Verschmelzungsvertrages ist ein Teilakt zur Verwirklichung der Verschmelzung, der von den Verwaltungsorganen aller beteiligten Gesellschaften gemeinsam vorgenommen und unterzeichnet werden muß, bei dem, mit anderen Worten, die beteiligten Gesellschaften zusammenwirken müssen, so daß nach der "Faustregel" der Vereinigungstheorie[244] die Verschmelzungsvorschriften der beteiligten Rechtsordnungen kumuliert werden müssen und die strengste der Vorschriften von allen Gesellschaften erfüllt werden muß[245].

Man könnte dieses Ergebnis insofern anzweifeln, als eine Kumulierung der Formvorschriften ihrem Schutzzweck nach nicht geboten erscheint, weil der Inhalt des *atto di fusione* unveränderlich feststeht, nachdem die Gesellschafterversammlungen dem Entwurf des Verschmelzungsvertrages (*progetto di fusione*) zugestimmt haben. Bei der Erstellung dieses Planes *haben* die Verwaltungsorgane bereits zusammengewirkt und die *inhaltlichen* Vorschriften aller beteiligten Rechtsordnungen erfüllen müssen[246]. Auch *Bessenich* hält aus diesen Gründen eine distributive Anwendung der Formvorschriften zumindest dann für ausreichend, wenn die Wirkungen der Verschmelzung *nicht*

Pausania (oben Fn. 201), Dir.fallim 1988, II, 320 (schwebende Unwirksamkeit wegen nachträglicher Genehmigungsmöglichkeit)).

244 Siehe oben Fn. 27.

245 So MünchKomm-*Ebenroth*, EGBGB, Nach Art. 10, Rn. 496; *Beitzke* (oben Fn. 14), S. 23.

246 Bei der Frage nach dem für die Unterzeichnung des Fusionsvertrages maßgeblichen Recht geht es also nur noch um die Regelung der verbleibenden Teilbereiche, *daß* der Abschluß in Form eines Vertrages erfolgen muß und welchen *Form*vorschriften er genügen muß.

unmittelbar an den Abschluß des Verschmelzungsvertrages anknüpfen[247]. Einen ähnlichen Schluß kann man aus den Ausführungen von *Ebenroth* und *Beitzke* ziehen, die die kumulative Anwendung der Formvorschriften allein deswegen befürworten, weil unmittelbar mit dem Verschmelzungsvertrag der rechtliche Bestand der Gesellschaften verändert werde[248]. Damit wäre also die Kumulierung der Formvorschriften überflüssig, wenn die beteiligten Rechtsordnungen die Verschmelzung erst zu einem Zeitpunkt *nach* der Unterzeichnung des Verschmelzungsvertrages wirksam werden lassen, wie dies in Italien der Fall ist[249].

Dieses Ergebnis ist jedoch für das italienische Recht nicht vertretbar, weil der Anmeldung und Eintragung des *atto di fusione* der Notar als wesentliches Organ für die Kontrolle der Rechtmäßigkeit vorgeschaltet ist[250]. Im Hinblick darauf, daß nach der Eintragung die Unwirksamkeit des *atto di fusione* nicht mehr geltend gemacht werden kann und von allen Mängeln geheilt ist (Art. 2504-quater c.c.)[251], hat die Anordnung der Form des *atto pubblico* zum einen den Zweck, die Vertragschließenden zu "warnen" und ihre umfangreiche Aufklärung sicherzustellen[252]. Zum anderen darf das italienische Recht wegen Art. 16 der Dritten Richtlinie nicht auf die der Eintragung vorgeschaltete Kontrolle des Verschmelzungsvertrages durch den Notar verzichten, weil keine (weitere) gerichtliche Überprüfung der Rechtmäßigkeit mehr stattfindet[253]. Diese hält das italienische Recht zwar zu Recht für nicht mehr erforderlich, weil Überprüfung der inhaltlichen Rechtmäßigkeit des *progetto di fusione* vor der

---

247 *Bessenich* ((Fn. 27), S. 86, 87) hat, einen Gedanken von *Beitzke* (FS Hallstein, S. 14, 23) übernehmend, vorgeschlagen, wegen der Rechtsnatur des *atto di fusione* als Vertrag auf die Kollisionsnorm für Verträge zurückzugreifen und so nach der Regel locus regit actum das auf die Form anwendbare Recht nach dem Ort des Vertragsschlusses zu bestimmen (ebenso *Züllig* (oben Fn. 27), S. 85-87, 92ff). Dieser Ansicht kann jedoch zumindest für das italienische Recht nicht gefolgt werden, weil gemäß Art. 57 IPRG das internationale Vertragsrecht durch die Römer Vertragsrechtskonvention geregelt wird, die auf gesellschaftsrechtliche Verträge nicht anwendbar ist. Im Ergebnis ebenso: MünchKomm-*Ebenroth*, EGBGB, Nach Art. 10, Rn. 416; *Beitzke* (oben Fn. 14), S. 14, 23.

248 *Beitzke* (oben Fn. 14), S. 23; ihm folgend MünchKomm-*Ebenroth*, EGBGB, Nach Art. 10, Rn. 496. Anzumerken ist, daß diese Ansicht aus einer Zeit herrührt, als die meisten materiellen Regelungen des Fusionsrechts noch davon ausgingen, die Fusion werde bereits mit der Unterzeichnung des Fusionsvertrages wirksam.

249 Die Fusion wird nach Art. 2504-bis Abs. 2 c.c. erst mit der Eintragung des *atto di fusione* wirksam.

250 Vgl. Relazione Ministeriale sub. Art. 12 (abgedruckt bei *Serra/Spolidoro* (oben Fn. 57), S. 274, 275: "La prescrizione di una forma solenne per tutte le ipotesi die fusione si spiega in considerazione della rilevanza dell'operazione e quindi dell'Opportunità in ogni caso ... di un controllo, se non da parte dell'autorità giudiziaria, almeno di un notaio".

251 Vgl. hierzu unten S. 328.

252 *Ferri* (oben Fn. 78), S. 514.

253 Vgl. Fn. 257. Vor der Eintragung des *atto di fusione* überprüft das Handelsregister nur noch die formelle Rechtmäßigkeit (hierzu sogleich S. 320).

Eintragung des Verschmelzungsbeschlusses stattgefunden hat[254]. Um so wichtiger ist daher aber die Kontrolle durch den Notar, der zumindest die Übereinstimmung des Verschmelzungsvertrages mit dem genehmigten und auf seine inhaltliche Rechtmäßigkeit überprüften Entwurf sicherzustellen hat[255].

2. Die Eintragung des *atto di fusione*

Nach Art. 2504 Abs. 2 c.c. muß der *atto di fusione* innerhalb von 30 Tagen nach seiner Unterzeichnung beim Handelsregister der Orte, an denen die an der Verschmelzung beteiligten Gesellschaften ihren Sitz haben, zur Eintragung angemeldet werden[256]. Dafür haben der Notar oder die Verwaltungsorgane der aus der Verschmelzung hervorgehenden (bzw. übernehmenden) Gesellschaft Sorge zu tragen. Nach Art. 2504 Abs. 3 c.c. müssen die Anträge so koordiniert werden, daß der Antrag betreffend die aus der Verschmelzung hervorgehende Gesellschaft nicht vor den Eintragungsanträgen der übrigen beteiligten Gesellschaften gestellt wird. Für Kapitalgesellschaften enthält Art. 2504 Abs. 4 c.c. eine Spezialvorschrift, wonach der *atto di fusione* außerdem in der *Gazzetta ufficiale* mit der Versicherung der erfolgten Eintragung im Handelsregister veröffentlicht werden muß.

3. Kontrolle der Rechtmäßigkeit des *atto di fusione* vor seiner Eintragung

Das Gesetz sieht nicht vor, daß der *atto di fusione* vor seiner Eintragung durch das Registergericht im Verfahren der *omologazione* oder durch den beurkundenden Notar auf seine Rechtmäßigkeit überprüft werden muß[257]. Die unterlassene Anordnung der gerichtlichen Rechtmäßigkeitskontrolle hat zu Unklarheiten darüber geführt, ob vor der Eintragung des *atto di fusione*, abgesehen von der Kontrolle durch den beurkundenden Notar, keinerlei Rechtmäßigkeitskontrolle mehr erfolgen solle[258].

Es entspricht der inzwischen herrschenden Ansicht, daß vor jeder Eintragung, die in das Handelsregister erfolgt, ein Mindestmaß an rechtlicher Überprüfung

---

254 Vgl. oben S. 297.

255 *Morano* (oben Fn. 162), S. 79.

256 Für die Eintragung der Verschmelzung kassiert das *ufficio del registro delle imprese* gemäß Art. 4 lit.b des Anhanges (*tariffa allegata*) an D.P.R. 131/1986 (geändert durch Art. 10 Abs. 5 lit.c del d.lgs. 20 giugno 1996, n. 323) Gebühren, die *imposta del registro delle imprese*, die seit der Neuregelung der Gebührenbemessung 250.000 LIT beträgt.

257 Ebenso: Trib. Udine, 1 marzo 1994, Le società 1994, 811; Trib.Pavia (oben Fn. 142), Le società 1988, 1179 (bereits vor der Neuregelung des Fusionsrechts). Aus der Literatur: *Benvenuto/Vita* (oben Fn. 72), S. 192, 193; *Farenga* (oben Fn. 91), S. 476; *Gasperoni* (oben Fn. 54), S. 1064; *Pettarin* (oben Fn. 56), S. 134 und 149; *Serra/Spolidoro* (oben Fn. 57), S. 104. Anders: Trib. Lucca, 5 giugno 1984, Giur.comm. 1985, II, 664.

258 *De Acutis* (oben Fn. 162), S. 731; *Farenga* (oben Fn. 91), S. 476. Vgl. auch Fn. 323 und 324.

stattfinden muß[259]; das ergab sich bereits aus Art. 2189 Abs. 2 c.c., wonach sich das *ufficio del registro delle imprese* vor der Eintragung des Vorliegens der gesetzlichen Eintragungsvoraussetzungen versichern muß[260], und ist - für den Fall, daß das Gesetz keine gerichtliche *omologazione* anordnet - seit der Errichtung des Handelsregisters in 11 Abs. 6 lit.e D.P.R. 581/1995 noch einmal bekräftigt worden[261]. Streitig ist der Umfang der Rechtmäßigkeitskontrolle; Art. 11 Abs. 7 des D.P.R. 581/95 verweist hierfür auf die entsprechende Anwendung der Vorschriften des Art. 6 Abs. 1 lit.b der l. 7 agosto 1990, n. 241, wonach die Voraussetzungen für die Zulässigkeit der einzutragenden Tatsache, die Legitimation und die übrigen für die Durchführung erforderlichen Voraussetzungen zu überprüfen sind. Nach einer Ansicht ist daher eine nur formelle Rechtmäßigkeitskontrolle durch das *ufficio del registro delle imprese* erforderlich[262]; andere Teile der Rechtsprechung betonen hingegen, es bestehe - abgesehen von den Verfahrensverschiedenheiten - kein Unterschied zu der gerichtlichen *omologazione*[263]. Der Streit muß hier jedoch nicht geklärt werden, da für die Eintragung des *atto di fusione* dessen inhaltliche Überprüfung, d.h. die Übereinstimmung der Verschmelzung und des Verschmelzungsvertrages mit Recht und Gesetz bereits - in Gestalt des Genehmigungsbeschlusses - Gegenstand einer richterlichen Überprüfung war[264]. In Frage stehen daher nur doch die Schritte, die auf den Verschmelzungsbeschluß folgen, insbesondere die Voraussetzungen für seine Wirksamkeit[265], beispielsweise ob die Form des

---

259 Trib. Milano, 21 aprile 1997, Giur.comm. 1998, II, 625, 627; Trib. Foggia, 6 maggio 1997, Giur.comm. 1998, II, 56; Trib. Rimini, 2 febbraio 1984 und 11 novembre 1983, Giur.comm. 1985, II, 247. Aus der Literatur: *Donativi*, Giur.comm. 1998, II, 57, 63; *Irrara*, Giur.comm. 1985, II, 247, 250f.

260 Art. 2189 Abs. 2 c.c. lautet: "Prima di procedere all'iscrizione, l'ufficio del registro deve accertare ... il concorso delle condizioni richiesti dalla legge per l'iscrizione".

261 Der Wortlaut des Art. 11 Abs. 6 lit.e D.P.R. 581/1995 stimmt wörtlich mit Art. 2189 c.c. überein.

262 Trib. Foggia, 6 maggio 1997, Giur.comm. 1998, II, 56; zustimmend *Donativi* (oben Fn. 259), S. 63; *Irrara* (oben Fn. 259), S. 253f. Die Kontrolle soll sich nach dieser Ansicht darauf beschränken, die gesetzlichen Eintragungsvoraussetzungen zu überprüfen, nicht aber die (inhaltliche) Übereinstimmung mit dem Gesetz (vgl. *Donativi*, a.a.O., der zwischen "corrispondenza" und "conformità alla legge" unterscheidet). Als Argumente führt diese Ansicht vor allem die typischerweise administrative Tätigkeit des *ufficio del registro* ins Feld und die deswegen fehlende Eignung zur Überprüfung der inhaltlichen Rechtmäßigkeit.

263 Trib. Milano, 21 aprile 1997 und 3 luglio 1997, Giur.comm. 1998, II, 625, 627.

264 Trib.Pavia (oben Fn. 142), Le società 1988, 1179; *Ferrara/Corsi* (oben Fn. 16 -10.A.), S. 911; *Gasperoni* (oben Fn. 54), S. 1064; ähnlich *Valerio* (oben Fn. 165), S. 734. Vgl. bereits oben S. 297.

265 Ebenso: *Dammacco* (oben Fn. 149), S. 43; *Marchetti* (oben Fn. 122), S. 24; *Serra/Spolidoro* (oben Fn. 57), S. 143. Sie verweisen zwar nicht auf die Prüfung durch das Handelsregister (weil es Art. 11 Abs. 7 des D.P.R. 581/95 noch nicht gab), gehen aber davon aus, daß der *atto di fusione* trotz Fehlens einer gerichtlichen *omologazione* nicht

atto pubblico gemäß Art. 2504 Abs. 1 c.c. i.V.m. Art. 2699 c.c. eingehalten, ob die zweimonatige Frist für die Geltendmachung der *opposizione* verstrichen[266], ob eine *opposizione* nach Art. 2503 c.c. geltend gemacht ist, ob die Anfechtungsfrist (Art. 2377 Abs. 2 c.c.) verstrichen ist[267] oder ob ein Beschluß gemäß Art. 2378 Abs. 4 c.c. vorliegt, der die Durchführung des Genehmigungsbeschlusses suspendiert hat[268]. Eine weitergehende Kontrolle ist hingegen nicht erforderlich[269].

Bereits vor der Errichtung des Handelsregisters hat die Rechtsprechung, die gemäß Art. 100 disp.att. provisorisch mit der Wahrnehmung der Aufgaben des Handelsregisters betraut war, ein Verfahren entwickelt, das die Erfüllung der Artt. 2503ff c.c. vor der Eintragung der Verschmelzung sichern sollte[270], wobei besonderes Gewicht auf den Gläubigerschutz aus Art. 2503 c.c. gelegt wurde, der mit der vorzeitigen Eintragung leicht zu untergraben wäre. Der Verschmelzungsvertrag wird demzufolge *vor* Ablauf der Oppositionsfrist nur dann eingetragen, wenn die Geschäftsführung mit dem Antrag der vorzeitigen Eintragung des *atto di fusione* eine Liste mit allen Gläubigern vorlegt und jeweils nachweist, daß die dort aufgeführten Gläubiger entweder zugestimmt haben (Art. 2503 Abs. 1 2.HS, 1. Alt.), ihre Forderungen beglichen sind (Art. 2503 Abs. 1 2.HS, 2. Alt.) oder ihre Befriedigung durch Hinterlegung des Geschuldeten bei einer Bank gesichert ist (Art. 2503 Abs. 1 2.HS, 3. Alt.[271]). Bei diesem Nachweis wird großzügig verfahren, es genügt die Vorlage einer entsprechenden Quittung oder Erklärung[272]. Ist dies nicht der Fall, wird die vorzeitige Eintragung nur dann vorgenommen, wenn das angerufene Gericht den Antrag des Gläubigers abgewiesen hat oder wenn die Verwaltungsorgane eine gerichtliche Zulassung der Verschmelzung erwirkt haben (Art. 2503 Abs. 3 c.c.).

---

vor Ablauf der Frist gemäß Art. 2503 Abs. 1 c.c. eingetragen werden kann. Beispiele der formellen Rechtmäßigkeitserfordernisse finden sich bei: *Farenga* (oben Fn. 91), S. 476.

266 Die Rechtsprechung behandelt den Ablauf der Frist nach Art. 2503 c.c. als Eintragungsvoraussetzung, vgl. Trib. Torino, 11 giugno 1990, Le società 1991, 71 (und Fn. 233 und 332).

267 *Farenga* (oben Fn. 91), S. 477.

268 Vgl. oben S. 301.

269 Ebenso für den speziellen Fall der Fusion: *Morano* (oben Fn. 162), S. 79; *Serra/Spolidoro* (oben Fn. 57), S. 105.

270 Vgl. *Morano* (oben Fn. 162), S. 69; *Pettarin* (oben Fn. 56), S. 141 und 158; *Serra/Spolidoro* (oben Fn. 57), S. 106.

271 Mit dieser Möglichkeit zum Ausschluß der *opposizione* geht die Rechtsprechung sehr mißtrauisch um. Grundsätzlich reicht eine Bankbürgschaft nicht aus (vgl. *Morano* (oben Fn. 162), S. 71). Zum Nachweis der Hinterlegung wird verlangt, daß die Bank eine Erklärung abgibt, aus der hervorgeht, daß der Gläubiger ohne weitere Voraussetzungen zur Entgegennahme der Summe berechtigt ist und wie lange der Betrag für ihn hinterlegt ist.

272 *Valerio* (oben Fn. 165), S. 727. *Pettarin* ((Fn. 56), S. 141) scheint davon auszugehen, daß nur die Erklärungen der Gläubiger berücksichtigt werden.

4. Wirksamkeit der Verschmelzung, Art. 2504-bis c.c.

Gemäß Art. 2504-bis Abs. 2 c.c. wird die Verschmelzung wirksam, wenn die letzte der gemäß Art. 2504 c.c. vorgeschriebenen Eintragungen erfolgt ist[273]. Nur die letzte Eintragung hat konstitutive Wirkung[274]. Der Gesetzgeber hat Wert darauf gelegt, einen eindeutig bestimmten Zeitpunkt festzulegen, von dem ab die Verschmelzung Wirkung entfaltet[275]. Es soll keine Situation entstehen können, in der die übertragenden Rechtsträger erlöschen, bevor ihre Rechtsnachfolgerin die Rechte und Pflichten übernimmt, denn dann bestünde die Gefahr, daß diese Rechte "herrenlos" würden[276].

Diese Situation ist bei der grenzüberschreitenden Fusion nicht anders: Die Wirkungen der Verschmelzung müssen für alle beteiligten Gesellschaften zum selben Zeitpunkt eintreten. Allerdings kann sich das Problem stellen, daß die beteiligten - und anwendbaren - Rechtsordnungen verschiedene Zeitpunkte bestimmen. Wenn dies der Fall ist, muß im Wege der Substitution der Sachnormen ein Kompromiß zur Bestimmung des "Verschmelzungstermins" gefunden werden[277]. Nach der Regel, daß sich die "strengste" Rechtsordnung durchsetzt, muß die Regelung angewandt werden, die den spätesten Zeitpunkt für die Wirksamkeit bestimmt. Das setzt allerdings voraus, daß die Rechtsordnung, die den früheren Zeitpunkt festlegt, hiervon abweichen kann. Diese Flexibilität ist im italienischen Recht in Art. 2504-bis Abs. 2 Satz 2 c.c. geregelt; hiernach haben die fusionierenden Gesellschaften die Möglichkeit, die Wirksamkeit der Verschmelzung auf einen nach der Eintragung liegenden Zeitpunkt hinauszuschieben. Art. 2504-bis Abs. 2 Satz 2 c.c. erlaubt damit die Eintragung einer (zeitlich) bedingten Tatsache in das Handelsregister[278].

---

273 Gemeint sind damit nur die Registereintragungen, nicht auch die Veröffentlichungen in der *Gazzetta ufficiale* (*Serra/Spolidoro* (oben Fn. 57), S. 171). Allerdings soll die Verschmelzung Dritten erst nach der Veröffentlichung in der *Gazzetta ufficiale* entgegengesetzt werden können (Art. 2504-sexies c.c. verweist auf die Anwendung des Art. 2457-ter c.c.).

274 *Ferri* (oben Fn. 78), S. 513; *Pettarin* (oben Fn. 56), S. 153; *Serra/Spolidoro* (oben Fn. 57), S. 141. Vor der Neuregelung des Fusionsrechtes war diese Frage umstritten, von maßgeblichen Teilen der Literatur wurde die nur deklaratorische Wirkung der Eintragungen befürwortet (vgl. *Simonetto*, Commentario Artt. 2501-2504 c.c., S. 338).

275 Gemeint sind hier die "realen" Effekte; es ist durchaus möglich, daß beispielsweise die Gewinnbeteiligungen der Gesellschafter entsprechend dem *progetto di fusione* zu einem anderen Zeitpunkt datieren (Art. 2504-bis Abs. 3 i.V.m. Art. 2501-bis Abs. 1, n. 5 und 6 c.c.) oder daß steuerlich ein anderer Termin maßgeblich ist (Art. 123 D.P.R. 22 dicembre 1986, n. 917 (T.U.I.R.)). Vgl. *Serra/Spolidoro* (oben Fn. 57), S. 141.

276 Vgl. *Santagata*, in: Fusioni e scissioni, S. 14.

277 *Ballarino*, Dir.int.priv. (2.A.), S. 361. Vgl. auch die Nachweise oben Fn. 31 und 27.

278 *Santagata* (oben Fn. 276), S. 19. Damit weicht das italienische Recht von dem Grundsatz ab, daß der Rechtsverkehr beim Blick in das Handelsregister erkennen können muß, ob zum aktuellen Zeitpunkt die betreffende Tatsache wirksam ist oder nicht. Solange aber eine Festlegung des Wirksamkeits*datums* erfolgt, bestehen auch nach italienischem Recht keine durchschlagenden Bedenken (vgl. *Serra/Spolidoro* (oben Fn. 57), S. 142).

Nicht verständlich ist allerdings, warum der Gesetzgeber diese Möglichkeit auf den Fall der Verschmelzung durch Aufnahme beschränkt hat. Die offizielle Begründung hierfür lautet, es sei "aus logischen Gesichtspunkten schwierig, sich ein Rechtssubjekt vorzustellen (nämlich die aus der Verschmelzung hervorgehende Gesellschaft), das zwar existiert (weil die Verschmelzung vereinbart und veröffentlicht worden ist), aber kein Vermögen hat (weil die Verschmelzung noch nicht wirksam geworden ist)" [279]. Der Gesetzgeber geht offensichtlich - gegen die herrschende Lehre[280] - davon aus, daß das Entstehen der aus der Verschmelzung hervorgehenden (neugegründeten) Gesellschaft *kein* Effekt der Wirksamkeit der Verschmelzung nach Art. 2504-bis Abs. 1 c.c. sei. Denn tatsächlich wird mit der Verschiebung des Zeitpunktes gemäß Art. 2504-bis Abs. 2 Satz 2 c.c. auch das Entstehen der neugegründeten Gesellschaft hinausgeschoben[281]. Es bleibt abzuwarten, ob sich die Rechtsprechung über die Einschränkung der Anwendbarkeit des Art. 2504-bis Abs. 2 Satz 2 c.c. hinwegsetzen wird, so daß auch bei der Verschmelzung durch Neugründung ein späterer Wirksamkeitszeitpunkt festgelegt werden kann[282].

5. Folgen der Verschmelzung

Mit der Wirksamkeit der Verschmelzung erwirbt die aus der Verschmelzung hervorgehende Gesellschaft die Rechte und Pflichten der aufgelösten und erloschenen Gesellschaften (Art. 2504-bis Abs. 1 c.c. [283]). Das italienische Recht übernimmt damit inhaltlich die Vorgaben Art. 19 Abs. 1 der Dritten Richtlinie, allerdings verzichtete man auf eine auf die Benennung der Verschmelzungsfolgen, wie sie die Richtlinie vornimmt. Hintergrund dieser Unterlassung ist der Streit in der italienischen Rechtswissenschaft um die Frage, ob die Verschmelzung ihrer rechtlichen Natur nach eine schlichte Satzungsänderung sei oder aber eine Form der Beendigung der übertragenden Gesellschaften[284]. Man darf jedoch bezweifeln, daß der Gesetzgeber sich in

279 Relazione Ministeriale sub Art. 13 (abgedruckt bei *Serra/Spolidoro* (oben Fn. 57), S. 275).

280 Vgl. *La Porta* (oben Fn. 242), S. 656.

281 *La Porta* (oben Fn. 242), S. 656; *Serra/Spolidoro* (oben Fn. 57), S. 142.

282 Das befürworten z.B.: *Santagata* (oben Fn. 276), S. 19; *Serra/Spolidoro* (oben Fn. 57), S. 142.

283 Art. 2504-bis Abs. 1 c.c. lautet: "La società che risulta dalla fusione o quella incorporante assumono i diritti e gli obblighi delle società estinte".

284 Für die Ansicht der Beendigung der Gesellschaft: Corte di Cass., 26 luglio 1996, n. 6757, Rep.Foro it. 1996, voce: società, n. 873; Corte di Cass., 21 agosto 1996, n. 7704, Rep.Foro it. 1996, voce: Società, n. 872; Corte di Cass., 27 gennaio 1994, n. 833, Giur.comm. 1994, II, 782; Corte di Cass., 11 febbraio 1992, n. 1528, Foro it. 1993, I, 178; Corte di Cass., 8 novembre 1983, n. 6612, Mass.Giust.civ. 1983, II, 2280; Trib.Milano, 20 giugno 1991, Giur.comm. 1992, II, 101. Aus der Literatur: *La Porta* (oben Fn. 242), S. 654f; *Oppo* (oben Fn. 81), S. 504; *Pettarin* (oben Fn. 56), S. 151; *Salafia*, Le società 1993, 1033. Für die Annahme einer Satzungsänderung: *Ferrara/Corsi* (oben Fn. 16), S. 879, 880; *Gasperoni* (oben Fn. 54), S. 1049, 1050; *Santagata* (oben Fn. 276), S. 10

dieser Debatte so neutral verhalten hat, wie er behauptet[285], denn Art. 2504-bis Abs. 1 c.c. bestimmt, daß die aus der Verschmelzung hervorgehende Gesellschaft die Rechte und Pflichten der *erloschenen* Gesellschaften (*società estinte*) erwirbt[286]. Es wird im italienischen Recht als problematisch angesehen, ob der Erwerb der Rechte und Pflichten durch die übernehmende Gesellschaft mit einer *successione universale a mortis causa* zu vergleichen ist, ob mit anderen Worten die Rechtsnachfolge durch das "Erlöschen" der übertragenden Gesellschaften bewirkt wird oder nicht; diese These von der Gleichstellung des Erlöschens der übertragenden Gesellschaft mit dem Tod einer natürlichen Person, die in der Rechtsprechung herrschend ist[287], führt dazu, daß die laufenden gerichtlichen Verfahren nach Art. 299 c.p.c. unterbrochen werden[288]. Die Gegner dieser These wenden ein, der Vergleich sei deshalb nicht möglich, weil das Erlöschen der übertragenden Gesellschaft auf dem rechtsgeschäftlichen

---

(außerdem S. 2, 3); *ders.*, in: La fusione, S. 155, 157; *Tantini* (oben Fn. 153), S. 288. Vermittelnd *Serra/Spolidoro* (oben Fn. 57), S. 140: Auch als Satzungänderung habe die Fusion die Wirkung der Auflösung der übertragenden Gesellschaften und löse die Rechtsnachfolge aus. Der Streit ist ausführlich aufbereitet bei *Valerio* (oben Fn. 165), S. 726f, und *La Porta* (oben Fn. 242), S. 654f. Hintergrund der Frage ist, daß man dogmatisch die Kontinuität der Rechtsverhältnisse der übertragenden Gesellschaft nicht begründen zu können glaubt, wenn sich nicht die übertragende Gesellschaft in der übernehmenden bzw. neugegründeten Gesellschaft fortsetzt (vgl. hierzu *Salafia* (oben Fn. 284), S. 1033).

285 *Salafia* (oben Fn. 284), S. 1033. In der *Relazione Ministeriale* zu Art. 2504 c.c. heißt es sub Art. 13 (abgedruckt bei *Serra/Spolidoro* (oben Fn. 57), S. 275): "Una descrizione maggiormente analitica e dettagliata degli effetti della fusione ... è sembrata superflua ..., dall'altro inopportuna (per quanto concerne in particolare il riferimento, contenuto nell'Art. 19, par.1, dirrettiva, al fenomeno della successione universale), in base all'assunto che il compito del legislatore è quello di disciplinare il procedimento di fusione, *piuttosto che quello di definire la natura giuridica dell'istituto*, prendendo posizione nel dibattito fra coloro che ravvisano nella fusione un fenomeno di successione in universum ius e coloro che invece la considerano alla stregua di una peculiare modificazione dell'atto costitutivo" (Hervorh.v.Verf.).

286 So begründet die Rechtsprechung ihre Ansicht, daß das Erlöschen der übertragenden Gesellschaften als automatische Rechtsfolge in Art. 2504-bis Abs. 1 c.c. angeordnet sei (vgl. Corte di Cass., 21 agosto 1996, n. 7704, Rep.Foro it. 1997, voce: società, n. 872; Corte di Cass., 27 gennaio 1994, n. 833, Giur.comm. 1994, II, 782. Ebenso: *Benvenuto/Vita* (oben Fn. 72), S. 193; *Ferri* (oben Fn. 78), S. 512). Die abweichende Literaturansicht erklärt die Anordnung des Erlöschens der übertragenden Gesellschaften als notwendigen Begleitumstand der Satzungsänderung zwecks Vermeidung eines Vermögensübertragungsaktes (vgl. *Ferrara/Corsi* (oben Fn. 16), S. 880).

287 Vgl. z.B.: Corte di Cass., 22 giugno 1999, n. 6298, Le società 1999, 1323; Corte di Cass., 26 luglio 1996, n. 6757, Rep.Foro it. 1996, voce: società, n. 873; Corte di Cass., 21 agosto 1996, n. 7704, Rep.Foro it. 1996, voce: Società, n. 872.

288 Art. 299 c.p.c. führt ipso iure zur Unterbrechung eines laufenden Prozesses, bis "derjenige, dessen Sache dies ist", den Prozeß freiwillig fortführt. Vgl. hierzu *Stella Richter/Stella Richter*, Rassegna, Art. 299 (S. 387).

Willen ihrer Organe beruhe[289]; es handele sich mithin um eine Rechtsnachfolge *inter vivos*[290]. Unstreitig ist aber jedenfalls, daß die übernehmende Gesellschaft die *successione universale a titolo universale* antritt[291]; die Randprobleme, die sich durch den dogmatischen Streit ergeben, können für die hier interessierende Frage vernachlässigt werden.

Sämtliche Rechtswirkungen der Verschmelzung treten *ipso iure* mit Wirksamwerden der Verschmelzung ein. Da bis zum Eintritt der Rechtsfolgen einer grenzüberschreitenden Verschmelzung alle beteiligten Rechtsordnungen anwendbar sind und gemäß Art. 25 Abs. 3 IPRG auch erfüllt werden müssen, können *die* Rechtsfolgen nur dann eintreten, wenn die in den jeweiligen Rechtsordnungen geregelten Rechtsfolgen übereinstimmen[292]. Andernfalls ist die Verschmelzung rechtstechnisch unmöglich, weil Unterschiede bei den gesetzlich angeordneten automatischen Rechtsfolgen, in denen typischerweise eine vertragliche Gestaltungsfreiheit nicht besteht, nur schwerlich durch Anpassung überbrückt werden können[293].

a. Folgen für die Gesellschafter

Mit dem Wirksamwerden der Verschmelzung werden die Anteile der Gesellschafter der übertragenden Gesellschaft umgetauscht: Die Gesellschafter erhalten für die mit "ihrer" Gesellschaft untergehenden Anteile eine äquivalente Beteiligung an der übernehmenden Gesellschaft. Der Wechsel der Gesellschafterstellung ist - anders als in der Vorgabe des Art. 19 der Dritten Richtlinie - im italienischen Recht nicht ausdrücklich geregelt, liegt aber der gesetzlichen Regelung zugrunde[294]. Auch an dieser Stelle kann es zu Schwierigkeiten kommen, wenn die Regelungen der beteiligten Rechtsordnungen nicht übereinstimmen. In den Fällen, daß eine der ausländischen Rechtsordnungen beispielsweise rechtsgeschäftliche Übertragungsmöglichkeiten für den Anteilstausch vorsieht, müßte die ausländische Rechtsordnung der italienischen angepaßt werden, denn eine Rechtsordnung, die die

---

289 *La Porta* (oben Fn. 242), S. 654; *Santagata* (oben Fn. 276), S. 1. Ähnlich *Gasperoni* (oben Fn. 54), S. 1049.

290 *Santagata* (oben Fn. 276), S. 1.

291 Vgl. z.B. Corte di Cass., 27 gennaio 1994, n. 833, Giur.comm. 1994, II, 782; Corte di Cass., 28 luglio 1986, n. 4812, Foro it. 1988, I, 1275; Corte di Cass., 28 giugno 1984, n. 3836, Le società 1984, 1219; *Gasperoni* (oben Fn. 54), S. 1049; *Santagata* (oben Fn. 276), S. 10.

292 MünchKomm-*Ebenroth*, EGBGB, Nach Art. 10, Rn. 499; *Ballarino* (oben Fn. 14/3.A.), S. 376; *Beitzke* (oben Fn. 14), S. 26, 27; *Benedettelli* (oben Fn. 3), S. 102; *Bessenich* (oben Fn. 27), S. 17 und 125; *Großfeld/Jasper*, RabelsZ 53 (1989), 52, 64; *Luzzatto/Azzolini* (oben Fn. 3), S. 136, 154, 155.

293 *Bessenich* (oben Fn. 27), S. 17; *Ballarino* (oben Fn. 14/3.A.), S. 376; *Beitzke* (oben Fn. 14), S. 14, 20, 21; *Ferrara/Corsi* (oben Fn. 16), S. 989, 899.

294 Vgl. z.B. Art. 2501-bis Abs. 1 Nr.4 c.c., wonach bereits im Verschmelzungsplan dargelegt werden muß, wie der Erwerb der Anteile an der übernehmenden Gesellschaft vollzogen wird.

automatische Änderung der Mitgliedschaft mit Wirksamwerden der Verschmelzung vorsieht, kann diese gesetzliche Rechtsfolge schwerlich ausschließen.

b. Folgen für Arbeitnehmer

Mit dem Übergang der Rechte und Pflichten der erlöschenden Gesellschaften auf die übernehmende Gesellschaft wird diese auch die Arbeitgeberin der Arbeitnehmer der übertragenden Gesellschaften. Der Übergang der Arbeitsverhältnisse ist selbstverständlicher Teilaspekt der Rechtsnachfolge und eine direkte Folge des Art. 2504-bis c.c.[295].

aa. Der Schutz der Arbeitnehmer bei einer Verschmelzung

Man hat diesen Automatismus jedoch nicht als einen ausreichenden Schutz erachtet[296]. Daher sieht Art. 12 der Dritten Richtlinie vor, daß sich der Schutz der Arbeitnehmer bei einer Fusion nach den Bestimmungen der Betriebsübergangsrichtlinie (77/187/EWG) richtet, die mit Art. 47 der "legge comunitaria per il 1990" (l. 29 dicembre 1990, n. 429) in Italien umgesetzt wurde. Damit wurde unter anderem Art. 2112 c.c. neugefaßt, der nunmehr in Abs. 1 bestimmt, daß das Arbeitsverhältnis im Falle der Übertragung eines unternehmerischen Betriebes (*azienda*) mit dem Erwerber fortbesteht und der Arbeitnehmer alle sich hieraus ergebenden Rechte behält. Art. 2112 c.c. gilt nach herrschender Meinung auch für den Übergang der Arbeitsverhältnisse infolge der Verschmelzung[297], allerdings soll nur Abs. 1 auf die Fusion anwendbar sein[298]. Mit der Anwendung des Art. 2112 Abs. 1 c.c. soll sichergestellt werden, daß das gesamte Arbeitsverhältnis (*rapporto di lavoro*) auf die übernehmende Gesellschaft übergeht und die Arbeitnehmer alle Rechte aus dem Arbeitsverhältnis in vollem Umfange behalten.

Art. 47 l. 428/1990 trifft neben der Neufassung des Art. 2112 c.c. weitere Regelungen, die nach Ansicht der Literatur zumindest entsprechend auch auf die Fusion angewendet werden sollen, damit das italienische Recht dem Verweis durch Art. 12 der Dritten Richtlinie auf die Anwendung der Regelungen des Betriebsüberganges vollständig gerecht wird[299]. Dies gilt zum Beispiel für das Kündigungsverbot gemäß Art. 47 Abs. 4 l.428/1990, wonach der Betriebsübergang kein Grund zur Kündigung des Arbeitsverhältnisses sein

---

295 Corte di Cass., 26 luglio 1996, n. 6757, Rep.Foro it. 1996, voce: società, n. 873: "La società risultante viene l'unico obbligato per i debiti ... fra i quali i debiti da rapporto di lavoro subordinato"; ebenso Corte di Cass. 28 luglio 1986, n. 4812, Foro it. 1988, I, 1275, die nur auf Art. 2504-bis c.c. rekurriert.

296 Vgl. *Magno*, Dir.lav. 1992, I, 435, 437.

297 Vgl. Corte di Cass, 22 febbraio 1992, n. 2205, Mass.Giust.civ. 1992, I, 269; Corte di Cass, 8 novembre 1983, n. 6612, Mass.Giust.civ. 1983, II, 2280; *Gelosa/Insalaco* (oben Fn. 3), S. 64, 65; anderer Ansicht: *Vallebona*, Dir.lav. 1992, I, 432, 434.

298 Vgl. *Magno* (oben Fn. 296), S. 437.

299 *Magno* (oben Fn. 296), S. 438.

darf[300]. Art. 47 Abs. 4 der l.428/1990 legt außerdem besondere Informations- und Aufklärungspflichten der Geschäftsleitungen fest[301], die sich nach einer Ansicht in der Literatur gleichermaßen bereits als arbeitsvertragliche Nebenpflichten aus der *buona fede* ergäben[302].

Teile der Literatur fordern darüber hinaus, die Arbeitnehmer als oppositionsberechtigte Gläubiger i.S.d. Art. 2503 c.c. anzusehen, um einen effektiven Schutz ihrer Interessen zu gewährleisten[303]. Diese Forderung ist jedoch mit dem Schutzzweck des Art. 2503 c.c. nicht vereinbar[304]. Art. 2503 c.c. bezweckt, Gläubigern das Risiko der späteren Undurchsetzbarkeit ihrer Forderung abzunehmen; dieses Risiko tragen zwar grundsätzlich auch die Arbeitnehmer, allerdings ist die Höhe ihrer künftigen Forderungen gegen die Gesellschaft in aller Regel nicht absehbar, wenn sie die *opposizione* erklären. Die Gesellschaft hätte damit bereits tatsächlich nicht die Möglichkeit, das ihr vom Gesetzgeber in die Hand gegebene Mittel, die Opposition durch die Bereitstellung von Sicherheiten oder Befriedigung der Gläubiger abzuwenden. Diese prinzipielle "Waffenungleichheit" zulasten der Gesellschaft hätte praktisch zur Folge, daß eine Verschmelzung nur dann durchführbar ist, wenn alle Arbeitnehmer mit ihr einverstanden sind. In der Praxis würde dies mit großer Wahrscheinlichkeit dazu führen, daß die Arbeitnehmer mit Hilfe der *opposizione* Interessen durchsetzen würden, die Art. 2503 c.c. gar nicht zu schützen beabsichtigt, weil

---

300 Art. 47 Abs. 4 l. 428/1990 lautet (entsprechend Art. 4 der Richtlinie 77/187/EWG): "... il trasferimento d'azienda non costituisce di per se motivo di licanziamento".

301 Art. 47 Abs. 1 l.428/1990 sieht (entsprechend Art. 6 der Richtlinie 77/187/EWG) im wesentlichen vor, daß im Falle der Übertragung eines Betriebes mit mehr als 15 Beschäftigten der Erwerber und der Veräußerer schriftlich den (nach dem *statuto dei lavoratori* (l. 20 maggio 1970, n. 300)) gebildeten Arbeitnehmervertretungen mitteilen müssen, daß ein Betriebsübergang geplant ist. Diese Mitteilung muß die Gründe für die geplante Betriebsübernahme, die juristischen, wirtschaftlichen und sozialen Auswirkungen beschreiben und eventuell vorgesehene Veränderungen im Verhältnis zu den Beschäftigten enthalten. Der Verschmelzungsplan hingegen sieht selbst keine Erörterung der Folgen für die Arbeitnehmer vor (anders als § 5 Abs. 1 Nr.9 UmwG).

302 Vgl. *Vallebona* (oben Fn. 297), S. 34. Inhaltlich ergeben sich allerdings keine Unterschiede zwischen den Nebenpflichten nach der *buona fede* (Treu und Glauben) gemäß Artt. 1175 und 1375 c.c. und den Pflichten gemäß Art. 47 l.428/1990.

303 So *Magno* (oben Fn. 296), S. 437. Für grundsätzlich Oppositionsberechtigt hält auch *Serra* (in: Tratt.di dir.priv., vol. XVIII, S. 371) *alle* Gläubiger aus Dauerschuldverhältnissen. Vgl. hierzu bereits oben Fn. 179.

304 In diese Richtung geht auch die Entscheidung des *Tribunale di Roma* (20 gennaio 1983, Vita not. 1983, I, 665), der zwar nicht grundsätzlich die Oppositionsberechtigung von Arbeitnehmern (als Gläubiger der Gesellschaft) ausschloß, einer solchen *opposizione* seiner Ansicht nach allerdings im Ergebnis stets der Erfolg zu versagen sei, weil die Verschmelzung keine Auswirkungen auf den Inhalt und Fortbestand der Arbeitsverhältnisse habe, so daß ein durch die Verschmelzung der Vermögensmassen bewirktes wirtschaftliches Risiko ausgeschlossen sei. Die Arbeitnehmer könnten daher den erforderlichen Beweis für die konkrete Gefahr der künftigen Durchsetzbarkeit ihrer Forderungen (vgl. hierzu oben S. 306 und 308) nicht erbringen (Trib. Roma, a.a.O., 666).

sie nicht im Zusammenhang mit der Verschmelzung zweier Vermögensmassen und der dadurch hervorgerufenen Gefahr der Vermögensminderung stehen. Denn die Befürchtungen der Arbeitnehmer betreffen weniger die Erfüllung ihrer künftigen Forderungen, d.h. die Gefahr, daß ihr Lohn nicht gezahlt werden kann, als vielmehr den langfristigen Fortbestand des Arbeitsplatzes[305]. Dieses Interesse wird aber bereits geschützt durch den mit Art. 2112 c.c. gesetzlich bekräftigten Übergang der Arbeitsverhältnisse und durch die mit Art. 47 l. 428/1990 eingeführten besonderen Kündigungsverbote[306]. Die Einbeziehung der Arbeitnehmer in den Kreis der oppositionsberechtigten Gläubiger ist daher abzulehnen[307].

bb. Besonderheiten der grenzüberschreitenden Fusion

Der Übergang der Arbeitsverhältnisse und die Nebenrechte und -pflichten aus Art. 47 l.428/1990 gelten bei einer grenzüberschreitenden Verschmelzung in gleicher Weise wie bei einer innerstaatlichen. Sofern die italienische Gesellschaft auf eine ausländische Gesellschaft verschmolzen wird, erhalten die Arbeitnehmer zwar einen "ausländischen" Arbeitgeber, im übrigen ändert sich ihre Rechtsposition und auch der Inhalt ihrer Rechtsverhältnisse jedoch nicht. Das gilt jedenfalls dann, wenn in Italien ein Betrieb erhalten bleibt und die Arbeitnehmer weiterhin in diesem Betrieb beschäftigt werden. Nur dieser Fall wird im folgenden betrachtet, weil andernfalls praktisch nicht zu erwarten ist, daß das Arbeitsverhältnis nach der Emigrationsfusion dauerhaft bestehen bleiben wird.

Nach Art. 57 IPRG i.V.m. Art. 6 Abs. 2 lit.a der Convenzione di Roma wird das auf den Arbeitsvertrag anwendbare Recht nach dem Ort bestimmt, an welchem der Arbeitnehmer gewöhnlich seine Arbeit verrichtet; demnach bleibt italienisches Recht anwendbar[308]. Außerdem bleiben die tarifvertraglichen Vereinbarungen aus dem *contratto collettivo di lavoro* (Tarifvertrag) nach Artt. 2067 - 2081 c.c. maßgebend für das Arbeitsverhältnis mit der ausländischen Gesellschaft, weil sie gemäß Art. 2112 Abs. 1 c.c. das Arbeitsverhältnis vollständig übernehmen muß. Gerichtsstand für die Streitigkeiten aus dem Arbeitsverhältnis ist weiterhin am Ort der Arbeitsstelle gemäß Art. 3 Abs. 2 IPRG i.V.m. Art. 5 Ziff. 1 EuGVÜ[309]. Schließlich bleiben auch die im italienischen Recht vorgesehene kollektiven Arbeitnehmerrechte, insbesondere

---

305 Ebenso Trib. Roma (oben Fn. 304), Vita not. 1983, I, 665.

306 So auch *Morano* (oben Fn. 162), S. 66.

307 Im Ergebnis ebenso: Trib.Roma (oben Fn. 304), Vita not. 1983, I, 665; *Morano* (oben Fn. 162), S. 66.

308 Das italienische Arbeitsvertragsrecht ist weitestgehend in den Artt. 2060 - 2134 c.c. geregelt. Die wichtigsten, das Arbeitsverhältnis bestimmenden Nebengesetze im Individualarbeitsrecht sind die Vorschriften zum Kündigungsschutz (l. 15 luglio 1966, n. 604; l. 11 maggio 1990, n. 108), die Altersversorgung (l. 29 maggio 1982, n. 297).

309 Teilweise wird die Zuständigkeit auch aus Art. 5 Nr.5 EuGVÜ (Gerichtsstand der Niederlassung) hergeleitet; vgl. EuGH 13.11. 1979, (Rs. 25/79), NJW 1980, 1218 und *Däubler*, DB 1988, 1850, 1851.

die Regelungen der *betrieblichen* Mitbestimmung, schon als Teil der notwendig anzuwendenden Normen nach Art. 17 IPRG erhalten[310].

Der Umstand, daß die Arbeitgeberin nach der Emigrationsfusion eine ausländische Rechtsform hat, könnte die Arbeitnehmer nur insoweit betreffen, also sie unternehmerische oder betriebliche Mitbestimmungsrechte einbüßten. Wie bereits im Zusammenhang mit der Verlegung des Satzungssitzes ins Ausland dargestellt[311], gibt es eine *unternehmerische* Mitbestimmung, die als Teil des *Gesellschafts*statuts nach Art. 25 Abs. 2 lit.e i.V.m. Abs. 1 IPRG nach der Emigrationsfusion vom ausländischen *Gesellschafts*recht abhängig wäre, in Italien nicht; die Frage stellt sich daher nicht.

Es bleibt das "Rest"-Risiko, daß infolge von Rationalisierung der betrieblichen Abläufe im Zusammenhang mit der Fusion Produktions- und andere Betriebsstätten in Italien aufgelöst und Arbeitsplätze in Italien abgebaut werden. Vor diesen unternehmerischen Entscheidungen wird der Arbeitnehmer nicht anders geschützt als bei einer inneritalienischen Fusion, nämlich - neben den allgemeinen Vorschriften über den Kündigungsschutz[312] - durch Art. 2112 Abs. 1 c.c. und den Kündigungsschutz nach Art. 47 Abs. 4 l.428/1990.

6. Unwirksamkeit der Verschmelzung, Art. 2504-quater

Sofern die Eintragungen des *atto di fusione* gemäß Art. 2504 Abs. 2 c.c. erfolgt sind, kann dessen Unwirksamkeit nicht mehr geltend gemacht werden[313]. Die Rechtsfolgen der Verschmelzung treten nach dem Willen des Gesetzgebers *endgültig* ein und sind - in den Worten der Regierungsbegründung - "unantastbar"[314]. Diese für das italienische Recht neue Regelung rechtfertigt der Gesetzgeber unter Berufung auf die durch Art. 22 der Dritten Richtlinie eingeräumten Möglichkeiten damit, daß Gläubiger, Gesellschafter und der Rechtsverkehr insgesamt in dem Vertrauen auf den Bestand der erfolgten Vermögensverschmelzung geschützt werden sollten. Der Gesetzgeber schloß sich außerdem der in der Literatur vertretenen Ansicht an, es sei nahezu

---

310 *Benedettelli* (oben Fn. 3), S. 91, 92. Wichtige kollektivarbeitsrechtliche Nebengesetze sind vor allem das *statuto dei lavoratori* (l.29 maggio 1970, n. 300) über die betriebliche Mitbestimmung und das Gesetz über das Streikrecht (l.12 giugno 1990, n. 146). Vgl. hierzu *Runggaldier*, S. 123ff.

311 Vgl. oben S. 220 und insbesondere S. 235.

312 L. 15 luglio 1966, n. 604 (*Norme sui licenziamenti individuali*) und l. 11 maggio 1990, n. 146 (*Disciplina dei licenziamenti individuali*).

313 Art. 2504-quater Abs. 1 c.c. lautet: "Eseguite le iscrizione dell'atto di fusione a norma del secondo comma dell'Art. 2504, l'invalidità dell'atto di fusione non può essere pronunciata".

314 Relazione Ministeriale sub Art. 15 ("inattaccabile"), abgedruckt bei *Serra/Spolidoro* (oben Fn. 57), S. 276.

unmöglich, die Rechtsfolgen der einmal wirksam gewordenen Verschmelzung wieder umzukehren[315].

a. Umfang der heilenden Wirkung des Art. 2504-quater c.c.

Heilende Wirkung hat erst die letzte Eintragung, weil erst mit ihr gemäß Art. 2504-bis Abs. 2 Satz 1 c.c. die Rechtsfolgen der Verschmelzung eintreten[316]. Dieser Effekt hat nach Ansicht der Rechtsprechung rein prozessualen Charakter. Art. 2504-bis führt demnach nicht dazu, daß der mangelhafte Verschmelzungsvertrag als materiell rechtmäßig angesehen wird, sondern schließt nur die Möglichkeit aus, die Unwirksamkeit der Verschmelzung geltend zu machen[317]. Streitig ist allerdings, ob danach tatsächlich *kein* Rechtsmangel der Verschmelzung mehr geltend gemacht werden kann. Unstreitig ist insofern lediglich, daß Art. 2504-quater c.c. nicht, wie sein Wortlaut nahelegt, nur für den *atto di fusione* gilt, sondern auch für vorhergegangene Verfahrensschritte[318].

Die herrschende Ansicht in Rechtsprechung[319] und Literatur[320] geht davon aus, daß von der heilenden Wirkung des Art. 2504-quater c.c. alle Gründe für die Rechtswidrigkeit der Verschmelzung erfaßt werden. Ausgeschlossen ist damit auch die Anfechtung des Verschmelzungsbeschlusses nach der Eintragung des *atto di fusione*[321]. Die Verkürzung der Möglichkeit für Gesellschafter und Gläubiger, sich trotz der unter Umständen erheblichen Beeinträchtigung eigener Interessen über die Rechtswidrigkeit der Verschmelzung hinwegzusetzen, wird damit verteidigt, daß sie vor der Eintragung der Verschmelzung durch starke Schutzrechte die Möglichkeit haben, sich gegen die Eintragung der Verschmelzung zur Wehr zu setzen[322].

Hiergegen wenden die Kritiker des Art. 2504-quater c.c. ein, die rechtmäßige Durchführung der Verschmelzung sei nicht sichergestellt, weil vor der

---

315 Relazione Ministeriale a.a.O.; die Regierungsbegründung bezieht sich dabei auf die im deutschen Recht gemachten Erfahrungen. Aus der Literatur ebenso: *Mainetti* (oben Fn. 97), S. 99; *Scognamiglio*, Riv.not. 1990, I, 887, 896f; *Serra/Spolidoro* (oben Fn. 57), S. 156.

316 *Pettarin* (oben Fn. 56), S. 159; *Serra/Spolidoro* (oben Fn. 57), S. 170.

317 Trib. Milano, 14 maggio 1992, Giur.comm. 1994, II, 139.

318 *De Acutis* (oben Fn. 162), S. 734f (736); *Serra/Spolidoro* (oben Fn. 57), S. 161.

319 Vgl. Corte d'App. Milano (oben Fn. 54), Le società 1995, 376.

320 *De Acutis* (oben Fn. 162), S. 736; *Ferri* (oben Fn. 78), S. 514; *Gasperoni* (oben Fn. 54), S. 1065; *Gelosa/Insalaco* (oben Fn. 3), S. 111; *Mainetti* (oben Fn. 97), S. 99; *Scognamiglio* (oben Fn. 315), S. 896, 897; *Serra/Spolidoro* (oben Fn. 57), S. 155, 156 (siehe auch S. 159); *Valerio* (oben Fn. 154), S. 480.

321 *Ferrara/Corsi* (oben Fn. 16), S. 898; *Pettarin* (oben Fn. 56), S. 163; *Scognamiglio* (oben Fn. 315), S. 900; *Serra/Spolidoro* (oben Fn. 57), S. 168, 169. Zur Möglichkeit der Suspendierung des Genehmigungsbeschlusses nach Art. 2378 Abs. 4 c.c. vgl. *Serra/Spolidoro* (oben Fn. 57), S. 160 und oben S. 301.

322 *Valerio* (oben Fn. 154), S. 481.

Eintragung des *atto di fusione* keine gerichtliche Rechtmäßigkeitskontrolle mehr stattfinde; es dürften aber nur solche Mängel geheilt werden, die Gegenstand einer richterlichen Kontrolle gewesen seien[323]. Man befürchtet daher, Art. 2504-quater c.c. gewähre eine leichte Möglichkeit, den vorgeschalteten Schutz für Gesellschafter und Gläubiger zu umgehen[324]. Gegen die gesetzliche Anordnung der Heilung sämtlicher möglichen Mängel führen deren Kritiker auch Art. 24 der italienischen Verfassung an, der den gerichtlichen Schutz der Rechte und Interessen und das rechtliche Gehör sichert[325]. Ferner wird eingewandt, es dürften zumindest nicht solche Rechtsmängel geheilt werden, die auf einem Verstoß gegen verfassungsrechtliche oder ungeschriebene Grundsätze des *ordine pubblico* beruhten[326]. Ein Teil der Literatur hält außerdem eine Art teleologische Reduktion zumindest insoweit für erforderlich, als durch Art. 2504-quater c.c. nicht das *Fehlen* eines Teilaktes der Verschmelzung geheilt werden können, beispielsweise das Fehlen des Verschmelzungsbeschlusses[327]. Eine weitere Ansicht fordert zumindest die nachträgliche Überprüfbarkeit des Umtauschverhältnisses[328]. Kritisiert wird Art. 2504-quater c.c. vor allem im Hinblick auf den Gläubigerschutz[329]; man befürchtet, der durch Art. 2503 c.c. bewirkte Schutz könnte dadurch ausgehebelt werden, daß die Verwaltungsorgane trotz eines Verstoßes gegen Art. 2503 c.c. die Eintragung des Verschmelzungsvertrages erwirken können; auch Teile der

323 *Pettarin* (oben Fn. 56), S. 149. Zur Begründung beruft er sich auf Art. 22 Abs. 1 lit.b der Dritten Richtlinie, wonach eine wirksam gewordene Verschmelzung nur wegen Fehlens einer Rechtmäßigkeitskontrolle oder wegen Mängel des Genehmigungsbeschlusses nichtig sein darf. Weiterhin belegt *Pettarin* seine Kritik unter Verweis auf die (homogene) Fusion von Personengesellschaften, weil hierbei zu keiner Zeit eine gerichtliche Überprüfung des *progetto di fusione* stattfindet, so daß keinerlei Gewähr für die Rechtmäßigkeit der Durchführung der Fusion bestünde (*Pettarin* (oben Fn. 56), S. 158; ebenso: *De Acutis* (oben Fn. 162), S. 731).

324 *Pettarin* (oben Fn. 56), S. 157, 158; *Scognamiglio* (oben Fn. 315), S. 889, 890.

325 *Oppo* (oben Fn. 81), S. 514. Dagegen *Serra/Spolidoro* (oben Fn. 57), S. 159.

326 *Pettarin* (oben Fn. 56), S. 164, 165. Als Beispiel nennt er einen Verstoß gegen das Wettbewerbsrecht (l.10 ottobre 1990, n. 287; vgl. auch *Patroni Griffi* ((Fn. 120), S. 42). Dagegen *Serra/Spolidoro* ((Fn. 57), S. 165) mit der Begründung, auch ein Verstoß gegen das Wettbewerbsrecht führe nicht zur Unwirksamkeit der Fusion, sondern ermächtige die Exekutive, die erforderlichen Maßnahmen zu ergreifen.

327 *Scognamiglio* (oben Fn. 131), S. 1047. Nach ihrer Ansicht müssen die drei "Säulen" der Fusion - *progetto, delibera, atto* - existent, d.h. rechtswirksam sein, damit überhaupt eine Fusion vorliegt und Art. 2504-quater c.c. anwendbar ist (*Scognamiglio*, a.a.O., S. 1051). Ein erfolgreich angefochtener Genehmigungsbeschluß beseitigt daher ihrer Ansicht nach den Bestand der bereits eingetragenen Fusion (vgl. aber Fn. 163 (Antrag auf Suspendierung gemäß Art. 2378 Abs. 4 c.c.) und S. 319 (Überprüfung des Vorliegens eines Suspendierungsbeschlusses durch das Handelsregister)).

328 *Farenga* (oben Fn. 91), S. 472. Die Rechtsprechung hält hingegen das Umtauschverhältnis nicht einmal vor der Eintragung des Verschmelzungsbeschlusses für gerichtlich nachprüfbar (vgl. Fn. 143 und 144).

329 *Pettarin* (oben Fn. 56), S. 149.

Rechtsprechung haben aus diesen Erwägungen heraus angenommen, die Eintragung des *atto di fusione* führe nicht zur Heilung eines Verstoßes gegen Art. 2503 c.c.[330].

Die Kritik an der Regelung des Art. 2504-quater c.c. ist hingegen nicht begründet. Neuere Stimmen in der Literatur weisen zu Recht darauf hin, daß auch der Eintragung des *atto di fusione* eine Rechtmäßigkeitskontrolle vorgeschaltet ist, zwar nicht in Form einer gerichtlichen Eintragungsverfügung (*omologazione*), dafür aber zum einen durch den Notar, der den *atto di fusione* beurkundet[331], und zum anderen gemäß Art. 11 Abs. 6 und 7 D.P.R. 7 dicembre 1995, n. 581, durch das *ufficio del registro delle imprese*[332]. Im Rahmen dieser Kontrolle werden neben den übrigen formellen Voraussetzungen des *atto di fusione* auch die übrigen gesetzlichen Eintragungsvoraussetzungen überprüft, zu denen auch das Verstreichen der Frist gemäß Art. 2503 Abs. 1 c.c. zählt[333]. Auch vor der Einführung des *ufficio del registro delle imprese* im Jahre 1995, als noch das örtliche Gericht das Handelsregister (provisorisch) führte, überprüfte das Gericht vor der Eintragung den Art. 2503 c.c. besonders sorgfältig[334].

Mit der formellen Rechtmäßigkeitskontrolle ist daher hinreichend sichergestellt, daß der Verschmelzungsvertrag nicht unter Umgehung der Gläubiger- und Gesellschafterschutzvorschriften eingetragen wird[335]. Nach der neuen Literatur[336] und Rechtsprechung[337] ist es folglich nicht mehr vertretbar, die mit

---

330 Trib. Velletri, 10 agosto 1994, Le società 1995, 551; Trib. Tempio Pausania (oben Fn. 201), Dir.fallim. 1988, II, 320 (allerdings vor Einführung des Art. 2504-quater c.c.).

331 Vgl. oben S. 317, insb. S. 319.

332 Die Rechtmäßigkeitskontrolle durch das Handelsregister nach Art. 11 Abs. 7 des D.P.R. 581/95 ist nur dann entbehrlich, wenn ein *decreto di omologazione* des zuständigen Registergerichts vorliegt (Art. 13 D.P.R. 581/95). Das *ufficio del registro* überprüft die Erfüllung der gesetzlichen (Wirksamkeits-)Voraussetzungen der einzutragenden Tatsache (Art. 6 Abs. 1 lit.b l. 7 agosto 1990, n. 241) und damit alle Verfahrensschritte, die der Eintragung des Verschmelzungsbeschlusses folgen. Vgl. hierzu *Serra/Spolidoro* (oben Fn. 57), S. 174, 175, und oben S. 316 und S. 320.

333 Trib.Torino, 11 giugno 1990, Le società 1991, 71; *Dammacco* (oben Fn. 149), S. 43; *Marchetti* (oben Fn. 122), S. 24. Dies ergibt sich auch aus dem Wortlaut des Art. 2503 Abs. 1 c.c., wonach die Verschmelzung erst nach Verstreichen der Oppositionsfrist durchgeführt werden *kann* (vgl. oben Fn. 227).

334 Vgl. hierzu oben S. 320 und Fn. 270.

335 Vgl. *Serra/Spolidoro* (oben Fn. 57), S. 158, die die Kritik an der Wirkung des Art. 2504-quater c.c. wegen der Einführung der Kontrolle durch das *ufficio del registro* als veraltet betrachten (die Stellungnahmen der maßgeblichen Kritiker (*De Acutis* ((Fn. 162), S. 729) und *Pettarin* ((Fn. 56), S. 158) rühren tatsächlich aus einer Zeit vor Verabschiedung des D.P.R. 581/1995).

336 *Gasperoni* (oben Fn. 54), S. 1064; *Marchetti* (oben Fn. 122), S. 24; *Massa Felsani* (oben Fn. 21), S. 454; *Serra/Spolidoro* (oben Fn. 57), S. 143 und 158. Trotz der geäußerten Kritik an Art. 2503 c.c. im Ergebnis ebenso: *Di Mauro*, Giust.civ. 1991, I, 1447; *Mainetti* (oben Fn. 97), S. 98; *Pettarin* (oben Fn. 56), S. 160.

Art. 2504-quater c.c. bezweckte Unumkehrbarkeit der eingetragenen Verschmelzung zugunsten einzelner Interessen zu entkräften; auch ein Verstoß gegen Art. 2503 c.c. wird durch die Eintragung geheilt.

Einen "Ausgleich" für die unter Umständen harten Folgen der Eintragung des Verschmelzungsvertrages trotz erheblicher Mängel sieht das italienische Recht - neben der Strafandrohung nach Art. 2623 c.c. wegen des Verstoßes gegen Art. 2503 c.c.[338] - nicht ausdrücklich vor. In der Literatur wird vorgeschlagen, den durch die rechtswidrige Durchführung der Verschmelzung Geschädigten einen Schadensersatzanspruch zuzubilligen, und zwar zum einen gegen die Verwaltungsorgane, die die rechtswidrige Eintragung des Verschmelzungsvertrages veranlaßt haben, und zum anderen gegen die Gesellschaften, denen das Verhalten ihrer Organe zugerechnet wird[339]. Auch an Staatshaftungsansprüche ist in diesem Zusammenhang zu denken, sofern dem Handelsregister ein Verschulden bei der Überprüfung der Rechtmäßigkeitsvoraussetzungen zur Last fällt. Die Gerichte haben solche Ansprüche bislang allerdings nicht anerkannt.

b. Art. 2504-quater c.c. im Fall einer grenzüberschreitenden Verschmelzung

Die Anwendung des Art. 2504-quater c.c. auf die grenzüberschreitende Fusion ist nicht unproblematisch: Sofern die aus der Verschmelzung hervorgehende Gesellschaft italienischem Recht untersteht, müßte sich Art. 2504-quater c.c. auch über Unwirksamkeitsgründe hinwegsetzen, die aus dem ausländischen Recht herrühren. An dieser Stelle entstünde ein Konflikt, wenn nach der ausländischen Rechtsordnung die rechtswidrig eingetragene Verschmelzung rückgängig gemacht werden müßte. Im umgekehrten Fall, daß die aus der Verschmelzung hervorgehende Gesellschaft ausländischem Recht untersteht, könnte der italienische Rechtsverkehr nicht auf den Bestand der Verschmelzung vertrauen.

Art. 2504-quater c.c. gehört zu den Normen, die die Rechtsfolgen der Verschmelzung regeln. Nach der "Faustregel" der Vereinigungslehre[340] müssen die beteiligten Rechtsordnungen wegen der notwendigen Einheitlichkeit der Rechtsfolgen der Verschmelzung kumulativ angewendet werden, so daß sich die strengste Vorschrift durchsetzt. Zu demselben Ergebnis gelangt man aufgrund einer Betrachtung des Schutzzweckes des Art. 2504-quater c.c., der das Vertrauen auf den Bestand der wirksam gewordenen Verschmelzung der Vermögensmassen bei einer grenzüberschreitenden Fusion in gleicher Weise schützt; ferner sind auch die Schwierigkeiten einer Wiederaufspaltung der Vermögensmassen bei einer grenzüberschreitenden Fusion keine anderen. Was

---

337 Corte d'App. Milano (oben Fn. 54), Le società 1995, 376; Corte d'App. Genova (oben Fn. 97), Giur.comm.1992, II, 270. Übereinstimmend im Ergebnis: Trib. Tempio Pausania (oben Fn. 201), Giur.merit. 1988, I, 900.

338 Vgl. hierzu oben Fn. 224.

339 *Morano* (oben Fn. 162), S. 81; *Serra/Spolidoro* (oben Fn. 57), S. 172

340 Siehe oben Fn. 27.

aber an dieser Stelle die "strengste" Rechtsfolge sein soll, ist nicht offensichtlich, weil dies davon abhängt, ob man die Interessen des Rechtsverkehrs an der Unantastbarkeit der Verschmelzung oder die Interessen des durch Anordnung der Rechtswidrigkeit geschützten Personenkreises betrachtet. Die demnach erforderlichen Anpassungen müssen jeweils im konkreten Fall getroffen werden und können nicht allgemein vorgegeben werden. Sofern eine Anpassung jedoch den Schutzzweck des Art. 2504-quater c.c. nicht voll verwirklichen kann, bleibt es bei dem Konflikt der Rechtsordnungen mit der Folge der Undurchführbarkeit der Verschmelzung.

VIII. Behandlung der internationalen Verschmelzung im italienischen Steuerrecht

Die Fusionsbesteuerungsrichtlinie 90/434/EWG verpflichtet die Mitgliedstaaten der EU, die Fusion von Gesellschaften als eine steuerrechtlich neutralen Übergang des Gesellschaftsvermögens zu behandeln. Italien ist dieser Verpflichtung mit dem d.lgs. 30 dicembre 1992, n. 544, geändert durch Art. 27 l. 23 dicembre 1994, n. 724, nachgekommen, wonach "die Fusionen in Bezug auf die Besteuerung des Einkommens neutral sind" (Art. 27 Abs. 1 Satz 1 der l. 23 dicembre 1994, n. 724)[341]. Diese Neuerung enthält seither Art. 123 Abs. 1 des *testo unico delle imposte sui redditi* (T.U.I.R., D.P.R. 22 dicembre 1986, n. 917), wonach die Fusion nicht zur Realisierung der "stillen Reserven", d.h. der Bewertungsdifferenzen der Material- und Immaterialvermögensgüter (einschließlich der Rücklagen und des good-will) führen darf; daher müssen auch nicht die in der Darstellung der Vermögenssituation der fusionierenden Gesellschaften (Art. 2501-ter c.c.) vorgenommenen Bewertungen für die Bilanzierung maßgeblich sein. Art. 123 Abs. 2 T.U.I.R. nimmt die Gewinne oder Verluste durch den Umtausch der Anteile ebenfalls aus dem zu besteuernden Bilanzgewinn heraus. Die Übernahme der Verlustvorträge der übertragenden Gesellschaft regelt Abs. 5 des Art. 123 T.U.I.R. (D.P.R. 917/86). Dementsprechend wird bei den Regelungen über die Gewinn- und Einkommensbesteuerung (*imposta sul valore aggiunto* (I.V.A.), D.P.R. 26 ottobre 1972, n. 633) in Art. 2 Ziff. 6 lit.f[342] die Übertragung von Vermögensgegenständen im Zusammenhang mit der Fusion aus dem Anwendungsbereich der I.V.A. herausgenommen.

Die Regelungen des italienischen Steuerrechts sind auf innerstaatliche ebenso wie auf grenzüberschreitende Fusionen anwendbar. Fraglich ist allerdings, wann italienisches Steuerrecht bei einer grenzüberschreitenden Fusion zur Anwendung kommt. Den wenigen hierzu veröffentlichten Stellungnahmen ist zu entnehmen, daß nach überwiegender Ansicht die Regelungen derjenigen Rechtsordnung zu entnehmen sein sollen, der die übernehmende (oder durch Neugründung aus der Verschmelzung hervorgegangenen) Gesellschaft ange-

---

[341] Einen durchdringbaren Überblick über die bis Mai 1995 ergangenen Steuergesetze zur Fusion geben *Leo/Monacchi/Schiavo*, S. 1940ff in ihrem Kommentar zu Art. 123 des T.U.I.R.

[342] Eingeführt durch Art. 16-bis, Abs. 1 lit.c d.lgs. 23 febbraio 1995, n. 41.

hört[343]; begründet wird dies damit, daß sich bei dieser Gesellschaft der Zuwachs von Vermögen durch die Verschmelzung realisiert. Außerdem sind die Regeln des T.U.I.R. unter der Voraussetzung auf juristische Personen anwendbar, daß sie in Italien ansässig (*residenti*) sind (Art. 87 Abs. 1 lit.a T.U.I.R.), was gemäß Abs. 3 dieser Norm der Fall ist, wenn sie ihren Satzungs- oder Verwaltungssitz oder den Schwerpunkt ihrer Geschäftstätigkeit in Italien haben.

Vor der Wirksamkeit der Verschmelzung bleibt für jede Gesellschaft ihr Steuerrecht maßgeblich, was vor allem bedeutet, daß die stillen Reserven der in Italien ansässigen Gesellschaft gemäß Art. 123 Abs. 1 T.U.I.R. (D.P.R. 917/86) auch bei der Emigrationsfusion nicht aufgedeckt werden müssen. Eine der Sitzverlegung vergleichbare Regelung der "*manovra Dini*", mit der sich der italienische Fiskus die Möglichkeit geschaffen hat, vor der Verlagerung ins Ausland doch noch auf die Vermögenswerte mit stillen Reserven zuzugreifen[344], gibt es bei den Regelungen über die Besteuerung der Verschmelzung jedenfalls nicht.

---

[343] Z.B. *Fauceglia*, Boll.trib. 1990, 1151, 1152.

[344] Vgl. hierzu oben zur Sitzverlegung S. 234f.

§ 10 Würdigung unter Vergleich mit der deutschen Rechtslage

Sowohl das deutsche als auch das italienische Verschmelzungsrecht haben die Vorgaben der Fusionsrichtlinie umgesetzt. Ein Vergleich auf rein sachrechtlicher Ebene ergibt nennenswerte Unterschiede nur insoweit, als das italienische Recht für die Gläubiger in Art. 2503 c.c. die Möglichkeit bereithält, die Durchführung der Verschmelzung durch ihr *diritto di opposizione* zu verhindern, und daß überstimmte Gesellschafter ein Austrittsrecht haben, sofern die Verschmelzung zu den in Art. 2437 c.c. aufgeführten Konsequenzen führt.

Ein wesentlicher Unterschied der beiden Rechtsordnungen liegt jedoch auch hinsichtlich des Verschmelzungsrechts im fehlenden Willen des deutschen Rechts, die Regelungen des UmwG auf grenzüberschreitende Sachverhalte anzuwenden. Nur mit einigem Interpretationsaufwand könnte es möglich sein, die vermeintliche "Sperre" des § 1 UmwG zu überwinden[1]. Damit verspielt das deutsche Recht die Möglichkeit, den innerstaatlich geltenden Schutzstandard auch in einem internationalen Sachverhalt durchzusetzen, denn es gibt von vorneherein keine Möglichkeit, die *inhaltliche* Erfüllung des deutschen Verschmelzungsrechts von einer Gesellschaft zu fordern, die ihren Sitz nicht im Inland hat.

Anders das italienische Recht: Wegen Art. 25 Abs. 3 IPRG muß die Verschmelzung insgesamt mit "den beteiligten Rechtsordnungen" übereinstimmen. Eine Begrenzung der Verschmelzungsvorschriften auf inländische Gesellschaften gibt es nicht. Damit erreicht das italienische Recht, daß es an eine internationale Verschmelzung hinsichtlich des Schutzes der inländischen Gläubiger, Gesellschafter, Arbeitnehmer - kurz: des gesamten Rechtsverkehrs - dieselben Maßstäbe anlegen kann wie an eine inneritalienische Fusion. Die Interessen der von der Verschmelzung Betroffenen stehen im Ergebnis nicht anders als bei einer rein innerstaatlichen Verschmelzung. Dieses in Art. 25 Abs. 3 IPRG gleich einem "Programmsatz" für die grenzüberschreitende Verschmelzung niedergelegte Prinzip führt zu einem konkreten Anwendungsauftrag, der sich praktisch dahin auswirkt, daß der Schutzgehalt einer jeden Verschmelzungsvorschrift auch durch die grenzüberschreitende Verschmelzung erfüllt werden muß.

Das italienische Recht führt insgesamt vor, daß eine grenzüberschreitende Verschmelzung im Ergebnis so durchgeführt werden kann, daß der inländische Rechtsverkehr nicht schlechter steht, als er bei einem rein innerstaatlichen Sachverhalt stünde. Der Grund dafür liegt gerade *in der Anwendung* der innerstaatlichen Sachnormen auf den internationalen Sachverhalt, der dazu führt, daß grundsätzlich *alle* Verschmelzungsvorschriften ihrem Sinn und Zweck nach einzuhalten sind. Mit der vermeintlichen Anwendungssperre erreicht das deutsche Recht aber genau Gegenteil, denn es lädt verschmelzungs-

[1] Es ist oben (S. 259f) gezeigt worden, daß § 1 UmwG nicht zu einem Verbot grenzüberschreitender Verschmelzungen führt, sondern lediglich zu einer Begrenzung der Anwendung des UmwG auf die im Inland ansässige Gesellschaft.

willige Gesellschaften ein, Zusammenschlüsse am Umwandlungsgesetz vorbei durchzuführen. Geht man hingegen von der entsprechenden Anwendung der innerstaatlichen Verschmelzungsvorschriften auf grenzüberschreitende Verschmelzungen aus, so muß dies nicht zu mühsamen Verdoppelungen oder gar einem "Normenmix" führen, solange die inländischen Vorschriften nicht starr und stur angewandt werden. Wenn die Regelungen einen vergleichbaren Schutz verwirklichen, wie nach Umsetzung der Fusionsrichtlinie innerhalb der Europäischen Rechtsgemeinschaft im Regelfall vorausgesetzt werden kann, wird dies praktisch sogar überhaupt kein Problem sein. Das italienische Recht gibt auch hinsichtlich der Verschmelzung ein nachahmenswertes Beispiel für die erforderliche Flexibilität[2]. Das Problem des deutschen Rechts, das sich in Italien ebensowenig wie in den anderen europäischen Rechtsordnungen stellt, bleibt allein die Mitbestimmung. Dabei wäre nach der italienischen Methode die Berechtigung zur Durchsetzung der Mitbestimmung kollisionsrechtlich nicht fraglich, denn danach darf (und muß) das inländische Recht die von der Verschmelzung Betroffenen so stellen, wie sie bei einer innerstaatlichen Verschmelzung stünden. Bleibt die Frage der sachrechtlichen Durchsetzung der Mitbestimmung in einer ausländischen Gesellschaftsrechtsform, die aber auch bei der Frage der Verschmelzung nicht anders beantwortet werden kann als hinsichtlich der Sitzverlegung[3].

Es ist jedoch im Endeffekt niemandem damit gedient, die Mitbestimmung zum Argument dafür zu gebrauchen, die grenzüberschreitende Verschmelzung zu blockieren. Denn auch das deutsche Recht kann sich der Akzeptanz gegenüber grenzüberschreitenden Verschmelzungen nicht auf Dauer verschließen. Es besteht ein starkes praktisches Bedürfnis, Gesellschaften verschiedener Rechtsordnungen nicht nur organisatorisch, sondern auch gesellschaftsrechtlich zusammenzufassen. Mit der vermeintlichen Anwendungssperre des § 1 UmwG ist dies nicht zu verhindern. Im Ergebnis erreicht das deutsche Recht damit nur eines: Daß die fusionierenden Gesellschaften ihre Fusion am Umwandlungsgesetz vorbei bewerkstelligen[4]. Damit verzichtet das deutsche Recht auf wohlüberlegte Schutzstandards. Um ein Beispiel zu geben: Bei der Fusion von *Dailmer Benz* und *Crysler*, deren rechtliches wie tatsächliches Ergebnis den Folgen einer Verschmelzung nach dem UmwG sehr nahe kommt, mußte der Austausch der Anteile der Aktionäre der *Dailmer Benz AG* über einen privatrechtlichen Austauschvertrag - Aktien gegen die Option auf den Bezug der zukünftigen Aktien der *Dailmer Crysler AG* - bewerkstelligt werden. Damit haben die Aktionäre die nach UmwG bestehende Möglichkeit verloren, in einem Spruchstellenverfahren das Umtauschverhältnis überprüfen zu lassen.

---

2 Zur Sitzverlegung siehe bereits oben S. 246f.

3 Siehe oben S. 255f.

4 So bei der Fusion (wenn auch nicht Verschmelzung i.S.d. UmwG) von *Hoechst* und *Rhone Poulenc* zur *Aventis S.A.*, die französischem Recht untersteht (vgl. hierzu ausführlich *Hoffmann*, NZG 1999, 1077ff).

Im Interesse des Erhalts und der praktischen Durchsetzung des Schutzes, den das Umwandlungsgesetz verwirklichen will, ist somit gerade die Anwendung des inländischen Rechtes auf grenzüberschreitende Sachverhalte geboten, anstatt auf eine gemeinschaftsweite Regelung zu warten. Mit § 1 Abs. 1 UmwG fällt sich das deutsche Recht im Ergebnis nur selbst "in den Rücken". Wenn das deutsche Recht nicht von der Praxis "überrollt" werden will, kann hinsichtlich der grenzüberschreitenden Verschmelzung nichts anderes gelten als hinsichtlich der Sitzverlegung ins Ausland: Nur mit der (entsprechenden) Anwendung der inländischen Vorschriften kann eine Rechtsordnung ihrem Schutzanspruch gerecht werden.

Literatur

Abriani, Nicolò, Sede legale e sede reale: brevi osservazioni in tema di competenza nella procedura ex art. 2409 c.c., Giur. it. 1991, I, c. 3 - 6
Alessi, Giuseppe, Le società, Giurisprudenza - Bibliografia - Legislazione - Formulario
Loseblatt, Milano, Stand 1996
Altmeppen, Holger, Parteifähigkeit, Sitztheorie und "Centros", DStR 2000, 1061-1063
Ambrosini, Roberto, Commento al decreto 23 dicembre 1992 della Corte d'Appello di Firenze, Le società 1993, 1061
Anglici, Carlo, Appunti sul "riconoscimento" delle società costituite all'estero, Milano 1982
zit.: Angelici, Appunti, S.
Angelici, Carlo, La costituzione della società per azioni, in: Trattato di diritto privato, vol. XVI, tomo 2 (Lavoro ed impresa); dir.da Pietro Rescigno, Torino 1985
zit.: Angelici, Trattato di diritto privato, vol. 16, S.
Angelici, Carlo, Società costituite ed operanti all'estero, in: Enciclopedia giuridico Treccani, Vol. XXIX, Roma 1993
zit.: Angelici, Enc. Treccani, voce: Società costituite ed operanti all'estero, S.
Angelici, Carlo, Modificazioni dell'atto costitutivo e omologazione, Giur.comm., 1994, I, 621- 637
Angelici, Carlo, Le società nel nuovo diritto internazionale privato, in: La riforma del sistema di diritto internazionale privato e processuale - Seminario a Milano il 16 dicembre 1995, Quaderni della Riv. trim. di dir. e proc. civ., Milano, 1996
Annecchino, Marco, Il regime fiscale delle fusione trasfrontalieri, Foro it. 1992, V, 0
Annibale, Silverio, Riforma del sistema italiano di diritto internazionale privato - l. 31 maggio 1995, n. 218, Padova 1997
Anzilotti, D., Il mutamento di nazionalità delle società commerciali, Riv.dir.int. 1912, 109 - 127
Avagliano, Rita, La problematica della fusione internazionale di società, in: L'ordinamento tributario italiano (Hrsg.: A. Pistone), vol.II: Esercitazioni di diritto tributario, Padova 1986
zit.: Avagliano, in: L'ordinamento tributario, S.
Azzolini, Caterina, Problemi relativi alle persone giuridiche nella riforma del diritto internazionale privato, Riv.dir.int.priv.proc. 1993, 893
Bachner, Thomas, Anmerkung zum Urteil des EuGH v. 9.3.1999 (Rs 212/97 - Centros), GesRZ 1999, 252 - 253
Balladore Pallieri, Giorgio, Diritto internazionale privato, in: Trattato di diritto civile e commerciale (dir. da Cicu e Messineo), Milano 1974
zit.: Balladore Pallieri, Dir.int.priv. (1950), S.
Ballarino, Tito, La nazionalità delle società e la condizione delle società straniere, Padova 1976
zit.: Ballarino, La nazionalità, S.

Ballarino, Tito, Le società costituite all'estero, in: Trattato di diritto privato, vol. 17 (dir. da Rescigno), S. 387ff., Torino 1985
zit.: Ballarino, Trattato di diritto privato, vol.17, S.
Ballarino, Tito, Sul progetto di riforma del sistema italiano di diritto internazionale privato, Riv.dir.int. 1990, S. 525
Ballarino, Tito, Le s.p.a. nella disciplina internazionalprivatistica, in: Trattato delle s.p.a., vol.9, tomo 1 (dir. da Colombo e Portale), Torino 1994
zit.: Ballarino, Trattato delle s.p.a., vol.9.1, S.
Ballarino, Tito, Diritto internazionale privato, 2. Auflage, Padova 1996
zit.: Ballarino, Dir.int.priv., S.
3. Auflage, Padova 1999
zit.: Ballarino, Dir.int.priv. (3.A.), S.
Ballarino, Tito, Lineamenti di diritto comunitario e dell'Unione Europea, 5. Auflage; Padova 1997
zit.: Ballarino, Lineamenti, S.
Bar, Christian von, Internationales Privatrecht; Band II (Besonderer Teil), München, 1991
Baums, Theodor, Verschmelzung mit Hilfe von Tochtergesellschaften, in: Festschrift für Zöllner (Hrsg.: M. Lieb; U. Noack; H.P. Westermann), S. 65 - 86, Köln, Berlin, Bonn, München 1998
Bechtel, Wolfram, Umzug von Kapitalgesellschaften unter der Sitztheorie, Frankfurt a.M., Berlin, Bern, New York, Paris, Wien 1998
Bechtel, Wolfram, Grenzüberschreitende Sitzverlegung de lege lata, IPRax 1998, 348-350
Behrens, Peter, Identitätswahrende Sitzverlegung einer Kapitalgesellschaft von Luxemburg in die Bundesrepublik Deutschland, RIW 1986, 590 - 594
Behrens, Peter, Niederlassungsfreiheit und internationales Gesellschaftsrecht, RabelsZ 52 (1988), 498 -525
Behrens, Peter, Die grenzüberschreitende Sitzverlegung von Gesellschaften in der EWG (zu EuGH vom 27. 9. 1988 (Daily mail)), IPRax 1989, 354 - 361
Behrens, Peter, Sind Gesellschaften Niederlassungsberechtigte minderen Rechts? EuZW 1991, 97
Behrens, Peter, Anmerkung zum Urteil des BayObLG vom 7.5.1992, EuZW 1992, 550 - 551
Behrens, Peter, Die Europäisierung des Gesellschaftsrechts, GmbHR 1993, 129 - 136
Behrens, Peter, Die Umstrukturierung von Unternehmen durch Sitzverlegung oder Fusion über die Grenze im Licht der Niederlassungsfreiheit im Europäischen Binnenmarkt (Art. 52 und 58 EWGV), ZGR 1994, 1 - 25
Behrens, Peter (Hrsg.), Die Gesellschaft mit beschränkter Haftung im Internationalen und Europäischen Recht, 2. Auflage, Berlin, New York 1997
zit.: Bearbeiter, in: Die GmbH im IPR u. EuR, Kap., Rn.
Behrens, Peter, Gesellschaften sollen Niederlassungsberechtigte gleichen Rechts werden, EuZW 1998, Heft 12, Editorial
Behrens, Peter, Das Internationale Gesellschaftsrecht nach dem Centros-Urteil des EuGH, IPRax 1999, 323-331

Behrens, Peter, EuGH entscheidet über Sitzverlegung von Gesellschaften, EuZW 2000, Heft 13, Editorial

Behrens, Peter, Reaktionen mitgliedstaatlicher Gerichte auf das Centros-Urteil des EuGH, IPRax 2000, 384-390

Beisel, Wilhelm / Klumpp, Hans-Herrmann, Der Unternehmenskauf, 3. Auflage, München 1996

Beitzke, Günther, Juristische Personen im Internationalprivatrecht und Fremdenrecht, München, Berlin 1938
zit.: Beitzke, Juristische Personen, S.

Beitzke, Günther, Anerkennung und Sitzverlegung von Gesellschaften und juristischen Personen im EWG-Bereich, ZHR 127 (1965), 1 - 47

Beitzke, Günther, Internationalrechtliches zur Gesellschaftsfusion, in: Festschrift für W. Hallstein, S. 14ff, Frankfurt a.M. 1966
zit.: Beitzke, FS Hallstein, S.

Beitzke, Günther, Kollisionsrecht von Gesellschaften und juristischen Personen, in: Vorschläge und Gutachten zur Reform des deutschen internationalen Personen- und Sachenrechts (Hrsg.: Lauterbach, Wolfgang), Tübingen, 1972
zit.: Beitzke, Gutachten, S.

Bellingwout, J.W., Die internationale Sitzverlegung juristischer Personen in Bewegung - Der KPMG- Bericht 1993, RIW 1997, 550 - 556

Benedettelli, Massimo V., Commentario all'art.25, legge 31 maggio 1995, n.218: La riforma del sistema di diritto internazionale privato, NLCC 1996, S. 1108 - 1148

Benedettelli, Massimo V., La legge regolatrice delle persone giuridiche dopo la riforma del diritto internazionale privato, Riv.soc. 1997, 39

Benvenuto, Marina / Vita, Stefano, Le società, Vol.VII: Trasformazioni. Fusioni. Scissioni, in: Diritto e realtà (dir. da E. Zanelli), Torino 1994
zit.: Benvenuto/Vita, S.

Berlini, Antonio, Caratteri e innovazioni del testo unico sulle imposte di registro D.P.R. 26 aprile 1986, n. 131, NLCC, 1986, 1175 - 1180

Bessenich, Balthasar, Die grenzüberschreitende Fusion nach den Bestimmungen des IPRG und des OR, Basel, Frankfurt a.M. 1991

Bigami, Cesare, Riconoscimento e trattamento delle società straniere nell'ordinamento italiano: considerazioni sul significato del termine „società", Riv.soc. 1980, 121

Bigiavi, Walter (Hrsg.), Giurisdizione sistematica civile e commerciale, Torino, 1978 ff.
zit.: Bearbeiter in: Giurisdizione sistematica, voce, S.

Biscaretti di Ruffia, Claudio, Considerazioni sulla nuova legge in materia di pubblicità di atti formati all'estero, Riv.dir.int.priv.proc. 1980, S. 554

Biscottini, Giuseppe, Diritto amministrativo internazionale, Padova 1964

Bocchini, Ermanno, Commento alla l. 13 marzo 1980, n. 73 (adeguamento dei termini in materia di pubblicità di atti formati all'estero), NLCC 1980, S. 580

Bocchini, Ermanno, Registro delle Imprese, in: Enciclopedia del diritto, dir.: F. Santoro-Passarelli, Milano 1988
zit: Bocchini, Enci. di diritto,voce: Registro delle imprese, S.

Boero, Pietro, Trasformazione di società e versamento dei tre decimi - Commento ai decreti Trib.Biella, 11 agosto 1980, e Corte d'Appello di Torino, 20 ottobre 1980, Giur.comm. 1982, II, 54 - 64

Bogler, Anja, Gesellschafts- und Gesellschafterhaftung bei Auseinanderfallen von Gründungssitz und Sitzstaat, DB 1991, 848 - 851

Bologna, Italo, L'efficaccia extraterritoriale delle nazionalizzazioni straniere, Giust.civ. 1957, I, 143

Borges, Georg, Die Sitztheorie in der Centros-Ära: Vermeintliche Probleme und unvermeidliche Änderungen, RIW 2000, 167-178

Borges, Georg, Anmerkung zum Urteil des LG München vom 22.7.1999 - 5 HKO 7187/99, NZG 2000, 106

Boucourechliev, Jeanne, Die Harmonisierung des Gesellschaftsrechts in der Europäischen Union: Erreichtes und Perspektiven, RIW 1999, 1-6

Braggion, Antonio, Die Fusion im italienischen Recht, RIW 1994, 1002 - 1009

Brödermann, Eckar / Iversen, Holger, Europäisches Gemeinschaftsrecht und internationales Privatrecht, Tübingen 1994
zit.: Bearbeiter, in: Brödermann/Iversen, S.

Brodmann, Erich, Aktienrecht, Leipzig 1928

Broggini, Gerardo, Sulle società nel diritto internazionale privato, Riv.dir.int. 1992, 30, S. 39

Broggini, Gerardo, Sulle società nel diritto internazionale privato, in: Gaja (Hrsg.), La riforma del diritto internazionale privato e processuale, S. 283 - 296, Milano 1994
zit.: Broggini, in: La riforma, S.

Broggini, Gerardo, Conflitti di leggi, armonizzazione e unificazione nel diritto europeo delle obbligazioni e delle imprese, Riv.dir.int.priv.proc. 1995, 241 - 264

Broggini, Gerardo, La riforma del diritto internazionale privato - società ed altri enti, in: La riforma di diritto internazionale privato; Convegno a Milano, 28 ottobre 1995 a cura del Comitato regionale notarile Lombardo; S. 57 - 91, Milano 1996
zit.: Broggini, Società ed altri enti, S.

Broggini, Gerardo, Das neue italienische IPR, SZIER 1996, S. 1- 41

Bühler, Christoph B., Die grenzüberschreitende Fusion von Kapitalgesellschaften in der Europäischen Union - Gesellschafts- und steuerrechtliche Rahmenbedingungen, Zürich 2000

Bungert, Hartwin, Deutsch-amerikanisches internationales Gesellschaftsrecht, ZVglRWiss 93 (1994), 117 - 176

Bungert, Hartwin, Rechtsfähigkeit ausländischer Kapitalgesellschaften und Beweislast - zu OLG Hamm v. 18.8.1994, DB 1995, 963 - 969

Bungert, Hartwin, Entwicklungen im internationalen Gesellschaftsrecht Deutschlands, AG 1995, 489 - 509

Bungert, Hartwin, Zur Rechtsfähigkeit US-amerikanischer Kapitalgesellschaften ohne geschäftlichen Schwerpunkt in den USA, WM 1995, 2125

Bungert, Hartwin, Zum Nachweis des effektiven Verwaltungssitzes der ausländischen Kapitalgesellschaft: Die Briefkastengesellschaft als Vorurteil, IPRax 1998, 339 - 348

Bungert, Hartwin, Konsequenzen der Centros-Entscheidung des EuGH für die Sitzanknüpfung des deutschen internationalen Gesellschaftsrechts, DB 1999, 1841

Buyer, Christoph, Die Repatriierung ausländischer beschränkt steuerpflichtiger Kapitalgesellschafte durch Sitzverlegung ins Inland, DB 1990, 1682 - 1693

Cabras, Giovanni, L'opposizione, Milano, 1936
zit.: Cabras, L'opposizione, S.

Cabras, Giovanni, L'opposizione dei creditori nel diritto delle società, Quad. Giur. comm., n.11, Milano 1978
zit.: Cabras, Quad.Giur.comm. 1978, n.11, S.

Cabras, Giovanni, Situazione patrimoniale nella fusione di s.p.a. (Anmerkung zu Corte d'App. Venezia, 20 luglio 1990), Le società 1990, 1642

Cabras, Giovanni, Trasformazione - Scioglimento, in: Trattato delle s.p.a., vol. 7.3 (dir. da Colombo e Portale), Torino 1997
zit.: Cabras, in: Trattato delle s.p.a., vol. 7.3, S.

Cagnasso, Oreste / Irrera, Maurizio, Società estere, in: Giurisdizione sistematica civile e commerciale, diretto da W. Bigiavi, Torino 1990
zit.: Cagnasso/Irrera, Giurisdizione sistematica, voce: Società estere, S.

Campeis, Giuseppe / De Pauli, Arrigio, Prime riflessioni sulla „riforma del sistema italiano di diritto internazionale privato“ (e processuale) (legge 31 maggio 1995, n.218), Giust.civ. 1995, II, 495

Campiglio, Cristina, Qualche riflessioni in tema di reciprocità con riferimento alla surroga dell'ente straniero di assicurazione sociale, Riv.dir.int.priv.proc.1992, 861

Capelli, Fausto, La nuova legge applicabile alle società costituite all'estero, Le società 1995, 1153

Capelli, Fausto, Le societá costituite all'estero nella riforma del sistema italiano di diritto internazionale privato, Dir.com.scamb.int. 1996, 187

Capotorti, Francesco, La nazionalità delle società, Napoli 1954
zit.: Capotorti, La nationalità delle società, S.

Capotorti, Francesco, Il trasferimento di sede di una società da uno stato all'altro, Foro it. 1958 IV, S. 209

Capotorti, Francesco, Sulla continuità delle società di persone che trasferiscono la sede in altro stato; nota alla sentenza della Corte d'Appello di Torino, 17 giugno 1958, caso „Hardtmuth“, Riv.dir.int. 1958, 607

Capotorti, Francesco, Commentario al art. 58 Trattato CEE, in: Commentario al Trattato CEE - Vol.I (dir. da Quadri, Monaco, Trabucchi), Milano 1965
zit.: Capotorti, Trattato CEE, Art., S.

Capotorti, Francesco, Considerazioni sui conflitti di leggi in materia di società, Riv.dir.int.priv.proc. 1965, 623

Capotorti, Francesco, Il problema del reciproco ricognoscemento delle società nella Comunità economica europea, Riv. soc. 1966, 972

Capotorti, Francesco, Caratteri generali della riforma e regime delle società in diritto internazionale privato, in: La riforma del diritto internazionale privato e i suoi riflessi sull'attività notarile, a cura del Comitato notarile regionale della Campagnia (S. 27ff), Milano 1991
zit.: Capotorti, Caratteri generali, S.

Capotorti, Francesco, Elementi di novità e continità nella riforma di diritto internazionale privato, in: La riforma italiana di diritto internazionale privato, (dir. da M. Panebianco e G. Martino), Salerno 1992, S. 99 - 116
zit.: Capotorti, in: La riforma, S.
Capotorti, Francesco / Starace, Vincenzo, La giurisprudenza italiana di diritto internazionale privato e processuale - Repertorio 1967 - 1990, Milano 1991
zit.: Capotorti/Starace, S.
Caputo, Eduardo, Sospensione di delibera assembleare e poteri del giudice, Giur. merito 1991, II, 1040
Caramazza, Giovanni, Traformazione delle società nel nuovo testo unico, Le società 1988, 871 - 874
Carnevale, C./ De Santis, F./ Di Rienzo, P./ D'Orazi, O./ Finnocchiaro, M./ Grasso, G./ Tullio, A., Libro II, tomo 1 (artt. 163- 322), Rassengna di Giurisprudenza del c.p.c., (dir. da Giorgio e Paolo Stella Richter), Milano 1996
zit.: Bearbeiter, in: Rassegna di giurisprudenza (Art.), S.
Caruso, Francesco, Le società nella Communità Economica Europea. Contribuito alla teoria della nazionalità delle società, Napoli, 1969
zit.: Caruso, Le società, S.
Cascante, José Christian, Anmerkung zum Urteil des EuGH v. 9.3.1999 (Rs 212/97 - Centros), RIW 1999, 450 - 451
Cassoni, Giuseppe, La nazionalizzazione delle società e il diritto internazionale privato, Padova 1959
zit.: Cassoni, La nazionalizzazione, S.
Cassoni, Giuseppe, Lex fori e presupposti di personificazione dell'ente straniero, Giur.it. 1978, I, 1, c.2003
Cavalli, Gino / Marulli, Marco / Silvetti, Cesare, Le società per azioni, Band 2, 2. Halbband, in: Giurisdizione sistematica del diritto civile e commerciale (Hrsg.: W. Bigiavi), 3. Auflage, Torino 1996
zit.: Bearbeiter, in: Giurisdizione sistematica, voce: Le s.p.a., I, S.
Ceccherini, A./ Rordorf, Renato, Nuova rassegna giurisdizionale sul Codice civile, Libro V, tomo IV: Artt. 2380 - 2554, Milano 1994
zit.: Bearbeiter, in: Nuova rassegna di giurisprudenza (Art.), S.
Cendon, Paolo (Hrsg.), Codice civile annotato, Torino 1995
Cian, Giorgio / Trabucchi, Alberto, Commentario breve al Codice civile, 4. Auflage Padova 1993
zit.: Cian/Trabucchi, Art. , Anm.
Cicu, Antonio / Messineo, Francesco / Mengoni, Luigi (Hrsg.), Trattato di diritto civile e commerciale, Milano, 1954ff
zit.: Bearbeiter, in: Trattato dir.civ.comm. (vol.), S.
Colombo, Giovanni E., Il bilancio d'esercizio, in: Trattato delle s.p.a., vol. 7.1, dir. da Colombo e Portale), Torino 1994
zit.: Colombo, in: Trattato delle s.p.a., vol.7.1., S.
Colombo, Giovanni E., Behandlung ausländischer Gesellschaften in Italien, in: Iura Europeae, Gesellschaftsrecht III, 40.80, 17. EL v. Mai 1987
zit.: Colombo, IURA EUROPEAE, III, (Rn.)
Colucci, Federica, La tutela dei creditori sociali nella fusione eterogenea - nota a Corte di Costituzione, 20 febbraio 1995, n. 47, Giur.comm. 1996, II, 9 - 14

Comitato notarile regionale della Campagna (Hrsg.), La riforma del diritto internazionale privati e i suoi riflessi sull'attività notarile (Napoli, 30-31 Marzo 1990) - Convegno in onore di M. Marano, Milano 1991

Comitato regionale notarile lombardo (Hrsg.), La riforma del diritto internazionale privato - Convegno 28 ottobre 1995, Milano 1996

Condò, Giovanella, Osservazioni a Cass., 9 agosto 1997, n. 7445: Il tribunale competente ad omologare gli atti societari dopo l'istituzione del registro delle imprese, Giur.comm. 1998, II, 182 - 191

Consiglio nazionale del Notariato (Hrsg.), Problemi di riforma del diritto internazionale privato italiano - Convegno nei giorni del 1 e 2 giugno 1984, Milano 1986

Conti, Luigi, Disposizioni penali su società e consorzi (Artt. 2621 - 2642 c.c.), 3. Auflage, Bologna, Roma 1988

Coscia, Giuseppe, Il ricognoscimento delle società straniere, Milano 1984
zit.: Coscia, Riconoscimento, S.

Costantino, Benedetto, La rappresentanza organica delle società straniere in Italia, Vita not. 1992, 1358

Cottino, Gastone, Diritto commerciale, Vol. 1, tomo 2, 3. Auflage, Padova 1994
zit.: Cottino, Diritto commerciale, vol. 1.2, S.

D'Amati, Nicola, La nuova disciplina dell'imposta di registro - il T.U. del D.P.R. n. 131, 26 ottobre 1986, Torino, 1989

Dammacco, Salvatore, Fusione e scissione delle società, 5. Auflage, Milano 1993

Daniele, Luigi, Capacità e diritti delle persone (Artt. 20 - 25 l. 31 maggio 1995, n.218), Corr. giur. 1995, 1225, 1239 - 1243

Däubler, Wolfgang, Grenzüberschreitende Fusion und Arbeitsrecht, DB 1988, 1850 - 1854

Dauses, Manfred (Hrsg.), Handbuch des EG-Wirtschaftsrechts, Band I, Loseblatt, Stand: November 1999, München 2000
zit.: Bearbeiter, in: Dauses, Handbuch des EG-Wirtschaftsrechts, Bd. Rn.

De Acutis, Maurizio, Il nuovo regime dell'invalidità della fusione, Giur.comm. 1991, I, 729 - 744

De Angelis, Giovanni, Il trasferimento all'estero della sede dell'impresa e la violazione del Trattato istitutivo dell'Unione Europea, Il Fisco 1996, 3957

Debatin, Helmut, Die grenzüberschreitende Sitzverlegung von Kapitalgesellschaften, GmbHR 1991, 164 - 170

Dehmer, Hans, Umwandlungsgesetz und Umwandlungssteuergesetz, 2. Auflage, München 1996
zit.: Dehmer, UmwG/UmwStG, §, Rn.

De Marchi, Giovanni, L'efficacia delle delibere assembleari soggette a omologazione, Riv.not. 1997, 685 - 726

De Nova, Rodolfo, Esistenza e capacità del soggetto in diritto internazionale privato italiano, in: Scritti di diritto internazionale in onore di Tomaso Parassi, S. 379 - 397, Milano 1957

De Vita, Antonio, Commento alla decisione della Corte d'Appello di Baviera, 7 maggio 1992, Le società 1993, 139

De Vita, Antonio, Aspetti comparatistici (col diritto internazionale privato della Svizzera), Le società 1993, 1283

Dezzani, Flavio / Pisoni, Piero / Puddo, Luigi, Fusioni, Scissioni, trasformazioni e conferimenti - Scritture contabili, Milano 1995

Di Marco, Giuseppe, Der Vorschlag der Kommission für eine 14. Richtlinie - Stand und Perspektiven, ZGR 1999, 3-12

Di Mauro, Nicola, In tema di opposizione dei creditori alla delibera di fusione, Giust.civ. 1991, I, 1447 - 1448

Donativi, Vincenzo, Sui poteri-doveri di controllo dell'ufficio del registro delle imprese in merito alla validità degli atti sottoposti ad iscrizione o a deposito, Giur.comm. 1998, II, 57

Donnini, Roberto, Commento al decreto 12 gennaio 1995 del Tribunale di Napoli, Le società 1995, 953

Drobnig, Ulrich, Kritische Bemerkungen zum Vorentwurf eines EWG-Übereinkommens über die Anerkennung von Gesellschaften, ZHR 129 (1966-1967), 93 - 120

Drobnig, Ulrich, Gemeinschaftsrecht und internationales Gesellschaftsrecht: „Daily mail" und die Folgen, in: Bar, Christian v. (Hrsg.): Europäisches Gemeinschaftsrecht und internationales Privatrecht, S. 185 - 206, Köln 1991
zit: Drobnig, in: v.Bar, Gemeinschaftsrecht und IPR

Ebenroth, Carsten Thomas, Die verdeckten Vermögenszuwendungen im transnationales Unternehmen, Bielefeld 1979
zit: Ebenroth, Verdeckte Vermögenszuwendungen, S.

Ebenroth, Carsten Thomas, Neuere Entwicklungen im deutschen internationalen Gesellschaftsrecht, 1. Teil: JZ 1988, 18, 2. Teil: JZ 1988, 75

Ebenroth, Carsten Thomas / Auer, Thomas, Grenzüberschreitende Verlagerung von unternehmerischen Leitungsfunktionen im Zivil- und Steuerrecht, RIW 1992, Beilage 1 (Heft 3)

Ebenroth, Carsten Thomas / Auer, Thomas, Anmerkung zu BayObLG v. 7. 5. 1992, DNotZ 1993, 191 - 197

Ebenroth, Carsten Thomas / Auer, Thomas, Anmerkung zu BayObLG v. 7. 5. 1992, JZ 1993, 374 - 376

Ebenroth, Carsten Thomas / Auer, Thomas, Die Vereinbarkeit der Sitztheorie mit europäischem Recht, GmbHR 1994, 16 - 27

Ebenroth, Carsten Thomas / Bippus, Barbara, Die Sitztheorie als Theorie effektiver Verknüpfungen der Gesellschaft, DB 1988, 842 - 850

Ebenroth, Carsten Thomas / Einsele, Dorothee, Gründungs- und Sitztheorie in der Praxis - Zwei vergleichbare Theorien? ZVglRWiss 87 (1988), 217

Ebenroth, Carsten Thomas / Eyles, Uwe, Die innereuropäische Verlegung des Gesellschaftssitzes als Ausfluß der Niederlassungsfreiheit? Teil 1: DB 1989, 363 - 372; Teil 2: DB 1989, 413 - 417

Ebenroth, Carsten Thomas / Kaiser, Andreas, Die Reform des Internationalen Gesellschaftsrechts in Italien, ZVglWiss 91 (1992), 223 - 257

Ebenroth, Carsten Thomas / Kemner, Matthew / Willburger, Andreas, Die Auswirkungen des genuine-link-Grundsatzes auf die Anerkennung US-amerikanischer Gesellschaften in Deutschland, ZIP 1995, 972 - 975

Ebenroth, Carsten Thomas / Sura, Achim, Transnationale Unternehmen und deutsches Mitbestimmungsgesetz, ZHR 144 (1980), 610 - 627

Ebenroth, Carsten Thomas / Sura, Achim, Das Problem der Anerkennung im internationalen Gesellschaftsrecht, RabelsZ 43 (1979), S. 315 - 345

Ebenroth, Carsten Thomas / Wilken, Oliver, Entwicklungstendenzen im deutschen internationalen Gesellschaftsrecht, Teil 1: JZ 1991, 1014 - 1022; Teil 2: JZ 1991, 1061 - 1070

Ebke, Werner, Die "ausländische Kapitalgesellschaft & Co.KG" und das europäische Gemeinschaftsrecht, ZGR 1987, 245

Ebke, Werner, Unternehmensrecht und Binnenmarkt - E pluribus unum? RabelsZ 62 (1998), 195 - 242

Ebke, Werner, Das Schicksal der Sitztheorie nach dem Centros-Urteil des EuGH, JZ 1999, 656 - 661

Ebke, Werner, Anmerkung zum Urteil des OLG Düsseldorf v. 10.9.1998, JZ 2000, 203 - 205

Ebling, Klaus, Die Rechtsfähigkeit ausländischer juristischer Personen aus der Sicht des deutschen Internationalen Gesellschaftsrechts, RIW/AWD 1970, 450 - 456

Eidenmüller, Horst / Rehm, Gebhard M., Gesellschafts- und zivilrechtliche Folgeprobleme der Sitztheorie, ZGR 1997, 89 - 112

Emde, Raimond, Anmerkung zum Beschluß des OLG Düsseldorf vom 26.3.2001, 3 Wx 88/01, BB 2001, 902-904

Eppler, Gerold, Sitztheorie, unbeschränkte Steuerpflicht und Mißbrauch, DB 1991, 1949 - 1951

Everling, Ulrich, Vertragsverhandlungen 1957 und Vertragspraxis 1987 - dargestellt an den Kapiteln Niederlassungsfreiheit und Dienstleistungen des EWG-Vertrags, in: Festschrift für Hans von der Groeben, S. 111ff, Baden-Baden 1987
zit.: Everling, FS v.d.Groeben, S.

Everling, Ulrich, Das Europäische Gesellschaftsrecht vor dem Gerichtshof der Europäischen Gemeinschaften, in: Festschrift für Marcus Lutter, S. 31-45, Köln 2000
zit.: Everling, in: FS Lutter, S.

Eyles, Uwe, Das Niederlassungsrecht der Kapitalgesellschaften in der Europäischen Gemeinschaft, Baden-Baden 1990
zit.: Eyles, Niederlassungsrecht, S.

Falkenhausen, Joachim v., Durchgriffshaftung mit Hilfe der Sitztheorie des Internationalen Gesellschaftsrechts, RIW 1987, 818

Farenga, Luigi, Profili di invalidità e nuova disciplina della fusione, Riv.dir.comm. 1991, I, 465 - 478

Fauceglia, Giuseppe, Profili fiscali della fusione internazionale: la legge applicabile, Boll.trib. 1990, 1151 - 1153

Ferrara, Francesco / Corsi, Francesco, Gli imprenditori e le società, 10. Auflage, Milano 1996
zit. Ferrara/Corsi, Imprenditori e società, S.

Ferrari, Francesco, E.U. Corporate Tax Law ed i progetti di direttiva sul trasferimento di sede di società da un paese membro ad un altro, Dir.comm.int. 1999, 399 - 422

Ferraro, Bruno, Delle società, Padova 1989

Ferri, Giuseppe, La fusione, Roma 1936
zit.: Ferri, La fusione, S.
Ferri, Giuseppe B., Manuale di Diritto Commerciale, (Hrsg.: C. Angelici; G.B. Ferri), 9. Auflage, Torino 1993, ristampa 1995; 10. Auflage 1996
zit.: Ferri, Manuale di dir.comm., S.
Ferri, Giuseppe, Le società, in: Trattato di diritto civile (dir. da F. Vassalli), Vol.X, tomo 3, 3. Auflage, Torino 1987
zit.: Ferri, Le società, S.
Fezza, Fabrizio, Il nuovo registro delle imprese: procedimento d'iscrizione e competenza omologatoria, Giur.comm. 1998, II, 169 - 182
Figge, Jutta, Mitbestimmung auf Unternehmensebene in Vorschlägen der Europäischen Gemeinschaften, Baden-Baden 1992
Fimmanò, Francesco, Commento al decreto 8 luglio 1995 del Tribunale di Napoli, Le società 1995, 1488, 1489
Fimmanò, Francesco, Commento a Trib. Verona, 5 dicembre 1995, Le società 1997, 574 - 579
Finocchiaro, Alfio / Finocchiaro, Mario / Stella Richter, Giorgio, Nuova rassegna giurisdizionale sul C.c., Libro I, tomo II (dir.: C.Ruperto; V.Scroi), Milano 1994
zit.: Bearbeiter, in: Nuova rassegna giurisdizionale (Art.), S.
Fischer, Gerfried, Die Haftung für Scheininlandsgesellschaften - Anmerkung zu Urteil des LG Stuttgart - 7 O 64/89 v. 31. 7. 1989, IPRax 1991, 100
Flessner, Axel, Schiffbruch der Interpreten und Statuten, ZEuP 2000, 1 - 4
Fock, Till Henning, Sitztheorie im deutschen internationalen Steuerrecht nach der "Centros"-Entscheidung, RIW 2000, 42 - 53
Forsthoff, Ulrich, Rechts- und Parteifähigkeit ausländischer Gesellschaften mit Verwaltungssitz in Deutschland? - Die Sitztheorie vor dem EuGH, DB 2000, 1109-1114
Fortunato, Sabino, Capitale e bilanci nella s.p.a., Riv.soc. 1991, 125 - 193
Franceschelli, Remo, Fusione con trasferimento di sede all'estero e diritto di ricesso, Riv.dir.civ. 1968, 142 - 150
Franceschelli, Vincenzo, Il nuovo diritto internazionale privato, Milano 1995
Franco, Rocco / Pini, Dominic, Commento alla decisione dell'High Court of Justice da 29 settembre 1993, Le società 1994, 425, 426 - 428
Frè, Giancarlo, Società per azioni - Artt. 2325 - 2461 c.c., in: Commentario del codice civile (dir. da Scialoja e Branca), 5. Auflage, Bologna, Roma 1982
zit.: Bearbeiter, Commentario Art. (1982), S.
Frè, Giancarlo / Sbisà, Giuseppe, Della società per azioni, tomo I (Artt. 2325 - 2409 c.c.), in: Commentario del codice civile (dir. da Scialoja e Branca), 6. Auflage (Hrsg.: Francesco Galgano), Bologna, Roma 1997
zit.: Bearbeiter, Commentario art., S.
Freitag, Robert, Der Wettbewerb der Rechtsordnungen im Internationalen Gesellschaftsrecht, EuZW 1999, 267 - 270
Fumagalli, Luigi, La riforma del diritto internazionale privato nel disegno di legge governativo, Riv.dir.int.priv.proc. 1993, 494
Gaja, Giorgio (Hrsg.), La riforma del diritto internazionale privato e processuale - raccolta in ricordo di Edoardo Vitta, Milano 1994
zit.: Bearbeiter, in: Studi in onore di Vitta, S.

Galgano, Francesco, Diritto commerciale - Le società, Cap. 24: Trasformazione e fusione delle società, 4. Auflage, Bologna 1990
zit.: Galgano, Dir.comm., S.
Galgano, Francesco, Le s.p.a. - Principi generali (artt. 2325 - 2341 c.c.), in: Il Codice commercio - Commentario (dir. da P. Schlesinger), Milano 1996
zit.: Commentario Cod.civ.comm. (artt. 2325 - 2341), S.
Galgano, Francesco, Contratto e persona giuridica nelle società di capitali, Contratto e impresa 1996, 1 - 8
Galgano, Francesco (Hrsg.), Dizionario enciclopedico del diritto, Padova 1996
zit.: Galgano, Dizionaria enciclopedico, S.
Ganske, Joachim, Internationale Fusion von Gesellschaften in der Europäischen Gemeinschaft - ein neuer Ansatz, DB 1985, 581 - 584
Gasperoni, Nicola, Trasformazioni di società, Parte II: La fusione delle società, in: Enciclopedia di diritto, vol. XLIV, Milano 1992
zit.: Gasperoni, Enc.di diritto, vol. XLIV, S.
Gatti, Matteo, Il controllo dell'ufficio del registro delle imprese, Giur. comm. 1998, 632 - 652,
Geimer, Reinhold / Schütze, Rolf, Europäisches Zivilverfahrensrecht, München 1997
zit.: Geimer/Schütze, Europ. ZivilVerfR, Art., Rn.
Gelosa, Gilberto / Insalaco, Massimo, Fusioni e scissioni di società - Profili civilistici e tributari, Milano 1996
zit.: Gelosa/Insalaco, S.
Gestri, Marco, Mutuo riconoscimento delle società comunitarie, norme di conflitto nazionali e frode alla legge: Il caso Centros, Riv.dir.int. 2000, 71 - 112
Geyrhalter, Volker, Niederlassungsfreiheit contra Sitztheorie - Good Bye "Daily Mail", EWS 1999, 201 - 203
de Gioia-Carabellese, Pierdomenico, Commento a Trib. Treviso, 27 dicembre 1999, Le società 2000, 446 - 448,
Görk, Stefan, Das EuGH-Urteil in Sachen "Centros" vom 9.März 1999: Kein Freibrief für Briefkastengesellschaften, GmbHR 1999, 793 - 800
Görk, Stefan, Anmerkung zum Beschluß des BGH vom 30.3.2000, Az: VII ZR 370/98, MittBayNot 2000, 566-568
Goethel, Stephan, Joint Ventures im Internationalen Privatrecht, Heidelberg 1999
Göttsche, Max, Das "Centros"-Urteil des EuGH und seine Auswirkungen, DStR 1999, 1403-1408
Goutier, Klaus / Knopf, Rüdiger / Tullosch, Anthony, Kommentar zum Umwandlungsgesetz, Heidelberg 1996
zit.: Goutier/Knopf/Tullosch- Bearbeiter, UmwG, §, Rn.
Guidotti, Rolandino, Opposizione dei creditori alla fusione e autorizzazione giudiziale a procedere alla fusione nonostante opposizione, Giur.comm. 1999, II, 662-680
Grasmann, Günther, System des internationalen Gesellschaftsrechts, Herne, Berlin 1970
Graziani, Alessandro, Diritto delle società, 5. Auflage, Napoli 1963

Grippo, Giovanni, Il recesso del socio, in: Trattato delle s.p.a., vol 6.1, (dir. da Colombo e Portale), Torino 1993
zit.: Grippo, in: Trattato delle s.p.a., vol.6.1, S.
v.d.Groeben, Hans / Thiesing, Jochen / Ehlermann, Claus-Dieter, Kommentar zum EWG-Vertrag, Band 1: Artt. 1-84, 5. Auflage, Baden-Baden 1997
zit.: V.d.Groeben/Thiesing/Ehlermann - Bearbeiter, EWGV Art. 52, Rn.
Groß, Wolfgang, Deutsches Gesellschaftsrecht in Europa, EuZW 1994, 395
Großfeld, Bernhard, Die Sitztheorie des Internationalen Gesellschaftsrechts in der Europäischen Gemeinschaft, IPRax 1986, 145 - 146
Großfeld, Bernhard, Freizügigkeit für Unternehmen in Europa, IStR 1993, 236 - 242
Großfeld, Bernhard, Internationales und europäisches Unternehmensrecht, 2. Auflage, Heidelberg 1995
zit.: Großfeld, Int.UnternehmensR, S.
Großfeld, Bernhard, Internationales Umwandlungsrecht, AG 1996, 302 - 307
Großfeld, Bernhard / Erlinghagen, Susanne, Internationales Unternehmensrecht und deutsche unternehmerische Mitbestimmung, JZ 1993, 217 - 225
Großfeld, Bernhard / Jasper, Dieter, Identitätswahrende Sitzverlegung und Fusion von Kapitalgesellschaftn in die Bundesrepublik Deutschland, RabelsZ 53 (1989), 52 - 71
Großfeld, Bernhard / König, Thomas, Identitätswahrende Sitzverlegung in der Europäischen Gemeinschaft, IPRax 1991, 380
Großfeld, Bernhard / König, Thomas, Das Internationale Gesellschaftsrecht in der Europäischen Gemeinschaft, RIW 1992, 433 - 439
Grothe, Helmut, Die „ausländische Kapitalgesellschaft und Co.“, Köln, Berlin, Bonn, München 1989
Grunsky, Wolfgang, Grundzüge des italienischen Arbeitsrechtes, in: Deutsche Unternehmen in Italien (Hrsg.: H. v.Boehmer), Stuttgart 1993
zit.: Grunski, in: v.Boehmer, S.
Guaccero, Andrea, Costituzione delle società - Rassegna di diritto societario (1992 - 1995), Riv. soc. 1998, 1092 - 1142
Guaglianone, Luciana, II. Le procedure di informazione e consultazione sindacale, in: Disposizioni in tema di trasferimento di azienda: Art. 47 l. 428/90, NLCC 1992, I, 627, 635ff.
Guglielmo, Rocco, L'opposizione dei creditori ex Art. 2503 c.c.: natura del procedimento, Riv. not. 1994, 174
Guidotti, Rolandino, Opposizione dei creditori alla fusione e autorizzazione giudiziale a procedere alla fusione nonostante opposizione, Giur.comm. 1999, II, 662
Haas, Ulrich, Die Betätigungsfreiheit ausländischer Kapitalgesellschaften im Inland, DB 1997, 1501
Habersack, Mathias, Europäisches Gesellschaftsrecht, München 1999
Hachenburg, Max, GmbH-Gesetz, 8. Auflage, Berlin, New York 1992
Hachenburg - Bearbeiter, GmbHG, §, Rn.
Hahn, Jürgen, Europabürgerschaft für Unternehmen?, GmbHR 1993, R 17

Hammen, Horst, Zweigniederlassungsfreiheit europäischer Gesellschaften und Mitbestimmung der Arbeitnehmer auf Unternehmensebene, WM 1999, 2487-2495
Harrer, Friedrich, Internationale Verschmelzung, GesRZ 1995, 141 - 148
Heinze, Meinhard, Ein neuer Lösungsweg für die Europäische Aktiengesellschaft, AG 1997, 289
Heinze, Meinhard, Arbeitsrechtliche Probleme bei der grenzüberschreitenden Sitzverlegung in der Europäischen Gemeinschaft, ZGR 1999, 54 - 70
Herzig, Norbert / Förster, Guido, Grenzüberschreitende Verschmelzung von Kapitalgesellschaften, DB 1994, 1 - 8
Hilphold, Peter / Woelk, Jens, Unternehmensregister und Unternehmenspublizität in Italien, in: Jahrbuch für italienisches Recht, Bd. 10, S. 153 - 157, Heidelberg 1996
Höfling, Barbara, Die Centros-Entscheidung des EuGH - auf dem Weg zu einer Überlagerungstheorie für Europa?, DB 1999, 1206 - 1208
Höft, Walter, Identitätswahrende Verwaltungssitzverlegung, Köln, Berlin, Bonn, München 1992
Hoffmann, Jochen, Die Bildung der Aventis S.A. - ein Lehrstück des europäischen Gesellschaftsrechts, NZG 1999, 1077
Hoffmann, Jochen, Neue Möglichkeiten zur identitätswahrenden Sitzverlegung in Europa? Der Richtlinienvorentwurf zur Verlegung des Gesellschaftssitzes innerhalb der EU, ZHR 164 (2000), 43 - 66
Hofmann, Michael, Gesellschaftsrecht in Italien, 2. Auflage, München 1997
Hoor, Gerd, Das Centros-Urteil des EuGH und seine Auswirkungen auf die Anknüpfung des Gesellschaftsstatuts, NZG 1999, 984
Hopt, Klaus J., Europäisches Gesellschaftsrecht - Krise und neue Anläufe, ZIP 1998, 96
Hügel, Hanns F., Steuerrechtliche Hindernisse bei der internationalen Sitzverlegung, ZGR 1999, 71 - 109
Iaccarino, Ugo, Appunti dalle lezioni di diritto internazionale privato, Napoli 1997
Iannelli, Domenico, L'Impresa, in: Giurisprudenza sistematica del diritto civile e commerciale (Hrsg.: W. Bigiavi), Torino 1987
zit.: Bearbeiter in: Giurisdizione sistematica, voce: L'impresa, S.
Iannelli, Domenico, Artt. 2188, 2189, in: Nuova rassegna giurisdizionale sul C.c., libro 5, tomo 2 (Hrsg.: C.Ruperto; V.Scroi), Milano 1994
zit.: Bearbeiter, in: Nuova rassegna giurisdizionale (Art.), S.
Ianniello, Barbara, Commento al decr. 3 maggio 1996 del Tribunale di Torino, Le società 1996, 939 - 943
Ianniello, Barbara, Commento a Corte di Cass., 3 gennaio 1998, n. 12, Le società 1998, 774 - 777
Ibba, Carlo, Il procedimento di iscrizione nel registro delle imprese, Riv.not. 1999, 1459 - 1467
Irrara, Maurizio, Il controllo da parte degli organi dell'ufficio del registro delle imprese sugli atti sottoposti ad iscrizione, Giur.comm. 1985, II, 247 - 255
Jaeger, Gerold, Kapitalgesellschaften in der EU - dauerhaft Niederlassungsberechtigte zweiter Klasse?, NZG 2000, 918-923

Juncker, Abbo, Ein Europa der Briefkastenfirmen und Gründungsschwindler, EWS 1999, Heft 6, Editorial

Kaligin, Thomas, Das internationale Gesellschaftsrecht der Bundesrepublik Deutschland, DB 1985, 1449 - 1456

Kallmeyer, Harald, Grenzüberschreitende Verschmelzungen und Spaltungen?, ZIP 1996, 535

Kallmeyer, Harald, Umwandlungsgesetz - Kommentar, Köln 1997
zit.: Kallmeyer, UmwG, §, Rn.

Kallmeyer, Harald, Die Mobilität der Gesellschaften in der Europäischen Union, AG 1998, 88

Kegel, Gerhard / Schurig, Klaus, Internationales Privatrecht, 8. Auflage, München 2000
zit.: Kegel/Schurig, Int.Priv.R., S.

Kieninger, Eva-Maria, Niederlassungsfreiheit als Rechtswahlfreiheit - Besprechung der Entscheidung EuGH EuZW 1999, 216 - Centros Ltd ./. Erhvervs- og Selskabsstyrelsen, ZGR 1999, 724 - 749

Kieninger, Eva-Maria, Anmerkung zum Beschluß des ÖstOGH vom 15.7.1999, 6 Ob 123/99b, NZG 2000, 39-41

Kindler, Peter, Das neue italienische IPR-Gesetz 1995, RabelsZ 61 (1997), 227 - 284

Kindler, Peter, Niederlassungsfreiheit für Scheininlandsgesellschaften? - Die "Centros"-Entscheidung des EuGH und das internationale Privatrecht, NJW 1999, 1993 - 2000

Kindler, Peter, Anmerkung zum Urteil des OLG Frankfurt vom 23.9.1999, 22 U 219/97, EWiR 1999, 1081-1082

Klinke, Ulrich, Europäisches Unternehmensrecht und EuGH - Die Rechtsprechung in den Jahren 1991-1992, ZGR 1993, 1 - 40

Knobbe-Keuk, Brigitte, Umzug von Gesellschaften in Europa, ZHR 154 (1990), 325 - 356

Knobbe-Keuk, Brigitte, Der Wechsel von der beschränkten zur unbeschränkten Körperschaftssteuerpflicht und vice versa, StuW 1990, 372 - 378

Knobbe-Keuk, Brigitte, Niederlassungsfreiheit: Diskriminierungs- oder Beschränkungsverbot, DB 1990, 2573 - 2583

Knobbe-Keuk, Brigitte, Anmerkung zum Urteil des BFH v. 23. 6. 1992 - IX R 182/87, DB 1992, 2067 - 2071

Knobbe-Keuk, Brigitte, Bilanz- und Unternehmenssteuerrecht, 9.Auflage, Köln 1993
zit.: Knobbe-Keuk, Bilanz-und Unternehmenssteuerrecht, S.

Kögel, Steffen, Der Sitz der GmbH und seine Bezugspunkte, GmbHR 1998, 1108 - 1114

Kölner Kommentar zum AktG, Hrsg.: Zöllner, Wolfgang, Bd.1: §§ 1 - 75 AktG, 2. Auflage, Köln, Berlin, Bonn, München, 1988
zit.: KölnerKomm.- Bearbeiter, AktG, §, Rn.

König, Jochen, Doppelsitz einer Kapitalgesellschaft - Gesetzliches Verbot oder zulässiges Mittel der Gestaltung einer Fusion, AG 2000, 18 - 31

Königshofer, Ulrich, Der Wechsel des Gesellschaftsstatuts als Folge grenzüberschreitender Tätigkeit der Gesellschaft im italienischen Recht, München, Univ.Diss. 1980
Koppensteiner, Hans-Georg, Internationale Unternehmen, Frankfurt a.M. 1971
Koppensteiner, Hans-Georg, Österreichisches und Europäisches Verschmelzungsrecht, in: Festschrift für Semler (Hrsg.: Bierich, M.; Hommelhoff, P.; Kropff, B.), S. 485 - 502, Berlin, 1993
zit.: Koppensteiner, FS Semler, S.
Koppensteiner, Hans-Georg, Die Sitzverlegungsrichtlinie nach Centros, in: Festschrift für Marcus Lutter, S. 141-156, Köln 2000
zit.: Koppensteiner, in: FS Lutter, S.
Kösters, Friedrich, Rechtsträgerschaft und Haftung bei Kapitalgesellschaften ohne Verwaltungssitz im Gründungsstaat, NZG 1998, 241 - 247
Kowalski, André, Kurzkommentar zu LG München, Urteil vom 22.7.1999, 5 HK O 7187/99, EWiR 2000, 127
Kreuzer, Karl, Grenzüberschreitende Restrukturierungen von Gesellschaften im Gemeinsamen Markt, EuZW 1994, 73 - 78
Kronke, Herbert, Der Gerichtsstand nach Art. 5 Nr.5 EuGVÜ - Ansätze einer Zuständigkeitsordnung für grenzüberschreitende Unternehmensverbindungen, IPRax 1989, 81
Kronke, Herbert, Deutsches Gesellschaftsrecht und grenzüberschreitende Strukturveränderungen, ZGR 1994, 26
Kropholler, Jan, Internationales Privatrecht, 3.Auflage, Tübingen 1997
Kruse, Viola, Sitzverlegung von Kapitalgesellschaften innerhalb der EG, Köln, Berlin, Bonn, München 1997
Kruse, Viola, Noch immer keine Niederlassungsfreiheit für Gesellschaften, EWS 1998, 444
Lackhoff, Klaus, Deutsches Wirtschaftsverwaltungsrecht und die Grundfreiheiten der Art. 30, 34, 48, 52 und 59 EGV, 1. Auflage, Baden-Baden 1994
Lange, Knut Werner, Anmerkung zu EuGH v. 9.3.1999 (Centros), Slg. 1999, I, 1484, DNotZ 1999, 599 - 607
La Porta, Ubaldo, Gli effetti dell'iscrizione dell'atto costitutivo nel registro delle imprese tra vecchia e nuova disciplina, Riv.not. 1992, II, 651
Laurini, Filippo, Pubblicità delle succursali all'estero, Riv. soc. 1993, 250
Laurini, Filippo, L'istituzione in Italia di sede secondarie di società estere e la nuova disciplina del diritto internazionale privato, Riv.not. 1996, 115
Laurini, Giancarlo, Il principio di reciprocità e la riforma del diritto internazionale privato, Riv.dir.int.priv.proc. 1997, 75 - 86
Laurini, Giancarlo, La fusione, Riv.not.1991, I, 577 - 594
Leanza, Umberto, Società straniere, Torino 1970
zit.: Leanza, Società straniere (1970), S.
Leanza, Umberto, Società straniere; in: Novissimo digesto italiano, vol. 17, Torino 1970
zit.: Leanza, Nov.dig.it. (1970), App. VII, voce: Società straniere, S.
Leanza, Umberto, Società straniere, in: Novissimo digesto italiano, Appendice, vol. VII, Torino 1987
zit.: Leanza, Nov.dig.it., App.VII, voce: Società straniere, S.

Leanza, Umberto, Considerazioni critiche sulla portata e l'efficacia dell'art. 16 delle disposizioni preliminari al codice civile, Riv.dir.int.priv.proc. 1997, 87 - 92

Leible, Stefan, Anmerkung zum Urteil des EuGH v. 9.3.1999 (Centros), NZG 1999, 300

Leo, Maurizio / Monacchi, Felice / Schiavo, Mario, Le imposte sui redditi nel testo unico, aggiornata al 15 - 5 - 1996, Milano 1997
zit.: Leo/Monacchi/Schiavo, S.

Lefevre d'Ovidio, Antonio, La nazionalità delle società commerciali, Milano 1939

Levi, Giulio, Digesto delle discipline privatistiche, vol. XIII, voce: Sede secondaria, Torino 1996
zit.: Levi, in: Dig.disc.priv.- sez.comm. (XIII), S.

Livi, Alessandra / Macario, Francesco, Diritto privato europeo (dir. da Lipari, Nicolò), Vol. 1, Cap. 2: I soggetti: Profili generali, Padova 1997
zit.: Livi/Macario, Dir.priv.europ., I.2, S.

Lizzul, Rodolfo, Note ai margini della direttiva comunitaria in materia fiscale sulle fusioni internazionale e scissioni, Boll.trib. 1991, 189

Lo Cascio, Giovanni, Commento al decreto Tribunale di Torino, 16 dicembre 1991, Giust. civ. 1992, I, 820 - 822

Logelain, Philippe, Fusioni trasfrontalieri di società: ostacoli e prospettivi europee, Le societá 1995, 1255 - 1262

Lolli, Rita, Commento al decreto Trib. Paola, 7 giugno 1994, Le società 1995, 94

Lonardo, Loris, Problematiche nella riforma di diritto internazionale privato, in: La riforma italiana di diritto internazionale privato (dir. da M. Panebianco e G. Martino), S. 129 - 222, Salerno 1992
zit.: Lonardo, in: La riforma, S.

Lucchini, Allessandra / Manzato, Paolo, Zuordnung und Anerkennung von Gesellschaften und anderen juristischen Personen, in: Iura Europeae - Niederlassungsrecht II, 40.51, 29. EL v. Februar 1994
zit.: Lucchini/Manzato, in: Iura Europeae, Rn., S.

Luchsinger, Thomas, Die Niederlassungsfreiheit der Kapitalgesellschaften in der EG, den USA und der Schweiz, Freiburg/Schweiz 1992

Lupi, Raffaello, Primi appunti in tema di fusioni, scissioni e conferimenti trasnazionali, Boll.trib. 1992, 1299

Lutter, Marcus, Gutachten H zum 48. Dt. Juristentag, Edition München 1970
zit.: Lutter, Gutachten H, S.

Lutter, Marcus, Perspektiven eines europäischen Unternehmensrechtes - Versuch einer Summe, ZGR 1992, 435

Lutter, Marcus, Umstrukturierung von Unternehmen über die Grenze: Versuch eines Resumées, ZGR 1994, 87 - 93

Lutter, Marcus, Europäisches Unternehmensrecht, 4. Auflage, Berlin, New York 1996
zit.: Lutter, Europ. UnternehmensR, S.

Lutter, Marcus, Die Harmonisierung des Rechts der Kapitalgesellschaften in Europa; in: Internationales Gesellschaftsrecht (Hrsg.: P.Nobel), S. 129 - 158, Bern 1998
zit.: Lutter, in: IntGesR, S.

Lutter, Marcus (Hrsg.), UmwG - Kommentar, 2. Auflage, Köln 2000
zit.: Lutter-Lutter, UmwG, §, Rn.

Lutter, Marcus, Das Europäische Unternehmensrecht im 21. Jahrhundert, ZGR 2000, 1 - 18

Lutter, Marcus / Hommelhoff, Peter, GmbH-Gesetz - Kommentar, 15. Auflage, Köln 2000
zit.: Lutter/Hommelhoff, GmbHG, §, Rn.

Luttermann, Claus, Mit dem Europäischen Gerichtshof (Centros) zum Internationalen Unternehmens- und Kapitalmarktrecht - Kollisionsrecht in den Zeiten des Internet, ZEuP 2000, 907-921

Luttermann, Claus, Anmerkung zum Beschluß des BGH vom 30.3.2000, Az: VII ZR 370/98, EWS 2000, 375-376

Luzzatto, Riccardo, Persona giuridica (dir.int.priv.), in: Enciclopedia di diritto, vol. XXXIII, Milano 1983
zit.: Luzzatto, Enc. del diritto (voce: Persona giuridica (D.I.P.), S.

Luzzatto, Riccardo, Stato e capacità delle persone, in: Problemi di riforma di diritto internazionale privato, a cura del Coniglio Nazionale del Notariato: Convegno di Studi, tenutosi a Roma nei giorni 1 e 2 giugno 1984, S. 427ff, Milano 1986
zit.: Luzzatto, in: Problemi di riforma, S.

Luzzatto, Riccardo, Commentario all'Art. 24 l. 5 gennaio 1994, n. 25, NLCC, 1995, 455, 556- 562

Luzzatto, Riccardo / Azzolini, Caterina, Società (nazionalità e legge regolatrice), in: Digesto delle discipline privatistiche, Sez. commerciale, vol. XIV, Torino 1997
zit.: Luzzatto/Azzolini, in: Dig.disc.priv.-sez.comm.(XIV), S.

Mäsch, Gerald, Anmerkung zu den Entscheidungen des OGH v. 15.7.1999, JZ 2000, 201 - 202

Magno, Pietro, Quali i mezzi di tutela del lavoro in caso di fusione o di scissione di società?, Dir.lav. 1992, I, 435 - 439

Mainetti, Francesco, Commento a Trib. Roma, 1 agosto 1994, Riv.dir.comm. 1996, II, 100

Maisano, Aldo, Sull'efficacia del decreto di omologazione delle delibere assembleari - nota a Trib. Palermo, 30 novembre 1982, Giur.comm. 1983, II, 546 - 553

Marasà, Giorgio, Modifiche del contratto sociale e modifiche dell'atto costitutivo, in: Trattato delle s.p.a., vol 6.1 (dir. da Colombo e Portale), Torino 1993
zit.: Marasà, in: Trattato delle s.p.a., vol.6.1, S.

Marchese, Giandomenico, Il Tribunale competente in materia di omologazione dopo l'istituzione del registro delle imprese, Riv.dir.comm. 1998, 601 - 632

Marchetti, Piergaetano, Appunti sulla nuova disciplina delle fusioni, Riv.not. 1991, 17 - 51

Marino, Giuseppe, Brevi note sul trasferimento di sede all'estero, Riv. e pratica trib. 1993, I, 1028

Marino, Giusepp, La residenza delle persone giuridiche nel diritto tributario italiano e convenzionale, Dir.prat.trib. 1995, 1444 - 1470

Marziale, Giuseppe, Giudizio di omologazione e istituzione di sedi secondarie di società estere: un revirement (poco persuasivo) del Tribunale di Roma - nota al decr. Trib. Roma, 3 ottobre 1984, Foro it. 1985, I, 1516
Marziale, Giuseppe, Codice delle Società - annotato con la giurisprudenza, 7. Auflage, Milano 1999
zit.: Marziale, Codice delle società, Art., Rn.
Marziale, Giuseppe / Miami Canevari, Fabrizio / Picone, Pasquale / Rordorf, Renato, Nuova rassegna giurisdizionale sul C.c., Libro V, tomo III: Artt. 2222-2379 (Hrsg.: C.Ruperto; V.Scroi), Milano 1994
zit.: Bearbeiter, in: Nuova rassegna giurisdizionale (Art.), S.
Mascardi, Fabiola, La fusione di società nel diritto comunitario, Riv.soc. 1991, 1721
Mascardi, Fabiola, La nuova disciplina fiscale applicata alle fusioni di società appartenenti a Stati membri diversi della Comunità Economica Europea, Dir.Comm. Int. 1992, 123 - 142
Massa Felsani, Fabiana, Brevi note in tema di tutela dei creditori sociali tra vecchie e nuove regole della fusione, Riv.dir.comm. 1992, I, 449
Mayr, Siegfried, Effetti del trasferimento della sede all'estero, Corr.trib. 1995, 2707 - 2712
Meilicke, Wienand, Sitztheorie und EWG-Vertrag nach Handels- und Steuerrecht, RIW 1990, 449 - 452
Meilicke, Wienand, Unvereinbarkeit der Sitztheorie mit der Europäischen Menschenrechtskonvention, RIW 1992, 578
Meilicke, Wienand, Zum Vorschlag der Europäischen Kommission für die 14. Richtlinie zur Koordinierung des Gesellschaftsrechts - Sitzverlegungs-Richtlinie, GmbHR 1998, 1053 - 1058
Meilicke, Wienand, Anmerkung zu EuGH v. 9.3.1999 (Centros), DB 1999, 627 - 628
Meilicke, Wienand, Auswirkungen der "Centros-Entscheidung" auf die 14. Sitzverlegungs-Richtlinie, GmbHR 1999, 896 - 897
Menegazzi Munari, Francesca, Gli enti collettivi negli accordi stipulati dall'Italia, Padova, 1978
Mengozzi, Paolo, La riforma del diritto internazionale privato italiano: la legge 31 maggio 1995, n. 218, 2. Auflage, Napoli 1997
Merlini, Laura, Commento al decreto 1° giugno 1994 del Corte d'Appello di Milano, Le societá 1995, 523, 527
Merz, Sandro, Manuale prattico delle società, Padova 1996
zit.: Merz, Manuale, S.
Meyer, Oliver, Die Besteuerung grenzüberschreitender Verschmelzungen, Berlin 1995
Monaco, Riccardo, L'efficacia della legge nello spazio, 2. Auflage, Torino 1964
Montesano, Antonio, Commento alla decisione 10 agosto 1994 del Tribunale di Velletri, Le societá 1995, 554
Monti, Michele, Legge regolatrice delle società. Trattamento delle società straniere. Sedi secondarie di società in Italia, Riv.soc. 1975, 1268
Moor, Lorenzo, Das italienische internationale Gesellschaftsrecht, Zürich, 1997

Morano, Alberto, Caso 215: Atto costitutivo - Sede sociale - Sede legale - Trasferimento all'estero - Conseguenze, Le società - Casi e questioni 1/1991, 1615 - 1620

Morano, Alberto, Tutela dei creditori, in: Fusioni e scissioni di società, Convegno in occasione del decennale della rivista "Le società" a Milano, il 24 giugno 1993, Milano 1993
zit.: Morano, in: Fusioni e scissioni (1993), S.

Morelli, Gaetano, Elementi di diritto internazionale privato italiano, 12.Auflage, Napoli 1986
zit.: Morelli, Elementi (1986), S.

Morera, Umberto, L'omologazione degli statuti di società - il controllo in sede di costituzione e di modificazione, Milano 1988

Mosconi, Franco, La capacità nel diritto internazionale privato, Riv.not. 1989, I, 1033 - 1062

Mosconi, Franco, Diritto internazionale privato e processuale - Parte speciale, Torino 1997

Müller, Hans-Friedrich, Haftung bei ausländischen Kapitalgesellschaften mit Inlandssitz, ZIP 1997, 1049 - 1054

Münchener Kommentar zum BGB (Hrsg.: K.Rebmann, F. J. Säcker, R. Rixecker), Band 7: EGBGB, IPR (Bearbeiter u.a. Carsten Thomas Ebenroth), 2. Auflage, München 1990
zit.: MünchKomm(2.A.)-Bearbeiter, EGBGB, Nach Art. 10, Rn.
Band 5 (§§ 705 - 853), 3. Auflage, München 1997
zit.: MünchKomm-Bearbeiter, §, Rn.
Band 10: EGBGB (Art. 1-38) - IPR (Bearb. u.a. Hans-Jürgen Sonnenberger), 3. Auflage, München 1998
zit.: MünchKomm-Bearbeiter, Einl.IPR, Rn.
Band 11: Internationales Handels- und Gesellschaftsrecht, Art. 50-237 EGBGB, (Bearbeiter u.a. Peter Kindler), 3. Auflage, München 1999
zit.: MünchKomm- Bearbeiter, IntGesR, Rn.

Münchener Handbuch zum Gesellschaftsrecht, Band 4: Die Aktiengesellschaft (Hrsg.: Hoffmann-Becking, Michael), München 1988, *zit.: Bearbeiter, in: MünchHandb., Bd.4, §, Rn.* .

Müther, Peter-Hendrik, Die Rechtsprechung des EuGH und der Einfluß auf das deutsche Handelsregisterwesen, RPfleger 2000, 316-320

Munzi, Cristiana, Trasferimento di sede della società dall'Italia in Germania, Impresa commerciale e industriale 1996, 288

Nachbaur, Andreas, Niederlassungsfreiheit: Geltungsbereich und Reichweite des Art. 52 EGV im Binnenmarkt, Baden-Baden 1999

Nascimbene, Bruno, Brevi spunti in tema di trattamento dello straniero e principio di reciprocità, Riv.dir.int.priv.proc. 1997, 92 - 96

Nastri, Luigi / Nastri, Michele, Manuale applicativo delle imposte indirette, Milano 1996
zit.: Nastri/Nastri, S.

Nazzicone, Loredana, Nota alla sentenza 12 giugno 1996, n. 5416 della Corte di Cass., Foro it. 1996, c. 3093 - 3103

Neye, Hans-Werner, Anmerkung zu OLG Hamm, Beschl. v. 30.4.1997 - 15 W 91/97, ZIP 1997, 1697 - 1698
Neye, Hans-Werner, Kurzkommentar zu EuGH v. 9.3.1999 (Centros Ltd.), EWiR 1999, 259
Neye, Hans Werner/ Limmer, Peter/ Frenz, Norbert/ Harnacke, Ulrich, Handbuch der Unternehmensumwandlung, Herne, Berlin 1996
zit.: Neye/Limmer/Frenz/Harnacke, Handb.Umw, Teil, Kap. (Rn.)
Noblili, Raffaele / Spolidoro, Marco Saverio, Modificazioni, Recesso, Riduzione del capitale, in: Trattato delle s.p.a., vol 6.1 (dir. da Colombo e Portale), Torino 1993
zit.: Nobili/ Spolidori, in: Trattato delle s.p.a., vol.6.1, S.
Oppo, Giorgio, Fusione e scissione delle società secondo il d. lgs. 1991, n. 22: Profili generali, Riv.dir.civ. 1991, II, 501- 515
Ordine dei dottori commercialisti di Milano e di Lodi (Hrsg.), Il trasferimento della sede sociale all'estero e dall'estero, Milano, 1988
zit.: Ordine dott. commercialisti, trasferimento, S.
Orione, Maurizio, Il luogo in cui si perfeziona la costituzione determina la disciplina delle persone giuridiche, Guida al diritto, n. 25, 1995, 33
Panebianco, Massimo / Martino, Gerardo (Hrsg.), La riforma italiana di diritto internazionale privato, Salerno 1992
zit.: Bearbeiter, in: La riforma, S.
Pantano, Antonio, Fusioni trasfrontalieri di società: ostacoli e prospettive europee, Aspetti comparatistici, Le società 1995, 1255, 1259
Panzironi, Valeria, La costituzione di società di capitali, NGCC. 1997, II, 250 - 281
Patocchi, Paolo Michele, La legge applicabile alle società costituite validamente all'estero (considerazione del diritto internazionale privato della Svizzera), Le società 1993, 1279
Patriarca, Sergio, Fusione eterogenea e fallimento del socio di società incorporata, Fallimento 1996, 515 - 523
Patroni Griffi, Antonio, Società (controllo giudiziario sulle), in: Enciclopedia giuridica Treccani; vol XXIX, Roma 1993
Patroni Griffi, Antonio, Il procedimento di fusione, in: Fusioni e scissioni di società (dir. da A. Patroni Griffi), Milano 1995
zit.: Patroni Griffi, In: Fusioni e scissioni, S.
Patti, Salvatore, Delle Prove. Commentario artt. 2699 - 2739 c.c., in: Commentario del codice civile (dir. da Scialoja e Branca), Bologna, Roma 1996
zit.: Patti, Commentario Art. , S.
Paulus, Christoph G., Anmerkung zum Beschluß des OLG Zweibrücken vom 20.10.2000, 3 W 171/00, EWiR 2001, 233-234
Pavone La Rosa, Antonio , Il registro delle imprese, Milano 1954
zit.: Pavone La Rosa, Il registro, S.
Pavone La Rosa, Antonio, Società prima dell'iscrizione e responsabilità di "coloro che hanno agito", Riv.soc. 1999, 194 - 200
Pettarin, Guido Germano, Acquisizione, Fusione e scissione di società, Milano 1992
zit.: Pettarin, Acquisizione, fusione e scissione, S.

Piccoli, Paolo / Zanolini, Giovanna, Le persone giuridiche nella riforma del diritto internazionale privato, Riv.not. 1996, 163 - 177

Picone, Paolo, Diritto internazionale privato delle società e riconoscimento di "Anstalten" e di "Treuunternehmen" nell'ordinamento italiano, Comunicazioni e studi, S. 98

Picone, Paolo, La teoria generale del diritto internazionale privato nella legge italiana di riforma della materia, Riv.dir.int. 1996, 289

Picone, Paolo / Focarelli, Carlo, Codice del Diritto Internazionale Privato, Napoli 1996

Pistone, Antonio (Hrsg.), L'ordinamento tributario, Padova 1986

Pocar, Fausto, Il nuovo diritto internazionale privato, Milano 1997
zit.: Pocar, Nuovo D.I.P, S.

Pocar, Fausto, Das neue italienische Internationale Privatrecht, IPRax 1997, 145 - 161

Pocar, Fausto/ Treves, Tullio/ Clerici, Roberta/ De Cesari, P./ Trombetta-Panigadi, F., Codice delle convenzioni di diritto internazionale privato e processuale, 3. Auflage, Milano 1999
zit.: Pocar/Treves/Clerici/u.a., S.

Portale, Giuseppe B., Conferimenti in natura ed effettività del capitale nella "società per azioni in formazione", Riv.soc. 1994, 1 - 71

Presti, Gaetano, Questioni in tema di recesso di socio nella società di capitali, Giur.comm 1982, I, 100

Protetti, Ettore / Di Zenzo, Carmine, La legge notarile, 3. Auflage, Milano 1995
zit.: Protetti/Di Zenzo, S.

Puszkajler, Karl Peter, Luxemburg locuta, causa non finita? Anmerkungen aus der Praxis zu dem Centros-Urteil des EuGH, IPRax 2000, 79 - 80

Quadri, Rolando, Lezioni di diritto internazionale privato, 5. Auflage, Napoli 1969

Quatraro, Bartolomeo, Statuti sociali e volontaria giurisdizione societaria; Tomo I: statuti sociali; Tomo II: volontaria giurisdizione societaria, Milano 1996

Quatraro, Bartolomeo / Fumagalli, Andrea / D'Amora, Salvatore, Deliberazioni assembleari e consiliari, Milano 1996
zit.: Quatraro/Fumagalli/D'Amora, S.

Quattrochio, Luciano, Registro delle imprese, in: Digesto delle discipline privatistiche, sezione commerciale, tomo XII, 4. Auflage, Torino 1996
zit.: Quattrochio, in: Dig.disc.priv.- sez.comm. (XII), S.

Racugno, Gabriele, Società a responsabilità limitata (seconda puntata), Giur. comm. 1996, 352

Rahm, Rolf, Das internationale Gesellschaftsrecht Italiens, Münster 1990

Ramondelli, Giuseppe, In tema di nullità delle società: l'art. 2505 c.c. ed i requisitit di validità dell'atto costitutivo, in: Temi rom, 1982, S. 60

Ramondelli, Giuseppe, Società straniere. Requisiti di validità e riconoscimento, in: Impresa e techniche di documentazione giuridica, I, S. 237, Milano 1990
zit.: Ramondelli, in: Imprese e doc.giur., S.

Ramondelli, Giuseppe, L'attuale diritto internazionale privato italiano in materia di società e sua influenza in sede di omologazione, Riv.not. 1996, 1401 - 1416

Rehbinder, Eckard, Sitzverlegung ins Inland und Rechtsfähigkeit ausländischer juristischer Personen - Anmerkung zu Urteil des OLG Nürnberg v. 7. 6.1984 - 8 U III/84, IPRax 1985, 324

Rescigno, Pietro (dir.), Trattato di diritto civile, Torino 1985

Reuter, Michael, Zur internationalen Reichweite der Mitbestimmung im Unternehmen, Münster 1988

Rindisbacher, Sabine, Anerkennung gesellschaftsrechtlicher Gebilde im Internationalen Privatrecht, Bern, Berlin, Frankfurt a.M., New York, Paris, Wien 1995

Risse, Jörg, Anmerkung zum Urteil des EuGH v. 9.3.1999 (RS 212/97 - Centros), MDR 1999, 752

Rixen, Siegfried / Böttcher, Reinhard, Erfahrungsbericht über eine transnationale Verschmelzung, GmbHR 1993, 572 - 575

Ronco, Simonetta, Commento al decreto giud.reg. 20 ottobre 1992 del Corte d'Appello di Bologna, Le società 1993, 194

Rordorf, Renato, Commento al dec. 18 novembre 1993 dal Tribunale di Napoli, Le società 1994, 515, 516

Rordorf, Renato, Art. 2328 C.c., in: Nuova rassegna giurisdizionale sul C.c., libro V, tomo IV (Hrsg.: C.Ruperto, V. Sgroi), Milano 1994
zit.: Rordorf, in: Nuova rassegna di giurisprudenza (Art.) S.

Rosselli, Roberto, L'acquisto della nazionalità italiana da parte delle società straniere: brevi note di diritto internazionale privato, Riv.not. 1983, 1213

Roth, Günter H., Die Rechtsstellung ausländischer Gesellschaften in der EU, GesRZ 1995, 1 - 12

Roth, Günter H., Gründungstheorie: Ist der Damm gebrochen?, ZIP 1999, 861 - 867

Roth, Wulf-Henning, Der Einfluß des Europäischen Gemeinschaftsrechts auf das Internationale Privatrecht, RabelsZ 55 (1991), 623

Roth, Wulf-Henning, Freiheiten des EG-Vertrages und nationales Privatrecht, ZEuP 1994, 1

Roth, Wulf-Henning, Die Niederlassungsfreiheit zwischen Beschränkungs- und Diskriminierungsverbot, in: Gedächtnisschrift für Brigitte Knobbe-Keuk, S. 729-742, Köln 1997

Roth, Wulf-Henning, "Centros": Viel Lärm um Nichts?, ZGR 2000, 311 - 338

Roth, Wulf-Henning, Die Sitzverlegung vor dem EuGH, ZIP 2000, 1597-1602

Rowedder, Heinz, GmbHG - Kommentar, 2. Auflage, München 1990
zit.: Rowedder-Bearbeiter, GmbHG, §, Rn.

Runggaldier, Ulrich, Fragen der betrieblichen Arbeitnehmervertretung in Italien, in: Mitbestimmung der Arbeitnehmer - Arbeiten zur Rechtsvergleichung (Hrsg.: E.v.Caemmerer, H.-H. Jescheck), Frankfurt a.M., 1978

Ruperto, Cesare / Sgroi, Vittorio (Hrsg.), Nuova rassegna giurisdizionale sul C.c., Milano 1994ff.,
zit.: Bearbeiter, in: Nuova rassegna di giurisprudenza (Art.), S.

Sack, Rolf, Auswirkungen der Art. 52, 58 EWGV auf das internationale Gesellschaftsrecht - Anmerkung zu EuGH-Urteil v. 27. 9. 1989, JuS 1990, 352 - 356

Sagasser, Bernd / Bula, Thomas, Umwandlungen: Verschmelzung - Spaltung - Formwechsel - Vermögensübertragung, München, 1995
zit.: Sagasser/Bula, UmwG, Kap., Rn.
Salafia, Vincenzo, Commento al decreto 20 dicembre 1990 del Tribunale di Ascoli Piceno, Le società 1991, 679
Salafia, Vincenzo, Commento alla decisione del T.A.R. 23 giugno 1992, Le società 1993, 537
Salafia, Vincenzo, Responsabilità illimitata dei soci nella fusione eterogenea, Le società 1993, 1033 - 1034
Salafia, Vincenzo, Omologazione giudiziaria: incidenza sull'efficacia dell'atto o mera pubblicità?, Le società 1996, 167
Salafia, Vincenzo, Il procedimento di iscrizione e deposizo nel registro delle imprese, Le società 1996, 625
Salafia, Vincenzo, Alcune questioni in tema di anticipata attuazione della fusione e delle scissione, Le società 1999, 1417-1420
Salafia, Vincenzo, Lo schema di disegno di legge delega per la riforma del diritto societario, Le società 2000, S. 7
Sandrock, Otto, Ein amerikanisches Lehrstück für das Kollisionsrecht der Kapitalgesellschaften, RabelsZ 42 (1978), 227
Sandrock, Otto, Sitztheorie, Überlagerungstheorie und der EG-Vertrag: Wasser, Öl und Feuer, RIW 1989, 505 - 513
Sandrock, Otto, Centros: ein Etappensieg für die Überlagerungstheorie, BB 1999, 1337
Sandrock, Otto / Austmann, Andreas, Das internationale Gesellschaftsrecht nach der „Daily-Mail"-Entscheidung des EuGH: Quo vadis?, RIW 1989, 249 - 253
Santagata, Carlo, La fusione fra società, Napoli 1964
zit.: Santagata, La fusione, S.
Santagata, Carlo, Commento alla decisione 13 luglio 1992 del Tribunale di Genova, Le sociétá 1993, 501
Santagata, Carlo, La fattispecie della fusione, in: Fusioni e scissioni di società (Hrsg.: A. Patroni Griffi), Milano 1995
zit.: Santagata, in: Fusioni e scissioni, S.
Santa Maria, Alberto, Le società nel diritto internazionale privato, Milano 1973
zit.: Santa Maria, Le società nel dir. int. priv., S.
Santa Maria, Alberto, Problemi attenenti al diritto internazionale privato e processuale delle società, Riv. soc. 1987, 1473
Santa Maria, Albert, Società: Diritto internazionale privato e processuale, in: Enciclopedia di diritto, vol: XLII, Milano 1990
Santa Maria, Enc. di Diritto, voce: Società (dir.int), S.
Santa Maria, Alberto, Società (diritto internazionale privato), in: Enciclopedia giuridica Treccani; Vol. XXIX, Roma 1993
zit.: Santa Maria, Enc. Treccani, voce: Società, cap. VII, S.
Santa Maria, Alberto, Commentario all'art. 25 della legge n.218 del 31 maggio 1995, Riv.dir.int priv.proc. 1995, 905 (1036-1043)
Santa Maria, Alberto, Diritto commerciale comunitario, 2.Auflage, Milano 1995
zit.: Santa Maria, Dir.comm.com., S.

Santa Maria, Albert, Spunti di riflessione sulla nuova norma di diritto internazionale privato in materia di società ed altri enti, Riv. soc. 1996, 1093 - 1102
Santa Maria, Alberto, Spunti di riflessione sulla nuova norma di diritto internazionale privato in materia di società, in: Collisio legum: Festschrift für Gerardo Broggini; S. 473 - 483, Milano 1997
zit.: Santa Maria, in: FS Broggini, S.
Santa Maria, Alberto, Società e persone giuridiche, in: Pocar, F./ Treves, T. u.a. (Hrsg.): Codice delle convenzioni di diritto internazionale privato e processuale, 3. Auflage, Milano 1999
zit.: Santa Maria, in: Codice delle Convenzioni, S.
Santoro-Passarelli, Francesco (Hrsg.), Enciclopedia del diritto, Milano 1958ff
zit.: Bearbeiter, Enc. di Diritto, voce, S.
Santus, Armando, Commentario ai decreti di Trib.Alessandria, 19 agosto 1995 e App.Torino, 1° dicembre 1995, NGCC, 1996, 855
Sapuppo, Stefano, Commento alla sentenza della Corte di Cass., 12 giugno 1996, n. 5416, Le società 1997, 164 - 171
Saß, Gert, Die Fusionsrichtlinie und die Mutter/Tochter-Richtlinie, DB 1990, 2340
Saulle, Maria Rita, Saggi di diritto comunitario e di diritto internazionale privato e processuale, Napoli 1986
zit.: Saulle, Saggi di dir.comm., S.
Saulle, Maria Rita, Lineamenti del nuovo diritto internazionale privato - legge 31 maggio 1995, n. 218 e norme richiamate, Napoli 1995
zit.: Saulle, Lineamenti, S.
Scalese, Vincenzo, Codice delle Società, 2. Auflage, Milano 1995
Scardillo, Giancarlo, Sospensione dell'esecuzione della deliberazione di società di capitali in tema die modificazione del consiglio di amministratori, Giur.merito 1991, II, 1032
Scardulla, Francesco, La trasformazione e la fusione delle società, in: Trattato di diritto civile e commerciale, Vol. 30, tomo 2 (dir. da A. Cicu, F. Messineo e L. Mengoni), Milano 1989
zit.: Scardulla, in: Trattato dir.civ.comm. (XXX, 2), S.
Schaumburg, Harald, Internationales Steuerrecht, 2. Auflage, Köln 1998
zit.: Schaumburg, IntStR, Rn.
Schaumburg, Harald, Inländische Umwandlungen mit Auslandsbezug, GmbHR 1996, 414 - 425
Schaumburg, Harald, Grenzüberschreitende Umwandlungen, Teil 1: GmbHR 1996, 501 - 514; Teil 2: GmbHR 1996, 585 - 594
Schmidt, Karsten, Theorie und Praxis der Vorgesellschaft nach gegenwärtigem Stand, GmbHR 1987, 77
Schmidt, Karsten, Volleinzahlungsgebot beim Formwechsel in die AG oder GmbH?, ZIP 1995, 1385
Schmidt, Karsten, Gesellschaftsrecht, 3. Auflage, Köln, Berlin, Bonn, Münster 1997
zit.: K.Schmidt, GesR, § , S.

Schmidt, Karsten, Sitzverlegung, Freizügigkeit und Gesellschaftsrechtspraxis, ZGR 1999, 20 - 35

Schmidt, Richard / Sedemund, Jan, Der ertragssteuerliche Status doppelansässiger Kapitalgesellschaften vor und nach dem "Centros"-Urteil des EuGH, DStR 1999, 2057-2064

Schmidt, Susanne, Grenzüberschreitende Sitzverlegung innerhalb der EG, DWiR 1992, 448

Schniechels, Dominik, Reichweite der Niederlassungsfreiheit, Baden-Baden, 1995

Schön, Wolfgang, Mindestharmonisierung im europäischen Gesellschaftsrecht, ZHR 160 (1996), 221 - 249

Schön, Wolfgang, Freie Wahl zwischen Zweigniederlassung und Tochtergesellschaft - ein Grundsatz des Europäischen Unternehmensrechts, EWS 2000, 281 - 292

Scholz, Franz (Hrsg.), GmbH-Gesetz, 8. Auflage, Köln 1993
zit.: Scholz-Bearbeiter, GmbHG, §, Rn.

Schümann, Matthias, Die Vereinbarkeit der Sitztheorie mit dem europäischen Recht, EuZW 1994, 269 - 275

Schwarz, Günter Christian, Europäisches Gesellschaftsrecht, Textsammlung, Baden-Baden 2000

Scognamiglio, Giugliana, La nullità della fusione nella direttiva CEE e nello schema della legge di attuazione, Riv.not.1990, II, 887

Scognamiglio, Giugliana, Sulla inesistenza giuridica del negozio di fusione, Riv.dir.comm. 1992, I, 1027 - 1050

Seatzu, Francesco, Sulla nuova disciplina delle società nel diritto internazionale privato italiano, Giur.comm. 1997, I, 830 - 841

Sedemund, Jochim / Hausmann, Friedrich Ludwig, Anmerkung zum Urteil der EuGH v. 9.3.1999 (Rs. 212/97 - Centros), BB 1999, 810

Serra, Antonio, La trasformazione e la fusione delle società, in: Trattato di diritto privato, vol. XVIII (dir. da Rescigno), Torino 1985
zit.: Serra, in: Tratt.di dir.priv., vol. XVIII, S.

Serra, Antonio / Spolidoro, Marco Saverio, Fusioni e scissioni di società, Commento al d.lgs. 16 gennaio 1991, n. 22, Torino 1994
zit.: Serra/Spolidoro, S.

Silvestro, Paolo, La fusione anticipata, Riv.dir.comm. 1999, I, 325-356

Simonetto, Ernesto, Delle società. Trasformazione e fusione delle società. Società costituite all'estero. (Art. 2498 - 2510), in: Commentario del codice civile (dir. da Scialoja e Branca), Bologna, Roma 1976
zit.: Simonetto, Commentario Art., S.

Soergel, Hans Theodor, Bürgerliches Gesetzbuch - Kommentar, Band 10: Einführungsgesetz, Stand: Anfang 1996, 12. Auflage Stuttgart, Berlin, Köln 1996
zit.: Soergel-Bearbeiter, BGB, §, Rn.

Sörgel, Michael, Körperschaftssteuerliche Auswirkungen der "Centros"-Entscheidung des EuGH, DB 1999, 2236-2237

Sonnenberger, Hans Jürgen / Großerichter, Helge, Konfliktlinien zwischen internationalem Gesellschaftsrecht und Niederlassungsfreiheit, RIW 1999, 721 - 732

Spatazza, Gaspere, Le società per azioni, tomo 1, in: Giurisdizione sistematica civile e commerciale, diretto da W. Bigiari, Torino 1972
zit.: Bearbeiter, in: Giurisdizione sistematica, voce: Le s.p.a., I

Spatazza, Gaspare, La società di fatto, Milano 1980

Spedicati, Deborah, Il diritto di recesso: il rimborso del recedente, Riv.soc. 1993, 681 - 695

Staudinger, Julius von, Kommentar zum Bürgerlichen Gesetzbuch, EGBGB. Internationales Gesellschaftsrecht, bearb. von Großfeld, Bernhard, 14. Auflage, Berlin 1998
zit.: Staudinger- Bearbeiter, IntGesR, Rn.

Steding, Rolf, Das Gesellschaftsrecht der EU zwischen Erwartung und Enttäuschung, NZG 2000, 913-917

Steiger, Axel, Grenzüberschreitende Fusion und Sitzverlegung von Kapitalgesellschaften innerhalb der EU nach spanischem und portugiesischem Recht, Bern, Berlin, Frankfurt a.M., New York, Paris, Wien 1997

Steiger, Axel, Identitätswahrende Sitzverlegung von Gesellschaften aufgrund bilateraler Staatsverträge, RIW 1999, 169 - 175

Steindorff, Ernst, Centros und das Recht auf die günstigste Rechtsordnung, JZ 1999, 1140

Stella Richter, Giorgio / Stella Richter, Paolo, Rassegna di Giuriprudenza del Codice di procedura civile, Libro I, in: Nuova rassegna di giurisprudenza (Art. 46) (dir. da O. Fanelli; A. und M. M. Finocchiaro), Milano 1996
zit.: Stella Richter/Stella Richter, Rassegna, Art. (S.)

Stieb, Stephan, Die Erledigung von Unerledigtem: Sitzverlegung von Gesellschaften innerhalb der EU, GmbHR 1992, R 25

Tantini, Giovanni, Le modificazioni dell'atto costitutivo nelle società per azioni, Padova 1973
zit.: Tantini, Modificazioni, S.

Tantini, Giovanni, Trasformazione e fusione delle società, in: Trattato di diritto commerciale e di diritto pubblicco dell'economia (dir. da Francesco Galgano); vol. III, Padova 1985
zit.: Tantini, Trasformazione e fusione, S.

Tantini, Giovanni, Problemi in tema di fusione, in: Fusione, trasformazione e scioglimento di società, Milano 1987
zit.: Tantini, in: Fusione etc., S.

Tedeschi, Guido Umberto, Commento al decreto 17 dicembre 1991 della Corte d'Appello di Milano, Le società 1992, 947, 949

Terlau, Matthias, Das internationale Privatrecht der Gesellschaft bürgerlichen Rechts, Berlin 1999

Thiel, Jochen, Die grenzüberschreitende Umstrukturierung von Kapitalgesellschaften im Ertragssteuerrecht, GmbHR 1994, 277 - 289

Thieme, Jürgen, Notiziarium zur italienischen Rechtsprechung auf dem Gebiet des internationalen Privat- und Privatverfahrensrechts für die Jahre 1989 - 1991, in: Jahrbuch für italienisches Recht, Bd. 8, S. 83 - 187, Heidelberg 1995

Thömmes, Otmar, Die identitäswahrende Sitzverlegung von Gesellschaften in Europa, DB 1993, 1021 - 1026

Thömmes, Otmar, Die steuerliche Fusionsrichtlinie - Was bleibt zu tun?, ZGR 1994, 75 - 85

Thorn, Karsten, Das "Centros"-Urteil des EuGH im Spiegel der deutschen Rechtsprechung, IPRax 2001, 102-110

Tieves, Johannes, Der Unternehmensgegenstand der Kapitalgesellschaft, Köln 1998

Timme, Michael / Hülk, Fabian, Das Ende der Sitztheorie im Internationalen Gesellschaftsrecht? EuGH EuZW 1999, 216, JuS 1999, 1055

Timmerman, Levinus, Sitzverlegung von Kapitalgesellschaften nach niederländischem Recht und die 14. Richtlinie, ZGR 1999, 147 - 155

Tinti, Anna Rita, III. La nozione di trasferimento d'azienda e il nuovo Art. 2112 c.c.; in: Disposizioni in tema di trasferimento di azienda: Art. 47 l. 428/90, NLCC 1992, I, 627, 647ff

Tipke, Klaus / Lang, Joachim, Steuerrecht, 14. Auflage, Köln 1994
zit.: Tipke/Lang, §, Rn.

Torino, Raffaele, La riforma del diritto internazionale privato italiano alle soglie del 2000, Riv.dir.comm. 1996, 825

Treccani, Giovanni (dir.), Enciclopedia giuridica, Instituto della enciclopedia italiana, fondata da G. Treccani, Roma, 88 ff.
zit.: Bearbeiter, Enc. Treccani, voce, S.

Trentini, Carlo, Liberazione dei soci in caso di trasformazione e fusione di società, Fallimento 1992, 400

Treves, Tullio, Commentario all'art. 57 della legge n.218 del 31 maggio 1995, Riv.dir.int.priv.proc. 1995, 1176 - 1187

Tronti, Marco, Efficacia delle deliberazioni di modifica dell'atto costitutivo previste dall'art. 2437 del Codice civile, Giur.merito 1996, I, 601 - 610

Turano, Rosa Maria / Gentili, Filippo, Società per Azioni, Milano 1995
zit.: Turano/Gentili, S.

Ubertazzi, Giovanni Maria, Trasferimento all'estero della sede sociale e diritto valutario, Banca e Borsa 1971, 384 - 398

Ubertazzi, Giovanni Maria, Istituzione di sede secondaria di società estera e giudizio di omologazione: Commento al decreto del Trib. Milano, 10 febbraio 1976, Giur.comm 1976, II, 810 - 817

Uckmar, Victor / Dominici, Remo, Digesto delle discipline privatistiche, sez. commerciale vol. XII, voce: Registro (Imposta di), Torino 1996
zit.: Uckmar/Domenici, in: Dig.disc.priv.- sez.comm. (XII), S.

Ulmer, Peter, Schutzinstrumente gegen die Gefahren aus der Geschäftstätigkeit inländischer Zweigniederlassungen von Kapitalgesellschaften mit fiktivem Auslandssitz, JZ 1999, 662

Valente, Piergiorgio, La fusione internazionale - note a margine, Il Fisco 1997, 1292

Valerio, Stefano, Il diritto di opposizione alla fusione (Anmerkung zu Trib.Genova, 13 luglio 1992), Giur.comm. 1994, I, 726

Valerio, Stefano, Natura giuridica della fusione: fenomeno successorio o modificazione dell'atto costitutivo (Commento a Corte di Cass., 27 gennaio 1994, n. 833), Giur.comm. 1996, II, 470 - 482

Vallebona, Antonio, La disciplina dei rapporti di lavoro in caso di fusione e di scissione di società, Dir.lav. 1992, I, 432 - 434

Vallosio, Filippo, Commento a Corte d'Appello di Milano, 14 gennaio 1992, Giur.it. 1993, I, 2, 347

Varazi, Filippo, Reddito d'impresa e trasferimento di sede all'estero, Rass. trib. 1995, I, 687 - 694

Vischer, Frank, Das internationale Gesellschaftsrecht in der Schweiz, in: Internationales Gesellschaftsrecht (Hrsg.: P. Nobel), S. 27 - 42, Bern 1998
zit.: Vischer, in: IntGesR, S.

Vismara, Fabrizio, Prime applicazioni giurisprudenziali delle norme attuative dell'undicesima direttiva comunitaria in tema di società, Riv.dir.int.priv.proc. 31 (1995), 87 - 100

Vitta, Edoardo, Diritto internazionale privato, tomo I: Parte generale, Torino 1972; tomo II: Stato e capacità delle persone, forma degli atti, diritto di famiglia, Torino 1973
zit.: Vitta, Dir.int.priv. (tomo), S.

Vitta, Edoardo, Aspetti di una riforma del diritto internazionale privato, Riv.dir.int. 1986, 5

Vitta, Edoardo, Principio di nazionalità e caratteri delle norme di conflitto nella riforma di diritto internazionale privato, in: La riforma italiana di diritto internazionale privato (dir. da M. Panebianco e G. Martino), S. 117 - 127, Salerno 1992
zit.: Vitta, in: La riforma, S.

Vitta, Edoardo, Postilla e nuovo progetto di legge, in: Problemi di riforma del diritto internazionale privato, a cura del Consiglio nazionale del Notariato: Convegno nei giorni del 1 e 2 giugno 1984, Milano 1986, S. 662
zit.: Vitta, in: Problemi di riforma, S.

Vitta, Edoardo / Mosconi, Franco, Corso di diritto internazionale privato e processuale, Torino 1995
zit.: Vitta/Mosconi, S.

Weigmann, Roberto, Commento a Corte di Cass. 7 luglio 1989, n. 3228, Giur.comm. 1991, 24

Werlauff, Erik, Ausländische Gesellschaft für inländische Aktivität, ZIP 1999, 867-876

Werner, Rüdiger, Die Briefkastengesellschaft als GmbH-Gesellschafterin, NZG 1999, 387 - 398

Wessel, Susan / Ziegenhain, Hans-Jörg, Sitz- und Gründungstheorie im internationalen Gesellschaftsrecht, GmbHR 1988, 423 - 431

Wiedemann, Herbert, Gesellschaftsrecht, Band 1: Grundlagen, München 1980

Wiesner, Peter, Europäisches Unternehmensrecht im Umbruch, AG 1996, 390

Widmann, Siegfried / Mayer, Dieter, Umwandlungsrecht; Loseblatts., 32. EL, Bonn, Stand Mai 1996
zit.: Widmann/Mayer, § UmwG, Rn.

Zanelli, Enrico (dir.), Diritto e realtà, Torino 1994

Zimmer, Daniel, Internationales Gesellschaftsrecht, Heidelberg 1996
zit.: Zimmer, IntGesR, S.

Zimmer, Daniel, Mysterium "Centros" - Auf der schwierigen Suche nach der Bedeutung eines Urteils des Europäischen Gerichtshofes, ZHR 164 (2000), 23 - 42

Zimmer, Daniel, Internationales Gesellschaftsrecht und Niederlassungsfreiheit: Das Rätsel vor der Lösung?, BB 2000, 1361-1366

Zimmer, Daniel, Internationales Gesellschaftsrecht im 21. Jahrhundert, in: Festschrift für Marcus Lutter, S. 231-247, Köln 2000
zit.: Zimmer, in: FS Lutter, S.

Zisowski, Frank, Grenzüberschreitender Umzug von Kapitalgesellschaften, Heidelberg 1994

Zoppini, Andrea, Circolazione e recezione di un modello giurisprudenziale: la "Società di capitali in formazione", Giur.comm. 1996, I, 664 - 673

Züllig, Robert Emil, Die internationale Fusion im schweizerischen Gesellschaftsrecht, Basel, Stuttgart 1975

Abkürzungsverzeichnis / Abbreviazioni

Zu den deutschen Abkürzungen siehe Kirchner, Hilbert, Abkürzungsverzeichnis der Rechtssprache, 4. Aufl. Berlin/ New York 1993

App.	Appendice
Arch.civ.	Archivio civile
Art.	Articolo
Artt.	articoli
Boll.trib.	Bollettino tributario
c.	colonna
C.c.	Codice civile
c.p.c.	Codice della procedura civile
cap.	capitolo
CEE	Comunità Economica Europea
Cod.comm.	Codice di Commercio (1882)
comm.	commerciale
Cons.Stato	Consilio dello Stato
conv. in l.	convertito in legge
Corr.giur.	Corriere giuridico
Corr.trib.	Corriere tributario
Corte Cost.	Corte Costizionale
Corte d'App.	Corte d'Appello
Corte di Cass.	Corte di Cassazione
D.I.P.	Diritto Internazionale Privato
d.l.	decreto legge
d.lgs.	decreto legislativo
d.m.	decreto ministeriale
D.P.R.	Decreto del Presidente della Repubblica
decr.	decreto
Dig.disc. priv.	Digesto delle discipline privatistiche
dir. da	diretto da
Dir. fallim.	Diritto fallimentare
Dir.com.scamb.int.	Diritto comunitario e degli scambi internazionali
dir.comm.	diritto commerciale
Dir.comm.int.	Diritto del commercio internazionale
dir.int.priv.	diritto internazionale privato

Dir.lav.	Diritto del lavoro
Dir.priv.europ.	Diritto privato europeo
disp.att.c.c.	disposizioni di attuazione del Codice civile
disp.prel.	Disposizioni sulla legge in generale (R.D. 16 marzo 1942, n. 262)
dott.	dottore/dottori
ed.	edizione
Enc.	Enciclopedia
europ.	europeo
Foro it.	Foro italiano
Foro pad.	Foro padano
Gazz.uff.	Gazzetta ufficiale
Giur.comm.	Giurisprudenza commerciale
Giur.it	Giurisprudenza italiana
Giur.merito	Giurisprudenza del merito
Giust.civ.	Giustizia civile
Imprese e doc.giur.	Imprese e documentazione giuridica
IPRG	l. 31 maggio 1995, n. 218
l.	legge
l.fallim.	R.D. 16 marzo 1942, n. 267 (sog. legge fallimentare) (Gazz.Uff. n. 81, 6 - 4 - 1942)
lett.	lettera
LIT	Lire italiane
n.	numero
N.Giur.civ.comm.	Nuova giurisprudenza civile commentate
NLCC	Nuove leggi civili commentate
Nov.dig.it.	Novissimo digesto italiano
p.	pagina
Quad.Giur.comm.	Quaderni della Giurisprudenza commerciale
R.D.	regio decreto
Ric.soc.	Rivista delle società
Riv.dir.civ.	Rivista di diritto civile
Riv.dir.comm.	Rivista di diritto commerciale
Riv.dir.int.	Rivista di diritto internazionale
Riv.dir.int.priv.proc.	Rivista di dirro internazionale privato e processuale
Riv.not.	Rivista del notariato
Riv.prat.trib.	Rivista e pratica tributaria

Riv.trim. di dir.e proc.civ	Rivista trimestriale di diritto e procedura civile
s.a.p.a.	Società in accomandita per azioni
s.a.s.	società in accomandita semplice
s.n.c.	Società in nome collettivo
s.p.a.	Società per azioni
s.r.l.	Società a responsabilità limitata
sent.	sentenza
sez.	sezione
sez.comm.	sezione commerciale
T.U.	Testo Unico
Temi rom.	Temi romani
Tratt.di dir.priv.	Trattato di diritto privato
Trib.	Tribunale
Vita not	Vita notarile
vol.	volume

Stichwortverzeichnis

Studien zum Europäischen und Internationalen Wirtschaftsrecht
Studies in European and International Economic Law

Herausgeber/Editors: Peter Hay, Meinhard Hilf, Herbert Kronke und Wolfgang Oehler

Band/Volume 1 Ralf Scheibach: Importrelevante Investitionsauflagen und das GATT. Eine Untersuchung über Investitionsmaßnahmen mit handelspolitischen Auswirkungen und ihre Vereinbarkeit mit dem GATT. 1992.

Band/Volume 2 Ilona Muráti: Gläubigerschützende Maßnahmen zur Sicherung der Kapitalaufbringung und der Kapitalerhaltung im spanischen Aktienrecht. Ein Vergleich mit der Rechtslage nach dem deutschen AktG unter Einbeziehung der EG-Richtlinien zur Koordinierung der Schutzbestimmungen auf dem Gebiet des Gesellschaftsrechts. 1993.

Band/Volume 3 Johannes Zügel: Mitwirkung der Arbeitnehmer nach der EU-Richtlinie über die Einsetzung eines Europäischen Betriebsrats. Eine Untersuchung der Richtlinie 94/45 und der vorangegangenen Richtlinienvorschläge unter Berücksichtigung der Praxis multinationaler Unternehmen. 1995.

Band/Volume 4 Torsten Straub: Zur Rechtswahl im internationalen Wechselrecht. Vergleichende Darstellung der Kollisionsnormen Deutschlands, Englands und der UNCITRAL unter dem Aspekt der Parteiautonomie. 1995.

Band/Volume 5 Andreas Kadletz: Haftung und Versicherung im internationalen Lufttransportrecht. 1998.

Band/Volume 6 Wolfram Bechtel: Umzug von Kapitalgesellschaften unter der Sitztheorie. Zur europarechtskonformen Fortentwicklung des internationalen Gesellschaftsrechts. 1999.

Band/Volume 7 Angela von Falkenhayn: Das Verhältnis von Factor und Debitor beim Factoring. Abtretungsverbot und andere Einwendungen im deutschen und amerikanischen Recht und nach der UNIDROIT-Konvention. 1999.

Band/Volume 8 Bettina Grünwald: Das Verbot der irreführenden Werbung nach § 3 UWG – ein Handelshemmnis? 2000.

Band/Volume 9 Hans-Eric Rasmussen-Bonne: Alternative Rechts- und Forumswahlklauseln. Eine vergleichende Darstellung. 1999.

Band/Volume 10 Werner Meier: Grenzüberschreitender Durchgriff in der Unternehmensgruppe nach US-amerikanischem Recht. Jurisdiktions- und Prozeßrecht, Kollisionsrecht, materielles Recht. 2000.

Band/Volume 11 Heiner Braun: Joint Ventures im amerikanischen und deutschen Internationalen Privatrecht. Inhalt und Grenzen des Vertragsstatuts. 2000.

Band/Volume 12 Hanno Naumann: Der Regelungsbereich des UN-Kaufrechts im Spannungsfeld zwischen Einheitsrecht und Kollisionsrecht. 2000.

Band/Volume 13 Markus A. Papmehl: Die Schiedsfähigkeit gesellschaftsrechtlicher Streitigkeiten. 2001.

Band/Volume 14 Heike Bruhn: Niederlassungsfreundliche Sitzverlegung und Verschmelzung über die Grenze nach italienischem Recht. Eine rechtsvergleichende Untersuchung unter Berücksichtigung der europäischen Niederlassungsfreiheit. 2002.

FSC
www.fsc.org
MIX
Papier | Fördert gute Waldnutzung
FSC® C083411

Kolibri 360 GmbH
Ferdinand-Jühlke-Straße 7
99095 Erfurt, Deutschland
produktsicherheit@kolibri360.de

Druck:
CPI Druckdienstleistungen GmbH
im Auftrag der
Kolibri 360 GmbH
Ferdinand-Jühlke-Str. 7
99095 Erfurt